MEMORIAS

BERG INSTITUTE
BIBLIOTECA LITERATURA Y DERECHOS HUMANOS

DERECHOS HUMANOS
BERG INSTITUTE

BIBLIOTECA LITERATURA Y DERECHOS HUMANOS

La Biblioteca Literatura y Derechos Humanos es un proyecto de Berg Institute en colaboración con diversas entidades internacionales como Yale University Press, Penguin Books, Il Mulino, Planeta, Oxford University Press, Fayard/Flammarion y Princeton University Press, entre otras. Su objetivo es ofrecer en lengua española diversas narrativas que permitan, desde la literatura, conocer más y mejor el relato humano de la conquista y reconocimiento de los Derechos Humanos en su compromiso de defensa de la Humanidad y de la dignidad «del otro» y, de este modo, promover los valores e ideas de compromiso con la Justicia y la solidaridad humana.

BEATE Y SERGE KLARSFELD

MEMORIAS

EDICIÓN Y PRESENTACIÓN
Joaquín González Ibáñez

PRÓLOGO A LA EDICIÓN ESPAÑOLA
Antonio Muñoz Molina

TRADUCCIÓN
Agustina Blanco

Biblioteca Literatura y Derechos Humanos
BERG INSTITUTE

Título original: *Mémoires*
Publicado originalmente por Flammarion / Fayard
Edición de Berg Institute para todos los países, excepto Argentina, Chile y Uruguay publicado por Libros Del Zorzal

Depósito Legal: M-931-2020
Código IBIC: BT; 3JJH
Código Thema: DNX; 3MPBLB
Depósito legal: M-931-2020
ISBN: 978-84-948528-8-6
Impreso en España (Unión Europea)

ÍNDICE

Beate Klarsfeld (Berlín 1939) es defensora de derechos humanos, periodista y una reputada activista contra la impunidad de los crímenes de la Alemania nazi. Alemana, hija de un soldado de la Wehrmacht, por su compromiso y labor en la lucha contra el olvido de las víctimas del Holocausto, junto con su marido Serge Klarsfeld, han recibido numerosos reconocimientos públicos y privados, y entre ellos el galardón en Francia de la Orden Nacional de la Legión de Honor en los grados de Caballero (1984) y Oficial (2007).

Serge Klarsfeld (Bucarest 1935) es historiador, escritor, abogado y doctor en historia. Hijo de una víctima de Auschwitz, él y su esposa Beate Klarsfeld, son protagonistas de varias de las acciones más reconocidas en la lucha contra la impunidad y, desde 2018, fueron reconocidos como embajadores honorarios de la UNESCO y enviados especiales para la educación sobre la historia del Holocausto y la prevención del genocidio.

Antonio Muñoz Molina es escritor, miembro de la Real Academia Española, Premio Príncipe de Asturias de las Letras 2013 y Premio Nacional de Narrativa, entre otros. Su calidad literaria y humana está cimentada sobre su coherencia ética, honestidad y compromiso de ciudadanía responsable que le acreditan como una referencia cívica y literaria imprescindible, lo que permite enmarcar adecuadamente su reflexión: «Derechos sin responsabilidades son privilegios». Autor del Prólogo de la obra *Memorias* de Serge y Beate Klarsfeld.

Joaquín González Ibáñez es profesor de Derecho Internacional Público y Relaciones Internacionales de la Universidad Alfonso X el Sabio de Madrid y editor de la Biblioteca Literatura y Derechos Humanos de Berg Institute.

Beate y Serge en enero de 2018. Cortesía de Joël Saget, 2019/AFP

«El recorrido de la humanidad hacia una protección social y moral es largo y constante. Nunca debemos cejar en la ardua lucha contra las fuerzas del mal; debemos estar atentos y comprometernos individual y colectivamente. Debemos actuar para que las fuerzas del bien triunfen, y de este modo podamos crear espacios donde los derechos humanos sean verdaderamente respetados y las libertades se reconozcan y protejan eficazmente. Para lograrlo es necesario promover la creatividad intelectual, la educación y la instrucción. Ahí se encuentran los fermentos de hermandad entre los pueblos y el único bastión real contra las injusticias, las discriminaciones y los extremismos.»

Beate y Serge Klarsfeld, diciembre de 2017

PRESENTACIÓN

Beate y Serge Klarsfeld o el trazo de una cosmografía de la justicia

Joaquín González Ibáñez

Una premisa eficaz para describir a dos actores genuinos e ineludibles en la lucha por la justicia y contra la impunidad tras la Segunda Guerra Mundial consiste en tratar de exponer lo que ellos no refieren de modo explícito en esta autobiografía escrita a dos manos. El relato de los sueños, aspiraciones y peripecias que revelan estas *Memorias* de Beate y Serge Klarsfeld requiere de un compromiso entre escritor y lector con diferentes finalidades, como lo expresó Emilio Lussu en su libro de memorias de oposición al fascismo *Marcia su Roma e dintorni*: «Cada uno de nosotros lleva consigo no solo ideas, sino también, y sobre todo, pasiones. Cada uno de nosotros puede ofrecer su testimonio y sus vivencias; a los otros les corresponde juzgar».

Para juzgar las pasiones y las ideas de Serge y Beate Klarsfeld y el legado que comparten con nosotros en esta obra es preciso también percibir lo que no contiene de modo expreso, pero aparece de modo continuo y sutil, como un trazo tenue y genuino; trazo de determinación y convicciones que actuaron como recursos inmanentes, que fueron necesarios para poner en práctica este periplo vital sin parangón en el ámbito cívico y sociojurídico.

El trazo

La primera de estas imprescindibles cualidades fueron sus valores: su determinación moral para defender una justicia que pusiera fin a la impunidad de los perpetradores supérstites de la historia reciente europea, vinculados a los crímenes nazis de la Segunda Guerra

Mundial. No fue suficiente para Beate y Serge Klarsfeld la recurrente frase de empatía en el ámbito de los Derechos Humanos: «sé más por sentimiento que por conocimiento», sino que, para ellos, fue necesario poner en práctica su imaginario moral de respeto y reivindicación de los Derechos Humanos con acciones de impacto moral, social y jurídico.

Es importante, asimismo, no obviar que el relato que se presenta en esta fabulosa obra que quiere condensar una vida —con sus pasiones y sus ideas— es subjetivo y a instancia de parte, de representación de las víctimas. Serge Klarsfeld lo denomina como su respuesta a «la tragedia de la Modernidad» causada por el nacionalismo y totalitarismo de la Europa del siglo XX contra el pueblo judío, y por quien Serge y Beate Klarsfeld decidieron asumir —por medio de la asociación que ellos mismos fundaron *Hijos e Hijas de los Deportados Judíos de Francia*— la responsabilidad de defender la verdad personal de las víctimas para sacarlas del anonimato, y que sus nombres dejaran de ser objeto de la historia, para convertirse de nuevo en sujeto de la historia.

A tal fin, y como segundo pilar, cimentaron todo su esfuerzo en el rigor del conocimiento histórico, la fidedigna filiación de las acciones de los perpetradores y un fondo bibliográfico documental y administrativo sólidamente construido; esas fueron las premisas sobre las que se articuló su lucha mediática, institucional y jurídica. La historia y la verdad de lo acontecido a las víctimas y los hechos responsabilidad de los victimarios fueron los elementos de la construcción de cada estrategia jurídica y social que el lector descubrirá con asombro y, a veces, con una sonrisa de complicidad por su causa. Junto a su originaria condición de historiador, Serge Klarsfeld inició sus estudios de Derecho a los 37 años y cuatro años más tarde superó el examen que le permitió acceder a la profesión liberal de abogado «a fin de cumplir nuestra misión de justicia de la A a la Z» como recuerda con ánimo vivo en esta narración personal.

Esa dualidad de formación humanista —la del historiador y del jurista— conduce a la creación de minuciosos expedientes para cada caso, con una rigurosa perspectiva histórica y un conocimiento fáctico de las conductas de los perpetradores de los crímenes, junto con la articulación de novedosas tácticas jurídicas con impacto social; su estrategia del litigio es absolutamente *sui generis* y ha marcado una impronta histórica y cualitativa en el ámbito de la protección de los Derechos Humanos en las décadas finales de la Guerra Fría. La cita del Eclesiastés que Serge trae a colación se convirtió en la crónica de un destino anunciado: «Es porque nos demoramos en juzgar a los culpables que el mal se esparce en la tierra».

Un tercer elemento es su sentido comprometido y expansivo de humanidad, entendido como la necesidad de creer y pensar en la responsabilidad de cada persona como congéneres de una comunidad; en particular, como parte de una visión de fraternidad, de solidaridad. Su humanidad muestra la calidad genuina de nuestros protagonistas y perfila la manera de enfrentarse a sus desafíos. En la parte del relato sobre sus inicios contra los responsables nazis en la década de 1960, al lector le suscitará curiosidad y sorpresa la ingenuidad de la pareja: Serge, francés judío, que perdió a su padre asesinado en Auschwitz, y Beate, alemana cuyos padres votaron a Hitler y con quienes mantuvo una actitud siempre crítica, y una figura paterna desolada que sobrevivió la guerra como soldado de la Wehrmacht. Serge y Beate comienzan su autobiografía mostrando cómo ambos trataron de interpretar desde sus orígenes familiares quiénes eran: primero, como individuos y, luego, como «pareja excepcional» en la Europa de 1960. Suscitan ternura sus razonamientos, pues ante la inmensidad de los objetivos que desean alcanzar hay ingenuidad, esperanza en la consecución de los fines y mucha imaginación.

Podríamos aventurar que, si hubieran sido racionales y conscientes de los retos a los que se enfrentaban, nunca habrían podido acometer los logros que desvela este libro. Da la impresión de que lo lograron porque tenían en mente las palabras del Conde de Luna en *Il Trovatore* de Giuseppe Verdi sobre aquello que permite avanzar a los hombres: «La sombra de un sueño da esperanza a los hombres» (*...anzi del sogno un'ombra la speme di quaggiù!*). Su virtud fue poder transformar una pesadilla real de la posguerra —la situación de impunidad plena y plácida vida en Alemania de relevantes criminales de la Segunda Guerra Mundial, tanto alemanes como colaboracionistas franceses de Vichy— en la aspiración de un sueño de justicia. Eso solo pudo ser posible por la complicidad, apoyo y el complemento mutuo del matrimonio Klarsfeld, y una imaginación resuelta para establecer las estrategias y tácticas que condujeran al objetivo final de la toma de conciencia de la sociedad civil y el procesamiento penal de los responsables.

Cuando Serge Klarsfeld afirma que «El esfuerzo de la justicia se prolonga en el espacio de la memoria» nos recuerda a Primo Levi, que en términos similares enfatizaba que su voluntad de portar memoria no tenía como objetivo la venganza, sino restablecer la oportuna medida de las cosas, especialmente cuando Europa creó un contexto integral de violencia en que la compasión con las víctimas no se permitía —«*la compassione non viene tollerata*»— y fue para ello transcendental reivindicar la inexistencia de equidistancia entre víctimas y perpetradores.

En el caso de Beate, durante las décadas de 1960 y 1970, orientó su esfuerzo hacia la promoción de una conciencia de responsabilidad de una ciudadana alemana que asumía el deber de explicar la catástrofe moral, material e histórica provocada por los trece años del Estado totalitario nazi y el genocidio perpetrado contra el pueblo judío. El Museo Memorial del Holocausto de Washington exhibe en su colección dos máquinas de escribir Continental en la sala destinada a contextualizar la vida social en la Alemania nazi. La particularidad de esas máquinas de escribir radica en dos teclas especiales de acero que batían el papel que reposaba sobre el cilindro metálico; en la parte superior del teclado, junto a los símbolos de interrogación y los números, aparecían las teclas con el símbolo de la esvástica y dos letras rúnicas de las SS. Beate interpretó un personaje incómodo y reprobable para muchos; afectuoso, heroico y necesario para otros. Un personaje que recordaba a cada familia alemana que no olvidasen que en muchos hogares conservaban, seguramente, esas máquinas de escribir, y que la impronta y determinación de Beate a la hora de afrontar social y jurídicamente la impunidad de los responsables nazis por sus abyectos crímenes, para desmayo y descrédito de la nueva democracia alemana, era tan firme como el material de las teclas.

La cuarta característica o cualidad de la lucha de los Klarsfeld fue la raíz y la razón de ser de su lucha, que residía en su genuino compromiso con la memoria de las víctimas. Basta observar, como muestra, las implicaciones en el orden familiar, profesional y económico; una vocación vital que se manifestó en un estilo y sistema de vida por y para la justicia con las víctimas. Las cárceles y dependencias policiales en las que tuvieron que pernoctar, especialmente Beate, no fueron un obstáculo sino una pauta dentro del proceso necesario de conciencia y actuación contra los responsables. En el ámbito material y económico, podemos afirmar que no vivían en una situación de penuria, pero sí de estrecheces continuas y una abstinencia de elementos superfluos, junto con una sobriedad integral, como lo descubren las fotografías, entrevistas y reportajes realizados en las casas que habitaron, propias o compartidas con Raisa —la madre de Serge—, donde las montañas de expedientes, legajos y carpetas con dosieres eran el elemento común en casi todas las dependencias de sus hogares. Además, el relato de sus *Memorias* no permite dar cuenta del integral sacrificio de su tiempo. Su trabajo fue como el faro de la hermosa canción de Jorge Drexler, *12 segundos de oscuridad,* en la que el cantautor nos recuerda que lo que hace al faro ser eficaz en su cometido no es tanto el haz de luz que permite vislumbrar las lindes rocosas de la costa, sino los 12 segundos previos de oscuridad que permiten irrumpir al haz de luz. Para los Klarsfeld, cada titular de prensa, cada decisión gubernativa o de un órgano administrativo o judicial que desenmarañaba un proceso, cada sentencia condenatoria de los verdugos era un haz de luz que permitía mostrar el inmenso trabajo silencioso y oculto de meses y años en que ambos habían estado pertinazmente atareados.

El quinto elemento podemos definirlo como el factor cualitativo y afectivo de su trabajo y vida personal. Una cualidad que se enraíza en su relación personal, su amor cómplice y una felicidad consciente. No sabemos si Serge Klarsfeld leyó a Miguel Hernández y su poema *Solo quien ama vuela*, pero compartió esa precisa idea en una entrevista a la televisión francesa *Antenne 2,* en 2015. Le preguntaron cuál había sido la razón o la causa por la que su esposa y él tuvieron éxito en sus planes y maquinaciones. Serge, con rostro risueño, respondió con determinación que «Las personas como Beate y yo, como Simon Wiesenthal, tuvimos suerte. Simon Wiesenthal tenía a su esposa y a sus hijas y no perdió a ninguna de las tres durante el Holocausto; si bien yo perdí a mi padre en Auschwitz, tenía a mi madre y luego tuve a Beate y a nuestros hijos (…). Creo que hemos sido eficaces porque éramos felices y creo que esa es la palabra clave en todo este proceso».

Y, por último, queremos conducir a nuestros lectores hacia la construcción de un sistema tácito de protección de la dignidad, en el que los Klarsfeld han sido innovadores y creadores; este sistema se identifica a través de una perspectiva histórico-jurídica. Su legado no será algo concluso y definitivo, sino un capítulo de un relato de búsqueda de la dignidad humana a través del acceso a la justicia, que continúa en expansión; es el relato de los Derechos Humanos que, como lo definió el profesor Héctor Faúndez, son «la idea de nuestro tiempo».

La cosmografía de la justicia de Beate y Serge Klarsfeld

La aventura humana y las variadas formas de su relato proporcionan a quien escucha e interpreta un cuento, una obra cinematográfica o una melodía la posibilidad de encontrar distintas claves y sentidos a la palabra, la imagen y la música que constituyen tales narrativas. Varía el contenido de lo que se quiere compartir por las claves subjetivas de quien presenta la historia —el intérprete de una canción, el actor que declama un poema, el barítono de una ópera— y la persona que lo descubre e interpreta, quien participa en la experiencia estética y lo recibe como lector o que disfruta en su butaca de un teatro, en un auditorio, en la intimidad del salón de casa. Este aspecto de los matices subjetivos es cuasi infinito, porque la experiencia intelectual y vital de las personas es diversa y, a veces, antagónica. En italiano hay un término muy hermoso que hace referencia a los «matices, a los detalles y contornos» que pueden apreciarse en cada relato, en cada historia; al hispanoparlante, ese término equívoco le sugiere imaginación y sutilidad. El término es *sfumature*. ¿Cuál es la forma de las cosas, del *detalle* de un hilo de humo y su color, que se desvanece? ¿Qué pincelada define aquello que es dinámico y sutil y que hace diferente a las cosas por sus detalles y matices? El relato sobre Tycho Brahe narrado por Benjamin Ferencz, fiscal de los juicios de Núremberg en el proceso de los Einsatzgruppen, y su particular versión del relato —sus *sfumature*— nos permite, gracias a su impronta axiológica, formular una metáfora con la fábula de

Benjamin Ferencz sobre el astrónomo danés del siglo xvi y la obra que habita entre nosotros creada por Serge y Beate Klarsfeld.

El hilo narrativo es la vocación y el amor por el conocimiento de Tycho Brahe y la historia referida por Benjamin Ferencz en su senectud, contenida en el documental sobre la vida de Raphael Lemkin, *Los observadores del firmamento,* de la directora estadounidense Edet Belzberg (*Watchers of the Sky,* 2015). A sus 95 años, Ferencz es todavía hoy un activista que promociona los principios del derecho penal internacional, en particular, la aplicación del crimen de agresión en Derecho Internacional. Ferencz evoca en la última escena del documental —al que da título— cómo Tycho Brahe persuade al monarca Federico II de Dinamarca para que construya un observatorio astronómico en la isla de Hven, y pudiese así, con esos recursos científicos, estudiar y cartografiar el universo. Transcurridos treinta años y fallecido el monarca, envían a la isla de Hven a un emisario del nuevo rey, Christian IV, para conocer lo que acontecía en aquel olvidado laboratorio astronómico. El anciano astrónomo responde a las interpelaciones del funcionario sobre las actividades de aquel lugar apartado. Tycho Brahe le explica que ha dedicado toda su vida a observar el firmamento y que ha creado un mapa astral con noventa y siete volúmenes precisos sobre el universo, y espera vivir lo suficiente para llegar a cien.

—¿Cien volúmenes de la misma cosa? ¿Para qué sirve? ¿Qué se puede hacer con eso? —le inquirió el funcionario.

—Admito que he fracasado; estaba tratando de descubrir el significado del universo y aún no lo he encontrado, pero creo que algún día alguien lo hará —respondió sentidamente Tycho Brahe.

El funcionario, cínico e ignorante, le espetó que para qué tanto esfuerzo y tiempo perdido, a lo que Tycho Brahe musitó:

—Mi labor habrá ahorrado a mis sucesores veinticinco años de trabajo.

Y con emoción, en la última escena del documental, Benjamin Ferencz revela que, cuatro siglos después de aquella visita al observatorio de la isla de Hven, los astronautas que se posaron por primera vez en la luna, en julio de 1969, llevaban consigo en el Apolo XI las tablas de Tycho Brahe. Dos lágrimas se deslizan por su mejilla y Ferencz revela que ha dedicado toda su vida a observar el firmamento y ser parte en la construcción de un firmamento de justicia en el cual, el legado de Raphael Lemkin y el suyo en Núremberg pudieran permitir trazar una cosmografía de lo posible, gracias al firmamento del compromiso de los hombres y mujeres con la causa de la justicia. Por ello, a otras personas, en otro tiempo y en otros lugares, les correspondía seguir expandiendo con su visión y trabajo el trazo del firmamento de justicia.

Con tal motivo, inspirado por el relato de Ferencz, el artista Benoît van Innis pintó las guardas de los libros que pertenecen a la colección Literatura y Derechos Humanos de Berg Institute. ¡Ojalá el lector, al abrir la primera página de este libro, disfrute de las guardas esteladas de añil y blanco y pueda imaginar en ese firmamento de construcción de justicia los rostros cansados y sonrientes de Beate y Serge Klarsfeld y cómo con sus acciones, tácticas y estrategias de las que dan cuenta en estas memorias nos enseñan que no son una quimera aquellas «sombras de sueños» que les permitieron imaginar la materialización de la justicia y la evitación de la impunidad!

Beate y Serge encontraron el mismo obstáculo ontológico que Raphael Lemkin en su lucha por sancionar el crimen de genocidio. Todos se enfrentaron a un estado de cosas sociológico y jurídico hostil, y a una primigenia negación de la idoneidad moral de su lucha, además de la firme oposición a la creación *lege ferenda* de una maquinaria jurídica en favor de las víctimas. Pero, gracias a personas como Raphael Lemkin, Beate y Serge Klarsfeld, Nelson Mandela y otras personalidades, hemos aprendido que la historia humana evoluciona porque siempre hubo personas genuinas, como ellos, que atisbaron nuevos escenarios y construyeron espacios innovadores donde reorientar la acción humana para acceder a la justicia. Serge y Beate Klarsfeld abrieron una vía inédita en la revolución perenne e inacabada de los Derechos Humanos, una vía que situó a las víctimas y su memoria en el centro del discurso político, jurídico y social. Gracias a esas acciones, hemos aprendido de la *Historia de la humanidad* que «todas las revoluciones son imposibles hasta que acontecen; entonces, devienen inevitables».

Una parte de esa historia que estamos construyendo, aquí y ahora, es la protección del ser humano, y Beate y Serge Klarsfeld, con su ejemplo, nos han mostrado no solo por qué o cómo hacerlo, según revelan los ejemplos y matices de su vivo relato de contingencias jurídicas y morales, sino también que su aventura no fue una quimera, puesto que pudieron acometer sus proyectos gracias a una sociedad civil e instituciones nacionales e internacionales a las que fueron aleccionando y haciendo madurar. Le corresponde ahora al lector identificar en qué trazo de la cosmografía de justicia elaborada por los Klarsfeld se continúa su estela, gracias a la lucha de Malala Yousafzai por el reconocimiento de los derechos de las niñas y mujeres; la de la abogada Nasrin Sotoudeh, encarcelada por el régimen iraní por reivindicar la autonomía femenina; la de la nigeriana Wangari Muta Maathai, premio Nobel de la Paz por defender la sostenibilidad, la paz y los Derechos Humanos; o la jueza guatemalteca Yassmín Barrios, que procesó por genocidio al dictador Ríos Montt. Y junto a ellas, van construyendo esta cosmografía numerosas personas y ciudadanos anónimos comprometidos con los valores de la solidaridad, la tolerancia y la responsabilidad mutua para el logro de estos ideales.

¡Este es un firmamento formidable, humano y de nuestro tiempo porque lo han hecho posible la conciencia y la determinación de las personas que creen en la justicia y los Derechos Humanos! Es todo cuanto pudimos imaginar para definir a una persona plena, libre en sus opciones y responsable de sus acciones: nuestra *imago ominis*. Es decir, la visión —una de las acepciones etimológicas de la palabra griega *teoría (θεωρία)* es *visión*— de un ser humano que tiene tal condición porque se la reconocen y disfruta de Derechos Humanos —derechos y responsabilidades— y, por tanto, cada vez que se violan sus Derechos Humanos, su humanidad se difumina, se desvanece.

Precisamente los Derechos Humanos son lo que queremos y anhelamos para nuestros hijos, nuestra familia, nuestros amigos y compatriotas. La revolución —la idea de nuestro tiempo— fue imaginar al desconocido, al diferente, al «otro» disfrutando de las mismas posibilidades de optar a las que aspiramos, que reivindicamos para nuestros hijos, nuestra familia y nuestros amigos y el reconocimiento de la posibilidad de ejercer estos derechos y obligaciones sin que su nacionalidad, etnia, origen, religión, opción política, sexual o vital merme nuestro compromiso hacia «los otros», hacia el diferente. Los Derechos Humanos no son solo una voluntad ética y un compromiso de justicia, sino que implican un marco de legalidad que reconozca los derechos y los haga infranqueables a la discriminación y vinculantes jurídicamente —obligatorios en su reconocimiento y garantía— para garantizar de este modo su eficacia y disfrute. Y también los Derechos Humanos representan un contrato social para la convivencia en la diversidad que legitima y define la calidad cívica y moral de nuestras sociedades. La vocación de universalidad de los Derechos Humanos es lo que también nos muestran Serge y Beate, no solo en la denuncia del antisemitismo y las víctimas judías de la Segunda Guerra Mundial, sino en la defensa de las víctimas a las que defendieron y no conocieron, como los gitanos de Bosnia y Serbia al terminar las guerras en los Balcanes a partir de 1995, los desaparecidos en Chile y Argentina en la década de 1970, las minorías perseguidas en Líbano, o la referencia a las víctimas del genocidio armenio, de Ruanda y de los musulmanes asesinados en Srebrenica.

Y todo ese formidable acervo ético y cívico de la vida de Serge y Beate Klarsfeld nos inspira y sugiere sutilmente que, probablemente, los Derechos Humanos son nuestra revolución y compromiso cívico democrático más accesible y que se manifiesta en las decisiones que adoptamos cada día con las personas con quienes nos relacionamos y con el entorno social, económico y ambiental de cada uno de los rincones de nuestro planeta.

Vive Serge et Beate!

Abril de 2020

Agradecimientos

Esta edición especial de las *Memorias* no hubiera sido posible sin el apoyo entusiasta de Beate y Serge Klarsfeld para incorporarse al elenco de actores y autores de la Biblioteca Literatura y Derechos Humanos de Berg Institute, así como de la editorial francesa Fayard. Especialmente, queremos reconocer el gesto de L. Kulesz que hizo posible la publicación de esta obra.

Asimismo, deseamos expresar nuevamente nuestro reconocimiento a la traductora Agustina Blanco, así como al profesor José Ramón Trujillo, y a Íñigo Sánchez Paños y Nuria Brufau Alvira, por la revisión de la obra. A Antonio Muñoz Molina por su compromiso y el prólogo que aparece incluido en esta edición en lengua española y a la Agence France-Press (AFP) y al fotógrafo Joël Saget por la donación de la fotografía de los Klarsfeld que aparece al inicio de este libro.

Berg Institute

PRÓLOGO A LA EDICIÓN ESPAÑOLA

La fuerza de un ejemplo

ANTONIO MUÑOZ MOLINA

Si fuera cierta esa leyenda judía de que en cada generación hay 36 justos gracias a los cuales el mundo se salva de ser destruido, de algo podríamos estar seguros: en ese número restringido y decisivo estarían los nombres de Beate y Serge Klarsfeld. Cada uno de ellos, por separado, encarna una faceta del gran drama en el corazón roto de Europa en el siglo XX: Beate, alemana por los cuatro costados, hija de una pareja vulgar o modélica, de la generación que aceptó el nazismo y se acomodó a él sin ninguna dificultad, e incluso lo añoró más tarde sin mucho disimulo; Serge, judío francés, hijo de desplazados y de fugitivos, con raíces rumanas, con un origen y una identidad tan exóticos como eran de antiguo arraigo sedentario los de Beate. La infancia de los dos estuvo igual de marcada por la guerra, aunque siendo Serge unos años mayor sus recuerdos eran más precisos, y tuvieron una mayor influencia en las decisiones posteriores de su vida. Serge fue consciente del peligro y el terror de la huida, aunque su condición de niño también le permitió disfrutar sin angustia de algunos paréntesis de sosiego, con esa particular habilidad de los niños para encontrar paraísos a salvo del infortunio o de la crueldad de los adultos.

La figura de su padre capturado por los nazis y muerto en Auschwitz, vitalista y heroico siempre, sacrificado voluntariamente para salvar a su familia, fue desde muy pronto un absoluto ejemplo moral para él. El amor de Serge por sus padres, la admiración y la dulzura que su madre le despierta siempre, fueron tan formativos para él como lo fue para Beate la distancia instintiva que empezó muy pronto a sentir hacia los suyos. Hay personas que se construyen a favor, y otras que se construyen en contra. Los resultados pueden confluir. Serge quiso ser valiente y vital como sus padres, y Beate quiso no ser convencional y silenciosamente cómplice como los suyos. En la misma Francia que antes de la guerra y durante los años de la Ocupación había sido tan inhóspita, y hasta tan cruel, con los judíos desterrados y los disidentes políticos del centro y el este de Europa, Serge Karlsfeld se fue haciendo en su adolescencia y su primera juventud una voluntariosa identidad francesa, muy enraizada, a la manera francesa y republicana, en la educación: los méritos académicos, las pruebas prestigiosas, las credenciales universitarias que llevan a las sólidas oficinas de la Administración. El hijo de apátridas quiere aposentarse en la patria republicana que ha vuelto a fundarse después de la Liberación. La hija de alemanes que a partir de 1945 ya no podían llamarse en voz alta «arios» elige el camino inverso, el de la extranjería, el de una culpa heredada y asumida, aunque por su edad hubiera estado limpia de ella. Ha observado que sus padres, a pesar de la destrucción y la derrota de Alemania, no parecen haber aprendido nada y se refugian en un victimismo sordo y rencoroso, una extraña forma de rencor no hacia el régimen criminal que los llevó al desastre, sino hacia los Aliados vencedores en la guerra, los que ahora ayudan a la reconstrucción del país y lo someten a un proceso de desnazificación nunca muy entusiasta, y mucho menos efectivo. Beate quiere marcharse cuanto antes para no asfixiarse en ese mismo silencio sometido, en la sarta de coartadas con que la generación de sus padres quiere eludir toda la aterradora responsabilidad alemana. Su rebeldía juvenil se sostiene sobre una precoz madurez moral. Quiere irse al país que hasta apenas quince años antes estuvo brutalmente ocupado por los hombres uniformados de la generación de su padre. Es importante tener en cuenta lo muy joven que era para calibrar su decisión; tenía 21 años recién cumplidos cuando llegó a París en marzo de 1960, un poco antes de encontrarse con aquel desconocido que se la quedó mirando con tanta intensidad en un andén del metro.

No hay la menor duda de que Beate Künzel y Serge Klarsfeld habrían hecho cosas memorables y originales cada uno por su cuenta, si no se hubieran conocido. Dentro de cada uno de los dos había una incandescencia moral que habría encontrado salida, más aún en aquellos años sesenta, cuando la generación a la que los dos pertenecían, los que fueron niños durante la guerra, se alzó en toda Europa en una vasta insurrección que agitó simultáneamente, aunque con méritos y resultados muy desiguales, París, Praga, Berlín, Ámsterdam. Beate llegó a Francia queriendo cargar a conciencia con el peso de esa identidad alemana de la que por su edad no era responsable, pero de la que se negaba a ser cómplice. A Serge su instinto político y el recuerdo de la muerte de su padre y de tantos como él no le habrían consentido dedicarse a una vida burguesa, académica o administrativa.

Pero el hecho decisivo fue ese encuentro, ese día de mayo en la estación Porte de Saint-Cloud del que Beate recuerda hasta la hora exacta, la una y cuarto de la tarde. A mí nunca deja de asombrarme, en mi propia vida y en la de los otros, que un hecho tan fundamental de la biografía de cada uno, el encuentro con la persona que va a marcarlo para siempre, dependa tan por completo del azar. Es milagroso, y es terrorífico. Es milagroso que entre millones de personas uno pueda encontrar justo a aquella que mejor se le corresponde, que más íntimamente se le parece y a la vez lo complementa. Y es terrorífico, incluso inaceptable, que ese hecho central de la vida haya estado a punto de no suceder, haya dependido de un rosario de casualidades que con una mínima variación habrían podido alejar para siempre la posibilidad del encuentro.

En estas memorias tan peculiares, porque están escritas a dos voces, la de Beate es la más sensible a la observación de pormenores, a esos matices que dan la idea precisa de una cierta atmósfera: la muchacha que apenas empieza a saber moverse por París y a manejarse en la lengua francesa se fija en ese hombre casi tan joven como ella, a la vez convencional y llamativo, porque lleva un traje formal y una cartera, como de abogado o funcionario, como de estudiante severo y tardío, pero también tiene el pelo negro muy rizado. En el instante en el que se encuentran, cada uno de los dos se siente atraído por la singularidad del otro: la muchacha visiblemente extranjera, anglosajona o alemana, sola y algo perdida en el metro de París, el joven formal de aire cumplidor pero también raro. En ese momento los azares del destino personal se acompasan con la corriente de los hechos históricos, y cada una de esas dos personas es ella misma y también todo lo que arrastra por su origen, por el tiempo preciso que le ha tocado vivir, por sus propias inclinaciones viscerales, sus actitudes políticas más o menos definidas.

Beate Künzel y Serge Klarsfeld, cada uno por separado, se habrían comprometido en causas justicieras, y habrían empleado en ellas su imaginación, su generosidad personal, su talento práctico: pero al unirse los dos, sus fuerzas no se duplicaron, ni se multiplicaron, sino mucho más: fue una colisión que desencadenó una reacción en cadena, un estallido deslumbrante que los exaltó y los arrastró a los dos juntos, y que durante el más de medio siglo transcurrido desde aquella tarde en el metro de París ha servido, de manera sostenida y comprobable, para mejorar el mundo, para honrar a las víctimas, para desenmascarar y castigar a los verdugos, para ofrecer una medida de reparación a los supervivientes y a los herederos de los perseguidos y los asesinados. Beate y Serge Klarsfeld son, sin la menor duda, dos de esos treinta y seis justos de la tradición judía: a veces, leyendo estas memorias, aprendiendo sobre su doble activismo incesante en documentales y reportajes de prensa, uno tiene la impresión de que ellos dos se han bastado para cumplir toda la tarea que habría correspondido a los treinta y seis justos de su generación.

Empujada Beate por el silencio de sus padres, y Serge por la ausencia del suyo, es muy probable que al principio no se dieran cuenta de la magnitud del empeño que estaban emprendiendo. Europa en los primeros sesenta era un desierto de amnesia. En Israel tan solo el juicio de Eichmann había otorgado alguna primacía al sufrimiento de los judíos europeos en lo que aún no se llamaba el Holocausto, y ni siquiera tenía nombre. En Francia se había impuesto la leyenda de la unanimidad heroica de la Resistencia, y el régimen de Vichy era una etapa tan embarazosa que ni siquiera De Gaulle, que había protagonizado la rebelión contra su infamia, tenía el menor interés por removerla. Alemania era el país del «Milagro alemán», de una prosperidad económica y una abundancia de bienes de consumo que borraban por sí solos la memoria del pasado con la misma eficacia con que la reconstrucción de las ciudades había borrado los desfiladeros de ruinas de la guerra.

Algo de la frivolidad en el fondo crispada y la voluntad de olvido de aquel tiempo europeo está retratado en *La dolce vita*, de Federico

Fellini: la abundancia como antídoto contra la amargura y la vergüenza de la memoria, contra la inmensa deslealtad hacia los muertos y los supervivientes. En Francia los altos funcionarios y algunos de los criminales de Vichy progresaban en sus espléndidas carreras administrativas. En Alemania alguien con un pasado tan sucio como Kiesinger podía llegar a canciller. Josef Mengele no era un antiguo monstruo escondido bajo nombre falso en lugares remotos de América del Sur: había vivido confortablemente en Argentina y en Paraguay, y seguía manteniendo un contacto fructífero con su opulenta familia empresarial en Alemania.

Ahora, en nuestra época saturada de recuerdos y museos y documentales del Holocausto, incluso de una literatura *kitsch* que amenaza con desfigurar los testimonios veraces sobre aquel horror, nos cuesta imaginar la eficacia de aquella desmemoria contra la que se rebelaron con tanto coraje los Klarsfeld. Eran valerosos, imaginativos, radicales, testarudos; estaban casi completamente solos. Tenían la urgencia del tiempo que pasaba, las pruebas que se perdían, los testigos y los verdugos y las víctimas a los que iba borrando la muerte. Eran contundentes, y hasta temerarios, porque tenían mucha prisa. El tiempo lo devora todo, hasta los documentos más fieles, hasta las voces más nítidas. Beate y Serge Klarsfeld sabían que necesitaban utilizar todos los recursos que permiten las leyes, pero también que la ley no siempre es suficiente ni garantiza la justicia, y que tan importante como actuar con inteligencia, preparación y valor es lograr que las cosas se sepan, que la causa de los justos llegue a las primeras páginas de los periódicos, que los criminales instalados en la impunidad descubran que les han roto las puertas de cristales de sus dignos despachos, que unos insensatos armados con una cámara los están esperando cada vez que se asoman a la calle en ese mismo barrio residencial en el que son vecinos respetables. Serge tiene una mente adiestrada en los procedimientos legales y una disposición de historiador para indagar en archivos, para organizar repertorios documentales. Beate posee una fuerza imaginativa y activista que es todavía más eficaz porque parece inmune al miedo y a los procedimientos rutinarios. En todo lo que hace hay una cualidad de espectáculo, una fuerza que ahora se llamaría performativa: la historia de su persecución del canciller Kiesinger con el propósito exclusivo de propinarle en público una bofetada es una de las cimas narrativas y políticas de estas memorias. En Beate hay algo de la desenvoltura libertaria de los situacionistas franceses o de los provos de Ámsterdam, sin el menor rastro de murga teórica. Esta mujer sin miedo, dispuesta a ir a la cárcel por darse el lujo de abofetear a un pomposo exnazi, se parece en su arrojo y en su astucia a otros activistas contemporáneos suyos, los del movimiento de los derechos civiles en Estados Unidos. Hay algo de humorismo y algo terriblemente serio en esa forma de militancia, que pone por delante el cuerpo inerme de quien la ejerce, y que fuerza a la autoridad establecida a mostrar sus propias vergüenzas y a quedar en ridículo. A un militante de los derechos civiles podía costarle la vida el simple hecho cotidiano de sentarse en la barra de un café y pedir un sándwich y una cocacola. En Florida, durante los veranos, activistas blancos y negros se ponían en bañador y saltaban juntos al mar y los policías se veían forzados a tirarse también ellos al agua, con sus uniformes, sus porras y sus armas, para castigar esa ruptura de las normas de segregación en las playas.

Muchos movimientos en principio generosos de los años sesenta acabaron corrompidos por el sectarismo ideológico o por la tentación ominosa del terrorismo. Beate y Serge Klarsfeld vieron todo eso, y aunque participaron en el gran tumulto en ningún momento perdieron el norte, ni se dejaron arrastrar por las abstracciones teóricas, y menos aún por el atractivo tramposo de la violencia. En un momento estremecedor, Serge se pregunta si habría sido capaz de tomarse la justicia por su mano, de matar a un antiguo verdugo absuelto por la ley para que no quedara impune: comprende con espanto que el crimen lo habría rebajado a la misma indignidad de los criminales. A veces es necesario saltarse las leyes, cuando son irracionales o injustas, pero hay límites que no está permitido traspasar.

Y no hace ninguna falta. La militancia sin descanso no excluye la alegría. Este hombre y esta mujer que lo dan todo por una causa noble que nadie defendería si no fuera por ellos son también una pareja que no oculta su amor y no dejan que se pierda ni se degrade con los años, y que disfrutan de los hijos y las comidas familiares, y que si van a una ciudad extranjera a organizar una acción provocadora también encuentran tiempo para visitar un museo. Beate se presenta con el mismo arrojo en la Varsovia de la burocracia comunista de 1968 y en la Bolivia del dictador Hugo Banzer, y en el Santiago de Chile de Pinochet, a donde ha ido para sacarle las vergüenzas al régimen por el amparo que presta a conocidos criminales nazis. Serge se convierte en un gran abogado que sabe presentar las pruebas de la manera más ventajosa para asegurar una condena, y al mismo tiempo es un historiador inflexible que dedica años a establecer el catálogo exacto, la lista de todos los nombres de los deportados judíos enviados desde Francia a los campos de exterminio, consciente de que cada nombre rescatado es un acto mínimo de justicia, porque el método nazi para borrar del todo a un ser humano empezaba por borrarle su nombre.

Pero no hay resumen que pueda abarcar la riqueza de estas dos vidas, la alternancia de estas dos voces que llevan sesenta años perfectamente armonizadas y conservan cada una su timbre propio, su identidad peculiar. Sin el trabajo que ellos dos han hecho, juntos y por separado, en viajes que a veces acababan llevándolos a cárceles y a hoteles y salas de espera y comisarías en los extremos del mundo, nuestro conocimiento sobre la Shoah sería mucho más limitado, y desde luego no tendría la relevancia cultural y política, la entidad de algún modo sagrada que posee hoy. Pero también ellos han ayudado a que los criminales paguen, a que se haya podido establecer una cierta medida de justicia. El único homenaje posible que está a la altura de los Klarsfeld es aprender de su ejemplo y continuar la tarea ingrata, necesaria, interminable, de no consentir que el horror prevalezca en el mundo, y que no manche con su vileza y su negrura a los que luchan contra él.

MEMORIAS

Beate

Una infancia alemana

Tres semanas después de mi nacimiento, Hitler entró en Praga. En Berlín, mi padre guardó como un niño obediente sus lápices de empleado de seguros, besó a mi madre, Hélène, y a su única hija, Beate-Auguste. Se alejó de Hohenzollerndamm, en Wilmersdorf, un barrio residencial donde el proletariado aún ocupaba algunos patios traseros, entre ellos nuestro patio, y emprendió un largo viaje. El soldado de infantería Kurt Künzel se había incorporado a su unidad; pasó el verano de 1939 haciendo maniobras y el de 1940 en algún lugar de Bélgica.

Podemos verlo en una fotografía montando guardia, de lo más sonriente, delante de una Kommandantur en Neufchâteau, cerca de Bastoña. Durante el verano de 1941, su regimiento se desplazó hacia el Este. Llegado el invierno, una doble neumonía por demás oportuna lo trajo del frente ruso hacia diversos cuarteles alemanes, donde se dedicó a la contabilidad militar. Rápidamente liberado por los ingleses en 1945, pudo reunirse con su familia en el pueblo de Sandau, donde, ahuyentadas de Berlín por los bombardeos, a mi madre y a mí nos había recibido a regañadientes una parienta panadera. Fue allí, en un establo, donde asistimos en medio de un grupo aterrorizado de ancianos, mujeres y niños, a la llegada de los mongoles montados en sus caballitos con flequillo. Un grupo de trabajadores forzados polacos se instaló en la casa de nuestra prima y nos privó de nuestras pertenencias. Justicia divina, sin duda, puesto que en 1943 habíamos pasado unos prósperos meses en casa de mi padrino, alto funcionario nazi transferido a Lodz, que, desde hacía poco, se hacía llamar Litzmannstadt.

Para quienes estiman que las impresiones infantiles son determinantes en las elecciones fundamentales de una existencia, aclaro que los mongoles soviéticos no nos hicieron ningún daño y que ni a mi madre ni a su hijita de seis años las importunaron o las violaron.

A finales de 1945, volvimos a Berlín. Hasta 1953, compartimos una habitación los tres. Uhlandstrasse, luego Holsteinische Strasse, siempre en Wilmersdorf.

Ocupamos una habitación en uno de esos apartamentos a cuyos habitantes legítimos los obligan los aliados a subalquilar a los refugiados. Nos aloja un cantante de ópera que no consigue que lo contraten más que para cantar en funerales. Con nosotros vive una señora sola, que trabaja como cocinera. Es un periodo raro para la niñita que soy. Podría creerse que ese modo de vida nómada e incierto tiene algo de divertido, pero la ansiedad de mis padres, el sufrimiento por haber visto cómo sus bienes se esfumaban y el ambiente de desasosiego general repercuten en mi ánimo. El aire está cargado de una suerte de espesa incomodidad habitada por la tristeza de quienes están de luto y la amargura de quienes deben padecer el hacinamiento en los apartamentos colectivos. Es muy difícil para Kurt y Hélène, mis padres, vivir como extraños entre otros extraños.

Tengo siete, ocho, nueve años, y la situación de la familia Künzel no parece querer mejorar. Algunas de mis compañeras, como mi amiga Margit Mücke, tienen ya un verdadero apartamento, con cocina, baño y cuartos solo para ella y sus padres. Nosotros, en cambio, seguimos a la merced de la impaciencia y los bruscos cambios de humor de nuestros anfitriones. Hasta tanto se arregle nuestro destino, me adapto a la realidad como una niñita sabe adaptarse, sea esta cual fuere —es decir, bastante mejor que un adolescente o un adulto—. Sin darme cuenta, creo que me endurezco. En el buen sentido del término, absteniéndome de lloriquear y maldecir a la tierra entera, o de envidiar a quienes tienen más suerte que yo. Veo ese episodio de mi vida como una experiencia formadora: allí aprendí a resistir las dificultades, a afrontar las situaciones críticas, por muy graves y penosas que fueran.

En la escuela comunal, la Volksschule, yo era una alumna concienzuda y me portaba bien. En las aulas, la falta de espacio escindía nuestra presencia cotidiana en dos turnos, de mañana o de tarde. A eso venía a añadirse, en el invierno, la escasez de carbón; entonces éramos enteramente libres. Mi madre limpiaba en algunas casas; mi padre, antes de ser empleado en la secretaría del Tribunal de Spandau, tallaba los ladrillos de los solares en ruinas, para su reconstrucción. En aquellos espacios caóticos, con las llaves del apartamento colgadas del cuello, me pasaba los días enteros con mis compañeros jugando al escondite, intentando subir hasta el tejado de las viviendas dañadas y, sobre todo, buscando tesoros inaccesibles.

En las filas de la escuela, hay chicas que han perdido a sus padres durante la guerra y otras que esperan sin final su retorno de los campos soviéticos donde los mantienen prisioneros. La escuela se levanta en una plaza circular, a cinco minutos de mi casa. Funciona en un imponente edificio blanco con la fachada agujereada por impactos de bala, y los combates le han amputado una parte. Me encanta asistir a clase. Nuestros maestros son atentos y bondadosos, cada día nos distribuyen leche caliente con chocolate y, además, allí me encuentro con Margit Mücke, con quien me une una amistad muy fuerte.

Por la mañana, salgo de casa con el almuerzo en una escudilla de hierro. No recuerdo haber sufrido hambre. Sí recuerdo, en cambio, haber comido patatas, ¡muchísimas patatas!, rara vez acompañadas con carne.

Nuestras comidas ganan un poco de variedad cuando mi madre trae productos que le han dado en las casas donde está empleada. En ocasiones, almacena entre el doble cristal de las ventanas, para conservarla fresca, una especie de grasa que hace las veces de manteca. Pero el primer cristal está roto, y a menudo los pájaros se deslizan al interior de nuestra casa. Silenciosa, en un estado de dichosa beatitud, los observo picotear la grasa desde la otra punta de la habitación.

Los días de fiesta, mi padre me compra un helado, única complacencia que está en condiciones de ofrecerme por el momento. También me acuerdo de las mujeres que se dirigen en tren hacia el campo, cargando a sus espaldas grandes bolsas con huevos y legumbres para el abastecimiento. Me acuerdo de mis zapatos con suelas de madera, de la tela que mi madre consigue a cambio de cupones semejantes a los tiques de racionamiento; con esa tela confecciona nuestra ropa. Me acuerdo de la habilidad de las berlinesas para metamorfosear en vestido algún abrigo demasiado chico. Me acuerdo de esa ciencia del rebusque…

Se evitaba hablar de Hitler. Recuerdo haber recitado de memoria, en el jardín de infancia, pequeños poemas para el Führer, antes de abril de 1945. Vivía la niñez en medio de ruinas y no sabía por qué Berlín estaba destruido y dividido en cuatro sectores de ocupación. El universo donde me movía era inexplicable, sus datos se resumían a «hemos perdido una guerra, ahora hay que trabajar». Mi padre no era locuaz; mi madre solo lo era cuando le hacía reproches a él, lo cual no era infrecuente.

Cuando llegué a la adolescencia, hacia los catorce años, el entendimiento entre mis padres se fue tensando. Ninguno de los dos había olvidado nada ni aprendido nada de las grandes conmociones que habían atravesado con inconsciencia. No eran nazis, pero habían votado a Hitler, como los demás, y no se reconocían ninguna responsabilidad en relación con lo que había sucedido bajo el nazismo. Cuando mi madre y sus vecinos charlaban, siempre terminaban lloriqueando por la injusticia que el destino les había deparado y evocando el recuerdo de los preciados objetos desaparecidos en la tormenta. Nunca una palabra de piedad o de comprensión respecto de los otros pueblos, y muchísimo menos de los rusos, a quienes criticaban con aspereza.

Berlín estaba llena del estruendo de los aviones que nos abastecían. Era la época del bloqueo. Yo no hacía preguntas, ni a los demás ni a mí misma. Avanzaba por el camino que se me había trazado: en 1954, me confirmaron en la iglesia evangélica luterana de la Hohenzollernplatz, pero ya no tenía fe: hasta el día de hoy, he permanecido ajena al problema de Dios. En aquella época, sin embargo, la Providencia se manifestó, ya que nos mudamos a un apartamento de tres ambientes y por fin tuve mi cuarto.

Experimento una alegría que difícilmente puede describirse. Por primera vez en mi vida, voy a habitar una vivienda normal, con mis padres. El número 9 de la Ahrweilerstrasse es un edificio de un encanto rudimentario. Pero posee para mí una maravillosa cualidad: alberga nuestro hogar, nos ofrece una dirección que solo nos pertenece a nosotros y, el colmo de la felicidad, está ubicado en mi barrio favorito. Las ventanas del apartamento dan al patio y a una calle arbolada y poco transitada, con edificios similares al nuestro.

El sitio está equipado con una cocina, un baño; hay agua caliente y radiadores conectados a la caldera central; mi habitación y la de mis padres tienen cada una un diván, que desplegamos por las noches antes de acostarnos. Ese lujo inaudito, ese confort moderno con auténtica calefacción —en invierno, el frío reinaba en el interior de todas las habitaciones de los apartamentos que habíamos ocupado con anterioridad, y recuerdo la minúscula estufa a cuyo alrededor nos apretujábamos para conseguir algunos grados de calor suplementario—, esa revolución en nuestras existencias se la debemos a la tía Ella, incomparablemente más ingeniosa que mis padres. Allí pasé siete años, hasta que me fui de Berlín, en 1960.

Muy cerca de nuestra casa, en Rüdesheimer Platz, hay una plazoleta adonde, los tres meses de verano, los habitantes de los alrededores acuden con sus hijos a hacer pícnics, a distraerse, a charlar de las novedades entre vecinos. Allí llevo de paseo a mi nuevo amigo, un basset hound que pertenece a una señora judía para quien mi madre hace tareas domésticas: me lo deja para que se lo cuide cuando regreso de la escuela o después de hacer los deberes. La mujer vive en el número 7 de la Ahrweilerstrasse y ahora es la única judía de ese barrio que, según me han dicho, contaba con muchos antes de 1933.

A los dieciséis años, dejo el liceo para entrar en la Höhere Wirtschaftsschule de Schöneberg, una escuela comercial que espero me sirva de trampolín para incorporarme lo antes posible a la vida activa. En el liceo me aburro. Deseo aprender una profesión y emanciparme de la tutela familiar.

Porque en mi vida de adolescente todo está mal. Mi padre bebe y no se cuida, lo cual tiene el efecto de agravar el mal humor de mi madre. No tardará en verse carcomido por un cáncer que se lo llevará en 1966, a los cincuenta y ocho años. Las peleas cotidianas hacen insoportable el ambiente. Me ahogo.

Yo no me conocía y no buscaba conocerme, pero a fuerza de esperar —¿qué?— y no ver llegar nada, debí de sentir cierta insatisfacción. Lo expresé mediante una falta total de entusiasmo en cuanto a las perspectivas que mi madre elaboraba para mí: una cartilla de ahorro, la composición de mi ajuar, un matrimonio conveniente, como el de mi prima Christa. La familia enseguida decretó que yo era una mala chica. Sin duda, me salvé a mí misma. Aguanté; nunca más volví a tomar ese camino «recto» que desembocaba en todo, como podía comprobar, menos en la felicidad.

En cuanto cumplí veintiún años, que festejé el 13 de febrero de 1960, no tuve más que una idea en mente: irme de esa ciudad por la que, sin embargo, sentía un profundo, aunque inexplicable apego. Como pasaba con frecuencia de Berlín Oeste a Berlín Este, sobre todo los domingos, iba adueñándome de los monumentos, los museos y hasta las calles de los dos Berlines. Para mí, la ciudad no se detenía en la puerta de Brandeburgo, como para la gente de mi entorno en el Oeste. Más allá, Berlín se prolongaba por Unter den Linden, que me pertenecía tanto como el Tiergarten. La política, la historia estaban totalmente ausentes en mí: solo vibraba esa indefinible sensación de que, pese a las apariencias, Berlín no era sino una sola ciudad.

Incluso prefería el encanto de la zona Este, tan oscura y tan pobre, pero donde me parecía que un pasado desconocido me daba citas insólitas. Sin duda, en ese deambular ajeno a toda preocupación, entregada al ensueño, forjé, cuando no era el momento, la sorprendente certeza de la unidad de mi país. Yo era solitaria, pero, más allá del limo dispersable de las dos Alemanias, mis raíces se aferraban hondamente al suelo alemán.

Encuentro en un andén de metro

Conocí París el 7 de marzo de 1960, a las siete de la mañana; gris era el cielo, gris la estación del Norte, gris y pesado mi humor. Mi madre me había predicho las peores desventuras. Para ella, más que una hija en perdición, yo ya era una hija perdida. Mi padre me había dado la espalda; en su opinión, París era el burdel de Europa; ya me veía entregada a las aceras. Mi francés se limitaba a algunas palabras, así que inmediatamente me matriculé en la Alianza Francesa. Tres días después, era una chica *au pair*,[1] y seguí siéndolo durante un año. Lamenté que donde viví y trabajé no me consideraran un poco la hija mayor de la familia. Muchas alemanas trabajaban como *au pair* para aprender francés, entablar relaciones con franceses, estar en contacto con la cultura y las ideas francesas. Pero pocas realmente aprovecharon las posibilidades que brinda París y, a menudo, se fueron decepcionadas por no poder llevar la vida que habían imaginado.

La gente para la que trabajo vive en la calle del Belvédère, en Boulogne. Duermo en el repugnante desván de un chalé, donde tiemblo de miedo a causa de las arañas. Dos veces al día conduzco y voy a buscar a la escuela al niño al que cuido. Siete horas al día, lavo, plancho, cocino, limpio. Como trabajadora dura y enamorada de la limpieza, todavía no tengo la costumbre de contener mi ahínco y, por la noche, a la hora de estudiar las lecciones del libro azul de la Alianza —donde los franceses modelos, el señor y la señora Vincent, seguramente no dieran tanto trabajo a muchachas que habían ido a descubrir y amar Francia—, estoy demasiado agotada.

[1] Joven extranjera que se aloja con una familia local y, a cambio de la vivienda y la comida, colabora en el cuidado de los niños de la casa o en las tareas domésticas. *[N. de la T.]*

Afortunadamente, un día me echan: un domingo, en ausencia de mis patrones, me atreví a invitar a una pareja de amigos, y el dueño de casa entró cuando estábamos viendo la televisión. Su televisión. «Podría haberla roto, señorita, ¡y no es usted la que habría pagado la reparación! Ya se puede ir buscando un nuevo lugar...».

Lugar que encuentro en la linde del bosque de Boulogne, en la calle Darcel, en casa de la familia Fallaud. El dueño intenta cortejarme; a la señora Fallaud no le interesa en absoluto su hogar y charla sin parar por teléfono con sus amigos. Me ocupo casi enteramente de Dominique y Marc, de cuatro y seis años; aprendo a hacer pasta, siempre pasta. Ya van dos meses desde que he llegado. Me arriesgo a hablar francés cuando hago las compras, pues en la Alianza solo conozco a extranjeros y aún tengo demasiado miedo para responder a quienes me abordan en el Barrio Latino, atraídos por mi plano de París, que delata a la forastera.

Todavía conozco muy mal la ciudad, pero me seduce. ¡Todo era un descubrimiento! ¡Qué diferencia con la monotonía de los nuevos edificios de Berlín Oeste! Me gusta caminar con la cabeza erguida por las viejas calles del Marais o por las que unen el Sena con el bulevar Saint-Germain, admirando las armoniosas fachadas, tan impregnadas de personalidad. Aquí la gente parecía animada por una sed de vivir, cada uno era distinto del otro; un paseo por Saint-Germain o por los Campos Elíseos era como ir a un espectáculo. Tenía, y siempre he conservado, una excitante sensación de que existía un sólido vínculo entre esa ciudad y yo, de que a mí París me hacía sentir plena.

Un día de mayo, como de costumbre, estoy esperando el metro a la una y cuarto en la estación Porte de Saint-Cloud. Me pongo donde se detiene el primer vagón, previendo la combinación que tengo que hacer en Michel-Ange-Molitor. Siento una mirada insistente sobre mí. Alzo los ojos: un muchacho de cabello negro, que viste traje Príncipe de Gales y lleva un portadocumentos en la mano, me pregunta: «¿Es usted inglesa?».

Era una trampa, desde luego; más tarde me confesará que una alemana siempre responde «no» cuando se le hace esa pregunta. Y después ya es demasiado tarde para callar. En Sèvres-Babylone, se baja para ir a Sciences Po, con mi número de teléfono en el bolsillo. Tres días más tarde, me llama, para mi gran felicidad. Vamos a ver *Nunca en domingo* a un cine de la calle Colisée.

Serge está terminando sus estudios y es casi tan pobre como yo; me agrada enseguida, tanto por su seriedad como por su fantasía. En un banco del bosque de Boulogne, me entero de que es judío, que ha perdido a su padre en Auschwitz. Estoy sorprendida, afectada. Tengo un primer movimiento de rechazo. En Berlín, no había oído hablar demasiado bien de los judíos. ¿Por qué me complico así la vida? Pero la mirada de Serge emana calidez; me acurruco contra él.

Me habla de su padre, cuyo ejemplo, lo intuyo, está vivo en él: alistado voluntario en 1939 en la Legión Extranjera, uno de los escasos supervivientes de su regimiento tras la batalla del Somme, prisionero en fuga, fue detenido en Niza en septiembre de 1943 y murió en la cámara de gas de Auschwitz.

Vacaciones de verano en la costa vasca con mi nueva familia, que vive en Asnières, en la calle Roger-Poncelet, un triste chalé de los suburbios en medio de un jardincito donde no crece más que un pedregullo. Serge y yo nos escribimos con regularidad. Me corrige las faltas de francés. A veces me enojo por su tono docto y, a cambio, lo trato de «profesor». Se irrita y me contesta: «Tienes que enriquecerte, hay que leer, ahondar en todo lo que nos han dejado los hombres. No fue para ganar dinero por lo que Dostoievski, Tolstói y Stendhal escribieron; fue para ellos mismos, y también para ti, para que te vuelvas consciente de lo que eres. Así que tienes mucha tela por cortar». A veces me quejo: «Envidio que tengas un trabajo menos prosaico que el mío. No sabes lo feliz que eres: tú sabes adonde vas, pero a mí ¿qué me espera? Me hace falta mucho valor, y tú no estás aquí para dármelo».

Estamos juntos otra vez en el otoño, sobre la pasarela de las Artes. No nos dejamos un segundo. Serge me hace vivir París, lo conoce de un modo notable. No paramos de hablar. Había estado callada demasiado tiempo; con él, es como un desahogo. Con él también penetran en mi vida la historia, el arte, el mundo de las ideas vivas.

El tiempo del que disponía hasta entonces se amplía: regularmente dormía diez horas por noche; en adelante, aprendo a conformarme, como él, con seis horas de sueño.

Al comprobar mi total ignorancia respecto de la historia de mi país, Serge, diplomado en estudios superiores de Historia por la Sorbona, se propone hacérmela conocer. Así es como entro en contacto con la terrorífica realidad del nazismo.

No me sentía en absoluto responsable por ello como individuo, pero en tanto que elemento del pueblo alemán, por más ínfimo que fuera, tomaba conciencia de nuevas responsabilidades. ¿Tuve la tentación de dejar de ser alemana? Al propio Serge jamás se le ocurrió. Ni un minuto; habría sido demasiado fácil. Entonces me di cuenta de que ser alemana después del nazismo es tan exaltante como difícil. Un día, Serge me contó cómo el relato de la breve vida de Hans y Sophie Scholl le había impedido odiar con intolerancia a los alemanes. Fue el ascenso hacia la luz. Me sentía de la familia de los Scholl.

En febrero de 1943, los estudiantes Hans y Sophie Scholl, Christoph Probst, el profesor Huber y algunos otros redactaron y repartieron unas octavillas en Múnich, estigmatizando al nazismo y sus crímenes en nombre de Alemania. No los escucharon, los detuvieron y murieron aceptando su destino con coraje, decapitados con un hacha. Leí lo que dijo Thomas Mann a los alemanes el 27 de junio de 1943, por la radio estadounidense:

> Ahora han abierto los ojos y ponen sus juveniles cabezas sobre el cadalso, como testimonio de su fe y por el honor de Alemania [...]. Las colocan allí tras haber declarado en la cara del presidente del tribunal nazi: «Pronto serán ustedes quienes estén aquí donde estoy yo», tras haber afirmado, frente a la muerte: «Nace una fe nueva, la fe en el honor y en la libertad». ¡Valerosos, magníficos jóvenes! ¡No habrán muerto en vano, no serán olvidados!

Al margen de las ideologías, los partidos y los grupos, no había otra cosa que incitara a aquellas personas a actuar a costa de su vida más que su conciencia de católicos y alemanes. El alcance de sus actos, aparentemente ineficaces y estériles en 1943, no dejó de crecer con el tiempo, hasta alcanzar a Serge, hasta alcanzarme a mí. En ellos me reconozco.

Noviembre de 1960, Serge está realizando el servicio militar. Va a clases a Montlhéry. La separación nos acerca más. Nos reencontramos a menudo, nos escribimos todos los días. En mi torpe francés, le declaro:

> Tus cartas hacen crecer aún más mis sentimientos por ti. Ya no me conozco. Te leo y te releo, aprendo de memoria las frases que hablan de amor y ya no vacilo, las creo. Al principio, aún dudaba un poco de la veracidad de esas palabras[*sic*], puesto que temía una desilusión. Pero en las noches en que me amabas me tranquilicé, sentí tu amor por mí y lo replico con todo mi corazón. Por primera vez, te escribo conscientemente que te amo.

Cada tarde, o casi, Serge me llama a Asnières. Mi «patrona», la señora Pontard, profesora de matemáticas que aún no ha podido casar a su hija Monique, me repite: «Beate, no se casará con usted, no es algo serio. Los franceses no se casan con extranjeras». ¡Qué me importa! Mientras tanto, Serge me arranca de lo que me pesa en la existencia cotidiana. Lo envían a realizar maniobras militares en Mourmelon, me escribe en febrero de 1961:

> Tienes que poetizar tu vida, Beate, recrearla, participar en ella, no de manera inconsciente, limitándote a existir, sino con conciencia, viviéndola, imponiéndote. De una pequeña expedición de los griegos a Troya, Homero hizo *La Ilíada*, y ese poder lo tenemos todos, si no en el campo del arte, por lo menos en el campo de la vida. Un poco de coraje, de buen humor, de energía, de cariño por la humanidad. Mucha poesía para transfigurar lo que vivimos y elevarlo al nivel de una experiencia exaltante.
>
> Mi tesoro, ya debes de haberte quedado dormida o estar sonriendo por estos buenos consejos, pero es lo mejor que tengo para regalarte en tu cumpleaños, y lo más sincero y duradero. Quien te escribe no es «el profesor», sino tu Serge que te ama.

Y yo respondo con torpeza:

> Cariño:
>
> Son las nueve menos cuarto y comienzo cada mañana observando el buzón. Si veo cartas, me precipito a la puerta y las recojo, las abro, las leo por encima y después las releo detenidamente.
>
> No te quejes siempre de la vida en el cuartel, cuatro semanas más y ya estarás en París. ¿Crees que a mí me resulta interesante quitarles la suciedad a otros? Sé por qué hago este trabajo, pero lo encuentro triste como un cielo gris, o un día sin ti.

En la escuela hemos hecho ejercicios y he cometido un montón de faltas, pero faltas tontas, por distracción.

Me preguntas cómo te juzgo. Te quiero demasiado para ser neutra.

Volviendo a tu carta de ayer, me pregunto con qué ideas te entretienes. ¿Tienes la intención de escribir la historia de tu vida en unas memorias solo para ti, o ya para la posteridad, para que no se te olvide dentro de ciento cincuenta años?

¿Realmente tienes ganas de ser conocido, de imponer tu impronta o de dejar tu recuerdo? Primero hay que pensar en hacer algo hermoso, cosas muy aprovechables para los demás. Si lo consigues, automáticamente te convertirás en alguien muy afamado.

Entiendo muy bien que quieras utilizarlo todo, lo que has visto, tus viajes, lo que has aprendido, etc. Pero ya tendrás ocasión, en una profesión como político. Creo, cariño, que tienes sueños demasiado grandiosos. Lamento no ser capaz de decirte estas cosas en una buena francesa [*sic*] para ser mejor comprendido [*sic*].

Junio de 1961. Conozco a Tania, la hermana de Serge, en Les Deux Magots. Es catedrática de ruso. Pasamos una maravillosa velada con uno de los mejores amigos de Serge, Claude Nedjar, por entonces, ayudante de dirección de Jacques Baratier para la película *La Poupée*, y la estrella del filme, Zbigniew Cybulski, un actor polaco extraordinario que fallecerá de forma trágica unos años más tarde, aplastado por un tren. Aquella noche de encantos eslavos nos inspira tanto a todos, que Tania y Serge me llevan a casa de su madre.

Deseaba y temía ese primer contacto con Raisa.

Había podido comprobar, entre los amigos judíos de Serge, que lo que había sucedido bajo el nazismo había provocado prejuicios en ellos y en sus padres con respecto a los jóvenes alemanes. A veces eran agresivos conmigo. ¿Qué pasaría dentro de un rato? Serge había esperado largo tiempo antes de esa presentación: sin duda, yo había cambiado en un año. Raisa me toma la mano. Hay en ella una gran distinción natural y amable, así como una profunda bondad y una asombrosa juventud de carácter. Simpatizamos de inmediato. Me cuenta sus recuerdos de Alemania, donde estudió Química, donde vivió tanto en Charlottenburg como en Berlín, cómo llegó de Besarabia a París a los dieciséis años, para ser enseguida una de las pocas mujeres de la época matriculadas en Ciencias en la Sorbona, su matrimonio con un seductor rumano en el ayuntamiento del distrito V. Siempre con su encantador acento ruso, habla de la guerra. Y a través del relato de la noche en que su marido fue detenido fue como percibí todo el sufrimiento que separa a los judíos de los alemanes.

Aquella noche entré en la pequeña familia Klarsfeld, un tanto bohemia, donde cada uno quiere al otro más que a sí mismo, donde no hay problemas de generación, donde la madre se sacrificó por sus hijos y estos están íntimamente unidos a ella, sin por ello renunciar a un ápice de su libertad.

Tania y Serge habían recorrido buena parte del mundo en condiciones por demás aventureras, cada uno por su lado.

Ese gusto por los viajes y la voluntad de Serge de que yo viera lo más bello que él había admirado lo incitaron a enviarme en 1961 a visitar Grecia y Turquía, países que él había recorrido, por lo general, haciendo autostop. Viajo en compañía de un grupo de estudiantes, primero en tren hasta Brindisi, luego tomo un barco que nos deja en unas islas cuyos pueblos y vestigios arqueológicos exploramos a lomo de burro.

Pasamos un tiempo en la Grecia continental antes de proseguir hacia Estambul; después continuamos a bordo de un barco, donde me percato de que me mareo. El confort es espartano. Dormimos en el puente durante las travesías y en tienda de campaña en Grecia. Tengo estupendos recuerdos de aquel viaje. Estupendos y plagados de descubrimientos.

En el verano de 1962, Serge, que todavía está haciendo el servicio militar, me inscribe en otro grupo, esta vez con destino a Rumania, en plena Guerra Fría. Una vez más, él no formará parte del viaje, que se desglosa entre el mar Negro y un día en Bucarest. Allí toco a la puerta de Lida, tía de Serge y tercera mujer del clan Klarsfeld, tras dejar plantada a la pequeña *troupe*, entretenida en una visita al zoológico de la capital. Lida vive rodeada de gatos, lo cual provoca mi entusiasmo. Mi lejanía con Berlín no ha mermado el afecto que siento por ellos y por los perros, y acaso mi reacción haya jugado en mi favor, pues Lida se muestra por demás atenta y generosa, y se confirma mi posición en el seno de la familia

Klarsfeld. Esta vez, la visita no tiene nada de fortuita. Pese al telón de acero, Raisa quiere que conozca a su hermana: espera de ella una mirada exterior, una opinión tan imparcial como sea posible, no con el fin de forjarse un sentimiento que ya tiene, sino para ampliar el círculo, mantener un lazo familiar privilegiado y saber si puede encomendarme a su hijo.

En marzo de 1963, Tania se comprometió con Alik, un ingeniero judío de Besarabia a quien había conocido en Bucarest y que se había ido de Rumania. En medio de la recepción, Serge tomó la palabra: «Al mismo tiempo que celebramos el compromiso de Tania y Alik, ¡Beate y yo festejamos el nuestro!».

Nos casamos el 7 de noviembre de 1963 en el ayuntamiento del distrito XVI. Serge me reveló más adelante que aquel día fue para él un suplicio, porque tenía dolor de muelas. No había tomado conciencia ni un solo segundo de la realidad de aquella boda.

> Esa misma noche, nos fuimos de luna de miel en coche cama. Destino: Múnich, gran ciudad de arte que mi judío errante no conocía. Serge acababa de obtener el número uno en el concurso de ayudantes de dirección de la Oficina de Radiodifusión y Televisión Francesa (ORTF). En julio de 1964, ascendió a encargado de misión en la Dirección de Radiodifusión. Por mi parte, me fui de la firma de sederías lionesas donde trabajaba, en el número 20 de la calle de la Paix, y entré como secretaria bilingüe en la Oficina Francoalemana para la Juventud (OFAJ), que acababan de crear De Gaulle y Adenauer, y cuya misión de afianzar las relaciones entre nuestros dos países me apasionaba.

Felices en el plano personal y familiar, encaminados uno y otro en una carrera activa que correspondía a nuestros centros de interés, ambos habíamos preparado el escenario que nos permitiría llevar una vida ordenada, estable, semejante a la de tantas otras parejas.

Serge

Acorralados por la Gestapo

Tengo ocho años, en vísperas del inicio escolar, en Niza, el 30 de septiembre de 1943. En el comienzo de la calle de Italie, donde residimos en el número 15, en un edificio de la década de 1920, se eleva la basílica cuya fachada da a la arteria principal de la ciudad, la avenida de la Victoire. En la otra punta, perpendicular a la calle de Italie, la apacible avenida Durante sube hacia la estación central. En la acera izquierda, a menos de cien metros del cruce, se halla el hotel Excelsior, edificado a finales del siglo XIX. Hace tres semanas que ese hotel se ha convertido en el cuartel general de la Gestapo antijudía; los alemanes, que ocupan Niza desde hace poco y acaban de echar a los italianos, agrupan allí a los judíos que apresan y los envían a Drancy, en vagones de pasajeros requisados y enganchados al tren que va de Niza a París. Enseguida aprendimos a evitar con cuidado la avenida Durante.

Es medianoche y, al igual que mi hermana, mi madre y mi padre, duermo profundamente en nuestro apartamento de tres ambientes, amueblado con sencillez. Las ventanas dan a la calle, salvo la de la cocina, que permite ver un estrecho y oscuro patio.

De pronto, unos proyectores iluminan la fachada del edificio, acompañados de inmediato por gritos y órdenes proferidas en alemán. Nos levantamos de golpe. Mi hermana y yo corremos a refugiarnos en el escondite acondicionado por mi padre y dos amigos húngaros en un profundo armario de aproximadamente un metro y medio de ancho. Un delgado tabique escamotea una parte del hueco y nos oculta de las miradas; se abre desde abajo, por medio de un simple gancho colocado en el interior.

El 8 de septiembre de 1943, menos de un mes antes, los alemanes irrumpieron en Niza y lograron ocupar los ocho departamentos administrativos del sudeste de Francia, cuyo control habían encomendado a sus aliados italianos el 11 de noviembre de 1942, en el momento de la invasión de la zona libre por el Tercer Reich.

Esos diez meses de tregua, entre noviembre de 1942 y septiembre de 1943, fueron un periodo de felicidad para numerosas familias judías a las que los nazis harán sufrir tanto después del 8 de septiembre de 1943. Nuestra familia y muchas otras aún estaban completas: papá, mamá y los hijos. A menudo, los medios de comunicación ilustran mi infancia con una foto donde los cuatro, Arno, Georgette,[1] Serge y Raisa, avanzamos por el paseo de los Ingleses, juntos por última vez. Nuestra seguridad parecía garantizada por los Carabinieri y los Bersaglieri; miles de judíos huían de la zona de ocupación alemana y se refugiaban en zona italiana.

He conservado una profunda gratitud para con los italianos y, ya en la infancia, Italia se convirtió para mí en otra patria, salvadora. En 1946, durante el Gran Premio de las Naciones, cuando vi por el camino de la Reina, en Boulogne, a Fausto Coppi arremetiendo hacia el Parque de los Príncipes, ese hombre se convirtió en mi héroe, y siguió siéndolo. De adolescente, recorrí Italia haciendo autostop y no dejé de volver a ese país una y otra vez; transmití aquella pasión a nuestros hijos: Arno vivió con Carla; Lida se casó con Carlo; nuestros perros recorrieron cada callejuela de Venecia, y Beate y yo, hasta el día de hoy, muchas veces nos sentamos en un banco en Sant'Elena y admiramos la Serenísima tomados de la mano, o en la Piazza Santo Spirito, en Florencia, contemplamos la fachada desnuda de la iglesia de Brunelleschi.

El 18 de marzo de 1943, tuvo lugar un encuentro entre Mussolini y el embajador alemán en Roma, Mackensen, quien le solicitaba al Duce que obligara a sus militares a abandonar la protección concedida a los judíos y encomendara a la policía francesa la solución de la cuestión judía en la zona de ocupación italiana. Mackensen refirió el punto de vista antijudío del Duce:

---

[1] Nombre original de Tania; el autor explica luego la *razón* del cambio. *[N. de la T.]*

> En realidad, dado el estado de cosas, podíamos alegrarnos de que existiera un Gobierno francés dispuesto a ejecutar esas medidas policiales. Era una locura ponerle palos en la rueda. Cuando los franceses actuaban contra los judíos, finalmente era igual que cuando actuaban contra criminales, situación en la que a los militares no se les ocurriría inmiscuirse. El comportamiento de los generales italianos no solo era resultado de la ya señalada falta de comprensión del significado de la acción comprometida, sino también el efecto de un falso sentimentalismo humanitarista que no se condecía con nuestra dura época. A partir de entonces, [Mussolini] iba a impartirle al general en jefe, Ambrosio —yo podía anunciárselo al señor ministro de Asuntos Exteriores del Reich—, las órdenes correspondientes a fin de que, en adelante, la policía francesa tuviera las manos enteramente libres para esa empresa.[2]

Si aquella decisión hubiera sido aplicada, y si el régimen de Vichy hubiera podido aprehender a los judíos de la zona italiana, probablemente todos habríamos perecido; pero el general en jefe, Ambrosio, y el jefe de la diplomacia italiana, Bastianini, que ya había protegido a los judíos de Croacia, acuden de inmediato ante Mussolini con informes de oficiales italianos sobre las masacres de judíos en el Este y un mensaje de los militares y los diplomáticos italianos expresándose en nombre del pueblo italiano: «Ningún país —ni siquiera la Alemania aliada— puede asociar Italia, cuna de la cristiandad y del derecho, a esos crímenes por los cuales el pueblo italiano tal vez un día deberá rendir cuentas».

Confrontado con aquella férrea oposición, Mussolini se inclinó y encomendó la suerte de los judíos de la zona de ocupación italiana en Francia a su policía racial, que prosiguió la política salvadora de los militares. Ningún judío fue entregado por los italianos a la policía de Vichy o a la Gestapo, excepto el periodista Theodor Wolff, reclamado por los alemanes por motivos políticos.

La ocupación de una parte de Francia por los italianos fue una bendición para las familias judías, como la nuestra. No más redadas mortíferas a cargo de la policía de Vichy, como la del 26 de agosto de 1942, cuando 560 judíos considerados apátridas fueron detenidos y trasladados a Drancy en condiciones abominables. No más

2 Archivos del Tribunal Militar de Núremberg, *ng*-2242., Embajada de Alemania, Roma, núm. 1246.

arrestos por «situación irregular». No más miedo al policía francés. Se abre un oasis para los judíos en la Europa sometida del Tercer Reich. Los italianos rechazan la colocación del sello de «judío» en los documentos de identidad y tarjetas de alimentación por parte de las autoridades francesas; se oponen a todo arresto de judíos por ser judíos; protegen a los judíos italianos, extranjeros y franceses. La presión que ejerce la opinión pública italiana sobre Mussolini, absolutamente dispuesto, por su parte, a entregar a los judíos a los alemanes, todavía lo obliga a no decidir lo peor, cosa que sí hará más tarde, tras su destitución, en julio de 1943, y su retorno al poder en Italia del Norte en octubre de ese mismo año, cuando solo tendrá como apoyo a los fascistas puros, a las tropas alemanas y a las SS.

Para nosotros, la debacle italiana es una catástrofe. Hay soldados italianos que intentan llevarse a algunos judíos, ponerlos a resguardo. Pero los alemanes recuperan el control tan repentinamente que la mayoría de esas tentativas fracasa.

El terror se difunde como reguero de pólvora. Los arrestos se multiplican de inmediato entre los 25 000 judíos presentes en Niza. Se montan cordones policiales en las calles, en los cruces, en las entradas y salidas de la ciudad; los pasajeros que tratan de tomar el autobús o el tren son sistemáticamente controlados; se implementa un metódico mallado que hace correr mayores peligros a quienes tratan de escaparse que a los que se quedan.

Frente a la amplitud del peligro, mi padre ha decidido improvisar un escondite que se cierra desde el interior y delante del cual ha fijado una barra para colgar ropas destinadas a dar una apariencia de armario ordinario. No obstante, nuestra situación es precaria. Una simple presión con la mano o un culatazo sobre la pared, que no es otra cosa que un endeble tabique de madera, bastarían para develar el subterfugio y nuestra presencia.

Mi hermana tiene once años; yo tengo ocho. Nos peleamos con frecuencia, pero en la oportunidad en que hubo que meterse en el armario, dimos muestras de una docilidad y una disciplina ejemplares. Nuestra madre, Raisa, mi hermana y yo estamos apretados en el escondite, con la ropa que llevábamos el día anterior y que tomamos al saltar de la cama. Raisa sale a hacer las camas. La idea es eliminar todo rastro de nuestra presencia reciente en el apartamento. Regresa rápido, cierra la puerta.

El libreto está listo, y el desarrollo de las operaciones, minuciosamente aprendido. Si la Gestapo viene a atraparnos, mi padre saldrá del paso afirmando que el apartamento está siendo desinfectado y que ha preferido enviarnos al campo para protegernos de una eventual intoxicación. Si él se esconde también, el riesgo es ver a los alemanes sondeando cada pared, cada armario a culatazos, y que nos descubran.

Nuestro padre nos ha advertido del peligro que nos acecha. Tenemos perfecta conciencia de que aquel refugio constituye nuestra única esperanza de salvación. Unos días antes, quiso tranquilizarnos explicándonos que, en caso de que los alemanes lo detuvieran, él tendría mayores probabilidades de sobrevivir que nosotros: «Soy fuerte, sobreviviré; vosotros, no». Los tres estábamos seguros de que nuestro arresto equivalía a nuestra muerte.

Los Causansky tenían una propiedad en Moissac, donde mi madre, mi hermana y yo habíamos vivido al comienzo de la guerra. En 1943 llegaron a Niza. Les dimos cobijo, pero la convivencia terminó afectando a mis padres. La noche misma de la redada, sin sospechar que esa decisión iba a salvarlos, mi padre les encontró refugio en el apartamento de unos vecinos del primer piso, los Dussour, miembros de la Resistencia. Los Causansky sobrevivieron. Paul Dussour fue detenido unos meses más tarde. Murió en la deportación, en Dachau. Desde el 8 de mayo de 1975, arriba de la puerta de entrada del número 15 de la calle de Italie, una placa conmemorativa llama a recordar a dos amigos: Paul y Arno.

En Niza, la firma del armisticio entre Italia y los aliados y la huida de los italianos con la llegada de los alemanes se sucedieron a una velocidad que paralizó a todos. Alois Brunner, en lo sucesivo responsable de la deportación de los judíos de Viena, Berlín y Salónica, y nuevo comandante del campo de Drancy, desató en la ciudad una de las redadas más brutales de la guerra en Europa Occidental.

En las calles, se controla la identidad de cada persona, se fuerza a los hombres a desvestirse para ver si están circuncidados, se registran sótanos y áticos. Se detiene a cientos de personas en unos días.

La noche del 30 de septiembre al 1 de octubre de 1943, los hombres de la Gestapo toman nuestro edificio. Proceden metódicamente, piso por piso, golpean a todas las puertas, pero no entran en las casas de los no judíos. Seguramente, las familias judías que, como la nuestra, no dieron parte de su presencia ante las autoridades al llegar a Niza en octubre 1941 han sido denunciadas. No obstante, las autoridades locales no tienen ninguna responsabilidad en este drama: a fin de privar a los alemanes de la más mínima información, el prefecto Jean Chaigneau, un hombre justo entre los prefectos, había destruido el archivo que inventariaba a los judíos. Detenido y deportado en 1944, Jean Chaigneau sobrevivió.

Nuestro escondite da al apartamento contiguo, donde viven los Goetz, que se dicen alsacianos y en realidad son judíos polacos. Oímos a los alemanes entrar en su casa y a Yvonne, su hija, gritar de dolor tras recibir un culatazo en medio de la cara por haber osado pedir que les enseñaran su documentación. La pequeña Marguerite, amiga de mi hermana, llora: los alemanes la maltratan con el objeto de obtener la dirección del hermano mayor. Lucien. Le tuercen el brazo. La niña chilla: «¡No sé, no sé!». Amenazan, agreden a los miembros de la familia, uno tras otro, y logran sonsacarles la información que buscaban. Lucien es detenido unas horas más tarde. Oímos a su padre gritar: «¡Socorro! ¡Policía francesa, socorro! ¡Somos franceses! ¡Sálvennos! ¡Sálvennos!».

Ese grito de desesperación es una de las oportunidades de mi vida: contrariamente a tantos de mis amigos supervivientes e hijos o hijas de deportados judíos, no fueron franceses en uniforme los que vinieron a detener a mis padres, mis hermanos o hermanas, sino que fueron alemanes de la Gestapo. En aquel entonces, yo no sabía nada de las detenciones llevadas a cabo por la policía francesa a las órdenes de un Gobierno de colaboración, y nada sabré de ello durante largos años. Al revés de los demás niños, que tuvieron más miedo de los agentes de policía que de los soldados alemanes, los cuales, en general, no participaban en las redadas, yo nunca le temí a la policía francesa. A partir del verano de 1943, esta no inició ninguna redada de judíos en la antigua zona libre; en Niza, en particular, no participó en absoluto en esos operativos llevados a cabo por los alemanes y sus secuaces franceses a sueldo. Es cierto que estábamos en Niza el 26 de agosto de 1942, cuando se efectuó la gran redada de los judíos considerados apátridas (exalemanes, austríacos, rusos y checos) que habían entrado en Francia desde el 1 de enero de 1936; pero los rumanos no eran el blanco de aquel operativo.

Si nos hubiéramos quedado en París en 1940 en lugar de huir de los alemanes, habríamos sido detenidos el 24 de septiembre de 1942, como más de 1500 judíos rumanos «susceptibles de ser detenidos» desde el día anterior, momento en que la Gestapo se enteró de que el Gobierno rumano renunciaba a su soberanía sobre sus ciudadanos judíos que vivían en el extranjero. En la madrugada del 24 de septiembre, todos ellos fueron detenidos por la policía francesa. A las nueve menos cinco de la mañana, el 25 de septiembre, fueron deportados en el convoy número 37 y, en la mañana del 27 de septiembre, tres cuartos de los deportados en aquel convoy fueron gaseados en Birkenau. No habían transcurrido más de setenta y dos horas entre su brusco despertar en París por los «guardianes de la paz» y su asesinato por las SS, en la otra punta de Europa. Todavía hoy, en 2014, una carta enviada desde Francia tarda más en llegar a Auschwitz, Polonia, que un judío en 1942. Lo pienso a menudo cuando recorro nuestro barrio: solo hay trescientos metros entre el 196 de la avenida de Versalles, nuestro antiguo edificio, y la comisaría de la calle Chardon-Lagache, esquina bulevar Exelmans. De allí, nos habrían dirigido a Drancy y, al día siguiente, habríamos corrido la misma suerte que tantas familias que frecuentaban mis padres.

Sí, de algún modo he sido un privilegiado al no haber sufrido como tantos otros niños judíos por esa herida tan difícil de cicatrizar en Francia, y que recién comenzó a cerrarse por obra de los discursos de dos presidentes de la República, el de centro derecha Jacques Chirac: «Francia, aquel día, llevaba a cabo lo irreparable»; y el de centro izquierda François Hollande: «Ese crimen fue cometido en Francia, por Francia».

Como para todo niño judío que pasó por ello y perdió a sus seres queridos, aquella noche de la redada siguió siendo toda mi vida una referencia que forjó mi identidad judía. No heredé esa identidad por la religión ni por la cultura: mi identidad judía tiene a la Shoá como telón de fondo y siente un indefectible apego por el Estado judío, el Estado de Israel. Es mi pasado como judío y es el porvenir del pueblo judío.

De golpe, llaman a nuestra puerta. Mi padre les abre. Una voz con un marcado acento alemán lo interroga en francés: «¿Dónde están su mujer y sus hijos?». Mi padre responde: «Están en el campo porque acabamos de desinfectar el apartamento». Mi hermana está enferma de bronquitis. Para evitar toser, toma un pañuelo que utiliza como si fuera una mordaza y se lo introduce en la boca. Los alemanes entran y se proponen registrar el apartamento. Uno de ellos abre la puerta del armario. Setenta años después, todavía oigo el ruido de las prendas deslizándose por la barra. No inspecciona el tabique que nos sustrae a su vista, no se demora, vuelve a cerrar. La voz se reanuda: «¡Vístase y síganos!». Salen.

Nuestro padre está ya por irse, pero en último momento retrocede. Acaba de acordarse de las llaves. ¿Cómo sostener que estamos ausentes y salir sin llevarse las llaves? Mi padre no puede saber que no volverá nunca más. Si sale sin cerrar la puerta, los alemanes podrían deducir que estamos dentro del apartamento. Mi padre se acerca al armario, se asoma al interior y murmura: «Mis llaves». Mi madre, a cuatro patas, entreabre la puerta, le alcanza las llaves. Mi padre las toma, besándole la mano una última vez. Todavía oímos su voz del otro lado del tabique, en la casa de los Goetz, adonde lo condujeron los alemanes y donde intenta calmar a nuestros vecinos.

Luego el silencio inunda el edificio. Nos quedamos horas en el armario, petrificados de pavor. No sabemos si algún alemán ha permanecido en el rellano de la escalera. Al amanecer, mi madre sale. Se aventura por el rellano cuando un vecino baja; le pide que compruebe que los alemanes se han ido. Entonces nos deslizamos fuera del escondite. Nos vestimos y abandonamos el edificio.

Ese fue el comienzo de una huida errática que duró algunas semanas en las que burlamos a la muerte en Niza y sus suburbios: del apartamento amueblado a una habitación prestada en casa de otras familias, ya que los hoteles donde se alojan los judíos son el blanco predilecto de los miembros de la Gestapo. En la calle, mi madre camina por una acera, y mi hermana y yo, por la acera de enfrente. En el trolebús, ella viaja atrás y nosotros, delante. Tenemos instrucciones en caso de que nos detengan: a casa de qué amigos ir, a quién escribir; tenemos dinero para arreglárnoslas, por si acaso... Entramos regularmente en la basílica; allí encontramos una sensación de paz y seguridad; rezamos por Arno.

A nuestro padre se lo ha llevado la Gestapo a unos cientos de metros de nuestro apartamento, al hotel Excelsior, próximo a la estación central. Ese hotel se ha convertido en un anexo del campo de Drancy. En cuanto se juntan más de cincuenta judíos, Brunner lo vacía. Nuestra madre tuvo el coraje de ir a la estación el 2 de octubre y ver partir a mi padre. De un vistazo, él le hizo un gesto para que se apartara, ya que los alemanes pueden echarse encima de quienes miran con insistencia. En Niza pasaron su luna de miel, en febrero de 1929; en Niza se separaron para siempre el 2 de octubre de 1943.

En Niza perdí a mi padre; en Niza perdí a mi madre. En abril de 1981, quiso volver a ver una vez más al n.º 15 de la calle de Italie; sufría del corazón; mi hermana la acompañaba y la fotografió delante de la puerta del edificio, cerca de la placa conmemorativa. Luego regresaron al hotel Negresco. Un poco más tarde, en casa de su cuñada, mi madre dijo: «Démonos prisa; llegaremos tarde al casino». Entonces se la llevó un paro cardiaco, el 20 de abril, día del aniversario del nacimiento de Hitler. Deseaba semejante fin y lo último que quería era terminar su vida en un hospital. El casino no era para jugar, era el Palais de la Méditerranée, donde mi padre había ejercido como inspector-intérprete en 1942.

En 2007, mi hermana y yo vimos en Osnabrück, rodeados por Beate y unos veinte amigos, una ópera alemana, *Die Bestmannoper,* del compositor Alex Nowitz, cuyo tema era la detención de mi padre, nuestra noche en el escondite, el rol de Alois Brunner, el mejor hombre de Eichmann, y mi destino de justiciero. ¡Qué emoción vernos en el escenario y oír a nuestro padre cantar su amor por su familia y su angustia por que Brunner la descubriera!

Después de aquellas agotadoras semanas por toda Niza, nuestra madre decidió regresar a nuestro apartamento. Estaba harta de sentirse acorralada en casa de otros. Prefirió mostrarnos qué debíamos hacer en caso de redada: entraríamos en el escondite y ella les abriría la puerta a los alemanes. Así que cada noche poníamos nuestra ropa en el escondite con los documentos necesarios para nuestra huida y nos acostábamos; nuestra madre se ponía en medio de nosotros dos, expectante. Casi toda la noche leía novelas policiacas de las ediciones Le Masque, con tapa amarilla. Yo leía con ella antes de quedarme dormido y les tomé el gusto a esas historias, cuya lectura siempre sabe calmarme cuando hace falta. Regresamos al liceo de mujeres. Yo asistía a la primaria, a los cursos inferiores, adonde también iba Simone Veil,[3] que entonces se llamaba Simone Jacob. Nuestra madre nos retiró cuando la Gestapo detuvo allí a una niñita. Por las tardes, no sabíamos si al entrar a casa íbamos a encontrar o no a nuestra madre. El cielo podía derrumbarse sobre la cabeza de un judío en cualquier momento. Solo en febrero de 1944 pudimos irnos de Niza.

Cuando el convoy número 61, que lo había deportado de Drancy el 28 de octubre de 1943, llegó a Auschwitz, Arno Klarsfeld, mi padre, aturdió de un golpe al Kapo que le había pegado. Aquel gesto le costó la vida. Murió a los treinta y nueve años, después de que lo incorporaran al Kommando de represalias de Fürstengrube, donde, sin embargo, había logrado sobrevivir nueve meses en una mina de carbón, cuando el promedio de duración de vida no excedía de seis semanas. ¿Por qué, al menos por esa vez, por esa única vez en su existencia, no agachó la cabeza? Nunca lo sabré, pero tengo la convicción de que, si no hubiera reaccionado ante los golpes del Kapo, mi padre habría podido salvarse.

---

[3] Superviviente de Auschwitz y figura muy destacada de la escena política francesa. En particular, ocupó el cargo de ministra de Salud y promulgó la ley de despenalización del aborto en 1975. *[N. de la T.]*

Arno, mi padre

Mi padre era alto y robusto, de temperamento independiente. Sin duda también, egoísta; pero, ante todo, independiente. Era un hombre magnético. Se parecía al actor Victor Mature, que encarnó a Sansón...

Nacido en 1905 en Braila, puerto fluvial sobre el Danubio, en Rumania, mi padre vivió como si supiera que iba a morir joven. Transitó su vida sin preocuparse demasiado por el futuro y se fue muy temprano a descubrir mundo. Pasó mucho tiempo viajando; creo que incluso navegó un año en un carguero alemán. ¿Por qué se llamaba Arno? Porque sus padres habían disfrutado tanto una estancia en Florencia, que habían decidido darle ese nombre a su próximo hijo si era mujer, y el nombre de Arno si era varón —y acaso también porque Arno es anagrama de Arón—.

Wolf, el abuelo de Arno, era oriundo de Stryi, en la Polonia austríaca, y había nacido en 1840. Diamantista de profesión, había emigrado a Bucarest con su esposa Jente Waldman, y murió allí en 1912. Su hijo, mi abuelo Salomon, nacido en 1862, se había casado con Sophie Abramoff, nacida de una madre de la estirpe Schatzman y de un padre hijo de convertidos al judaísmo, ambos obligados a irse de Rusia a raíz de esa conversión. Salomon se instaló en Braila y se convirtió en uno de los principales armadores, poseedor de un centenar de barcos que exportaban trigo hasta China. Era dueño de una de las residencias más bellas de la ciudad, edificada por un príncipe griego. Braila, patria del novelista Panait Istrati, a quien mi padre conoció bien, era una ciudad cosmopolita. Arno, que hablaba siete idiomas, era el benjamín de seis hijos, tres mujeres y tres varones. Basta con indicar dónde murieron todos esos niños para tener una idea del destino judío en el siglo XX: la mayor, Rachel, en

Quito en 1970; Myriam, en Bucarest en 1940; Moreno, en París en 1985; Ernestine, en San Pablo en 1982; Edouard, en París en 1977, y Arno, en Auschwitz en 1944.

En el siglo XIX, los judíos del Imperio austrohúngaro tuvieron que abandonar sus patronímicos hebraicos para adoptar nombres germánicos: un campo *(feld)* de color claro *(klar)* acabó en «Klarsfeld»; al igual que una montaña *(berg)* de oro *(golden)* o que una piedra *(stein)* de plata *(silber)* acabaron en Goldenberg y Silberstein. Los Klarsfeld de 2014 probablemente desciendan de la misma raíz originaria de Stryi. Salomon, mi abuelo, tenía tres hermanos, Fritz, David y Charles; y una hermana, Deborah. Los Klarsfeld se dispersaron, unos en El Cairo y Beirut; otros en Estados Unidos y América del Sur; otros en París, donde David era un diamantista de renombre y su hijo, Henri, era presidente de la Paramount para Europa y Oriente Próximo. La exposición de 1941 «El judío y Francia» exhibía una foto gigante de Henri al lado de una de su amigo Bernard Natan, blanco número uno de los antisemitas en la parte reservada a los «judíos amos del cine francés».

En comparación con mi abuelo, nosotros somos unos desclasados en materia económica. En 1900, él llevaba un gran tren de vida, encargaba en Londres la ropa de la familia y disponía de una importante fortuna, que perdió en 1930. Su hijo mayor, Moreno, volvió a hacer fortuna como armador y representante de Bunge, gran firma internacional de importación-exportación de cereales, pero también la perdió en 1948, cuando los comunistas en el poder lo detuvieron y lo enviaron a hacer trabajos forzados. Los nietos de mi abuelo se convirtieron en ingeniero en resistencia de materiales en Saint-Gobain, agente musical, hoteleros en Brasil, físico en Orsay, catedrática de ruso (mi hermana), abogado (quien escribe), hombre de negocios en Guatemala, industrial del sector agroalimentario en Ecuador.

A unos cien kilómetros de Braila, del otro lado del río Prut, en Besarabia, en aquel entonces rusa, después de haber sido provincia del Imperio otomano durante siglos, se sitúa la pequeña ciudad de Cahul —que se pronuncia Cagul—. Allí es donde nació mi madre, en 1904. Arno y Raisa se conocieron en una sala de fiestas en la calle de la Huchette, en París, en el Barrio Latino. Mi madre había ido con un amigo; mi padre, con una amiga; se fueron juntos. Mi madre vivía en la calle Lacépède; mi padre, en la calle Miromesnil. Raisa había crecido en una familia de farmacéuticos adinerados. Acompañada por su hermana mayor, Lida, graduada como dentista en Varsovia, Raisa, a los dieciséis años, hizo un paso fugaz por Odesa y Praga para sus estudios superiores, donde estudiaba su hermano Leonid, luego por la universidad de Padua, por la de Giessen, antes de elegir la Facultad de Ciencias de la Sorbona. Allí fue una de las pocas estudiantes mujeres; tiempo después, vagabundeó por Europa entre Karlsbad, Berlín, Lausana y Niza con sus padres, que habían optado por disfrutar la vida. En 1927, retomó sus estudios en la Facultad de Farmacia de París.

Raisa tiene veinticuatro años; como él. Se produce un flechazo. Raisa solicita el parecer del segundo marido de su madre, Avsiée Abramovitch Tessarschi, que hace averiguaciones acerca de los Klarsfeld y, convencido por la fortuna familiar que la crisis les hará perder un año más tarde, remite este conciso telegrama: «¡Cásate!». Salieron unidos en matrimonio del ayuntamiento del distrito V, en febrero de 1929, un mes después de su encuentro. Mi hijo, mi hija y yo nos licenciamos en la Facultad de Derecho de la Sorbona de París, ubicada en el edificio que se encuentra enfrente del ayuntamiento, en la plaza del Panteón.

Mi hermana nació en París, en el distrito XVI, el 2 de noviembre de 1931; nuestros padres la inscribieron como francesa. En homenaje a Clemenceau, mi padre la llamó Georgette, nombre que ella detesta. Mejor hubiera sido llamarla Georgia. Ella se hace llamar Tania; pero, durante la guerra, Georgette le sentaba a la perfección.

Viví mi primer año en Cahul, Besarabia, hoy Moldavia, donde mi madre aprovechaba el servicio doméstico de sus padres y una gran mansión siempre llena de animales. No sé si mi padre nos visitó; en aquella época, mis padres se peleaban a menudo. Pero siempre se reconciliaban, porque mi madre le encontraba circunstancias atenuantes: «Las mujeres se le tiran encima», y era cierto; los contemporáneos de mi padre siempre lo confirmaron. En los años sesenta, uno de los camareros más viejos de La Coupole me dijo: «Cuando entraba tu padre, las mujeres solo tenían ojos para él».

Al inicio de la década de 1990, tuve la suerte de que me contactaran dos medios hermanos nacidos de dos mujeres distintas, Michel y Georges, quienes no se conocían entre sí. Sus madres y ellos conservaban vivo el recuerdo de Arno: un hijo de Georges se llama Arnaud[1] y Michel tiene un nieto llamado Arno. Tantos compañeros huérfanos aún soñaban con que alguno de los suyos hubiera sobrevivido, y resulta que a mí me había tocado descubrir a dos hermanos que se convirtieron en amigos muy queridos. Georges falleció; Michel Soulas —que fue adjunto del alcalde de Montpellier e hizo una tesis de historia sobre el general Koenig— y su familia forman parte de nuestra familia. Raisa siempre perdonó las extravagancias de Arno y nos confesó que el año anterior a su arresto había sido el más feliz de su vida de pareja. «Nos salvó la vida y se sacrificó por nosotros», repetía.

En 1937, estamos los cuatro en París y mis padres alquilan un apartamento de dos habitaciones en el patio de un edificio situado en el número 196 de la avenida de Versalles, en la Porte de Saint-Cloud. En una foto fechada el 29 de abril de 1938, mi hermana y yo estamos en una ancha acera donde todavía hoy me gusta airearme, frente a un mercado que se remonta a la Edad Media y donde los domingos, después de la liberación, yo hacía largas colas para comprar patatas. El 29 de abril de 2013, mi hermana y yo nos fotografiamos en el sitio exacto donde nos habíamos hecho una foto, setenta años antes, solos y luego con mis nietos, que también residen en la Porte de Saint-Cloud. Desde 1972, vivimos encima de la cochera de autobuses, y me enteré hace unos años de que precisamente de ese depósito salieron los cincuenta vehículos requisados por la Prefectura de Policía para la redada del Vél'd'Hiv.[2] Nuestra hija y

---

[1] En francés, se pronuncia «Arno». *[N. de la T.]*

[2] La Redada del Velódromo de Invierno *(Rafle du Vélodrome d'Hiver*, en francés, o Vél'd'Hiv) fue la más importante redada contra judíos en territorio francés, realizada por la policía francesa, y coordinada por la autoridad del Gobierno de Vichy durante la ocupación alemana de Francia. Tuvo lugar el 16 y 17 de julio de 1942 y cerca de 4 660 policías

su familia viven del otro lado de la plaza. Mi hermana vive muy cerca, en la calle Chardon-Lagache; su hijo Maldoror y su familia, en la calle Boileau. La Porte de Saint-Cloud es mi patria chica y mi pueblo. Cuando el cardenal Verdier inauguró la iglesia Sainte-Jeanne-de-Chantal en 1938, me tomó en sus brazos y me bendijo. La iglesia quedó destruida por los bombardeos y luego reconstruida; jugué con mis amigos entre sus ruinas y en las ruinas del estadio Pierre de Coubertin con mis compañeros. Como las fuentes monumentales de la plaza de la Porte de Saint-Cloud estaban entonces en desuso, pasábamos de una a otra por los conductos vacíos.

En 1969, Jean-Marie Lustiger fue nombrado cura de Sainte-Jeanne-de-Chantal, y nos hicimos amigos. Más adelante, en 1978, hizo de mi *Mémorial de la déportation* ['Memorial de la deportación'] su libro de cabecera; lo nombraron obispo de Orleans, antes de ser promovido a arzobispo de París y cardenal. Nuestra amistad continuó; debía casar a nuestra hija en Siena en 2007, y he conservado el pasaje de avión que él debía utilizar el 8 de junio para viajar hasta allí. Pero la muerte lo alcanzó. En la primera página de *Le Monde,* al día siguiente de su funeral, una foto mostraba la catedral de Notre-Dame y, delante de ella, la bandera flameante de Hijos e Hijas de los Deportados Judíos de Francia (FFDJ), con la estrella de David. Cristiano y judío, huérfano de la deportación, Lustiger era uno de los nuestros. Y también es uno de los nuestros de corazón el padre Patrick Desbois, que casó a nuestra hija en Siena y contribuyó a dar a conocer la «Shoá por las balas», es decir, la ejecución sistemática por parte de grupos especiales de exterminadores de cientos de miles de judíos soviéticos, cuyos cuerpos fueron sepultados en una multitud de fosas comunes ocultas.

Cuando mis padres atravesaban periodos difíciles, mi madre no dudaba en solicitar la ayuda de sus padres. Y si bien estos

---

franceses fueron movilizados y una cincuentena de autobuses municipales de la región parisina (antigua RATP) fueron requisados para las deportaciones. Quedaron concentradas en ese velódromo del distrito XV, 12 884 personas, entre las cuales había 4 051 niños. Todos ellos fueron trasladados a campos franceses, especialmente Drancy, antes de su envío a Auschwitz. Véanse más adelante los capítulos «El documento del *shock*» y «Ofensivas contra Bousquet y Leguay». *[N. del Ed.]*

desaprobaban los gastos de su yerno, siempre cedían a los pedidos de su hija. La vida de mis padres discurría sin preocupaciones. Para ellos, vivir en París era una pasión: salían a menudo y frecuentaban con asiduidad los cafés donde se encontraban con sus amigos.

Arno y Raisa pertenecían a un mundo judío cosmopolita y políglota que se había alejado de Dios. Su patria era Europa. Habían visitado sus ciudades más famosas, habían residido en varios países, conocían su historia, a sus habitantes, a veces sus idiomas, amaban a todos y se sentían parte de todos.

Mis padres no eran religiosos. Ni mi padre ni sus hermanos ni el hermano de mi madre ni yo celebramos el Bar Mitzvá. Mi madre se conformaba con respetar las tradiciones: ayunar el día de Yom Kipur y no comer pan en Pésaj, pero jamás la vi celebrar Shabat.

En cambio, parece que mi bisabuela era muy *creyente*, una santa mujer que se pasó la vida socorriendo a los judíos más necesitados y haciendo el bien a su alrededor. Diría que coincide el progresivo alejamiento de mi familia materna de las tradiciones religiosas con el final del siglo XIX. Eran los únicos farmacéuticos de la ciudad de Besarabia y se habían enriquecido también gracias al comercio del trigo que compraban a los campesinos y revendían a las grandes compañías. Al ganar holgura financiera, al acceder a los estudios, al participar en la vida económica e intelectual de su región, al integrarse a la cultura rusa, su percepción de la realidad evolucionó, sus horizontes se ampliaron, lo que alteró su antiguo modo de existencia y los apartó de una religión estricta y difícil de asumir si uno no tiene fe.

Sin embargo, los amigos de mis padres eran casi todos judíos, aunque respetaban las tradiciones con el mismo desenfado que ellos. Y, después de la guerra, los amigos de mi madre no mostraban mayor apego al judaísmo tradicional. El hecho de haber nacido judío había sido generador de infinitas desgracias, sin nada como contrapartida. Las víctimas judías no eran heroicas, con excepción de los miembros de la Resistencia. Durante la Inquisición, los judíos que subían a la hoguera eran héroes de la fe judía; se les había propuesto la conversión y la habían rechazado. Durante la Shoá, los nazis no les propusieron a los judíos que renunciaran a serlo. Bastaba con haber tenido tres abuelos de religión judía, o incluso dos si el cónyuge era judío, para ser sentenciado a muerte. Algunos de los que perecieron ya no se consideraban judíos; muchos de los que se sentían judíos seguramente habrían aceptado abjurar de su identidad judía para escapar a la muerte.

Muchas veces me he preguntado, más allá de lo que sucedió, qué significa ser judío. De niño, entendí que eso implicaba disimular esa parte de mi identidad, que allí había algo que me singularizaba; pero, en mi infancia, mis padres no me explicaron qué significaba ser judío. Eran incapaces de hacerlo, puesto que ellos mismos no lo habían sido. Si dentro de aquella guerra no se hubiera librado un combate contra los judíos, probablemente jamás me habría considerado como tal, salvo de origen.

Conozco la historia judía de manera superficial, pero no conozco realmente la cultura judía. No hablo ni yidis ni hebreo, que aprendí vagamente durante algunos meses, cuando me inscribieron en la escuela Maimónides, que desde entonces he olvidado. Y no soy creyente. Pero bueno, soy judío. Tengo la voluntad de serlo y, sin embargo, no tengo el deseo de legar mi judeidad, puesto que me casé con una no judía. Es una elección primero amorosa; es también una elección que va más allá del amor. Si tuviera una esposa judía, mis hijos también lo serían, ya que, según la ley judía, la judeidad se transmite a través de la madre. Qué importancia tiene aquello, si Arno se siente judío por más que para los judíos practicantes no lo sea. El 14 de febrero de 2001, me convertí en ciudadano de Israel por decreto del ministro del Interior y en reconocimiento por los servicios prestados. Como Arno había elegido ser israelí, lo cual era posible porque su padre era israelí, y hacer el servicio militar en Israel, se planteó administrativamente el problema de su religión. Arno no podía ser considerado judío; resultó que la casilla correspondiente quedó vacía, a pesar de los burócratas, que querían que, sin discusión posible, tuviera alguna religión. Para el Estado de Israel, del cual es ciudadano, Arno es un librepensador. Nuestra hija, resueltamente atea, que se casó con un católico de una vieja familia de Siena, vio a sus hijos bendecidos en Roma por los dos papas que se sucedieron desde que nacieron, Benedicto XVI y Francisco.

En septiembre de 1939, mi padre se ofreció como voluntario «mientras durara la guerra», junto con su sobrino Willy y miles de otros judíos extranjeros. Se incorporó al 22.º Regimiento de Marcha de Voluntarios Extranjeros (RMVE), que formaba parte de la Legión Extranjera. Arno había hecho el servicio militar como cabo de artillería en Craiova, Rumania, de 1926 a 1928. La formación de aquellos voluntarios, principalmente judíos polacos y rumanos, y también republicanos españoles, se desarrolló en condiciones materialmente desfavorables, en el campo de Le Barcarès; hasta tal punto, que ya desde las primeras incursiones los soldados alemanes tildaron a aquella unidad de fantochada.

Arno asciende a cabo en febrero de 1940. A principios de mayo, al 22.º RMVE lo envían al Alto Rin; el 21 de mayo, se suma a la batalla del Somme. Arno y Willy estuvieron bajo las órdenes de Albert Brothier, que servía como teniente y mandaba la compañía de acompañamiento del 3.er batallón del 22.º RMVE, y que más adelante llegó a general jefe de la Legión Extranjera. Arno era jefe de pieza de ametralladoras en la 2.ª sección de la CA 3 y estaba a disposición de la 9.ª compañía. Participó en los combates de Villers-Carbonnel, Misery y Marchélepot. El 5 y 6 de junio, el 22.º RMVE frenó los carros de combate de Rommel antes de ser aplastado.

El 2 de julio de 1941, el 22.º RMVE fue citado en la orden del Ejército por el general Huntziger, entonces secretario de Guerra del Gobierno de Vichy:

> Completamente rodeado por las unidades blindadas enemigas, violentamente bombardeado tanto por la aviación como por la artillería, [el 22.º RMVE] resistió con heroísmo durante cuarenta y ocho horas todos los ataques, y logró a lo largo de ese tiempo conservar la integridad de las localidades que constituían la osamenta de la posición encomendada a su guardia, solo cedió por falta de municiones y fue vencido por una considerable superioridad material. Su resistencia le ha valido la admiración del enemigo.

Willy Goldstein, el sobrino de Arno, murió a su lado. Fue citado en la orden del cuerpo del Ejército el 2 de julio de 1941 por el general Huntziger: «Voluntario que ha dado muestras de valentía y tenacidad en los momentos más duros de los combates del 5 y 6 de junio de 1940. Sufrió una herida mortal en Misery (Somme) en el transcurso de un enlace». En 1999, delante del monumento a los voluntarios judíos en el cementerio de Bagneux, el general Brothier declaró:

> La lista de los extranjeros que cayeron agolpándose a mi alrededor sería demasiado larga de enumerar; pero ya lo he dicho y no me cansaré nunca de repetirlo, el primer nombre que figura en esa larga lista es el de un joven judío de veinticinco años, caído heroicamente en el Somme cuando se oponía a los tanques de Rommel. Se llamaba Goldstein y, hasta tanto tenga yo un soplo de vida, siempre habrá un lugar en mi corazón para él.

El 28 de mayo de 1943, Philippe Pétain condecoraba a Wilhelm Goldstein con la Medalla Militar a título póstumo, sin ignorar que fuera judío, al tiempo que la policía arrestaba y entregaba a los recién nacidos a los alemanes: una de las paradojas de Vichy, que consideraba a los judíos muertos en combate valerosos y a los niños judíos, elementos potencialmente peligrosos, de los que había que deshacerse.

Otra ironía del destino: mientras los alemanes ejecutaban a tantos judíos que no habían atentado en absoluto contra su seguridad, respetaban las convenciones de Ginebra y perdonaban a miles de judíos prisioneros de guerra del Ejército francés, muchos de los cuales habían combatido y matado a militares alemanes.

Una ironía más del destino: los Regimientos de Marcha de Voluntarios se formaron en el campo de Le Barcarès, en los Pirineos Orientales, entre 1939 y 1940, mientras que, en ese mismo departamento, en Saint-Cyprien, Argelès, miles de judíos alemanes y austríacos ciudadanos del Tercer Reich, considerados enemigos, eran tratados de forma degradante e inhumana por las autoridades de la Tercera República.

Y una última ironía del destino: en mayo de 1940, los voluntarios judíos partieron de la estación de Rivesaltes, en los Pirineos Orientales, hacia todos los frentes en los que iban a derramar su sangre y la del enemigo. ¿Podían sospechar entonces que dos años después, en agosto y septiembre de 1942, miles de judíos extranjeros, hombres, mujeres y niños, iban a ser deportados desde esa misma estación de Rivesaltes hacia Drancy y Auschwitz, entregados al odio antijudío hitleriano por un mariscal de Francia, y que, a su regreso, muchos de esos voluntarios que habían combatido y padecido cinco años de cautiverio no iban a reencontrarse con sus padres, esposas, hijos, que iban a ser traicionados por la Francia de Vichy? El fuego los había perdonado, pero sus familias perecieron a causa del gas.

A Arno lo hacen prisionero y lo llevan a Cambrai, de donde se evade; lo atrapan en Villers-Cotterets, lo envían al Frontstalag 131, en Cherburgo, donde se inscribe con el apellido Klarstel. Trasladado a otro campo, se fuga en marzo de 1941 y se reúne con nosotros en la zona libre, en la región de Creuse.

En 1981, tras la muerte de mi madre, adquirimos una casa en Normandía, en Breteuil, entre Conches y Verneuil. Escogimos aquella región porque en 1939 nos habían evacuado de París a Conches en previsión de los bombardeos y porque cerca de allí, en Rugles, a mi hermana y a mí nos habían acogido en 1947 y 1948 en una calurosa colonia de vacaciones de la asociación de besarabianos de Francia.

Hace poco, a través del archivo del Ministerio de Defensa, me enteré de que mi padre se había fugado de Verneuil. Si no lo hubiera hecho, habría sobrevivido; pero ¿cuál habría sido nuestro destino? Cuando estábamos en Creuse en 1941, en Grand-Bourg, una judía austríaca, Rosalie Glaser, intentó convencer a mi madre, que se negaba a creerlo, de la intención de la Alemania hitleriana de aniquilar a los judíos. Mi madre, que había vivido a menudo y mucho tiempo en Alemania en los años veinte, creía conocer a los alemanes.

Habíamos llegado a Creuse al cabo de un año movido. El 2 de septiembre de 1939, fui el «primer herido» de guerra. Me transportaron al hospital Henri Dunant de la Cruz Roja, en la calle Michel-Ange, porque mis padres habían gritado tan fuerte al oír en la radio la declaración de guerra, que me asusté, corrí, me caí y me hice un profundo tajo en el arco de la ceja derecha. En el hospital, lo celebraron como si hubiera derramado la primera gota de sangre de aquella nueva guerra. Me quedó una cicatriz bien visible. El éxodo de 1940 es también uno de mis recuerdos más antiguos: una cola interminable en la estación de Austerlitz, un tren tomado por asalto en vísperas de la entrada de los alemanes en la capital; el ametrallamiento del tren; la llegada a Capbreton, en las Landas, donde los alemanes nos alcanzaron poco después; los primeros que vimos iban en sidecar. Tuve menos miedo de ellos que del océano, cuyas olas me espantaban, y con justa razón, ya que varios militares alemanes encontraron la muerte por bañarse con imprudencia.

De Capbreton ocupado, partimos hacia Moissac, en la zona libre, donde muchos judíos se habían agrupado. Me llegó a mí el turno de salvarme de morir ahogado en aguas dulces; acababa de cumplir cinco años y me acuerdo de mi hermana y otros niños en la orilla, mirándome forcejear para agarrarme a la hierba y poder salir del agua. En Moissac, mi madre, sin recursos, se enteró de que una organización judía de origen ruso, la Obra de Socorro Infantil (OSE), disponía de un centro en Creuse, en el castillo de Masgelier, cerca de Grand-Bourg, y que podía enviar allí gratis a sus hijos, mientras se instalaba en Grand-Bourg. Siguió aquel consejo en el otoño de 1940. El castillo de Masgelier era majestuoso; la disciplina era bastante dura y no muy apreciada por mi hermana. Recuerdo haber trabajado con mis propias manos en la huerta, lo cual probablemente me desvió para siempre de la jardinería. El menú también era muy monótono: garbanzos y más garbanzos, todos los días, o casi. Nuestra madre venía a pie a vernos todas las semanas. Los niños —éramos unos cien— en su gran mayoría, de Alemania, Austria, Polonia; le debemos la vida a la OSE, que pudo obtener para algunos, en 1941, el traslado a Estados Unidos y, a los demás, pudo dispersarlos a tiempo.

Estuve a punto de morir en Masgelier. Padecí una apendicitis no diagnosticada que empeoró; la fiebre me subió hasta 41 °C. Tuve la suerte de que aquella tarde estuviera presente un médico rumano encargado del aprovisionamiento de los centros de niños de Creuse (Masgelier, Chabannes y Chaumont), Elysée Cogan. Una vez hecho el diagnóstico, me llevó por la noche al hospital de Guéret, donde estimaron que era demasiado tarde para operarme; pero el cirujano decidió que de todos modos había que intentar salvarme. La intervención fue un éxito, y permanecí tres semanas internado, entre la vida y la muerte, con mi madre a mi lado. El cirujano le dijo: «Si sobrevivió es porque usted lo amamantó mucho tiempo». Recuerdo mi cama muy alta —yo solo tenía cinco años—, el doloroso cambio cotidiano de vendajes y, sobre todo, mi primer libro de historia ilustrado, sobre Carlomagno y los lombardos. Mi vocación de historiador nació en el hospital de Guéret, de donde podía evadirme a través de la lectura. Dicen que leía con fluidez desde los tres años; pero esa era la primera vez que leía horas enteras, para escapar del dolor y el aburrimiento. Acabo de pasar recientemente una segunda estancia en un hospital, sesenta y siete años después, en Bichat, para un cuádruple *bypass*...

En la primavera de 1941, nos reencontramos con mi padre. Nuestra alegría se adivina en una foto en la que, de uniforme, nos está abrazando a mi hermana y a mí delante del castillo de Masgelier, desde donde nos fuimos hacia Guéret. Arno había tenido el atrevimiento de escribirle al mariscal Pétain el 9 de abril; como la misiva había quedado sin respuesta, escribió una carta recordatoria el 26 de mayo de 1941 —que todavía poseo porque le fue devuelta con el sello «Enviado por el Mariscal»—. Mi padre se quejaba de que su misiva hubiera quedado sin contestar:

> En esa carta, le exponía un estado completo de mi situación personal y no le escondía la gran necesidad que tenía de encontrar trabajo lo más rápido posible; quince días después, recibí la visita de un brigadier de gendarmería, quien vino a pedirme información que me apresuré en suministrarle. Como desde entonces no he recibido nada, me pregunto si vino por algo relacionado con mi carta.

La respuesta no se hizo esperar, la tuvimos el 9 de junio de 1941: se invitaba a Arno a presentarse en la Oficina Departamental de Trabajo y lo contrataron en un despacho del Comisariado para la Lucha contra el Desempleo. Tres meses más tarde, mis padres decidieron irse de Guéret hacia Niza, donde mi madre había residido en varias ocasiones con sus padres y donde Arno y ella habían pasado la luna de miel. Qué cambio para nosotros, los niños: el mar y una ciudad del Sur, animada, con un montón de gente allegada a nosotros; los judíos refugiados en Niza eran numerosos; nuestros padres se reencontraron con amigos y con la vida social que les gustaba. Vivimos unos meses en un piso amueblado del parque, en el 18 de la calle Alberti. A raíz de una gestión de Raisa en Montecarlo, adonde me llevó en diciembre de 1941 y donde la recibió el barón de Gunzburg, célebre judío ruso que todavía era influyente en el casino; a mi padre le dieron empleo en el Palais de la Méditerranée, en Niza, como inspector-intérprete, lo cual se correspondía a la perfección con sus habilidades y su temperamento. Arno entró en la Resistencia en 1942. Sé que sirvió a las órdenes del capitán Conrad Flavian, judío rumano, en los grupos francos del movimiento Combat, pero también del comandante Comboul y de Roger Nathan-Murat. La muerte le impidió relatarme sus recuerdos. Supe por Pierre Merli, que más adelante sería alcalde de Antibes, que habían actuado juntos dentro de la Casa del Prisionero de los Alpes Marítimos, fundada bajo el control del Comisariado para la Reasignación de los Prisioneros de Guerra Repatriados. Sin duda, así fue como se reencontró con uno de los primeros miembros de la Resistencia, Antoine Mauduit, creador de la red La Cadena tras haber sido oficial en la Legión Extranjera, donde, en 1940, formaba al personal de enlace, después de haber huido de Alemania. Su red ayudaba a la fuga de oficiales franceses presos en *stalags* y formaba parte del Movimiento Nacional de los Prisioneros de Guerra (MNPDG). Su cuartel general: el castillo de Montmaur, situado cerca de Gap, en los Altos Alpes. Hemos conservado una carta del 22 de diciembre de 1942 de Mauduit a Arno: «Le propongo que venga con su familia durante unos días, hasta tanto le encuentren una situación adecuada. Podrán hospedarse en una pequeña propiedad que tenemos como anexo al castillo. Le manifiesto, mi querido camarada, mis sentimientos de fraternidad y solidaridad».

Nos fuimos hacia Montmaur y pasamos allí algunas semanas antes de regresar a nuestro apartamento en Niza. Por la noche, en el subsuelo del «chalé» donde vivíamos, cerca del castillo, los miembros de la Resistencia imprimían documentos falsos. Nuestra madre no estaba al tanto del rol de tapadera que le habían atribuido a nuestra familia para facilitar aquella actividad clandestina. Cuando se percató de ello, le reprochó a Arno que pusiera a sus hijos en peligro y exigió irse con nosotros. El invierno era tan gélido que las sábanas estaban heladas, y uno de mis mejores recuerdos de mi padre es de esas noches en que, mediante muecas, mímicas y bromas, nos exhortaba a meternos en la cama. Mi padre siempre estaba alegre y de buen humor. Le encantaba comer. Recuerdo que cuando nos repartían la provisión de azúcar obtenida gracias a las cartillas de racionamiento, se zampaba una pequeña parte de su porción y le encomendaba el resto a nuestra madre. Un día, creyendo que mi madre había conseguido cacao, se tragó una cucharada grande de canela que escupió de inmediato. ¡Cómo nos reímos!

Fue durante nuestra estadía cuando, a principios de 1943, tuvo lugar en el castillo aquella memorable reunión de Montmaur que selló el ingreso oficial en la Resistencia de François Mitterrand, activo en el mencionado comisariado, creador y organizador de la Casa del Prisionero. Yo asistía a esas reuniones, ya que durante el día íbamos al castillo a aprovechar la calefacción, e incluso recuerdo el jaleo que provoqué cuando hubo que forzar la puerta del baño que yo había cerrado por dentro y no conseguía abrir, porque se había fundido la bombilla y no veía nada.

Tras la detención de mi padre en Niza, yo estaba seguro de que él regresaría. Nos lo había prometido. Cuando lo habían hecho prisionero al comienzo de la guerra, se había fugado y había vuelto; iba a volver otra vez. Sufrí menos que otros que se enteraron repentinamente de la muerte de un padre; el mío murió poco a poco; no regresó. Más tarde, en mayo y junio de 1945, en el hotel Lutetia, en París, adonde íbamos a buscarlo con su foto, la esperanza fue mermando gradualmente. En agosto, fui a una colonia de vacaciones en el castillo de los Rothschild, en Ferrières. Estando allí, mi madre me escribió que un deportado griego superviviente había identificado a mi padre, a quien había conocido en agosto de 1944 en la enfermería, que estaba terriblemente flaco, pero que todavía sabía darles ánimo a sus compañeros. Al entender entonces que no volvería a ver más a mi padre, me escapé de Ferrières, sin dinero, llegué a París y lloré en brazos de mi madre. En varios momentos de mi vida, he llegado a soñar con mi padre y con su regreso.

De Drancy, mi padre logró hacernos llegar una carta, que lamentablemente no hemos guardado, en la que me decía: «Ahora, tú eres el cabeza de familia». Lo habían trasladado de Niza a Drancy con otros ochenta y un judíos; entre ellos, Tristan Bernard y su esposa, que fueron liberados gracias a la intervención de Sacha Guitry.[3]

[3] Dramaturgo, actor, guionista, director de cine y teatro francés nacido en 1885 en Rusia. *[N. de la T.]*

Arno fue vecino de dormitorio de Raymond-Raoul Lambert, dirigente de la Unión General de Israelitas de Francia (UGIF), detenido por la Gestapo por haber ido a protestar a Vichy ante Pierre Laval el 14 de agosto de 1943, y que se había negado a poner a salvo en Suiza a su esposa y a sus cuatro hijos, a fin de compartir la suerte de los judíos a los que representaba oficialmente. Los seis miembros de la familia fueron deportados el 20 de noviembre de 1943.

El jueves 28 de octubre, a las cinco y media, es hora de despertarse en las escaleras de partida, en Drancy. Mil personas, divididas en veinte grupos de cincuenta, estaban destinadas a aquel convoy. El capitán de las SS Brunner, que desde junio de 1943 dirigía el campo de Drancy, era un antijudío fanático y particularmente astuto. Quería que esas salidas se hicieran en orden y le causaran la menor cantidad posible de problemas. Había logrado hacer creer a numerosos internos que iban a encontrarse con un campo cuyas condiciones eran las mismas que en Drancy, donde claramente había mejorado la situación en comparación con el periodo anterior a junio de 1943, cuando el campo estaba bajo la dirección de la policía francesa. De ahí en adelante, la gendarmería estaba fuera del campo y lo custodiaba de cerca. En el interior, los alemanes imponían un régimen de terror policiaco, si bien el campo estaba administrado por judíos. Esos judíos eran, sobre todo, oriundos del este de Francia, hablaban bien alemán y estaban dispensados de la deportación, junto con los miembros de sus familias, en tanto sirvieran a los objetivos de Brunner, quien deseaba llenar Drancy yendo donde pudiera detener a cantidades importantes de judíos, con ayuda de su comando de SS austríacas. En Drancy, incluso había un servicio de vigilancia judío. Es el único ejemplo de colaboración judía —forzada— en Francia durante la Ocupación.

Para embaucar a los internos en cuanto al destino real que aguardaba a los deportados, se le preguntaba la profesión a cada prisionero; los vagones los limpiaban los propios detenidos, que también cargaban el equipaje de los deportados para colocarlo en los autobuses que los conducirían hasta la estación de Bobigny, y luego en los vagones del tren. El 27 de octubre a las 15.00 horas, el tren de veintitrés vagones de mercancías y tres vagones de pasajeros había sido puesto a disposición de la Oficina Central de Seguridad del Reich (RSHA) por el Ministerio de Transporte alemán. No se trataba de un tren de la SNCF,[4] sino de un tren alemán, conducido hasta la frontera alemana sobre raíles franceses por un ferroviario francés, probablemente acompañado por un ferroviario alemán.

La escolta del 28 de octubre de 1943 estaba constituida por veinte policías venidos especialmente de Alemania. Ese convoy llevaba a ciento veinticinco niños. Sultana Arrovas y sus cinco hijos: Rachel de trece años, Marcel de diez años, Josette de ocho años, Germaine de seis años y Sabine de cuatro años; Pessa Klajn y sus seis hijos: Sarah de catorce años, Victor de trece años, Max de diez años, Jacques de nueve años, Icek de seis años y Joseph de cinco años; Sultana Bendayan y sus cuatro hijos: Clarisse de diecisiete años, Simone de doce años, Albert de diez años y Georges de ocho años; Pauline Blumenfeld y sus tres hijos: Jenny de ocho años, Mireille de cuatro años y Henri de un año; Fanny Eskenazi y sus tres hijos: Daniel de seis años, Arlette de cinco años y Charlotte de tres años; Sylvia Wajcenzang y sus cinco hijos: Jacques de quince años, Henri de catorce años, Charles de once años, Joseph de cinco años y Paul de un mes; y tantos otros... Uno de los amigos de mi padre que formaba parte de los casi cincuenta supervivientes del convoy, Samuel Stern, atestiguó sobre lo que sucedió al llegar a Auschwitz, donde 284 hombres y 103 mujeres fueron seleccionados para el trabajo y otros 613, inmediatamente gaseados:

> Arno Klarsfeld debía de estar marcado en Auschwitz, ya que fue golpeado por el jefe de bloque polaco tan pronto como llegó. Hecho inaudito hasta entonces. Reaccionó, pues tenía la talla física para hacerlo, lo cual provocó cierta admiración en nuestro grupo de franceses. Pero también debieron de tomar nota de ello... Debía irse ulteriormente a la «Fürstengrube» ['la mina de los príncipes']... Me enteré de que lo habían traído de allí completamente agotado y exhausto.

En mi primer viaje a Auschwitz, en febrero de 1965, quise saber cuál había sido el número de serie de mi padre. Lo pude deducir lógicamente. Los doscientos ochenta y cuatro destinados a trabajos

[4] Empresa ferroviaria estatal francesa. *[N. de la T.]*

forzados estaban numerados entre el 159 546 y el 159 829. Cuatro números sin identidad figuraban en una lista del Kommando de la Fürstengrube: 159 565, 159 630, 159 647 y 159 683. Entre los seleccionados cuyos nombres se conocían, el 159 682 era el de Klajn y el 159 684 el de Lempert; el apellido de mi padre se encontraba alfabéticamente entre esos dos números, y había total certeza de que lo habían enviado a la Fürstengrube; así que era el número 159 683. En el registro de la enfermería, donde estaban anotadas solo las matrículas de los enfermos, pude descubrir el 159 683 con la mención «Fürstengrube», acompañada por una cruz y una *v* (*verstorben*, fallecido). Al parecer, la cruz significaba que había sido designado para la cámara de gas. Este razonamiento fue admitido por el director del museo público de Auschwitz, Kazimierz Smolen, quien me lo confirmó por escrito el 20 de febrero de 1965.

Me importaba conocer ese número de matrícula como fuera. Seguramente formaba parte de mi memoria, como si mi padre me transmitiera un mensaje: los nazis habían querido deshumanizar a los deportados, a quienes les perdonaban la vida durante un tiempo para explotar su fuerza de trabajo. Remplazar sus nombres por números tatuados en el antebrazo les facilitaba la tarea y era característico del desprecio que habían hecho padecer a los judíos, sin tregua. ¿Acaso no les habían impuesto ya antes de la guerra, en la Alemania hitleriana, que utilizaran únicamente los nombres Israel y Sarah? En el universo exterminador de los campos de concentración, los nazis destruyeron de inmediato los papeles personales de los judíos, antes de gasear y quemar a la gran mayoría de ellos casi tan pronto como llegaban. A todos ellos los transformaron en cenizas: eran los seleccionados por los números. Perdían su identidad, remplazada por un número impreso, pero no en papel, sino en la carne. ¡Cuánto habrá odiado mi padre aquel número con el que lo obligaron a identificarse! No ser más que un número, para luego desaparecer en cenizas esparcidas. Pero a la voluntad de los nazis de destruir y aniquilar al pueblo judío, nosotros, judíos, oponemos nuestra voluntad de memoria judía precisa e intransigente.

Raisa y sus hijos

Durante mis investigaciones en 1965 en el Centro de Documentación Judía Contemporánea (CDJC) del Memorial del Mártir Judío Desconocido, hoy Memorial de la Shoá, di con una lista de la Gestapo donde figuraban nuestros nombres: «Klarsfeld, Raisa y sus hijos». Se trataba de una solicitud de repatriación a Rumania que había hecho mi madre a finales de 1943, a raíz de una comunicación de la embajada rumana informando de que los alemanes aceptaban un retorno de esa índole. El viaje debía tener lugar en febrero de 1944, desde Lyon. Más adelante, a través de otro documento, me enteré de que a Klaus Barbie lo habían nombrado responsable de esa repatriación ferroviaria, que afectaría a 78 personas. Nunca supe si los judíos rumanos de aquella lista fueron efectivamente repatriados o no; lo que sé es que mi madre, prudente, había dado nuestros nombres, pero no nuestra dirección, y que había renunciado a ese proyecto por juzgarlo demasiado peligroso. En otro documento de la Gestapo, se indica que nuestra dirección es *«unbekannt»* ['desconocida'].

En febrero de 1944, las autoridades decidieron evacuar de Niza a mujeres y niños. Se designan algunos departamentos administrativos para recibirlos, pero entre los judíos que se cruzan de modo furtivo por la ciudad, dividida en zonas por la Gestapo y ya sin Brunner desde diciembre de 1943, se murmura que en Alto Loira el riesgo es menor que en otras partes y que al comandante alemán que reside en Le Puy-en-Velay no le interesan los judíos. Esa información se comprobará que es cierta: no había antena de la Gestapo en Alto Loira, y el mayor Julius Schmaling, docente en la vida civil, no inició ninguna redada de judíos durante los veinte meses de la Ocupación alemana. Era miembro del partido nazi; pero hubo nazis acreditados que se mostraron humanos o poco sensibles a la ideología antijudía, mientras que otros, no inscritos en el partido, perpetraron crímenes odiosos. Las escasas detenciones llevadas a cabo en Alto Loira sucedieron con motivo de incursiones de miembros de la Gestapo desde las regiones vecinas.

Nuestra madre toma la decisión de trasladarse a Le Puy. En aquel periodo, el destino de los judíos era también una cuestión de suerte y, esa vez, la suerte nos sonrió. En Le Puy, Jean Poliatschek, hijo del rabino Moisés Poliatschek y egresado de la Escuela Normal Superior, que no había podido concursar a una cátedra de Letras por ser judío, nos aconseja instalarnos en Saint-Julien-Chapteuil, pueblo adonde los alemanes no van prácticamente nunca.

El 24 de marzo de 1944, recién llegados a Saint-Julien-Chapteuil, conseguimos una vivienda en el segundo piso de la casa de la señorita Adhémard, que atendía un puesto de bebidas en la planta baja, donde asimismo vendía los escasos periódicos que se publicaban entonces. Esa casa aún existe; allí aún se beben copas y aún se compran periódicos. Nuestro apartamento era bastante amplio. Raisa tenía su cuarto; mi hermana y yo compartíamos otro. En una misma habitación que daba al patio estaba la cocina, constituida por un enorme horno de leña y carbón, una pila que servía como fregadero y como bañera los sábados, y el comedor, representado por la mesa y las sillas. En las habitaciones no había agua corriente ni calefacción, y los baños estaban en el fondo del patio. Íbamos con jarras a buscar agua al surtidor que se hallaba a unos cien metros más arriba, en la única calle del pueblo.

Oficialmente, éramos refugiados, como la decena de judíos que vivían en aquel poblado. En el ayuntamiento no nos preguntaron nuestra religión, y en la policía nos había bastado con declarar que no éramos judíos. No nos exigieron que lo probáramos; supuestamente, éramos ortodoxos. Nuestra madre fue a inscribirnos en la escuela desde los primeros días: Georgette iba a las hermanas de San José; yo, a los hermanos de las Escuelas Cristianas.

Saint-Julien se levanta sobre una colina, en un paisaje verdecido y ondulado, en el que emergen enormes masas rocosas. Desde el atrio de la iglesia, que sobresalía y era visible a varias leguas a la redonda, se podían contemplar los tejados del pueblo. ¡Cuánto amé aquella capilla donde, a los ocho años, creí brevemente en Dios y recé con ardor por el retorno de mi padre! La señal de la cruz aún me es familiar, y continué persignándome al entrar en los cientos de iglesias que he visitado desde mi infancia, sin olvidarme jamás de encender algún cirio por la felicidad de mis seres queridos.

Soñaba con ser monaguillo y llevar los hábitos de ceremonia de mis compañeros. Me gustaba mucho la historia sagrada. En catequesis, era el único que escuchaba dócilmente y recordaba todo. Un día, el obispo fue a inspeccionar la escuela y a interrogar a los alumnos antes de la comunión o la confirmación, que debía celebrarse en mayo. Fui el primero en contestar a todas sus preguntas:

—Pero ¿quién es este alumno tan talentoso?

—Un niño refugiado, señor.

—¿Es al menos monaguillo?

—No, monseñor, no podemos proponérselo, no es católico.

—¿Cómo? ¡Pues entonces hay que bautizarlo ya!

Y, al día siguiente, los tres hermanos de las Escuelas Cristianas que enseñaban en Saint-Julien aparecieron con gran pompa en nuestra casa: «Monseñor ha distinguido a su hijo y quisiera bautizarlo, para que pueda participar en la misa. Quién sabe, acaso llegue a entrar en el seminario, hacerse sacerdote, luego obispo o incluso cardenal». Intentaron persuadir a mi madre de que me convirtiera. Raisa estaba bastante incómoda, pues le importaba mucho que siguiéramos siendo judíos; consideraba que la conversión era sinónimo de cobardía. «Hermanos —les dijo—, nosotros también somos cristianos, somos ortodoxos. No me opongo en absoluto a que Serge se haga católico, pero es una decisión muy seria que no puedo tomar sola, mientras que mi marido está preso por los alemanes. Ya veremos a su regreso». El argumento pareció convincente.

Fuimos felices en Saint-Julien-Chapteuil, tierra natal de Jules Romains[1] y, según dicen, de Pierre Arditi[2], nacido de padres que también se escondían cerca del poblado durante la guerra.

---

1 Escritor, filósofo y poeta francés, miembro de la Academia Francesa. *[N. de la T.]*

2 Actor francés. *[N. de la T.]*

Nos indicaron qué campesinos podían vendernos provisiones o intercambiarnos productos por ropa o, sobre todo, por vino, que estaba racionado y también muy valorado en el pueblo, donde una de cada dos casas, o casi, albergaba un puesto de venta de bebidas alcohólicas. En Saint-Julien, los hombres comenzaban la jornada con una copita, cuando no más. A veces íbamos con mi madre a las granjas, donde hallábamos leche, manteca, tocino, jamón ahumado y huevos, y, de vez en cuando, mataban algún pollo que nos estaba destinado. Para nosotros, eso era una maravilla, pues en Niza la comida era escasa y por demás costosa en el mercado negro y, por ende, habíamos sufrido muchas restricciones. Conocí la época de la cosecha, los grandes bueyes unidos por el yugo, el periodo del heno, la naturaleza, la amabilidad de la gente. Un modo de vida que ahora ha desaparecido, incluso en aquel rincón de la Francia profunda, y que me dejó una intensa nostalgia, colmada por la compra, en 1981, de nuestra casa en Breteuil, frente a la iglesia donde se celebraron las nupcias de la hija de Guillermo el Conquistador y cuya campana me gusta oír sonar cada quince minutos, como en mi infancia.

Me impactó el sentido de la equidad con el que se manejaba entonces mi madre, apenada al enterarse por la radio de la destrucción de ciudades alemanas donde había vivido o que había visitado. Establecía una diferencia entre los alemanes culpables y los demás. En el pueblo, todo el mundo hablaba mal de los alemanes, de todos los alemanes, salvo ella. Ese punto de vista personal, tan distinto del de los otros y que ella justificaba ante nosotros, sin lugar a duda, tuvo una honda influencia en mí, a una edad en la que se hacen elecciones definitivas, conscientemente o no.

En Saint-Julien no vimos a un solo alemán. Los miembros de la Resistencia estaban muy presentes y hacían buenas migas con la gendarmería, que hacía caso omiso de las leyes de Vichy.

Fue también en Saint-Julien donde tuvimos nuestro primer cachorro, Topsy, al que mi hermana salvó de ahogarse y alimentamos con biberón y que se convirtió en una hermosa perra negra que nos acompañaba en nuestros paseos.

Mi hermana regresó a menudo a Saint-Julien; yo, en tres oportunidades, una de las cuales fue memorable, puesto que en julio de 1967 nuestro destino, el de Beate y el mío, se jugó en «mi» pueblo. Raisa, Georgette, nuestro hijo Arno, que entonces tenía dos años, Maldoror, el hijo de mi hermana, de un año, y el perro Petia pasaron las vacaciones en Saint-Julien. Beate era secretaria en la Oficina Francoalemana para la Juventud (OFAJ) y yo, asistente ejecutivo en la Continental Grain. Nos reunimos con nuestra familia en Saint-Julien; era la primera vez que yo volvía, desde la guerra. Nos hospedamos de nuevo en casa de la señora Adhémard, donde habíamos vivido veinticuatro años antes. Beate y yo trabajábamos juntos en su tercer artículo para *Combat* contra el canciller Kurt Georg Kiesinger, artículo que se publicó el 21 de julio y que provocó su despido, el 30 de agosto. Había escrito, en particular: «Los primeros pasos del señor Kiesinger fueron modestos y tuvieron el apoyo de terceros, pues ese hombre, que supo forjarse una reputación en las filas de las camisas pardas como en las filas de la democracia cristiana, era muy consciente de lo que se jugaba en las primeras semanas de su ascenso al poder».

El 18 de agosto de 1944, la región de Alto Loira fue liberada por las fuerzas de la Resistencia, y en Saint-Julien-Chapteuil se festejó el acontecimiento. Nos fuimos de aquella población el 24 de septiembre de 1944, para poder retomar las clases en París el 1 de octubre. Para mi hermana, fue un desgarro separarse de su perra. El viaje resultó interminable; los puentes estaban destruidos, había que cruzar en barcaza. Cuando llegamos a la Porte de Saint-Cloud, nuestro apartamento estaba ocupado; lo habían saqueado en 1941 y había sido asignado a otros inquilinos. Ese fue el inicio de un nuevo deambular, que duró alrededor de un año y medio, hasta que un juicio nos restituyó nuestro título de inquilinos. El apartamento estaba vacío, no quedaba ni un clavo, y nuestros antecesores habían manchado las paredes y roto el empapelado, para que no pudiéramos aprovechar nada de lo que ellos habían invertido.

Entretanto, nos fuimos hospedando con dificultad en diversas direcciones: bulevar de Grenelle, calle Le Marois, calle Peupliers en Boulogne. En especial, recuerdo los meses más fríos del invierno que pasamos en una habitación sin calefacción de un hotel de la más baja categoría, Chez Ernest, en la avenida de Versalles. Georgette, excelente alumna del liceo Molière, estudiaba de noche pese al frío, con una manta sobre la espalda y mitones en las manos. No teníamos dinero: mi madre aún no había conseguido empleo y sus padres, que habían sobrevivido en Bucarest, no sabían cómo ayudarla. Europa estaba fragmentada por fronteras y barreras militares, políticas y financieras infranqueables para cualquier civil sin contactos.

Concurrí a varias escuelas comunales, en particular la del Parque de los Príncipes, pero sin prestar realmente atención a nada. Estaba esperando la vuelta de mi padre, y la cosa fue aún peor cuando entendí que no regresaría nunca más. Luego mi madre trabajó para la OSE, en un dispensario que atendía a los supervivientes. A veces la acompañaba. Escuché sus relatos; entendí en qué infierno había sido deglutido Arno, entendí que debíamos nuestra vida a su sangre fría y a su sacrificio. Alimenté un vínculo fuerte con él, imaginándome lo que, debilitado, en sus últimos instantes, habría podido pensar. No era un sentimiento morboso, sino la necesidad de proseguir el diálogo con él y permanecerle fiel. Un huérfano de padre y madre deportados, demasiado pequeño para conocerlos, me escribió un día que, en su infancia, el único medio que había encontrado para crear un contacto con ellos había sido contener la mayor cantidad de tiempo posible la respiración, casi hasta asfixiarse, para imaginarse que estaba junto a ellos cuando los gasearon.

A comienzos del curso 1945-1946, mi madre me matricula en la escuela Maimónides, en la calle Abondances, en Boulogne. El casi cristiano que yo era en la primavera de 1944 se transforma en un pequeño judío en el otoño de 1945. Aunque había dejado de ser religioso desde que Dios se había negado a devolverme a mi padre, nada me distinguía de los demás niños cubiertos con boinas o kipás que rodeaban a Marcus Cohn, el director de la escuela, cuya fama fue tan grande en Francia y en Israel. En la foto, soy el que está más cerca de él, porque destaco en historia judía. Pero en la sinagoga me aburro. El hebreo no me entra en la cabeza, y el tiempo reservado al estudio es limitado para los más chicos, ya que hace mucho frío y la calefacción no se enciende, o se enciende muy poco. La mujer ahorrativa que tiene el control de la caldera es la futura madre de Daniel Cohn-Bendit;[3] nos distribuye barras de chocolate a las 4 de la tarde y nosotros, los niños, cruzamos los setos que nos separan del bosque vosguiano, parte de la propiedad vecina, el Jardín Albert-Kahn, cerrado en aquel entonces. Allí jugamos y hasta nos metemos en el edificio principal, donde funciona un precioso archivo fotográfico. Como niños judíos que éramos, jamás robamos, destruimos ni estropeamos nada.

Para mí, aquel año de 1946 transcurre dentro de una nebulosa; solo me despierto cuando comienzan las clases, cuando mi madre termina por conseguir todos los visados de tránsito necesarios para entrar en Rumania. Prudente, porque el destino de Rumania sigue siendo incierto y se comentaba que podía dar un vuelco hacia el campo comunista, mi madre no entrega nuestro apartamento, por fin recuperado. Tomamos el primer Orient Express de la línea París-Bucarest el 9 de noviembre de 1946 y, después de tres días de viaje a través de Suiza, Austria y sus zonas de ocupación, y Hungría, llegamos a la tierra prometida y volvemos a convertirnos en los burgueses que ya no éramos. Rumania es el primer país rico que conocí: no existe restricción alguna para quienes tienen dinero. Se venden los mejores productos y las galletitas son deliciosas. Mis abuelos son dueños de un gran piso en pleno centro de Bucarest, en la Strada Athena, cuyas ventanas dan a los Campos Elíseos de la capital. Mis tíos del lado paterno son muy adinerados y viven en palacetes. A Georgette y a mí nos matriculan de inmediato en el liceo francés. Mi madre por fin respira, después de todos esos años de privaciones y esfuerzos para sobrevivir pese a las persecuciones y la falta de dinero, realidad a la que no estaba acostumbrada.

Pero esa pausa dura poco: las elecciones legislativas van a tener lugar a comienzos de enero de 1947, y el Partido Comunista (PC), el partido del sol, su emblema, es el favorito. Sus militantes practican la intimidación, llaman a las puertas, exigen que se vote por ellos. Mi madre se indigna: «Después de la Gestapo, no voy a soportar a

[3] Político francoalemán activo en ambos países. Adquiere notoriedad con las revueltas del Mayo Francés. *[N. de la T.]*

la policía soviética; si los comunistas ganan, nos volvemos a París». Mis abuelos intentan disuadirla. Es más, ¿cómo vamos a salir? Mi madre y yo tenemos la nacionalidad rumana y, para irse de Rumania, se requiere un visado de salida que solo puede emitir la autoridad militar soviética.

El PC gana el escrutinio. Mi madre se persona de inmediato, conmigo, en el cuartel general del general Borissov, que nos recibe sin ceremonias. Tiene cierta edad y está vestido con sencillez. Mi madre es rusa; le cuenta nuestra historia y le explica que desea que hagamos nuestros estudios en Francia y que su hija es de nacionalidad francesa. El general asiente y firma nuestro visado de salida. Deshaciéndose en agradecimientos, mi madre saca de su cartera su amuleto de la suerte, un rublo de platino de la zarina Isabel, y se lo obsequia al general. El hombre nos acompaña cortésmente hasta la puerta.

Gracias a la osadía de mi madre y a ese salvoconducto, somos los primeros en irnos de aquel país que va a sumirse en la persecución policiaca de la libertad y la burguesía. Algunos de mis abuelos, tíos y primos van a conocer la cárcel; otros sufrirán infinitas vejaciones y marginación social. Todos padecerán las nacionalizaciones y la confiscación de los bienes. En 1950, mueren mis abuelos; más adelante, mis tíos y mis primos conseguirán huir de Rumania previo pago de un rescate. Solo Lida, la hermana amada de mi madre, se quedará en Bucarest, sin que la molesten. Diez años después, yo seré el que retome contacto con ella, así como con Nina, otra hermana de mi madre que vive en Leningrado, y con Leonid, su hermano que vive en Krasnodar. Volver a formar una familia unida a pesar de la Guerra Fría será uno de mis empeños preferidos.

Unas décadas más tarde, el día del año nuevo judío 5775, el 25 de septiembre de 2014, mi hermana y yo viajamos a Braila, la ciudad natal de nuestro padre, con el objetivo de visitar el lugar de la residencia familiar paterna. Continuamos nuestro camino hacia Cahul, ciudad donde nuestra madre vio la luz, y fuimos al sitio donde antaño se erigía la casa de su infancia. Desde allí, vía Tiráspol, en Transnistria, llegamos a Odesa, donde Raisa había comenzado estudios superiores.

Regreso a París

De regreso a París, en enero de 1947, mi madre no recupera su empleo y yo no vuelvo a la escuela Maimónides: entro en sexto grado en el liceo Claude-Bernard. Los años que siguen serán muy duros para mi madre, que no ha terminado sus estudios de farmacia: no tiene ninguna especialidad ni habilidades comerciales y deberá navegar entre varios empleos y periodos de desocupación. Fue representante para una marca de ropa infantil, vendedora en una perfumería en la calle Laffitte y finalmente asistente de ruso en los liceos Victor-Duruy y La Fontaine, sin olvidar las labores con la máquina de coser y la escritura de direcciones en etiquetas, que le encargaban empresas de venta por correspondencia, actividad que nos mantuvo ocupados a los tres durante noches enteras.

Para la administración, no era viuda de guerra. Se negaban a admitir que mi padre había sido detenido por su participación en la Resistencia —y probablemente tuvieran razón, puesto que era más plausible que lo hubieran detenido en una redada antijudía—. Pero el artículo de una ley especificaba que la esposa francesa de un extranjero alistado voluntario en el Ejército francés y muerto en deportación sí tenía derecho a aquella pensión de víctima civil de guerra. Ahora bien, como la inmensa mayoría de las viudas de extranjeros también eran extranjeras durante la guerra, era obvio que la voluntad del legislador había sido conceder aquella pensión a viudas que ulteriormente habían sido declaradas francesas, por más que el texto legal no lo indicara con suficiente claridad. Me esforcé por obtener aquella pensión para mi madre; fue una ardua tarea que exigió paciencia. Fui a la Asamblea Nacional a explorar los trabajos preparatorios de la ley; eran convincentes y terminaron convenciendo. El 4 de marzo de 1965, el Tribunal de pensiones del Sena concedió aquel derecho tan esperado por mi madre; sentencia confirmada en 1968 por el Consejo de Estado, que rechazó el recurso de apelación del ministro:

> Considerando que de las piezas del expediente resulta que Klarsfeld, tras su evasión y su desmovilización, llegó a Niza, donde sirvió en los grupos francos del movimiento Combat, que aportó su concurso para liberar a los patriotas de los alemanes, distribuir pasquines y fabricar documentos de identidad falsos, que fue detenido por la Gestapo el 30 de septiembre de 1943;
>
> Considerando que el señor Klarsfeld, habiendo prestado así su concurso directo y personal a los miembros de la Resistencia desde su desmovilización hasta su detención, es decir, durante dos años y medio, debe ser considerado miembro de la Resistencia [...];
>
> Considerando que, en calidad de tal, su viuda también tiene derecho a pensión; Considerando por último que es oportuno señalar la situación particularmente digna de interés de esas dos personas de origen extranjero, que manifestaron su apego a Francia (los esposos Klarsfeld llegaron para residir aquí en 1923), y sobre todo la elogiosa conducta del marido, que se puso espontáneamente al servicio de su país de adopción hasta sacrificar su vida; [...]
>
> Declaro que la demandante tiene derecho a una pensión de viudedad y en doble sentido, ya sea en su condición de derechohabiente francesa de víctima civil extranjera, que antes de su fallecimiento sirvió como voluntario en el Ejército francés, ya sea en tanto derechohabiente de miembro de la Resistencia, a partir del día siguiente de la presunta fecha de fallecimiento de su marido.

Yo no era abogado y no pensaba serlo, pero esa fue mi primera victoria judicial, en calidad de hijo; había defendido ante un tribunal la causa de mi madre, que merecía ser defendida.

* * *

Raisa nació el 12 de marzo de 1904 en Cahul, pequeña ciudad de la Besarabia rusa, que antes había sido otomana. Su padre, Ghers Naoumovitch Strimban, pertenecía a una vieja familia que se remontaba, según dicen, hasta la conversión de los jázaros al judaísmo, en el siglo X. Era farmacéutico graduado en Moscú y murió de un paro cardiaco, sin llegar a cumplir cuarenta años. Su viuda, mi abuela Perl, de soltera Herzenstein, también era rusa, descendiente de una familia acomodada de cultivadores de tabaco; uno de los Herzenstein, diputado en la Duma, fue asesinado por los anarquistas en 1906.

No dispongo de fotos de Arno ni de Raisa de niños. Una única imagen la representa a ella a los trece años; se la mandó una amiga que era alumna con ella en el liceo de Ismail, otra pequeña ciudad al sudeste de Cahul. El nacimiento de Raisa, a quien llamaban por su apodo «Raya», estuvo marcado por numerosos y aterradores pogromos en Besarabia, entre ellos, el de Kichinev. Los tíos de Raisa participaron activamente en la organización de la defensa de los judíos. Raisa nos contaba cómo, a veces, asistía a la escuela a caballo. Su casa era amplia y estaba repleta de animales, niños y criadas. Tenía dos hermanas y un hermano. Nina fue a estudiar medicina a San Petersburgo; era residente en el Instituto Smolny cuando Lenin estableció allí su cuartel general durante la Revolución. Dejó sus estudios para casarse con un director de banco, que prosiguió su carrera bajo el comunismo. Lida, la dentista, estudió en Varsovia. Leonid, el varón, estaba estudiando en Praga cuando tomó la infeliz decisión de ir a Rusia a respaldar el nuevo régimen. Acusado de trotskista, pasó años en el gulag antes de recobrar la libertad. Raisa, por su parte, después de algunas breves experiencias universitarias en varios países, presentó su PCB[1] en la Sorbona. Le encantaba el idioma ruso y lo hablaba a la perfección. Su familia era judía, pero de cultura rusa; mi madre tenía un vago sentimiento religioso judío. También hablaba alemán, yidis, rumano y francés con un encantador acento ruso.

Las fotos de su juventud muestran a una bella muchacha, siempre vestida a la moda, ya sea en Berlín, Niza o Bucarest, ciudades donde a menudo se reunía con sus padres; su madre se había vuelto a casar con un *gentleman* judío ruso, farmacéutico, como ella, Avsei Abramovitch Tessarschi, y en el periodo de entreguerras viajaron mucho por Europa. Raisa no se tomaba demasiado en serio sus estudios y los dejó en cuanto se casó. Confiaba, equivocadamente, en el futuro y en la fortuna de sus padres, en Rumania. Sus bienes en Besarabia fueron confiscados cuando la región quedó de nuevo anexionada a la Unión Soviética. Los dos totalitarismos fueron eficaces: los nazis le quitaron a su marido; los comunistas le quitaron los bienes a su familia, y también a la de Arno. A mi madre nunca le había faltado dinero. Pero después de 1947 y durante casi quince

[1] Certificado de estudios físicos, químicos y biológicos necesario para cursar estudios de medicina.

años, tuvo muchas dificultades económicas, hasta que la Alemania Federal le abonó una indemnización y una pensión correcta, que le devolvieron serenidad, le permitieron ir con frecuencia a visitar a sus hermanos y ayudarlos materialmente.

Amaba tanto a mi madre que nunca me separé de ella más de unas semanas; mi hermana tampoco, por mucho que a menudo se pelearan —cuestión de generación—. Yo era un hijo inquieto pero dócil, que nunca salía a discotecas, que lo más lejos que iba era al Parc des Princes o al estadio Jean-Bouin, que leía mucho, por más que recordara poco (sacaba cuatro libros tres veces por semana de la biblioteca pública de la calle Musset). Mi hermana aprobó sus dos bachilleratos con la calificación de «notable», en una época en que eso eran palabras mayores. Yo solo obtuve la nota de «aprobado» en primero, y aprobé segundo después de haber repetido.[2] Mi madre solo tenía ojos para mí y pensaba que su hija era dispersa e inconstante. Se dirigía a nosotros en ruso; mi hermana contestaba en ruso y yo, en francés.

Después del bachillerato, en lugar de prepararse para la Escuela Normal Superior, en la que seguramente habría ingresado, mi hermana, para ayudar a la familia, aprobó brillantemente la oposición de maestra. Obtuvo el segundo puesto por delante de cientos de competidores. Fue docente en barrios difíciles y se topó con la hostilidad de su inspectora general, que no apreciaba que Georgette continuara con sus estudios de ruso en la Sorbona. Obtuvo la titularidad de una cátedra, también en ese caso en el segundo puesto, y por fin pudo respirar. Siguiendo el deseo de mi madre, concertó el matrimonio más inteligente. En 1962, en la Rumania comunista, el predecesor de Ceaucescu, Gheorghiu-Dej, era un dictador razonable, y no un megalómano como su sucesor. Bajo su mandato, al carnicero de mi tía incluso lo mandaron a París para estudiar cómo trocear la carne, mientras que, en tiempos de Ceaucescu, muchos rumanos olvidaron el sabor de ese alimento. Mi madre conoció entonces a una pareja de judíos besarabianos de su edad, cuyo hijo,

[2] Hasta 1963, el examen de bachillerato constaba de dos partes y la calificación positiva de la primera era condición necesaria para cursar el último año y optar al examen final. *[N. de la T.]*

Alexandre, era ingeniero. A mi hermana le gustó y, al siguiente año, cuando la familia Davidovici logró irse de Rumania hacia París, se comprometieron.

La boda de mi hermana se celebró el 12 de mayo de 1963, y la mía, el 7 de noviembre del mismo año; ambas tuvieron lugar en el ayuntamiento del distrito XVI. Más adelante, Georgette y Alik se divorciaron por incompatibilidad de caracteres, después de haber tenido un hijo al que mi hermana, para provocar, llamó Maldoror[3], y que hoy se congratula de tener un nombre tan literario y original. Para gran desgracia de mi madre, en el hospital Georgette tejía una prenda negra para su bebé.

El sexto curso en el liceo Claude-Bernard, en 1947, fue para mí un desastre. El señor Laboesse, profesor principal que enseñaba francés y latín, y tenía el mentón surcado por una ancha cicatriz —recuerdo que le dejó un soldado de caballería tártaro en 1914—, me aterrorizaba y él parecía disfrutar con eso, cuando quizá yo hubiera merecido cierta benevolencia de su parte: era huérfano y había elegido estudiar latín. Seguramente yo fuera nulo en gramática, pero de ahí a asustarme tanto... Jamás se lo perdoné. Mi repulsión me llevó a no ir al colegio durante dos semanas, a falsificar una notita con un pretexto, a vagabundear por París hasta los Grandes Bulevares antes de regresar a casa (era alumno mediopensionista e iba a la hora suplementaria de estudio, así que debía cumplir una jornada de ocho a dieciocho horas).

Cada día desde hace años, cuando voy a mi despacho en la calle La Boétie, paso al pie del Trocadero y giro a la izquierda en el Grand Palais. Repito gran parte del recorrido que hacía de niño, hace sesenta y siete años. Así fue como un día Danielle Mitterrand quedó impactada por mi memoria durante la cena que precedió a la entrega del Premio de la Memoria, que ella había fundado y que ese día otorgó, en el palacio de Chaillot, al Dalai Lama y a mí: yo era el único que podía recitar los cuatro textos de Paul Valéry que figuran en los frontones a ambos lados del palacio de Chaillot. Eso se lo debo a los novillos.

---

[3] Personaje del libro *Los cantos de Maldoror,* del Conde de Lautréamont. *[N. de la T.]*

Al finalizar el año escolar, el liceo le aconsejó con firmeza a mi madre que me cambiara de centro. Fue mucho peor: mi madre me matriculó en el colegio de Chateaudun[4]. Allí me sentía muy aislado. Comíamos muy mal; los alumnos, hijos de campesinos, traían cada semana su comida y no compartían. Los vigilantes eran malos como el diablo y nos imponían castigos corporales. Mi madre no me creía, porque había escogido ese colegio por recomendación de una amiga suya, cuyo hijo, mayor que yo, estaba muy a gusto. Lo que ella no sabía era que ese chico jugaba a las cartas, que ganaba muy a menudo y que eso mejoraba su vida cotidiana.

Yo era desdichado, estaba sucio, desgreñado, enfermo: cuando vino a visitarme mi hermana, no me reconoció en la parada del autobús y me tomó por un mendigo. Se puso a llorar. Mi madre decidió llevarme de nuevo con ella a París. En ese tiempo no aprendí nada. Si he conservado algún buen recuerdo de Chateaudun, no es del colegio, sino del castillo de Le Dunois, tan impresionante, en donde iba de sala en sala con tanta frecuencia como podía, para abstraerme inventando aventuras de caballeros. Otro recuerdo maravilloso: por una monedita, se podía alquilar un bote y bajar por el río Loir. Por fin estaba solo, sin mis compañeros de clase, tan groseros cuando actuaban en grupo, tanto en el dormitorio como en el comedor; allí soñaba con los ojos hacia el cielo bajo el follaje, en comunión con la naturaleza que me envolvía, como los brazos de mi madre.

Niño lacerado por la guerra, parisino en medio de provincianos y maltratado por los celadores, en mayo de 1948, me enteré por un diario local del nacimiento de un Estado judío. Yo no había olvidado que era judío, aunque el único contenido que le daba a la palabra era la persecución llevada a cabo por los alemanes. Pero enseguida comprendí la trascendencia del acontecimiento que representaba la creación del Estado de Israel. También pude leer en aquel periódico que el Ejército israelí estaba combatiendo con varios Ejércitos árabes, y que la existencia del Estado judío dependería del desenlace de esa guerra. La información solo me llegaba a través de la prensa, y todavía me veo pasando a cuatro patas por delante de la portería

4 Localidad y comuna de Francia, a más de cien kilómetros de París. *[N. de la T.]*

del colegio, para escaparme corriendo al kiosco de diarios. No tenía con qué comprar el periódico: leía los titulares y me guardaba para mí todas mis alegrías y todas mis angustias, sin poder compartirlas con nadie, pues no tenía ningún amigo.

En octubre de 1948, el liceo Claude-Bernard me aceptó para que repitiera curso. El profesor de Letras, el señor Borot, pidió a cada alumno que preparara una exposición. Elegí hablar de las Naciones Unidas, que entonces tenían su sede en París, en el Trocadero. En la gran sala de la Asamblea General, el debate trataba sobre Israel, y quedé impresionado por la violencia de los discursos contra Israel de los delegados de los Estados árabes. Yo solo tenía trece años, pero me parecía que eso era consecuencia de lo que había vivido y que, después de los judíos, el blanco era ahora el Estado de Israel.

Los años que siguen se parecen unos a otros: los profesores son todos catedráticos. Instruyen, pero no logran despertar mi personalidad, ni mi espíritu crítico. Padezco su enseñanza, en lugar de ser partícipe. Jamás se habla de la vida ordinaria, o de sucesos tales como la última guerra. Nuestros libros, nuestros docentes y sus alumnos se mueven en un mundo irreal, en algún punto entre el siglo XVII y el siglo XIX. En vez de hacernos comprender que Racine o Victor Hugo son etapas hacia nuestro porvenir, nos fijan en el pasado y no nos preparan para lo que nos espera. No por ello dejo de sentir un auténtico agradecimiento para con mis profesores de Letras, los señores Guyon, Bellay, Carnoy y Michel, que hicieron de mí un adolescente sensible y delicado, inmerso en la cultura clásica grecolatina, por más que la gramática no fuera mi fuerte. Me gustaba la historia antigua y no quería abandonar el griego a cambio del alemán o el italiano. Estoy seguro de que aquella cultura me permitió tomar las decisivas elecciones que probablemente no habría tomado si hubiera proseguido mi escolaridad en la escuela Maimónides. Mis héroes no eran David o los macabeos; mis héroes estaban en Roma y en Atenas. Más tarde, puse al servicio de la causa que defendía esas armas forjadas en una cultura antagonista a aquella causa. ¿Quién sabe? Acaso en el fondo de mí, me parecía en mayor grado a quienes combatía que a quienes defendía.

En aquel tiempo, vivimos muy aislados; solo tengo compañeros, no amigos. Comparto el pupitre con Henri Godard, el mejor de la clase, que será profesor en la Sorbona y gran especialista de Louis-Ferdinand Céline. Leo; vibro al enterarme de las hazañas de Fausto Coppi, que un día me lleva con él desde su hotel de la calle de la Tour, donde lo espero en la puerta, hasta el Vél'd'Hiv, donde me cuela sin pagar; veo películas en uno de los cuatro cines del barrio: el Porte de Saint-Cloud Palace, el Exelmans, el Palladium y el Murat; prefiero las películas estadounidenses, las de Ford, Walsh, Hawks y Chaplin; mis actores preferidos son Errol Flynn, Stewart Granger y también Humphrey Bogart. En verano, colonias de vacaciones varias: Saint-Raphaël en 1949, desde donde peregriné en bicicleta hasta Niza; Paimpol, San Juan de Luz, Boulouris, Rugles.

Comienzo a despabilarme lentamente en el penúltimo curso, en 1953. Mi profesor de Historia, Louis Poirier, cuyo seudónimo es Julien Gracq[5] y acaba de rechazar el Premio Goncourt, me califica como un «muy buen alumno, aplicado y despierto». Permanezco fiel al recuerdo de mi padre. Voy al cementerio de Bagneux para asistir a la inauguración del ilustre monumento dedicado a los voluntarios judíos extranjeros y asisto a la colocación de la primera piedra del Monumento al Mártir Judío Desconocido.

Ese mismo año, decido ir a un kibutz en Israel. Cuando me inscribo para aquel viaje, una muchacha judía que también va a viajar me convence para que la acompañe a la ceremonia en homenaje a las víctimas de la redada del Vél'd'Hiv. Es entonces, y solo entonces, cuando me entero, no por los discursos de los oradores sino por los comentarios de los miembros de familias destruidas por la redada, de que los policías responsables del operativo eran todos franceses. Partí a Israel con mi primer gran amigo, Daniel Marchac, futuro cirujano conocido en todo el mundo en su especialidad, la reparación facial. Después de una semana de travesía en el *Negbah,* en un camarote barato en el fondo de la bodega y bailando la *hora*[6] sobre el puente, llega el emocionante momento de desembarcar en tierra judía y ver en carne y hueso a un policía judío. ¿Cómo puede ser policía un judío si los judíos siempre habían sido perseguidos por

[5] Escritor francés. *[N. de la T.]*

[6] Baile tradicional colectivo oriundo de Europa del Este. *[N. de la T.]*

la policía? Para los jóvenes judíos, era absolutamente extraordinario. A nuestro grupo de estudiantes secundarios nos instalaron en un viejo kibutz de la década de 1920, fundado por judíos húngaros en Geva, cerca de Afula. Un monitor de la Agencia Judía nos puso bajo su tutela para enseñarnos hebreo y persuadirnos de quedarnos en Israel, pero lo hizo con torpeza y arrogancia. Nos reprochaba ser «demasiado franceses» y nos hacía sentir culpables, afirmando que nuestro lugar estaba allí. Consecuencia: varios de nosotros nos sentimos franceses ante todo y nos lo tomamos mal, Daniel y yo en particular. Pasamos por la ventana de la secretaría del kibutz, recuperamos nuestros pasaportes y nos fuimos al encuentro de Israel. Ya habíamos tenido tiempo de hacer con nuestro grupo algunas *tiuls*, es decir, excursiones, por Galilea y el norte del país, también a Jerusalén. Así que Daniel y yo fuimos a dedo a Sodoma, para ver el mar Muerto; luego, a orillas del mar Rojo, a Eilat, donde en aquel entonces no había más que unas pocas barracas. Mi tía Rachel, hermana de mi padre, me recibió en Haifa, donde vivió después de haberse ido de Rumania y antes de reunirse con su hijo en Quito, Ecuador. Daniel y yo nos embarcamos justo a tiempo en el *Negbah* para el viaje de vuelta.

En 1954, me presenté como candidato a una beca de viaje Zellidja,[7] y mi proyecto «Ulises, hijo de Ulises» fue seleccionado: tendré que redactar un informe, escribir un diario de viaje y llevar una libreta de gastos. Parto con un pequeño estipendio y un diploma que explica que, para forjar su carácter, el muchacho que soy viaja sin dinero pero con un proyecto que desea realizar. En julio suspendí el último examen de bachillerato; entré en pánico y, al leer el tema «Los problemas de la vida», creí que debía disertar sobre una cuestión de lógica, cuando en realidad se trataba de metafísica. Pese a todo, me voy en autostop a Marsella. Un navío griego, el *Aeolia*, me conduce a Atenas, a Delfos y al Peloponeso. Estoy embelesado ante la idea de descubrir *in situ* las maravillas de mis libros escolares. Prácticamente no hay turistas. Una noche duermo en el lugar

---

[7] Becas atribuidas a jóvenes de entre dieciséis y veinte años para realizar un viaje individual a un país escogido en función del proyecto presentado. Para ello, se les otorga un presupuesto modesto que ellos mismos deben administrar. *[N. de la T.]*

mismo donde se ubicaba el trípode de la Pitonisa. Luego exploro Constantinopla y atravieso Grecia en autostop, de este a oeste. Paso por Corfú, Brindisi. Duermo en un saco de dormir, en el suelo, a la intemperie, y me alimento de sándwiches y frutas. Por último, Capri, Nápoles, Roma y Florencia, el descubrimiento de la sublime Italia.

En septiembre vuelvo a suspender: ¡una catástrofe! El director escribe: «Alumno brillante, su fracaso ha sido una profunda sorpresa». Y eso que en filosofía no era malo; un profesor incluso me había preparado para el primer concurso europeo de disertación, y yo había obtenido el segundo premio en París, con entrega de diplomas en el gran anfiteatro de la Sorbona. Ese profesor se llamaba Maurice Gaït. En una de sus clases, se refirió a los campos de concentración y afirmó que se había exagerado al respecto. Indignado, me levanté y me fui del aula. En su recorrido por los pasillos, el vigilante general me preguntó qué hacía ahí llorando; le dije la verdad. Entonces me contó que Maurice Gaït había sido comisario general para la Juventud en tiempos de Vichy, que había sido condenado tras la liberación y que ese era el primer año que el catedrático de Filosofía retomaba sus clases. Después de eso, me comporté muy distante con él. A fin de año, redactó el siguiente comentario en mi boletín: «Mente aguda. Resultados regulares y a menudo altamente satisfactorios». Más adelante, Maurice Gaït dejó la docencia por el puesto de redactor jefe del semanario de extrema derecha *Rivarol*.

Durante las vacaciones de Semana Santa de 1955, gracias a un contacto de mi madre, me embarco en un pequeño navío que transporta champán de Gennevilliers a Londres: bajamos cuatro días por el Sena antes de cruzar el canal de la Mancha. Aprendo a manejar el timón. Cerca de Ruan, conozco al abate Pierre, de visita en lo que era, creo yo, su primer centro Emaús.[8]

En Londres, alquilo un cuarto en Hampstead, encima de un pub, y una noche me despiertan unos gritos: era la modelo Ruth Ellis que, en un ataque de celos, acababa de matar a su amante de un

[8] Henri Grouès, más conocido como el abate Pierre, fue un cura francés miembro de la Resistencia y fundador del movimiento Emaús en 1949, organización de lucha contra la pobreza. *[N. de la T.]*

disparo, a la salida del bar. En Francia, la mujer habría salido de la cárcel enseguida, pero estando allí la condenaron a la pena de muerte —fue la última mujer ahorcada en Inglaterra—. Otros destacados recuerdos de aquel Londres, donde las ruinas de la guerra relámpago aún son visibles: una multitud de hombres por la calle luciendo bombín y moviendo sus paraguas de adelante hacia atrás, así como la huelga de repartidores de diarios, que instala en el rostro de los londinenses una máscara de intensa frustración.

De regreso a París, comienzo a frecuentar el estadio Géo André en compañía de dos amigos, Weiss y Perec: tres jóvenes judíos que hemos perdido al padre o a la madre y que solo hablamos de deporte y cine. Uno de nosotros, Georges Perec, se convertirá en ese gran escritor cuya obra está fuertemente marcada por la Shoá, o procede de ella. En aquel periodo, leí el libro que Inge Scholl le dedicó a la resistencia de los jóvenes alemanes del movimiento Rosa Blanca, del cual formaban parte su hermano Hans y su hermana Sophie, decapitados por los nazis. Al distribuir octavillas contra Hitler, aun sabiendo que no podrían escapar de las pesquisas policiales, esos chicos habían decidido arriesgar sus vidas por una causa difícil: la de una acción destinada al fracaso, ya que no podían sublevar a una Alemania unida detrás de su Führer. Pero fue un fracaso fecundo: la sangre de sus cabezas cortadas garantizaba la existencia de otra Alemania y, mucho tiempo después, algunos judíos como yo, víctimas de los alemanes, iban a oír su llamada y a realizar las pertinentes y justas diferencias. Sin Hans y Sophie Scholl, sin sus valientes camaradas ejecutados también, creo que yo no habría superado tan pronto ciertos prejuicios por lo demás naturales.

Pasé por Alemania por primera vez en 1955, en mi segundo viaje Zellidja, tras haber recibido el tercer premio por mi primer viaje, otorgado en la Sorbona durante la ceremonia de entrega de premios del Concurso General. Philippe Labro había ganado el segundo premio por su estudio sobre el cine estadounidense, y Daniel Costelle compartía el tercer premio conmigo por su informe sobre el cine inglés. Para ese segundo viaje, elegí como tema «La enseñanza secundaria en Escandinavia»: mi proyecto me condujo a Hamburgo, Copenhague, Oslo, Narvik, donde reparé las vidrieras de un invernadero de flores, Tornio (Finlandia) y, por último, Estocolmo, donde trabajé como camarero. Descubro los paisajes, y también a las chicas. Tuve varios encuentros amorosos en el camino: Silke, Dorte, Sonia. De la enseñanza secundaria me quedo sobre todo con que, para el interés general, los alumnos de los países escandinavos deben aprender como mínimo tres lenguas modernas además de la propia, con miras a ser más competentes en los intercambios internacionales, lo cual no es mi caso, ni el de la mayoría de los alumnos en Francia.

Una alemana llamada Beate

Sin más ambición que ser feliz, y con un temperamento irreflexivo, decido ser profesor de Historia o Letras. Me faltó un padre en una elección tan importante, aunque tal vez sí influyó en mí pese a todo: pereció en condiciones de esclavo, y estar en situación de mandar o de obedecer siempre me ha repugnado. Soy apto para dirigir una acción colectiva llevada a cabo por iguales que aceptan seguir la línea que les indico, soy apto para ceder a directrices que acepto de buen grado, pero siempre me importó permanecer libre no solo mentalmente, sino también en la esfera profesional. No tengo vocación de asalariado y, de hecho, no me quedé mucho tiempo como tal. Tendría que haber tomado en cuenta mi alergia a la geografía física, indispensable para la licenciatura como docente, así como mi limitación gramatical para la traducción hacia el latín y el griego.

Pero resulta que entro en *hypokhâgne*[1] al prestigioso liceo Henri V. Si uno quiere seguirles el ritmo a los mejores, realmente debe estudiar mucho; hago lo mejor que puedo y me va bien en mis materias preferidas, pero en traducción al latín estoy muy por debajo de cero. Pese a ello, me admiten en *khâgne*[2]. Los docentes son tan exigentes y tan dedicados a su misión, que en el margen de mis disertaciones sus comentarios ocupan más espacio que mi propio texto. Trabajo con esmero y me doy cuenta de que me vuelvo menos superficial y más inteligente.

No tengo miedo a los exámenes y, en junio de 1956, en propedéutica, donde se presentan cientos de estudiantes, obtengo las mejores notas en Historia y en Literatura. En cambio, las traducciones

---

1 Primer año preparatorio con orientación literaria para el examen de ingreso en la Escuela Normal Superior. *[N. de la T.]*

2 Segundo año del mismo curso preparatorio. *[N. de la T.]*

latín-francés me privan de la calificación de «Sobresaliente». Me resulta increíble haber avanzado tanto en madurez intelectual y, después de haber obtenido un nuevo premio Zellidja, decido partir solo de nuevo, esta vez hacia Oriente. Viajo haciendo autostop hasta Estambul vía Venecia, ciudad que descubro, maravillado para siempre; luego me dirijo en tren hasta Belgrado y a Skopie, donde un policía me arroja fuera del tren porque coqueteo con una yugoslava, lo cual me permite asistir en esa estación a una de las pocas salidas oficiales fuera de Albania del dictador Enver Hoxha.

Más adelante, tomo un tren interminable de Estambul a Erzurum, donde en la puerta de la estación todavía están en servicio los coches de punto parisinos de 1900. Viajo por el Azerbaiyán turco gracias a unos autobuses estadounidenses de las décadas de 1920 o 1930 reciclados en Oriente Medio, durmiendo en lugares concurridos por extranjeros y bebiendo exclusivamente té. Soy el único europeo en aquellos pagos. Extenuado, llego a Teherán. Al no saber adónde ir, llego arrastrando los pies hasta la Embajada de Francia, donde me reciben y me hospedan con generosidad. Incluso me llevan de excursión a visitar a Mossadegh, el viejo revolucionario en arresto domiciliario, que vive cerca de la capital. Me voy desde allí a la excepcional ciudad de Isfahán, donde me alojan los padres maristas, y a las ruinas de Persépolis. Intento llegar a Afganistán, pero debo dar marcha atrás porque las inundaciones han destruido los puentes de acceso. Regreso por el mismo itinerario. En Salónica, me seduce una bella muchacha, Helga. Me consuela de una decepción amorosa: Djinn, una rubia que llevaba el pelo recogido en una coleta, alumna del liceo Jules-Ferry, no había querido saber nada de mí.

En el siguiente año académico, ingreso en la Sorbona, donde curso la licenciatura en Historia. Los conocimientos adquiridos en el liceo Henri IV me ayudan a aprender con facilidad. En febrero me voy a Moscú, adonde me invita mi hermana, contratada para enseñar ruso a los diplomáticos de la Embajada de Francia. Es la época de la Guerra Fría. Me voy de Estocolmo y Turku en un rompehielos y, acto seguido, me encuentro solo en el tren que une Helsinki con Leningrado. Descubro Moscú, donde acaba de divulgarse el informe Jrushchov, criticando por primera vez desde dentro el

Gobierno estalinista. Mi hermana vive en un barrio que es un gueto diplomático. Nuestras condiciones de vida son buenas; con su modesto sueldo, podemos frecuentar los restaurantes de los mejores hoteles: el Metropol, el Savoy, el Moskva. Hay que desconfiar de todos, y resulta difícil adivinar la verdadera esencia del régimen. Todo parece estar en orden y, en materia social, están en el nivel de Francia en 1957.

Mi conocimiento del ruso me sirve, pero mi experiencia de 1946 en Rumania me es todavía más útil para no dejarme convencer de que se trata del mejor régimen para el hombre. Máxime porque en Leningrado retomé contacto con mi tía Nina y su familia, que ocupan un precioso edificio decrépito con una vista abierta sobre el Nevá y comparten el lugar con otra familia. Me cuenta que mi tío, hermano de Nina y Raisa, aún sigue recluido en Siberia.

Poco después de que yo me volviera a París en abril, mi hermana comete la impertinencia de predecirle a Mikoyán, durante una recepción, que seguramente pronto se verá privado de los favores de los que goza. El hombre le da la espalda, pero la predicción se cumple y enseguida mi hermana se ve inmersa en una investigación a cargo de agentes especiales de diversos países, que se preguntan cómo pudo estar informada de ello antes que todos, incluidos los soviéticos, que por su parte intentan intimidarla en vano. En aquella época, ese proceder es común, pero provoca que mi hermana sea devuelta a Francia. Por otra parte, gracias a ese retorno, Georgette concursará a la cátedra que obtuvo.

En 1958, me enamoro de la primera muchacha que conocí en el anfiteatro Descartes, en la Sorbona. Mireille nació un 2 de noviembre, como mi hermana; es de familia alsaciana protestante. Tengo todas las razones para sentir un flechazo: es preciosa y brillante, tiene una inteligencia imbuida de cultura y reflexión personal. En las vacaciones de Navidad, me fui de Rúan a Casablanca en un pequeño buque carguero holandés. Durante la semana que duró aquella travesía por el Atlántico, tuvimos que enfrentarnos a una tempestad muy violenta. A mi llegada a Casablanca, encontré en la lista de correo una carta en la que Mireille me escribía que me amaba. Entonces salté a un barco que estaba levando anclas y no vi otra cosa de

Marruecos salvo aquella oficina de correos. Pensamos en casarnos, pero tiempo después se produjo la ruptura. Me escribió:

> Somos demasiado distintos. Sé perfectamente que hay que ser diferente para complementarse, y quise creer durante mucho tiempo que así era. Pero esas diferencias me han hecho sufrir mucho como para seguir ilusionada. Serge, cuando uno no tiene las mismas reacciones fundamentales respecto de nada, ni siquiera de las más ínfimas cosas triviales, no se puede ser feliz con el otro. Y eso es lo que nos pasó: hemos chocado sin parar pese a nuestro amor recíproco, y sin duda soy yo la que ha sufrido más, ya que mi amor es el más dañado.

Ciertamente, Mireille tenía razón. Era sensata y lúcida; yo no lo era.

No quedo sin consuelo; conozco a una estudiante finlandesa, y luego a una holandesa. Me presento a los exámenes para la licenciatura, pero sin Geografía. Ingreso en la Escuela de Ciencias Políticas en segundo año, en la sección Relaciones Internacionales. Allí me siento cómodo: los estudios están a mi alcance y, junto con mi amigo Alain Sarfati, me incorporo al equipo de fútbol de la Escuela. Asimismo, prosigo mi diploma de estudios superiores en Historia en la Sorbona junto al gran historiador Pierre Renouvin. Mi tema principal es «Persia y las grandes potencias de 1907 a 1914», y el diploma anexo, que curso con André Aymard, decano de la Sorbona, versa sobre las costumbres de guerra de los romanos y los germanos bajo la dinastía Julio-Claudia.

Suzanne Bastid, mi profesora de Derecho Internacional, me consigue para el verano de 1959 una beca en la Academia de Derecho Internacional de La Haya, donde paso un mes cultural e intelectualmente interesante, entre museos, derecho internacional público y privado y mi novia holandesa, antes de irme a Israel, ya que otro de mis profesores, Georges Balandier, también me había conseguido una beca para que estudiara la central sindical Histadrut.

Regreso de Israel en un barco turco que me conduce a Estambul. Voy a ver al cónsul rumano. Intento convencerlo, en plena Guerra Fría, de que me conceda un visado que me permita viajar a Bucarest para visitar a mi tía Lida. Temo no volver a verla nunca más, porque he de hacer el servicio militar en plena guerra de Argelia. El funcionario acepta, y así me encuentro en un tren rumbo a Sofía, y de allí, a la frontera rumana. Sé que para los rumanos sigo siendo rumano, por más que mi madre y yo obtuviéramos la nacionalidad francesa en 1950 y que mi pasaporte sea francés. De hecho, este lleva la mención «nacido en Bucarest».

Efectivamente, cuando me controlan el pasaporte, los policías me hacen saber que me consideran desertor y que, tan pronto como llegue a Bucarest, tendré que acudir a la comisaría. Allí estudian mi caso y deciden dejarme libre. La tía Lida desconoce la iniciativa de mi viaje, pero cuando grito desde abajo de su casa: «¡Lida! ¡Lida!», enseguida adivina que soy yo. ¡Qué grande es nuestra alegría al reencontrarnos, después de doce años de separación! Paso unos días en su casa y voy a retomar contacto con la familia de mi padre: mi primo hermano Sylvio y su mujer Gaby tienen un niño de dos años, André. No pueden creer que soy quien afirmo ser, dado que en la Rumania comunista todos desconfían de todo, pero les convenzo. Veinte años después, en París, André ingresará con el n.º 1 en la Escuela Politécnica y optará por la Escuela Normal Superior. Mi prima Sophie me acompañará en el tren hasta la frontera húngara. Sueña con la libertad; le llevará más de diez años huir de Rumania.

1960: consigo el título de la Sorbona y el diploma de Ciencias Políticas; incluso obtengo el quinto puesto en mi sección. Pero sigo siendo despreocupado y nada previsor. En lugar de preparar seriamente mi entrada a la Escuela Nacional de Administración, opto por poner fin a la prórroga que tenía. Quiero hacer el servicio militar, cuando habría podido pasarlo por alto y aceptar una pensión alemana por razones de salud. Por lo demás, no revisto gran interés para el Ejército, ya que la muerte de mi padre me dispensa de que me destinen a Argelia. Pero soy testarudo y voy donde me lleva el instinto.

Resulta que acabo de conocer a una joven alemana y estoy empezando a encariñarme con ella. Había viajado mucho, pero fue en el andén del metro Porte de Saint-Cloud donde la vi por primera vez. Lucía un vestido azul ceñido en la cintura; su silueta me agradaba y cuando se volvió también me agradó su rostro, claro y enérgico.

Era el 11 de mayo de 1960. Aquel día, yo debía asistir a una reunión de becarios Zellidja franceses y becarios alemanes de la escuela de Salem, en la Ciudad Universitaria. Iba bien vestido; llevaba mi único traje decente, Príncipe de Gales. Antes tenía que pasar por Ciencias Políticas, metro Sèvres-Babylone. Ella llevaba el libro azul de la Alianza Francesa, ubicada en la estación Notre-Dame-des-Champs.

Así que iba a tener que cambiar de tren en Michel-Ange-Molitor y en Sèvres-Babylone. Me aposté cerca de ella en el primer vagón y no paré de mirarla. En el primer transbordo, subimos las escaleras uno al lado del otro. En el andén de la estación Molitor, me atreví a hablarle: «¿Es usted inglesa?». Y ella me respondió: «No, alemana». En Sèvres-Babylone, me dio el número de teléfono de la familia donde trabajaba como *au pair,* en Boulogne. La llamé y concertamos una cita delante del correo del bulevar Murat. Fuimos al cine a ver *Nunca en domingo.* Nos conocimos el 11 de mayo de 1960, el mismo día que los israelíes secuestraron a Adolf Eichmann en Buenos Aires. ¿Sería un signo de nuestro destino?

Para mí, la energía de una mujer era una virtud esencial. Mi madre era enérgica, mi hermana también, las protagonistas de Stendhal también. Presentía que Beate tenía la energía de Mathilde y, al mismo tiempo, la ternura de Madame de Rênal. Mi madre también lo presintió. Beate enseguida le cayó bien, y Raisa encomendó su hijo a una mujer con la que podía contar para un amor de toda la vida y que, al final, le cerrara los ojos a su hijo. Esperé un año antes de presentar a Beate a mi hermana y a mi madre. Y Beate fue al otro lado del telón de acero para que mi tía Lida pudiera conocerla.

De nosotros dos, Beate es la más fiable y la más sólida; es capaz de emprender lo que sea, desde las cosas más nimias hasta las más trascendentes, con conciencia, inteligencia y sangre fría. Es una excelente ama de casa; siempre declara que esa es su profesión: *Hausfrau.* Puede regresar de cualquier expedición en la otra punta del planeta y, al día siguiente, ir a hacer las compras como si nunca se hubiera ido. Sabe adaptarse a todas las situaciones, siempre amable y sonriente. En eso se parece a Marlene Dietrich, berlinesa también, que, de hecho, se hizo amiga suya al final de su vida y a quien consideramos una de las mujeres más representativas de nuestro siglo.

El primer contacto con Marlene fue una tarjeta suya: «Querida, querida señora. Le escribo para decirle que la admiro y que la quiero profundamente, y estoy segura de que usted sabe por qué. Como me he vuelto atea, no puedo decirle: ¡que Dios la bendiga!». Años después, el alcalde de París, Bertrand Delanoë, inauguró gracias a Beate la plaza Marlene Dietrich.

Beate es la mujer con la que yo soñaba, capaz de superarse y elevarme por encima de mí mismo pese a mis defectos. Todavía no lo sé, pero lo intuyo. Desde el inicio de nuestra relación, respeto su personalidad: es alemana de pies a cabeza, y detecto en ella la excepcional cualidad de no identificarse ni con el Este ni con el Oeste. Es alemana y punto. Cuando se choca con la imagen de la Alemania hitleriana, se hace cargo; y ya siento que acumula en ella la energía necesaria para reaccionar contra esa imagen. No mediante la negación, sino mediante acciones positivas. Aunque no sea más que aprendiendo historia para entender cómo se llegó a aquella división de su país y su capital. Le doy libros y artículos que le permiten seguir aquel indispensable itinerario histórico. Quiere comprender; también quiere actuar.

Durante el servicio militar, que dura desde noviembre de 1960 hasta noviembre de 1962, nos mantenemos muy en contacto, incluso durante los cinco meses de formación básica. Al finalizar, me incorporo como soldado de segunda clase a la oficina «Psicología», dirigida por el coronel Bourdis, que acaba de ser creada dentro del Ministerio de las Fuerzas Armadas, encabezado por Pierre Messmer. Ambos son Compañeros de la Liberación, la más hermosa de las distinciones. La oficina está en el patio de honor del edificio, en el número 14 de la calle Saint-Dominique, entrando a la derecha.

De inmediato simpatizo con el coronel, héroe de la Francia Libre, que en abril de 1961, periodo de tensión entre Francia y Argelia, es uno de los fieles del general De Gaulle, junto con su amigo Messmer. Esa dependencia que acaba de crearse está compuesta por gente joven, de segunda clase, como yo. Me voy unos días a Cortina, Italia, con un falso permiso, y regreso milagrosamente al cuartel Dupleix el 21 de abril de 1961. Al día siguiente, tiene lugar el golpe de Argel y quedamos todos acuartelados. De no haber vuelto a tiempo, me habrían considerado desertor; en ese caso, ¿habría regresado?

Estar retenido en un cuartel no es lo mío; convenzo a otros dos soldados de reemplazo de que salgan y me sigan al ministerio en calidad de voluntarios contra el golpe. Uno de ellos es Philippe Leprêtre, que se convertirá en Philippe Gildas,[3] y el otro es un redactor de *La Croix*[4] cuyo nombre he olvidado. Los guardias de la puerta nos dejan pasar, pues aquel día, al no saber cuál sería el desenlace del levantamiento, la ausencia de suboficiales es notable. Lo mismo acontece en la calle Saint-Dominique, donde las oficinas están casi vacías, excepto por la permanencia de algunos gaullistas acérrimos. El coronel Bourdis me manda a la central telefónica, comunicada con la policía militar en Argelia. Allí me quedo toda la noche, anotando y transmitiendo al equipo del ministro la evolución de los acontecimientos. Al día siguiente, el golpe de Estado fracasa. Nuestro coronel manda poner a nuestra disposición un montón de documentos de diversos orígenes, que describen lo que había sucedido durante el alzamiento. Nuestra misión es establecer la cronología de la situación en Argelia y hacer una ficha de cada mando superior del Ejército en relación con los hechos. Disponemos de un séquito de secretarias y de una sala de conferencias provista de una mesa larga donde desplegamos nuestra documentación. Un juez de instrucción militar trabaja con nuestras fichas; los suboficiales detenidos pasan por nuestro despacho.

Una vez culminada la compilación solicitada, el ministro nos lo agradece. Por mi parte, me colocan al mando, por un lado, de la revista *Notes et Documents,* destinada a los militares, donde elijo y publico excelentes artículos extraídos de otros órganos de prensa; y por otro, de *Notes et Études Documentaires*, que aborda distintos temas, sobre todo económicos. Vivo como un civil. No vuelvo a dormir nunca más en el cuartel, y me encomiendan otras tareas, como participar con orden de misión, pero oficiosamente, en los coloquios organizados por el presidente del Colegio de Abogados, el doctor Thorp, en particular, sobre torturas y violaciones de los derechos

3 Periodista y animador de radio y televisión. *[N. de la T.]*

4 Periódico francés abiertamente cristiano y católico. *[N. de la T.]*

humanos. En aquella ocasión, me encuentro en Lille con un grupito que discute acaloradamente y en el que el profesor Maurice Duverger, a mi juicio, es quien más destaca, pese a la presencia de François Mitterrand, Pierre Mendès France, Edgar Faure y Charles Hernu.[5] Aprovecho mi situación para ayudar a unos compañeros que están en dificultades en Argelia, gracias al apoyo de Martial de La Fournière, que desempeña un papel importante en el gabinete de Pierre Messmer.[6] Incluso llegué a sacar a Philippe Labro[7] de una situación peligrosa, cuando acababa de ser trasladado de Túnez a Argel, a un cuartel de la Argelia francesa donde era cruelmente perseguido.

Sigo viviendo despreocupado y no me planteo ninguna pregunta respecto de mi futuro; vivo el día a día, sin jamás pensar en meterme en política, después de la experiencia que acabo de vivir. El Ejército, o mejor dicho, los políticos que dirigen el Ejército y son leales a la República y fieles desde junio de 1940 a De Gaulle, me han dejado las manos libres en un periodo durante el cual, en principio, tendría que haberme aburrido como una ostra. De esos dos años conservo un excelente recuerdo, fue una experiencia apasionante que me abrió la mente, me hizo madurar y facilitó mi paso a la acción.

Entretanto, Beate y yo alquilamos un estudio con cocina en la planta baja del número 19 de la avenida de La Bourdonnais. La dueña es la sobrina de Charles Maurras.[8] No nos quedamos mucho tiempo: un impulso me llevó a comprar una gata divina en una tienda de mascotas situada en el teatro Sarah Bernhardt. En mi familia materna, todos, tíos y tías, tenían un gato; ahora nos tocaba a nosotros. Esa misma noche, fuimos a mostrársela a mi madre, que se negó a dejarla ir, y nosotros nos negamos a dejársela a ella. Encontramos una solución de compromiso. Mi hermana, que vivía con mi

---

[5] Maurice Duverger: jurista, politólogo y profesor de Derecho Francés, especialista en derecho constitucional. Pierre Mendès France: político francés que ocupó el cargo de primer ministro entre 1954 y 1955. Edgar Faure: político, escritor y miembro de la Academia Francesa. Charles Hernu: político francés, ministro de Defensa del Gobierno de François Mitterrand. *[N. de la T.]*

[6] Hombre de Estado francés; ocupó diversos cargos a lo largo de su vida, como administrador colonial y primer ministro. *[N. de la T.]*

[7] Periodista, escritor, director de cine y autor musical francés. *[N. de la T.]*

[8] Político de extrema derecha, poeta y escritor francés. *[N. de la T.]*

madre, había visto nuestro estudio y le gustaba mucho. Así que se mudó allí, mientras que Beate y yo nos quedamos con su cuarto en el apartamentito de Raisa, cuya juventud de espíritu era tal, que no le molestaba que no estuviéramos ni comprometidos ni casados. Y eso que, en aquella época, tal comportamiento aún podía juzgarse con severidad.

Por la tarde, a veces espero a Beate en la calle de la Paix, donde trabaja para una sedería de Lyon, y tomamos una copa en el Harry's Bar de al lado. Vamos con frecuencia al cine de arte y ensayo, y a la cinemateca de la calle Ulm para saborear los clásicos.

A finales de 1962, vuelvo a viajar a Rumania, esta vez por encargo de mi tío Moreno, instalado por fin en París, quien había enterrado en su jardín de Bucarest una caja con los títulos de propiedad de sus barcos. Uno de ellos, requisado por los alemanes, había sido hundido en el mar Negro por un submarino. Mi tío necesitaba esos documentos para que los alemanes lo indemnizaran. Opto por irme a Bucarest con la selección francesa de rugby, a fin de alejar toda sospecha de la policía rumana, y me hago amigo de los jugadores André y Guy Boniface. No me alejo ni un ápice de ellos, a tal punto que los rumanos creen que formo parte del equipo y me hacen firmar autógrafos. Incluso me alojo en el mismo hotel que ellos. Poco después de nuestra llegada, me escapo y voy a recuperar la caja a casa de mi tía, a quien aún no le han dado el visado para Francia. Luego, temiendo que me interpelen en el camino, acudo a la Embajada de Francia, donde aceptan transmitir nuestros documentos a París por valija diplomática. Beate presentará el expediente en alemán y mi tío será finalmente indemnizado.

Pusimos fecha para casarnos cuando me contrataron en la Agencia de Radiodifusión y Televisión Francesa (ORTF), en mayo de 1963. Después de trabajar unos días en la antigua sede de la calle de Grenelle, me trasladaron al inmenso edificio del quai de Passy, al lado de la fábrica Peugeot, en cuya azotea alguna vez había jugado al tenis.

En octubre de 1963, me presenté al concurso de ayudantes de dirección y obtuve el primer puesto. Me enteré de la noticia estando en Múnich de luna de miel. Fue un hermoso regalo. Nos habíamos casado el 7 de noviembre de 1963 en el ayuntamiento del distrito XVI. El alcalde que nos unió nos pidió que fuéramos una pareja ejemplar, por ser francoalemana.

Poco tiempo antes de nuestra boda, uno de mis amigos del liceo había intentado disuadirme de que me casara con Beate. Unos días después, ella y yo almorzamos en un pequeño restaurante ruso de la plaza de la Madeleine. Una vidente me propuso leerme las líneas de la mano. Nunca había hecho una cosa así; dudé, pero terminé cediendo. Me miró la mano, me llamó a un lado y me declaró: «Te dicen que no te cases con esta mujer; debes casarte con ella». Y me acuerdo perfectamente de lo que agregó: «Es la única mujer en el mundo con la que puedes ser feliz». Hoy, después de nuestras bodas de oro y de cincuenta y cuatro años de felicidad, puedo afirmar que lo que me dijo esa mujer era cierto: ninguna otra mujer me habría aportado lo que Beate me ha aportado en nuestra vida privada y en nuestra vida pública. Juntos permanecemos unidos, fuertes y felices; uno sin el otro probablemente no habríamos producido gran cosa. Ella me debe mucho a mí, y yo le debo aún más a ella...

1965, Auschwitz-Birkenau: el *shock* decisivo

En la RTF, que ha pasado a ser la ORTF, me destinaron al departamento de Asuntos Comerciales y Jurídicos. Me ocupé de los primeros contratos de productos derivados, labor que no me interesaba, por más que de cara al futuro fuera una experiencia enriquecedora en un campo nuevo y en expansión. Pedí cambiar de puesto al presidente de la oficina, Robert Bordaz, a quien había conocido en Moscú, donde él había sido consejero económico en la Embajada francesa. Me nombraron encargado de misión de Roland Dhordain, que era el responsable de la nueva delegación para las estaciones regionales. Lo ayudé modestamente a crear o a afianzar las emisoras locales en toda Francia.

Roland Dhordain está dotado de una personalidad impresionante. Conoce la radio a fondo y tiene el sentido del servicio público grabado en el cuerpo. Contribuyó a desarrollar y favorecer el surgimiento de la radio de información en todos los ámbitos. Lo nombran director adjunto de radio del entonces director, Pierre de Boisdeffre, que enseguida se comporta más como su segundo que como su jefe, y le encomienda sus principales responsabilidades. Me mantiene como encargado de misión y tengo suficiente tiempo para cooperar con el famoso Departamento de Investigación de Pierre Schaeffer y con mi amigo de Zellidja, Claude Nedjar, que está lanzándose a la producción televisiva y tiene como proyecto realizar la primera coproducción audiovisual franco-soviética, una película titulada *Lenin y los rusos*. Viajo en varias ocasiones a Moscú, donde revisan con lupa cada palabra del guion, y a veces la rechazan. Intento arreglar ese tipo de desavenencias, y la película termina viendo la luz.

Me vuelco hacia un sector que me interesa: los programas históricos. En febrero de 1966, me encargan la preparación de dos ediciones aniversario: los diez años de Suez y Budapest. Viajo a El Cairo para comprar archivos inéditos. Egipto es un esplendor, y como se encuentra en un periodo de extrema tensión, no hay ni un turista en Luxor, donde realizo un par de paseos fabulosos: uno, en carruaje hasta Karnak; otro, en falúa por un Nilo vacío de cruceros. Me impactan en particular el coloso de Memnón, porque el emperador Adriano, que fue a admirarlo en el siglo II de nuestra era, está más cerca de nosotros que de la edificación de aquel monumento sobre el que dejó la huella de su paso como turista de la antigüedad. Hace más de 30 ºC. Después, un avión de Malév me lleva a Budapest, donde hace 0 ºC, y dos días más tarde estoy en Moscú, donde hace –30° C. El frío casi me deja sin respiración.

La experiencia comporta secuencias interesantes, pero la línea política ha cambiado y solo hay dos canales en aquella época: en lugar de dos programas de una hora, deciden producir apenas diez minutos. ¿Decisión tomada por quién? Por el director de la televisión, Claude Contamine, y su adjunto, Jean-Claude Michaud, dos funcionarios del Ministerio de Asuntos Exteriores. La televisión y la radio están a las órdenes del poder político. La situación me disgusta y protesto. Me asignaron entonces a la administración de programas de ficción dramática, cerca del parque de Buttes-Chaumont. Voy a ver al director adjunto de la ORTF, el señor François, que viene del Ministerio del Interior y me tiene simpatía desde que, el 1 de abril, recibió una carta del despacho del ministro de las Fuerzas Armadas reprochándole el contenido de un programa de variedades que se había referido al Ejército en un tono jocoso. Enfurecido, François había intentado en vano entrar en contacto con la persona que había firmado la carta, que no existía. Luego se dio cuenta del engaño y se enteró de que era yo el que la había redactado, en un estilo burocrático impecable que lo había pillado desprevenido. Y lo aceptó de buen grado.

Aquella mañana, al salir del domicilio familiar donde ya se oye chillar al pequeño Arno, yo aún no sabía que iba a cometer un acto irreflexivo, contrario a todos nuestros intereses, y que, sin embargo, sería una de las oportunidades que me brindó la vida: presentar mi renuncia a la ORTF, donde era administrador titular de mi puesto, y quedarme sin empleo. El señor François, a quien le anuncio mi decisión, intenta disuadirme durante al menos una hora; me mantengo firme. Rechazo el cargo de supervisión de ficciones dramáticas que no van más allá del siglo XIX. Cuando regreso a casa, mi madre y mi mujer me recriminan la decisión que he tomado. Termino lamentándolo yo también. Me encuentro sin trabajo, pero como Francia estaba atravesando un periodo de pleno empleo, pensé que no me costaría conseguir un cargo equivalente y menos frustrante. Ni siquiera me inscribí para recibir el subsidio de desempleo. Busqué y encontré unos meses después: asistente ejecutivo en una multinacional de comercio de granos, la Continental Grain. Vuelvo a viajar hacia el Este, ahora para realizar complejas operaciones financieras. No soy más que un engranaje y no entiendo demasiado, pero me fijan objetivos precisos que debo alcanzar. Los que son competentes y se esmeran en formarme, Victor Mitz, Philippe Lehmann y Claude-André Hesse, son indulgentes conmigo. Además, allí me reencuentro con mi amigo Joseph Fainas, que tiene mi edad y me conoce desde 1947; y me da ánimos.

El año anterior, el 27 de agosto de 1965, nació nuestro hijo. Le pusimos los nombres de Arno David Emmanuel. Con ello le pasábamos el relevo, un poco como si mi padre me hubiera entregado una maleta sin tener tiempo de hacerme saber cuál era su contenido.

Un tiempo antes del nacimiento, surgió en mí la sensación de pérdida ligada a la desaparición de mi padre. Estaba a punto de establecer el primer contacto con mi hijo; debía restablecer el contacto con mi padre. Entonces emprendí la tarea de volver a trazar con precisión la última etapa de su vida: qué le había ocurrido a partir del momento en que nos dejó, hasta el instante de su muerte. Al pasar por Rumania, donde obtuve el visado de tránsito, vía la Unión Soviética, llegué a Katowice con un frío glacial y, desde allí, a Auschwitz II -Birkenau.

En el campo principal, Auschwitz I, había muchos visitantes, exclusivamente de Polonia o de países satélites de la URSS. En Birkenau, último destino para el pueblo judío, estaba yo solo, absolutamente solo. Sentí la certeza de que mi destino habría debido culminar allí, que el inmenso sufrimiento del pueblo judío asesinado no se había aplacado con el paso del tiempo. Me parecía oír el grito de mi pueblo, un grito a la medida del crimen, un grito imposible de interrumpir, que se prolongaba hasta el infinito. No podía taparme los oídos ni acallar mi corazón: si el niño superviviente del genocidio, por milagro y por el sacrificio de su padre, permanecía sordo ante ese grito, que también era una llamada a asumir sus responsabilidades de judío, ¿acaso mi vida no sería una traición? Yo era un judío rescatado de la Shoá, cuando el mayor terror había azotado a su pueblo, que no tenía Estado que lo defendiera; y era un judío que había asistido a la resurrección de un Estado judío independiente; un judío que pertenecía a una generación excepcional, que debía asumir responsabilidades excepcionales. Era una revelación que se me imponía; un poco como, imagino, la conversión de Paul Claudel en una iglesia.[1]

Raisa, mi hermana, nuestros respectivos cónyuges, nuestros hijos Arno y Maldoror, yo, nuestros dos gatos Minette y Nikita y el cocker Petia nos instalamos a finales de 1966 en otro rincón del distrito XVI, en Passy, donde el metro emerge de la tierra para elevarse hacia el cielo, cerca de la estación Bir-Hakeim.

Casi simultáneamente, dos acontecimientos nos van a trasladar a Beate y a mí de una existencia normal a una situación de movilización total, como si cada uno de nosotros hubiera acumulado una energía extrema que solo pidiera expulsarse hacia fuera: para mí, la guerra de los Seis Días, en junio 1967; para Beate, su despido, el 30 de agosto del mismo año, de la OFAJ, donde trabajaba desde 1964. A partir de diciembre de 1966, Beate empezó a luchar por medio de sus artículos en *Combat* para divulgar y denunciar la falta moral cometida por la sociedad política de Alemania Occidental al elegir a un canciller que era un antiguo nazi activo.

Por mi parte, cuando estalla la guerra de los Seis Días, el lunes 6 de junio, me cito esa misma mañana en la oficina con mi amigo Josy Fainas y compramos nuestros pasajes de Air France rumbo a Tel Aviv. En la oficina, los directivos no nos impiden partir, pero si

[1] Dramaturgo, poeta y diplomático francés que se convirtió al catolicismo durante una ceremonia religiosa, en la Navidad de 1886. *[N. de la T.]*

bien son judíos, nuestra iniciativa los sorprende. Para la dirección, la firma es la patria prioritaria de los empleados.

Despegamos por la tarde. El avión casi vacío lo desvían hacia Atenas, a causa de la batalla aérea que se libra en la región. Al día siguiente, un avión de El Al transporta a Tel Aviv a los voluntarios bloqueados en Atenas. Gracias a mi tarjeta de la ORTF, que he conservado, me aceptan como corresponsal de prensa para seguir las operaciones. Como consecuencia de la destrucción de la aviación egipcia en el inicio de las hostilidades, Israel ya no necesita voluntarios en los campos de batalla. Asisto desde el Muro de las Lamentaciones a las primeras horas exaltantes de la liberación de la Jerusalén judía, en manos extranjeras desde su conquista por Pompeyo en el 63 a. C. y su destrucción en el 70 d. C. por Tito, apodado «Amor y delicias del género humano». Acompaño a las unidades lanzadas a la conquista del Golán hasta Quneitra, en Siria. Un grupo de oficiales y soldados de la unidad deciden que, tras la guerra, fundarán un kibutz frente a Quneitra: Meron Ha Golan (tres años más tarde, nuestro hijo tomará allí su comunión laica, que se hace en ciertos kibutzim, y trabajará en la cosecha de la patata).

El 11 de junio de 1967, salí con destino a Bucarest a ver a mi tía y a narrarles con gran secreto a unos judíos rumanos lo que había acontecido en Israel y que tanto desagradaba a la Unión Soviética. El lunes por la mañana, Josy y yo estamos de regreso en la oficina, movilizados de nuevo por la búsqueda de ganancias para nuestra multinacional.

Beate

Mecanógrafa y militante

Mi entusiasmo por las misiones que me encomendaban en la Oficina Francoalemana para la Juventud (OFAJ) era grande, incluso proyectaba escribir una guía y orientaciones para las jóvenes alemanas *au pair* en París. Y lo hice. El libro tuvo una fuerte repercusión en Alemania; más oportuno, imposible: una joven alemana acababa de ser asesinada en Neuilly. Toda la prensa habló de ello con pelos y señales.

Eso también fue para mí el inicio de numerosas fricciones con la oficina, su secretario general, François Altmayer, que se encontraba por entonces en Bonn, y el director de la sección francesa, Robert Clément. Si bien la oficina había dado su conformidad para la publicación de la guía, si bien, de hecho, la oficina seguía la línea que yo trazaba en el manifiesto, les era desagradable admitir que las ideas de una joven secretaria pudieran tener alguna relevancia.

En las manifestaciones públicas y en las conferencias sobre los intercambios francoalemanes, los organizadores me invitaban como especialista y me colocaban junto a los directivos, que me trataban con desdén. Siempre tomaban la cautela de intervenir después que yo para aclarar: «La señora Klarsfeld no habla más que en su nombre». Pero el público se percataba perfectamente de que yo no estaba en contradicción con la oficina, sino que animaba su acción en ese sector, sensibilizando a la opinión pública en torno a la situación de las chicas *au pair*. Les hacía un favor a mis compañeras dándoles consejos prácticos muy precisos para los distintos trámites de su vida cotidiana y cultural. También escribía en nombre de mis camaradas en la parte «manifiesto» del volumen titulado «Une chance à ne pas compromettre» ['Una oportunidad que no hay que desperdiciar']:

Franceses y alemanes aún tienen una imagen falsa de sus vecinos: los jóvenes franceses ven a los jóvenes alemanes como gente trabajadora, seria, sociable, correcta, disciplinada, valiente, inteligente, pero también los consideran belicosos, militaristas, autoritarios, orgullosos, cerrados, rústicos, carentes de sentido crítico, falsos, nacionalistas. Los jóvenes alemanes, por su parte, estiman que los jóvenes franceses son amables, encantadores, alegres frente a la vida, abiertos, inteligentes, aunque también perezosos, antipáticos, superficiales, frívolos y descuidados. Ahora bien, esos clichés inmutables se ven modificados favorablemente por quienes han podido entablar vínculos duraderos. Por el lado alemán, para que los jóvenes adquieran en el transcurso de su viaje a Francia una sólida simpatía por ese país, podemos destacar en particular la necesidad de una experiencia individual prolongada, de un conocimiento fluido del idioma francés, de contactos personales duraderos y de una ampliación del abanico social.

Las jóvenes *au pair* son las únicas que reúnen todas esas condiciones. Han sabido crear una forma de viaje específica, que corresponde a lo que la amistad francoalemana reclama de los jóvenes. Han tenido que hacer un gran esfuerzo, por lo general regresan a Alemania con la mente más abierta y el carácter más aguerrido. Por tanto, son de lo más meritorias y hay que superar determinados prejuicios que no resisten la crítica ni el sentido común para ayudarlas en lo que podamos.

Pero una simple taquimecanógrafa sin diploma no podía tener voz ni voto, eso fue lo que descubrí con amargura.

La saña de los jefes de servicio de la oficina, la mayoría de los cuales había recalado allí por casualidad, se acentuaba. Yo había dejado la máquina de escribir y ahora era encargada del Departamento de Documentación, función que ocupaba de hecho, pues desde el punto de vista contractual todavía era secretaria.

Un incidente con Voggenreiter, el editor alemán de mi libro en Bad Godesberg, enfrió un poco más mis relaciones con la oficina, al tiempo que reveló el sometimiento de su sección alemana al Gobierno de Bonn, cuando en teoría se trataba de un organismo binacional independiente, cuyos empleados tenían un estatuto análogo al de los funcionarios internacionales.

En un capítulo titulado «L'Allemagne à Paris» ['Alemania en París'], yo indicaba los nombres y las direcciones de asociaciones culturales, entre ellas, de Intercambios Francoalemanes, que organizaba conferencias sobre historia alemana en la Sorbona. Ahora bien, se trataba de una asociación francesa amiga de la República Democrática Alemana (RDA). Mi editor alemán, que esperaba vender numerosos ejemplares a los ministerios de Educación de los diferentes *Länder*[1] de la República Federal de Alemania (RFA), se vio obligado a retirar de la venta todos los libros y suprimir la página que contenía esa dirección. El Ministerio de la Juventud, por su parte, proyectaba distribuir la guía a las muchachas que estuvieran a punto de venir a Francia, pero en el último momento desistió.

Eso me valió serios reproches: «Pero ¿se da usted cuenta? Está citando una asociación vinculada a Alemania Oriental, ¡es una insensatez!». No podíamos entendernos: para ellos, Alemania pertenecía a la República Federal; para mí, pertenecía a todo el pueblo alemán.

Primavera de 1966. Paseo al pequeño Arno desde la Porte de Saint-Cloud al jardín de los Poetas, en la Porte d'Auteuil. Quisimos que nuestro hijo fuera judío, que fuera circuncidado por un rabino y llevara el nombre del padre de Serge. La oficina me concedió una licencia de un año sin remuneración. Nos mudamos a cien metros de la casa de mi suegra, a un apartamento luminoso, de tres habitaciones, en el sexto piso de un edificio que da al bulevar Murat, cerca del Sena, con vista a unos estrechos senderos bordeados por casas obreras convertidas en palacetes. Lo arropo, lo mimo, cada sonrisa de Arno es un precioso momento de felicidad.

Cuando puedo, voy al ayuntamiento del distrito V. Allí, en una sala bien disimulada en un laberinto de pasillos, se encuentra la biblioteca feminista de Marguerite Durand. Recabo información acerca de un tema que me importa mucho, pues quiero publicar un libro al respecto: la mujer alemana vista por los franceses. Al final de la semana, deambulamos los tres bordeando el Sena. En los puestos de libros usados, consigo pintorescos testimonios de franceses viajeros, prisioneros de guerra o periodistas, sobre la vida amorosa, doméstica, profesional, social de las alemanas desde principios de siglo; voy acumulando información. Aprendo mucho sobre mis

[1] Plural de *Land,* división territorial de los entes federales alemanes. *[N. de la T.]*

conciudadanos y sobre sus observadores. Un periódico, *La Femme du XXe Siècle*, me pide un artículo sobre la mujer alemana.

> Llego hasta el punto de preguntarme qué me ha llevado, qué ha llevado a muchas otras alemanas, a abandonar nuestro hogar. Es cierto que tenemos razones obvias: hacer algo concreto en Francia, o en otra parte; el estudio pormenorizado de un idioma y una civilización. Pero ese esfuerzo abarca, a mi entender, un ímpetu más profundo y a menudo inconsciente: el deseo de liberación.
>
> En tiempos de Guillermo II, el universo de nuestras antepasadas se resumía a las tres K (*Kinder*, *Kirche*, *Küche*: 'los niños, la iglesia, la cocina'). Durante unos diez años, bajo la República de Weimar, nuestras abuelas pudieron por fin respirar y esperar. Luego, Hitler las devolvió a los niños y a la fábrica, cuando se hicieron sentir las necesidades de la máquina de guerra. De nuevo hizo falta la conmoción de la derrota en una guerra mundial para darle a la mujer alemana una segunda oportunidad. Nuestras madres trabajaron, contribuyeron activamente a recoger las ruinas del país. Para ello, la sociedad alemana les abrió los brazos ampliamente, les dio la mano, y estrechó sus manos de obreras, ingenieras, médicas, campesinas, profesoras o gerentes de empresa, sin olvidar pedirles también que dieran vida a los hombres del mañana. Y las mujeres ayudaron decisivamente a reconstruir una Alemania nueva, que, sin embargo, no es una Alemania nueva, y donde ellas, hoy como ayer, no desempeñan prácticamente ningún rol político. Político se refiere a la participación en las verdaderas responsabilidades del destino de nuestro país. ¿Cuántas mujeres asumieron esas responsabilidades en la historia de Alemania? De nuevo, la opinión pública alemana está dando un peligroso giro que conduce hacia una mujer domesticada, dedicada a la misión de aportar el mayor bienestar posible a su esposo y a su función natural de reproductora.

Me afilié al Partido Socialdemócrata alemán en 1964. Tras la publicación de mi libro, Willy Brandt me recibió en su despacho de alcalde en Berlín Oeste y me habló de su estadía en París, de joven, en 1937, cuando había huido de la Alemania nazi. Sé que muchos alemanes lo consideran un traidor; yo lo admiro por no haber seguido el lema *«Recht oder Unrecht, mein Vaterland» ('Justa o injusta, es mi patria')*.

Volví a verlo dos años más tarde, en una recepción que dio la Embajada alemana en París, en el verano de 1966, en la mansión Said. Me encontré con un Brandt abatido por su segunda derrota como candidato a canciller. Los comentarios de la prensa alemana habían sido mordaces. Lo trataban de «borracho», le negaban cualquier futuro político. Le manifesté la confianza que depositaba en él: «Detrás de usted, tiene a una Alemania joven que lo admira por lo que usted hizo contra los nazis. Lo que necesitamos como canciller es a un alemán como usted. No pierda la confianza; yo confío en usted».

Impulsivamente, le agarré la mano. Me sonrió con calidez. Su mirada expresaba honradez; sus arrugas, sus incesantes luchas a contracorriente del torrente alemán. Su voz era la voz del pueblo. Para mí, que lo conozco desde mi infancia berlinesa, él es el rostro genuino de Alemania.

Al regresar a la oficina en octubre de 1966, mi cargo de documentalista había sido suprimido por «razones presupuestarias». Me encontré de nuevo escribiendo a máquina y, a veces, atendiendo al teléfono; me sentía privada de toda actividad fecunda.

Diciembre de 1966. Alquilamos con toda la familia un inmenso apartamento de 250 metros cuadrados, seis habitaciones, en un magnífico edificio del 1900 en la calle de Alboni, cuyas fachadas daban al metro aéreo y al Sena. Nos reunimos mi cuñada, mi cuñado, su hijo de 4 meses, Maldoror, Raisa y nosotros tres. También estaban presentes nuestros animales: Minette, nuestra gata callejera; Nikita, el gato blanco de Tania; Petia, su amable cocker, y Krutch, el hámster. Pusimos nuestros presupuestos en común: «Nosotros pagaremos dos quintos del alquiler; Tania y Alik lo mismo; Raisa pagará un quinto», propuso Serge.

Yo tenía a mi cargo la comida, así que dos o tres veces por semana iba al mercado de Les Halles a comprar provisiones. Contratamos a una empleada para la limpieza y a dos chicas *au pair* —mañana y tarde— para los niños. Para mi cuñada y para mí, eso implicaba un apreciable incremento de nuestra libertad. La vida se había organizado a escala de una pequeña comunidad. La experiencia era fascinante: un kibutz familiar en Passy.

Al mismo tiempo que nos instalábamos en Passy, Kurt Georg Kiesinger, ministro-presidente del *Land* de Baden-Wurtemberg, se preparaba para acceder a la Cancillería en Bonn. Algunos diarios franceses, *Le Figaro*, *Combat*, mencionaron discretamente, al respecto, su pasado como propagandista nazi. Yo no podía creer lo que estaba viendo y me abalanzaba a los periódicos alemanes. Los únicos que protestaban eran un gran escritor y un gran filósofo. Günter Grass escribía, en una carta abierta al candidato demócrata-cristiano a la Cancillería: «¿Cómo la juventud de este país puede oponer argumentos a ese partido de anteayer, que hoy resucita con el aspecto del NPD [Partido Nacionaldemócrata de Alemania], si usted mismo aplasta con el peso de su pasado la función de canciller federal?». Karl Jaspers, por su parte, estaba atónito:

> Muchos alemanes, no todos, seguramente una pequeña minoría, tal vez un millón, están estupefactos. El hecho de que su Estado, la República Federal, sea dirigida por un antiguo nacionalsocialista es para ellos pavoroso, porque de nuevo, como en la historia política de los Estados prusiano y bismarckiano, y como en el Estado nazi, deben sentirse excluidos. Con la llegada al poder de Kiesinger, ha habido en la República Federal una mutación que ya podía percibirse desde antes. En eso estamos. Lo que parecía imposible hace diez años hoy se ha realizado casi sin resistencia. Que los antiguos nazis lograran ocupar altos cargos, incluso políticos, era casi inevitable. Que el Estado, la educación, la economía se mantuvieran en marcha únicamente con personas no nazis era imposible, pues había demasiado pocas. Pero que un antiguo nacionalsocialista dirija ahora la República Federal significa que, en adelante, el haber sido nacionalsocialista ya no tiene importancia. Cuando fue nombrado ministro-presidente de Baden-Wurtemberg, nadie emitió objeciones. ¿Pero canciller? Eso sí que es ya algo muy distinto...

Recordé la última octavilla de Hans y Sophie Scholl, aquel último llamamiento: ¿a quién se dirigía? A todos nosotros, es decir, a cada uno de nosotros: «Una vez terminada la guerra, en aras del futuro, habrá que castigar con dureza a los culpables para quitarle a cualquiera las ganas de volver a intentar semejante aventura... Tampoco olviden a los canallas de este régimen, recuerden sus nombres, ¡que no se escape ni uno solo! Que no vayan a cambiar de bando en el último momento y hacer como si nada hubiera pasado».

Yo todavía esperaba que Kiesinger no resultara elegido, que los diputados de Bonn tomaran conciencia de que iban a tener que rendirle cuentas a Alemania. Pero no, Kiesinger gana las elecciones y ahora dirige el Gobierno de Alemania Occidental. En los diarios, se instala de inmediato la conspiración del silencio. Máxime porque se conformó la gran coalición entre democristianos y socialdemócratas. Brandt es ministro de Asuntos Exteriores.

Hay que reaccionar, pero ¿cómo? El ejemplo de Scholl me ayuda a decidirme. En la lucha contra el nazismo, lo esencial no es estar seguro de tener éxito antes de lanzarse. Ante todo, hay que intentarlo, con coraje, seguir lo que marca la conciencia, abrir los ojos y actuar. Después, mis actos me acompañarían y me empujarían hacia delante, y otros podrían inspirarse. Mi primera acción sería una proclamación pública, una nítida toma de posición.

Voy a dos diarios matutinos con mi artículo. Me atienden amablemente, aconsejándome que me dirija a *Combat*, periódico que conservaba tan vivaz el espíritu de la Resistencia francesa.

Me cuesta bastante descubrir, en la calle del Croissant, en el barrio de Montmartre, el viejo edificio que albergaba la redacción.

El joven redactor con quien me reúno, Michel Voirol, se muestra sorprendido de conocer a una alemana decidida a protestar contra la nominación de Kiesinger. Mi primera nota de opinión se publica el día de su visita oficial a París, el 14 de enero de 1967:

> La Alemania oficial tiene varios rostros: Willy Brandt es el único que no debería despertar sospecha alguna en los franceses. En el momento en que el alemán más bien se complace en reconocerse en el personaje del señor Kiesinger, el destino le concede a Alemania, en contrapartida, la oportunidad del ascenso de Willy Brandt a un cargo eminente en el Gobierno.
>
> El señor Kiesinger tiene a su favor la suerte de tranquilizar a sus conciudadanos de cierta edad. Siempre caminó en concierto con el pueblo alemán. Como él, este se equivocó durante más de diez años, los años de su adhesión al partido nazi... Willy Brandt, en cambio, asusta a los alemanes en lugar de atraerlos, por más que los jóvenes estén mirando cada vez más en su dirección. Porque Willy Brandt siempre caminó a contracorriente cuando hizo falta. Su equivocación es haber tenido siempre razón en las grandes elecciones de su vida y haber ligado indisolublemente la moral a la política. También se le reprocha su coraje, y precisamente eso era lo que necesitaba un alemán que no era ni judío ni comunista, sino un alemán libre, para irse de una Alemania cuyas turbias pasiones se encarnaban en Hitler.
>
> Hacía falta coraje para estar en España del lado de los republicanos, y no bajo el uniforme nazi. Coraje hacía falta para combatir en Noruega al

Ejército alemán, el que arrastraba tras de sí las «soluciones finales». Son su coraje y su lucidez lo que muchos alemanes no admiran de Willy Brandt, y lo que incluso no le perdonan... Los alemanes, en su mayoría, no saben aún que disponer de un hombre como Willy Brandt es una suerte para la Alemania del mañana. Los jefes de Estado de los países adonde irá en estos próximos meses podrán darle la mano sin ninguna reserva. Y toda Alemania sacará partido del crédito moral y político que su ministro de Asuntos Exteriores pone a su disposición. Esperemos que, a la hora de votar, por una vez, no sea el señor Kiesinger quien se vea beneficiado.

Lo que me anima no es el odio contra Kiesinger, ni una morbosa fascinación por el pasado, menos aún la desesperación. Existe un porvenir para Alemania al alcance de nuestras manos. «¿Por qué hay que apostar por Willy Brandt?»: ese fue el título de mi segunda nota en *Combat*, publicada en marzo de 1967:

Como alemana, deploro la llegada del señor Kiesinger a la Cancillería. Un exmiembro del partido nazi —si bien lo fue por oportunismo— en la dirección de los asuntos alemanes equivale, para la opinión pública, a la absolución de cierta época y de cierta actitud. La filósofa Hannah Arendt habló de la «banalidad del mal» a propósito de Eichmann. Para mí, el señor Kiesinger personifica la respetabilidad del mal. A los treinta años, el señor Kiesinger se afilió al partido nazi, y no hay ninguna duda de que en 1933 había que dar algunas muestras de confianza para merecer ese carné, generador de favores, privilegios y poder. El señor Kiesinger siguió siendo nazi hasta 1943 y consiguió escabullirse de los tribunales de desnazificación, argumentando: «Si no renuncié, fue para limitar los daños desde adentro». Aunque yo haya nacido en 1939, sé demasiado bien lo que fueron el universo de los campos de concentración y la miseria de una Europa en ruinas como para agradecerle al señor Kiesinger el modo en que limitó los daños.

Seguramente esto no le impida al señor Kiesinger tener buena conciencia y, con su ascenso, devolverles la buena conciencia a los pocos alemanes que la habían perdido...

Willy Brandt eligió una vía contraria [...]. Los verdaderos demócratas alemanes que luchaban con las armas en la mano contra el nazismo eran por demás escasos. Paradójicamente, se convirtieron casi en la mala conciencia de Alemania, aportando la prueba de que era posible alistarse en el campo del derecho y la moral [...]. Hoy, Alemania aún no se ha librado de su pasado porque no ha querido asumirlo con sinceridad [...].

Solo Willy Brandt y su equipo pueden darle un nuevo curso a la vida política de Alemania, porque lo quieren de veras y porque han dado muestras de

> su madurez política. La conquista de los Asuntos Exteriores de la República Federal es el primer estadio de su conquista del poder, de modo que el interés de los países que temen toda ambición alemana nociva consiste en ayudar a Brandt a ser canciller. Los países del Este, en particular, deberían recibirlo con toda la consideración y la estima debidas a un hombre que fue su aliado en el combate contra el nazismo y que todavía lo sigue siendo. Asimismo, deberían tenerlo como único interlocutor válido y rechazar el diálogo con el propio señor Kiesinger. Por último, deberían asistir lo mejor posible a Brandt en sus esfuerzos por resolver el problema alemán, en el sentido de un acercamiento entre las dos Alemanias dentro de un marco socialista. Así pues, el pueblo alemán sin duda se habituaría con satisfacción a la perspectiva de tener como canciller, antes que a un antiguo personaje de segunda fila del régimen nazi, a un ministro de Asuntos Exteriores que sea el honor de su país. En este tema, el interés de Francia y de Europa, de toda Europa, desde el Atlántico hasta los Urales y más allá, es el mismo.

En aquel entonces, Brandt es casi un desconocido en Francia, y nadie, ni siquiera en Alemania, se atreve a referirse en semejantes términos a su destino y a su voluntad.

Cada uno de mis pronunciamientos políticos agrava la hostilidad de mis superiores y mis colegas de la OFAJ. No obstante, nadie menciona mis artículos en mi presencia, si bien buscan a todas luces que mis condiciones de trabajo sean cada vez más insoportables. El enfrentamiento directo se aproxima.

Si en la oficina intuyo que se acerca la tormenta, afuera me absorben las alegrías de la familia. Nuestra vida personal es alegre y fácil, más que si cada elemento de la comunidad que formamos viviera por separado. Arno crece y estoy embelesada. Serge renunció a su cargo en la Oficina de Radiodifusión y Televisión Francesa (ORTF). Es asistente ejecutivo en la Continental Grain, en París, una firma multinacional de las primeras del mundo en el comercio de granos. Está destinado a convertirse en un especialista de asuntos financieros complejos denominados *clearing* y compensación, y viaja con frecuencia, sobre todo a Europa del Este, donde su conocimiento del ruso le sirve.

Nos hemos organizado tan bien que puedo partir a la aventura sola, de vacaciones, como Serge hace diez años. Viajo en mayo a Estados Unidos y Guatemala, donde reside un primo de Serge. De regreso a París, paso un día entero con Serge, charlando sobre los acontecimientos en Oriente Próximo. Al día siguiente, el 6 de junio de 1967, comienza la guerra. Serge y su amigo de siempre, Josy, que también trabaja en la Continental, despegan hacia Tel Aviv. Rompo en llanto. No disuadí a Serge de irse: había visitado Israel con él el año anterior; conocía su apego a la causa judía y qué peligros amenazaban al incipiente Estado.

En el seno de semejante familia, me sentía fuerte gracias al amor que recibía de ellos. Y los necesité para hacer frente a las pruebas que me esperaban.

Destituida de la OFAJ

30 de agosto de 1967. Me ponen de patitas en la calle. Enseguida llamo por teléfono a Serge. Tengo un nudo en la garganta, mi voz es apenas audible. Serge me pide que se lo repita:

—El director acaba de entregarme una carta del secretario general de la oficina informándome sobre la instrucción de un procedimiento disciplinario.

—¿Por llegar con retraso?

Es la primera idea que se le ocurre.

—No, por motivos políticos. Escucha lo que escribe: «He ordenado instruir un procedimiento disciplinario en su contra, tendiente a su destitución. Efectivamente, el artículo «El sueño turbio de Alemania», publicado con su firma en el periódico *Combat* del 21 de julio de 1967, constituye una grave infracción de las obligaciones de los agentes de la oficina [...]. En el artículo antes mencionado, usted escribió lo siguiente: «Los primeros pasos del señor Kiesinger fueron modestos y sin ruido, porque *ese hombre, que supo hacerse de una reputación tan buena en las filas de los camisas pardas tanto como en las filas de la democracia cristiana,* era muy consciente de lo que se jugaba en las primeras semanas de su ascenso al poder».

—Articula mejor, ¡no oigo nada!

—Sí, sí... Escucha, sigo: «Su artículo contraviene gravemente el espíritu de lealtad contemplado en el artículo 3 del párrafo 2 del estatuto del personal de la oficina, según el cual todo agente, en sus declaraciones, actividades y publicaciones, debe abstenerse de todo acto incompatible con sus deberes y obligaciones para con el despacho, o susceptible de causarle un perjuicio moral o material».

—Ven de inmediato a mi despacho y lo hablamos —me sugiere Serge.

Esa carta fue para mí una conmoción. Ser destituida sin preaviso ni indemnización me da la impresión de haber cometido un crimen cuya vergüenza salpicaría a la oficina.

Abro mis cajones, me llevo algunos objetos personales. Nadie, excepto la telefonista, se arriesga a despedirse de mí, a darme la mano.

Camino rápido: necesito calmarme. Entre la calle de Artois y la calle de la Ville-l'Évêque, solo hay unos pocos cientos de metros. Entro en el edificio de la Continental Grain. Serge, con las mandíbulas apretadas, está febril, como cada vez que una emoción violenta lo invade. En mí, los sentimientos se exteriorizan menos, pero ambos compartimos la misma rabia.

Uno de sus colegas se esfuerza por serenarnos:

—No siga adelante. Retráctese, le están dando quince días para que pueda responder a las acusaciones que se le formulan.

—Evite un procedimiento complejo e inútil. Va a perder y se quedará sin trabajo— agrega otro ejecutivo.

Un tercero añade:

—Ya ve lo que cuesta dirigir una cruzada. Es la lucha de David contra Goliat...

Es demasiado. No quiero seguir escuchándolos. Serge me arrastra al Surville, un bistró de la calle Saussaies. Sentados frente a frente, permanecemos en silencio un largo rato. ¿Acaso es posible renunciar, humillarse? Trato de ser fuerte. Tengo que hacer frente a aquella injusticia. Pienso entonces en quienes son el sentido de nuestra lucha, y acuden en mi auxilio. ¿Cómo podrían admitir ellos que, veinte años después de su suplicio, los nazis vuelvan a tomar el poder?

Una serie de imágenes crueles desfilan ante mis ojos. El niñito del gueto de Varsovia, con la mirada cargada de toda la gravedad del mundo, manos arriba frente a un soldado alemán. Se parece a mi hijo, es mi hijo. No, no puedo callar. Serge me habla de su padre, apaleado por un Kapo nada más llegar a Auschwitz, y que reacciona aturdiendo de un golpe a su torturador: «¿Cómo podría yo, sin luchar, aceptar que te echen de tu trabajo por ser la primera en decir la verdad sobre un nazi en Francia, desde la guerra? Sería la peor de las dimisiones», concluye Serge.

Me coge la mano por encima de la mesa y la besa. Se me presenta la imagen de aquella joven pareja, acostada sobre los cascotes de las ruinas del gueto de Varsovia, en medio de otros judíos que en breve serán masacrados. Erguidos frente a ellos, con cascos y botas, ametralladora en mano, unos SS los someten en calidad de vencedores. El hombre y la mujer se apoyan uno contra otro. Él le agarra la mano. No, no la protege. Ya no es momento de protegerse, pero su amor sobrevive. Están en la puerta de la muerte, y sin embargo se adivina en sus ojos y en sus labios una expresión indestructible, la de la gente que se ama.

Esa imagen pasó fugazmente. Aquel instante fue el punto de inflexión de nuestra vida. Nuestra decisión está tomada. Vamos a pelear, y ese combate será prioritario. Hemos decidido todo sin vacilar, casi sin palabras. En el mismo momento, para cada uno de nosotros, la opción se impuso irremediablemente. Pelearemos no para darnos buena conciencia, sino para ganar, y sabemos que en adelante nuestra lucha será un compromiso total. La carrera de Serge, nuestra vida familiar, la seguridad material pasarán a un segundo plano.

La calle Saussaies está a dos pasos del Palacio del Elíseo, sede del Gobierno del general De Gaulle. Allí me dirijo en el acto. Pregunto por el secretario general, Bernard Tricot. Por un azar, por un error, llego hasta su despacho. El señor Tricot se sorprende al verme. Así y todo, me escucha, aunque su actitud reservada no me da demasiada esperanza.

El 13 de septiembre, me escribirá: «Debo decirle que estimo que la presidencia de la República no debe intervenir en este asunto... No me corresponde a mí inmiscuirme en el desarrollo del procedimiento ya iniciado». Las autoridades francesas en lo más alto del escalafón se lavan las manos. Y eso que soy francesa desde hace cuatro años.

Recurro entonces a uno de los nombres más célebres de la Resistencia, Henri Frenay, quien creó y dirigió el movimiento Combat. El 21 de septiembre, recibo su respuesta; la abro con el corazón galopante —espero que me aliente, que me brinde apoyo moral—.

Pero mis ojos se empañan con lágrimas de amargura al leer lo que me escribe el gran resistente francés. No puedo evitar pensar: si hubiera sido alemán, ¿habría resistido a Hitler?

> Señora,
>
> Acuso recibo de su carta del 9 de septiembre y de los documentos que la acompañan. Dada la importancia del problema, no solo para usted, sino también en un plano más general, he leído todo con la atención que se merece. He llegado a la conclusión, espero que no se ofenda, de que de ninguna manera puedo compartir su sentimiento, ni aprobar su actitud públicamente expresada, al ser usted miembro de la Oficina Francoalemana para la Juventud.
>
> Muy distinto sería si el canciller federal hubiera sido un miembro eminente del Partido Nacionalsocialista e investido por este de altas responsabilidades. Ahora bien, nada de lo que usted ha escrito públicamente o de lo que me dice en su carta me permite pensar que así haya sido. Por ende, siguiendo su razonamiento, habría que condenar definitivamente a todos los alemanes que en algún momento tuvieron un carné del NSDAP en el bolsillo. Usted sabe, como yo, que eso significaría apartar de la vida pública a la casi totalidad de los hombres que hoy tienen cuarenta años o más.
>
> Si bien me parece absolutamente necesario que los verdaderos criminales de guerra sean todavía hoy perseguidos y atacados, no me parece para nada deseable dar testimonio del ostracismo que usted hoy demuestra.
>
> Entiendo los sentimientos que la han guiado, pero, como le digo, me resulta imposible compartirlos en modo alguno.

A la reticencia de Henri Frenay se opone la acción de Jean Pierre-Bloch, que escribirá un vehemente artículo en *Le Juvénal.* Resistente, socialista, exministro del general De Gaulle en Londres y Argel, Jean Pierre-Bloch preside la Liga Internacional contra el Racismo y el Antisemitismo (LICRA).

He de empezar la lucha en dos planos: el de la justicia, con un juicio, y el de la opinión pública francesa y alemana, con una impactante demostración del pasado nazi del canciller Kiesinger.

En realidad, las dos luchas se entrelazan, ya que decidimos llevar el caso ante la justicia francesa y no ante la comisión arbitral de la OFAJ, compuesta por dos magistrados nombrados por los respectivos Gobiernos. Esa comisión sepultaría discretamente el caso, mientras que si fuéramos juzgados por el Tribunal del distrito VIII de París existiría alguna probabilidad de que el asunto trascendiese a la opinión pública gracias a la prensa.

Las dificultades de nuestro combate empiezan a hacerse sentir en el día a día. Cuesta caro. Hemos dejado de pagar los impuestos. Devengarán intereses, pero eso nos permite postergar el pago. Reducimos el presupuesto en alimentos. Vendemos nuestro viejo coche, un Aronde. Prescindimos de la empleada doméstica y nos quedamos con una sola de las chicas *au pair*. Las horas dedicadas a la política van en paralelo con las labores de la casa. No me cuesta lo más mínimo pasar instantáneamente de una cosa a la otra. Con igual conciencia profesional, lavo la ropa de la familia y los trapos sucios de Alemania.

Mi suegra teme por lo que nos pueda suceder, comprende que semejante compromiso nos llevará a escenarios desconocidos, que nos apartará de una existencia normal. Nos recuerda nuestras responsabilidades con respecto a Arno, expresa sus dudas en cuanto a la eficacia de nuestra acción. Hacemos oídos sordos. Solo me preocupa lograr nuestro objetivo; el porvenir de nuestro hijo pasa por el éxito de nuestra causa. Me pongo anteojeras para no ver la apacible orilla mientras la ola me lleva. Pero, en el fondo de su corazón, mi suegra aprueba nuestra decisión. Cuida a Arno cuando me ausento y, cuando necesitamos dinero, ella o mi cuñada nos ayudan. Por su lado, mi madre, viuda desde hace un año, critica ácidamente mi campaña. Sostiene que es totalmente lógico que me destituyan si hablo mal de un canciller.

Se nos impone la necesidad de darle forma a un expediente sobre la actividad nazi de Kiesinger. Serge, que ha reunido algunos documentos en el Centro de Documentación Judía Contemporánea (CDJC) de París, me hace notar que las primeras revelaciones de la prensa sobre Kiesinger provienen manifiestamente del archivo de Potsdam, en Alemania Oriental. Se le ocurre entonces entrar en contacto con su profesor de Sciences Po, Georges Castellan, historiador del Ejército alemán, que desempeñó un papel activo en los intercambios entre Francia y Alemania Oriental. Lo llama por teléfono: «Quisiera consultar el archivo de Potsdam. ¿Puede darme alguna indicación para ponerme en contacto con las autoridades competentes?». Georges Castellan le indica el nombre del señor Heyne, director de Amistades Francoalemanas en Berlín Este. Serge decide viajar a la capital de Alemania Oriental.

Berlín Este, en 1967, es una de las ciudades europeas más misteriosas. Ir allí con el pretexto de consultar archivos puede despertar la sospecha de los servicios especiales, puesto que, en esa época, Francia y la RDA no tienen relaciones diplomáticas. Serge conoce a Martial de La Fournière, consejero técnico de Pierre Messmer, ministro de las Fuerzas Armadas. Trabajó bajo su dirección en el momento del golpe de Estado de los generales, en abril de 1961, cuando estaba haciendo el servicio militar en el Ministerio de las Fuerzas Armadas, en la calle Saint-Dominique. Su carta a Martial de La Fournière se resume así: «Mi mujer, francesa, ha sido destituida en Francia por haber escrito que un alemán había sido nazi; Francia no ha hecho nada para ayudarla. Me veo obligado a acudir yo mismo en su ayuda. Debemos conformar un expediente sobre Kiesinger, y los documentos se encuentran en Berlín Este; quiero aclarar estos hechos a fin de que no me tilden de imprudente, de espía, de perturbar las relaciones diplomáticas, etc.». Su sinceridad debió de funcionar. Nunca tuvimos problemas.

Serge se toma unos días de licencia y llega a Schönefeld, el aeropuerto de Berlín Este, donde le niegan la entrada por carecer de visado. Además, no habla alemán y nadie entiende qué está buscando. De pronto aparece una secretaria francófona. Serge le da el número de teléfono del señor Heyne y obtiene con su ayuda una autorización de estancia.

Serge acude a la sede de Amistades Francoalemanas, pero no encuentra a su contacto. Su despacho se encuentra en el antiguo Ministerio de Propaganda de Goebbels, a unos cincuenta metros del búnker de Hitler, la Ernst Thälmann Platz, en un decorado desolado, en el primer piso del edificio. Serge entra en el salón donde Goebbels daba cada mañana una conferencia de trabajo, a la que Kiesinger asistía con frecuencia. Es en la Cámara Popular, la Volkskammer, donde finalmente conoce al señor Heyne y le expone lo que está buscando. Le derivan hacia el Ministerio del Interior, donde lo recibe al día siguiente un alto funcionario. Después de haberlo escuchado, este último lo hace esperar una hora antes de presentarlo a una comisión de siete u ocho personas. Con ayuda de un intérprete, Serge expone de nuevo nuestro proyecto de crear un expediente sobre el pasado de Kiesinger y no oculta que fue voluntario en Israel durante la guerra de los Seis Días. La respuesta es favorable.

Durante tres días, consulta un grueso expediente y toma muchas notas. Me llama todas las noches: «Estoy trabajando en un anexo del Ministerio del Interior, en Mauerstrasse, al lado del Nationalrat, el Consejo Nacional», me cuenta. «Entro por una escalerita custodiada por un policía armado. Me anuncian por teléfono, anotan mi hora de llegada, y un funcionario viene a buscarme. Lo mismo cuando salgo. Durante horas, le hago preguntas a un joven historiador del ministerio, especialista en los engranajes administrativos del Tercer Reich. Gracias al intérprete, puedo hacer que me traduzcan lo primordial de los documentos más importantes. Ya verás tú el resto a fondo».

En el transcurso de sus investigaciones, Serge se mueve con soltura dentro del laberinto de la organización radiofónica donde Kiesinger había desempeñado su papel de propagandista hitleriano, ya que había trabajado tres años antes con Roland Dhordain en la revisión de las estructuras radiofónicas de Francia.

Se va de Berlín Este con un enorme montón de fotocopias. Durante su investigación, advierte la existencia de un libro sobre la propaganda radiofónica hitleriana, cuyo autor es Raimund Schnabel. Pero solo hay un ejemplar en Berlín Este y la editorial, Europa-Verlag, es vienesa. Simon Wiesenthal, que está impulsando tantas demandas contra los criminales nazis, también vive en Viena. Para Serge, eso es una señal, así que viaja allí de inmediato. Conoce a Simon Wiesenthal en el número 7 de la Rudolf Platz. Lamentablemente, el hombre no puede proporcionarnos ningún documento: «Lo lamento, un político como Kiesinger no entra en mi ámbito. Me he documentado más que nada sobre las SS, los verdugos de los campos, las mentes de la Solución Final de la cuestión judía».

Además de la carpeta que viajó a Berlín, nuestra documentación se enriquece con elementos encontrados en la Wiener Library de Londres, así como con miles de microfilmes que compramos por catálogo, a 400 dólares, al archivo del Ministerio de Asuntos Exteriores de Washington.

El rápido aprovechamiento de ese material me permite redactar e imprimir a nuestro cargo, poco antes de la Navidad de 1967, un folleto titulado «La verdad sobre Kurt Georg Kiesinger».

Durante largas veladas, pasé revista a cientos de metros de microfilmes en busca del más mínimo elemento que pudiera respaldar mi tesis. Así, en pequeños fragmentos, mediante un minucioso trabajo de Penélope, pude reconstituir el papel desempeñado por Kiesinger. Puse en diapositivas los documentos más significativos, a fin de exponer a través de conferencias ilustradas con fuentes documentales que lo que yo afirmaba no era un engaño. La suerte estuvo de mi lado. En el verano de 1968, conocí en el CDJC al historiador Joseph Billig, autor de un libro notable, *L'Hitlérisme et le système concentrationnaire* ['El hitlerismo y el sistema concentracionario'].

Billig es uno de los que mejor comprendieron y describieron el papel que desempeñaron determinados diplomáticos alemanes en la elaboración de la Solución Final de la cuestión judía. Al principio, se mostró reticente cuando le hablé de Kiesinger: «¿Qué hizo? No me interesa. Es más, dudo que haya hecho gran cosa», me respondió escéptico durante nuestra primera entrevista.

Así y todo, aceptó leer el expediente y pronto reconoció que lo había convencido. De este modo, pudimos redactar un estudio más pormenorizado que mis folletos. *Kiesinger ou le Fascisme subtil* ['Kiesinger o el fascismo sutil'] constituía mi acta de acusación y descorría definitivamente el velo del rostro genuino de Kiesinger.

El expediente nazi de Kiesinger

Siendo aún un joven abogado, Kiesinger se incorporó al partido nazi el 1 de mayo de 1933. Tenía casi treinta años. Su carnet, que conservará hasta el fin de la aventura nazi, lleva el número 2 633 930.

Como estudiante, pertenecía a asociaciones católicas, pero ya en 1933 integró su militantismo católico en la política global de Hitler. Su conciencia de cristiano se acomoda dentro del antisemitismo del régimen hitleriano, que propone a la nueva Alemania exaltar su grandeza.

En agosto de 1940, el ministro de Asuntos Exteriores, Joachim von Ribbentrop, destinó a Kiesinger al departamento político de radiodifusión, en calidad de «colaborador científico auxiliar». El jurista, de treinta y seis años, iba a depositar en aquel cargo sus convicciones y a poner sus capacidades al servicio de la victoria del Tercer Reich. Se convertirá poco a poco en el principal animador de su departamento. Su carrera lo conducirá del rango de colaborador al de adjunto del jefe del departamento político radiofónico. La posición no titular de Kiesinger en el Auswärtiges Amt ['Oficina de Asuntos Exteriores'] facilitaba, además, su delicado papel de intermediario entre los ministerios de Ribbentrop y de Goebbels (Propaganda), en perpetua oposición.

Kiesinger le debía el puesto a Martin Luther, secretario de Estado de Asuntos Exteriores. Nazi convencido, a Luther lo había incorporado al equipo Ribbentrop para introducir en su ministerio el espíritu hitleriano del que carecía. Para aquella tarea, Ribbentrop había formado el departamento «Alemania», bajo la dirección de Luther. La colaboración con los miembros del partido en las cuestiones de política exterior significaba concretamente colaborar con Himmler, ya que las SS se habían transformado en el único garante indiscutible de la implementación de la ideología hitleriana. En el juicio a los altos funcionarios nazis en Núremberg, el secretario de Estado de Asuntos Exteriores, Carl Friedrich von Weizsäcker, dijo sobre el departamento Alemania: «Crearon sus propias subdivisiones para temas que no eran en absoluto responsabilidad del ministerio, tal como la política racial, los asuntos judíos, las cuestiones de policía, y así sucesivamente».

En el Ministerio de Asuntos Exteriores, Kiesinger no figuraba entre los representantes de la diplomacia clásica, sino que estaba del lado de los hombres que se movían en la inquietante sombra del partido, y muy particularmente de las SS.

Desde el decreto del 8 de septiembre de 1939, la propaganda difundida en el extranjero a través de las emisoras establecidas en Alemania o en los territorios ocupados se le encomendó a Ribbentrop, en detrimento de Goebbels. El servicio de Ribbentrop debía, además, influir en las radios extranjeras o dirigirlas, y, de ser necesario, adquirirlas para propagar las ideas nazis.

Kiesinger asciende de una manera veloz en el escalafón de la división Rundfunkpolitische Abteilung, que cuenta con unos doscientos colaboradores en Berlín y la misma cantidad fuera del Reich. Ya en 1941, nombran a Kiesinger jefe del servicio B del departamento, una de las dos divisiones de asuntos generales. Está a cargo de la previsión y el control de la ejecución de las líneas directrices de la propaganda de la radio alemana para el exterior, la reestructuración de la totalidad de los motivos y métodos de propaganda, las propuestas de acción concreta y las sugerencias para la utilización de tesis eficaces. A eso se añade la coordinación del trabajo de los once diferentes despachos de emisión hacia el extranjero.

Kiesinger también dirige la censura de todos los programas destinados al exterior. Así pues, a partir de 1941, el contenido de los programas nazis para el extranjero depende directamente de él. Asimismo, ese año entra en el consejo directivo de Interradio, gigantesca empresa radiofónica fundada por Goebbels y Ribbentrop, que vehiculiza la propaganda de guerra nazi en el exterior. Kiesinger, miembro del consejo directivo de Interradio, es accionista en representación del Ministerio de Asuntos Exteriores con un capital de diez millones de reichsmarks. Además, es oficial de enlace entre ese ministerio e Interradio: si los servicios de Interradio no aplican las directrices elaboradas por los servicios regionales de su departamento, tiene el poder para obligarlos a hacerlo. Interradio fue creada para agrupar a las emisoras ya controladas por el Reich, instalar y poner en funcionamiento nuevas emisoras en el exterior y fundar empresas con idénticos fines. Constaba de setecientas personas, doscientas de las cuales estaban encargadas de escuchar programas extranjeros, el Sonderdienst Seehaus.

Los objetivos políticos de Interradio vienen definidos en un documento del 5 de noviembre de 1941: «Las emisoras extranjeras que posea Alemania o bajo su influencia estarán, en primer lugar, dirigidas por los servicios centrales en Berlín, un instrumento de guerra, para efectuar luego un auténtico trabajo de vanguardia al servicio de la cultura, la ciencia y la economía alemanas, y apoyar activamente los grandes designios políticos del Reich».

Así, los responsables de Interradio no son meros ciudadanos que cumplen con su deber de combatientes civiles de la patria en guerra, sino futuros arquitectos de la nueva Europa dominada por Hitler.

En 1943, Kiesinger pasa a ser director adjunto del departamento de política radiofónica; conserva en simultáneo la dirección del servicio B y se convierte en director del segundo servicio general, el A, a cargo de los programas radiofónicos, las relaciones internacionales de la radio, el derecho de la radiofonía y las cuestiones técnicas de radiodifusión. De modo que se convierte en un elemento impulsor de toda la organización de la propaganda radiofónica nazi hacia el exterior. Es el único que se mueve por todos los engranajes políticos y administrativos de la extraordinaria telaraña. Kiesinger se encuentra en posición de adjunto todopoderoso del Standartenführer de las SS Rühle; se codea con el nuevo jefe del departamento de política cultural, el Brigadeführer de las SS, Franz Six, de regreso de Rusia, donde acaba de proceder a la liquidación directa de comisarios políticos y de miles de judíos, a la cabeza de los Einsatzgruppen, los grupos de intervención especiales.

Durante el verano de 1943, Kiesinger conoce a uno de los jefes de servicio del profesor Six, el doctor Ernst Achenbach, que acaba de regresar de Francia, donde, durante tres años ha sido el alma de la política de *Kollaboration*.

Kiesinger proporcionaba un cuidado por demás particular al punto crucial del hitlerismo, la cuestión judía. Obviamente, no se trataba de comentar las medidas represivas contra los judíos o la Solución Final, sino de avivar los sentimientos antisemitas en todo el mundo. Y era menester hacerlo de manera apropiada, sin emitir afirmaciones burdamente desatinadas.

Ernst Otto Domes, uno de los colegas de Kiesinger, no comprendía aquel método. Lo denunció a las SS y su carta quedó archivada. El departamento «Alemania» del Ministerio de Asuntos Exteriores y las SS compartían la preocupación de Kiesinger por observar la justa medida y aumentar la eficacia de la propaganda.

Más allá de los programas, la división de Kiesinger también se encargaba de la difusión en el extranjero del material de propaganda antisemita, a través de los responsables de la radio en las embajadas alemanas. Una de las tareas mejor cumplidas por Kiesinger fue la propagación por el mundo del odio y la calumnia contra los judíos, y únicamente tendría alguna excusa si hubiera ignorado lo que pasaba en los campos de exterminio. No fue el caso. Efectivamente, recibía boletines «secretos» cotidianos y semanales, así como informes de escucha que contenían toda la información recabada por la división. Desde su función, Kiesinger tuvo conocimiento tanto de la *Endlosung*, la propia Solución Final, como de sus prolegómenos.

Desde enero de 1942, Kiesinger podía leer u oír a Thomas Mann, el cual, a través de la BBC, emitía llamamientos desesperados al pueblo alemán y le revelaba la atroz verdad sobre el modo en que los nazis asesinaban a los judíos:

> Enero de 1942 – La noticia parece increíble, pero mis fuentes son buenas. Según lo que me han informado, numerosas familias judías de Holanda, en Ámsterdam y otras ciudades, están sumidas en una honda tristeza; lloran la pérdida de sus hijos, víctimas de una muerte escabrosa. Cuatrocientos jóvenes judíos holandeses fueron deportados a Alemania con el fin de experimentar en ellos el uso de gases tóxicos. La virulencia de esa arma de guerra, caballeresca y esencialmente alemana, auténtica arma de Siegfried, se ha probado en esos muchachos de raza inferior. Murieron...
>
> Septiembre de 1942 – El furor por atormentarlos no se contuvo en

> modo alguno. En el momento actual, se ha llegado a la aniquilación, a la decisión, impregnada de demencia, de exterminar completamente a la población judía de Europa.[1]

En noviembre de 1944, Goebbels suscribe con entusiasmo la propuesta de Hans Fritzsche de situar a Kiesinger en el Ministerio de Propaganda y encomendarle un cargo muy elevado. Kiesinger es uno de los altos funcionarios nazis de quienes podemos estar seguros de que conoció la verdad sobre el exterminio de los judíos. Eso no lo incitó a resistir activa o siquiera pasivamente, renunciando a un puesto tan comprometedor. Aun sabiendo la verdad, no por ello dejó de difundir la propaganda antisemita por los medios más eficaces en todo el mundo.

Al lado de Kiesinger, ¿qué es entonces un verdugo de Auschwitz? Un ejecutante sádico. Pero el que estimula el sadismo de los otros, el que propaga las calumnias sobre un pueblo al que sabe condenado al exterminio, ocupa en un crimen excepcional un rango excepcional.

En mayo de 1945, Kiesinger fue encarcelado por las fuerzas militares estadounidenses. Después de diecisiete meses de encierro, lo liberaron al comienzo de la Guerra Fría y desnazificado por una comisión de la que formaba parte su suegro, que, pese a todo, lo clasificó dentro de la categoría de los nazis no aptos para ejercer actividades políticas. Cuando Kiesinger decidió incorporarse a la vida política de Baden-Wurtemberg, tuvo que volver a presentarse ante su suegro. Esa vez lo ubicaron en la última categoría de nazis. Desde entonces, su expediente de desnazificación ha desaparecido, muy oportunamente...

* * *

Estoy segura de que Kiesinger no cambió simplemente de bando, no se convirtió en un democristiano sin segundas intenciones. El hundimiento del Tercer Reich fue demasiado estrepitoso como para que alguien tuviera el coraje de proclamarse hitleriano. Sin embargo, eran muchos los ciudadanos alemanes que, en 1967, vivían

[1] Thomas Mann, *Deutsche Horer! Radiosendungen nach Deutschland aus den Jahren 1940-1945*, 4.ª ed., Fráncfort, Fischer, 2004.

con la convicción de que el valor específico de su pueblo le imponía a este último el deber de organizar una Europa llamada por entero al florecimiento del genio alemán.

Kurt Georg Kiesinger, canciller de la RFA, mintió. Como tantos otros católicos, sostuvo que se había afiliado al partido nazi solo porque esperaba enderezar «desde dentro» el movimiento hacia el ideal cristiano. Afirmó haberse percatado de la verdadera esencia del nazismo después de la sanguinaria eliminación de las Sturmabteilung (Secciones de Asalto, SA) en 1934 y haber interrumpido toda relación con él después. Aclaró que no había sido más que un ínfimo «colaborador científico» en el Ministerio de Asuntos Exteriores, sin ninguna responsabilidad.

Ninguna de sus alegaciones resistió un examen pormenorizado de los hechos.

De descubrimiento en descubrimiento

Además del expediente Kiesinger, Serge regresó de Alemania Oriental con una información que reforzaría aún más mi propósito de que me juzgara un Tribunal francés, en lugar de la comisión arbitral de la oficina. Serge pidió a los alemanes del Este que estudiaran el pasado del magistrado alemán que integraba la comisión. Los documentos que recibimos son oficiales: Walter Hailer, quien debe evaluar si es procedente o no mi despido, es un antiguo nazi. El colmo de la ironía es que se afilió al partido el mismo día que Kiesinger, el 1 de mayo de 1933; su carné lleva el número 3 579 848.

En 1967, uno de los más altos magistrados de Alemania Federal y presidente del Tribunal administrativo de Baden-Wurtemberg, Walter Hailer, era un antiguo orador regional del partido nazi, miembro de las SA, encargado de diversas responsabilidades administrativas durante la guerra, tanto en Francia como en Bélgica.

En 1936, la propuesta de ascenso a la función de asesor del Gobierno reza lo siguiente: «El Dr. Hailer, treinta y un años, es evaluado muy favorablemente. En la actualidad es miembro del NSDAP y ha asumido dentro del partido las funciones de orador de sección. Ninguna duda desde el punto de vista político».

Hailer colaboró con el Instituto Alemán para el Conocimiento del Extranjero, que dirigía el profesor Franz Six y que era sobre todo un centro de espionaje.

Enseguida preparé un expediente sobre Hailer y lo entregué en el Palacio del Elíseo, así como a Jacques Rietsch, asesor del Tribunal administrativo de París y magistrado designado por el Gobierno francés en la comisión arbitral de la oficina. Jacques Rietsch me confesó por teléfono que le sorprendía comprobar que su colega fuera a su vez juez y parte en el caso.

Su asombro fue aún mayor cuando se enteró de que era Kiesinger el que había hecho que se nombrara a Hailer para aquel puesto. Siendo ministro-presidente del *Land* de Baden-Wurtemberg, Kiesinger había sido designado por el Gobierno alemán para estudiar la constitución de la OFAJ. Y, naturalmente, mandó nombrar a su amigo Hailer para la comisión arbitral.

Ese era mi juez, ¡la más alta autoridad de la oficina! El ejemplo de Hailer me había servido de escarmiento. Me pregunté entonces si no habría otros nazis que hubieran integrado o que aún integraran el consejo directivo de la oficina. Mi investigación no fue en vano: en el fichero «Criminales alemanes» del CDJC figuraba el nombre del doctor Fritz Rudolf Arlt, administrador de la oficina de 1964 a 1966. Me entero de que la revista juvenil *Élan* de Dortmund le había dedicado un artículo. Me comunico por teléfono con su jefe de redacción, Ulrich Sander, quien me envía un ejemplar. Lo que allí leo es realmente esclarecedor.

En 1936, Arlt había redactado una tesis titulada «Contribución a la psicología racial», absolutamente en la misma línea que las tesis racistas hitlerianas. Aquel brillante conferenciante de las «semanas racistas» había perfeccionado «por propia iniciativa» el censo de los judíos de Leipzig, clasificados como «judío completo», «tres cuartos de judío», «medio judío», «un cuarto de judío». Semejante trabajo, muy útil para el Departamento de Asuntos Judíos de la Gestapo de Leipzig, fue la base del nuevo estudio del doctor Arlt: «La biología etnológica de los judíos de Leipzig». Con ayuda del Servicio de Seguridad (SD, el servicio de inteligencia de las SS, creado y dirigido por Heydrich), Arlt también fichó a los judíos de Silesia. Arlt era SS y miembro del partido nazi con el número 367 769. Incluso descubrí más adelante, en el archivo público de Coblenza, un documento sorprendente que emana del II-112, el Departamento de Asuntos Judíos del SD, e informa de que «el doctor Fritz Arlt, especialista en las cuestiones hebraicas, acaba de proponerse para enseñar a los miembros del SD nociones de hebreo moderno», que, en cuatro semanas, les permitirán traducir artículos del hebreo. Uno de sus alumnos aplicados se llamaba Eichmann.

La carrera del doctor Arlt en las SS fue notable. No era tan solo un teórico de la cuestión judía. Standartenführer de las SS, división

Totenkopfträger, coronel SS cuyo escudo es una calavera, Arlt operó sobre todo en Katowice, a pocos kilómetros de Auschwitz, como responsable en el departamento de política racial. El 9 de noviembre de 1941, Heinrich Himmler lo nombra teniente coronel en el cuartel general del comisario del Reich para las cuestiones raciales. Arlt es un criminal de guerra en Polonia y la URSS, donde fue condenado en contumacia[1].

Con la creación de la OFAJ, Arlt fue designado como uno de sus administradores. Ya era director del Instituto de Industria Alemana en Colonia, responsable de la formación de dirigentes, miembro de la dirección de la Agrupación de Empleadores Alemanes. Su mandato en la oficina fue renovado en diciembre de 1965, pero enseguida presentó su renuncia, a raíz de la publicación del artículo de *Élan,* sobre el que nadie dijo una sola palabra en Francia, ni en la oficina. No hubo ningún escándalo. Ninguno de los empleados fue informado de que un criminal nazi de la peor calaña era uno de los directivos de la oficina. Me resultaba patente la diferencia de trato entre Arlt y yo. Él había participado activamente en una política de crímenes atroces, pero, para los demás directivos de la oficina, seguía siendo un hombre reconocido, acaso temido.

Con el correr de las semanas, descubrí que otros antiguos nazis ocupaban cargos en el consejo directivo de la oficina, en particular, algunos representantes del Ministerio de Asuntos Exteriores: Karl Kuno Overbeck, que fue miembro de las SA y de la sección política del ministerio; Luitpold Werz, miembro del partido nazi a partir del 1 de octubre de 1934 y activo sobre todo en 1944-1945 en el departamento Inland-Interior II, encargado de asistir a las SS en la resolución de la cuestión judía, entre otras cosas. De modo que mi despido se inscribía dentro de cierta lógica. Más adelante, supe que la oficina había actuado bajo la presión directa del gabinete del canciller Kiesinger.

---

[1] Contumacia hace referencia a la situación procesal de rebeldía del procesado, que no se persona ante el tribunal o no ha sido posible detener para su procesamiento. En algunos países es posible el procesamiento y condena penal de un imputado sin su presencia, tal y como aparecen aquí referidas las condenas por tribunales franceses de diversos delitos graves en contumacia. [*N. del Ed.*]

Mi caso fue objeto de interpelación en el Parlamento alemán el 11 de octubre de 1967. Durante el debate, el secretario de Estado para la Familia y la Juventud, el señor Barth, debió responder a las preguntas de dos diputados democristianos:

Sr. Bruck. —¿Es cierto que una secretaria de la Oficina Francoalemana para la Juventud ha sido despedida por criticar al canciller Kiesinger?

Secretario de Estado. —Es cierto que una secretaria de la oficina ha sido despedida a raíz de un caso del cual el Gobierno federal ha sido informado solo «después» de expedida la carta de despido por parte del secretario general de la oficina.

Sr. Bruck. —¿Debo concluir a partir de ello que el Gobierno federal no aprueba ese despido?

Secretario de Estado. —El caso se presenta de forma más complicada. Según el tratado del 5 de julio de 1963, la oficina es un organismo binacional e independiente. El Gobierno federal no tiene posibilidad de ejercer influencia alguna sobre sus asuntos.

Sr. Bruck. —Así y todo, ¿podría usted decirme cuál es la posición del Gobierno federal? Creo que ese despido es contrario a los principios de la Constitución.

Secretario de Estado. —Le recuerdo una vez más que se trata de un procedimiento durante el cual no se puede intervenir actualmente para dar una apreciación.

[...]

Sr. Fellermaier. —¿Está dispuesto el Gobierno federal a comunicar su propio punto de vista político una vez concluido el procedimiento?

Secretario de Estado. —En la medida en que se pueda tener un punto de vista político en este caso particular, el Gobierno federal está dispuesto a responder, después de concluido el procedimiento y aclarado todo diferendo.

Nunca lo hará.

Mi juicio tiene lugar el 19 de febrero de 1968, ante el juzgado de lo civil del distrito VIII de París. El día anterior, llamé a unos cuarenta periodistas ya alertados por el envío de mi reciente folleto. La prensa francesa e internacional estuvo bien representada en el Tribunal. La televisión de Alemania Oriental incluso mandó un equipo. *Izvestia,* de Moscú, publicó un gran artículo bajo el título: «El pasado se desvela». El caso se desplaza de inmediato a la arena política.

Le Monde titula: «¿Podía la señora Beate Klarsfeld, secretaria bilingüe de la Oficina Francoalemana para la Juventud, denunciar el pasado hitleriano del canciller Kurt Kiesinger?». *Le Figaro*: «El canciller Kiesinger es un antiguo nazi», subtítulo: «…había afirmado en un artículo la empleada de la Oficina Francoalemana para la Juventud».

Mi mensaje, el pasado nazi de Kiesinger y mi protesta llegan a cientos de miles de lectores.

El 19 de febrero, habiéndose declarado incompetente el Tribunal de instancia, recurrí ante la sala 21 del Tribunal de Apelación de París. Cuatro meses después, el 18 de junio de 1968, esta confirmaba la decisión del Tribunal de lo civil y remitía mi demanda a la comisión arbitral de la OFAJ. El Tribunal no solo no me condenaba a pagar las costas, sino que, además, manifestaba cierta simpatía para conmigo. Dejaba entender que la recusación del juez alemán Walter Hailer, cuyo pasado nazi había quedado demostrado, podía ser solicitada.

Me encontraba en una situación un tanto kafkiana al tener que acudir a la comisión arbitral de la OFAJ, última jurisdicción que ahora me estaba habilitada. En efecto, para pedir la recusación del juez alemán, había que pedirle a él mismo que dimitiera, cosa que hice. También le escribí al magistrado francés, segundo miembro de la comisión, solicitándole que declarara incompetente a su homólogo alemán.

Aquel método ingenioso y desesperado dio frutos: en septiembre de 1968, Walter Hailer fue recusado. «Si no hubiera aceptado su propia recusación», como escribe el *Annuaire Français de Droit International* de 1969, «es probable que la necesidad para ambos miembros de la comisión de nombrar a un tercer árbitro de su elección, tal como prevé el artículo 23 en caso de desacuerdo, condujera a una verdadera situación de *callejón sin salida*».

A partir de ese momento, la oficina se vio inmersa en un lento proceso administrativo que terminó en una modificación de sus estatutos, ya que el juez no tenía suplente, función que había que crear para la circunstancia. Serge había sido alumno de la cátedra de Suzanne Bastid, la gran especialista francesa en derecho internacional, que incluso lo había enviado a realizar una pasantía durante el verano de 1959 a la Academia de Derecho Internacional de La Haya. En aquel duelo jurídico con la oficina, Serge le hizo honor a su profesora. ¡Cuánta investigación, cuánta memoria! Ni en ese plano queríamos que nos dominaran, y, sin nuestro empecinamiento, el caso se habría archivado muy rápido.

Me veía involucrada en una batalla jurídica extraordinariamente compleja, que sentó jurisprudencia. *La Gazette du Palais* trató el tema de manera pormenorizada, desde el punto de vista de los convenios internacionales y las inmunidades de jurisdicción. El *Annuaire Français de Droit International* en dos oportunidades, en 1969 y 1970, se explayó sobre el caso y sus numerosas implicaciones; en particular, a propósito de la obligación de reserva de los funcionarios. Los acontecimientos me obligaron a pelear. Rehuir o abandonar hubiera sido renunciar a mi lucha principal, decisión que ya no podía tomar.

En septiembre de 1967, poco después de mi revocación, le escribí al ministro de Justicia alemán, Gustav Heinemann. Horst Ehmke, su secretario de Estado en esa cartera, me respondió que el ministro iba a viajar a París para dar una conferencia y que podría conocerlo. El encuentro tuvo lugar en la iglesia alemana de París, en la calle Blanche. Gustav Heinemann me prometió ocuparse de mi caso.

Cumplió su palabra... Me dio un buen consejo, que yo seguiría al pie de la letra, más de lo que él pensaba. El 8 de diciembre de 1967, su secretario me escribió:

> Estimada señora Klarsfeld:
>
> No he podido estudiar su expediente antes por estar ocupado en distintos asuntos. No conozco el resultado de la demanda que interpuso ante el Tribunal francés el 27 de noviembre, pero supongo que este la remitirá ante la comisión interna de la oficina, de conformidad con el artículo 23 del estatuto de dicha dependencia. Por otra parte, no podría esperarse demasiado de una queja ante una jurisdicción laboral en Alemania. Si pese a ello usted deseara hacer una denuncia, sea muy prudente y elija con sumo cuidado a sus abogados.
>
> Mi impresión personal es que cualquier tentativa de arrojar luz política sobre este caso interminable le garantizará una mayor posibilidad de éxito que lo que podría aportarle cualquier jurisdicción, cualquier tribunal...
>
> El señor Heinemann, quien me ha solicitado que preparara un informe también para él, le envía un saludo cordial.

De este modo, el Ministerio de Justicia me indicaba el camino que tenía que seguir: debía politizar el caso en lugar de entablar largos procedimientos judiciales en Alemania. A partir de entonces, mi combate se situaría en otro frente.

Una Alemania reunificada

Febrero de 1968. Los periodistas entran y salen en grupos reducidos. Van a buscar información allí cerca, al Elíseo, donde prosiguen las reuniones francoalemanas;[1] luego regresan a intercambiar noticias, evaluar los comentarios que el portavoz o los agregados de prensa acaban de hacer. El bar del hotel Bristol es un centro neurálgico. En ese hotel le gusta pasar la noche a Willy Brandt. El canciller Kiesinger, por su parte, se aloja en el hotel de Beauharnais, residencia del embajador alemán en París, en la calle de Lille.

Culmina la jornada. Los ministros que acompañan al canciller Kiesinger vienen uno a uno a tomarle la temperatura a la prensa. Se instalan en el bar o en los salones para charlar en una atmósfera distendida. Franz Josef Strauss, entonces titular de Finanzas, acaba de unirse al círculo de periodistas que me rodean. Son cerca de las 21.30 horas. Abandonamos la larga discusión en torno a mis recientes revelaciones sobre el pasado de Kiesinger. Me mantengo al margen; Strauss me inspira una gran antipatía. El hombre fuerte de la derecha alemana está prácticamente ebrio y responde de buen grado a las preguntas que le hacen. Los whiskies desfilan sobre la barra del bar. Pronto, Strauss deja de prestar atención a las declaraciones de sus interlocutores y da inicio a un eterno monólogo, con los codos apoyados en las rodillas, la cabeza hacia delante acomodada entre los huecos de las manos y la vista fija en los motivos de la alfombra. El hijo del magnate de la prensa alemana, Axel Springer, me hace compañía. Es fotógrafo. «Esta campaña contra Kiesinger es absolutamente inútil», intenta convencerme. «Convendría más dejar de

[1] Las reuniones francoalemanas, que desembocaron en la declaración conjunta del 16 de febrero de 1968, tenían por objeto llegar a un acuerdo para que los países candidatos a la adhesión a la Comunidad Económica Europea pudieran beneficiarse de acuerdos económicos, sobre todo ligados al mercado común, hasta tanto se concretara su incorporación.

hablar del asunto. Si Kiesinger está en el poder, es porque ha sido elegido democráticamente. Ya no es momento de protestar».

Esa misma noche, más tarde, Willy Brandt hace su aparición en el hall del Bristol. Los periodistas se levantan precipitadamente para ir a su encuentro. Se detiene delante de los ascensores. Está bronceado, relajado, luce muy elegante con un traje oscuro a rayas claras, muy distinto del hombre que yo había conocido en el verano de 1966. Aprovecho para recordarle la entrevista que le había solicitado para *Combat*, para la que le había presentado un cuestionario que versaba principalmente sobre sus recuerdos personales de su paso por Francia antes de la guerra: «Me pondré a trabajar en breve para responderle», me dice. Nunca me lo envió.

Tiempo después, cuando la campaña contra Kiesinger se volvió aún más áspera, su asistente personal, el señor Sonksen, me confesó los temores del entorno de Brandt: «Usted entenderá que el señor Brandt, en calidad de ministro de Asuntos Exteriores del canciller Kiesinger y como miembro de la gran coalición, no puede tomarse la licencia de concederle a usted esa entrevista. Eso querría decir que apoya la campaña que usted encabeza contra Kiesinger».

El 14 de febrero de 1968, mi nota de opinión de *Combat* lleva el siguiente título: «La gran coalición CDU-SPD [Unión Demócrata Cristiana-Partido Socialdemócrata de Alemania] está virtualmente condenada». Publico con cierta regularidad en ese diario, escribo largos artículos donde me esfuerzo por dar a conocer a los franceses mi punto de vista sobre la evolución política en Alemania. Resulta de cierta utilidad: hay muy pocos corresponsales de prensa franceses en Bonn, con lo cual la información de la que disponen los franceses sobre Alemania es muy deficiente.

> Con un año de antigüedad, la gran coalición de democristianos y socialdemócratas pudo ilusionar e inducir a creer que esa fórmula para frenar la crisis económica y la escalada neonazi representaba una realidad política duradera.
>
> Está muy lejos de serlo... Los demócratas europeos deben alegrarse ante la revuelta de una juventud que habría podido estar condenada a la resignación, al conformismo, a la satisfacción del consumo, o incluso a la evocación de los gloriosos años en que la bandera con la esvástica ondeaba en toda Europa. El movimiento no ha cesado su desarrollo en las ciudades univer-

> sitarias. El 11 de diciembre de 1967, la organización oficial de la juventud del Partido Socialdemócrata, fortalecida por sus 170 000 miembros, ha dado un paso y ha reclamado decisiones políticas de alcance internacional, que, sin duda, quedarán recogidas en el programa del SPD cuando este haya finalizado su necesaria reforma. Esencialmente, se trata del reconocimiento de la RDA por la RFA y de la línea Óder-Neisse como frontera oriental de toda Alemania, la renuncia de la RFA a todo armamento atómico y la creación de una Oficina para la Juventud Alemana que reúna, mediante actividades conjuntas, a los jóvenes de ambas Alemanias. El 10 de febrero, en el Bundestag, tuvo lugar un acalorado debate en torno a la agitación estudiantil. Tan acalorado, que se habló de «histeria antiestudiantil». El señor Kiesinger felicitó a la policía por su «gran paciencia», mientras que, en general, los periodistas estigmatizan sus excesos de brutalidad. El señor Heinemann, ministro socialista de Justicia, fue violentamente atacado por el conjunto de los diputados cuando sugirió estudiar las causas del malestar estudiantil, en lugar de pensar únicamente en la represión y en tratar a los jóvenes de «terroristas». [...] Hemos de comprender en Francia que el combate que se está dando en Alemania nos atañe a todos, porque un día Alemania se reunificará.

Retomo estos temas con más fuerza aún el 22 de marzo de 1968: «La reunificación es natural y deseable. Es asimismo inevitable. Pero no queremos una reunificación peligrosa para el mundo. Queremos una reunificación pacífica, que permita a Alemania, sin armas nucleares, ser el puente indispensable entre el Este y el Oeste». Yo ya me considero una alemana reunificada.

Son las 9 de la mañana de aquel 20 de marzo de 1968. Llegué a Berlín Oeste al final de un viaje de tres semanas sola por la RDA; me parecía necesario conocerla. La pequeña calle residencial de Berlín-Dahlem (un barrio de la ciudad) aún está desierta. Golpeo tímidamente la puerta del profesor de teología Gollwitzer, que da asilo a Rudi Dutschke. En la casa parecen dormir aún. Tras varias tentativas infructuosas, varias largas esperas en las oficinas de Kurfürstendamm 140, sede de la Federación Socialista Alemana de Estudiantes (SDS), la organización de Dutschke, había decidido sorprenderlo en su casa, cuando se levante.

Me gustaría contar con la ayuda de los jóvenes para desarrollar mi campaña contra Kiesinger en la propia Alemania. Me percato de que es difícil, si no imposible, lanzarla desde París. Mis primeros contactos con los miembros de la SDS de Berlín no fueron muy prometedores. Intenté convencerlos. Les repetí: «Para derribar la democracia cristiana, tienen que entender que el pasado nazi de Kiesinger constituye un motor. Si en la propia Alemania resulta natural que un antiguo nazi ocupe un cargo alto en el Gobierno, no sucede lo mismo en el exterior, donde eso se juzga escandaloso. Mi juicio, por más anodino que haya sido, demostró que se puede atraer la atención de la opinión pública internacional sobre ese pasado nazi. Es uno de los puntos sobre los cuales ustedes deben insistir».

No les entró en la cabeza. Focalizados en instaurar la revolución en el acto, les parecía esperable que el capitalismo alemán llevara a un antiguo nazi a ocupar la cabeza de Alemania Federal. Aquello formaba parte de la lógica de una situación que deseaban combatir de raíz.

Toco el timbre varias veces, con insistencia. La puerta por fin se entreabre y, junto al marco, aparece la cabeza de una muchacha con el cabello despeinado.

—Quisiera ver a Rudi Dutschke.

—Está durmiendo, pero puedes pasar.

Unos días antes, había conversado por teléfono con él, así que conocía mi nombre:

—Acaba de llegar Beate Klarsfeld— grita la muchacha para que se oiga en todo el apartamento.

—Ah, sí, ¡hazla pasar!

Me dirijo hacia la habitación desde donde procede la voz. Es una sala de estar con un sillón cama en el medio. Los postigos están cerrados. La habitación está sumida en una semipenumbra.

Apenas distingo a Rudi, que todavía está recostado. Al lado de él, su mujer Gretel, y entre ambos, su bebé Che, de pocas semanas. Rudi parece muy afectuoso con su familia y es uno de los pocos líderes de la SDS que puede hacer frente tanto a su vida familiar como política. Gretel termina de vestir al bebé y se apresta a darle el biberón.

Rudi se yergue apoyándose en un codo. Es muy natural, directo, igual que en los artículos de opinión donde lo he visto hablar. Tiene una personalidad que atrapa e interesa desde el primer instante.

Le explico que, en colaboración con algunos estudiantes judíos de Berlín, tengo el proyecto de organizar en París un encuentro sobre el tema «Jóvenes alemanes y jóvenes judíos combaten juntos las fuerzas neonazis», en el que me gustaría que él participara. «Concuerdo con la idea —contesta—, pero es posible que en los próximos días viaje a Praga, donde la situación está empezando a ponerse tensa. No estoy seguro de llegar a tiempo a París».

Rudi se desmarca de muchos de los ideólogos de la SDS con los que me he reunido en esos últimos días. Detrás de sus largas cabelleras, del anticonformismo que expresan por medio de un extraordinario arsenal vestimentario o una impresionante libertad sexual, a los amigos de Rudi se les llena la boca con un vocabulario teórico y rebuscado que confunde y disfraza la poca profundidad de sus ideas. Un montón de chicas gravitan alrededor de ellos, y los jóvenes las tratan de un modo mucho más autoritario que la mayoría de los burgueses a quienes critican. Cuando abordé ese tema, uno de ellos me respondió con desenfado: «Nos sirven de colchón».

Rudi es claro y preciso, no es pretencioso. Tiene la firmeza de un líder. Desde luego que podría cuadrar en el perfil, y no cabe duda de que su inteligencia, su talento para la oratoria y su dinamismo le asegurarían una existencia material de lo más confortable. Pero Rudi no es un producto de la sociedad de consumo alemana. Se exilió de Alemania Oriental, donde combatió los excesos del dogmatismo, y en el Oeste continuó atacando los defectos fundamentales de la sociedad en la que vive. A fuerza de trabajo y de talento, logró convertir a los estudiantes berlineses y alemanes en la juventud universitaria más politizada de Europa, aquella hacia la que los estudiantes de los países vecinos dirigieron sus miradas.

El Vietnam Congress del 17 de febrero de 1968, en Berlín Oeste, fue la ocasión de una asamblea internacional de jóvenes contestatarios. Los estudiantes franceses, entre ellos Alain Krivine,[2] pudieron iniciarse así en los métodos y las técnicas de la SDS.

El 11 de abril de 1968, tres semanas después de nuestro encuentro, a Rudi Dutschke lo abaten a quemarropa, indefenso, y varias balas lo alcanzan en la cabeza. Pasa largas semanas en coma, pierde el uso de la palabra durante mucho tiempo y se ve definitivamente

2 Político francés de extrema izquierda, fundador de la Juventud Comunista Revolucionaria, que participó en las revueltas del Mayo Francés. *[N. de la T.]*

apartado de la vida política alemana. Morirá por las secuelas de esas heridas unos años más tarde. Su agresor, según dicen, es alguien aislado, un loco. Pero en su casa hallan esvásticas, insignias de las SS, un busto de Hitler; leía la prensa del grupo Springer. Ese atentado es el corolario de la odiosa campaña contra Dutschke que lanzaron Axel Springer en sus diarios y políticos como Kiesinger.

Era la primera vez que un joven arrastraba un gran movimiento detrás de sí, y sus adversarios habían comprendido el peligro que representaba. La prensa Springer no habría desatado semejante operación si no hubiera intuido su importancia. De hecho, la jugada le salió bien: después del atentado, la juventud de extrema izquierda se dividió; les faltaba ese líder que encarnaba Dutschke. Al día siguiente del ataque, *Bild Zeitung* titulaba: «Terror en Berlín». Fue el comienzo de las «Pascuas sangrientas».

En Berlín, así como también en Hamburgo, Hannover, Essen y Colonia se levantan barricadas de jóvenes. Los edificios del *trust* Springer son sitiados. Los estudiantes berlineses marchan en filas compactas. Los choques con la policía son violentos.

Me siento cercana a ellos. El atentado contra Rudi era la prueba de la pertinencia de las tesis que yo defendía: en Alemania, el auténtico peligro estaba en la derecha. Kiesinger atacaba ayer a Dutschke con vehemencia. Hoy le envía a su esposa un hipócrita telegrama de condolencia. En realidad, se frotaba las manos de satisfacción, y no era el único. Del drama que afectó a Rudi extraigo una razón adicional para proseguir mi combate contra Kiesinger: es una tradición de la extrema derecha alemana eliminar físicamente a sus opositores.

Hasta ese momento, mis acusaciones contra Kiesinger no hallaban las repercusiones esperadas en la gran prensa francesa y alemana. Con mi gruesa carpeta bajo el brazo, visité las salas de redacción, insistiendo para que me recibieran los jefes de redacción o los periodistas especializados. Me respondían invariablemente: «Sí, sí, es muy interesante, pero qué quiere, ¡ya es canciller!».

Tenía que cambiar de táctica.

Durante esas últimas semanas, me había impresionado el ingenio de los métodos empleados por los amigos de Rudi Dutschke, cuando aún la violencia no se había desatado.

Fue en la Comuna número 1 donde descubrí sus tácticas pacíficas y, al propio tiempo, sensacionales. La Comuna 1 se instaló en un inmenso apartamento en Stuttgarter Platz, compuesto de habitaciones generalmente sin muebles, pero cubiertas de polvo, con papeles y viejos objetos desordenados, y colchones en el suelo, que hacían las veces de cama. Allí vivían unos doce chicos y chicas que compartían todo: actividades políticas, vida cotidiana y relaciones sexuales. Conocí a sus dos cabecillas: Fritz Teufel y Rainer Langhans.

La Comuna 1 sabía movilizar la opinión pública utilizando el arma del humor. ¿Habían anunciado acaso que los estudiantes se disponían a bloquear la circulación de vehículos en la Kurfürstendamm, en el centro de Berlín? Sí, y eso provocó de inmediato la implantación de un descomunal operativo policial para desviar el tráfico. Y entonces fue cuando un estudiante, solo, bajó orgullosamente por la gran avenida desierta.

Se produjo un efecto semejante cuando los estudiantes anunciaron que tenían la intención de quemar a un perro en la vía pública. Los berlineses, sensibles y escandalizados, se precipitaron a la calle. Fue la ocasión para montar un gigantesco foro durante el cual los estudiantes demostraron que se podía molestar a pacíficos ciudadanos cuando había amenaza de inmolar a un perro, pero no por los vietnamitas a los que estaban quemando con bombas de napalm.

Por primera vez, tomé conciencia de que mis carpetas no tendrían impacto, salvo si las acompañara con gestos llamativos que la prensa, ávida de sensacionalismo, se apresurara en relatar. Si elijo bien el gesto, si la envergadura se impone a la opinión pública, entonces la causa por la que lucho se volverá evidente. Medité mucho tiempo sobre el modo de proceder. Había que experimentar el método frente a Kiesinger.

Llamé desde París al Parlamento alemán en Bonn, sin dar mi nombre. «Quisiera asistir a una sesión del Bundestag. Estaré de paso por allí el 1 de abril. ¿Cómo se hace para entrar?». Un funcionario me responde: «Basta con reservar un lugar a su nombre y retirar su entrada diez minutos antes de la sesión».

Reservo de inmediato mi lugar dando mi apellido de soltera. Me había enterado unos días antes de que Kiesinger pronunciaría unas palabras en aquella fecha.

Llegué el 30 de marzo a Bonn y me puse a buscar un reportero gráfico. Llamé temprano a algunos estudiantes, pero se mostraron muy desconfiados. Finalmente, me indicaron un fotógrafo de la agencia de prensa alemana DPA, a quien conté confidencialmente el plan que tenía. Debía identificarme discretamente antes de entrar en el Bundestag.

Casi llego con retraso. Después de dejar mi abrigo en el vestidor, subí a la tribuna del público, situada frente al presídium. Me ubiqué en el extremo de una fila custodiada por ujieres.

Al rato, Kiesinger subió al estrado para hacer uso de la palabra. Era la primera vez que lo veía en carne y hueso. No me tomé demasiado tiempo para mirarlo de arriba abajo, para escudriñar sus rasgos, sus expresiones, para saber si se correspondían con la imagen que proyectaba de él.

En mi opinión, el hombre en sí mismo, sobre todo, el que desempeña un papel importante, se limita a la suma de sus actos y al significado que estos tienen. Igual que sería capaz de describir con suma precisión a nuestro cocker o a nuestra gata, así intento no interesarme por el aspecto físico de las personas a las que conozco. Jamás me dejo impresionar por los impulsos, repulsiones y demás magnetismos personales, y conservo cierto equilibrio para no perder el hilo de mi acción.

De Kiesinger, tan solo diría entonces que es un hombre apuesto, de sesenta y cinco años, aunque parece tener diez menos, bastante alto (1,90 metros aproximadamente), cabellera plateada, mirada ágil e inteligente. Es la imagen misma del padre de familia respetable y un tanto seductor; para mi gusto, los ojos resultan demasiado pequeños en ese rostro tan ancho. En cuanto al hombre interior, me interesa aún menos que el hombre físico: sé que Kiesinger lleva una existencia familiar irreprochable, que adora a los animales y que incluso utilizó su propia barca en el lago de Constanza para salvar a un cocker que estaba ahogándose. Todo eso es honorable y podría constituir un freno a mi campaña si lo tomara en cuenta, pero, definitivamente, no lo haré: si de algo estoy segura, es de que la moralidad de los actos privados de un hombre no tiene nada que ver con la moralidad de sus actos públicos.

Había decidido increpar al canciller alemán en medio de su discurso, en pleno Parlamento. Pero, contrariamente a lo que creía, es difícil gritar en una sala en silencio. Temía no tener el coraje físico de abrir la boca. Miraba el reloj de la sala. Como último plazo, me había fijado el instante en que el segundero llegara al número doce. Miraba fijamente y con angustia esa aguja que avanzaba, avanzaba, avanzaba. Y de repente, elevando los puños al aire para darme ímpetu, grité muy fuerte: *«Kiesinger, Nazi, abtreten!»* ['¡Kiesinger, nazi, renuncia!']. Una vez lanzada, fue fácil continuar vociferando la frase.

El canciller interrumpe su discurso. Por más que esté lejos, siento que está turbado; mira en mi dirección, al igual que todos los diputados. En ese preciso momento, ante los representantes de los alemanes de la República Federal, su pasado le salta a la cara y se le aferra.

Los ujieres se me abalanzan. Uno de ellos me tapa la boca con la mano y me empuja con brutalidad fuera de la sala, hasta un pequeño despacho.

Me niego a dar mi identidad. Me arrastran hasta la comisaría más cercana. Al llegar allí respondo a las preguntas. El comisario, que ha oído hablar de mí, ordena que vayan a buscar mi maleta a la consigna donde la he dejado. Me retiene durante tres horas y luego me suelta. Me reúno de inmediato con los estudiantes de la SDS.

Al día siguiente, los diarios alemanes publicaron fotos en las que se me veía de pie, con el puño en alto, lo cual agradó mucho a los izquierdistas, o con la boca tapada por la mano del ujier, lo que llevó a decir que en Alemania se asfixiaba la verdad. Como era de esperar, todos hablaron del pasado nazi de Kiesinger y del expediente que yo había preparado. Mi objetivo había sido alcanzado: el muro del silencio se iba desmoronando.

Obviamente, corría el riesgo de que me aplicaran una multa o una pena de prisión con suspensión provisional, pero el caso no tuvo consecuencias penales; a la autoridad le pareció más hábil no agravar el incidente.

Una o dos veces por semana, algunos jóvenes alemanes se daban cita en un apartamento cercano a la plaza Contrescarpe, en París. Habían pertenecido al Partido Socialdemócrata, pero los habían excluido por estimar que eran demasiado de izquierda. Se unieron entonces a la SDS de Dutschke. Ese reducido grupo intentaba entrar en contacto con estudiantes franceses. Alain Krivine asistió a una de esas reuniones.

Fue en el transcurso de uno de esos encuentros cuando nos enteramos del atentado contra Rudi y, bien entrada esa noche de abril de 1968, decidimos organizar una marcha de protesta. Krivine y sus amigos nos brindaron su apoyo. Se encargaron de la impresión de los pasquines. En casa, yo había confeccionado varias pancartas.

Nos citamos en la esquina de la avenida Montaigne y la calle François I, para manifestarnos ante la Embajada de Alemania. Me llevé la sorpresa de encontrar allí a unos mil estudiantes y también a una docena de autocares de las Compañías Republicanas de Seguridad (CRS),[3] apostados en la acera de enfrente. Las banderas rojas son muchas. Aún no estamos en mayo, pero es la primera gran manifestación que anuncia la explosión que se avecina.

Los jóvenes gritan: «¡Springer asesino!». Algunos estudiantes franceses esgrimen pancartas que proclaman: «¡Kiesinger nazi!». Me quedo atónita. ¿Será que mi campaña está comenzando a dar frutos?

Tras los breves discursos de Krivine y de Cohn-Bendit, la manifestación debe disolverse oficialmente, pero nos citamos en el Barrio Latino corriendo la voz. Tomamos el metro en grupos reducidos. Una vez llegados al punto de encuentro, tenemos la sorpresa de que nos recibe una multitud de CRS con casco y armados. Le encomiendo mis pancartas a un joven estudiante alemán que, ante semejante despliegue de fuerza, las esconde detrás de una puerta cochera y sale corriendo.

Hubo algunos enfrentamientos con los CRS, pero para mí eso no era lo primordial. La violencia desvía nuestra acción de su significado político, le hace perder alcance. Aquella excepcional movilización

[3] Se trata de un cuerpo especializado de la policía francesa a cargo de mantener el orden público. *[N. de la T.]*

probaba, sin embargo, que los contactos entre los jóvenes alemanes y los jóvenes franceses habían sido fructíferos.

A partir de entonces, nuestras pequeñas reuniones atraen a un gran número de estudiantes. Es donde explico mi acción, y discutimos acerca de los métodos empleados por los extremistas alemanes, que acaban de incendiar una tienda en Fráncfort. Algunos desaprueban tal actuación; yo estoy de acuerdo con ellos. No creo que semejante incendio pueda movilizar a las masas, por no hablar del riesgo de herir o matar a inocentes. La violencia no debe ser utilizada sino como último resorte y siempre contra los culpables. Aquella congregación de estudiantes alemanes en París no pasa inadvertida mucho tiempo más por la policía francesa. Una tarde, un estudiante nos señala que se ha cruzado con dos hombres delante de la puerta, con aspecto de obreros, que iban y venían observando con curiosidad a los transeúntes. Al asomarnos por la ventana, comprendimos lo que hacían: se alejaban unos cincuenta metros del edificio y volvían a acercarse.

Tiempo después, me enteré de que a la mayoría de mis colegas los habían contactado por teléfono. Les daban cita urgentemente en el apartamento donde acostumbrábamos reunirnos y allí se llevaban el disgusto de que los atrapaba la policía, que se había valido astutamente de una lista de miembros para localizarlos. Primero, los llevaban a la calle Saussaies;[4] dos o tres días después, los expulsaban a Alemania.

Entretanto, me entero de que, durante una reunión electoral en Baden-Wurtemberg, los jóvenes de la Oposición Extraparlamentaria (APO) habían ocupado dos tercios de la sala y habían gritado: «¡Kiesinger nazi, nazi!». Este, para calmarlos, había declarado: «Ustedes son jóvenes, no conocieron el nazismo, tienen derecho a saber lo que hacía su canciller en aquel tiempo». Nunca cumplió su promesa.

También viajo en abril a Esslingen, donde los partidos políticos van a organizar un foro. Llevo conmigo tres enormes maletas repletas de folletos impresos por el Círculo de Trabajo Judío de Berlín (el

[4] Calle donde se encuentra el Ministerio del Interior. *[N. de la T.]*

Jüdische Arbeitskreis), una mitad pagada por ellos, y la otra mitad por mí. En la estación de tren, no encuentro a ningún maletero, así que hago tres viajes de ida y vuelta por el andén, porque no puedo cargar más de una maleta cada vez.

Llego directamente a la gran plaza pública, donde el mitin ya ha comenzado. «Si quieres dar un pequeño discurso y repartir tus panfletos, tendrías que aprovechar la ocasión, ahora», me dice un estudiante. No soy conocida y no he preparado nada. Como los espectadores podían tomar la palabra libremente, había que hacer cola delante de una camioneta en la que estaba el equipo de sonido. Espero mi turno durante casi una hora.

Una vez delante del micrófono, entro en pánico: esa plaza tan enorme, tantos jóvenes, y todo lo que tenía para decir... Me presento, expongo mi lucha. Algunos aplausos me dan ánimos. Continúo haciendo un recordatorio del pasado de Kiesinger. Probablemente me estuviera explayando demasiado. Oigo desde la multitud: «¡Abrevia! ¡Abrevia!». ¿Qué le voy a hacer? Me limito a anunciar que voy a distribuir unos documentos.

Enseguida corro hacia el coche y les pido a dos muchachos que me ayuden a cargar con los papeles. Le encomiendo un instante mi preciado informe sobre Kiesinger a uno de ellos. Me doy la vuelta: no hay nadie. Se han largado con todas mis cosas. Los llamo por megafonía, los busco por todas partes… ¡Es inútil, están ilocalizables! ¿Eran provocadores de derechas o ladrones? Nunca lo supe. Furiosa, me volví a Berlín.

* * *

Solo al cuarto intento consigo hablar por teléfono con Günter Grass, que ese mismo día debía irse a Praga, invitado a un congreso de escritores. «Quisiera pedirle que participe en un gran mitin que organizaremos próximamente en la Universidad Técnica de Berlín Oeste. Puedo pasar a verlo ahora mismo, estoy justo al lado». Efectivamente, mi madre vivía en el mismo barrio, cerca de Südwestkorso. Grass accede a que nos encontremos.

Con ayuda de Michel Lang, animador del Círculo de Trabajo Judío de Berlín, habíamos previsto organizar un gran mitin. Michel

Lang había pertenecido a la SDS de Dutschke, y su grupo se había creado espontáneamente, al margen de la comunidad judía de Berlín. Su audiencia era grande, ya que en la Alemania Federal todo movimiento judío se trata con cierta complacencia. Habida cuenta del sentimiento de culpa de los alemanes, un ataque contra Kiesinger liderado por esos jóvenes seguramente tuviera más peso que toda acción de los jóvenes de la APO.

El número 13 de la Niedstrasse, en Friedenau, es un viejo palacete, con un pequeño jardín que da a la calle. La reja de entrada está abierta de par en par. La fachada de la casa está cubierta de hiedra. Günter Grass me recibe y me hace pasar por el comedor, muy moderno, hacia un balcón aislado de la calle mediante un seto de arbustos. Ya está oscuro. Apenas puedo distinguir sus rasgos. Me deja hablar unos instantes sobre mi proyecto. «No me interesa particularmente hacer declaraciones en ese círculo; hace un tiempo que los estudiantes están teniendo un comportamiento escandaloso, a mi juicio». Parece ceder un poco cuando le explico que se trata de estudiantes judíos. Por medio de insinuaciones que introduce con sutileza, me hace preguntas acerca de mi vida: «Usted vive en París. Me envió una carta con la traducción de uno de sus artículos. Le aconsejo que lea mucho en alemán, porque está perdiendo el hábito del idioma, ya está muy afrancesada. Se intuye que vive en el extranjero y que ya no habla en alemán».

Todo en su actitud y en sus entonaciones pone de manifiesto a un hombre consciente de su innegable superioridad intelectual. Grass es uno de los hombres que más hizo por cambiar Alemania. Su obra literaria es estimulante; liberó a la juventud de muchos tabúes y lastres culturales. Su resuelto compromiso con Brandt y la socialdemocracia lo convirtió en su momento, junto con el gran novelista católico Heinrich Böll, en el escritor alemán más famoso y más discutido, una de las conciencias de Alemania.

Me despido de él con la promesa de que, en principio, participará en nuestra reunión.

Regreso a Berlín el 9 de mayo, unas horas antes del inicio del mitin, que ha sido muy difícil de organizar. Por prudencia, varios oradores desisten de intervenir. Con ayuda de Serge, que me acompaña, he preparado mi discurso con todo cuidado.

Los jóvenes de la organización de Michel Lang venden nuestro folleto sobre Kiesinger a 30 pfennigs. Han pegado en las paredes de la ciudad grandes carteles que anuncian el evento y han repartido pegatinas.

Mucho antes del comienzo de la manifestación, ya hay cerca de 3 000 jóvenes reunidos en el gran auditorio de la Universidad Técnica. Peludos, barbudos, tienen un aspecto romántico que me cautiva. Los oradores anunciados son Günter Grass, Johannes Agnoli, Ekkehart Krippendorff, el profesor Jacob Taubes y Michel Lang. El discurso de Günter Grass enardece a la sala. Ataca a Kiesinger con firmeza, «la hipoteca moral más pesada de Alemania». Con eso marca el tono. Cuando llega mi turno, me veo precipitada ante el micrófono, impresionada por la muchedumbre que se aglutina en las filas, bajo el podio, en el suelo y hasta en los pasillos.

Declaro que hay que proseguir la escalada: «Para quebrar el muro de silencio que rodea el pasado nazi de Kiesinger, hoy les doy mi palabra de que voy a abofetearlo en público». La sala reacciona con vigor. Lanzan gritos aquí y allí: «¡Ingenua!», «¡Tonta!», «¡A ver si te atreves!». Un grupo vocifera: «¡Promesas! ¡Promesas!».

A mi lado, Günter Grass no reacciona.

Tras los discursos, los estudiantes toman la palabra. Uno de ellos se dirige a Günter Grass: «Señor Grass, todo lo que ha dicho está muy bien, pero mañana usted tendrá la posibilidad de mostrar su hostilidad a la CDU viniendo a manifestarse con nosotros contra las leyes de urgencia. ¿Está usted dispuesto a participar en la gran marcha de protesta en Bonn, pero no confortablemente, en avión, sino en tren, sentado en asientos duros de segunda clase, en medio de los estudiantes que llegarán de todos los rincones de Alemania?».

Günter Grass se levanta, rojo, furioso. Se abalanza sobre el micrófono y grita: «¡Pero qué insolencia! ¿A mí me hacen este tipo de preguntas? ¡Qué importa si voy en avión o en tren! Si eso es lo que cuenta, mañana no iré». Empuja su silla, agarra sus papeles y sale, sin disculparse ni saludar a nadie. La sala se llena de silbidos, de abucheos.

Tres cuartos de la sala votan una resolución «conminando» a Kiesinger a dimitir. La prensa alemana informa de ello, tanto en el Oeste como en el Este. Me arriesgué a anunciar públicamente mi intención de abofetear a Kiesinger porque es menester darle al acto que proyecto un carácter premeditado, simbólico. Elegí la bofetada tras una madurada reflexión; presiento que el gesto va a impresionar a los alemanes.

A la tarde siguiente, el 10 de mayo, tomé el tren alemán más extraordinario de la posguerra. Era el día de la *Sternmarsch*, o «marcha en estrella», en Bonn. Los antifascistas habían acordado coincidir al día siguiente en la capital para protestar contra el próximo voto de la «ley de excepción», que en realidad instituía la dictadura del canciller en caso de disturbios. Los dirigentes de la RDA pusieron a disposición del Comité para la Salvaguarda de la Democracia un tren especial de ochocientas plazas, que salió de la estación de Friedrichstrasse, en Berlín Este, a las 21.26 horas, en medio de un ambiente excepcional.

Chicos y chicas (los mayores tenían treinta años) en pantalones de pana, vaqueros y largos anoraks verdes, tomaron los compartimentos al asalto. En las redes portaequipajes, se amontonaban cascos y mochilas. En las ventanas, decenas de banderas rojas de todos los tamaños convertían el tren en el símbolo de una vuelta a las fuentes revolucionarias.

Los jóvenes demostraron entonces que eran tan críticos con el régimen del Este como con la República Federal. Al cruzar las estaciones de la RDA, gritaban hasta desgañitarse eslóganes como «¡La burocracia conduce al fascismo y al estalinismo!», «¡Hagan de los comunistas unos buenos socialistas!».

Los alemanes del Oeste observaban con estupor el paso del tren. Por primera vez desde el inicio de la Guerra Fría, un tren cubierto de banderas rojas atravesaba la RFA con gritos como «¡El capitalismo lleva al fascismo!», «¡Ciudadano, no nos mires, únete!»; «¡SPD y CDU, no toquéis la Constitución!», y muchas veces también: «¡Kiesinger nazi!».

Era de temer que nuestro tren culminara su viaje en alguna vía muerta. Pero la policía evitó cualquier enfrentamiento.

Hacia las 8 de la mañana, el 11 de mayo, entramos en la estación de Bonn ante las inquietas miradas de los apacibles habitantes, que nunca habían presenciado semejante invasión popular. Los estudiantes, venidos de los cuatro puntos cardinales de Alemania, recibieron con aclamaciones a los «duros» de Berlín.

La «marcha en estrella» fue un éxito rotundo. Se esperaban 40 000 manifestantes; vinieron 60 000, y desfilaron ordenadamente por las calles de la capital.

Al día siguiente, París se llenaba de barricadas. Era la gran llamarada, «los días de mayo».

En la Sorbona, tomo la iniciativa de crear un Comité de Acción Francoalemán. Monto un estand en el patio, ilustrado con fotos de manifestaciones y escenas de la represión policial en Alemania.

Para mí, se trata de conseguir que los jóvenes franceses entiendan la lucha de una minoría de jóvenes alemanes contra el renacimiento del nazismo, la lucha por la recuperación de todo un pueblo. Enseguida me percato de que a los estudiantes franceses solo les interesan sus problemas. Sin embargo, me parece que lo crucial va a jugarse en Alemania y no en Francia, porque la RFA tiene problemas de índole exterior: sus relaciones con los países del Este y con la otra Alemania, que determinan el porvenir de Europa. Por fin hay una probabilidad real de que la socialdemocracia de Brandt tome pronto el poder y ponga en marcha una política exterior distinta de la política de los democristianos. A mi modo de ver, lo que está en juego en esa partida es mucho más importante que el reto de lo que se está jugando en las calles de París.

El 4 de mayo escribí en *Combat:*

> No debemos dejar que los demócratas alemanes luchen solos. Debemos ayudarlos sobre el propio terreno. Debemos facilitarle al SPD su salida de la gran coalición, para que vuelva a convertirse en el partido de la esperanza y la honradez. Ahora es cuando los jóvenes alemanes apasionados por la libertad verán quiénes son sus amigos. No busquen crear la Historia en la puerta de sus casas, tampoco la esperen; alcen los ojos y miren con lucidez lo que realmente está sucediendo en Europa, aunque sea lejos. Hoy Alemania los necesita.

El 29 de mayo, con media docena de jóvenes, ocupamos las instalaciones de la OFAJ. Llegamos a las 6 de la tarde, tres minutos antes que la policía que, ante la ausencia de instrucciones, se retira. Les pedimos a los empleados que despejen el lugar. Colgamos tres grandes pancartas en las ventanas: «Oficina Francoalemana para la Juventud ocupada»; «No a las leyes de urgencia en Alemania»; «Solidaridad de los estudiantes y trabajadores franceses con los estudiantes y trabajadores alemanes».

El señor Clément, director de la sección francesa, no se opone a la ocupación. El general De Gaulle ha desaparecido de París: Clément no tiene ninguna seguridad de que el régimen vaya a sobrevivir. Los agentes antidisturbios se presentan una segunda vez por la noche, pero se van después de intercambiar unas palabras. Incluso bajo hasta el vehículo policial desde donde piden instrucciones por radio al Ministerio del Interior, que parece indeciso. Esas veinticuatro horas de ocupación pacífica están marcadas por la irrupción de numerosos dirigentes de organizaciones juveniles que apelan al apoyo financiero de la oficina y que vienen a discutir apasionadamente sobre el futuro de ese organismo y sus necesarias transformaciones. Mis antiguos colegas están escandalizados de verme tomar al asalto y con arrojo los despachos donde unos meses antes escribía a máquina. Suponen que me detendrán, pero nada de eso sucede. Nos retiramos sin incidentes, mientras que la marea gaullista avanza por los Campos Elíseos.

Durante el verano de 1968, me dedico a dar a conocer las realidades alemanas en una serie de notas de opinión en *Combat*. En la del 3 de agosto, titulada «Entre Moscú y Bonn», escribo a propósito de Checoslovaquia, donde los tanques rusos aún no han hecho su entrada:

> La actual situación europea es sumamente amenazante para la paz. Solo algún grave acontecimiento podrá restablecer un equilibrio roto por la inoperancia de las grandes potencias para resolver los problemas de Europa Central. En el Este, la prolongación del estalinismo y de la burocracia ha entorpecido el auge económico y comprimido la aspiración a la libertad individual que, a escala nacional, se expresa mediante la voluntad de una

política independiente. En el Oeste, se ha admitido con mucha facilidad que la separación de Alemania en dos Estados sea eterna.

El 2 de septiembre, insisto de nuevo:

La clave de la seguridad europea, es decir, la paz y la liberalización en el Este de Europa depende de la reunificación de Alemania en un auténtico marco socialista, democrático y pacífico. Hasta tanto el pueblo alemán no haya admitido plenamente sus responsabilidades en el drama que ha transformado a Europa en lo que es, hasta tanto no haya expulsado de la vida política, por sí mismo, a los supervivientes y a las miasmas del Tercer Reich, hasta tanto no haya puesto en vereda a los *trusts* que rigen su vida económica e intelectual, mientras confunda un sano sentimiento nacional con el expansionismo pangermánico y la voluntad de potencia, el *statu quo* europeo seguirá siendo una realidad intangible. Esto en un mundo donde tragedias igual de sangrientas que las de Praga no parecen conmover demasiado la conciencia de los ricachones de los bloques capitalista y comunista, paralizados en una intolerable actitud de desconfianza mutua, cuando realmente tienen tareas más estimulantes que emprender que la carrera armamentística, y responsabilidades de cara al Tercer Mundo a la medida de los problemas que allí se viven. Para romper con ese enfrentamiento, para evitar que Europa vuelva a hallarse como en 1948 en plena Guerra Fría, la razón exige empezar por el principio: en el principio, era Alemania.

En Alemania, adonde regreso aquel verano de 1968 para dar una conferencia en Fráncfort sobre Kiesinger y los judíos, pronto comenzará lo que la prensa llamará el «duelo Klarsfeld-Kiesinger».

La bofetada

El domingo 3 de noviembre, llego a última hora de la tarde a Bahnhof Zoo, la estación de tren del Zoológico, en Berlín Oeste. Anoche, al verme alejarme en la estación del Norte, en París, Serge fingía una sonrisa optimista que disimulaba mal su preocupación. Viajé para cumplir una promesa. Mi suegra intentó disuadirme: «Tienes razón, pero corres el riesgo de que te maten; la policía va a creer que es un atentado y va a disparar. Tienes que pensar en tu hijo». ¡Pensar en él! ¡Claro que pienso en él!

Para que quedara claro el significado de mi acción pase lo que pase, grabé en alemán y en francés esta declaración:

> Con la bofetada al canciller Kiesinger, he querido dar testimonio de la indignación de una parte del pueblo alemán, y sobre todo de la juventud, ante la presencia, a la cabeza del Gobierno de la República Federal de Alemania, de un nazi que fue subdirector de la propaganda hitleriana en el exterior.
>
> El Tercer Reich significó una ideología tan estúpida como cruel, la guerra y sus millones de víctimas, el racismo, los campos de concentración, la cámara de gas, el horno crematorio, la culpa y la vergüenza de Alemania.
>
> Ya no queremos esa Alemania y les negamos a los alemanes que desempeñaron un papel directivo en el Tercer Reich el derecho a participar en la vida política de nuestro país.

Me percato de inmediato de que la policía controla la ciudad; han venido numerosos refuerzos de la República Federal.

En el Club Republicano, el lugar de reunión de la APO, la atmósfera es más bien sombría. Los jóvenes beben cerveza mientras hojean revistas políticas y no me ocultan que habían previsto realizar grandes manifestaciones; pero la policía ha montado un dispositivo demasiado férreo como para superarlo.

De modo que el congreso de la CDU sí que tendrá lugar. La APO había proclamado, no obstante, que impediría aquella reunión «ilegal» amparándose en que Berlín Oeste constituía una entidad política distinta de la RFA.

«Más vale retirarse a tiempo cuando uno sabe que no es el más fuerte». Salgo del amplio apartamento guillermino de la Wielandstrasse, muy cerca del Kurfürstendamm.

Quiero conservar intacta mi determinación. La movilización de las fuerzas policiales no me impresiona. Una muchacha debe poder descubrir las fallas con mayor facilidad que los grandes batallones. Pasaré y venceré, precisamente porque estoy sola, porque soy débil.

«No podemos hacer mucho por ti». No me gusta mucho la frase. Esperaba encontrar un mínimo de ayuda entre los jóvenes antifascistas. «Ni siquiera una acreditación para entrar en el congreso: los controles que han desplegado no nos dejan ninguna posibilidad».

No conozco la distribución del lugar ni la agenda de las reuniones que empiezan mañana. ¿Adónde iré a dormir esta noche y las noches siguientes? No quiero ir a casa de mi madre y que, después de mi acción, se persone allí la policía.

Acepto la propuesta que me hace un joven revolucionario en el cuartel general de los estudiantes: «Te presto mi sótano. Podrás vivir ahí el tiempo que necesites».

Me alojo por primera vez en una comuna de jóvenes. La casa, de dos plantas, está rodeada por un jardín grande, sin cuidar. Se encuentra en el límite de Berlín-Wannsee, un suburbio residencial. La ocupan una pareja con un hijo y otras dos parejas muy jóvenes. El sótano, acondicionado como un pequeño apartamento, dispone de una buena calefacción y de agua corriente. La opción me conviene, pese a que debo tomar un tren por la mañana y otro por la noche.

«¿Ha dicho diario *Combat*?» La joven secretaria busca un momento entre sus fichas. Por supuesto que no encuentra nada. ¿Me voy a echar atrás ahora, sin resultado, después de atravesar tres cordones policiales para llegar a la oficina de prensa del congreso? Insisto sin entusiasmo, aunque necesito esa acreditación que me abrirá las puertas mientras duren las sesiones de trabajo.

He tomado la precaución de llegar temprano esta mañana, mucho antes del inicio de la primera sesión: «¿Quiere mostrarme su tarjeta? Voy a consultar con mi jefe». Ya no puedo dar marcha atrás. La tarjeta que me dio Serge antes de irme es de la ORTF y está caducada; contaba con la banda tricolor que la cruza para impresionar al personal de seguridad; quité su foto y puse la mía. Pero el subterfugio es demasiado simple.

La muchacha regresa unos instantes después. Sonriente, muy amable, se disculpa: «Lamentablemente, todos los lugares están ocupados esta mañana, hay demasiados periodistas».

¿Adónde ir ahora, cómo encontrar el modo de acercarme a Kiesinger?

«Ven el lunes por la mañana a la gran manifestación en apoyo a Mahler, delante del Tribunal de Apelación, la Landgericht Tegeler Weg», me había dicho el día anterior un dirigente de los grupos de izquierdas. El joven abogado Horst Mahler había sido citado por un Tribunal de Honor por su participación en el saqueo de las oficinas berlinesas de Springer. La amenaza que pesa sobre él es quedar inhabilitado para ejercer su profesión.

El ambiente en las calles de Berlín va cambiando a medida que me acerco al Tribunal. La excitación se ha adueñado de ambos bandos. En menos de media hora, se produce el enfrentamiento. No sé cómo, tres mil jóvenes han podido rodear el Tribunal. Acuden las brigadas antidisturbios. Los primeros cócteles Molotov estallan tan pronto como comienza la manifestación. «¡Vete de aquí!», me grita una chica con casco, desde el asiento trasero de una motocicleta que avanza por la acera.

El enfrentamiento será uno de los más violentos que se hayan dado entre la policía y los estudiantes alemanes. Habrá más de cien heridos entre los jóvenes y otros tantos entre las fuerzas del orden. Esquivo los cordones policiales. Detrás de mí, las explosiones de las granadas lacrimógenas hacen eco a las sordas deflagraciones de las botellas en llamas. El aullido de las sirenas de policía prolonga el ulular de las ambulancias. Yo sabía con qué ahínco los jóvenes de Berlín, ayudados por los jóvenes proletarios, los «rockers», podían luchar por Mahler y la amargura que sentían por no haber podido frustrar la celebración del congreso de la CDU.

En una esquina, un joven se vuelve y me interpela. Reconozco a Reinhard, lo había invitado a París unos meses antes para hablar de Alemania en el Círculo Ana Frank. Me lleva a un café cercano. Le recuerdo la promesa que hice seis meses atrás: abofetear en público al canciller. Le hablo de la dificultad para entrar en el congreso. «Cuéntaselo a un fotógrafo. A cambio de su acreditación, podrá sacar buenas fotos de la bofetada», sugiere Reinhard.

Me da el nombre de un fotógrafo que trabaja como independiente para la gran revista ilustrada *Stern*, Michael; le telefoneo enseguida. Me reúno con él por la tarde, en su reducido apartamento-laboratorio, cerca del Sportpalast. Me deja que le explique detenidamente mis intenciones. «Estoy contigo. Voy a pedirle una invitación a mi diario», me declara.

La primera ocasión que se presenta es un cóctel que se dará en honor al canciller en el hotel Hilton.

En París, Serge y yo habíamos imaginado precisamente que una recepción mundana me ofrecía más posibilidades de tener éxito en mi empresa, porque siempre habría algún momento en que Kiesinger se alejara de sus guardaespaldas.

Esa noche, tengo la certeza de lograr mi cometido.

He traído para la ocasión un vestido de cóctel ligeramente dorado. Las inmediaciones del hotel están tan bien protegidas como el Palacio de Congresos. La tarjeta de invitación que me ha entregado el fotógrafo de *Stern* quince minutos antes de entrar hace maravillas.

Paso sin dificultad tres controles exteriores y la última comprobación, en la entrada de los salones de recepción. Ya han llegado muchos invitados. El bufé es suntuoso: montañas de tostadas de caviar, bandejas con emparedados. Tengo la garganta cerrada, no consigo tragarme una salchicha caliente.

No tengo miedo de lo que podría sucederme, sino del fracaso, de derrochar esta oportunidad, de echar a perder el esfuerzo de los pasados meses. No soy muy valiente, ya lo he notado en varias ocasiones; intento no pensar en el peligro. Saber que, de golpe, la atención de todos se focalizará en mí me pone incómoda.

Por ahora, me concentro en mi objetivo, esbozo el plan de batalla. Las circunstancias son tan poco previsibles que resulta inútil imaginar de antemano los detalles. Prefiero improvisar cuando llegue el momento.

Me mezclo con un grupo de periodistas, tanto más tensa cuanto que temo que alguno de ellos me reconozca. En el barullo de las conversaciones, una frase me frena en seco. Alguien cerca de mí dice: «Es una lástima, Kiesinger tiene una gripe tremenda y esta noche no vendrá».

Me lleva varios minutos recuperarme de la noticia y que mis mejillas vuelvan a cobrar algún color. ¿Podré ocultar mi decepción?

Tengo el ánimo por el suelo. Lo único que me mantiene es la certeza de que, si doy media vuelta y regreso a París sin haberlo intentado todo hasta las últimas consecuencias, seré aún más infeliz. Corro hasta el correo de la Bahnhof Zoo para llamar a Serge y contarle mi decepción. La confianza que me tiene es total, mucho más grande que la mía. Y cuando dudo, acudo a él. En sus ojos o en su voz me reconozco tal y como me gustaría ser.

El miércoles vuelvo a pasar por casa de Michael para que me consiga otra acreditación. Esa noche Kiesinger hablará a sus «queridos berlineses» en el Neue Welt, enorme cervecería de la Hasenheide. Luego, paso por el castillo de Charlottenburg, para visitar un ala del palacio que tanto me gusta recorrer. Por lo general, hay pocos visitantes. Hoy estoy sola. *La muestra de Gersaint*, extraordinaria obra maestra de Watteau, logra arrebatarme las preocupaciones y hacerme soñar. Me alejo a mi pesar de aquel trozo de la Francia más hermosa, prisionera de Brandeburgo;[1] debo regresar a la realidad.

La cervecería está sitiada; las vallas metálicas bloquean las aceras; los coches maniobran a paso de persona entre los rollos de alambre de púa colocados en zigzag. La policía, con cascos y armada con porras largas y protegida con escudos, se ha apostado en los puntos estratégicos. Camiones con cañones de agua antidisturbios están estacionados en las calles aledañas. Los autobuses han sido desviados.

La cervecería parece una fortaleza. Michael me lleva en coche. La pegatina de «Prensa» en el parabrisas nos abre el camino. Último control a la entrada de la sala. Me agarro a Michael, pasamos.

[1] Estado federado de la RFA. *[N. de la T.]*

Me diluyo en un grupo de periodistas, con un bloc de notas y bolígrafos bien visibles. Desde las filas de asientos, me llama un reportero que trabaja para la televisión de Alemania Oriental y que me había entrevistado en varias oportunidades: «¡Claro, vas a cumplir con tu promesa!», exclama. Le pido la mayor discreción.

Pero cuando veo la tribuna, mi resolución se convierte en amargura. Kiesinger, al igual que las personalidades de su partido, está sentado detrás de una mesa que se encuentra sobre un estrado de más de dos metros de altura. Los dos accesos laterales están custodiados por sólidos caballeros del servicio de orden de los jóvenes de la CDU, la Junge Union.

Por un instante, se me ocurre subir a la tribuna y fingir que quiero solicitarle alguna declaración, pero enseguida me doy cuenta de que solo los fotógrafos tienen acceso.

Atrapo a Michael al pasar y le pido una de sus cámaras. Me precipito hacia el estrado, pero dos cancerberos me cierran el paso.

—¿Su acreditación de fotógrafa?

—No la tengo.

Me empujan sin miramientos. Me bato en retirada. Durante dos horas, asisto al mitin, invadida por una fría rabia. La sala está en efervescencia, toda del lado de Kiesinger. En realidad, los berlineses no han tenido acceso al mitin. Después de repartir entradas gratis en las ventanillas de todos los teatros y cines de la ciudad, los organizadores del evento enseguida se dieron cuenta de que la mayoría de los lugares serían ocupados por jóvenes de los movimientos de izquierdas, que esperaban copar la sala y manifestarse ruidosamente. En el último momento, se anularon esos pases y se trajeron autobuses repletos de militantes de la CDU.

La sala no para de aplaudir a Kiesinger y de gritar eslóganes: «¡Abajo los rojos, son todos unos Cohn-Benditos!». Abofetear a Kiesinger en semejantes circunstancias habría provocado algo incontrolable. Podían lincharme, pisotearme. Con la perspectiva del tiempo, veo que sentí miedo.

Solo queda una mañana. Tengo que aprovechar mi última oportunidad, el jueves, durante la sesión de clausura del congreso de la CDU en el Palacio de Congresos, que se levanta en pleno parque de Tiergarten.

El día arranca mal. Hacia las nueve, el fotógrafo me anuncia que no ha podido conseguir la invitación. De todos modos, acepta hacerme pasar las tres barreras exteriores en su coche. Después de eso, no podemos avanzar más. Me deja en el estacionamiento, agazapada en su vehículo; cada vez que alguien se acerca, me sobresalto.

Hemos acordado que él entrará primero, para evaluar el despliegue de las fuerzas de seguridad, comprobar el ambiente de la sala; y regresará enseguida.

Los minutos transcurren lentos. Tengo los dedos congelados; también se me enfrían los pies. Quince minutos, veinte minutos. ¿Y si no regresa antes del final de la sesión por considerar que mi entrada es demasiado difícil? Contemplo la posibilidad de salir del coche e intentar cruzar los últimos controles por mis propios medios.

¿Voy a fracasar otra vez, tan cerca de la meta? Tengo los nervios de punta. Por fin lo veo, pasando entre los vehículos.

Ahora camina delante de mí, con las cámaras al hombro. Los guardias lo han controlado y acaban de verlo salir: lo dejan pasar. Con gesto relajado, enseño de refilón el pase verde de Michael. Dejo en el vestidor mi abrigo marrón con una ancha franja blanca que forma una gran cruz de Lorena. Encima de la falda roja que me he puesto, ceñida con un gran cinturón, llevo un suéter blanco de cuello vuelto. Me quedo con la cartera y saco el bloc de notas. Asumo de nuevo el papel de periodista.

La inmensa sala está repleta. Las hileras del fondo, más elevadas, están acondicionadas para la prensa. Michael recupera su acreditación, aliviado. La gente charla en grupos entre los asientos, mientras espera las exposiciones de los dirigentes.

Tiene la palabra la responsable de Asuntos Sociales, Margot Kalinke, pero su discurso no capta la atención de los congresistas. En la tribuna, están quien preside la sesión y los altos mandos del aparato partidario. Abajo, al mismo nivel que la sala, hay una larga mesa cubierta con un mantel blanco. Flores por todas partes. El canciller Kiesinger está en el centro. A su izquierda, el excanciller Ludwig Erhard; a su derecha, el secretario general de la CDU, Bruno Heck, y el ministro de Defensa, Gerhard Schröder. Kiesinger escribe, parece estar haciendo los últimos retoques al discurso de cierre, que debe pronunciar dentro de una hora.

No quedan lugares libres en los asientos destinados a la prensa, donde se amontonan unos trescientos periodistas. Bajo por el pasillo, a la derecha de la sala. Camino despacio, me detengo cada cinco o seis pasos para prestar oídos al discurso y tomar algunas notas en la libreta.

Al llegar abajo de todo, me doy cuenta de que la mesa detrás de la que se encuentra Kiesinger es mucho más ancha de lo que parecía desde arriba. Si me inclinara por encima de la mesa, no podría alcanzarlo. Me quedo indecisa unos instantes. En cada extremo de la mesa, hay dos o tres miembros del servicio de seguridad. Me acerco a uno de ellos, con el cuaderno en la mano. Tengo que improvisar.

Levanto de golpe la cabeza y hago una discreta seña con la mano, fingiendo dirigirme a una persona que se halla del otro lado de la mesa. Repito el gesto. Luego, con naturalidad, le digo al guardia: «Quisiera ir con un amigo. ¿Puedo pasar por detrás de las butacas?». Duda: «No es un lugar de paso». Insisto. «Dé la vuelta por fuera, por aquí no se pasa». Me quedo en el mismo sitio y sigo lanzando sonrisas al otro extremo. El hombre de seguridad me tira suavemente de la manga y me dice: «Vamos, pase, pero dese prisa». Me deslizo con rapidez por detrás de las personalidades políticas.

En el momento en que llego a la altura de Kiesinger, este intuye una presencia y se gira levemente. De repente, mis nervios se relajan. He ganado. Grito con todas mis fuerzas «¡Nazi! ¡Nazi!», y lo abofeteo sin pensármelo dos veces, sin ver siquiera la cara que ponía.

Después, lo único que recuerdo es que Bruno Heck se abalanzó sobre mí y me agarró por la cintura. Detrás, oigo a Kiesinger preguntar: «¿Es la Klarsfeld?».

Me empujan, me arrastran hacia una salida.

Antes de que me lleven, tengo tiempo de oír que la inmensa sala bulle. Todos los diputados se levantan y avanzan en desorden hacia la tribuna.

Los periodistas bajan las gradas a toda velocidad.

Se produce un vacío en mí, me niego a pensar.

Tan solo me repito: «Salió bien, salió bien; la espera no fue en vano».

El cortejo que me escolta recorre pasillos y escaleras, para gran asombro de quienes se cruzan con nosotros. Uno de los policías que me sujeta del brazo y me da patadas en las pantorrillas emite una especie de letanía, con una voz indignada: «Le ha dado una bofetada al canciller».

Entramos en un despacho. Un policía toma nota de mi identidad. Sigo los acontecimientos con indiferencia. Lo más importante ya lo he dejado atrás: aún no consigo ser consciente de que realmente he actuado.

«¡Ah, es usted!», me dice el mismo policía. «He visto sus folletos, los están repartiendo en el Kurfürstendamm». Efectivamente, desde la apertura del congreso, los jóvenes antifascistas de Berlín habían multiplicado los grupos de discusión y habían distribuido a la multitud «La verdad sobre Kurt Georg Kiesinger», transformando el cruce entre las calles Joachimstaler y Kurfürstendamm en un foro.

El veterano Ernst Lemmer, representante del canciller Kiesinger en Berlín, entra en el despacho; utiliza un bastón para andar. Durante largos años, había sido ministro de los «refugiados» y, como diputado en el Reichstag en 1933, había votado a favor de la ley que otorgaba todo el poder público a Hitler. Como propagandista nazi, había glorificado al Tercer Reich en más de dos mil artículos. Se sitúa frente a mí y me sermonea:

—Escuche, mi querida niña. ¿Qué significa abofetear a nuestro canciller? —me pregunta con un tono que pretende ser paterno.

—No soporto que un antiguo nazi pueda convertirse en canciller. Lo abofeteé para llamar la atención y para hacerle saber al mundo entero que hay alemanes que rechazan semejante vergüenza.

Lemmer sale del lugar meneando la cabeza. Se gira hacia mí y agrega: «Yo podría ser tu abuelo».

En cuanto cruza el umbral de la puerta, anuncia a los periodistas su juicio personal: «Esta mujer, que si no estuviera tan paliducha sería bonita, es una mujer sexualmente insatisfecha». Dos semanas después, *Stern*, que había expuesto el punto de vista de Lemmer, publica una carta de él donde expresa sus disculpas: «Cuando hice ese comentario, no sabía que la señora Klarsfeld estaba casada, tenía un hijo, y que su suegro había muerto en Auschwitz».

El teléfono no para de sonar. Los policías de paisano me hacen salir por una puerta secreta, y no por la puerta principal, donde seguramente nos espera un enjambre de periodistas. Cruzamos el vasto sótano. Descubro atónita un sinnúmero de agentes con botas, cascos, equipados con viseras transparentes, en uniforme de combate. Aquel congreso había provocado una importante movilización policial. Llegamos a una de las salidas laterales. Me empujan dentro de un coche patrulla. Algunos fotógrafos se acercan corriendo. Veo a Michael, que me hace una discreta seña de victoria. Seguramente ha conseguido fotografiar la bofetada.

El Polizeipräsidium[2] está situado en un gran edificio que forma parte del aeropuerto de Tempelhof, en pleno centro de Berlín. Dos inspectores me interrogan a fondo y redactan un acta. Luego me permiten dar aviso de mi arresto a mi familia, no sin antes ofrecerme salchichas con ensalada de patata en la cantina. Llamo a Serge a su despacho. No está. En casa me atiende mi suegra: «Serge está viniendo aquí para cambiarse. Me llamó, está muy alterado, me dijo que sabía que lo lograrías. Tomará un avión esta tarde y esta misma noche estará en Berlín. ¿Qué quieres que te lleve por si te quedas en la cárcel?».

Yo sabía que Serge vendría. Nada grave me puede pasar si él está conmigo, tengo esa convicción, reforzada por la casualidad de que ese mismo día festejamos el quinto aniversario de nuestra boda, celebrada el 7 de noviembre de 1963.

También llamo al estudio jurídico de Horst Mahler. No lo encuentro, pero le dejo un mensaje. Cuando este se presenta, a las tres y media de la tarde, me conducen a un despacho contiguo. El policía nos deja solos. Las primeras palabras que me dirige (en voz baja, porque hay que desconfiar de los micrófonos) son: «Es maravilloso lo que estás haciendo, ¡maravilloso!».

A partir de ese momento, me doy cuenta de que mi acción recibe el apoyo total de la APO. Ya no estoy sola. Durante unos veinte

---

2 Cuartel general de la policía. [*N. de la T.*]

minutos, Mahler y yo ideamos a grandes rasgos mi defensa. Pero lo que no esperábamos era que mi juicio tuviera lugar ese mismo día.

Entretanto, se había reunido un tribunal a toda prisa y se había convocado con carácter de urgencia al Polizeipräsidium a un joven fiscal. Es más, lo hacen subir al mismo vehículo que yo para trasladarnos al Juzgado de Primera Instancia, el Amtsgericht de Tiergarten. Tras media hora de espera, un secretario judicial viene a anunciarme que, dada la hora (eran casi las cinco de la tarde), mi juicio se ha pospuesto para el día siguiente. Dos policías me acompañan a una celda, en la que voy a pasar la noche. Dejo mis pertenencias y una celadora me tira a los brazos un camisón y sábanas.

La reja se abre y se vuelve a cerrar. Estoy en la cárcel. Bajo la tabla dura que está contra la pared y me hago la cama. Una vez acostada, intento ordenar mis ideas, rememorar cada detalle de la jornada. La reja se abre de golpe: «Venga de inmediato, su abogado la está esperando».

Efectivamente, ahí está Mahler, ofuscado: «Te van a juzgar ahora mismo. Varios cientos de jóvenes se han agolpado frente a las puertas del Tribunal. La policía de paisano ha ocupado la mayoría de los bancos de la sala: solo habrá una decena de periodistas, los que han llegado primero».

A cada rato temo que se me caiga la falda: tuve que dejar el cinturón en la recepción. Los nervios me dan frío, me echo el abrigo sobre los hombros.

Me encierran dentro de una pequeña jaula. Delante de mí, se agita el fiscal Neelsen, al que no le calculo más de treinta y dos años. Relata los hechos con mucho esmero. El respeto que expresa es tal, que cada vez que pronuncia las palabras «el canciller Kiesinger» me imagino que voy a verlo levantarse y hacer una gran reverencia.

Me entero de que Kiesinger, cuya primera reacción había sido minimizar el incidente —«Yo no le pongo una demanda a una señora que me pega»—, acababa de presentar una querella, presionado por su entorno. Había firmado el documento en el automóvil, de camino al aeropuerto de Tempelhof para regresar a Bonn.

El fiscal habla largo y tendido, sin pasión, con voz monocorde. Da la impresión de que se está aburriendo. Se pasa la mano izquierda por el pelo todo el tiempo y con la derecha hace aspavientos.

Desde hace varios meses, a modo de protesta contra la justicia de clase, Mahler litiga de traje y jersey negro de cuello vuelto. «Aunque hubiera tenido la toga en el maletín, jamás me la habría puesto para una causa como esta. Este procedimiento expeditivo es indigno».

El fiscal cita como testigo al comisario Samstag, responsable de la seguridad del canciller durante el congreso. Samstag camina hacia el estrado.

—¿Qué notó usted?

—Vi a la acusada mientras se acercaba a la mesa de la presidencia. Vi que no llevaba ningún signo distintivo que la identificara como delegada. No obstante, llevaba un cuaderno en la mano. Unos instantes antes, el canciller había firmado autógrafos para personas de la sala. Dado que un miembro del personal de seguridad había intercambiado algunas palabras con ella y la había dejado pasar, no me preocupé cuando la vi pasar por detrás de las autoridades.

El comisario añade un detalle en el que preferí no pensar antes de la acción: «El canciller estaba bien protegido, en el lugar había seis guardaespaldas con pistolas. Uno de ellos ya había empuñado el arma, pero no pudo disparar, pues la acusada estaba cubierta por el canciller y por las demás personalidades, que hacían las veces de pantalla».

La cosa habría podido terminar muy mal. En cualquier caso, por una bofetada a Kiesinger, corrí un riesgo que no corrieron los fascistas que eliminaron físicamente aquel año de 1968 a Robert Kennedy, Martin Luther King y Rudi Dutschke.

Mi abogado reclama que Kiesinger sea citado como testigo, habida cuenta de que se declara víctima de «golpes y heridas». «Es una estratagema para que el juicio se lleve a cabo en una fecha ulterior», responde enseguida el juez Drygalla.

Mahler entonces recusa al Tribunal, alegando que el juez es «parcial». El Tribunal se retira un momento. Acto seguido, el juez declara: «El Tribunal rechaza el requerimiento de la defensa, cuyo único fin es postergar el juicio».

El Tribunal estima que el juez es imparcial.

El fiscal se levanta: «Hay que tomar en consideración que un representante de la política de nuestro país ha sido atacado y, por consiguiente, proceder al juicio sin dilación. Solicito una pena de un año de prisión incondicional y una orden de detención inmediata; si no, bastaría con que esta joven comprara un pasaje de S-Bahn [metro aéreo] para huir al sector oriental. Recuerdo que la acusada fue hasta Potsdam a buscar la documentación a la que hace referencia en su panfleto».

A lo largo de todo el debate, el juez Drygalla da muestras de una fría amabilidad. Me deja hablar sin interrumpirme cuando le reprocho con vehemencia: «Su juicio expeditivo recuerda demasiado los tribunales nazis».

Esa bofetada tenía el valor de un símbolo, mi intención no era en absoluto causarle un perjuicio físico al canciller. El fiscal trata de desbaratar mi argumentación: «Esa violencia es una ofensa contra el honor de la persona abofeteada. ¿Acaso cabe recordar, para la correcta apreciación jurídica del presente caso, que un golpe en el rostro constituye un trato desagradable? Por ende, el Tribunal no necesita pruebas ni el testimonio del ofendido para demostrar que este ha sufrido un perjuicio físico y psíquico a raíz de la bofetada. Asimismo, la personalidad del ofendido desempeña un papel que el Tribunal no debe obviar cuando se pronuncie en favor de una pena de prisión severa».

Antes de retirarse para deliberar, el magistrado hace una reflexión que me preocupa: «Alemania ya ha sido teatro de conflictos políticos violentos, y la historia contemporánea le reprochó luego a la República de Weimar que no hubiera frenado a tiempo los disturbios a los que se enfrentaba».

El veredicto se pronuncia a los pocos minutos: «Un año de prisión incondicional. Los considerandos de la sentencia se pondrán en conocimiento del público y se publicarán en seis grandes diarios nacionales, a cargo de la inculpada». Eso me costaría más de 50 000 marcos.

Incluso Mahler, que está acostumbrado a la severidad de ciertas sentencias, se queda sin aliento. Yo estoy horrorizada. Siento que una mano de hierro me estruja el pecho. ¡No puede ser! ¡Un año aislada del mundo, sin ver a Arno, a Serge!

Apenas oigo lo que me comenta mi abogado:

—¿Tiene algo que decirle al Tribunal? No se preocupe, apelaremos, por supuesto.

—Por nada en el mundo me voy a quedar en la cárcel, hay que hacer algo.

Es como un grito que surge desde lo más hondo de mí. Cuando me dirijo al presidente del Tribunal, me gana una rabia mal contenida: «Estoy indignada por el fallo que ha dictado. Hace un año, un antiguo nazi le asestó a Rudi Dutschke varios golpes en la cabeza, con un bastón de hierro. A ese hombre, de quien sabemos que fue miembro activo del partido nazi, lo condenaron a una multa de 200 marcos». Estoy jadeante. Me cuesta muchísimo dominarme. «Y usted me condena hoy a un año de prisión por haber abofeteado a una figura pública. A mi juicio, Rudi Dutschke es, sin lugar a dudas, un hombre público, exactamente igual que el canciller Kiesinger».

El juez me responde: «No conozco la sentencia a la que se refiere». No puedo dejar de hablar y juego entonces mi última carta: «Le pido que tome en consideración que soy de nacionalidad francesa por matrimonio. Si me encarcela, solicitaré a mi abogado que se ponga en contacto con la máxima urgencia con la autoridad francesa en Berlín y que vea si puedo ser juzgada allí por una jurisdicción francesa. Veremos entonces si en Berlín Oeste, territorio bajo ocupación aliada, mi nacionalidad francesa no es más fuerte que mi nacionalidad alemana oriental».

Con eso toco uno de los puntos sensibles de la relación entre la República Federal y Berlín Oeste. La intervención de una potencia «ocupante» no es en absoluto deseable para Bonn, sobre todo, tratándose de un caso tan escabroso.

Giro inesperado, mi argumento ha surtido efecto. El juez y sus asesores parecen estar en apuros. Salen sin suspender la sesión. La táctica que Serge había previsto desde antes de mi salida de París ha provocado el efecto esperado. Cuando regresa el magistrado, anuncia que suspende mi detención. Soy libre.

El juez Drygalla cometió el error de golpear demasiado fuerte y, como yo esperaba, ni siquiera le queda el consuelo de verme tras las rejas. Le explica a *Hamburger Morgenpost:* «En principio, solo entiendo en casos de robo en estaciones de tren, gente que se marcha de un establecimiento sin pagar y vagabundos. El juicio a B. K. se dio en un marco inhabitual para mí. Era la primera vez en mi vida profesional que me veía confrontado por un círculo tan grande de gente interesada y miembros de la prensa».

Me retiro del Tribunal en compañía de Horst Mahler y un periodista. Son más de las ocho de la noche. Vamos directamente al gran auditorio de la Universidad Libre de Berlín, donde, desde hace casi una hora, están reunidos miles de estudiantes, muy contentos de que el congreso de la CDU haya sido un fracaso y de que Kiesinger se haya ido de Berlín con un ojo morado.

Nos recibe una salva de aplausos.

Explico al micrófono la felicidad que siento por haber cumplido con mi palabra. Les pido a los jóvenes que saquen partido de las circunstancias excepcionales que he podido crear, para intensificar la campaña contra Kiesinger en todo el país.

Mahler sube el estrado. Habla unos instantes con vehemencia: «Este fallo no tiene precedentes en los anales de la justicia de Berlín Oeste».

Unos estudiantes preguntan a voz en grito el nombre del juez. Días después, me entero por la prensa de que unos desconocidos habían roto las ventanas del apartamento del juez Drygalla lanzando dos adoquines envueltos en la primera página de *Stern,* que reproducía la foto de la bofetada al canciller Kiesinger.

Esa bofetada, una victoria *in extremis*, liberó a miles de jóvenes de una frustración de tres días, durante los cuales todas sus manifestaciones chocaron con el despliegue de las fuerzas policiales.

La juventud de izquierdas hace propio aquel gesto que acaba de revertir la situación. El mitin continúa. Me llevan a una rueda de prensa organizada en el último momento en el Club Republicano. Mi juicio es precisamente lo que denuncia, desde hace varios meses, la campaña de los antifascistas contra la inequidad de la Justicia alemana: condenas clementes en las causas de criminales nazis, frente a penas pesadas cuando se trata de jóvenes. Mientras contesto a las preguntas de los periodistas en la sala del Club Republicano, aparece Serge. Estoy tan feliz que no me contengo y me arrojo en sus brazos.

La mañana del 8 de noviembre, me percaté de que habíamos ganado. Mientras desayunamos, nuestros amigos de la comuna de

Wannsee nos traen algunos diarios. Los títulos saltan a la vista. Todas las portadas están dedicadas al suceso del día anterior. Fotos ilustrativas: el canciller tapándose el rostro con la mano o, un instante después, con aspecto malhumorado y los ojos ocultos detrás de unas gafas de sol; yo, con mi abrigo con la cruz de Lorena, rodeada de policías, o en el banquillo de los acusados, inclinada hacia Mahler, o durante el incidente del Bundestag, con el puño en alto, increpando a Kiesinger.

El ultraje al canciller eclipsa el resto de la actualidad. La palabra «bofetada» irrumpe en el vocabulario político alemán. Los títulos de la primera plana de todos los periódicos giran alrededor de la bofetada.

A Alemania le cuesta admitir que a su canciller le han dado una bofetada. Si bien se informa acerca de las incómodas opiniones de Kiesinger: «Esa mujer frecuenta a delincuentes universitarios», y de su portavoz Günter Diehl: «Tiene fijación con el canciller —*kanzierfixiert*—», la prensa concede un espacio mucho más importante a mis motivos reales: «Abofeteó al canciller porque quería darle a conocer al mundo su pasado nazi y demostrar el rechazo de la juventud alemana a ver Alemania representada por un antiguo nazi».

Resultó imposible avalar una versión plausible de la «mujer histérica». El trabajo de fondo que había emprendido casi dos años atrás estaba dando resultado: había escrito demasiado, hablado demasiado, agitado demasiado como para que pudieran afirmar con verosimilitud que mi acción era el gesto de una fanática.

En París, unos minutos después de mi acto, Serge remitió un comunicado a las agencias de prensa para aclarar el asunto: «Al abofetear al canciller Kiesinger, mi mujer ha llevado a cabo un gesto meditado con madurez, que apunta a poner de relieve el pasado nazi del canciller».

El lunes por la tarde, algunas radios difunden la declaración que grabé antes de irme de París.

Está claro que los alemanes se hacen preguntas: ¿cómo pudo nuestro canciller ponerse en la situación de ser abofeteado por su pasado, él, que había declarado con solemnidad: «La juventud alemana tiene derecho a saber qué hacía su canciller durante el Tercer Reich», y que no había cumplido con su palabra?

A ese crimen de lesa majestad teñido de humillación —único en los anales de la historia alemana—, se añade el escándalo del veredicto inicial: un año de prisión incondicional. A pesar de que no hay ultraje al jefe de Estado: el canciller no es sino el jefe de Gobierno.

El acto en sí mismo y la reacción de la justicia berlinesa van a alimentar durante semanas y semanas una áspera polémica. Están quienes aprueban el acto y desaprueban la sentencia, quienes critican el acto y la sentencia, quienes desaprueban el acto y aprueban la sentencia. Se instaura un vivificante debate que se desarrolla tanto entre los editorialistas como entre las personas corrientes, que invaden las redacciones con cartas en las que exponen sus puntos de vista. La polémica llega finalmente hasta los grandes escritores alemanes: Günter Grass y Heinrich Böll. Incluso los niños hablan: para ellos, la bofetada pone en tela de juicio el carácter sacrosanto de la autoridad; no se debe respetar a un canciller porque es canciller, sino porque es un hombre respetable.

Se abre un debate nacional en ese foro moderno que son los diarios. Para *Frankfurter Rundschau:* «El tema de la bofetada despierta vivas reacciones: Beate Klarsfeld infringió la regla que va del superior al subordinado».

«Lo que hizo esa impertinente mujer debería ser castigado con mayor severidad aún; no solo abofeteó al canciller, ofendió públicamente a todo nuestro pueblo», opina un lector de *Bild.*

«Si en el canciller no se quiere tocar al hombre, sino al canciller, solo existe un modo de hacerlo: la bofetada. La bofetada posee cierta fuerza simbólica, probablemente porque la cabeza se considera la parte más noble del cuerpo. Dar una patada en las piernas carece de simbología», escribe Wolfgang Ebert en *Stern.*

«B. K. ha lanzado una nueva enfermedad, la klarsfelderitis, que es un producto de la esquizofrenia femenina progresista en la República Federal»: esa es la posición del periódico de extrema derecha *Deutsche Wochenzeitung.*

Para Sebastian Haffner, editorialista de *Sterm:*

Antes, una bofetada era un reto para un duelo, y en círculos muy chapados a la antigua todavía se considera así. Tal vez la señora K. pensó en aquel código de honor ya vetusto. Pero ese código solo era válido entre hombres. La emancipación femenina no lo ha modificado en absoluto. Una mujer no puede reclamar un duelo. Según el antiguo código de honor, una mujer no puede y no podía abofetear a un hombre, sino para repeler sus insinuaciones sexuales.

Süddeutsche Zeitung, el gran diario de Múnich, también toma posición:

> La protesta de la joven generación contra las situaciones que reinan en Europa recibe un impulso francoalemán fuerte y asombroso: después de Daniel Cohn-Bendit, tenemos a Beate Klarsfeld.
>
> El motivo profundo de esta lucha que la bien constituida B. K., miniterrorista en falda corta, lleva a cabo con fanática obstinación es el sueño favorito de todos los predicadores de la verdad, pero que ya fue revelado hace casi quinientos años por Maquiavelo: la exigencia de elevar la moral como fundamento supremo de la política.
>
> B. K. exige esa moral, y ello sin concesiones ni soluciones de compromiso. Una fuerza interior la incitaba a darle a Kurt Georg Kiesinger esa bofetada, cuyo eco ha dado la vuelta al mundo.

«Si escucháramos a B. K., solo quedarían como candidatos al cargo de canciller gente incapaz o antiguos emigrados», sostiene otro lector de *Bild.*

Al otro lado del Muro, en el Este, en la RDA, están exultantes. Mi declaración ha sido difundida en la televisión y la radio. Al día siguiente de esa bofetada, propinada el día del aniversario de la revolución bolchevique, un equipo de cámaras me filma en exteriores, en el centro de Berlín Oeste.

Los titulares de los diarios son unánimes: «La valiente B. K., en nombre de millones de víctimas, abofetea simbólicamente al antiguo nazi Kiesinger»; «Por la muerte de un judío, un día de cárcel. Por una bofetada, un año de prisión».

El viernes siguiente, por la mañana, una espesa neblina cubre súbitamente el aeropuerto de Tempelhof, donde debíamos tomar el avión hacia Fráncfort. Cientos de pasajeros esperan a que se despeje, cosa que sucede de pronto mientras Serge y yo estamos tomando un té en el bar. El avión despega sin nosotros. Cuando llegamos a

Fráncfort el sábado por la mañana, descubro que casi la totalidad de los diarios extranjeros otorgan un gran espacio a la bofetada. La cobertura mediática del caso es prácticamente tan importante como en Alemania.

En la RFA, los comentarios de la prensa y la controversia pública han dado lugar a una polémica entre Günter Grass y Heinrich Böll.

El día de mi regreso a París, 36 horas después de la bofetada, recibo un ramo de rosas rojas. Miro la tarjeta: «Gracias. Heinrich Böll». Tengo ganas de llorar y de reír a la vez. Böll, el novelista católico tan sensible al calor humano, a los sentimientos simples y poderosos, me aprueba.

Unos días después, en un discurso pronunciado con motivo de la entrega del Premio Ossietzky, Günter Grass espeta desde lo alto de la tribuna, después de estigmatizar durante un largo rato el pasado nazi de Kiesinger:

> No se quiso ver que cada día de la presencia de Kiesinger en la Cancillería es una bofetada para las víctimas del nazismo [...]; una joven vino entonces de París y abofeteó al canciller. Lo que no consiguieron los argumentos, es decir, cinco columnas en primera plana y comentarios, lo obtuvo un acto irracional.

Por fin algo fotogénico, una cosa sensacional, lo que los periodistas llaman un «título gancho».

> No, no hay razón alguna para prestarle gafas de sol a Kurt Georg Kiesinger, ni para enviarle rosas a Beate Klarsfeld. Así como estoy en contra de la presencia en la Cancillería de un hombre que fue nazi de 1933 a 1945, de igual modo soy intransigente respecto de las bofetadas o de actos heroicos semejantes.
>
> Una bofetada no es un argumento. La bofetada devalúa los argumentos, la valentía de repartir bofetadas es barata. Kiesinger no se merece bofetadas, más vale hacerle siempre la misma pregunta: «¿Es usted consciente de que su pasado no es una mera mancha en su cargo de canciller, sino también en toda la República Federal? ¿Es usted consciente de que su presencia como canciller es un escarnio para la Resistencia antihitleriana?».

Heinrich Böll le responde sin moderación en una nota de opinión publicada por *Die Zeit* bajo el título «Flores para Beate Klarsfeld»:

En tono de doctor, Günter Grass ha dejado constancia de que no había razón alguna para enviarle rosas a Beate Klarsfeld. Tal afirmación, sin embargo, me parece más bien pretenciosa, incómoda e incluso, puesto que ha sido hecha de forma oficial, perfectamente fuera de lugar. Me pregunto con suma modestia si corresponde a Günter Grass juzgar si tengo o no derecho a enviarle flores a una dama. Resulta que sí tenía derecho a hacerlo y estoy dispuesto a reivindicarlo ante todos mis colegas doctores. Le debía esas flores a Beate Klarsfeld por los siguientes motivos:

Como continuación lógica de mis actividades de escritor, sean estas importantes o insignificantes, y más allá de cómo las juzguen los doctores en cuestión.

Esas flores son una deuda a título personal, de parte de un hombre que ha alcanzado tres veces la edad de diecisiete años y que tenía quince años y un mes cuando Hitler fue llevado al poder por ese político burgués que era Papen.

Por mi madre, en memoria de esa mujer que murió en noviembre de 1944 durante un ataque aéreo, y que reunía cualidades que era muy poco frecuente encontrar juntas: inteligencia, ingenuidad, temperamento, instinto y sentido del humor. Por ella, que me enseñó a odiar a los nazis, en particular a los del estilo del señor Kiesinger: los nazis burgueses y cuidadosos, esos que no se ensucian ni las manos ni las ropas y que, desde 1943, continúan recorriendo sin vergüenza las regiones de Alemania e incluso los invitan a dar discursos en el Comité Central de los Católicos Alemanes.

Por la generación a la que pertenezco: la de los asesinados y los supervivientes, entre ellos, los supervivientes que no pueden tomarse el atrevimiento de enviarle flores a la señora Klarsfeld porque, si le expresaran su simpatía «con flores», perderían su posición de maestro, profesor, productor de televisión, director editorial, etc. Yo puedo tomarme ese atrevimiento y lo hago, y actúo adrede como «chivo expiatorio», por aquellos cuya libertad no puede llegar tan lejos como la mía.

a) Porque —véase el discurso de Günter Grass— las críticas que emitimos, que emiten todos los escritores polemistas respecto del señor Kiesinger, siempre terminan sirviendo de una manera positiva a la República Federal. Desempeñamos el ridículo papel de la «conciencia de la República Federal» que se exhibe en los países extranjeros —donde se critica abiertamente a los neonazis de la RFA—, mientras que los jefes de Gobierno de esos países desayunan con el señor Kiesinger.

   Con independencia del modo en que prosigamos nuestros ataques contra Kiesinger, y sea cual sea el calibre de nuestras armas, no nos sucederá nada, puesto que somos los idiotas «eminentes» que nuestro Gobierno muestra con ostentación al público. Puede suceder, obviamente, que algún día alguien nos dé una puñalada por la espalda con suma discreción y luego presente la factura a la pandilla del señor Strauss,[3] una vez más, con Willy Brandt como vicecanciller...

b) Porque la psicología primitiva de los burgueses nunca omite sacar a relucir esa palabra que lamentablemente también utiliza Günter Grass: la palabra «histérica».

Un comentario, para concluir: por tercera vez, soy yo el único juez —con toda humildad, desde luego— que decide si tengo o no derecho a enviarle flores a una mujer. Si lo hice, fue deliberada y espontáneamente, y estoy dispuesto a confesarlo ante los más eminentes maestros de la más profunda psicología.

Cuando me enteré del gesto de la señora Klarsfeld, eran las once de la noche: hora poco apropiada para enviar flores a París. Así que tuve todo el tiempo del mundo para hablarlo en familia, dormir, retomar la charla en el desayuno, pensarlo un poco más, y —medio adrede— dejé transcurrir tres horas antes de finalmente mandar a mi segundo hijo para que hiciera el pedido en la floristería del barrio.

Desde entonces, he enviado más flores a la señora Klarsfeld y créanme que le enviaré (perdónenme) una tercera vez, si la ocasión se presentara.

El posicionamiento de Heinrich Böll enardece la opinión pública. Los diarios titulan: «Böll y Grass se pelean por un ramo de flores»; «¿Era pertinente enviarle rosas a B. K.?»; «Böll combate contra Kiesinger»; «Böll: hay que odiar a los nazis».

Finalmente, no tuve que pagar la publicación del fallo en los seis diarios, como había ordenado el juez Drygalla. Claro, la sentencia reproducía con exactitud las razones por las que yo había decidido abofetear a Kiesinger; es entendible que el canciller no estuviera deseoso de ver que la prensa difundiera el periodo hitleriano de su carrera. Es más, en ese sentido, *Der Spiegel* ironiza: «El canciller Kiesinger le ahorra 50 000 marcos a B. K.».

Tendré que llegar más lejos que esa bofetada; fue Serge el que me lo hizo entender: «Estás en la situación de esos actores que adquieren una notoriedad impresionante gracias a una telenovela. Para escapar de ese único personaje, debes superarte en otros papeles. Son pocos los que lo consiguen».

[3] Ministro de Finanzas. [*N. de la T.*]

Kiesinger, diario de campaña (7 de noviembre de 1968-octubre de 1969)

Los once meses que siguieron a la bofetada, es decir, hasta la derrota de Kiesinger y su partido en las elecciones legislativas de septiembre de 1969, estuve permanentemente de viaje; raras fueron las veces que me quedé en París más de una semana.

Lo más difícil era irme cuando Arno estaba enfermo: gripe, paperas, rubeola. En esos momentos, Raisa me sermoneaba. Fingía que no quería seguir ocupándose de él, para que yo me quedara; pero yo me tenía que ir. Si cedía y anulaba una manifestación o una conferencia, sentía que el sistema se iba a desconfigurar. En nuestra campaña, toda acción debía tener la misma importancia, no en sí misma, sino para mí. Le daba un beso a Arno en la frente fiebrosa y me iba con el corazón encogido a tomar los trenes nocturnos, que me ahorraban un tiempo precioso.

Mi suegra sopesó de entrada la justa medida del combate que estábamos dando; entendió su trascendencia. Se unió a nosotros sin reservas, con el coraje y la fuerza de carácter que siempre la animaron. Era su deber reprenderme y advertirme de los peligros que corría, pero cada vez me remplazaba con una bondad y una disponibilidad que siempre se mantuvo firme.

¡Cuántas veces nos habremos despedido Serge y yo en la estación del Norte, en la estación del Este, con un beso cuya ternura me infundía fuerzas para continuar! ¡Cuántas veces me habré despertado sentada en un asiento, atravesando las lívidas mañanas de Alemania, con la boca pastosa, casi físicamente desanimada ya por la inmensidad del país, sus gigantescas fábricas, sus innumerables coches, todos esos hombres y mujeres que me parecen extranjeros y cuya moralidad política estoy intentando alterar pese a todo! En esos momentos, lo que pretendo alcanzar me resulta tan irreal, tan incomprobable que me pregunto: ¿valdrá la pena sacrificarle tanta energía y paz familiar? El nazismo me parece formar parte del pasado; los muertos me parecen definitivamente muertos; el sufrimiento parece haberse aplacado con el tiempo: me siento sola y muy pequeña. Entonces me valgo de algunas artimañas: hago el inventario de todas las ventajas que obtengo personalmente de mis acciones, me aferro al amor de Serge, que no deja de crecer, a la confianza que tiene en mí mucha gente desconocida. Me concentro tan bien con todo eso, que mi universo del día anterior se reconstruye y vuelvo a ser concienzuda.

Es cierto que recibo cartas de todas partes, de judíos, de no judíos, de alemanes y de franceses. ¿Por qué, en cualquier parte del mundo, gente que no me conoce tal como soy de verdad me dirige espontáneamente palabras cargadas de confianza? Porque mis actos encarnan a la Alemania antihitleriana, a la Alemania que ha aceptado el peso de su pasado nazi, para combatirlo mejor. Por eso a veces existe hacia mí ese ímpetu surgido de lo más hondo de hombres y mujeres que aún no han admitido que Alemania hizo lo que hizo. El pueblo alemán ha sido tan mortífero que la cicatriz que ha dejado en la carne europea todavía se siente: se ha acumulado tanta desconfianza que, en contrapartida, los alemanes a quienes, con razón o sin ella, se considera ejemplares, se ganan la confianza que se querría depositar en todo su pueblo.

Ese aliento, los numerosos poemas que me escriben los jóvenes alemanes y las peticiones de los alumnos de Alemania Oriental son la otra cara de los abandonos. El aparato del SPD ha hecho saber públicamente que ya no me consideraba miembro de la socialdemocracia; la asociación internacional de exalumnos de la escuela práctica de la Alianza Francesa de París me pidió que renunciara al cargo de secretaria general.

Por todas las ciudades y pueblos alemanes, prosigo la tarea que he asumido: paso de una tribuna a las primeras filas de una marcha, preparo acciones espectaculares, redacto informes detallados, me agarro a Kiesinger como un perrito gruñón que atrapa al ladrón; ladro y a veces muerdo.

El diario que reflejo a continuación es un testimonio de los momentos más destacados de aquella campaña electoral.

7 de noviembre de 1968 – Bofetada al canciller Kiesinger.

Los acontecimientos van sucediéndose a tal velocidad que solo puedo localizarlos por sus fechas y de un modo muy sucinto.

11 de noviembre – Bruselas. Llegué el día anterior desde París, con Raisa. Nos adelantamos a Kiesinger en dos días. El 13 debe hablar de Europa ante las más altas autoridades de la Organización del Tratado del Atlántico Norte (OTAN).

Pedí ayuda a la Unión de Estudiantes Judíos de Bélgica, y Michel Lang solicitó la del Círculo Judío de Berlín. Preparamos una conferencia para un evento organizado por el Círculo de Libre Examen en la Universidad Libre de Bruselas, que debe darse unas horas antes de que Kiesinger empiece a hablar.

Pagué el viaje de los berlineses con los 2000 marcos que cobré por un artículo publicado en *Horizont,* una revista de Alemania Oriental sobre política internacional. Sus maletas, que contenían los folletos de «La verdad sobre Kurt Georg Kiesinger», se extraviaron en el aeropuerto de Berlín. Aparecen en el avión siguiente, procedente de Colonia-Bonn, y así salvamos mi conferencia.

13 de noviembre – A las siete de la mañana, alguien llama insistentemente a la puerta de nuestra habitación del hotel: «¡Policía! Control de identidad». Mi suegra entreabre la puerta y extiende nuestros pasaportes a dos policías de paisano. «No es suficiente. Tienen que acompañarnos al ministerio. Tienen quince minutos para vestirse y seguirnos».

Tan pronto como se cierra la puerta otra vez, me abalanzo al teléfono. Llamo a uno de los mejores amigos de Serge, Philippe Lemaître, corresponsal de *Le Monde* en Bruselas, así como a Michel Lang, que está alojado en el piso de arriba. Mi suegra alerta a Serge, en París, que le promete llamar de inmediato al secretario general de la Unión Internacional de la Resistencia, Hubert Halin. Este último previene a sus amigos del Gobierno belga y, en especial, al Ministerio de Justicia.

Los agentes vuelven a llamar: «¡Dense prisa!». Mi suegra contesta: «Somos mujeres, necesitamos tiempo para arreglarnos».

Salimos. A Michel Lang también lo detienen. Nos conducen directamente a la sede de la policía belga, donde nos hacen esperar bastante. Me llevan a un pequeño despacho. Dos comisarios me interrogan y abren expediente con mis declaraciones. Estoy convencida de que el objetivo de esa detención es impedirme hablar, dejarme allí hasta la noche y meterme en un tren en dirección a París. En un primer momento, estoy furiosa, miro el reloj cada cinco minutos para ver si voy ya con retraso. Luego razono. ¿Qué se le va a hacer? Si no me dejan hablar, tendrán que vérselas con los estudiantes, y el escándalo será aún mayor. El comisario tiene mucha información que teclear. Cito las funciones de Kiesinger, las responsabilidades que tuvo. También cito el viaje que realizó en 1940, con periodistas extranjeros, a Bélgica y Francia ocupadas, para demostrar la superioridad del Ejército alemán, y añado, mirando al comisario: «Ustedes deben de haber vivido bajo el nazismo, saben lo que eso representa».

Me confiesan que son antiguos resistentes, «pero una orden es una orden»; la Embajada alemana en Bruselas había solicitado a las autoridades belgas que impidieran todo incidente durante la visita de Kiesinger. Y la aguafiestas número uno soy yo.

Sobre la una menos cuarto, entra en el despacho un inspector. Me pone delante un papel y me pide que firme mi compromiso de irme de Bruselas inmediatamente después de la conferencia. El hombre confirma: «Alguien de muy arriba ha intervenido en su favor». Ponen en libertad a mi suegra y a Michel Lang unos instantes antes que a mí.

Me abalanzo a un taxi y me dirijo directamente a la Universidad Libre, donde acaba de empezar la conferencia. Michel Lang está leyendo el comienzo de mi texto. Me recibe una ovación frenética: «¡No dejaremos que Beate se vaya!», gritan los estudiantes. Algunos proponen bloquear las puertas del campus a partir de las cuatro, para que yo quede a resguardo de la policía. Me niego.

Una vez terminada la conferencia, una delegación de estudiantes obtiene permiso de la policía para que mi partida se retrase hasta las seis; eso me da tiempo para conceder una extensa entrevista al corresponsal de *Der Spiegel*. Tomo el tren de vuelta a la hora indicada.

Kiesinger da su conferencia esa misma noche. Los estudiantes belgas se manifiestan. Me entero de todas las peripecias a la mañana siguiente, en París, al leer la prensa europea.

Abendzeitung, de Múnich, titula a seis columnas: «Kiesinger va. Ohrfeigen-Beate bajo vigilancia». «Ohrfeigen-Beate» es mi nuevo apodo: Beate Mano Larga.

Paris-Presse escribe:

> Los nuevos amigos de Beate Klarsfeld, los estudiantes belgas, fueron a abuchear al canciller Kiesinger sin que ella estuviera allí para presenciar el malestar de su adversario.
>
> El jefe de Gobierno alemán se llevó primero la desagradable sorpresa de que lo insultaran unos cien estudiantes agolpados frente al Palacio de Bellas Artes, adonde lo habían invitado las Grandes Conferencias Católicas. Eso no era nada al lado de lo que le quedaba por pasar.
>
> Porque en el interior de la sala, algunos manifestantes habían logrado ocupar determinados puntos estratégicos y, apenas había pronunciado sus primeras palabras el canciller de Alemania, que hablaba en francés, fue interrumpido por gritos como «Kiesinger nazi».
>
> La policía intervino una primera vez, y el canciller creía haber terminado con los agitadores. Pero, diez minutos después, el alboroto cobró todavía más intensidad.
>
> Desde los palcos explotaban petardos, mientras que sobre el público de la platea caían unas octavillas que decían: «Partido Nacionalsocialista. Kiesinger, Kurt Georg. Carné de afiliado núm. 2633930. Fecha de afiliación: 1 de mayo de 1933».
>
> En la sala gritaban: «¡Fuera! ¡A Moscú! ¡A Praga!». La pelea era generalizada. Algunos jóvenes fueron expulsados. Y con cada incidente, el canciller, que debía hablar más de una hora, miraba al público sin verlo, con aire sorprendido, y se cruzaba de brazos mientras esperaba a que pasara la tormenta.

El diario belga *Le Soir* aclara:

> Los policías de uniforme, que eran muchos, iban equipados con cascos y se llevaban a los agitadores. Mientras tanto, otros jóvenes repartían octavillas. Una vez recuperada la calma, el canciller reanuda su exposición. En ese momento, un nuevo incidente, esta vez en las butacas de la platea. No se trata de un joven, sino de un hombre de cierta edad, que menciona la muerte de algunos miembros de su familia. La policía lo trata con comprensión,

> pero termina arrastrándolo fuera de la sala. El canciller Kiesinger prosigue. Tercera interrupción, mucho menos sostenida. El señor Kiesinger fuerza la voz.

Y el *Frankfurter Rundschau* agrega: «Kiesinger demostró hasta qué punto lo afectaron los manifestantes. La última frase de su discurso manuscrito fue: "Desde el primer momento, he sido partidario de un Estado federal europeo". Pero el jefe de Gobierno de Bonn solo pudo pronunciar esas palabras mascullando».

A la salida, se formaron varios grupos delante del Palacio de Bellas Artes, frente a un número casi igual de policías.

Las manifestaciones se reanudaron el jueves por la tarde en la plaza de Brouckère, donde se habían dado cita los estudiantes. La policía los dispersó hacia las calles aledañas, pero unos cien jóvenes consiguieron reagruparse en la estación central. Al final de la tarde, por la calle Lombard, intentaron llegar a los grandes bulevares y al Hotel Amigo, donde se hospedaba el canciller. Se toparon con un triple cordón policial. Desenlace: treinta detenidos y varias decenas de heridos en ambos bandos.

Al día siguiente, la Oficina de Turismo alemana fue atacada con un cóctel Molotov.

Así pues, Kiesinger había sido profundamente humillado ante el Gobierno belga, el primer ministro Gaston Eyskens, el ministro de Asuntos Exteriores Pierre Harmel, ante los dirigentes de la OTAN y su secretario general Manlio Brosio, ante los dirigentes de la Comunidad Económica Europea y ante todo el cuerpo diplomático, lo cual no dejó de tener repercusiones en Alemania, donde la prensa recalcó el segundo bochorno recibido en menos de una semana a instancia mía: una, en el centro de Alemania, en Berlín; la otra, fuera de Alemania, en Bruselas.

Al día siguiente, el *Süddeutsche Zeitung* publicó un dibujo humorístico que resumía la situación: un avión volando y, debajo, una bruja montada en una escoba de la que cuelga una banderola que lleva mi nombre. El epígrafe explica: *«Die Quartiermacherin des Kanzlers»* ['La vanguardia del canciller'].

Entre otros muchos, recuerdo otro dibujito: el conejito Kiesinger corriendo y el puercoespín Beate asustándolo en tres distintas etapas: Bonn (el Bundestag), Berlín (la bofetada), Bruselas (la conferencia). Los comentaristas políticos de Alemania Occidental toman conciencia de que puedo golpear fuerte y que es imposible reducir el acto de Berlín a una mera anécdota. Mi actuación, con su resonancia internacional y su prolongación en Bruselas, alcanza una nueva dimensión, y los alemanes empiezan a entender la incomodidad a la que se exponen al elegir como canciller a un hombre cuya reputación se ve atacada de ese modo, no solo en Alemania, sino también en el exterior. De hecho, el gran semanario *Die Zeit* insiste en la misma línea, subrayando que la popularidad y la forma de Kiesinger están en franco declive, que acaba de producirse un vuelco, y atribuye el fenómeno en gran parte a los incidentes de Berlín y Bruselas. Según determinados periodistas que se codean con el canciller durante ese periodo, la prueba belga le resulta aún más engorrosa que la de Berlín.

15 de noviembre – Los periodistas alemanes invaden nuestro apartamento: vienen a ver cómo vive «la joven que se codea con universitarios facinerosos» *(dixit* Kiesinger), la «histérica». Creían que iban a encontrarse con una casa desordenada o en malas condiciones. Al entrar, se quedan absolutamente estupefactos al ver nuestro amplio vestíbulo y las tres habitaciones que dan al Sena. Están tan sorprendidos que toman por originales las reproducciones que tenemos colgadas de la pared. Para la ocasión, me había comprado un vestido caro, de lana, con la pechera roja y las mangas gris acero. Produce su efecto, sobre todo con unos zapatos de charol Dior.

Me fotografían en la cocina meticulosamente limpia, cocinando; a partir de entonces, soy para ellos la auténtica burguesa que, movida por un irresistible impulso, sale por un momento de un universo ordenado, de un interior opulento al que se siente profundamente ligada. La tesis que alimenta Kiesinger de que soy una revolucionaria profesional se da de bruces con la realidad.

18 de noviembre – Tomamos un Ilyushin 18 de LOT,[1] que despega de Le Bourget hacia Schönefeld. Vuelo movido. No se puede

[1] Línea aérea polaca. *[N. de la T.]*

aterrizar en Berlín Este por falta de visibilidad. El avión se dirige hacia Varsovia, pero choca con la tormenta. Praga está cerrada; pasamos la noche en Budapest. Los hoteles están atestados: las ochocientas personas desviadas se amontonan en el aeropuerto.

19 de noviembre – Por fin llegamos a Berlín Este, donde los funcionarios, desesperados por rescatarme, me reciben con flores del día anterior. Me hospedo en el palacio de Unter den Linden. Sentada a la mesa, se me acercan dos jóvenes y firmo mis primeros autógrafos, en el menú.

20 de noviembre – En Berlín Este, provoco un pequeño episodio de pánico. Si bien me habían invitado únicamente para dar una entrevista para la televisión de Alemania Oriental, en París había tenido la iniciativa de anunciar a la DPA (agencia de prensa de Alemania Occidental) que daría una conferencia de prensa sobre el pasado nazi de Kiesinger en la sede del archivo de Potsdam.

Estupefacción de mis anfitriones, a quienes no les gusta que se les inste a nada: ningún extranjero tiene derecho a invitar a periodistas occidentales a una dependencia oficial, por lo que la rueda de prensa no tendrá lugar. Sin embargo, el incidente no mella el entusiasmo. Me obsequian ceremoniosamente un álbum con cientos de artículos y dibujos satíricos publicados en Alemania Oriental a propósito de lo que llaman mi «hazaña». Descubro que la prensa me ha brindado un apoyo considerable. ¿Cómo un Estado tan rígidamente comunista puede prodigar tanto elogio a un acto individual, espectacular, que encima socava la noción de autoridad?

Lo importante ahora es impedir cualquier manipulación por parte del juego político y conservar el pleno sentido moral de mi acción. Si a veces ocurre que los Estados, en función de sus intereses, establecen alianzas contra natura, ¿por qué los individuos defensores de una causa se verían exentos de actuar del mismo modo?

21 de noviembre – Me voy de la estación de Friedrichstrasse, en Berlín Este, a las 7.30 horas. Michel Lang se encuentra conmigo en Bahnhof Zoo, en el Oeste. Mi guardaespaldas mide unos cuantos centímetros menos que yo. En Colonia, me reciben los animadores del teatro político Die Machtwächter, en una pequeña sala atestada de gente. Al fondo, una bandera con la esvástica, una mesita y una silla. Antes de tomar la palabra, un sketch de la *troupe* local presenta a Kiesinger declarando en un juicio sobre diplomáticos nazis. Mi guardaespaldas se encuentra una amiguita a la que protege más de cerca que a mí: desaparece.

Al día siguiente, viajamos a Dortmund, a una reunión de jóvenes socialistas donde Günter Grass y el cantante Dieter Süverkrüp también hablarán. A Grass no le encanta la idea de tener que pasarme la palabra. Está seguramente un tanto frustrado por la publicidad que recibió mi bofetada. En efecto, Kiesinger ni siquiera respondió a sus cartas abiertas, a sus recriminaciones, mientras que mi acto tuvo mucho mayor alcance práctico que sus protestas verbales.

Un joven le plantea la siguiente pregunta: «¿Cómo puede ser que usted ataque a Kiesinger por su pasado nazi y que Karl Schiller, el ministro de Economía, también antiguo nazi y especialista en la explotación económica de los territorios conquistados, sea el padrino de su hijo?».

Furioso, Grass dice que eso no tiene nada que ver. Su relación con Karl Schiller es un asunto privado, no es un tema que incumba a los jóvenes. Me decepciona. Si a Schiller lo hubieran elegido canciller, yo habría protestado del mismo modo que lo hago con Kiesinger. Es más, lo he declarado y la prensa no ha dejado de recalcarlo.

Los nazis activos no se reincorporaron únicamente a la democracia cristiana; ¡a cuántos de ellos encontramos en el seno de la socialdemocracia, donde el equipo de Brandt se opone fuertemente al de Schiller, locomotora electoral del SPD, pero odiado por los antiguos resistentes socialdemócratas!

23 de noviembre – En Dortmund, grabo un disco de vinilo titulado *El caso K. Historia de una bofetada.* Distintos actores leen las partes del proceso, y yo misma expongo las razones de mi gesto y recito un poema mío sobre el tema. El disco va a ocupar un lugar entre las canciones socialistas y los cantos revolucionarios del editor Pläne-Verlag. Durante el verano de 1969, *Der Spiegel* publicará fragmentos de ese trabajo en una antología de poesía con Kiesinger. Ocurre que la bofetada inspira, en la literatura *underground,* una profusión de poemas a la que también yo contribuyo.

29 de noviembre – Explico en París el sentido de mi cruzada, ante los miembros del Movimiento contra el Racismo, el Antisemitismo y por la Paz (MRAP). He decidido responder a todas las invitaciones para dar conferencias, en el lugar que sea, con la intención de popularizar el expediente Kiesinger.

1 de diciembre – Nada más apearme del tren en Múnich, viene a mi encuentro un basset, seguido por un personaje con un ramo de flores en la mano. Se presenta: Koenig, periodista. Es quien me ha invitado a la ciudad y ha organizado una reunión en el teatro político Rationaltheater. Me propone pasar ese domingo con su familia. El recibimiento de su mujer está lejos de ser cálido. Almorzamos, y la comida culmina con una serie de recriminaciones: Koenig no quiere ayudar a su esposa a fregar los platos.

Me siento muy incómoda y juro no aceptar nunca más una invitación a una casa particular. Antes prefiero comer una salchicha en el mostrador de un bar: mi presupuesto para los gastos durante los viajes es sumamente limitado.

Justo cuando nos despedimos, comprendo las intenciones de aquel señor: su plan era convertirse en mi mánager, proyectar una gira de conferencias por toda Alemania, exhibir a «Beate, Mano Larga» como se presenta a la mujer bala en un circo. Se quedaría, obviamente, con la mitad de las ganancias, puesto que, en su opinión, la gente debía pagar la entrada. Llega incluso a proponerme un contrato.

Declino su oferta con firmeza, cosa que lo asombra muchísimo.

2 de diciembre – Esta noche, la sala del Rationaltheater recibe a todas las personalidades periodísticas y literarias con las que cuenta la ciudad, que han venido a observarme como si fuera un animal curioso. Esperan asistir a un espectáculo sensacional; se ven decepcionados, en particular mi aprendiz de «mánager», que me había recomendado que novelara mi relato y descubre con amargura que nunca seré una demagoga. El cariz preciso y metódico de mis explicaciones desconcierta al público. Pero prefiero que se den cuenta de que soy simplemente una mujer sensata, y no un ser excepcional y efervescente. El señor Koenig promete enseñarme varias cosas. ¡Pobre hombre! Jamás volveré a verlo.

3 de diciembre – Me siento mucho más a mis anchas en el *teach in*[2] de la Universidad de Múnich.

Esta noche, anuncio que seré candidata a las elecciones legislativas de septiembre de 1969 contra el canciller Kiesinger, se presente donde se presente. Al tomar esa decisión, creo poder evitar la cárcel en el juicio de segunda instancia iniciado en mi contra, porque toda condena sería interpretada como una maniobra desleal de mi adversario electoral. Y continuaré mi campaña con mayor impacto aún. Falta encontrar la agrupación política que me presente contra Kiesinger. Como el SPD me había excluido de sus filas, nada puedo esperar por ese lado. Se me ocurre entonces la futura coalición entre los pequeños partidos de izquierdas y el Partido Comunista (PC). Lanzo la idea públicamente, con el fin de alinearlos en mi favor.

4 a 7 de diciembre – Regreso a Dortmund, donde hablo con las juventudes comunistas de la RFA y finalizo la grabación de mi disco.

10 de diciembre – Auditorio exclusivamente judío: el Movimiento de Estudiantes Judíos (MEJ) organiza un debate en el Centro Edmond Fleg, en París: «¿Había que abofetear al canciller Kiesinger?». Las discusiones son apasionadas. Hago venir de Bonn a algunos estudiantes de la APO que hablan francés y exponen a sus camaradas las dificultades de su lucha antifascista. Se abre un nuevo diálogo entre jóvenes judíos y alemanes, pero con la perspectiva de una acción común. Y se adopta la moción que propongo, apoyada por el MRAP y la Asociación de Antiguos Deportados Judíos de Francia, que reconoce en particular «la necesidad para el pueblo judío de no dejar que los demócratas alemanes luchen aislados contra las mismas fuerzas que asesinaron a más de seis millones de judíos y hoy reconcilian a Alemania con su pasado nazi».

2 Foro educativo participativo y orientado hacia la acción, dedicado especialmente a temas políticos candentes. *[N. de la T.]*

Uno de los dirigentes del MEJ decide viajar a Berlín conmigo y llevar una bandera con la estrella de David. Vamos a protestar contra la flamante absolución del juez nazi Rehse. El que fuera juez del Tribunal del pueblo nazi Hans-Joachim Rehse había sido condenado el 3 de julio de 1967 a cinco años de reclusión por «asistencia a actos criminales». El Tribunal de Casación Federal había anulado en abril de 1968 el primer fallo, que estimaba que un juez asumía plena responsabilidad por sus actos.

Efectivamente, Rehse había intervenido al menos en doscientas treinta y una condenas a la pena capital. Ejercía junto a Roland Freisler, el «asesino con toga de juez» del Tercer Reich. Lejos de dar cabida a la apelación del fiscal, que requería la cadena perpetua por cinco sentencias dictadas por Rehse durante la guerra, «que excedían las propias leyes del terror nazi y constituían lisa y llanamente asesinatos», el Tribunal de Berlín-Moabit había sentenciado «casi por unanimidad» que Rehse había actuado de buena fe, convencido de que la necesidad de «afianzar el Reich» dependía de su acto.

En sus considerandos, el juez Oske, que presidía el Tribunal, desarrollaba una teoría que afirmaba que «todo Estado, incluso un Estado totalitario, debe afianzarse». De modo que no se le puede «reprochar al Estado que recurra en tiempos de crisis a medidas excepcionales de intimidación». Prueba de ello sería «la reciente adopción de las leyes de urgencia en la República Federal».

No es difícil entender que tales declaraciones hayan causado revuelo en el auditorio. Los espectadores interrumpieron la lectura del fallo en varias ocasiones y un antiguo detenido de la Gestapo logró abofetear a Rehse cuando se marchaba de la audiencia en libertad.

Le pago el viaje al militante judío del MEJ, porque le habría resultado imposible reunir en 48 horas el dinero necesario; me parece indispensable demostrarles a los alemanes que hay judíos que vienen incluso del exterior para protestar contra la rehabilitación de Rehse.

¡Cuántas causas en las que se absuelve a criminales nazis tendrían distinto desenlace, mucho más conforme a Derecho, si los judíos manifestaran su voluntad de que los perseguidores de su pueblo no fueran rehabilitados! Pero cuando los jurados alemanes o austríacos no ven en la audiencia ni la sombra de un judío, cuando no oyen en la sala de audiencias la fuerte expresión de sus legítimas reivindicaciones, se permiten la más ciega indulgencia.

14 de diciembre – Diez mil personas se reúnen frente al ayuntamiento de Berlín-Schöneberg y gritan: «¡Rehse asesino!», «¡Los nazis a la justicia!».

En la plaza han montado un estrado. Hace mucho frío; estoy cubierta con un grueso abrigo polaco de piel. El corresponsal de *Pravda*[3] escribirá: «Parecía que estábamos nuevamente en tiempos de la revolución al ver a esa muchacha hablando con las banderas rojas como telón de fondo». Pero omite señalar la bandera con la estrella de David, que ondea por encima de mi cabeza y que las fotos de la prensa alemana mostrarán en primer plano.

Hablo con energía:

> Los dirigentes de Bonn actuaron como si los doce años del reinado nazi no hubieran sido más que un error de trayectoria para Alemania. Proclamaron la consigna «Trabajo, Familia, Bienestar» y, sobre todo, desalentaron toda conciencia política. Gracias al trabajo de los ciudadanos despolitizados, rápidamente restablecieron y supieron afianzar un capitalismo próspero. La empresa Alemania va bien, ¿pero en qué dirección? El objetivo de ellos ahora, no nos equivoquemos, es volver a politizar el país, pero en relación con su propia imagen. Para ello, deben ir más allá de las condenas a cuentagotas que lograron, ante la masa, dar crédito a la idea de que los crímenes del Reich hitleriano solo eran obra de unos pocos individuos sanguinarios. Esa tesis preservó a los más culpables en términos morales y de eficacia, es decir, los organizadores políticos, jurídicos y administrativos de los crímenes. Hoy su sistema va aún más lejos: limpian el honor de esas personas. En los otros países, a veces se rehabilita a los inocentes; en la República Federal, estén seguros de que a quienes se rehabilitará será a los criminales. Unos tras otros, empezando por los torturadores que obedecían órdenes, los policías que cumplían con su deber, los generales que defendían su patria, los jueces que juzgaban, Himmler que era miembro de la Resistencia, ya que en 1944 cerró las cámaras de gas que él había creado en 1942. Si seguimos así, terminaremos limpiando el nombre de Hitler, y ese día, nosotros, que hoy somos tantos en esta plaza, estaremos solos, cada uno por nuestro lado. Cuando a Kiesinger lo nombraron canciller, comprendí que ese era el inicio de la verdadera reconciliación de Alemania con su pasado nazi; tal es el papel histórico de Kiesinger. Quise obstaculizarlo mediante mi acción individual, pero sepan que la victoria solo se obtendrá mediante la acción colectiva.

---

[3] Periódico soviético escrito en ruso. *[N. de la T.]*

Están presentes observadores de Alemania Oriental. La prensa le concede mucha relevancia a mi intervención. Percibo que todo está bien encaminado para mi eventual candidatura a las elecciones: largos artículos periodísticos me popularizan en la RDA y en la prensa comunista de la RFA y de los países socialistas.

18 de diciembre – Serge se encuentra conmigo en Berlín; ha venido por negocios para la Continental Grain. Debe arreglar un asunto vinculado a una garantía bancaria con el Banco de Comercio Exterior de la RDA, el Aussenhandelsbank. Hago una llamada telefónica y nos recibe la alta jerarquía del Banco Nacional de la RDA, el Deutsche Notenbank, dirigido por una antigua deportada de la Resistencia. El problema se resuelve con celeridad y de manera satisfactoria.

Paso la noche de Año Nuevo sin Serge: está en un tren rumbo a Londres, donde debe engrosar el expediente Kiesinger gracias a sus investigaciones en la Wiener Library.

10 de enero de 1969 – En un artículo titulado «La saga de Beate Klarsfeld», un diario de extrema derecha coteja los sobrenombres que me endilgan los periodistas. Según los casos, soy «La francoalemana a la que se le va la mano», «El bonito Maquiavelo», «Juana de Arco», la «Némesis berlinesa», la «Charlotte Corday[4] resucitada», «La moderna Ravaillac[5]», «Beate La Roja», «La miniterrorista de vestido corto», «Santa Beate bajada del cielo rojo», «La dama de izquierdas con una diestra fulminante», «La figura eminente de la nueva izquierda». Más cerca de la realidad, Serge me ha apodado BKssine.[6]

8 de enero – Llego a Bremen, donde el pastor Wilhelm Garlipp, de la parroquia Santa Estefanía, me ha invitado a hablar ante sus

[4] Personaje destacado de la Revolución Francesa, partidaria de los girondinos, conocida por haber asesinado a Jean-Paul Marat. *[N. de la T.]*

[5] Asesino del rey Enrique IV de Francia. *[N. de la T.]*

[6] *Bécassine* es el nombre de una tira cómica francesa creada en 1905 y el de su protagonista. Se trata de una joven bretona inocente y bondadosa. A medida que se suceden las historias y la tira va adquiriendo éxito, la personalidad de Bécassine se vuelve más compleja y atractiva. *[N. de la T.]*

feligreses. ¡Qué imprudencia! Al día siguiente, el valiente pastor será víctima de una virulenta campaña de prensa.

22 de enero – Tres soldados son degollados en Lebach, cerca de Saarbrücken. La prensa de derechas se desata e imputa el crimen a la APO. Me resulta evidente que unos militantes que se dicen de izquierdas no pueden degollar a soldados dormidos, que son civiles de uniforme, solo para conseguir armas. Hay que reaccionar, y sin dilación. Parto de inmediato rumbo a Bonn. Junto con un militante de la SDS, redacto una octavilla. Imprimo varios cientos de ejemplares y los dejo en los buzones de todos los periódicos de la Casa de la Prensa. Anuncio la creación de una comisión de investigación encabezada por la APO. Desde luego que no tengo a nadie para dirigir una investigación paralela, pero lo cierto es que eso basta para que los periodistas escriban que los policías de Sarre han recibido entretanto el apoyo de los comités de la APO. Viajo a Saarbrücken y también doy a conocer allí la iniciativa de la APO.

Más adelante, se sabrá quiénes son los autores del atentado: jóvenes que actuaron para conseguir armas y que vienen de los círculos extremistas de derechas.

A comienzos de enero, el semanario paracomunista *DVZ*, de Düsseldorf, me pide que sea su corresponsal en París. Inauguro mi colaboración con un artículo destinado a realzar la figura de una joven francesa cuyo alto valor moral e intelectual me había impactado mucho: la trotskista Michèle Firk, endeble y dura, exigente con los demás y consigo misma. En 1967, Firk había llegado a Guatemala casi al mismo tiempo que yo, que era una mera turista. Allí dio su vida estoicamente, mostrando cuál debe ser el compromiso de los revolucionarios europeos junto a los del tercer mundo, si quieren ser fieles a sus ideas y no convertirse en tertulianos de cafés. Pero son pocos los jóvenes de extrema izquierda en Francia que se parecen a Michèle Firk. A ellos les agrada quedarse en Europa, un lugar apacible, a decir verdad, si lo comparamos con los riesgos que se viven en otros continentes.

Mis notas semanales en *DVZ* me permiten ganar 800 marcos al mes. Consideré que se trataba de una ayuda solapada de la RDA, aunque los directivos del periódico siempre negaron que nadie los incitara a contratarme.

30 de enero – Por la tarde, en Colonia. Mi discurso sobre la prisión preventiva contribuye a calentar la atmósfera de la sala. Otros oradores evocan el fascismo en Grecia, España, Portugal. Esa noche contamos con la presencia de trabajadores inmigrantes. Los jóvenes quieren actuar, pero, por desgracia, la reunión concluye anticipadamente. Una primera columna de manifestantes se lanza contra los consulados griego y portugués. Destruyen las ventanas y las puertas de la Casa Americana; la oficina de RENFE resulta también parcialmente destruida, así como un centro comunitario español y el club griego. En la ciudad, se oyen sirenas de coches patrulla por todas partes.

En Fráncfort, ese mismo día, cientos de contestatarios responden a la llamada de la SDS, que quiso celebrar a su manera el 36.º aniversario del ascenso de Hitler al poder. Se organiza para esa noche una fiesta de gala en la Ópera, en beneficio de la Fundación para la Asistencia al Deporte Alemán y ha acudido la flor y nata del *establishment*, dispuesta a pasar una hermosa velada, cuando lo que se impone en semejante fecha es un acto de recogimiento. Para los antifascistas, se trata de una auténtica provocación. Los estudiantes reciben al canciller al grito de *«Sieg Heil»* y *«Kiesinger nazi»*, *«Ohrfeigt Kiesinger»* ['¡Viva la victoria! ¡Kiesinger nazi! ¡Bofetadas a Kiesinger!'], y bloquean la circulación.

30 de enero – Discurso en el aula magna de la Universidad de Hamburgo: dos mil personas e importante despliegue de fuerzas policiales.

1 de febrero – Duisburgo. ¡Dios mío, qué frío hace! Hablo en la plaza del ayuntamiento. Por suerte, mi discurso es breve, porque debo pasar las páginas con la mano y no tengo guantes. Con lo friolera que soy, estoy congelada. Esa misma noche me voy en coche rumbo a Dortmund. Luego cojo el tren nocturno hacia Berlín, donde participo en el mitin de la Universidad Libre.

3 de febrero – Serge se encuentra conmigo en un Berlín enfervorizado, para ayudarme a preparar el juicio en segunda instancia, al que debo hacer frente pronto. La elección del presidente de la República se lleva a cabo hoy. Heinrich Lübke, presidente en ejercicio, ha sido destituido. Debe ceder su puesto antes de lo previsto: tras ser acusado por los alemanes del Este de haber diseñado el plano de los barracones para los campos de concentración, había negado ser el autor de los bocetos, pero los peritajes grafológicos lo desenmascararon. La extrema izquierda se opone a que la elección tenga lugar en Berlín Oeste, a la que considera una entidad política distinta de la RFA. La llegada de los delegados neonazis del Bundesrat desata una auténtica revuelta el día anterior a la elección. Los militantes de la APO se encuentran reunidos en la Universidad Técnica y preparan una acción. Faltan ideas, falta decisión. De pronto, tras una hora de fraseología, se lanza una consigna imprudente: todos al hotel Am Zoo, donde se aloja gran parte de las eminencias políticas. Pero ya desde la mañana el Kurfürstendamm, y más especialmente el hotel Am Zoo, están protegidos por cientos de efectivos policiales. Al grito de «¡Kiesinger nazi!», los manifestantes se precipitan contra los policías, que aporrean todo lo que encuentran a su paso. Serge y yo cruzamos la avenida y milagrosamente quedamos bloqueados en el terraplén del tranvía, mientras que en las aceras izquierda y derecha dos oleadas de policías atropellan y golpean a los manifestantes.

No nos atrevíamos a creerlo: Gustav Heinemann resulta elegido presidente de la RFA. Es una gran derrota para los democristianos, cuyo candidato, Gerhard Schröder, antiguo miembro de las SA, ha recibido el apoyo de los votos neonazis.

4 de febrero – Temprano por la mañana, tomo el avión de Berlín a Núremberg. Por la tarde, hablo ante los alumnos de la Escuela Pedagógica. Me sorprende lo floja que resulta la argumentación de mis oponentes, unos jóvenes neonazis. Por la noche, dirijo una manifestación pública en la calle que va hacia el Polizeipräsidium, el cuartel general de la policía. Un grupo de jóvenes que llevan pancartas contra el fascismo abuchea a Kiesinger. Se adueña de mí una especie de embriaguez cuando oigo mi voz elevarse en la noche de la misma ciudad en la que, treinta años antes, Hitler se disponía a movilizar al pueblo alemán para una aventura diabólica. Tengo la sensación de que mi voz es la de otra Alemania. Detrás de mí, hay mucho más que mi persona. Una vez terminado el discurso, me apresuro hacia el aeropuerto para volver a tomar un avión hacia Berlín.

14 de febrero – Ayer me acompañó Arno a Oldenburgo y estuvo oyéndome hablar hasta bien entrada la noche. Hoy intervengo por primera vez en Bonn, frente a los militantes del Partido para la Acción Democrática y el Progreso (ADF), que me ha designado candidata en la circunscripción de Kiesinger, la número 188, en Waldshut, en la Selva Negra. Es un gran paso para mí. Me dan prioridad frente a varios militantes comunistas empedernidos, cuya hostilidad es palpable. Están resentidos conmigo: el partido les ha impuesto mi nombre porque atraigo a la prensa y porque cuento con el apoyo de algunos dirigentes de la RDA. En las invitaciones a los periodistas, figuro como la estrella, como el terrón de azúcar que se usa para engatusar al perro. En realidad, me he convertido en una locomotora electoral del ADF, aunque no reciba su apoyo material, me reembolsarán al menos los viajes que haga para ellos, cosa que acrecienta mi libertad de movimiento. Y, como soy candidata individual, no pertenezco a ninguno de los partidos que componen la federación de extrema izquierda, lo cual me brinda una libertad de expresión casi completa. Puedo medir el camino recorrido desde que me despidieron de la OFAJ: la *Hinzelkämpferin* —la combatiente individual— ha tomado por asalto y con mucho esfuerzo la más pequeña de las cinco formaciones políticas de Alemania Occidental.

Mi primer discurso esa noche, en Bonn, definitivamente no se asemeja a los que están acostumbrados a oír los militantes de extrema izquierda. Estarán preguntándose seguramente de qué alta protección dispongo en Berlín Este como para que, desde el lugar que me han designado, pueda dirigirles palabras cuyas perspectivas nada tienen de electoralistas.

Cuando la reunión está en su punto más álgido y los congresistas están escuchando atentamente al profesor Hoffmann, presidente del ADF, la puerta se abre de golpe... Irrumpe Arno con el calzoncillo a la altura de los tobillos, las nalgas al aire, gritando a todo volumen: «¡Mamá, caca!». La «locomotora» abandona el congreso por un momento para una tarea mucho más urgente...

20 de febrero – Los neonazis del NPD organizan su congreso en Bayreuth. Allí voy. Si el partido obtiene el 5 % de los votos en las elecciones de septiembre próximo, podrá entrar en el Bundestag. Para obstaculizarles el camino, los antifascistas tienen una sola táctica: oponerse físicamente a las bestias de su servicio de seguridad, forzarlos a revelar su auténtico rostro, que intentan disimular detrás de una máscara de respetabilidad. Puede que entonces el electorado recule ante los excesos de esos émulos de las SA. Ese peligroso papel va a ser asumido con valor por los jóvenes socialistas del SPD, la APO y las juventudes comunistas, a lo largo de toda la campaña electoral.

Esa noche, al llegar, me entero de que el ayuntamiento de Bayreuth ha denegado la autorización para celebrar el congreso, no por convicción sino por miedo a que los visitantes extranjeros presentes para el festival Wagner puedan boicotearlo. Los seiscientos delegados se desplazan a unos kilómetros de allí, a Schwabach. Están protegidos por un imponente despliegue de las fuerzas del orden, cuyos miembros llevan casco y van armados con porras y cadenas.

Valiéndome de una tarjeta de prensa de DDZ, entro en la sala Markgrafenhalle y noto que enseguida me identifican dos jóvenes fornidos y me siguen de cerca. Adolf von Thadden, líder del NPD, está arengando a sus seguidores. Me dirijo rápidamente hacia el estrado y lo increpo gritando muy fuerte: «¡Thadden, hablas siempre de democracia, deja que se expresen los verdaderos demócratas!».

El personal de seguridad se me echa encima. Thadden los frena diciendo al micrófono: «¡Señores, señores, hay que comportarse correctamente con las damas! Puedo considerarme afortunado de que mi mejilla se encontrara más lejos de la mano de esa señora que la del canciller el día en que se conocieron...».

La sala lo aclama. Después de un *Deutschland über alles*[7] coreado con pasión por los delegados, culmina el acto. Un periodista soviético avanza hacia mí para protegerme: si bien la masa de gente se

[7] «Alemania por encima de todo», primer verso de la primera estrofa del himno patriótico alemán *Das Deutschlandlied*, compuesto por August Heinrich Hoffmann en 1841. Se adoptó en 1952 como himno nacional de la República Federal Alemana; solo es oficial la tercera estrofa; las dos primeras estrofas, por asociación con la propaganda nazi, se consideran políticamente incorrectas y no suelen cantarse. *[N. del Ed.]*

aparta de mala gana para dejarme pasar, algunos convergen hacia mí y me insultan. Logro llegar ilesa y aliviada hasta la salida.

27 de febrero – De Augsburgo viajo a Waldshut, en el extremo de la Selva Negra, en la zona de Oberschwarzwald, separada de Suiza por el Alto Rin. Es una región principalmente rural. Algunos militantes de extrema izquierda quieren indicarme dónde organizar mis reuniones electorales para hablarles a los campesinos.

¿La extrema izquierda irá a derrochar su energía para ganar aquí algunos votos, cuando la socialdemocracia, con un programa razonable, está en condiciones de ocupar el espacio que ahora ocupa la democracia cristiana? Recuerdo las explicaciones de Serge que tanto me habían descolocado hacía cinco o seis años, a propósito del periodo prehitleriano: al conceder prioridad a la lucha contra los socialdemócratas, los comunistas, siguiendo las directrices del Kremlin, habían desatendido la amenaza hitleriana, y a veces incluso habían aunado fuerzas con los nazis para socavar los cimientos de la República de Weimar. Por supuesto, habían terminado retractándose, pero demasiado tarde. Aquella línea había sido fatal. Les explico a esos jóvenes que no tengo la intención de encerrarme en salas vacías, que se trata de una campaña nacional y que mi papel consiste en estar en cada sitio donde Kiesinger haga un mitin. Tengo que hostigarlo en la calle, delante de su hotel, obligarlo a desplazarse escoltado por numerosos policías.

12 de marzo – Kiesinger viaja a París en visita oficial. Invito a algunos amigos de Berlín para que vayamos a hablar con los estudiantes de la Sorbona. Esa tarde, en el momento en que los cinco salimos a la calle, unos doce hombres se nos vienen encima: son policías de paisano. Nos llevan en tres vehículos, termino en la comisaría de la Muette. A mí me liberan a medianoche, pero a mis amigos los conducen a los Servicios de Inteligencia. Al día siguiente, los llevan hasta el coche en el que habían venido y los acompañan hasta la frontera. De París, apenas verán algo más que los edificios de la calle Saussaies.

A Serge y a mí nos vigilan todo el día unos agentes en dos coches aparcados al pie de nuestro edificio. En un momento, entablamos conversación con ellos y nos enseñan nuestras fotos, que han repartido a la policía parisina por temor a que cometamos algún atentado contra el canciller. Uno de los efectivos le dice a Serge, bromeando: «Tendrían que habernos dado otra foto. En esta estás mucho más delgado que ahora».

A comienzo de la noche, seguida aún por la policía, pronuncio un discurso en el hotel Moderne, durante una conferencia organizada por movimientos de izquierdas y cuyos temas son el general de las SS Heinz Lammerding y Kiesinger. «Contra el renacimiento del nazismo, cumplo con mi deber como alemana que ha entendido la lección del pasado, así como también con mi deber de francesa, porque es deber de los franceses ayudar a quienes luchan en Alemania por impedir que una mano de hierro vuelva a abatirse sobre todo el pueblo alemán».

Después de hablar en Waldshut el 22 de marzo y en Constanza el 23, inicio el 28 de marzo las marchas de Pascuas,[8] que tradicionalmente son la ocasión para levantarse contra el posible rearme nuclear de Alemania. Participo en conferencias en Hamburgo, Duisburgo y Essen.

Abril – Trabajamos como animales. Paso más de 48 horas, prácticamente sin dormir. Hace diez días que estoy mecanografiando sin descanso el texto para el libro *K. oder der subtile Fascismus* ['Kiesinger o el fascismo sutil']: se trata de una obra colectiva firmada por el historiador Joseph Billig, por Serge y por mí; describe las estructuras de la propaganda radiofónica hitleriana en el extranjero y define con suma exactitud las funciones ocupadas por Kiesinger. *K. oder der subtile Fascismus* es el arma que he preparado con cuidado para mi juicio en segunda instancia. La prensa le asegura una amplia repercusión, y la opinión se da cuenta de que Kiesinger no ha publicado, por su parte, la documentación sobre su pasado nazi que había prometido el 22 de abril de 1968. En cambio, yo, Mano Larga, había cumplido con mi palabra y había expuesto con seriedad ese pasado.

---

[8] Manifestación política que surge en la década de 1960 y que realiza marchas por la paz. *[N. de la T.]*

14 de abril – Primer día de mi juicio en segunda instancia: sala 700 del Tribunal de Moabit, en Berlín Oeste. Me presento de nuevo ante los jueces por haber abofeteado al canciller de la RFA. El Kriminalgericht es un gran edificio oscuro, de antes de la guerra, de construcción pesada; se encuentra rodeado por treinta camiones de policía. Una policía en pie de guerra: hay que pasar cuatro controles. Arno, Serge y el profesor Billig están presentes. Más de treinta fotógrafos y decenas de periodistas se agolpan en la sala repleta, donde algunos jóvenes alemanes se han colocado una estrella amarilla en el pecho...

En sus informes del día siguiente, los periodistas describirán con lujo de detalle mi peinado, mi vestido de punto abierto, mis zapatos de tacón. Le dediqué especial cuidado a dar una «silueta parisina», eficaz certificado de buena conducta y vida burguesa.

Se abre la audiencia con una solicitud de recusación del presidente del Tribunal, Taegener. Mis defensores argumentan que ese juez le había comentado a un periodista en la cafetería del Tribunal que mi juicio sería «despachado en tres horas». Tras una breve deliberación, los magistrados rechazan la solicitud.

El interrogatorio a que me someten es largo. El presidente del Tribunal, fríamente cordial, intenta sorprenderme desprevenida. Respondo con firmeza y logro esquivar sus trampas (esa es, al menos, la impresión que yo tengo). Se me ocurre espontáneamente una frase que surtirá efecto, como si la hubiera pronunciado una voz ajena:

—Señora Klarsfeld, ¿cómo pudo decidir hacer uso de la violencia contra el canciller de nuestro país?

—Violencia, señor presidente, es imponerle un canciller nazi a la juventud alemana.

Me explayo tanto sobre la carrera de Kiesinger, que Taegener, impaciente, me para con una frase que hará las delicias de los comentaristas: «Ya es suficiente, ya ha demostrado que Kiesinger era un activista del régimen nazi».

El debate toma enseguida un tinte político. Cuando el historiador del CDJC, Joseph Billig, se acerca al estrado, la atención del Tribunal se concentra por completo en el pasado de Kiesinger.

Cuando Taegener pregunta si el testigo puede aportar la prueba de que Kiesinger estaba informado de lo que sucedía en los campos de concentración, sé que he ganado: el canciller es ahora el acusado principal de la causa.

Si aceptaron a Joseph Billig fue gracias a Serge, que imaginó una original estratagema para llevarlo al estrado. La tesis que postuló era que, antes de abofetear al canciller, yo fui a consultarle a él, experto en el nacionalsocialismo, si las funciones y el papel desempeñados por Kiesinger en el Tercer Reich me daban el derecho moral a darle una bofetada. Tras examinar el expediente, Joseph Billig me había respondido que sí, y sobre esa afirmación lo habían citado para que diera explicaciones. Doctor en Filosofía, habla alemán a la perfección y se expresa con precisión contundente. Imparte una verdadera lección sobre las estructuras del Ministerio de Asuntos Exteriores hitleriano.

A la mañana siguiente, mis abogados no tienen tiempo de sacar sus carpetas: el presidente del Tribunal anuncia que el juicio queda pospuesto para una fecha ulterior, habida cuenta de la escasez de tiempo y de que el señor Kiesinger no puede declarar.

Antes de que podamos reaccionar, el juez y sus asesores se escapan. Apenas si vemos desaparecer las puntas de sus togas negras. El juicio culmina como una farsa. Pero se ha alcanzado el objetivo; la prensa titula: «Kiesinger retrocede ante Beate Klarsfeld».

29 de abril – Me enfrento por primera vez a mis electores de la provincia de Baden-Wurtemberg, en la pequeña localidad de Rheinfelden. Me acompaña un miembro permanente del ADF, Gunnar Matthiessen, de la sede de Bonn. Es muy buen orador, prudente en sus elecciones políticas. Hay muy poca gente en la sala, al fondo de un restaurante en el que se celebran banquetes de bodas y reuniones electorales.

Los invitados se sienten decepcionados, imaginaban hallar en mí a una verdadera valquiria, una mujer agresiva, bulliciosa, que provoca escándalos. A la gente le incomoda encontrarse con una mujer discreta, normal.

Aclaro la situación con Gunnar Matthiessen: iré a mi circunscripción solo cuando esté allí Kiesinger. Utilizo el ADF para proseguir mi campaña contra el canciller.

7 de mayo – Tras un breve paso por París, viajo a Berlín; luego a Hamelín, en el norte del país.

10 de mayo – Tomo el tren nocturno sola, rumbo a Stuttgart, donde el fin de semana tendrá lugar el congreso de los neonazis del NPD. Llego exhausta a la capital de Baden-Wurtemberg. Serge me está esperando; ha venido a manifestarse conmigo. Primera decepción: los socialdemócratas y los militantes de los sindicatos prefirieron tomarse el fin de semana libre.

El feroz despliegue de seguridad del NPD transforma el Palacio de Congresos en una auténtica fortaleza, pero los atacantes no son más de doscientos. Los neonazis han utilizado grandes planchas de madera para proteger la entrada y han formado una barrera humana. Llevan pantalones cortos de cuero, se cogen de la mano y están unidos unos a otros con una gruesa cadena.

Corro a otra sala de la ciudad, donde tiene lugar el congreso comunista del *Land:* «La reunión que han organizado ustedes tendrá una repercusión mucho mayor si la hacen donde las circunstancias lo imponen, o sea, frente a los neonazis». Pero, por mucho que argumento, los militantes «rojos» prefieren cantar la *Internacional.*

Nuestro grupo contestatario es demasiado débil, está paralizado. Decidimos golpear en otra parte, denunciar la pasividad del municipio de Stuttgart, que ha autorizado la asamblea neonazi. Nuestra protesta contra el NPD y quienes lo protegen debe darse a conocer: que no se diga que el congreso NPD tuvo lugar sin que se opusiera resistencia alguna. La prensa se encuentra presente y seguramente difundirá una foto de Adolf von Thadden en la tribuna, puesto que de alguna manera debe publicar una imagen que ilustre el congreso. Démosle entonces la ocasión de sacar una foto que transmita nuestra línea y no la del NPD: eso será un giro positivo para nosotros.

Propongo desplegar una enorme bandera nazi en la plaza principal de la ciudad y declarar solemnemente Stuttgart como la primera ciudad nazi de Alemania. Reunir todos los materiales para confeccionar la bandera no es cosa fácil; y fabricarla adecuadamente no me resulta muy práctico, porque jamás he pintado sobre tela. Finalmente, el estandarte con la esvástica, círculo blanco sobre fondo rojo, queda muy bien. La foto de la bandera y nuestro grupo increpando a los habitantes de Stuttgart se divulgará en Alemania y en todo el mundo con el siguiente epígrafe: «Los alemanes protestan contra el congreso neonazi». La prensa difunde una versión de los hechos que difiere de «la» realidad, pero que puede ayudar a transformarla si sabemos cómo proceder.

12 a 15 de mayo – Düsseldorf, Mannheim. Comienzo a ponerme un poco agresiva en las discusiones de las reuniones electorales, por la manera en que algunos jóvenes le dan vueltas a todo antes de decidirse a actuar. Pero me digo que más vale deprimirse por los verdaderos adversarios que por los simpatizantes que prefieren los debates a la acción. La campaña avanza: no hay mitin donde Kiesinger no reciba una tumultuosa acogida. Por todas partes, el epíteto «nazi» lo persigue y lo perjudica.

28 de mayo – De regreso a Berlín Este, reúno las fotos de los documentos que ilustrarán el libro sobre Kiesinger que me ha encargado la editorial Heinrich Heine de Fráncfort.

De Berlín viajo a Fráncfort; luego participo en dos mítines, en Lebenstedt y en Hannover, antes de derrumbarme el 30, en París. ¿Cómo voy a hacer para aguantar hasta octubre?

21 de junio – En el archivo de Potsdam, hago los retoques finales al manuscrito. Al regresar a París, me entero de que la XX Asamblea del Consejo Mundial de la Paz, reunida en Berlín Este, acaba de otorgarme la medalla Grigoris Lambrakis «por su valor y por la lucha que lleva a cabo por la independencia nacional». Desde luego, no es ese el motivo de mi lucha, pero eso no impide que me emocione que me otorguen una distinción como alemana.

30 de junio – Bremerhaven, norte del país. Los responsables del ADF para esta región han promocionado mucho mi visita. Pegamos carteles, repartimos pasquines. Viajo hasta Bremen en coche, con Arno. Todavía tenemos una hora por delante. Queremos echarle un vistazo a la instalación de megafonía de la sala del hotel Nordsee, que ha alquilado el partido, pero nos topamos con una puerta cerrada. El dueño se niega a dejarme entrar en su hotel. A los otros partidos no les había cerrado la puerta, incluso había alojado al almirante nazi Karl Dönitz, sucesor de Hitler.

5 de julio – Después de cuatro reuniones en sendas ciudades pequeñas de la región, llego a Oldenburgo, donde Kiesinger debe celebrar un gran mitin, reservado a los miembros de la CDU. Consigo movilizar a unos trescientos jóvenes hasta esa ciudad de empleados públicos y jubilados. Bloqueamos la puerta central de la Weser-Ems-Halle y obligamos a que el helicóptero del canciller aterrice en un terreno baldío cercado por una reja bastante alta que se encuentra detrás del edificio. Kiesinger baja sonriente; engañado por el ruido del motor, cree seguramente que somos simpatizantes y nos saluda. Al percatarse de su error, y para salvar su dignidad, continúa saludándonos con ironía. Serge y yo nos hemos subido a un coche, pegado a la reja. Kiesinger se acerca, seguido por los abucheos de los jóvenes. Lo tengo a unos pocos metros, me ve. Se le tensan los músculos de la mandíbula, se le esfuma la sonrisa. Frena, me observa. Tengo el brazo en alto y, como los demás, grito lo que un día fui la única en gritar y que hoy lo persigue: *«Sieg Heil»* y «Kiesinger nazi». Me mira fijamente un buen rato. Tal vez quiera decir algo, pero termina haciendo un gesto hastiado con la mano, un gesto que expresa la imposibilidad de diálogo. Menea la cabeza y se aleja, obligado a entrar en la sala por la puerta de servicio.

Un periodista acreditado por la Cancillería en Bonn me contó que los amigos de Kiesinger le repitieron en varias oportunidades: «Déjanos concertar una cita con esa mujer; tiene que haber un modo de entenderse con ella». Kiesinger siempre les respondió: «Con esa mujer no hay modo de entenderse».

24 de julio – De Baden-Baden viajo a Fráncfort, donde asisto a un enfrentamiento feroz entre las tropas de asalto del NPD nazi y los jóvenes de la APO. Yo salgo indemne, pero otros tienen menos suerte: las camillas transportan sobre todo a manifestantes antifascistas con la mandíbula o la nariz rotas, golpeados con cadenas de bicicleta y palos. Esos desconocidos hicieron lo que los alemanes debían hacer frente a los herederos directos de Hitler. De ellos saco fuerzas, en ellos afirmo mi voluntad. *Stern* publica decenas de fotos impresionantes, que reflejan las brutalidades cometidas, lo cual incide en la opinión pública: los neonazis no entran en el Bundestag, puesto que no alcanzan el 5 % de los votos necesarios; solo obtienen el 4,6 %.

Tiempo después, el director de *Stern*, Henri Nannen, antiguo nazi, será injustamente acusado de participar en crímenes de guerra en Italia. Convencida de su inocencia, después de examinar los hechos que se le recriminan, escribiré en su defensa: «Henri Nannen es un antiguo nazi al que podemos estrecharle la mano».

En Fráncfort debo resolver también la situación de mi libro sobre Kiesinger. El editor está pasando por un mal momento económico, y debo batallar a fondo para salvar la publicación, cuyo sentido podría verse tergiversado. Finalmente, el libro lo publica a tiempo para las elecciones un joven editor judío, Melzer.

14 de agosto – Arno viene conmigo durante la campaña electoral por mi circunscripción. Kiesinger estará de visita el fin de semana siguiente. Consigo a un grupo de militantes motorizados para seguir su cortejo. Primero vamos en un Opel Kapitän con cinco jóvenes; luego un lechero que simpatiza con nosotros nos presta una pequeña furgoneta Volkswagen. Caben seis jóvenes, los panfletos, los carteles, los tomates y los huevos que hemos previsto lanzar.

Primera parada: Uhlingen, una pequeña aldea sencilla y entrañable. Escondida en un valle sonriente, es el eterno modelo soñado por millones de niños, que en el jardín de infancia ya dibujan la iglesia, la hilera de casitas con tejados rojos, la calle principal con sus pinos oscuros alrededor. En la placita, el estrado se resiente con el peso de las ramas de árboles, las banderas, las guirnaldas de flores. Para las setecientas cincuenta almas de Uhlingen, es un día de fiesta.

El enorme helicóptero de la policía de fronteras, la Grenzschutz, casi se lleva por delante a todo el mundo al tomar tierra en el prado que hay junto al hotel Alte Post. Kiesinger pone un pie en tierra firme y la banda militar recibe la señal de inicio. Un grupo de muchachas vestidas con trajes regionales se adelanta en orden con los brazos cargados de flores.

Para seguir la reunión y poder interrumpirla mejor, nos hemos subido a un banco. Apenas Kiesinger pronuncia las primeras palabras, gritamos a coro: «¡Nazi!». Arno está en equilibrio a mi lado, disfrutando al máximo. De repente, unos esbirros aparecen por detrás y tiran del banco en el que estamos encaramados los diez: caída generalizada. Kiesinger asiste a la escena ofuscado. Y suelta furioso: «Siempre se ven los mismos rostros, muéstrenlos bien para que todos podamos ver lo que son. No tengo nada contra la oposición, pero si estas personas quieren destruir el Estado, no se lo permitiremos».

De camino a Waldshut, donde tendrá lugar la última reunión electoral de la jornada, nos detenemos en una pequeña aldea para abastecernos de huevos no muy frescos y cajones de fruta en mal estado que apilamos en el automóvil. La ciudad está engalanada con sumo cuidado. La gente del lugar se ha puesto sus mejores ropas; el alcalde y su equipo parecen muy ajetreados. La guinda de la fiesta local que se celebra hoy, la Chilbi, será la aparición del canciller.

Hemos citado a los jóvenes a las 20 horas en la sala. Llegamos por separado y nos instalamos aquí y allí, en un auditorio que ya está repleto. El personal de seguridad parece nervioso. La reunión comienza sin Kiesinger. El alcalde anuncia finalmente que el canciller hará una breve aparición. En el instante en que Kiesinger se dispone a tomar la palabra, unos cuarenta jóvenes se ponen pie con los brazos en alto y le silban.

Kiesinger está sorprendido por la cantidad de agitadores. El público, anonadado, no reacciona: es la primera vez que ocurre un hecho semejante en esta aldea tradicionalmente de derechas. Kiesinger tartamudea algunas frases que nadie oye y, con el rostro colorado, abandona el atril para ir a sentarse.

Al final de la reunión, los habitantes del lugar me acosan:

—Es una vergüenza criar a su hijo así, como una fanática —se mofa una maestra—. A esta hora debería estar dormido, pobrecito, está muerto de cansancio.

Alrededor de nosotros se forma un tumulto.

—Me parece curioso que durante la guerra jamás se haya usted compadecido de los niños judíos a los que amontonaban en vagones, para quemarlos luego en Auschwitz...

La mujer prefiere no responder: da marcha atrás y desaparece. Los demás se apartan lentamente.

—¿Alguien protestó aquí, en Waldshut, contra los crímenes cometidos en Vietnam? ¿Alguien asumió aquí la defensa de los niños quemados con napalm?

—¡Ah! ¡Qué lástima que no hayan exterminado a todos estos judíos! —suelta un hombre iracundo.

La prensa cubre con lujo de detalle los incidentes, que van renovándose día a día. Arno se hace merecedor de grandes titulares: se transforma en «el más pequeño de los políticos alemanes». Los diarios presentan la foto de los líderes durante el fin de semana: vemos a Brandt, a Kiesinger y… a Arno. Me he convertido en la madre que hace campaña con su hijo en brazos.

19 de agosto – Berlín. Conferencia de prensa con Arno a mi lado. Mi libro *Die Geschichte des PG 2633930 Kiesinger. Dokumentation* ['La historia de PG 2633930 Kiesinger. Documentación'], prologado por Heinrich Böll, acaba de salir, seis días antes de mi segundo juicio en segunda instancia. En ese plano también ejerzo presión. Me reúno en varias ocasiones con Karl Gerold, dueño de *Frankfurter Rundschau*, gran amigo de Brandt y antiguo emigrado antinazi. Una vez convencido, me cede una página entera en su audaz y popular diario: la utilizo para un artículo que abunda en detalles sobre Kiesinger y la Solución Final, artículo que le debo a Joseph Billig. El propio Gerold, cuya autoridad es notable, publica un contundente editorial, el más fuerte de toda la campaña contra el canciller. Lleva por título explícito «Kiesinger, nunca más» y reza: «Escribimos con la íntima convicción de que nuestro pueblo recordará a esos muertos, víctimas del nazismo. Esos muertos de los cuales Kiesinger supuestamente nunca supo nada. Lo que sí es seguro es que el antiguo nazi Kiesinger no debe ser nombrado canciller otra vez. ¡Mujeres y madres, recuerden a nuestros muertos!».

Kiesinger, por su parte, se ha buscado hagiógrafos entre sus filas, pero ni siquiera ahí encuentra a alguien dispuesto a comprometerse con él: el historiador Gerhard Schulz, de Tubinga, se niega, al igual que Eberhard Jäckel, de Stuttgart, y el escritor Golo Mann. Tantea al profesor de la Universidad de Maguncia, Hans Buchheim, pero este termina renunciando. Las condiciones son inaceptables: el canciller quiere que se trabaje únicamente sobre la base de la documentación que él proporciona, Buchheim no puede recurrir a otras fuentes.

Muchos periodistas asisten a esa conferencia de Berlín, así como a la que doy en Fráncfort el 23 de agosto, y en los días siguientes se publican muchísimas reseñas de mi libro. Todos destacan que se trata de un arma para el juicio y para las elecciones, y no de un libro comercial. Y el arma es eficaz. En el influyente semanario *Die Zeit,* la conclusión del artículo titulado «Un arduo informe de historia contemporánea» es cruel: «Kiesinger incluso entró en el partido nazi dos meses antes que su colega del Ministerio de Propaganda, el jefe de prensa Hans Fritzsche. El camino condujo a uno a Núremberg y al otro a Bonn».

25 de agosto – Segundo juicio en segunda instancia. El primer punto es saber si Kiesinger subirá o no al estrado a declarar, puesto que es el querellante y la víctima, y en vista de que por fin tendrá ocasión de refutar públicamente mis acusaciones, tan poco tiempo antes de las elecciones. El presidente Taegener procede a la lectura de una carta en la que el canciller responde a la convocatoria del Tribunal alegando que la campaña electoral no le deja un instante libre. El juez concluye su exposición: «Por consiguiente, el canciller Kiesinger, para nosotros, no está presente...».

El procedimiento pasa a un tono amistoso, ya que el Tribunal no debe ser agresivo. Muy por el contrario, los jueces no pueden mandar a la cárcel al adversario electoral del canciller: eso provocaría un escándalo absoluto. *De manera que* se mostrarán generosos con el fin de quebrar mi combatividad. Para salir del paso, decido no prolongar esta causa que ya no me aportará nada más. Me concentro en eso y declaro que, en ausencia del canciller, que se desacredita a sí mismo por su cobardía, me niego a responder a las preguntas del presidente: «No seguiré con esta farsa, para mí el juicio ha terminado». Mis abogados también se niegan a presentar sus alegaciones. Todo se desenvuelve muy rápidamente: el Tribunal delibera y regresa con la sentencia prevista por todos, salvo por el fiscal Neelsen, que sigue reclamando un año de prisión incondicional: cuatro meses de prisión condicional. Los magistrados explican esta reducción de pena mediante el argumento de que actué «por convicción».

Serge pasa una semana de vacaciones yendo y viniendo a Hamburgo: está controlando la impresión de un librito de tapa roja. *Kiesinger ou le Fascisme subtil* es la versión francesa de mi primer documento. Lo editamos nosotros, gracias a los derechos de autor del libro alemán.

5 de septiembre – Georges Pompidou debe viajar a Bonn el 8 de septiembre en visita oficial. Es preciso aprovechar esta nueva ocasión para evocar el pasado nazi de Kiesinger. Serge trae a París una maleta de libros que aún huelen a cola fresca. Hacemos una gran gira por los ministerios, el Parlamento, el Palacio del Elíseo[9] y el de Matignon,[10] para distribuirlos entre los altos funcionarios franceses y entre quienes viajarán a Bonn junto con el presidente de la República.

7 de septiembre – Llego a Bonn. Previamente, le había solicitado a la imprenta de Hamburgo que me enviara a la estación de tren, con mi apellido de soltera, Künzel, una caja con libros rojos. Con el apoyo de dos chicas del ADF, me dirijo a la rueda de prensa que seguirá a las entrevistas francoalemanas, con la intención de distribuir los libros.

Cargadas con grandes paquetes de «libros rojos», nos presentamos en la Casa de la Prensa.

Unos cien periodistas alemanes y extranjeros ya están instalados en la gran sala de conferencias. La puerta está entreabierta. Nadie nos presta atención. Nos deslizamos dentro y, metódicamente, distribuimos el documento comenzando por el fondo. Para ir más rápidos, dejamos cinco ejemplares en el extremo de cada mesa. Los periodistas comienzan a agitarse. Cuando el personal de seguridad se da cuenta de que lo que estamos repartiendo no es un comunicado oficial, sino un panfleto contra Kiesinger, ya es demasiado tarde: la mayoría de los periodistas lo está leyendo. Nos ponen de patitas en la calle, y algunos corresponsales que se han quedado sin libro nos persiguen y nos quitan de las manos los últimos ejemplares.

---

9 Residencia oficial y lugar de trabajo del jefe de Estado francés. *[N. de la T.]*

10 Residencia oficial y lugar de trabajo del jefe de Gobierno francés. *[N. de la T.]*

Al salir, nos cruzamos con Günter Diehl, que está llegando. Feliz de haber logrado mi cometido, le alcanzo un ejemplar que el hombre rechaza con el dorso de la mano. «¡Diehl nazi!». Se da la vuelta, sorprendido; primero no sabe qué decir, luego espeta: *«Kommunisten, Bolschewisten!»*.

Ya durante la guerra, Günter Diehl era uno de los colaboradores cercanos de Kiesinger, y tan pronto como este asume la cancillería, le encomienda el puesto de director de la Oficina de Prensa e Información del Gobierno federal. El portavoz de Bonn también era un nazi experto en guerra psicológica y propaganda subversiva. En diciembre de 1939, fue el hombre de enlace entre el Ministerio de Asuntos Exteriores y el Bureau Concordia.[11] Con Otto Abetz, futuro embajador alemán en la Francia ocupada, Diehl organizó la propaganda contra Francia gracias a emisoras clandestinas en idioma francés, que representaban las diversas tendencias políticas y difundían, con visos de verosimilitud, información apta para sembrar el pánico en las poblaciones. En noviembre de 1940, Diehl se instaló en Bruselas en calidad de responsable de radio y, hasta marzo de 1943, ocupó el mismo cargo en Vichy. Desde allí, dirigió y controló la propaganda radiofónica en el territorio francés ocupado. Finalmente, regresó a Alemania al servicio del asesor de legación Struve, que tenía a su cargo al grupo de fascistas franceses dirigidos por Jacques Doriot.

Mi acción de Bonn hace sonreír a los alemanes, pero también les hace reflexionar. Ahora saben que los dirigentes franceses están al tanto de las actividades nazis de su canciller.

16 de septiembre – Kehl-Berlín-Hamburgo. Me acuerdo de ese fenomenal mitin del ADF en Hamburgo en esa fecha: fue el más grande de toda la campaña. Los oradores tenían un optimismo irreal. Hablaban del 8% de los votos. Cuando me tocó hablar, reconocí con franqueza: «Ni siquiera llegaremos al 2%». Y todavía fui muy optimista.

20 de septiembre – Karlsruhe. Con cientos de jóvenes, tomamos por asalto la Gartenhalle, donde está hablando Kiesinger. Ya no consigo entrar discretamente en las salas como contestataria.

[11] Organización de las emisoras clandestinas alemanas. *[N. de la T.]*

Siempre hay alguien que me reconoce y grita: «¡Ahí está la enemiga de Kiesinger!». Entonces me desalojan por la fuerza.

Ravensburg, Waldshut, Rheinfelden, Esslingen...

26 de septiembre – Serge me acompaña, junto con nuestra cocker Petia, que hará las veces de guardaespaldas durante los dos días febriles que preceden a las elecciones. En efecto, Petia interviene, ya que en Waldshut, el 27 de septiembre, tiene lugar una de las últimas reuniones de campaña. Serge, dos o tres amigos y yo atravesamos las filas de simpatizantes que han venido a oír al canciller.

Una mujer con un helado en la mano se abalanza sobre mí; primero me arroja el helado a la cara y luego, cuando no veo nada, se me tira encima y me da varios puñetazos. Petia comienza a saltar y a ladrar fuerte. Serge se da la vuelta, suelta los panfletos, viene hacia mí y aleja a la agresora.

Albbruck, Waldshut, Dogezn, Unterbruckringen, Trengen, Säckingen, Görwihl, Hochsal... Esa es la secuencia de nombres de los pueblos donde Kiesinger se detiene ese mismo día y donde nosotros nos manifestamos. A veces, Serge y yo somos los únicos de nuestro bando que ocupamos las primeras filas e interrumpimos sin cesar al canciller. Los gorilas de la Junge Union de Kiesinger están furiosos por no poder hacer nada. La prensa se encuentra presente y el escándalo sería nefasto para el canciller.

28 de septiembre – Día de las elecciones. Los resultados se proclamarán el mismo día. Llego a Bonn directamente desde Waldshut, con Serge. Como candidata, tengo derecho a asistir en el Parlamento al escrutinio. Entro, aunque con dificultad. Dos o tres miembros de la seguridad me vigilan de cerca. Los periodistas me rodean y me piden que haga algún pronóstico. No les oculto que mi partido, el ADF, no sacará más del 1 % de los votos. En la sala, me cruzo con responsables del ADF que se me acercan con cierta frialdad.

Alguien me pone la mano en el hombro: es el director de la policía de Bonn, que me expresa su reticencia en cuanto a mi orientación, pero sus «felicitaciones personales» por mi «valentía». Esa tarde, algunos dirigentes democristianos me harán el mismo comentario. A menudo, he tenido la oportunidad de comprobar el respeto casi exagerado que tienen los hombres de derechas en Alemania, incluidos los policías, por una mujer que da muestras de una actitud firme.

El ADF solo obtiene el 0,7 % de los votos a nivel federal. ¡Qué importa! Hemos alcanzado la meta: el NDP no consigue el fatídico 5%; ningún neonazi entra en el Bundestag. Se cumplen las condiciones numéricas para montar una coalición entre los socialistas y los liberales. Brandt será canciller; Kiesinger, considerado responsable del fracaso de la Unión Demócrata Cristiana-Unión Social Cristiana (CDU-CSU), cederá la presidencia federal del partido a Rainer Barzel, su rival, más joven que él.

La llegada al poder de Willy Brandt me brinda una serena felicidad, una satisfacción que nunca más se borrará. Es la confirmación de que no había luchado en vano, que mi causa no estaba mirando al pasado, que ninguna venganza perversa me había guiado hasta allí. Mi combate no era sino un combate por el futuro. Derrotado, el político Kiesinger es instantáneamente olvidado. En cualquier caso, para mí, se ha dado vuelta a una página.

Tengo la convicción de haber aportado mi cuota, modesta pero tangible, a esa victoria de las fuerzas del progreso. ¿Habría tenido ánimos para continuar si unos cientos de miles de votos más hubieran confirmado a Kiesinger en sus funciones? Lo dudo. Enseguida me habría invadido el hastío de un enfrentamiento siempre idéntico y probablemente el resorte habría terminado cediendo.

Para mi gran felicidad, vuelvo a convertirme en un ser anónimo. Me reencuentro con el papel de madre, tengo tiempo para ser esposa. Dos o tres veces por semana, voy del brazo de Serge a la Cinemateca, donde devoramos dos películas seguidas. Siento que rejuvenezco gracias a la conciencia de haber cumplido una hermosa tarea, de haber librado con ahínco un combate, de haber propinado golpes sin miramientos a un adversario de envergadura.

¡Cómo saboreé aquel memorable apretón de manos entre Kiesinger y Brandt durante el traspaso de poderes al nuevo canciller! Aquella sonrisa crispada del nazi vencido, esforzándose por poner buena cara frente a ese otro alemán, proveniente de una Alemania que el hitlerismo no había logrado aplastar.

No, Achenbach no irá a la Comisión Europea

El 30 de marzo de 1970, *Süddeutsche Zeitung* anuncia que Ernst Achenbach, diputado liberal del Partido Democrático Libre (FDP), será candidato para suceder a Fritz Hellwig como miembro alemán de la Comisión de la Comunidad Económica Europea (CEE) en Bruselas, y que pronto será oficialmente designado por el Gobierno federal.

Ya me había cruzado yo con ese Achenbach cuando hacía mi investigación sobre Kiesinger. Saco de mis carpetas una nota del 28 de junio de 1940 firmada por Schlottmann, del Departamento Cultural de Asuntos Exteriores, sección Radio. Está dirigida a Otto Abetz, el embajador de Alemania en París que entró en funciones en el comando militar alemán poco después del armisticio, y especifica que el secretario de la legación, el doctor Achenbach, será responsable de la línea política del departamento encargado de los programas de radio bajo control alemán en la Francia ocupada.

¡Vaya! El del jefe del departamento, el doctor Sonnenhol, es otro nombre familiar. Hace apenas unas semanas, el presidente de la República de Alemania, el doctor Heinemann, intervenía personalmente contra su nombramiento como secretario de Estado de Asuntos Exteriores, en virtud del papel de índole más policial que diplomática que había desempañado en los años 1943-1944. Acaso también fuera posible hacer que Achenbach renunciara a sus ambiciones internacionales. El nombramiento de un antiguo diplomático nazi que estuvo en funciones en París bajo la Ocupación ¿no colocaría a la Europa de 1970 bajo la égida de aquella esvástica que pretendió arrastrar a todo el continente a una cruzada contra la democracia, los judíos y la libertad?

Según *Der Spiegel*, la candidatura del colaborador de Abetz es el resultado de un trato que celebraron al día siguiente de las elecciones de septiembre de 1969 Walter Scheel, presidente del FDP, y el ala derecha de su partido. El nombramiento en Bruselas de Achenbach, representante de importantes intereses industriales —en particular, ejerce en Essen como abogado de grandes magnates de la zona del Ruhr—, era una de las condiciones planteadas por la derecha del partido para la investidura de Brandt como canciller. Incluso se dice que Achenbach rechazó la embajada de Londres para representar a Bonn en la dirección de Asuntos Europeos. ¡Qué revancha para un diplomático de Ribbentrop, encargado, no hace mucho, de alardear de los méritos del «orden nuevo en Europa»! Para poder cumplir con su promesa, afirma *Der Spiegel*, Scheel, entonces ministro de Asuntos Exteriores, envió a principios de marzo de 1970 a un emisario a París con el fin de disipar cualquier reserva por parte de los franceses. «Si los franceses están de acuerdo, los holandeses y los otros se alinearán», había declarado.

No me hago ilusiones, la jugada está bien armada: testimonios ficticios, recordatorios de discursos o posicionamientos favorables a Francia, el foco puesto en su cargo de vicepresidente del grupo parlamentario francoalemán, el de miembro del consejo de administración del Comité de Coordinación de Asociaciones Francoalemanas, su perfecto conocimiento del idioma francés y sus buenos modales: ese era sin duda el expediente Achenbach.

Para responder a mis preguntas, Serge y yo acudimos al CDJC.

El CDJC es nuestra primera pista: sabemos que conserva varias cajas con documentos originales de la embajada alemana. Encontramos pocas fichas sobre Achenbach; vemos solo una protesta emitida por la Resistencia con motivo de su entrada en el Parlamento Europeo unos años antes. El artículo repite incansablemente «diplomático nazi», pero ese es el único cargo; se trata de pólvora mojada si no se demuestra qué significaba realmente la función de diplomático nazi en 1942. Quince horas de arduo trabajo en el CDJC y en la Biblioteca de Documentación Internacional Contemporánea nos permiten redactar, en la noche del 1 de abril, una nota de seis páginas en francés y en alemán que será la base de mi carta abierta a Achenbach, publicada el 4 de abril por uno de los grandes diarios de Fráncfort, el *Frankfurter Rundschau*, y por el diario *Combat* cuatro días después:

> Señor Diputado:
>
> Me he enterado con desazón de que ha presentado su candidatura para el cargo de miembro de la Comisión Europea en Bruselas, en contrapartida por la neutralidad del ala derecha de los liberales del FDP en el voto que permitió que el señor Brandt sucediera al señor Kiesinger.
>
> Permítame pensar que su actividad bajo el Tercer Reich, sus convicciones de entonces, su papel en Núremberg y en el caso Naumann no lo recomiendan para representar a la RFA en el seno de una Europa que en ningún caso debe constituirse bajo el lema de un «nuevo orden europeo».

Expongo los puntos más sobresalientes de la carrera de Achenbach en Francia, hasta entonces desconocida. Miembro del partido nazi desde 1937, se incorporó a la Embajada alemana en París poco antes de la guerra y regresó luego con Otto Abetz, de quien era asesor político, cuando no su inspirador. En el acta de su declaración del 22 de noviembre de 1945 a los Servicios de Inteligencia, Abetz señalaba: «La sección más importante de la Embajada era la sección Política dirigida por el señor Achenbach». En Núremberg, el 23 de agosto de 1947, Schleier, el número dos de la legación, admitía que las cuestiones políticas de la más alta jerarquía, en particular las directrices de la colaboración francoalemana, las trataban Abetz y Achenbach.

Es muy frecuente que en Francia se imaginen a los diplomáticos alemanes como gente distinguida que intentaba atenuar el extremismo de la Gestapo. En absoluto. Los dirigentes de la Embajada y los de la SIPO-SD —la policía de seguridad nazi que representa el núcleo de la Gestapo y la Kripo, policía criminal— eran hombres de poco más de treinta años que habían hecho estudios superiores. Cuando el centro de gravedad se desplazó de la Embajada hacia la SIPO-SD, agentes de las SS como Helmut Knochen o Herbert Hagen siguieron cómodamente los pasos de Abetz y Achenbach en la determinación de la política hitleriana en Francia.

Fue el mismo Achenbach quien, el 13 de agosto de 1940, puso a punto el control total de Alemania sobre la prensa, la radio, el cine, la edición y el teatro franceses. El mismo Achenbach que, como inspirador de Montoire, asistió en primera fila a la entrevista entre Hitler y Pétain. Un ministro de Pétain, Henry du Moulin de Labarthète, realiza un pintoresco retrato de Achenbach en su compilación de recuerdos de Vichy, *Le Temps des illusions*:[1]

> La puerta se abre. Precedido por un ordenanza, avanza un hombre fornido en uniforme verde, con la cabeza casi calva y unos pequeños bucles de un rubio grisáceo en el cogote. Es el primer alemán que veo en Vichy en tres meses. Presentación rápida por Laval. «El señor Achenbach, asesor de legación que acaba de hacer el viaje conmigo». El señor Achenbach, a todas luces, es uno de los colaboradores de Abetz: treinta y cinco a cuarenta años, aspecto más escandinavo que alemán, bastante elegante, extremadamente cortés.
>
> [...] Miro fijamente el ojo gris de mi interlocutor. Un ojo que por momentos acaricia y por momentos es frío, pero que siempre resulta fascinante. Y, para romper el hielo, le pregunto si está desde hace mucho tiempo en la Embajada, cuáles fueron sus cargos anteriores. Me responde que es muy nuevo en la carrera y que en otros tiempos apenas llegaba a fin de mes. Había dado sus primeros pasos en un astillero de Estados Unidos y luego había probado suerte con el periodismo. Era del tipo «nazi de exportación», un selfmade-man al que el hitlerismo reveló su propio destino. Sin duda, era un coordinador de la quinta columna.

Un amigo de Pierre Laval, Julien Clermont, retrata a Achenbach en contacto con el presidente del Consejo durante una escena excepcional:

> El presidente debe hablar al día siguiente. Da los últimos toques a su declaración, cuyos términos han sido sopesados uno a uno, nos dice, «con una balanza de farmacéutico».
>
> En esto, Cornet, el ordenanza, anuncia a Achenbach, primer consejero de la Embajada de Alemania en París.
>
> —¡Hágalo pasar! —dice el presidente.
>
> Y, según un procedimiento que es costumbre en él, sienta a su visitante entre sus colaboradores.
>
> —Estoy dictando mi declaración para mañana —dice con un aire de lo más natural—. Espere un minuto, que ya termino.
>
> Se gira entonces hacia los secretarios y continúa dictando algunas frases

[1] Henry du Moulin de Labarthète, *Le Temps des illusions*, París, Déterna, 2012.

poco significativas. Luego, presa de una imperiosa y súbita inspiración, exclama con fuerza:

—A fin de cuentas, quiero dar a conocer lo que siento e iré hasta el final de mi razonamiento. Escriba: «Deseo la victoria de Alemania, porque sin ella el bolchevismo podría instalarse en toda Europa». ¿Y? —concluye familiarmente, girándose hacia Achenbach.

Los pómulos del pálido Achenbach se sonrojan de placer.

—El Gobierno alemán no esperaba tanto —dice.[2]

Por intervención de Abetz, Achenbach y Zeitschel, la Embajada dio comienzo a las primeras medidas de discriminación racial y ejerció una presión continua sobre Vichy para que el Gobierno de Laval o de Darlan adoptara una legislación conforme a las leyes de Núremberg. La Embajada alemana fue una de las promotoras de la liquidación definitiva mediante la deportación hacia el Este. Fue el apoyo más seguro de la SIPO-SD en la idea y la aplicación de las medidas antijudías en territorio francés: se empeñó en despejar los obstáculos diplomáticos que impedían en Berlín que el servicio judío de la Gestapo recluyera y deportara a tal o cual categoría de judío extranjero, y se obstinó en vencer el rechazo de las autoridades italianas en relación con la persecución de los judíos en su zona de ocupación.

Durante la conferencia de Wannsee, que decidió el trágico desenlace de la Solución Final para la cuestión judía el 20 de enero de 1942, el secretario de Estado de Asuntos Exteriores, el SS Martin Luther, obtuvo de Reinhard Heydrich, jefe de la Oficina Central de Seguridad del Reich (RSHA), que se consultara a los servicios de su Ministerio en lo concerniente a todas las cuestiones que tuvieran que ver con las medidas antijudías que interesaran en el exterior. La liquidación del problema judío fue, en su conjunto, resultado de la colaboración entre los equipos de Himmler y de Ribbentrop. Y esa colaboración entre los servicios alemanes también se llevó a cabo a escala francesa.

El 1 de marzo de 1941, Théo Zeitschel, subordinado de Achenbach, trasladó a su jefe un importante expediente relativo a la acción antijudía, que contenía el informe de lo que se había dicho en una

[2] Julien Clermont, *L'Homme qu'il fallait tuer. Pierre Laval*, París, Les Actes des Apôtres, 1949.

conferencia sobre el Zentrales Judenamt en París. Todo ello desembocó rápidamente en la creación del eficaz Comisariado General para las Cuestiones Judías. Aquella conferencia había tenido lugar el día anterior en la embajada y reunía a Abetz, Achenbach, Zeitschel y a la cabeza del servicio IV-J de la SIPO-SD, el Obersturmführer de las SS Theodor Dannecker: «Hay que hacer constar en esta ocasión que, gracias a las labores previas del SD, bajo la dirección del señor Dannecker, que ya tenía una larga experiencia, se está elaborando un fichero modelo, en el que todos los judíos de Francia están registrados de cuatro maneras distintas. Asimismo, el SD ha llevado a cabo censos extraordinariamente exhaustivos».[3]

Théo Zeitschel, el experto en cuestiones judías de la Embajada, afirmaba ser hijo natural del emperador Guillermo II, y lo era. En 1940, a los veintisiete años, era comandante de las SS, consejero de la Embajada y, bajo la autoridad de Achenbach, que era jefe de la sección Política, encargado de las relaciones con la SIPO-SD de Helmut Knochen y Kurt Lischka. El 19 de noviembre de 1941, también fue nombrado responsable de las relaciones con Fernand de Brinon, delegado general en París del Gobierno de Vichy. Un solo texto, con fecha del 21 de agosto de 1941, elegido entre centenares y destinado a Abetz, basta para caracterizar a Zeitschel:

> Desde la prensa judía de Palestina se lanza una llamada de ayuda, emitida por los judíos de ese país y dirigida a los diez millones de judíos que viven en América, para recordarles que en las regiones que actualmente ocupamos en Rusia viven seis millones —o sea, un tercio— de los judíos del mundo, que parecen estar condenados al aniquilamiento. Mi opinión es que solo cabe una respuesta.[4]

Y sugiere al embajador que le proponga a Hitler y a Ribbentrop la esterilización de todos los judíos.

La propuesta de Zeitschel sería superada seis meses después por la decisión de liquidar físicamente al pueblo israelita.

En febrero de 1942, la Embajada y la SIPO-SD querían deshacerse de Xavier Vallat, comisario general de Asuntos Judíos, que

[3] CDJC-V862.
[4] CDJC-V88.

únicamente había sido designado en su puesto por los alemanes para concretar, en el marco ilusorio de la «soberanía francesa», una acción legislativa antijudía eficaz.

En su informe sobre actividades realizadas durante el periodo del 14 de junio de 1940 al 14 de junio de 1941, Abetz indica: «La sección Política [dirigida por Achenbach] ha dado impulso al comando militar alemán y al Gobierno francés con miras a dictar una legislación contra los judíos. El nuevo estudio de esa legislación ha sido encomendado a Xavier Vallat, comisario para los Asuntos Judíos, por sugerencia de la Embajada».

Una vez cumplido su papel, Vallat estorbaba a los nazis, puesto que no era el hombre que iba a ejecutar las medidas policiales posibilitadas gracias a la máquina perfeccionada gracias a él. El acta de acusación redactada en 1949 contra Abetz por el comisario del Gobierno ante el Tribunal Militar permanente de París detalla: «Después de que el consejero político Achenbach hubiera dado instrucciones a Zeitschel, este se reúne el 28 de febrero de 1942 con De Brinon, quien está de acuerdo con el remplazo de Vallat por Louis Darquier de Pellepoix, cuyo nombre le sugieren».

La hostilidad de la sección Política de la Embajada para con los judíos de Francia era permanente. Ya se puso de manifiesto desde la primera deportación: un convoy de mil judíos franceses detenidos en represalia por atentados. El 11 de marzo de 1942, el secretario de Estado de Asuntos Exteriores, Martin Luther, envió un cablegrama a la Embajada alemana en París: Heydrich le había comunicado su proyecto «de trasladar al campo de concentración de Auschwitz (Alta Silesia) a los mil judíos detenidos en París el 12 de diciembre de 1941, en represalia por atentados perpetrados contra los soldados de la Wehrmacht. Se trata exclusivamente de judíos de nacionalidad francesa. Le agradecería que me remitiera un aviso notificando que no existe objeción alguna para la ejecución de la mencionada acción». Luther pidió a la Embajada: «Se ruega adoptar la decisión». Y la sección Política de Achenbach, por mediación de Nostitz, su subordinado, preparó la muy sucinta y fatídica respuesta el mismo día, bajo el epígrafe de «secreto»: «No hay objeción a la acción que se contempla contra los judíos».

El 18 de marzo de 1942, la sección Política de la Embajada alemana expresó su satisfacción ante el nombramiento de un SS de alto rango a la cabeza de la policía alemana en Francia, «que tendrá consecuencias favorables para la Solución Final del problema judío». Un poco después, con motivo del comienzo de la obligación de portar visible la estrella amarilla, se dio inicio a una campaña de panfletos y carteles. La Embajada participó en ella con un cartel de gran tirada que exhibía la siguiente frase: «El judío mata en las sombras, marquémoslo para reconocerlo».

El 26 de agosto de 1942, un miembro del Servicio de Asuntos Judíos de la Gestapo redactó una nota a raíz de una llamada del Sturmbannführer de las SS Herbert Hagen, colaborador directo del general de las SS Cari Oberg, el Carnicero de París. Hagen señala que Achenbach lo había llamado para ponerse al corriente del estado exacto de la deportación de los judíos apátridas hasta la fecha, porque debía dar cuenta de la situación a Asuntos Exteriores en Berlín. A esta prueba de un contacto directo entre Achenbach y Hagen se añade una nota del 4 de febrero de 1943, redactada y firmada por Hagen, a propósito de las dificultades que presentan los italianos para la acción antijudía. Al respecto, indica que «la Embajada alemana [Achenbach] ha sido informada», con el objetivo de que intervenga ante los italianos para que cesen en su protección de los judíos. Como consecuencia de esa nota, Achenbach dirigió a Heinz Röthke, jefe del Servicio de Asuntos Judíos de la Gestapo, una comunicación firmada por él, en la que se incluía el informe de la Embajada alemana sobre el caso.

En 1971, Ernst Achenbach es el abogado de Herbert Hagen. Ambos estaban conectados por su complicidad en la acción antijudía.

Otro ejemplo de la participación de la sección Política de la Embajada alemana en las persecuciones antijudías: el 21 de octubre de 1942, Zeitschel informó al general Oberg, jefe de las SS y de la policía alemana en Francia, que Asuntos Exteriores autorizaba la aplicación de medidas antijudías respecto de los judíos de nacionalidad griega. Diez días después, el 30 de octubre, Röthke, sucesor de Dannecker a la cabeza del Departamento Antijudío de la Gestapo en Francia, remitió una nota a sus jefes Knochen y Lischka: «Como la Embajada alemana ha indicado por escrito, podemos detener a los judíos griegos».

El mismo día, Knochen envió un télex a los Kommandeurs de la SIPO-SD en Francia, instalados en las sedes de los prefectos regionales, pidiéndoles que censaran a los judíos griegos en su zona de acción. En tres días, todas las Gestapos regionales enviaron sus respuestas al despacho de Röthke. Así, el 4 de noviembre, desde París, pudo darse la orden a los Kommandeurs de detener a todos los judíos griegos registrados. Al día siguiente, Röthke informó a Knochen y Lischka: «1 060 judíos griegos han sido detenidos». El 5 de noviembre, esos 1 060 hombres, mujeres, niños y ancianos fueron trasladados a Drancy y deportados el 9 y el 11 de noviembre de 1942.

En 1943, Achenbach regresó al Ministerio de Asuntos Exteriores en Berlín, donde, bajo la autoridad de Franz Six, dirigía dos de las secciones del departamento de Política Cultural. Fue en ese momento cuando conoció al director suplente del departamento contiguo de Política Radiofónica. Como el suyo, aquel servicio era famoso por el lugar que concedía a los jóvenes nazis activistas, inteligentes y eficaces, antes que a los diplomáticos de carrera. Aquel director suplente se llamaba Kurt Georg Kiesinger.

Incluso después de 1945, Achenbach perseveró. En 1953, se vio implicado en el complot Naumann, donde desempeñó un papel activo como hombre de enlace entre el ex secretario de Estado de Propaganda de Goebbels y los grandes industriales del Ruhr. Su objetivo, obstaculizado en aquella época por las autoridades británicas, era infiltrar a nazis en todos los partidos políticos de Alemania Occidental para regresar al poder por la vía democrática.

Ese mismo año, Achenbach prologó un libro de Abetz, por aquel entonces detenido en Francia.

> ¿Podemos hablar seriamente de entendimiento francoalemán si uno de los combatientes de vanguardia más convencidos de tal concordia, el embajador

del Reich en París durante la guerra, aún se encuentra en prisión? Nada destaca mejor la grandeza moral de ese hombre que, pese a las injusticias cometidas contra él, pide una y otra vez a sus amigos alemanes que sostengan el espíritu del entendimiento francoalemán.[5]

Es interesante colocar este texto al lado de otro documento firmado por Abetz el 2 de julio de 1942, revelador de la «grandeza moral» de los diplomáticos nazis:

> La información de Berlín de que el Gobierno húngaro ha aceptado ahora que las medidas aplicadas aquí [en Francia] a los judíos se extiendan a los judíos de nacionalidad húngara se ha puesto en conocimiento del responsable de los asuntos judíos de la SD. La Embajada se congratula de semejante avance [...]. Por último, en lo que atañe a la deportación de 40 000 judíos al campo de Auschwitz, la Embajada ha respondido lo siguiente:
>
> Por principio, la Embajada no tiene ninguna objeción que formular en cuanto a la deportación de 40 000 judíos al campo de Auschwitz. Desde el punto de vista psicológico, la impresión será más eficaz para la mayoría de la población francesa si las medidas de evacuación afectaran, en un principio, solo a los judíos extranjeros, y únicamente se aplicaran a los judíos franceses si la cantidad de judíos extranjeros resultara insuficiente para el contingente solicitado. Tal medida no significa en absoluto que se conceda una situación privilegiada a los judíos franceses, dado que, en el transcurso de la depuración de los judíos de todos los países europeos, estos también deben desaparecer.

* * *

Las fotocopias de todos los documentos citados ya están en mi poder. Serge ha dejado su trabajo en la Continental Grain tres meses atrás. Vivimos de su indemnización por despido, que va menguando, porque necesitamos difundir nuestra nota. La reproducción del expediente nos cuesta poco comparado con un Mercado Común que debería elegir con precaución a sus dirigentes; pero el importe es aterrador para un presupuesto familiar. Con el tintineo de cada moneda que mete en la fotocopiadora del correo donde Serge pasa tantas horas, tengo la impresión de estar dilapidando el dinero del hogar en una tragaperras infernal.

---

[5] Otto Abetz, *Das offene Problem. Ein Rückblick auf zwei Jahrzehnte deutscher Frankreichpolitik*, Colonia, Greven, 1951.

Lo que nos obliga a hacerlo es la certeza de ser los únicos, desesperadamente los únicos, en actuar como requieren las circunstancias: rápido y dedicándole mucho trabajo y el dinero necesario.

Una vez conformado el expediente, comienzo a distribuirlo. En primer lugar, a los políticos: envío un ejemplar al presidente de la Comisión de la CEE, a los ministros de Asuntos Exteriores de los Países Bajos, Italia, Luxemburgo; a Willy Brandt, a los primeros ministros de Bélgica y Gran Bretaña. En París, me presento en el Palacio del Elíseo, donde un encargado de misión recibe el expediente prometiéndome que lo estudiarán «como se merece»; procedo de igual modo en el Quai d'Orsay —no tengo ninguna duda de que el ministro Maurice Schumann estudiará los documentos que dejo a su nombre—. Unos meses después, el 23 de junio, el funcionario me escribe a propósito de Achenbach, en respuesta a una carta mía donde le pedía que actuara para excluirlo de un grupo parlamentario francoalemán: «Aprovecharé las ocasiones que se me presenten para poner de manifiesto nuestro sentimiento común».

Pero los políticos solo se moverán si la prensa se sensibiliza. Y para que esa prensa se mueva, deben darse varias condiciones: ante todo, que los periodistas tengan el expediente en su mano; luego, que se produzca algún acontecimiento que les permita publicar su punto de vista. Un redactor de política extranjera me dio una vez este cínico consejo: «Empuja a Achenbach por la ventana y te publico el expediente».

Paso la jornada del 4 de abril recorriendo las agencias de prensa internacionales, los grandes diarios franceses y las oficinas que representan a los diarios europeos más importantes. No solo les entrego la carpeta, sino que además converso con ellos. Logro hacerles leer mis documentos, a fin de evitar que terminen en un cajón.

Unos días antes, al final de acaloradas discusiones con nuestro amigo Philippe Lemaître, periodista de *Le Monde*, y con una amiga de la CEE, tomamos una decisión. Existe una asociación de funcionarios de la CEE deportados y miembros de la Resistencia. Vamos a pedirles a sus responsables que, con el expediente en la mano, vayan a convencer a los periodistas que desempeñan su trabajo en la Comisión Europea. La misión actúa a la perfección. El 6 de abril, la

AFP transmite a toda su red la protesta de la asociación, precisando que esta dispone de un expediente que contiene, en particular, un documento «donde el diputado alemán propone la detención y la deportación de dos mil judíos». El 7 de abril, *Le Figaro* publica un breve artículo titulado: «Gran revuelo en torno a una candidatura alemana a la Comisión Europea». A las dos de la tarde, *Le Monde* publica una nota basada en nuestra documentación:

> Abogado talentoso y elocuente defensor de los criminales de guerra y la prescripción, el señor Achenbach también dio que hablar en 1953 con el «caso Naumann». Siendo diputado liberal de la Dieta de Renania del Norte-Westfalia y presunto ministro de Economía, su nombre se oyó a propósito de las tentativas del doctor Naumann (ex secretario de Estado del Ministerio de Propaganda) tendentes a devolverles a los antiguos nazis una audiencia y un papel político, sobre todo, por medio de una «infiltración» del FDP. «Dentro de unas pocas semanas, ya nadie hablará de desnazificación», le dice Achenbach un día a Naumann, quien relata sus comentarios. Es plausible creer que los franceses no tengan una memoria tan corta.

A partir de la publicación de *Le Monde*, pongo en marcha nuestro plan para que el caso se internacionalice. Únicamente un escándalo a escala del Mercado Común puede conseguir que el Gobierno alemán dé marcha atrás. La coalición social-liberal solo dispone de algunos votos de la mayoría, y resulta que dos diputados liberales del ala derecha, la de Achenbach, están desertando y se pasan a las filas de los democristianos. Achenbach podría verse tentado de seguirlos si el Gobierno no lo apoya en este asunto.

Los comunistas no se mueven demasiado. Deutsche Volkszeitung, el periódico de Düsseldorf donde escribo regularmente, no publica mi artículo sobre Achenbach. Alemania Oriental permanece en silencio. Sucede que Achenbach, gran abogado de negocios, representa a poderosos mercados en el Este: la moral choca demasiado a menudo con las razones de Estado...

¿Cómo romper todos esos diques, para que el tema se proyecte al plano internacional? Nuestra estratagema es la siguiente: lo que se publica aquel 7 de abril en París constituye una base para la acción, pero el mero comunicado de la AFP no basta. Vamos a remplazar la fuerza de la información por su multiplicación geográfica. Pido por telegrama una entrevista para el 8 de abril a Joseph Luns, ministro de Asuntos Exteriores en La Haya; a Gaston Eyskens, primer ministro de Bélgica; a Jean Rey, presidente de la Comisión Europea, y, para el 10 de abril, a Conrad Ahlers, portavoz del Gobierno alemán. Así, en veinticuatro horas, los comunicados de las agencias de prensa provenientes de Holanda, Bélgica y Alemania van a cruzarse, repitiendo la misma información: reacciones hostiles a Achenbach a raíz de un expediente sobre el pasado nazi del diplomático. Los periódicos europeos recibirán en un día comunicados sobre el mismo tema en tres ocasiones; comprobarán que existe un caso Achenbach en varias capitales a la vez y, naturalmente, le concederán un lugar bien destacado.

El martes 7 de abril, aterrizo tarde en el aeropuerto de Schiphol. Había avisado de mi llegada a los periodistas a los que había conocido en La Haya, con ocasión de una conferencia en la cumbre de los Seis, el pasado diciembre. Me espera la prensa, así como las cámaras del telediario, ante las cuales hago declaraciones sobre el objeto de mi visita: entregar al Gobierno holandés elementos que les permitan valorar la candidatura de Achenbach. La secuencia se emite en la última edición de los informativos y de nuevo al día siguiente, máxime porque agradezco a Joseph Luns, «único hombre de Estado que, en su momento, criticó públicamente la designación de Kiesinger como canciller». Paso la noche en casa de una pareja de periodistas, en las afueras de Ámsterdam, y llego al Ministerio de Asuntos Exteriores a las nueve de la mañana. Me recibe el director del gabinete de Joseph Luns. No podré ver al ministro, pero, convencido por el expediente, este me promete interceder personalmente ante su colega alemán, Walter Scheel. La prensa holandesa publica reportajes ilustrados con mi entrevista televisada, seguida por la prensa belga.

Serge viaja a Bruselas para entrevistarse con funcionarios de la CEE deseosos de tener conocimiento del expediente. Lo acompaña Arno, ya que mi suegra no ha podido liberarse de otras obligaciones para cuidarlo. Por supuesto que, justo ese día, el niño padece un súbito y violento dolor de muelas, y Serge, mientras habla con sus interlocutores, se ve obligado a masajearle las encías con un jarabe de miel para evitar que los gritos y gemidos hagan imposible toda conversación. Llego a Bruselas temprano por la tarde y libero a Serge, que se instala frente a una fotocopiadora que Philippe Lemaître pone a nuestra disposición. Arno y yo vamos a ver al primer ministro belga. Mientras charlo con su jefe de despacho, los ordenanzas se ocupan de él. Nunca olvidaré la expresión de sus rostros ni el tono de sus voces cuando me dicen: «Y ¿debe usted soportarlo todo el día? ¡No la envidiamos!». Luego me recibe Raymond Rifflet, jefe de gabinete de Jean Rey. Esa misma noche, Arno, Serge y yo salimos hacia Bonn.

En lugar de viajar a Bonn, ese 9 de abril habría debido embarcarme en el avión que llevaba a Estados Unidos a los periodistas que iban a acompañar a Brandt en su primera visita oficial al gran país del norte. Rüdiger von Wechmar, asistente de Conrad Ahlers, portavoz del Gobierno, había logrado que el departamento de prensa de la Cancillería me invitara. Pero el 7 por la noche, un telegrama procedente de París anulaba mi participación en ese viaje. La noticia hizo mucho ruido en Alemania: por un lado, porque la mano larga que había abofeteado a Kiesinger había sido invitada por un equipo oficial a acompañar al nuevo canciller a Estados Unidos —gesto que la prensa de derechas consideraba eminentemente descortés para con Kiesinger y que provocó una interpelación en el Bundestag—; por otro lado, porque la razón invocada para la anulación era que «la CIA y el Departamento de Estado han denegado la entrada de Beate Klarsfeld a la Casa Blanca por motivos de seguridad».

En cualquier caso, ese jueves 9, la prensa internacional reacciona como esperábamos. El gran diario de Hamburgo, *Die Welt*, titula: «Ataques en París y Bruselas contra la candidatura de Achenbach. El itinerario europeo de B. K.». *Süddeutsche Zeitung* publica un artículo titulado: «El pasado nazi de Achenbach en tela de juicio. El viaje de B. K.». En Italia, *Il Messaggero* titula: «Estupor e indignación en Bruselas: un criminal nazi candidato a la CEE».

A falta de un vuelo a Washington, paso el día en la Pressehaus de Bonn, yendo de oficina en oficina con mis documentos, mientras que Arno corre y se desliza por los pasillos. Le dejo el expediente a Horst Ehmke, ministro de la Cancillería, el mismo que juiciosamente me aconsejó en 1968 respecto del caso Kiesinger: «¡Abandone la vía judicial, conviértalo en un caso político!». Por la tarde, salimos hacia París, adonde llegamos el 10 de abril. Y volvemos de inmediato a ponernos a trabajar en los archivos del CDJC.

Todo el caso Achenbach se fundamenta en un documento, el más espectacular, claro está: el famoso telegrama firmado por él el 15 de febrero de 1943, dirigido desde París a Asuntos Exteriores, en Berlín.

> N.° 1701 del 15.2.
>
> El 13 de febrero de 1943, sobre las 21.10 horas, el teniente coronel Winkler y el mayor doctor Nussbaum, del Estado Mayor del Tercer destacamento de la Luftwaffe, fueron víctimas de disparos por la espalda, mientras iban desde su oficina hasta su lugar de hospedaje, el hotel Louvre, en París, poco después de que hubieran pasado por el Louvre hacia el Sena. Tres balas hirieron al teniente coronel Winkler y dos al mayor Nussbaum. Ambos murieron esa misma noche después de su traslado a un hospital. En el lugar de los hechos, se hallaron siete casquillos calibre 7,65 mm, provenientes con toda verosimilitud de la misma arma. La investigación que incrimina al autor o los autores sigue en curso.
>
> Como primera medida de represalia, se prevé detener a dos mil judíos y deportarlos hacia el Este.
>
> Achenbach

Este documento parece darle más amplitud aún a la implicación directa de Achenbach en las medidas de represalia. Le bastaría, pues, con eximirse de esta responsabilidad para afirmar su posición de cara a su Gobierno y mantener su candidatura. Así y todo, conocemos lo suficientemente bien los engranajes de las autoridades alemanas en París bajo la Ocupación para darnos cuenta de que, en ese documento, Achenbach no está transmitiendo a Berlín una decisión que él mismo hubiera tomado. En realidad, lo único que hace es informar sobre el atentado y las medidas tomadas. Pero ¿tomadas por quién? Si resulta que no fue por él, Achenbach parecerá ser víctima de una conspiración. Afortunadamente, Achenbach se defiende sobre bases que ya son públicas, dado que este telegrama lo había publicado por primera vez en 1953 un semanario de la comunidad judía alemana. El diputado del FDP, que entonces se hallaba en una delicada situación en virtud de su implicación en el caso Naumann, se había explicado al respecto en una carta abierta.

En lugar de conformarse con señalar: «No hice más que informar», Achenbach había ido más lejos: «El general Heinrich von Stülpnagel, comandante del distrito de París, mandó remitir ese telegrama a Berlín anunciando la deportación de judíos únicamente para evitar ejecuciones de rehenes como represalia. Yo transmití ese mensaje y cubrí a Stülpnagel». Insiste en esa misma tesis en esta otra oportunidad y agrega en *Der Spiegel*: «Había que hacer mucho ruido [*bramabasieren*] y, gracias a eso, todo salió bien» (léase, todo salió bien para los judíos).

Esa es la versión que Achenbach intenta imponer durante el fin de semana del 11 y el 12 de abril. El excelente abogado, que con tanta habilidad había justificado los crímenes del IG Farben o de las autoridades alemanas en la Bélgica ocupada, había permanecido en silencio hasta entonces. ¿Por qué? Tras mi carta abierta del 4 de abril, habría podido iniciar un juicio por difamación en mi contra, reclamar un jurado de honor compuesto por historiadores. Nada de eso sucede: Achenbach se refugia en el silencio. Pero si hasta ese momento se niega a abogar por su propia causa, es porque se habría topado con el más temible de sus acusadores: el propio Achenbach, el nazi de la época de *Noche y niebla*.[6]

Achenbach solo había contraatacado mediante la interpretación que dio a su telegrama del 15 de febrero de 1943. Retomando la versión de 1953, afirmaba que todo eso era un disparate, que los dos mil judíos jamás habían sido detenidos y mucho menos deportados. Por poco alega que el telegrama hubiera sido un acto de resistencia de su parte.

Nosotros debíamos aportar la prueba de que la medida de deportación que Achenbach reconocía haber propuesto a Berlín, pero como mero engaño, no solo se había contemplado, sino que también se había aplicado. Durante tres días enteros, nuestra investigación gira en torno a ese punto. Pasamos revista a cientos de fichas y documentos, urgidos por el tiempo y la necesidad, empeñándonos en algunas pistas que desembocan en un callejón sin salida o, por casualidad, en algún documento que hasta entonces había pasado inadvertido a los ojos de los archivistas.

---

[6] Documental de 1956 dirigido por Alain Resnais. *[N. de la T.]*

Gracias a esa investigación, vamos a penetrar realmente en los mecanismos de la SIPO-SD, el aparato nazi cuyo conocimiento se revelará extraordinariamente útil cuando abordemos el problema de criminales nazis como Lischka y Hagen.

La política de la Embajada establecida el 7 de diciembre de 1941 en cuanto a la elección de los rehenes a los que había que fusilar como represalia por los atentados la decidieron Abetz y su consejero político Achenbach. Según ellos, en interés del pueblo alemán, se debía evitar que circulara la idea de que el pueblo francés se levantaba contra la colaboración. Abetz aconsejaba entonces seleccionar a esos rehenes entre los judíos y los comunistas, o bautizarlos al menos como tales.

Cuando el comando militar le hace saber que el Führer ha aprobado las medidas propuestas, Abetz, en un informe telefónico del 12 de diciembre, feliz de que su tesis primara, dice: «Esas medidas coinciden con los principios que figuran en mi informe escrito del 7 de diciembre, capítulo IV». Y entre esas medidas está la ejecución de cien rehenes, de los cuales cincuenta y dos eran judíos y el resto, comunistas.

De ahí en adelante, la Embajada participa en la redacción del texto de los comunicados relativos a las represalias sangrientas. Envía por cable a Berlín todas las medidas de fusilamiento. Encontré un informe de Achenbach del 17 de marzo de 1943, de doce páginas, donde se suceden decenas y decenas de nombres de fusilados.

Pero ¿qué fue de los «dos mil judíos» para los que todo salió bien según Achenbach? Al día siguiente del famoso telegrama, el 16 de febrero de 1943, el jefe del Departamento de Asuntos Judíos de la Gestapo (IV-B), el Obersturmführer de las SS Heinz Röthke, escribe en una nota: «En calidad de represalia por el atentado del 13 de febrero de 1943 contra dos oficiales aviadores alemanes, 15 000 hombres aptos para el trabajo tienen que ser deportados desde Francia y, para ello, deben suministrarse miles de judíos». El 23 de febrero de 1943, el Obersturmbannführer de las SS Kurt Lischka, Kommandeur de la SIPO-SD en París, avisa a la SIPO-SD de Bruselas de que «el prefecto de policía de París ha sido informado por mi persona de que, en aplicación de represalias, dos mil hombres judíos de dieciséis a sesenta y cinco años deben ser detenidos y trasladados al campo judío de Drancy». El 24 de febrero, Röthke informa a Lischka sobre su entrevista con Thomas Sauts, jefe de despacho del prefecto Jean Leguay: «Sauts me contestó que la detención de dos mil judíos [...] ya estaría en marcha. Hasta el 23 de febrero, ya se habría apresado en ambas zonas a más de mil quinientos judíos de dieciséis a sesenta y cinco años, aptos para el trabajo. Se ha ordenado que la detención solo abarque a los judíos apátridas o de nacionalidades que se correspondan con nuestras condiciones de deportación...».

Agreguemos aquí que tales condiciones estaban definidas básicamente por los diplomáticos hitlerianos, puesto que se trataba de establecer si los judíos ciudadanos de tal o cual país podían o no ser deportados. Contrariamente a la opinión generalmente admitida, la Gestapo respetaba las categorías definidas por Asuntos Exteriores.

Un informe de febrero-marzo de 1943 de la Federación de Sociedades Judías de Francia sobre «las redadas y deportaciones de israelitas extranjeros» confirma las detenciones de judíos extranjeros de dieciséis a sesenta y cinco años en la antigua zona libre, su agrupamiento en el campo de Gurs y su traslado hacia Drancy el 26 de febrero y el 2 de marzo.

En la mañana del 4 de marzo de 1943, Röthke, que era meticuloso, envía un cablegrama a Eichmann, a la oficina de Asuntos Judíos del RSFLA, así como a la SIPO-SD de Cracovia y a la SIPO-SD de Lublin: «El 4.3.43, de Le Bourget-Drancy, cerca de París, salida rumbo a Cholm con 1000 judíos. El jefe del convoy es el teniente Ott, de la policía de orden». Lo mismo sucede el 6 de marzo de 1943. Solo cambia el nombre del jefe del convoy, el teniente Kassel. Los dos convoyes se dirigieron al campo de exterminio de Sobibor, donde asesinaron inmediatamente a los dos mil deportados, a excepción de dos grupos de unos cincuenta jóvenes, a quienes enviaron al campo cercano de Majdanek. En 1945, solo quedaban cuatro supervivientes del convoy 50 y seis del convoy 51.

Nuestra investigación era concluyente. Achenbach había mentido, e incluso había querido hacer pasar por un acto de resistencia su participación en la decisión tomada por Kurt Lischka el día siguiente del atentado del 13 de febrero de 1943, que supuso la detención de dos mil judíos, su traslado a Drancy, su deportación a Sobibor y su exterminio el 9 de marzo de 1943. Menos de un mes para liquidar a dos mil hombres en condiciones de trabajar.

Remitimos las conclusiones de nuestra investigación a Bruselas. El 11 de abril, el comisario alemán Wilhelm Haferkamp publica una aclaración a título personal, donde anuncia que, si se nombra a Achenbach, él renuncia.

Por mediación de Arno Scholz, director de *Telegraf*, diario socialdemócrata de Berlín, concierto una cita con el portavoz del Gobierno, Conrad Ahlers, el jueves 16 de abril, con el fin de entregarle nuestro informe. Achenbach, por su parte, se enroca: «mientras sigan atacándome como están haciéndolo, no puedo renunciar... Scheel me ha dado su palabra». La coalición cuida a Achenbach, y el mecanismo de la jornada del 16 de abril es determinante. Ahlers no tomará posesión hasta dieciocho horas después de los resultados de la investigación, de la que *Der Spiegel* publicará extensos fragmentos el 20 de abril. Dos horas antes, Brandt ya hizo público un *Persilschein* —«declaración Persil»—,[7] destinado a calmar las heridas de Achenbach e impedirle que pase a los democristianos. El 18 de abril, *Stuttgarter Zeitung* publica un dibujo donde un Achenbach con ropas cubiertas de manchas marrones se enfrenta a un Achenbach inmaculado, con el siguiente epígrafe: «Tengo el placer de confirmarte que tu producto de limpieza, el Aceite Brandt, ha hecho milagros: mi chaqueta vuelve a estar tan limpia como mi primer pañal».

Ese es el fin de la candidatura de Achenbach. En mayo, se designa al secretario de Estado parlamentario de Asuntos Exteriores, el profesor Dahrendorf, para la Comisión Europea, y el 29 de ese mes, cuando el nombramiento de Dahrendorf ya es oficial, el Gobierno le busca un sucesor para la secretaría de Estado.

Achenbach, ávido de revancha, aparece otra vez y presenta oficiosamente su candidatura. Por suerte, habíamos tenido la prudencia de guardar un documento del 11 de febrero de 1943 que llevaba el epígrafe de «secreto», cuyo original conserva el CDJC. El

[7] Durante el proceso de desnazificación en Alemania, se expedían certificados de probidad para «limpiar» de culpa a las personas que habían tenido alguna vinculación con los nazis. El documento se llamó «certificado Persil», en referencia a una conocida marca de jabón para la ropa. *[N. de la T.]*

firmante de aquella nota destinada al SS-Obersturmführer Röthke, jefe del Departamento de Asuntos Judíos de la Gestapo en Francia, no había sido identificado. Al tener en nuestra posesión una copia de la firma de Achenbach, no tuvimos dificultad en reconocerla al pie de ese documento, que representa la luz verde diplomática que necesitaba la Gestapo para «la aplicación de las medidas antijudías en la zona recientemente ocupada»: «Asuntos Exteriores ha dado a la Embajada las siguientes directrices sobre el particular: se solicita que las medidas tomadas se apliquen en el territorio recientemente ocupado».

El 30 de mayo por la mañana, llego a Bonn con unas cien fotocopias de ese documento y otros tantos ejemplares de un comunicado donde reproduzco lo esencial del caso de los dos mil judíos deportados. Distribuyo todo ese material a la prensa, a los servicios oficiales y regreso a París inmediatamente. El 1 de junio de 1970, Karl Moersch releva a Dahrendorf. A modo de consuelo, Achenbach recibe el cargo de portavoz parlamentario del FDP en materia de política exterior.

Nunca vi ni llegué a conocer a Ernst Achenbach.

Serge

Junto a Beate

Durante esos años tan fértiles en emociones, hice lo mejor que pude para ayudar a Beate en sus campañas y fui poco a poco desligándome de mi vida profesional para comprometerme con la acción militante, en la que el factor «tiempo» es tan esencial. La destitución de Beate de la Oficina Francoalemana para la Juventud (OFAJ) me sumió en una ira que me llevó a la movilización. Soy francés; a mi padre lo asesinaron en Auschwitz; mi mujer accedió a la nacionalidad francesa por matrimonio, trabaja en París y la despiden de su trabajo porque había denunciado públicamente la presencia de un antiguo propagandista nazi en la Cancillería alemana.

Si mi padre tuvo el valor de reaccionar en Auschwitz, yo no puedo resignarme. Beate está dispuesta a luchar; lucharé con ella para obligar a Alemania a apartar a Kiesinger. Tengo la competencia necesaria para elaborar el expediente de Kiesinger y a ello voy a dedicarme, volviendo a mi oficio de historiador. En la Continental, salvo Josy Fainas y los tres ejecutivos de mi departamento, el personal y, sobre todo, la dirección no aprecian demasiado que reparta el tiempo entre la oficina y el apoyo a Beate. Llamo con frecuencia al extranjero y los fines de semana me reúno con ella donde esté militando. Aparezco a su lado en los periódicos alemanes. Esa confusión de papeles no gusta, por más que la campaña de Beate —que sí agrada a los dirigentes del Este— me permita en esos países solucionar algún que otro problema que me haya comprometido a resolver para la empresa.

En 1970, formo parte de un despido colectivo por causas económicas, que afecta a unos veinte empleados. Pero no puedo siquiera estar molesto con quienes han tomado la decisión: soy un mal ejemplo para mis compañeros de trabajo. No pierdo la confianza en el futuro. Enseguida me contrata el banco Crédit Lyonnais como responsable de las relaciones con los países del Este, que están por entonces en pleno desarrollo. Cuando cruzo el inmenso vestíbulo del banco, que va desde los Grandes Bulevares hasta la calle de Réaumur, se adueña de mí un sentimiento de angustia: si me instalo aquí, no saldré hasta que me jubile. Tengo que salvar mi personalidad, que va a disgregarse en este universo con el que no comulgo. Alexis Wolkenstein, una de las cabezas de la institución y a quien conozco desde hace mucho tiempo, intenta disuadirme. Pero es más fuerte que yo; o es que yo soy más fuerte que el temor a ser víctima de mi decisión: renuncio sin tener a mano ninguna tabla de salvación.

Se produce un giro en nuestras vidas; nos vamos de Passy para instalarnos en Berlín Oeste, donde trabajo sin sueldo como corresponsal de Combat con el seudónimo de Henri Daru.

Cubro la primera visita oficial a la República Federal de Alemania (RFA) de un ministro de Asuntos Exteriores soviético y soy el primero en anunciar que Walter Ulbricht será reemplazado a la cabeza de la República Democrática Alemana (RDA) por Erich Honecker. Las protestas de Beate en Varsovia y Praga vedan mi entrada a la RDA, en el mismo momento en que me doy cuenta de la excepcional impunidad de la que gozan los criminales nazis que operaron en Francia.

Regresamos a París tras unos meses en una ciudad apasionante, donde nos cruzamos con Andreas Baader, Ulrike Meinhof y otros futuros terroristas. Recuerdo haber discutido duramente con el exabogado de Beate, Horst Mahler, que tenía la intención de involucrarse en la acción violenta. Mi intención era persuadirlo de que no hiciera nada, pero fue en vano. Aquellos militantes políticos aspiraban a la revolución. Habían apoyado nuestra acción, pero no querían a un Willy Brandt, el reformista cuyo acceso al poder habían propiciado. Se sentían traicionados y, en adelante, la violencia, incluso ciega, les parecía el único medio para imponer su voluntad. Algunos de ellos fallecieron de muerte violenta; otros sufrieron largas penas de prisión; unos cuantos desistieron. Horst Mahler, mentor del grupo, estuvo mucho tiempo en la cárcel, antes de posicionarse como ideólogo de la extrema derecha, fanáticamente antijudío y antiisraelí. En el momento en que escribo estas líneas, aún está preso.

De vuelta a París, nos instalamos en casa de mi madre, que está feliz de reencontrarse con nosotros. Arno duerme con ella; Beate y yo compartimos la otra habitación. Somos pobres, venidos a menos, pero libres, y tenemos disponibilidad para la larga campaña que nos disponemos a realizar.

La RDA está cerrada para nosotros y en el Oeste nuestro margen de maniobra es muy limitado: la derecha detesta a Beate y su bofetada; la extrema izquierda es antiisraelí; los miembros del Partido Socialdemócrata de Alemania (SPD) están divididos: respetan a Beate, pero no tienen el valor de decirle abiertamente al país que el acuerdo judicial francoalemán debe ser ratificado y que los principales criminales condenados en contumacia en Francia deben ser juzgados en la RFA. De modo que los integrantes de la Unión Demócrata Cristiana-Unión Social Cristiana (CDU-CSU) votarán en contra, al igual que los liberales del Partido Democrático Libre (FDP), que forman parte de la coalición gubernamental con el SPD, bajo influencia de Ernst Achenbach, a quien acabamos de alejar de la Comisión Europea, pero que conserva poder, puesto que representa a la gran industria. De hecho, logra que lo nombren responsable de la comisión de Asuntos Exteriores del Bundestag para el proyecto de ratificación del convenio judicial francoalemán.

Un gran artículo publicado por *Le Nouvel Observateur* en 1971 incita al Fondo Social Judío Unificado (FSJU) a proponerme el cargo de director de sus centros de vacaciones, con un periodo de prueba de seis meses, siempre y cuando no participe públicamente en la acción de Beate. Acepto, porque necesitamos que uno de los dos gane dinero, pero me pregunto cómo y por qué respetar tal condición. Se trata de una gran organización judía, y nuestro objetivo es el enjuiciamiento de los criminales nazis: ¿en qué medida corresponde ser discreto? No tardo en aparecer en los medios: Beate atraviesa múltiples peripecias en Bolivia y debo explicar la situación a la prensa, la radio o la televisión. Muy a su pesar, el director de FSJU se ve obligado a poner fin a mi periodo de prueba. El valeroso presidente de la Liga Internacional contra el Antisemitismo (LICA), Jean Pierre-Bloch, interviene y consigue que me abonen el salario durante un año, indemnización que nos alivia y facilita nuestro compromiso total.

* * *

En febrero de 1971, cuando iniciamos nuestra campaña para que se juzgara a Lischka y a Hagen y se pusiera fin al litigio judicial que subsistía entre Francia y Alemania, derivado de la Segunda Guerra Mundial, todavía no sabíamos que nuestra paciencia iba a ser puesta a prueba. Hasta febrero de 1980 no cerramos el expediente, después de haber alcanzado nuestros objetivos.

Comenzamos aquella campaña siendo dos. Cuando la terminamos, un millar de huérfanos de deportados se habían unido a nosotros. De una iniciativa individual, hicimos una obra colectiva y creamos el instrumento y el grupo que iban a facilitarnos el futuro y que, en las siguientes décadas, nos permitirían asumir en común los objetivos que íbamos a fijarnos.

Beate

La lucha contra el antisemitismo se traslada a Varsovia y Praga

En 1970, mi mirada se vuelve hacia el Este. Si Willy Brandt tiene una obra histórica que cumplir, es en esa dirección. Y también es allí donde se oye el rugir de un rumor antisemita cuya amplitud nos angustia.

Una vez pasadas las elecciones alemanas, llamo al señor Dmowski, diplomático polaco que me había invitado unos meses antes a visitar su país. Estoy dispuesta a viajar. El turismo me interesa, es cierto, pero deseo asimismo dirigirme a la juventud polaca. Quiero hablar en Auschwitz. Pese a varias llamadas, la invitación se queda en nada.

Un poco antes, el 5 de octubre de 1969, me habían invitado a Berlín Este a las fiestas conmemorativas del vigésimo aniversario de la República Democrática Alemana (RDA). Las recepciones se suceden una tras otra. Llevo un vestido de cóctel blanco, parisino y recatado a la vez, que atrae las miradas del sinnúmero de dirigentes comunistas que han venido. Fue una de las pocas ocasiones en que me sentí realmente seductora, y el efecto sin duda se debía a que era una de las pocas mujeres admitidas en aquel restringido círculo masculino. Saboreo un momento la estupefacción un tanto amarga de los dirigentes del Partido Comunista (PC) de Alemania Occidental y del Partido para la Acción Democrática y el Progreso (ADF), cuando un oficial viene a buscarme a la gran sala de recepción del Consejo de Estado, en el edificio Staatsratsgebäude, y me lleva a la parte reservada, donde Walter Ulbricht y el Politburó reciben a los dirigentes de los países socialistas.

Walter Ulbricht me da un cálido apretón de manos. La atención que me brinda aquel hombre de baja estatura que encarna la Alemania comunista se debe a mi intransigencia. Un miembro del Comité Central me cuenta que estaba presente cuando se informó a Ulbricht de la bofetada al canciller de la RFA: «Era el día de la celebración de la Revolución Soviética, el 7 de noviembre. Estábamos reunidos en el despacho de Ulbricht, cuando un secretario interrumpió la sesión para anunciar al oído del presidente que acababas de humillar a Kiesinger. La conversación se desvió entonces hacia ese tema. Recuerdo perfectamente la reflexión de Ulbricht: "Es una mujer valiente, debemos apoyarla"».

Estaba indudablemente demasiado acostumbrada a los enfrentamientos para sentirme completamente a gusto en un círculo político. Los halagos, las sonrisas amistosas, las palabras provenientes de los dirigentes de Europa del Este, Stoph, Honecker, Brézhnev, Husák, Jivkov, Kádár u otros, me ayudaban, pero yo no apoyaba ese sistema. Seguía convencida de que la nación alemana solo podía manifestarse en actos de moral política.

Creo que esas reflexiones me impidieron, sobre todo, quedar subyugada por los sucesivos encuentros cara a cara. Fue una hermosa velada, como las que sueñan las jóvenes, como las que yo misma había soñado. Me filmaban bailando en brazos de un mariscal soviético con cabellera blanca como la nieve, con el uniforme recargado de oros y condecoraciones. Chuikov, creo. ¿Podía imaginarse la alemanita de seis años que, aturdida y espantada, veía a los cosacos invadiendo la aldea de Sandau donde se había refugiado con su madre en abril de 1945 que una noche bailaría un vals con uno de los jefes del Ejército Rojo? El compromiso con una causa no puede ser total, siempre queda una brecha por donde contempla uno, levemente fascinado, su propia aventura.

En octubre hice otros dos viajes de ida y vuelta entre París y Berlín, para dar sendas conferencias: una, sobre el Partido Nacionaldemócrata de Alemania (NPD); y la otra, sobre la actitud que había que adoptar con respecto a Brandt. Compartía la opinión de la mayoría de los militantes de la Oposición Extraparlamentaria (APO), que detuvieron de inmediato las protestas radicales. Una parte de los izquierdistas —entre ellos, mi abogado Horst Mahler— se opusieron a esa línea. Serge intentó disuadirlos, en particular a Mahler, pero no lo logró.

A finales de 1969, decidí tratar para *DVZ* temas que se apartaban de los problemas franceses. Viajé a La Haya, donde se desarrollaba la cumbre europea de los Seis. Quería asistir a la entrada de Brandt en la escena internacional y hacerles saber a los holandeses que la juventud alemana respaldaba al canciller.

El 19 de marzo de 1970 debía celebrarse en Erfurt, en la RDA, la primera cumbre interalemana. Lo que más deseaba yo era estar presente en aquel momento excepcional, y la autorización del departamento de prensa de Asuntos Exteriores de Berlín Este tardaba en llegar. Muy pocos periodistas extranjeros estaban admitidos a la conferencia. Como último recurso, cogí por mi propia cuenta un avión a Berlín Este, conseguí el esperado papel y llegué a Erfurt en el coche de dos periodistas de la agencia Gamma, a quienes les serví de protección durante los controles de policía, porque ellos no habían recibido la invitación.

En el andén de la estación de Erfurt, en el momento en que Willy Brandt y Willi Stoph[1] se dieron la mano como hombres que se estiman y se reencuentran tras una larga separación, sentí a escasos metros de ellos cierta exaltación: Erfurt era *de facto* el punto final de la pretensión del Bonn de Adenauer de representar en exclusividad los intereses de Alemania, la de las fronteras de 1937. También era un punto de no retorno en el recorrido que llevaba al reconocimiento *de iure* de la RDA como Estado soberano por parte de Bonn y de Occidente, una etapa en el camino de la reunificación.

Cuando Brandt salió de la estación, me encontré tan cerca de él que su mirada se topó con la mía. En aquel instante, esperado desde hacía más de veinte años, apareció un esbozo de sonrisa en su rostro serio.

Por la tarde, estuve en el mismo momento que él en el memorial de Buchenwald. El frío era intenso y nevaba un poco. El monumento estaba situado sobre una pequeña colina, desde donde se podía ver la ciudad de Weimar. Willy Brandt estaba acompañado

[1] Miembro del Partido Socialista y destacado dirigente de la RDA que presidió el Consejo de Estado. *[N. de la T.]*

por el ministro de Asuntos Exteriores de la RDA, Otto Winzer. Se dirigían hacia la torre conmemorativa, rodeada de banderas de la RDA, y hacia la cripta. Una formación de honor del Ejército nacional de Alemania Oriental había tomado posición delante del monumento, igual que la banda militar. Brandt, precedido por soldados que llevaban una corona de flores, bajó solo hasta la cripta mientras la orquesta tocaba, creo que por primera vez en la RDA, el himno de la RFA. Brandt y los dirigentes de Alemania Oriental que lo rodeaban rendían el mismo homenaje sin reservas a sus muertos, los de la Alemania antihitleriana. Para ninguno de ambos bandos se trataba de un acto formal, sino de un genuino regreso a las fuentes.

Cuando Willy Brandt salió de la cripta, me tocó a mí entrar a ese mismo lugar con los brazos cargados de flores que me habían entregado los dirigentes de la RDA. Mi mirada se topó entonces con una frase inscrita en una de las paredes: «La destrucción del nazismo y sus raíces es nuestra meta».

El 24 de mayo de 1970, asisto en Kassel, en la RFA, a la segunda cumbre entre alemanes del Oeste y del Este. El giro en las relaciones alemanas no me coge desprevenida, y mi razonamiento es sencillo: ningún gran pueblo permanece dividido durante mucho tiempo. El pueblo judío supo recobrar su patria al cabo de dos mil años, pese a las persecuciones y a su inferioridad numérica; el pueblo alemán recobrará su unidad.

Mi visión no es una utopía, y desde esa perspectiva tengo que dar fe tanto en el Este como en el Oeste (no solo con palabras, sino también con hechos) de que los alemanes de ambos lados estamos sujetos a imperativos morales prioritarios en relación con nuestros respectivos compromisos ideológicos. ¿Acaso no debemos los alemanes, después de lo que se vivió bajo el nazismo, combatir el antisemitismo, esforzarnos por apartar a los antiguos nazis activos de las altas responsabilidades políticas e impedir que se limpie la imagen de los criminales nazis?

Por eso, el 15 de mayo viajo a Austria para oponerme a la presencia de Hans Schirmer como embajador de la RFA en Viena.

Hans Schirmer, miembro del partido nazi (número 3 143 496) desde el 1 de mayo de 1933 y colaborador del Ministerio de Propaganda de Goebbels, fue el superior de Kiesinger de 1939 a 1943, como subdirector del departamento de política radiofónica en el Ministerio de Asuntos Exteriores. Era, asimismo, el principal responsable de la agencia Radio-Mundial, red internacional de propaganda radiofónica clandestina que difundía en el mundo la idea de la «nueva Europa».

El ministro de Asuntos Exteriores de la RFA, Walter Scheel, había declarado: «Los austríacos ya se han olvidado del *Anschluss*».[2] Y tenía razón. Por más que presioné a la prensa austríaca e interrogué al canciller Kreisky durante su conferencia de prensa del 14 de mayo de 1970, no hubo forma. Bruno Kreisky me respondió hábilmente que rechazar a un embajador era un acto de hostilidad grave para con el país que este representaba, y que a ese país le incumbía comprobar si el pasado de sus diplomáticos era aceptable.

Volví a la carga el 17 de junio, con motivo del congreso del Partido Socialista austríaco. Esa vez, llevé unos panfletos y me acompañó Arno, porque mi suegra estaba pasando unos días en casa de su hermana, en Bucarest. Subimos al tren en París por la mañana temprano y llegamos esa misma noche a Viena, donde me recibió un responsable sindical. Como le comunicaron muy tarde mi visita, no pudo encontrarnos una habitación de hotel; nos reservó una habitación en un hotel de citas. A la hora del desayuno, Arno jugó con las amables chicas que trabajaban allí.

Al día siguiente, en la apertura del congreso, nos ubicamos delante de la puerta principal. Estaba empezando a llover y no tardamos en estar empapados. Arno iba de un lado a otro bajo la lluvia como un loco, así es que le di algunos panfletos para que se estuviera quieto, diciéndole: «Repártelos y ayuda a mamá». Pero resulta que en lugar de repartirlos se entretenía mojándolos en los charcos y haciendo bolas de papel y se las arrojaba a los participantes en el congreso...

Yo esperaba alguna reacción de los socialistas austríacos, esperaba que se posicionaran contra Schirmer. Se produjo lo contrario: en el transcurso de aquel congreso, protestaron con agresividad contra Simon Wiesenthal, que les reprochaba estar cubriendo en su Gobierno a antiguos nazis activos. El servicio de orden me pidió que abandonara el lugar. Estaba furiosa.

---

[2] Término que designa la anexión de Austria en marzo de 1938 por parte de la Alemania nazi. *[N. de la T.]*

Desde Viena seguí camino a Bucarest, para presentar a Arno a su tía abuela. Diez días después, regresé a Berlín. Esos trayectos nos resultaban caros, de modo que acudí a la Embajada de la RDA y expliqué mi caso. De inmediato, pusieron a nuestra disposición un pasaje Bucarest-Berlín de la línea alemana Interflug. En Berlín Este, me invitaron una vez más a pasar las vacaciones de verano en la RDA con Arno. Nunca había tenido la posibilidad de aceptar. Esa vez lo hice, y del 5 al 20 de agosto, Arno y yo descansamos en el hotel Panorama, en Oberhof, en el bosque de Turingia.

Mi única estancia prolongada en la RDA había sido en marzo de 1968, unos meses antes de mi destitución. Durante tres semanas, había podido viajar sola, a mi antojo, para descubrir el país. Confiaban en mí: no me habían obligado a seguir un itinerario programado. Muchas veces perdí un tren, tomé otro, paré en pequeños hoteles. En Oberhof, por el contrario, vivíamos en un auténtico palacio, rodeados de una clientela «burguesa» de alemanes del Este; gente adinerada que no exhibía ninguna opinión política, gente con la que yo no mantenía relación. Mi única amiga —el gran amor de Arno— se llamaba Marion; se ocupaba de la limpieza de nuestro piso.

Concerté una cita con Serge para el 22 de agosto, en casa de mi madre, en Berlín. En Oberhof, había meditado largo y tendido: el antisemitismo había vuelto a salir a la luz en Polonia con la anuencia de las autoridades. Hacía más de un año que me había prometido a mí misma plantear el problema del antisemitismo ante la juventud polaca.

Hay que armar a la juventud de la RDA contra el antisemitismo, y no hacerlo con un discurso, sino mediante una prueba de fuerza con las autoridades de Alemania Oriental. Allí, no son los altos dirigentes del partido los que son sensibles al antisemitismo, sino más bien una parte de los altos funcionarios, que entonces tenían entre cuarenta y cinco y cincuenta y cinco años y habían sido educados en tiempos del nazismo. No eran como Walter Ulbricht del lado del Ejército Rojo, como Erich Honecker en una cárcel nazi, como Albert Norden, judío exiliado en Estados Unidos, o como Hermann Axen, judío internado en Francia en el campo de Le Vernet y deportado. Muchos altos funcionarios no se parecían a sus dirigentes; era en esas filas donde podía propagarse mejor la amenaza antisemita. Siempre percibí en ellos una callada hostilidad contra mí, idéntica a la de los hombres de la misma generación en la RFA.

Los alemanes del Este ven y oyen la televisión y la radio de Alemania Occidental. Se enterarán de mi detención y de sus motivos. Se sorprenderán mucho y leerán en sus diarios qué se dice al respecto. O bien la dirección del partido tomará la decisión de destruirme, o bien, al reconocer la veracidad del antisemitismo polaco, guardará silencio.

Por otra parte, no ignoro que, después de la acción que tengo previsto llevar a cabo, se producirá un vacío a mi alrededor en la RDA; los comunistas de Alemania Occidental se distanciarán del asunto; mi diario, *DVZ*, hará todo lo posible por desligarse de mi persona.

No se trata de hacer antisovietismo, anticomunismo, ni de señalar con el dedo a los polacos; se trata de no permanecer en silencio o de ser ineficaz ante la ignominia y la opresión.

Fui prudente en la evaluación del riesgo, puesto que no tengo ninguna vocación de mártir. Como con el episodio de la bofetada, hice todo cuanto pude para no terminar en la cárcel. Los polacos jamás creerían que actué aisladamente. Al estar informados del apoyo moral que me había brindado Berlín Este, era muy probable que se imaginaran que la RDA tenía algo que ver en mi incursión en Varsovia. De modo que, para ellos, lo más hábil será expulsarme rápidamente de Polonia, siempre y cuando, no obstante, las agencias de prensa occidentales hayan divulgado de inmediato el anuncio de mi detención.

Redacto un panfleto en alemán y en francés y me lo traducen al polaco. Saco doscientas fotocopias de ese documento en tres lenguas.

También debo conseguir el visado de entrada en Polonia. En la misión militar polaca en Berlín Oeste, un funcionario me hace rellenar varias fichas. Cambio unos marcos por unos bonos que me permiten pagar el hotel en Varsovia. Me presento de nuevo en la ventanilla de los visados, con el pequeño expediente que había preparado bajo el brazo. El mismo funcionario examina detenidamente mi pasaporte francés. «¿Es usted periodista?», me pregunta sin insistir demasiado. Efectivamente, esa era la profesión que había escrito. «Regrese dentro de dos semanas a recoger su visado».

El mismo día, acudo a la Embajada de Polonia en Berlín Este. Esta vez soy más prudente. Tomo la precaución de entablar una larga conversación con el funcionario, que conoce mis acciones. Desvío su atención. Llega, no obstante, a la fatídica palabra:

—¿Así que usted es periodista?

Antes de darle tiempo a que cambie de actitud, replico:

—No. Lo fui durante la campaña electoral. Actualmente me dedico a mi hogar.

—Bueno, ponga entonces «sin profesión» —me sugiere mientras me extiende el visado.

El 25 de agosto, sobre las 21 horas, mi tren se aleja atravesando lentamente los suburbios de Berlín. No sé si admitirlo… Por primera vez tengo realmente miedo. La manifestación que me dispongo a hacer a la mañana siguiente en Varsovia es muy distinta de todas las que he podido organizar en los países occidentales. Hay jóvenes pudriéndose en las cárceles comunistas por mucho menos. Serge, por su lado, nada más salir yo de Berlín, viaja con Arno a Bonn para esperar noticias mías en la Casa de la Prensa.

Desde hace unos instantes, un hombre de unos cuarenta años, sentado enfrente de mí, no me quita los ojos de encima. Espera a que el tren tome velocidad para entablar conversación. Es consejero de la Embajada de la RDA en Varsovia. Me siento aliviada.

—¿Conoce Varsovia?

—No. Precisamente tengo la intención de hacer turismo durante dos o tres días.

—Será un placer para mí guiarla. Mi familia se ha quedado en Berlín Este, así que tengo bastante tiempo, me encantaría enseñarle Polonia.

Una invitación muy embarazosa, ya que, si ven al diplomático en mi compañía, empezará a tener problemas en su carrera al día siguiente por la mañana. Apenas llegamos a Varsovia, de madrugada, el diplomático vuelve a la carga. Se empeña en ayudarme a encontrar un hotel. Declino amablemente el ofrecimiento.

El tiempo apremia; busco alojamiento en un albergue juvenil, donde, de momento, no tienen sitio libre, pero aceptan guardarme la maleta.

Solo me quedan unas horas para poner en marcha el dispositivo de alerta de las agencias de prensa occidentales. Me siento muy pequeña y vulnerable en esta ciudad desconocida, que cruzo deprisa. El taxista da vueltas sin éxito alrededor de la misma manzana, no encuentra la dirección del corresponsal de la AFP. El tiempo pasa. Le pido que se detenga, seguiré buscando yo por mi cuenta. Es una pérdida de tiempo. La única solución es llamar por teléfono. Suena y suena. Estoy a punto de renunciar. Contestan, pero mi interlocutor no habla francés y yo no sé ni una palabra de polaco. En un alemán muy vacilante, el hombre me explica que es carpintero y que está trabajando en las oficinas de la AFP. Consigo, pese a todo, que me indique el camino.

Después de una hora larga de espera, veo llegar a un hombre de baja estatura. Cuando habla, le noto un fuerte acento. De manera que el corresponsal de la AFP es polaco... Imposible hablarle de mi proyecto. Me pregunta.

—Soy una turista francesa. Un amigo de mi marido que trabaja en la AFP en París me aconsejó que viniera a conocerlo para que usted me facilitara alguna información sobre la ciudad.

Parece sorprendido y poco convencido. No puedo seguir así. Me arriesgo:

—¿Es usted francés, quiero decir, de nacionalidad francesa?

Abre los ojos de par en par.

—Sí, ¿por qué?

—Porque eso cambia todo. Quisiera ponerlo al tanto de una cosa. ¿Puedo hablar aquí? —le pregunto.

—No, no. Mejor vamos a mi coche.

Me siento un poco más tranquila al descubrir que su coche tiene matrícula francesa. Le expongo la misión que pretendo llevar a cabo hacia mediodía. No parece muy contento con la confidencia, la censura es muy severa. No obstante, acepta acudir al lugar de la cita. «Lo único que le pido es que pase sin dirigirme la palabra y que envíe la información a París».

Últimos preparativos. Entro al baño de un café para colocarme una cadena alrededor de la cintura, por encima del vestido, y paso uno de sus extremos por el ojal del abrigo.

Las calles se animan. Ya es mediodía. En el centro de Varsovia, en la calle Marszalkowska, la multitud es densa. Elijo con cuidado un árbol lo suficientemente fuerte. Veo uno que está cerca de un semáforo, a la altura de un paso de peatones muy ancho y concurrido. Es lo que necesito. Los automóviles, más numerosos de lo que imaginaba, se detienen a unos metros de mí. Estoy ubicada en medio del flujo de peatones que van a cruzar. El momento es propicio.

Discretamente y tan rápido como puedo, saco la cadena. Casi se me escapa de las manos. No me había dado cuenta de que estaba temblando. Paso la cadena alrededor del árbol y cierro el candado. ¿Pero qué hago con la llave? La muchedumbre pasa junto a mí. La minúscula llave minúscula en la mano me resulta pesada. Mi primera idea es tragármela. Una estupidez. ¿Y si la guardo en la boca? Lo intento. Es muy desagradable. Busco con la mirada alguna alcantarilla. No hay ninguna cerca. No había pensado en todos los detalles. Tirarla a unos metros de mí no sería muy eficaz, algunos transeúntes podrían verla. Se me ocurre una solución: meterla en uno de los intersticios de la reja que rodea al árbol y ponerle el pie encima. Los transeúntes comienzan a mirarme. Me desplazo tanto como me lo permite la cadena para repartir los pasquines. Los peatones se detienen y cogen el papel. En menos de diez minutos, mis doscientos pasquines han encontrado destinatario. Me quedo con un último ejemplar, que exhibo contra el pecho para que también puedan leerlo quienes vayan llegando:

> Ciudadanos polacos:
>
> La eliminación de los judíos que actualmente está dándose en Polonia no tiene nada que ver con una lucha contra supuestos traidores sionistas, es lisa y llanamente ANTISEMITISMO. Estas nuevas persecuciones degradan Polonia y el socialismo en todo el mundo. En realidad, están provocadas por adversarios del socialismo, ávidos de adueñarse del poder apoyándose en una base demagógica.
>
> El hitlerismo martirizó Polonia, pero recuerden que en Auschwitz y en Treblinka se exterminó a millones de judíos polacos y que la sociedad en su conjunto permaneció pasiva. En aquel momento, solo los comunistas polacos y la izquierda combatieron ese genocidio de una manera organizada.

Sigan ese ejemplo y reclamen a su Gobierno el fin de las medidas que están forzando a los últimos judíos polacos, entre los cuales hay muchos patriotas y socialistas, a abandonar su país. Quien los está llamando a la justicia no es una sionista rabiosa ni una judía, sino una antifascista alemana.

B. K.

Medalla Lambrakis, concedida en 1969
en Berlín Este por el Consejo Mundial de la Paz.

Veo a un agente de policía que se mete en una cabina telefónica y vuelve a salir sin quitarme los ojos de encima. Transcurren unos minutos. Dos oficiales bajan de un jeep y se abren paso hasta mí empujando a la gente. Uno de ellos me toma del brazo para obligarme a seguirlo. No va muy lejos: la cadena se tensa. Unos jóvenes sonríen sin disimulo. Le muestro la cadena al agente. Descolocado, gira alrededor del árbol y me reclama la llave. *Kloutch*, repite cinco o seis veces, en vano.

Va hasta el vehículo y busca en la parte trasera. Evito dar un paso por miedo a dejar al descubierto la llave, que se halla bajo mi pie. El segundo policía no se separa de mí. Intenta infructuosamente alejar a la multitud. Enfadado, agarra a un muchacho que estaba leyendo con atención mi texto y se queda con su documento de identidad.

Entre tanto, el otro policía regresa con unas tenazas para cortar hierro. Me libera sin dificultad. Durante esa espera, vi al periodista francés en varias ocasiones. Subimos al jeep y cruzamos la entrada con pesadas puertas de hierro de la Dirección de Policía. Viene con nosotros el muchacho. Me conducen a diferentes despachos hasta que encuentran a un comisario que habla alemán. Se desarrolla el clásico interrogatorio. Los oficiales son corteses, no entienden el motivo de mi manifestación pública.

—¿Tiene otros panfletos? —me preguntan.

—Sí, en mi equipaje, que está en un albergue juvenil.

Vamos inmediatamente, en coche. En el camino de vuelta, otro oficial intenta convencerme de la desaparición del antisemitismo.

De regreso a las oficinas de la policía, la polémica continúa. Un funcionario de alto rango toma el relevo. Me espeta, sin miramientos:

—Su acto es de una extrema gravedad. En calidad de extranjera, usted se ha manifestado contra un país democrático. Deberá ser juzgada por un tribunal y puede ser sancionada con dos a tres años de cárcel.

—Haga lo que le parezca.

Mi firmeza parece ponerlo en aprietos. Me deja sola durante más de dos horas. Luego regresa:

—Hemos decidido expulsarla, tomando en consideración todo lo que ha hecho antes de su error de hoy.

El vehículo de policía me conduce al aeródromo. Cogen el dinero que tengo en la cartera y con él pagan mi pasaje a París. Acto seguido, el comisario me encomienda a los pilotos franceses. Me voy de Varsovia instalada en la cabina de pilotaje del Caravelle.[3] Unos minutos más tarde, la tripulación me invita a ir en primera y me ofrece una copa de champán para celebrar mi afortunada expulsión. Serge y Arno llegan de Bonn a Orly unas horas después que yo. Festejamos el cumpleaños de Arno en familia.

Las primeras reacciones de la prensa no se hacen esperar: «Trotamundos en nombre del socialismo y el antifascismo, esta joven acaso sea un tanto excéntrica. Podemos reírnos de una amazona a la que le gusta pelear, pero siempre es consecuente con sus opiniones políticas; su mirada no está ciega a la otra realidad, también detecta los defectos de los países comunistas y los denuncia», escribe un diario democristiano de la RFA.

Viajo otra vez a Berlín, aprovechando el clima propicio: mi acción estaba destinada sobre todo a persuadir a la juventud de la RDA, así que quiero conocer la reacción en Berlín Este. En Berlín Oeste, había imaginado por un instante que mi madre cambiaría de actitud para conmigo, puesto que por primera vez la prensa conservadora me era favorable. ¡Error! Sus prejuicios son todavía más rotundos, sigue siendo totalmente alérgica a toda acción pública.

Al cruzar la línea de demarcación en el metro aéreo S-Bahn, en el puesto de control de la Friedrichstrasse siento algunos temores: ¿me dejarán pasar sin dificultad? No hay ninguna reacción y todo se desenvuelve como de costumbre. Me encuentro con un amigo

[3] Modelo de avión francés. *[N. de la T.]*

que ocupa un alto cargo en la radio y fue el primero en ayudarme a establecer algún nexo con Alemania Oriental: «Quiero mostrarte el panfleto que repartí en Varsovia», le digo, a modo de preámbulo. Con eso creo sorprenderlo, pero me contesta que ya conoce el texto entero. Me cuenta que los comunicados de agencia que llegaron a las redacciones provocaron un *shock* en muchos periodistas y dieron que pensar a algunos otros, aunque no lo exteriorizaran.

Entro luego en contacto con un funcionario del Ministerio del Interior que nos había ayudado a buscar documentación sobre Kiesinger.

—Me gustaría reunirme con usted. ¿Podemos pasar por su oficina Serge y yo?

—Creo que ya no es necesario, después de lo que ha hecho en Polonia —me responde con frialdad.

—Pero ¿por qué no denunciar el antisemitismo en Polonia?

Intento entablar una discusión para darle explicaciones, pero sin éxito.

—Está usted mirando el asunto desde un punto de vista histórico incorrecto.

Imposible avanzar, la comunicación está cortada. ¿Obtendré mejores resultados en la redacción del diario de Berlín Este *BZ am Abend*, para el que escribo con regularidad? Cuando Serge y yo llegamos, nos encontramos con el responsable de la sección Exterior, a quien le pregunto si van a publicar el artículo que les entregué tres semanas antes: «En estos momentos, no podemos publicar más artículos suyos», me responde. «No estamos de acuerdo con su acción. Por más que sea cierto que en los países comunistas hay defectos, nuestra opinión es que no hay que exponerlos, ya que es una nueva arma que se le ofrece al campo capitalista».

Tal desestimación deja al descubierto la brecha que se abre entre nosotros. El miedo a la herejía conduce al dogmatismo más cobarde.

Hago un último intento acudiendo a la Asociación de Antifascistas de Alemania Oriental. Mantenemos una conversación en un tono trivial; mis interlocutores evitan abordar el tema que me preocupa. Cuando les muestro el pasquín que distribuí en Varsovia, los viejos miembros de la Resistencia que tengo delante cambian de actitud. Uno de ellos, incómodo, me declara: «Sí, hemos oído hablar de su acción, todo el mundo habla de ello con discreción, muy pocos se atreven a hablarlo abiertamente. Muchos amigos aprueban lo que usted hace, puesto que existe desde hace mucho tiempo cierto malestar, que se manifiesta especialmente con ocasión de las ceremonias conmemorativas en Auschwitz o en el gueto de Varsovia. Allí solo acuden las delegaciones de países del Este. Hemos tratado de combatir el mal mediante algunas conversaciones con nuestros amigos polacos, pero no hemos tenido resultados».

Fue en esa época cuando mis relaciones con Alemania Oriental se deterioraron inexorablemente. Regresé otra vez más con Serge. Primero nos hicieron esperar en la frontera durante dos horas y, finalmente, nos anunciaron que ya no estábamos autorizados a entrar.

Unas semanas después de mi protesta, Willy Brandt, primer canciller de la RFA invitado a Polonia, decide arrodillarse en el memorial del gueto de Varsovia, para gran desagrado de los polacos, así como también de muchos alemanes.[4]

Más adelante, cuando Brandt recibe el Premio Nobel de la Paz, a raíz de la firma de los tratados que normalizaban la situación de la RFA con la URSS y Polonia, se me llenan de lágrimas los ojos. Y yo no soy de lágrima fácil. De todas mis iniciativas, una de las que me procuró la mayor alegría fue dar a conocer todo lo que pude, durante cuatro años, la figura de Willy Brandt; por una vez en mi vida, confié en un político. La vigorosa, la valiente *Ostpolitik* de Brandt y las relaciones humanas que este facilitó entre los berlineses del Oeste y los alemanes del Este ya tienen un lugar en la historia.

El giro de las autoridades de Alemania Oriental no altera lo más mínimo mis más profundas convicciones. Sigo pensando que toda

[4] En visita oficial a Polonia, el canciller alemán Willy Brandt, en el acto programado en el antiguo gueto de Varsovia el 7 de diciembre de 1970, decidió inesperadamente romper el protocolo. Brandt se arrodilló y pidió perdón en nombre del pueblo alemán por los crímenes cometidos durante la Segunda Guerra Mundial por Alemania. Este hecho, que se conoce en la historia alemana como Der Kniefall von Warschau, provocó la reacción de los conservadores alemanes que reprobaron el gesto, pues reprochaban a Brandt que hubiese vestido el uniforme noruego y hubiera combatido al ejército alemán durante la Segunda Guerra Mundial y, por ello, no se sentían representados por su persona. *[N. del Ed.]*

solución al problema alemán pasa por el reconocimiento de la nación alemana por parte de ambos Estados. A mi entender, la ausencia de Alemania en las Naciones Unidas es deplorable. Ya es hora de que la RFA y la RDA hagan su entrada a la vez.

Lo manifiesto públicamente unas semanas más tarde, el 23 de octubre de 1970, con motivo del vigésimo segundo aniversario de la Carta de las Naciones Unidas, que se celebra de manera oficial en la sede de la organización, en Ginebra. Yo estaba entonces en Berlín Oeste, y fue una llamada telefónica lo que desencadenó mi decisión. La madre de Michel Lang me informa de que corren ciertos rumores entre los círculos de extrema izquierda alemanes: resulta que sospechan que yo podría ser una agente de la CIA. De hecho, nuestro antecesor en el espacioso piso de la cuarta planta de la calle de Alboni, del que nos hemos mudado (y que pronto sería el decorado del rodaje de *Último tango en París*), para regresar al apartamento de dos ambientes de mi suegra, era el responsable de la CIA en París. Eso es lo que afirmaba un folleto soviético que daba su nombre y su dirección. Estoy atónita. Pero pensándolo bien, la lógica es implacable. La forma que tienen los distintos sistemas, sean estos capitalistas o comunistas, de defenderse contra las personas que denuncian sus excesos es idéntica en todas partes. Hace dos años, la prensa de extrema derecha argumentaba que yo era una agente a sueldo de Walter Ulbricht. Contaban que en cada uno de mis viajes a la RDA recibía directamente instrucciones suyas. Hoy están intentando mancharme en los círculos de extrema izquierda de Alemania Occidental. No voy a pasar por alto semejante calumnia. Contestaré a mi modo, mediante un acto movilizador simple, nítido, público, que probará que mi línea no cambia.

Para llevar a cabo el proyecto que tengo en mente, necesito panfletos y dos grandes banderas de las dos Alemanias. Consigo la dirección de un fabricante en la guía telefónica. ¡Qué sorpresa cuando me entregan las dos banderas! ¡Cada una mide 2,50 x 1,50 metros! Mi idea era fijarlas a dos palos de escoba, pero es imposible, necesito dos astas. Y la cosa se complica aún más cuando, al día siguiente, tomo el tren en Berlín rumbo a Ginebra. El paquete es demasiado largo, no cabe a lo alto, tengo que colocarlo tumbado en el suelo, y eso estorba a los otros pasajeros del compartimento. En el puesto fronterizo suizo, un agente aduanero suspicaz quiere conocer el contenido del voluminoso bulto: «Son banderas de mi país. Voy a participar en una reunión internacional de la juventud», le digo sin inmutarme.

En Basilea, tengo que cambiar de tren en plena noche. Me quedo dormida sobre la maleta, en el andén, apoyada sobre el enorme envoltorio, del que no me separo ni un segundo.

Alrededor de las seis de la mañana, el tren entra en la estación. Me precipito dentro para seguir durmiendo en un compartimento más cálido que los andenes congelados, siempre con el paquete a mi lado.

En Ginebra, me apeo, con el voluminoso equipaje a cuestas. Varios fotógrafos me están esperando en el andén. Los había advertido de mi llegada antes de irme de Berlín. Cargada como estaba, subo a un taxi con techo solar y nos dirigimos sin más tardar a la sede de las Naciones Unidas.

No sé quién me habrá denunciado, pero el servicio de seguridad de las Naciones Unidas está avisado de mi visita y tiene la consigna de impedirme el paso. Están al acecho de la llegada de una muchacha sola enarbolando dos banderas, o quizá de un grupo de jóvenes caminando. En ningún momento prestan atención a los taxis. Así es como logro entrar por la gran puerta sin dificultad.

De casualidad, me encuentro con una multitud de congresistas en la escalinata. Sin perder un instante, desenvuelvo las dos banderas. Un muchacho me ofrece su ayuda. Las clavo, con las dos astas cruzadas, en la fachada, cerca de la entrada, y me pongo a repartir de inmediato los doscientos pasquines impresos en Berlín Oeste. La reacción del personal de seguridad de las Naciones Unidas no tarda en llegar. Comienzan arrancando la bandera de la RFA, luego la de la RDA, pero los fotógrafos tuvieron todo el tiempo necesario para hacer su trabajo.

En el otoño de 1970, también viajo a Londres para protestar contra las medidas de expulsión tomadas contra Rudi Dutschke por el ministro británico del Interior, Reginald Maudling. Recorro las redacciones de los grandes diarios de Fleet Street. En contra de la opinión inglesa, insisto en que Dutschke había sido confundido por un fanático que se identificaba con Hitler.

Se publican algunos artículos. El antiguo primer ministro, Harold Wilson, me responde. Me promete que intervendrá. Y lo hará, pero las gestiones no darán fruto. Dutschke tomará de nuevo el camino del exilio hacia Dinamarca, donde morirá sin haber alcanzado el destino que merecía.

Rumbo a Checoslovaquia

Aquella noche del 7 de enero de 1971, la sala de la Mutualidad está atestada. El 14 de diciembre de 1970, dos de los cinco acusados en los juicios de Leningrado[1] fueron condenados a muerte. Yo había participado junto con la Liga Internacional contra el Antisemitismo (LICA) y miles de judíos en el desfile que se hizo desde la sinagoga de la Victoria hasta la Trinidad; había participado en la manifestación de la plaza del ayuntamiento. Hoy la izquierda había lanzado un llamamiento. Me habían pedido que hablara. A mi lado, en la tribuna, Jean-Paul Sartre, el profesor Laurent Schwartz, Daniel Mayer, presidente de la Liga de Derechos Humanos, el escritor Vercors, el historiador y presidente de Amistades Judeocristianas, Jacques Madaule, y Eli Ben Gal, representante del partido israelí Mapam en Europa. Observo que hay muchos jóvenes. Cuando pronuncian mi nombre, estallan los aplausos. Me siento muy emocionada. Un rato después, Eli Ben Gal se me acercará, me dará la mano y me dirá: «Es la primera vez en mi vida que le doy la mano a un alemán; después de lo que has hecho, puedo y debo hacerlo». Me escribe unas palabras en la hoja del programa. «A Beate, que me aportó algo único en mi vida, la esperanza de una reconciliación entre nuestros dos pueblos algún día y, hasta tanto llegue ese lejano momento, una amistad verdadera».

¡Cuánto camino recorrí, por terrenos muy escabrosos, desde aquel día del verano de 1966 en que, en un kibutz de Galilea, una muchacha me explicaba que en su casa no aceptaban a los alemanes! ¿No debemos los alemanes hacer algo más que vivir apaciblemente,

---

[1] Proceso judicial que se llevó a cabo bajo el régimen estalinista contra miembros del Partido Comunista y altos funcionarios. *[N. de la T.]*

para acceder al corazón del pueblo judío, para poder acercar nuestra mano a la mano de un judío sin que este tenga reservas?

En la sala de la Mutualidad, un periodista de la agencia de prensa alemana está tomando nota. Enviará a Hamburgo un detallado informe de la reunión y expresará su emoción al ver que tantos judíos reciben así a una alemana. Ese párrafo será censurado: los alemanes no deben tomar conciencia de que la escandalosa vía que he elegido desemboca en un respeto tan difícil de conquistar para ellos, el respeto de los judíos.

Esa tarde, hablo con más calidez de lo habitual; siento que mi voz alcanza a cada uno de los auditores. Acaso sea porque el combate que anuncio pronto va a conocer un nuevo escenario, el de otro país del Este, Checoslovaquia:

> La expulsión de muchos judíos socialistas de Polonia, la insidiosa persecución de algunos miles de ellos que no se resignan a abandonar su país, la condición de inferioridad reservada a la mayoría de los judíos soviéticos, los obstáculos que les impiden vivir y expresarse en calidad de nacionales judíos, o incluso emigrar; el reciente juicio de Leningrado y su terrorífico veredicto: todo ello es antisemitismo. Al igual que los venenosos ataques centrados en el origen judío de algunos exdirigentes checos. ¡Debemos ser lúcidos! Todo eso es antisemitismo, que se desarrollará y afianzará aún más si, fuera de los países del Este, los partidos comunistas, las fuerzas de izquierdas, los antifascistas no comprometen todas sus fuerzas para dar esa batalla.

Hablo del antisemitismo en el Este en varias ocasiones más. Una viva efervescencia agita los círculos judíos y siento en todas partes (desde las grandes salas parisinas hasta los pequeños recintos repletos de los suburbios) hasta qué punto se aprecia la presencia de una alemana de izquierdas junto a los judíos de la URSS. Los comunistas occidentales niegan la voluntad de muchos judíos soviéticos de emigrar hacia Israel. Incluso en Bruselas, en febrero de 1971, veré a una delegación judía soviética afirmar que no hay problema judío en la URSS. Sin embargo, es obvio que el problema existe y que no basta con negarlo para resolverlo.

Pero no puedo conformarme con hablar, la situación reclama más que eso. No me basta con añadir mi firma al pie de comunicados y peticiones. Máxime porque en la RDA, el *Neues Deutschland*, órgano del partido, acaba de tomar una posición antisemita al aprobar la sentencia de muerte de Leningrado.

Si a los alemanes de la RDA los someten a semejante lavado de cerebro, tengo que intentar una vez más oponerme públicamente a esa odiosa política, de modo que mi voz llegue a los ciudadanos. Aún queda un buen número de antiguos nazis reubicados en el área de la propaganda de la RDA. No están en puestos determinantes, pero sí pueden desempeñar un papel eficiente. La ocupación de Checoslovaquia, la persecución de los judíos en la URSS, las buenas relaciones que mantiene la RDA con los países árabes les dan ocasión para levantar cabeza.

A principios de aquel 1971, asistíamos en Checoslovaquia a un recrudecimiento del antisemitismo: el diario *Pravda* de Bratislava acababa de atacar a los «intelectuales judíos que pudieron ocupar numerosos cargos excesivamente elevados en la vida cultural checoslovaca». El 13 de enero, Radio Praga hacía públicas las conclusiones del Comité Central del PC checo del 10 de diciembre de 1970, en las que se acusaba a algunos elementos sionistas de haber desempeñado un papel considerable en los acontecimientos que provocaron la intervención soviética. Cuando se refiere a un exdirigente de origen judío, la radio opta por insistir en su origen añadiendo «Ben...» después de decir su nombre, o incluye frases tales como «admirador de Lev Davidovich Bronstein, más conocido con el nombre de Trotski».

El 8 de febrero iba a comenzar el juicio de veintiséis jóvenes trotskistas, acusados de haber ejercido sus actividades en círculos estudiantiles y obreros y, según informa Radio Praga, de «haber pretendido derrocar el régimen socialista no solo en Checoslovaquia, sino también en los demás países socialistas, entre ellos, la URSS». Una acusación monumental. Aproximadamente la mitad de esos jóvenes son judíos, y sus nombres, repetidos muy a menudo, incitan a la población a admitir que los «desviacionistas» de derechas o de izquierdas están animados en realidad por elementos «sionistas».

Decido actuar ante el Tribunal el día en que da comienzo el juicio. Es más, esa fecha tiene una gran ventaja, ya que, hojeando *Neues*

Deutschland, me entero de que el primer ministro de la RDA, Willi Stoph, debe llegar el 7 de febrero a Karlovy Vary, Checoslovaquia, para someterse a una cura de reposo. No cabe ninguna duda de que Gustáv Husák, primer secretario del PC checo, que me había conocido en Berlín Este, los checos y sobre todo los especialistas soviéticos que supervisan sus servicios especiales esperarán una respuesta de los alemanes del Este. Y estoy casi segura de que la RDA no querrá que sus jóvenes se manifiesten si me juzgan y me encarcelan en Checoslovaquia. No podrían ocultar la verdad, que les llegaría a través de la información proveniente de la RFA. Esa verdad suscitaría vivas protestas en los jóvenes, en particular entre los estudiantes, tema sobre el que Willi Stoph, estando presente, algo tendría que decir. Sé, además, por un periodista holandés que, al menos hasta mi actuación en Polonia, Stoph apreciaba en gran medida mi lucha. En cualquier caso, él y otros dirigentes de la RDA van a tener que resolver un dilema moral: ¿abandonar en la cárcel a una alemana sabiendo que lo que dice es cierto o intervenir en favor suyo, más allá de los inconvenientes que esto les pueda generar? Máxime porque en la RDA pudieron darse cuenta de que mi acción en Polonia había metido el dedo en la llaga, ya que, mientras tanto, los disturbios en los grandes puertos habían provocado el remplazo de Gomulka por Gierek.[2]

La cuestión del visado era importante. La secretaria checa de la Embajada en París podía conocer mi nombre o mi acción de Varsovia y desconfiar al verme solicitar un visado para Checoslovaquia. De modo que, en el consulado, adonde acudí con Arno, hice el papel de una burguesa bastante esnob interesada en un viaje de placer a un país un poco «exótico». Arno se subía a los muebles, se sentó a la altura de la ventanilla y arrojó al aire los formularios que me habían entregado: yo lo dejaba. La secretaria nos despachó rápidamente y me extendió el visado en el acto, reservándome por télex una habitación de hotel. Saqué un billete de avión de itinerario circular París-Viena-Praga-Colonia-París y metí en la maleta trescientos panfletos, en francés y en checo.

La separación de la familia fue muy difícil: mi suegra, desfigurada por la angustia, ya me veía ahogada en el Moldava, como le había

[2] Uno sucede al otro en el puesto de primer secretario del Partido Obrero Unificado de Polonia. *[N. de la T.]*

ocurrido a un dirigente judío del «Joint»[3] en Praga, en 1968, por obra de los servicios checos. Serge no dominaba del todo su preocupación. Por primera vez, Arno no estaba al tanto.

Me despido de Serge en Orly. Mientras me alejo, nos miramos con intensidad. Creo que las parejas que viven de una manera deliberada con un ideal y en un clima de peligro tienen muchas más posibilidades que las demás de ver crecer su amor con el tiempo. No se trata de dejar que el otro viva, sino de vivir verdaderamente juntos.

Aterricé en Viena el sábado 6 de febrero. Desde allí quería viajar en tren hacia Praga, porque la policía aeroportuaria es mucho más escrupulosa que la ferroviaria y, si desembarcaba en Praga, no tenía ninguna posibilidad de pasar inadvertida; era muy probable que descubrieran los panfletos. En el aeropuerto, cuando presenté el pasaporte, los agentes aduaneros austríacos me hicieron esperar una hora: estaba en la «lista negra».

Una vez que encontré un hotel, llamé por teléfono a Simon Wiesenthal, y esa misma noche nos reunimos en un café. Lo puse al corriente de mi iniciativa y me brindó algunos datos adicionales, en particular, que el juicio a los trotskistas no comenzaría el 8 de febrero, ya que las autoridades checas temían que provocara incidentes en el Congreso de la Juventud Comunista Internacional, que tenía lugar esos días en Bratislava.

Wiesenthal aprobaba mi acción, pero estaba muy preocupado: «No es un país como los demás. Aquí la policía es mucho más severa. Corres un serio riesgo de que te retengan por mucho tiempo». Yo lo sabía: porque una joven alemana del Oeste, de veinticuatro años, Sibylle Plogstedt, que se había involucrado en el juicio a los trotskistas, había sido detenida en Praga, en diciembre de 1969. La acusaban de haberles llevado libros «subversivos» a sus amigos checos y de haberlos ayudado a redactar algunos de sus panfletos. Estaba detenida en prisión preventiva desde hacía catorce meses.

Mi mayor temor era no poder informar a nadie sobre mi arresto y desaparecer. Desde luego que tenía las direcciones de distintos

[3] American Jewish Joint Distribution Committee. *[N. de la T.]*

corresponsales de prensa occidentales en Praga. Pero primero tenía que poder entrar en contacto con ellos sin despertar sospechas. Serge y yo habíamos acordado que, si lograba acercarme el domingo a alguno de ellos, enviaría un telegrama a París confirmando mi acción: «Llegué bien, ciudad maravillosa».

El domingo tomé el tren. Mis trescientas octavillas en papel ligero estaban escondidas en el forro de una pequeña bolsa de viaje repleta de provisiones. En particular, llevaba un camembert cuyo avanzado estado de maduración provocaría, eso esperaba yo, que hasta el agente aduanero más concienzudo retrocediera. También había comprado un enorme ramo de flores que de inmediato atraía las miradas y fingía un aspecto frívolo. En una palabra, era una persona lejos de toda sospecha.

Todo se desenvolvió con normalidad: el joven policía me sonrió mirando distraído mi pasaporte, abrió mi maleta sin ningún cuidado, sin siquiera echar un vistazo a la bolsa con las provisiones. No obstante, tuve que liberarme de un arquitecto austríaco que quería a toda costa enseñarme Praga y que corría el riesgo, si lo veían conmigo, de tener que incluir en su programa una visita a las prisiones checas.

Cogí un taxi desde el hotel Flora hasta la casa del corresponsal alemán de la DPA, que vivía bastante lejos del centro de la ciudad. Ya estaba oscuro, y me encontré delante de una hilera de edificios tristes. Subí al tercer piso. No respondió nadie. Me senté en un escalón, a esperar. Me fui al cabo de una hora, porque tenía demasiada prisa: debía organizar el dispositivo con la prensa esa misma noche.

Fui a casa del periodista inglés de Reuters, que vivía en el centro. Después de escucharme, me explicó que en Praga no había antisemitismo. Así y todo, le di la hora y el lugar de la cita. Había elegido como teatro de mi intervención la Facultad de Filosofía, a la que asistía la mayoría de los estudiantes acusados en el juicio.

Como el hombre no me pareció muy fiable, también acudí a casa de un periodista alemán que trabajaba para la radio de Colonia. Su mujer estaba sola, él se encontraba cubriendo el Congreso de la Juventud Comunista en Bratislava. Llamó a un camarógrafo del segundo canal de televisión de la RFA y pasamos el resto de la velada juntos en un café, donde por fin pude hablar libremente, ya que la mujer estaba obsesionada con que había micrófonos en su casa. Llegué al hotel a la una de la mañana, envié el telegrama a Serge como habíamos quedado y pasé una pésima noche.

El lunes salí sobre las diez de la mañana y paseé por las calles de Praga durante dos horas. Al igual que en Varsovia, lamentaba no poder visitar más en profundidad la ciudad, tan bella. Había nevado, las calles estaban cubiertas de barro. Me refugié en un café para entrar en calor. Había muchos jóvenes charlando alegremente. Yo estaba crispada.

Al mediodía llegué a la Facultad de Filosofía, que daba a una gran plaza, y saqué mis octavillas. Por un lado, decía en grandes caracteres y en checo: «Contra la reestalinización, contra la represión, contra el antisemitismo». En el reverso, un mismo texto en francés y en checo:

> Ciudadanos checoslovacos:
>
> Quien les habla no es judía, sino una antifascista alemana. En nombre de todas las fuerzas de la izquierda, he dirigido la campaña de los jóvenes alemanes contra el canciller nazi Kiesinger. Por darle una bofetada, fui condenada a un año de prisión.
>
> Hoy en Praga, como el 26 de agosto de 1970 en Varsovia, apelo a los ciudadanos de un país del Este para que se opongan a la ola de antisemitismo provocada en los países socialistas por los partidarios de la reestalinización.
>
> Bajo influencia de los proestalinistas, la propaganda checa afirma sin cesar que la crisis de 1968 se debió al papel nefasto y antinacional de los «sionistas». Esa propaganda destaca una y otra vez el origen judío de determinados dirigentes liberales y quiere convencerlos a ustedes de que no hay que establecer ninguna diferencia entre un judío y un agente sionista. Todo eso no es antisionismo, sino antisemitismo; prepara juicios prefabricados a la Slansky[4] por la necesidad demagógica de encontrar un chivo expiatorio.
>
> No dejemos que ese antisemitismo desacredite al socialismo. Para los antifascistas occidentales sin orejeras, no hay otra solución que actuar abiertamente contra él y contra quienes lo propagan: como en la URSS, donde se vulneran los derechos nacionales de los judíos; como en Polonia, donde el

[4] Militante comunista y secretario general del Partido Comunista checo después de la Segunda Guerra Mundial. Fue ejecutado tras los juicios de Praga, acusado de estar al servicio del imperialismo estadounidense. *[N. de la T.]*

ultranacionalista Moczar[5] accede al Politburó mientras a los militantes comunistas judíos los expulsan de su patria; como en la República Democrática Alemana, donde el *Neues Deutschland* se atreve a aprobar sin reservas el veredicto de muerte del juicio de Leningrado.

Ciudadanos checoslovacos, no se dejen contagiar, ¡resistan al antisemitismo!

Un estudiante que hablaba alemán leyó el texto y me preguntó si yo era realmente Beate Klarsfeld. «Conocemos todas tus acciones contra Kiesinger, hablamos mucho sobre el tema en clase. Es extraordinario lo que haces, pero ten cuidado, la policía es muy dura. Tendrías que irte enseguida». Se quedó con unos veinte panfletos y me prometió que los repartiría entre sus amigos.

Tres cuartos de hora después, fui a la plaza de Wenceslao. Había muchísima gente, pero todos eran tan prudentes que debía insistirles para que aceptaran las octavillas. Unos minutos más tarde, pasó un policía y se puso a observar la escena. Le di un folleto de inmediato. Entró en una cabina telefónica muy cerca de donde estábamos y lo vi leer el texto en voz alta. No me había equivocado. Unos instantes después, otro agente me sujetó con brutalidad, me arrancó los panfletos y me empujó dentro de un coche patrulla. Siguió una larga comunicación por radio y el coche se dirigió hacia un gran edificio moderno, situado en una calle estrecha. Debía de ser la Dirección de Policía (en realidad, nunca supe dónde estaba exactamente).

Me llevaron a un despacho pequeño, donde me recibió un comisario de unos cincuenta años, corpulento, de traje oscuro y rostro ancho, bastante jovial, que iba endureciéndose con cada pregunta; hablaba alemán bastante bien. Vació mi bolso sobre la mesa y desparramó todos los objetos, después de haber anotado mis datos. Luego hizo una llamada telefónica para pedir un intérprete, a quien esperamos casi una hora en silencio.

La puerta se abrió y entró un hombre de sesenta años, bastante flaco: llevaba un larguísimo abrigo de cuero gris oscuro con un cinturón, muy al estilo Gestapo. Se me puso la piel de gallina. Era el intérprete oficial, un antiguo austríaco. Comenzó entonces un

[5] Dirigente comunista polaco. *[N. de la T.]*

interrogatorio extremadamente minucioso que duró varias horas. El comisario quería saberlo todo (un secretario iba escribiendo a máquina el acta): ¿Quién había redactado los panfletos? ¿Quién los había traducido? ¿Con qué máquina los habían imprimido? ¿Quién me había dado el dinero? ¿Por qué había tantos visados de la RDA en mi pasaporte? ¿Quiénes eran mis amigos en la RDA? ¿Estaban al tanto de mi viaje a Praga? Por lo general, opté por responder la verdad, lo cual simplificaba el procedimiento. En las paredes de la sala había un cartel contra el encarcelamiento de Angela Davis.[6]

La primera fase del interrogatorio había culminado. El comisario, un inspector y el traductor me llevaron al hotel, a buscar mi equipaje. Al bajar, cruzamos un patio rodeado de ventanas con barrotes. La situación era tan agobiante que, mientras esperábamos en el vehículo, le dije al comisario:

—Usted sabe que mañana estarán obligados a soltarme, como en Polonia. No pueden permitirse censurar el antisemitismo.

—No, no —me dice—. En Polonia, pudieron pasarlo por alto. Es más, coincido plenamente con usted, porque allí hay un antisemitismo pronunciado: no es un antisemitismo gubernamental, es un antisemitismo anclado en el pueblo polaco. No es el caso de Checoslovaquia. Usted debería haber venido de viaje, pedir que le mostraran el país y así habría podido darse cuenta de que aquí no hay antisemitismo. Además, usted escribió: «Contra la reestalinización, contra la represión». Sin Stalin, los nazis habrían ganado y los judíos habrían sido exterminados.

—No pongo en el mismo plano el antisemitismo en Polonia y el que existe en su país —le expliqué—. Sé que el pueblo checo no es antisemita, pero hay un equipo en el Gobierno, sobre todo en la propaganda, que utiliza el antisemitismo como chivo expiatorio para todos los problemas.

—¿Cómo pudo repetir la misma acción en dos países del Este? Entenderá muy bien que esa repetición es fatal para usted. Aquí vamos a ser más firmes: nos ha calumniado y ha actuado contra Checoslovaquia, de modo que se quedará un tiempo con nosotros.

---

[6] Filósofa y activista afroamericana que en 1969 fue expulsada de la Universidad de California, donde daba clases, a raíz de su afiliación al Partido Comunista. *[N. de la T.]*

Me ganaba la preocupación. Estaba aislada del exterior. En el Oeste se puede contar con un abogado, pero en el Este ¿con quién se puede contar?

Mientras subimos a mi habitación, tres policías vigilaban el pasillo. Me vaciaron por completo la maleta y el bolso de viaje. Hurgaron debajo del colchón, debajo de la colcha, en los armarios, donde encontraron un paquete de octavillas que yo había dejado; incluso le dieron vuelta a la alfombra e inspeccionaron con sumo cuidado el baño.

De pronto, vi que el que estaba con mi maleta había pasado la mano por debajo del forro y estaba sacando algo. Acababa de descubrir unos diez trozos de microfilmes; intentaron descifrarlos a la luz de una lámpara. Los microfilmes contenían listas de nombres de judíos checos asesinados por los nazis durante la guerra y condecorados a título póstumo por el Gobierno checo; los había llevado adrede para poner furiosa a la policía... Serge los había encontrado en el Centro de Documentación Judía Contemporánea (CDJC). Se nos había ocurrido que los agentes enseguida se pondrían a investigar y que, tras verificar algunos nombres, entenderían el engaño y su significado, comprenderían que nos habíamos burlado de ellos, puesto que descubrir microfilmes es el sueño de todo policía. De hecho, nadie jamás volvió a mencionármelos.

Tenía hambre, porque me había saltado el almuerzo. El comedor del hotel era lujoso, y de la cocina llegaban unos exquisitos aromas. Pensé: «Más vale hacer una buena última comida», y el comisario aceptó. Nos instalamos los cuatro en una mesa, rodeados de turistas extranjeros. Los policías solo se pidieron una cerveza; yo elegí en el menú platos abundantes y caros, *shashlik* y media botella de vino.

Eran más de las ocho de la noche cuando regresamos al mismo despacho, después de que el coche patrulla frenara en el camino para comprar tres sándwiches. Los policías tenían prisa por volver a sus casas y dejaron el interrogatorio para la mañana siguiente. Me anunciaron que pasaría la noche allí, en una celda en la planta de más abajo. Al otro lado de una gran reja, me condujeron hasta una especie de sótano sucio. Dejé todas mis pertenencias en un despacho que se encontraba de camino, todo quedó cuidadosamente guardado en un sobre. No me quedé con casi nada encima, excepto un pañuelo, que más tarde hizo las veces de manopla para lavarme.

Estaba, en el fondo, muy contenta después de todo lo que había acontecido aquel día y, como en Berlín, pensaba que encontraría en la celda una cama para echarme. Pero era un agujero negro de cuatro por cinco metros, donde había ya dos chicas acostadas en el suelo. Había colchones; el mío todavía estaba enrollado y apoyado contra la pared, sin sábanas; estaba mugriento. Me dieron una manta dura y sucia, que apestaba. Las chicas solo hablaban en checo. Una de ellas me ayudó a preparar la cama. Me acosté vestida, como ellas. Habían dejado las bragas y los calcetines secándose en la ventana. Dormí mejor que la noche anterior.

A las seis de la mañana, alguien dio unos toques en la puerta. Una de las muchachas golpeó la pared, yo no entendía por qué. Después de tres o cuatro golpes, de pronto brotó agua de la pared. Pasaba por un tubito imperceptible, solo sobresalía unos pocos centímetros. El rincón servía, entre otras cosas, como baño, y estaba rodeado por una cortina desgarrada que no se podía cerrar. Al lado había un balde tan repugnante que creí que era un balde higiénico. En absoluto: era el cubo en el que las muchachas recogían el agua para todo el día. Las checas estaban acostumbradas; ahorraban cada gota. Se lavaban los dientes, la cara, luego la ropa. Realmente estaban bien organizadas. Una de ellas incluso limpió la celda con lo último que quedaba del líquido negruzco. Luego ordenamos los colchones y doblamos las mantas.

Solo nos custodiaban hombres, que aprovechaban para mirarnos con bastante frecuencia por una especie de mirilla. Sobre todo, porque las checas llevaban faldas que les llegaban hasta la mitad del muslo; la que limpiaba no se puso las bragas hasta que terminó la tarea. El espectáculo debía de parecerles interesante.

La ventana de la celda daba al patio que yo había cruzado el día anterior. Solo podía entreabrirse, y el olor que venía del rincón donde estaba el hueco del baño era particularmente nauseabundo. En el centro, una mesa y taburetes. Las paredes habían sido pintadas hacía algún tiempo de gris. El suelo estaba cubierto por un linóleo medio rasgado. A las seis y media llegaba el desayuno: un café con leche sumamente dulce y un grueso trozo de pan negro duro.

Yo estaba esperando que vinieran a buscarme a la celda. Una de las chicas, grandota, no dejaba de llorar. La habían interrogado una o dos veces esa mañana. Cada vez que regresaba tenía mucho que contarles a las demás, que trataban claramente de calmarla. La más joven, la que había limpiado el suelo, cantaba canciones occidentales de moda. También golpeaba la pared que daba a la celda contigua, desde donde le respondían unas voces masculinas. Me habría gustado saber cuánto tiempo llevaban encerradas y por qué motivo, pero toda conversación era imposible. Reinaba el buen humor. De vez en cuando, las chicas golpeaban la puerta. Llegaba el guardia y casi sistemáticamente le pedían un cigarrillo. Pronunciaban grandes discursos riendo y el guardia cedía. El resto del tiempo estaban ocupadas fabricándose sus propios cigarrillos, con las colillas, algunas migas de pan y un poco de polvo; saboreaban cada calada. Con la miga de pan que no comíamos, la jovencita alegre esculpía pequeñas estatuillas.

El día transcurrió despacio. Al mediodía sirvieron una sopa con repollo y un trocito de carne en medio de una grasa tremendamente espesa. La degusté con precaución, pero el caldo estaba tan salado y grasiento que paré; no era recomendable que me doliera el estómago en ese pequeño calabozo.

Por la tarde, empezó a dolerme la espalda de estar sentada en el taburete. Desenrollé el colchón y me eché encima. Tras unos minutos, se abrió la puerta y el guardia me gritó algo. Yo sabía lo que quería, pero fingí no entenderlo. Cuando volvió a pasar y vio que seguía acostada, entró furioso en la celda, me agarró del brazo, me levantó bruscamente y tiró el colchón contra la pared. Esa vez sí había entendido.

Estaba preocupada. El día anterior me habían dicho que me interrogarían por la mañana, y nadie había venido aún a buscarme.

Hacia las seis de la tarde, se abrió la puerta de la celda de golpe. El guardia me llamó y me hizo salir. Me empujó hacia el pequeño despacho donde había dejado mis pertenencias el día anterior; me lo devolvieron todo. En una dependencia más amplia, al final del pasaje subterráneo, reconocí a uno de los policías, sentado en una silla. Delante de una mesa grande había un joven rapado, mejor vestido que sus colegas, que me explicó en un alemán casi incomprensible: «La vamos a expulsar inmediatamente de Checoslovaquia. Ya hemos preparado todo. Un coche la está esperando y la llevará hasta la frontera austríaca más cercana».

Vi en un rincón una cámara dirigida hacia mí y, en una mesa baja, una grabadora encendida. El muchacho abrió un expediente, sacó una hoja y comenzó a leer en checo. Me interrogó. Le respondí que no entendía; me resumió el texto en alemán.

Solo capté que hablaba de infracciones a alguna ley checoslovaca y de cuatro años de prohibición de entrada al país. Me alcanzó un lápiz y me pidió que firmara. Grababan todo lo que decía, mientras la cámara seguía filmándome. Cuando salí del despacho, otro joven me siguió, esta vez con una cámara portátil. La escena no debió parecerle buena, porque tuve que repetir la salida tres o cuatro veces. Me permitieron asearme en un baño, esta vez bajo la vigilancia de una mujer. Entretanto, había recuperado mi equipaje y, una vez vestida, salí al pasillo, con el abrigo y el gorro de piel puestos. El cámara seguía allí y no dejaba de filmarme.

Delante del edificio, en el otro lado de aquella callecita estrecha, un vehículo negro, grande, bastante extraño —un Tatra, creo— estaba esperando, con un chofer y un policía. Subí detrás con la mujer que me había vigilado en el baño y otro oficial. Para satisfacer al cámara, tuve que repetir la escena varias veces; a lo mejor se trataba de un principiante, a lo mejor quería filmarme desde distintos ángulos. Hacia medianoche, después de cuatro horas de ruta, llegamos a un pequeño puesto fronterizo, en medio de un bosque. Hacía mucho frío y la capa de nieve era muy espesa. Después de algunos trámites, me pusieron el equipaje en la mano y, escoltada por dos policías y un agente aduanero de uniforme, me dirigí hacia el puesto fronterizo austríaco.

De pronto, ambos policías se detuvieron sin decir nada. Todavía había algunas linternas en el camino; luego nada más, la oscuridad total. El agente de aduanas me dio a entender entonces que él no podía ir más lejos. Hundiéndome en la nieve, avancé rumbo a Austria. Me precipité hacia la lucecita que veía a lo lejos. Era un puesto fronterizo minúsculo. Cuando entré, dos oficiales austríacos uniformados me miraron muy sorprendidos, como si fuera una aparición. ¿Quién podía cruzar la frontera a esas horas?

—¿Viene usted en automóvil?

—No —digo—, vengo andando.

—Pero ¿de dónde viene?

—Acaban de expulsarme de Checoslovaquia.

—¡La expulsaron! Tiene suerte de que la hayan expulsado y no retenido —me dijeron.

Eran anticomunistas acérrimos y se mostraron muy dispuestos a ayudarme a encontrar una habitación.

Cuando llegó el remplazo, hacia las doce y veinticinco, todo estaba arreglado. Los dos oficiales explicaron mi presencia. El recién llegado volvió a mirar mi pasaporte, que se encontraba sobre el escritorio. Comenzó a reprenderlos: «No había que visarle la entrada sin pedir previamente autorización a la policía de Viena». Los llamó a un lado y oí que pronunció en varias ocasiones el nombre de Kiesinger. Por supuesto que no habría respuesta de Viena hasta el día siguiente. El agente de aduanas que quería acompañarme en coche no podía esperar más. Insistí para que llamaran a Viena con urgencia, no tenía ningunas ganas de pasar el resto de la noche en aquel puesto: «Vamos a ver, ¿por qué esperar un permiso de Viena? No me pueden devolver a Checoslovaquia, allí nadie me quiere. Y yo, por mi parte, no tengo intención de quedarme en Austria, solo quiero tomar un avión en Viena».

Mis argumentos no tuvieron efecto alguno. Terminé pasando la noche sobre dos sillas, ante los ojos de aquel muchacho encantador.

A las seis de la mañana, llegó la respuesta de Viena: podía entrar a Austria. Fui a la capital austríaca en autobús y en tren. Desde allí, llamé a París; tranquilicé a mi suegra y me enteré de que Serge había viajado a Bonn, como estaba previsto. Cogí un avión que despegaba hacia Fráncfort, donde tenía que hacer trasbordo hacia Colonia. A las cuatro de la tarde, me encontraría con Serge. Él era quien había difundido la noticia de mi detención el lunes al mediodía, ya que los periodistas que habían presenciado el hecho no lo habían comunicado: la censura se había mostrado muy severa. Serge había llamado al hotel Flora, en Praga, donde no habían sabido qué contestarle, excepto que me había ido. Como él estaba al tanto, gracias a mi telegrama, de que yo había entrado en contacto con las agencias occidentales, había llamado a las de París y les había pedido que preguntaran a sus corresponsales en Praga sobre mi paradero. Así fue como confirmó mi arresto. El martes por la mañana, la prensa lo publicaba, lo cual tal vez incidió en mi expulsión. Supe más tarde que Willi Stoph había intercedido en mi favor de inmediato. Me gusta pensar que fue por un arrebato de conciencia; acaso también para no arruinar su estancia en Checoslovaquia.

El 2 de marzo, en uno de sus discursos para uso interno, Gustáv Husák criticó mi «mala conducta» en Praga, seguramente porque la radio anticomunista Free Europa había hecho mucho ruido aprovechando el episodio y porque yo había explicado en una entrevista destinada a Checoslovaquia las razones que me habían incitado a actuar.

Mi función no es agradar, sino decir la verdad lo más fuerte posible y, si es preciso, con brutalidad. Ya tenía prohibida la entrada en la RDA, no tardarían ya en detenerme en la RFA.

Serge

Contra la impunidad de los criminales nazis en Francia

Cuando la Wehrmacht evacuó el territorio francés, los policías alemanes, que constituirían lo esencial de aquellos contra quienes la justicia militar francesa instruiría procesos penales, se habían replegado sin problema al mismo tiempo que las tropas alemanas. Entre ellos, se encontraban los dirigentes de la SIPO-SD, la policía de seguridad y el servicio de seguridad. Estructurada según el modelo de su centro director, la Oficina Central de Seguridad del Reich (RSHA), la SIPO-SD en la Francia ocupada constaba de un departamento IV, la Gestapo, encargada de la lucha contra los terroristas y los judíos.

La siniestra reputación de ese departamento se propagó tan rápidamente que el nombre «Gestapo» se utilizó para toda la SIPO-SD. Si bien la justicia militar francesa juzgó a los pocos criminales alemanes que pudo apresar, los demás se mantuvieron prudentemente apartados de la zona de ocupación francesa en Alemania, a menudo bajo nombre falso. Muchos de ellos habían sido policías o agentes secretos antes de 1939. Después de 1945, los protegieron sus antiguos colegas que habían permanecido o vuelto a las filas de la policía alemana de la posguerra. En lo que se refiere a los dirigentes del nuevo servicio federal de inteligencia de la RFA, el Bundesnachrichtendienst, dedicado desde la Guerra Fría a la lucha anticomunista, rescataron, con la anuencia de Estados Unidos, a un sinnúmero de especialistas en la lucha «antisubversiva». Esos especialistas eran antiguos miembros de la Gestapo y del Servicio de Seguridad (SD), lo que explica que no solo no tuvieran que ocultarse demasiado, sino que hasta recuperaran su situación anterior. Desde 1948, quienes se escondían en la zona soviética afluyeron hacia la zona estadounidense, donde los esperaba la impunidad y un empleo.

El profesor y general de las SS Franz Six, condenado a veinte años de trabajos forzados en uno de los juicios de Núremberg por masacres de judíos y de civiles en la URSS, pronto dejaría su celda. El «general gris» Reinhard Gehlen, colocado por los estadounidenses a la cabeza de los servicios de inteligencia de Alemania Occidental, no olvidó que Six había sido uno de los jefes de la SIPO-SD en Rusia y lo convirtió en uno de sus principales asistentes.

Tendemos demasiado a creer que hombres como Six no eran recuperables después de la guerra, porque eran muy mayores. Se les calcula la edad de acuerdo con sus altas responsabilidades, pero eso implica desconocer que el nazismo apostaba por la energía de los jóvenes. Franz Six acababa de cumplir cuarenta años en 1949. Helmut Knochen, su alumno y protegido en el SD y la RSFLA, solo tenía treinta y uno cuando Heydrich lo nombró jefe de la SIPO-SD en la Francia ocupada.

Llevado de vuelta a París en 1947, Knochen fue juzgado al mismo tiempo que el general Cari Oberg, jefe superior de las SS y de la policía alemana en Francia. Dado el alcance de los crímenes que se le incriminaban, el único veredicto posible era la pena capital. Cuanto antes tuviera lugar el juicio, más probabilidades había de que se cumpliera la sentencia. Pero el doctor Six se había vuelto a convertir en un poderoso personaje y había permanecido fiel a su amigo Knochen. En aquella época, Estados Unidos ejercía una influencia considerable en Francia; de modo que a Knochen y Oberg no los juzgaron hasta 1954. Oyeron incluso su sentencia de muerte con una sonrisa confiada. Sabían que solo era testimonial. Y, en efecto, se les conmutó la pena por una de reclusión perpetua. En 1962, el acercamiento entre De Gaulle y Adenauer permitió al canciller satisfacer al eminente profesor Six. Indultados, Oberg y Knochen volvieron a Alemania tras diecisiete años de encarcelamiento.

Contrariamente a ellos, la inmensa mayoría de los criminales de guerra alemanes ni siquiera fueron detenidos. En 1954, cuando la República Federal de Alemania alcanzó prácticamente la independencia, se planteó con intensidad el problema del castigo de todos esos criminales La justicia militar francesa había condenado en contumacia a muchos de ellos. Se aceleró la instrucción de las causas que habían quedado en suspenso en Francia para que, una vez firmados los acuerdos de París, ya no hubiera más casos que instruir. En total, de septiembre de 1944 a octubre de 1954, 1026 alemanes fueron condenados en contumacia por crímenes de guerra. Las autoridades francesas temieron entonces que los tribunales alemanes tuvieran competencia de los mismos y se mostraran demasiado indulgentes. Efectivamente, gracias al apoyo de numerosos magistrados nazis todavía en ejercicio, los condenados a muerte en contumacia se beneficiarían en Alemania de un sobreseimiento o de una condena testimonial. Por lo tanto, mediante el artículo 3 de un convenio del 29 de octubre de 1954, Francia denegó a la Justicia alemana competencia en los expedientes no archivados en Francia relativos a los criminales de guerra alemanes. Tras la firma del convenio, los criminales, con Heinz Lammerding a la cabeza, regresaron tranquilamente a sus casas y se reinstalaron sin dificultad en la sociedad alemana.

Francia estaba consternada y reclamó al Gobierno alemán la extradición de esos individuos. Frente a esto, la RFA respondió: «Como potencia ocupante, ustedes aprobaron la Ley Fundamental que hoy es nuestra Constitución. En el artículo 16 de dicha Ley, se establece que la RFA no extradita a sus ciudadanos y, por lo demás, esa regla jurídica es una constante en casi todos los Estados».

El Gobierno francés intentó desentrañar aquel embrollo jurídico y terminó encontrando un resquicio remitiéndose a un fallo de la Corte Suprema de Alemania de 14 de febrero de 1966, que preveía la posibilidad de celebrar un acuerdo especial con el objetivo de neutralizar toda traba al ejercicio de la justicia. De mala gana, el Gobierno de Bonn terminó aceptando que la Justicia alemana recobrara su competencia sobre los contumaces. La firma del acuerdo se fue retrasando mucho mediante pretextos falaces. Ni Adenauer ni Erhard ni Kiesinger querían realmente resolver el problema; conforme al deseo de gran parte de los alemanes, preferían dejar pasar el tiempo, de modo que los criminales escaparan a la justicia de los hombres.

Éramos dos; teníamos que actuar siguiendo la misma línea que habíamos adoptado para el caso Kiesinger. Una vez más, se anunciaba un enfrentamiento con la sociedad política de Alemania

Occidental. Había que obligar al Parlamento alemán a ratificar el acuerdo judicial firmado con Francia el 2 de febrero de 1971, por mucho que dos de los tres partidos representados en el Bundestag se oponían a él y que la coalición entre el Partido Socialdemócrata de Alemania (SPD) y el Partido Democrático Libre (FDP) estaba en juego. Una vez que hubiéramos obtenido esa ratificación, que transformaría en ley el contenido del acuerdo, tendríamos que obligar a la Justicia alemana a hacer su deber: juzgar y condenar a los criminales.

Como hicimos con la bofetada, decidimos sacar a la luz el problema por medio de una acción contundente: secuestrar al miembro de la Gestapo Kurt Lischka para llevarlo a Francia, donde lo esperaba su condena en contumacia. Nuestra causa era legítima, pero la confrontación era de nuevo desigual. Nuestra estrategia era simple pero delicada: actuar ilegal y repetitivamente, pero con tacto, y así disponer de una premisa en nuestra estrategia. Es cierto que aceptábamos ir a la cárcel, pero creando una situación tal que los grandes criminales quedaban libres mientras que los representantes de las víctimas eran sancionados por actos que no tenían parangón con los crímenes de guerra. Si nos manteníamos firmes, la opinión pública se movilizaría y reclamaría una ratificación que la Francia oficial se resignaba a no obtener.

Beate

Lischka acorralado

Conocí a Willy Brandt en la embajada alemana, sobre la avenida Franklin D. Roosevelt, con ocasión de una visita oficial a París, en enero de 1971. Durante mi campaña contra Kiesinger, el acceso a la embajada me estaba vedado, y la situación no había cambiado tras la elección de Brandt a la Cancillería. El consulado, bastante hostil, se había negado incluso a renovarme el pasaporte, por lo que llamé indignada al portavoz del Gobierno, Rüdiger von Wechmar, con quien había simpatizado durante el encuentro de los dos jefes de Gobierno alemanes Brandt y Stoph en Kassel, en mayo de 1970. Lamentaba tener que recurrir a semejante intervención, pero era el único lenguaje que entendían los funcionarios, para quienes yo no era otra cosa más que una oveja negra.

Aquel día, Brandt brindó la tradicional conferencia de prensa que cerraba las conversaciones oficiales francoalemanas. Levanté la mano.

—Señor canciller, ¿cuándo cesará la impunidad de los criminales alemanes condenados por Francia?

—Pronto, pronto, *Gnädige Frau*. Dentro de unos días, ambos Gobiernos firmarán un nuevo convenio que pondrá fin a la situación actual.

Al final de la conferencia, Brandt se dirigió hacia mí. Sus palabras me llegaron directo al corazón: «Su coraje es refrescante; hoy hemos hablado de usted. Estamos sorprendidos ante la continuidad de su acción, máxime porque pensábamos que esta concluiría con la partida de Kiesinger. Su compromiso crítico con el Este y el Oeste es positivo».

En quince meses, Brandt hizo mucho, sobre todo en el área de política exterior, marcada por su impronta. Sacó a la República Federal de Alemania de la encrucijada en la que se había metido.

Diez días después de volver de Praga, recibo una llamada telefónica de Yaron London, representante de la televisión israelí en Francia. Quería que le contara mis recientes peripecias. Nos encontramos en su apartamento, donde estamos más cómodos que en mi casa.

Hace varios meses que nos mudamos de nuestro gran piso de la calle Alboni, y los juguetes de mi hijo y los libros invaden el estrecho pasillo. En la habitación del fondo, se amontonan alrededor de nuestra cama las pilas de expedientes. Después del gran espacio que tuvimos, ahora vivimos unos encima de otros. La libertad de acción tiene ese precio. Aquí no pagamos alquiler y casi siempre es Raisa la que financia las compras. Cuando me voy, Arno se queda en las mejores manos. Sin mi suegra, jamás podría haber acometido mi propósito.

Yaron London termina su entrevista y conversamos sobre mis acciones futuras:

—En este momento, me preocupa el problema de los criminales nazis contumaces en Francia.

—Pero ¿qué criminales podrán ser juzgados, en el mejor de los casos? —me pregunta.

—Los que estamparon sus firmas al pie de las órdenes que llevaron a víctimas inocentes a la muerte. Además, está probado que sabían cuál sería su destino en el caso de los judíos deportados a Auschwitz.

—¿Qué conclusiones saca a partir de eso?

—Que solo los principales «criminales de despacho», los *Schreibtischmörder*, que estaban a la cabeza del aparato policial nazi en Francia y firmaron numerosas directrices de índole criminal, podrán ser juzgados. Siempre y cuando se instruyan sus expedientes, salgan de las sombras y la atención de la opinión pública se centre en ellos, de modo tal que no se marchen de Alemania antes de la apertura de un procedimiento. Su juicio será tanto más importante para la justicia y para la historia cuanto que permitirá por fin juzgar la deportación de los judíos de Francia. Sería la ocasión para comprender cuál fue el mecanismo policial que provocó la deportación y la muerte de más de 75 000 judíos y depurar claramente las responsabilidades.

—¿Hay alguna probabilidad de que esos juicios se lleven a cabo?

—Sí, y a partir de la condena de esos pocos y muy altos responsables de los crímenes nazis ordenados en Francia, se impedirá en Alemania la rehabilitación de un millar de criminales. Toda instrucción que desemboque en un sobreseimiento, todo juicio que culmine con una absolución llevará a la opinión pública alemana a acusar a la justicia francesa de haber condenado equivocadamente a los «patriotas alemanes». Ahora bien, la rehabilitación de esos criminales no hace más que ensuciar a Alemania. Hay que obligar a la sociedad alemana a realizar un examen de conciencia, por muy incómodo que sea.

—¿Quiénes son los más altos responsables que no han sido penalizados por sus crímenes nazis en Francia?

—Sobre todo, dos: Kurt Lischka y Herbert Hagen.

—Y ¿dónde están?

—Viven tranquilamente en Alemania.

—¿Dónde?

—Lischka, que fue el policía nazi número 1 en Francia, reside en Colonia. Al estudiar su expediente, vi que había sido jefe de la Gestapo de Colonia de enero a noviembre de 1940. Se me ocurrió entonces que, si estuviera vivo, elegiría vivir en una ciudad donde sus antiguos subordinados y sus amistades hubieran seguido su trayectoria en la policía y la administración. Llamé al número de información y pregunté si había algún Kurt Lischka en la guía telefónica de Colonia. Diez minutos más tarde me llamaron: «Sí, hay un Kurt Lischka, su teléfono es 631 725, y su dirección es 554, Bergisch Gladbacher Strasse».

—¿Tan fácil fue?

—Sí. Solo en las novelas policíacas viven los nazis perseguidos y tiemblan cada vez que una puerta se abre en la lejana Patagonia. Salvo el caso Eichmann, que fue organizado y ejecutado por los servicios oficiales israelíes, jamás hubo acción ilegal contra los criminales nazis. Son acciones que se llevan a cabo mediante procesos judiciales, y no a través de cacerías humanas clandestinas.

Los criminales que hicieron estragos en Francia viven en paz desde hace veinticinco años. Me viene a la mente algo que Serge dijo: «Piensa en el sentimiento de poder que debe experimentar un hombre como Lischka. Mandó asesinar a tantos judíos, se le cita en los libros especializados sobre genocidios, está condenado en Francia y, al mismo tiempo, deja su nombre en la guía telefónica de Colonia. Su desprecio hacia los judíos debe de ser enorme. Si los judíos no pisaran Alemania... Pero hace años que Kurt Lischka puede cruzarse todos los días con decenas de abogados o asesores jurídicos judíos, especialistas en indemnizaciones por daños y perjuicios a las víctimas, que vienen con regularidad de París. Estos se preocupan por los intereses de las víctimas y, de paso, por sus propios intereses. Pero ¿quién se interesa realmente por los verdugos? Nadie, excepto los que los maldicen durante las ceremonias conmemorativas del Holocausto, pero que no harán ni el más mínimo gesto para alterar la tranquilidad de esos dirigentes de las SS. Hay que hacer algo. Tú, como alemana; yo, como judío».

Nuestra conversación continúa:

—¿Qué pretenden hacer?

—Primero, dar a conocer a Lischka y a Hagen. Ya hemos preparado un largo artículo de dos páginas para *Combat*.

—Y ¿por qué no hacen un documental sobre ellos? Podemos difundirlo en Israel a través del programa *Panorama*, el equivalente de *Cinq colonnes à la une*[1] en Francia —me propone Yaron London.

Acepto feliz. El 15 de febrero, Serge termina de redactar el guion del programa, el cual durará doce minutos si logramos filmar a Lischka y a Hagen. El 19 de febrero, *Combat* publica mi artículo. El 21 de febrero estamos al pie del cañón en Colonia.

El domingo 21 de febrero, a las ocho de la mañana, estacionamos nuestro coche en frente de la casa de Lischka, al otro lado de la ancha calle, la Bergisch Gladbacher Strasse, de modo tal que podamos observar sus ventanas. Es un edificio de tres pisos en Holweide, en los suburbios de Colonia. Lischka vive en el tercero. Esperamos que salga para poder filmarlo. El día está gris, llueve, las calles se encuentran desiertas. Muy cerca de donde estamos, se halla la Marïa-Himmelfahrt-Kirche ['iglesia de Santa María de la Asunción'].

Aguardamos así desde las ocho de la mañana hasta las dos de la tarde, sin éxito. Lischka no aparece. Vamos a almorzar. Telefoneo a

[1] Magazín televisivo de actualidad francesa difundido entre 1959 y 1968. *[N. de la T.]*.

su casa para saber si hay alguien. Atiende su mujer. Cuelgo y decidimos llamar a la puerta. Puede que Lischka haya visto al cámara por la ventana y prefiera no responder. Llamamos entonces a los timbres de todos los inquilinos del edificio, para hacerlos salir; algunos bajan por la escalera. Les explicamos que queremos ver al señor Lischka. Nos abren la puerta de entrada y nos indican: «Vive en el tercer piso».

Subimos mientras nos observan por el hueco de la escalera. Se abre la puerta del tercero y aparece la señora Lischka: es rubia, fría y está bien peinada. Le digo que venimos a entrevistar a su marido para un programa francés. Se queda pensando, luego nos hace pasar a una pequeña habitación, probablemente el comedor, sale, abre otra puerta y dice: «¡Kurt, ven un momento!».

Llega su marido. Le explico que el señor Klarsfeld es un periodista francés y que desea hacerle una entrevista. Me presento como su traductora. Lischka, prudente, pide primero ver la credencial de prensa de Serge, expedida en Berlín para el diario *Combat*; luego me pregunta mi nombre. Hago uso de mi estratagema habitual y le doy mi apellido de soltera. Lischka se levanta y se coloca de pie al lado de su mujer. Parece enorme, es de rostro grande y rosado, cabello rubio muy escaso, y habla utilizando frases breves y tajantes. Lleva pantuflas, un pantalón y una chaqueta con forro de lana. Cuando digo «el señor Klarsfeld» lo miro atentamente, pero no reacciona. Luego traduzco palabra por palabra lo que va diciendo Serge:

—Tras la firma del convenio francoalemán, he hecho un estudio sobre los criminales nazis juzgados en contumacia en Francia. Usted, señor Lischka, ocupa el primer lugar. Pero antes de iniciar una campaña en su contra, queremos saber si tiene algo que decir en su defensa.

—Yo a usted no tengo que rendirle cuentas; si eventualmente tuviera que rendirle cuentas a la Justicia alemana, lo haré, pero solo a la Justicia alemana. No tengo nada que decirles ni a usted ni a la justicia francesa.

—¿Reconoce usted haber ocupado el cargo de subjefe de la SIPO-SD en Francia, el de jefe de la policía de seguridad en París, haber sido uno de los principales responsables de la persecución antijudía en Francia y haber sido el jefe del Departamento de Asuntos Judíos de la Gestapo del Reich en 1938?

Nos responde a todo eso con un gélido silencio. Su mirada es hermética y denota hostilidad. Serge le pregunta por intermedio mío: «¿Quiere ver algunas órdenes firmadas por usted mismo? Tal vez creía que habían sido destruidas, como la mayoría de los archivos alemanes, pero en el Centro de Documentación Judía de París todavía se conservan los archivos del Departamento de Asuntos Judíos de la Gestapo, y su firma se halla al pie de varios documentos. Usted va a ser juzgado y, espero, condenado».

A Lischka le interesaron esos documentos. Le alcancé algunas fotocopias, las cogió. Su mujer también miraba por encima del hombro de su marido, y vimos las manos de Lischka temblar. Le había pasado un buen manojo de papeles. El hombre los leía atentamente, uno tras otro, y parecía impactado. No tardamos mucho en retirarnos.

Serge

El expediente de Kurt Lischka

París, octubre de 1940. El joven y brillante *Herr Doktor* Helmut Knochen se siente un tanto desbordado por la multiplicidad de sus tareas: jefe de la SIPO-SD, tiende a dedicarse a hacer inteligencia política, porque esa es su vocación genuina. De hecho, en su rango, es el único alto responsable policial de la Europa hitleriana que no salió de las filas de la policía secreta de Estado, la Gestapo.

En Berlín, Reinhard Heydrich, jefe de la Oficina Central de Seguridad del Reich (RSHA), está preocupado: París no debe ser el eslabón débil de la cadena policial que se cierne sobre las conquistas alemanas. Convoca a Heinrich Müller, jefe de la Gestapo, que comparte su inquietud. Imagino que su conversación puede haber sido más o menos la siguiente:

—Necesito en París, junto a Knochen, a un hombre especialmente competente para ocuparse de las tareas específicamente policiales y, sobre todo, para hacerse cargo del trabajo de la Gestapo. Müller pasa revista de sus mejores cuadros. Suelta un nombre:

—El *Sturmbannführer* ['comandante'] de las SS Kurt Lischka.

—Pero ¿no dirige la Gestapo de Colonia?

Heydrich se acuerda del oficial rubio que mide más de un metro noventa, el tipo perfecto del gran ario.

—Sí. Es un excelente organizador en materia policial, es *Regierungsrat* ['administrador civil'] y uno de nuestros primerísimos especialistas en la cuestión judía. Acaba de cumplir treinta años, es un hombre muy dinámico.

Müller sabe de lo que habla: en 1938, a los veintinueve años, Lischka dirigía, entre otros, el Departamento de Asuntos Judíos de la Gestapo. Fue él quien procedió, el 16 de junio, a la primera detención masiva de judíos alemanes, de dos mil a tres mil hombres, a los que dirigió hacia Buchenwald y Sachsenhausen: el 10% de ellos morirá en los dos primeros meses. Fue también él quien dirigió la trágica deportación de muchísimos judíos hacia la frontera polaca el 28 de octubre de 1938. Aquellos veinte mil judíos vivían desde hacía mucho tiempo en Alemania: detenidos, amontonados en trenes, los dejaron en la frontera en la más absoluta indigencia, puesto que las autoridades polacas solo dejaban entrar a las personas provistas de pasaporte polaco válido. Muchos de los que no pudieron cruzar la frontera murieron, sobre todo los niños pequeños. Esa tragedia le inspiró al joven judío Herschel Grynszpan, cuyos padres habían muerto entonces, el proyecto de asesinar en París a un diplomático nazi. Aquel día, Ernst Achenbach y Ernst vom Rath estaban de servicio. El destino escogió al segundo. Las represalias fueron terribles. En calidad de jefe del Departamento de Asuntos Judíos de la Gestapo del Reich, Lischka fue particularmente activo en las detenciones que siguieron a los pogromos de aquella noche del 9 al 10 de noviembre de 1938, tristemente célebre bajo el nombre de *Kristallnacht*, la Noche de los Cristales Rotos.

Kurt Paul Werner Lischka, nacido el 16 de agosto de 1909 en Breslavia, SS número 195 590, miembro del partido nazi número 4 583 185, doctor en Derecho, entró en la Gestapo de Berlín en 1936. Trabajador extremadamente cuidadoso, asciende muy rápido en el escalafón. En 1961, los israelíes le preguntaron a Adolf Eichmann:

—¿Quién creó y dirigió en 1939 el Departamento IV-b4 de Asuntos Judíos del RSHA, ubicado en Prinz-Albrecht-Strasse, 8?

—El *Regierungsrat* Kurt Lischka. En esa época, era el superior directo de Theodor Dannecker.

Este último, bajo la dirección de Lischka, se ocupó de la implementación de la Solución Final para la cuestión judía en Francia, donde estaba a la cabeza del Departamento de Asuntos Judíos de la Gestapo. El 25 de mayo de 1939, un documento del Departamento de Asuntos Judíos del Servicio de Seguridad informa del siguiente hecho:

> En presencia del Oberscharführer de las SS Dannecker, los jefes SS Boite [Elba] y Koch [Danubio] asistieron a una presentación general que brindó Hagen sobre la situación del judaísmo, en particular, después del cambio efectuado al encomendarle la dirección de la Central del Reich para la emi-

gración judía a un funcionario de la Gestapo, el *Regierungsrat* Lischka. La dirección de todas las cuestiones relativas al judaísmo incumbe a ese jefe de la Central del Reich.

El 1 de noviembre de 1940, Kurt Lischka se instala en París. Reparte su tiempo entre dos despachos: un palacete de la avenida Foch, 72 (Passy 01.50, puesto 190), donde lleva a cabo sus funciones de policía nazi número 1 en la zona ocupada; y el de la calle Saussaies, 11, antigua sede de Seguridad Nacional (Anjou 14.04, puesto 320). Lischka es amo y señor de la región parisina.

Territorialmente, para la organización de la policía alemana, la Francia ocupada estaba dividida en Kommandos exteriores, cuyos jefes tenían el título de KdR (*Kommandeur der Sipo und des SD*). Lischka era el *Kommandeur* en París, con dos filiales: Melun y Versalles.

Habíamos comenzado nuestro trabajo en el archivo del Centro de Documentación Judía Contemporánea (CDJC) identificando la firma y la rúbrica de Lischka. El problema de la rúbrica era muy importante, puesto que las fichas de varios documentos no llevaban el nombre del signatario o bien llevaban, por error, el del redactor del documento, cuyas iniciales estaban indicadas en el ángulo superior izquierdo. Para identificar el nombre de Lischka, bastó con buscarlo donde lo ponía normalmente, es decir, en el lugar que le estaba reservado en los documentos dirigidos a él «para su conocimiento». Así fue como pudimos asociar a Lischka con distintos documentos cuya firma estaba catalogada como «ilegible», o bien que se habían atribuido a Dannecker, su colaborador directo en el problema judío en Berlín y en París, redactor de esas notas y órdenes firmadas por el jefe. Conclusión de nuestra investigación: detrás de la Gestapo parisina está Lischka; detrás de los interrogatorios de la calle Saussaies está Lischka; detrás de las grandes redadas de judíos está Lischka.

Todo el aparato policiaco alemán en Francia está en manos de Kurt Lischka. A sus funciones todopoderosas, se añade la de jefe del departamento II de la SIPO-SD a nivel nacional, encargado de las cuestiones policiales y jurídicas. Citemos entre las responsabilidades de aquella muy importante sección la vigilancia general de la policía y la gendarmería francesas, el control de la legislación francesa, las solicitudes de personal a la policía francesa, la policía de los campos de concentración, las medidas generales de internamiento y detención, la redacción y la promulgación de las ordenanzas en materia de policía y, por último, las medidas de castigo, las represalias. El encargado de la ejecución de los rehenes era el despacho II Pol. III. Detrás de los fusilados de Romainville y de Mont-Valérien, también está Lischka; sobre todo, porque, una vez tomada la decisión de represalias por el general SS Oberg, asistido por Hagen, su hombre de confianza, era la Gestapo supervisada por Lischka la que designaba los rehenes que debían matarse. Lischka era omnipotente en cuanto a las propuestas de ejecución, la elección de las personas y la propia ejecución.

El 1 de enero de 1941, a Lischka lo nombran *Oberregierungsrat* ['administrador de primera clase']. Su promoción al rango de *Obersturmbannführer* ['teniente coronel'] de las SS tuvo lugar en abril de 1942.

En lo que se refiere a las torturas, los miembros de la Gestapo de la calle Saussaies declararon que, «cuando un detenido parecía saber mucho y no quería decir nada, se podía pedir autorización para realizar un interrogatorio exhaustivo al *Kommandeur* [Lischka], y eso era lo que se llevaba a cabo en la práctica».

Ya desde el 20 de enero de 1941, la acción de Lischka en materia judía se ejerce de un modo directo. Ese día tiene lugar una conferencia sobre el tratamiento ulterior de la cuestión judía, en la que intervienen personalidades que representan a la embajada, al comando militar y a la SIPO-SD. Esta última está representada por Lischka y Dannecker. Lischka toma la palabra:

> El Sturmbannführer de las SS Lischka indica que, en lo que refiere a las nuevas medidas aplicables a los judíos en Francia, el objetivo consiste en asegurar la solución del problema judío en Europa siguiendo las directrices puestas en práctica en el Reich. A tal efecto, se proyecta crear en Francia, empezando por la zona ocupada, una Oficina Central Judía, que tendrá las siguientes tareas:
>
> 1. Tratamiento de todas las cuestiones de policía que incumban a los judíos (censo, fichero, vigilancia).
>
> 2. Servicio de control económico (supresión de los judíos de la vida económica; colaboración en la transferencia de las empresas judías a los arios).

3. Servicio de propaganda (propaganda antijudía en Francia).
4. Instituto de estudios antijudíos.

Ya se ha creado en la Prefectura de Policía de París un departamento judío especial, precursor de la Oficina Central Judía. Es conveniente dejarles a los franceses la labor de organizar lo necesario, a fin de evitar en ese campo la reacción del pueblo francés contra todo lo que viene de los alemanes. Por tanto, los servicios alemanes se atendrán a hacer sugerencias.

Las respectivas funciones de la administración militar, la Sipo y la Embajada se distribuyen de común acuerdo.

Lischka teme la «debilidad alemana», hasta tal punto que, el 2 de abril de 1942, deniega una intervención excepcional de la Embajada, que busca liberar a un notable judío, Roger Gompel. Lischka se opone a tal solicitud: no hay que hacer ninguna excepción; «de lo contrario, los franceses creerán que, aparte del propio Führer, no hay antisemitas alemanes».

El 17 de marzo de 1942, Lischka se dirige al mando militar, el general Speidel:

Otras deportaciones de judíos.

Según nuestra propuesta, el RSHA se ha declarado dispuesto a aceptar rápidamente a cinco mil judíos de Francia, además de los mil judíos de Compiègne. Entre ellos, podremos incluir hasta un 3% de judías...

Gran parte de los judíos que se han de deportar podrán salir del campo de Drancy, los campos cercanos a Orleans, Pithiviers y Beaune-la-Rolande.

Por tanto, será posible proceder a reemplazar a esos judíos en los campos y dar comienzo a nuevas redadas con miras a abrir las filas de la judería parisina.

LISCHKA

El 15 de mayo de 1942, Lischka envía un nuevo cable a Eichmann. Esta vez se trata del siempre agudo tema de la puesta a disposición por parte de la SIPO-SD de vagones para el traslado de judíos. Pese a las exigencias militares prioritarias, los responsables de la Gestapo dedicaban toda su energía a conseguir trenes que atravesaran Europa cargados de judíos... y los conseguían.

Se ha establecido contacto con el teniente general Kohl, jefe del Departamento de Transporte Ferroviario (ETRA). Este, que es un enemigo abso-

> luto de los judíos, ha garantizado que pondría a nuestra disposición tanto los vagones como las locomotoras necesarios para el transporte de judíos. Por consiguiente, al menos diez trenes estarán pronto en condiciones de salir de Francia. Me remito a las diversas conversaciones que el Hauptsturmführer de las SS Dannecker mantuvo con el departamento competente y quisiera ser informado de si puede recibirse una gran cantidad de judíos, cuándo y cuál será el campo designado para ello.
>
> Dado que son necesarias otras redadas de judíos y que el lugar disponible para ellos aquí es limitado, le estaría agradecido por una primera e inmediata entrega de cinco mil judíos.
>
> Sturmbannführer Lischka

El término «entrega» lo utilizó con frecuencia Lischka durante y después de la guerra, puesto que se convirtió en el apoderado de una firma de comercio de cereales, y el mecanismo burocrático y logístico de entrega ferroviaria de trigo y de judíos era prácticamente el mismo.

El 24 de febrero de 1943, Lischka le transmite lo siguiente por cable al jefe de la Gestapo del Reich, Müller: «En aplicación de medidas de represalia que he ordenado, la policía francesa ha iniciado la detención de dos mil judíos de dieciséis a sesenta y cinco años».

Todas las notas preparadas por los responsables del Departamento de Asuntos Judíos, Dannecker y luego Röthke, se le presentan a Lischka, así como a Knochen o a Hagen. A estos se les informa de todos los pormenores relativos al desarrollo de la Solución Final en Francia y están siempre preparados para intervenir cuando se presentan obstáculos. Lischka dirige con meticuloso cuidado la actividad de esa sección. Casi no existe nota o informe que no cuente con alguna anotación o con la rúbrica escritas con lápiz violeta.

Como todos los altos dirigentes policiales de las SS, Lischka estaba al corriente del exterminio de los judíos en el Este. Él, más que cualquier otro, puesto que había sido el especialista en el problema para todo el Reich en los años 1938-1939; y porque, después de su estancia en Francia, se convirtió en uno de los más altos directivos de la Gestapo. Lischka abandonó Francia el 23 de octubre de 1943. De regreso a Berlín, fue promovido a jefe de Departamento en la

Gestapo. Dirigió el servicio IV-B y las subsecciones IB-B1 y IV-B2. Es el hombre de confianza de Müller en la Gestapo, al que sustituye cuando este se ausenta de Berlín. Implicado en la ejecución de miembros de la Resistencia checos y encarcelado en Praga, Lischka es liberado en 1950 y se instala en Colonia, donde había dirigido la Gestapo en 1940.

* * *

Dos días después de nuestra visita a Lischka, volvemos a subirnos al Mercedes de Harry Dreyfus, nuestro cámara, rumbo al número 554 de Bergisch Gladbacher Strasse. Son las siete de la mañana y hace mucho frío. A las ocho menos diez, sale Lischka. Estamos ocultos contra una empalizada muy cerca de la estación de metro. Lischka viste un gran abrigo; con ese abrigo, el sombrero, las gafas y el maletín negro parece un miembro de la Gestapo.

Lischka se acerca a la estación, pero cruza la calle en cuanto nos identifica. Se adentra en la calle paralela a la línea del tranvía apurando el paso; luego acelera más. Lo filmamos a unos metros de distancia. En ese momento, frena y avanza en un sentido, luego en otro, mientras nosotros seguimos a su lado. De golpe, se echa a correr, y nosotros corremos a un metro de él, sin dejar de filmarlo.

Lischka huía en su propia ciudad, en sus propias calles; de repente se veía confrontado con su pasado. Lo que grabamos aquel día provocó una auténtica conmoción en Israel cuando lo difundieron y todavía hoy se muestra en los canales de televisión de todo el mundo cuando se habla del destino de los criminales nazis.

A esa memorable secuencia, se añade la que hicimos sobre Herbert Hagen. Al día siguiente de aquel día de marzo en que filmamos a Kurt Lischka, salimos a las seis de la mañana hacia Warstein, 200 kilómetros al noreste de Colonia, en la región de Sauerland, para filmar a Hagen. En este caso, tampoco tomamos ninguna precaución. Beate había llamado el domingo por la noche a su casa y le había preguntado a su mujer, cuando atendió al teléfono: «¿Su marido aceptaría una entrevista con un periodista francés?». Unos instantes después, contestó: «De ninguna manera, y mi marido no entiende por qué quieren entrevistarlo». Beate interrumpió en ese momento la conversación, pensando que la gente en algún momento se ve obligada a salir a la calle.

Llegamos a Warstein hacia las ocho y media y nos dirigimos a Wilhelmstrasse. Nos instalamos a unos cien metros de casa de Hagen, con el coche en dirección a su domicilio; solo dos familias vivían en la casa.

Esperamos durante cinco horas y empezamos a perder la esperanza cuando, a eso de las dos de la tarde, empezó a sonar la música de una cabalgata de carnaval. Beate tenía mucha hambre; entró en un café. Entretanto, Harry y yo vimos salir de la casa a un hombre vestido con una chaqueta de tweed, que se dirigía al sitio donde se había agolpado el gentío, a unos doscientos metros, para ver pasar el cortejo. Creímos que era Hagen, corrimos detrás de él. Error: el hombre que estábamos siguiendo no llegaba a los cincuenta años. Regresamos hacia el automóvil y en el momento en que pasamos delante del domicilio de Hagen la puerta se abrió y apareció un hombre con gafas, vestido con abrigo y sombrero. Bajó los escalones y se apresuró hacia el garaje contiguo. Subió a un Opel de gran tamaño. Beate, que ya había regresado, se abalanzó hacia el coche, que estaba saliendo del garaje, y lo bloqueó, colocándose delante: «Señor Hagen. ¿Usted es el señor Hagen?». El hombre alzó la cabeza, asintió y en ese momento se dio cuenta de que había una cámara filmándolo. Frenó el coche, abrió la puerta y se abalanzó sobre nosotros. Cuando llegó ante la cámara, se detuvo y se controló: si la destruía, presentaríamos una denuncia y su nombre aparecería en los medios.

Beate avanzó hacia él y le dijo, señalándome: «El señor es un periodista francés y quisiera hacerle algunas preguntas». Hizo la asociación con la llamada telefónica del día anterior y volvió a subirse al auto. Beate seguía apostada delante del capó. Hagen esperaba a su mujer. Dirigiéndose a mí en un francés mejor que el de Beate y con un tono muy indignado, me declaró:

—¡No puede usted filmarme en mi propia calle, frente a mi casa!

—Señor Hagen, hay alemanes que han sido condenados a trabajos forzados a perpetuidad en Francia por haber hecho más que filmar en las calles.

—Mire usted, yo no me estoy escondiendo. He regresado a Francia más de veinte veces después de la guerra.

—Es lamentable que los policías franceses no se hayan dado cuenta de quién es usted. Si no, a usted ya lo habrían detenido. Lo que quiero es hacerle algunas preguntas y, sobre todo, saber si reconoce haber sido el jefe de la policía de seguridad de Burdeos, la mano derecha del general Oberg, jefe de las SS y de la policía alemana en Francia, y el jefe del Departamento de Asuntos Judíos del SD.

—No tengo nada que decirle. Si quiere, póngase en contacto con mi hijo, que es periodista en Colonia —me respondió con una sonrisa crispada.

Sentado en el coche, Hagen miraba fijo el volante y aguantaba lo que le estaba diciendo con una sonrisa helada en el rostro. Volvió a hablarme, irritado: «Lo único que quiero es vivir tranquilo». Su mujer salió en ese momento con sus dos hijas de diecisiete y catorce años. En lugar de subir al coche, se fueron caminando. Hagen arrancó tras ellas, después de un glacial: «Hasta luego, señor».

El tono de la conversación era el propio de un enfrentamiento. No obstante, por la tarde, en Colonia, recordamos lo que nos había dicho sobre su hijo. Beate volvió a llamar a Warstein. Atendió la señora Hagen: «Sabemos quién es usted, señora Klarsfeld. Llame a mi hijo, le dará todas las explicaciones que quiera, es de izquierdas, como usted». Tras averiguar quiénes éramos, el hijo aceptó reunirse con nosotros.

Jens era un muchacho alto, delgado, con una larga barba y pelo también largo; iba vestido informal. Escribía para revistas de izquierdas. Entablamos la conversación en inglés: «Me gustaría mucho saber qué me pueden contar sobre mi padre. Personalmente, no sé gran cosa porque solo me puso al tanto de ciertos hechos». Saqué el expediente y expuse las funciones que había ocupado su padre. «Tenga, le cedo la palabra a él mismo; su palabra son los documentos que redactó y firmó en la época nazi».

El hijo se puso a leer sin emitir sonido alguno, encorvado. Pasaba las páginas, conmocionado. Al mirarlo, era obvio que su padre no le había dicho la verdad.

—Mi padre era un idealista. Se confundió, pero no cometió crímenes, no mató a nadie. Era tan antimilitarista que cuando se encontró en Yugoslavia (tras la ocupación de Francia), donde era comandante (*Sturmbannführer* de las SS), ni siquiera empuñaba el arma cuando tomaban por asalto a los partisanos.

—Yo veo en él exactamente lo contrario de lo que ves tú —le respondió Beate—. Tu padre era tan militarista que no empuñaba armas para que, arrastrados por su coraje, sus hombres lo siguieran. Desarmado, era mucho más eficaz que con un fusil en la mano.

Jens volvió a sumirse en los documentos que habíamos reunido. Era imposible negar la evidencia; incluso derramó algunas lágrimas sobre aquel despiadado expediente.

El expediente de Herbert Hagen

Herbert Hagen nació el 20 de septiembre de 1913. A los veintitrés años, en 1936, el brillante alumno del profesor Franz Six entra en el SD, el *Sicherheitsdienst*, Servicio de Seguridad de las SS creado y dirigido con gran destreza por Reinhard Heydrich.

El profesor Six estaba entonces a la cabeza de la sección II-1 del SD, cuya actividad, centrada en las cuestiones ideológicas, apuntaba expresamente a los judíos, los masones y la Iglesia. Six, SS número 107 480 en el SD, es el protector y el superior de Hagen, Knochen, Dannecker, Brunner, Eichmann. Oberführer de las SS en el RSHA, del que dirigirá el departamento VII, se codea con Kurt Lischka, uno de los principales responsables del departamento IV; Six lleva a cabo la acción del SD en Austria, después del *Anschluss*; y seguidamente en Checoslovaquia; enseña sobre países extranjeros en la Universidad de Berlín; masacra a civiles judíos y soviéticos al frente del Kommando especial del frente del SD en la URSS; es colega de Kiesinger y jefe de Achenbach en Asuntos Exteriores. Condenado a veinte años de prisión en Núremberg, sale rápidamente de la cárcel para convertirse en uno de los jefes de los servicios secretos de la República Federal de Alemania.

Franz Six le propone al joven Hagen, SS número 124 273, miembro del Partido Nacionalsocialista Obrero Alemán (NSDAP) número 4 583 139, que asuma la dirección de la sección II-112, cuyo objetivo es la lucha contra el judaísmo. Hagen acepta, y su talento periodístico servirá a Six, director del Instituto para el Conocimiento del Extranjero, dependiente del SD y cuya revista publica numerosos artículos firmados por el profesor y elaborados por su alumno. Libros como *Das Welt Judentum. Organisation, Macht und Politik* ['El judaísmo internacional. Organización, poder y política'], o *Die Freimaurerei* ['La masonería'] publicados por la editorial del partido nazi bajo el seudónimo de Dieter Schwarz, son fruto de la colaboración entre Six y Hagen. Los antecesores de Hagen en su puesto de mando contra los judíos, Leopold von Mildenstein y Schröder, habían reclutado a un núcleo de fanáticos antijudíos; los subordinados de Hagen se llamaban Dieter Wisliceny, futuro aniquilador de los judíos de Hungría y Checoslovaquia, Theodor Dannecker, futuro aniquilador de los judíos de Francia, Bulgaria e Italia, y Adolf Eichmann, futuro jefe responsable de la Solución Final.

Hagen había conseguido burocratizar el carácter ideológico del trabajo antijudío. De hecho, más adelante, los hombres del SD resultaron ser adversarios del pueblo judío más eficaces que los de la Gestapo, que tenían una misión menos global. En el transcurso de su interrogatorio en Jerusalén, Eichmann emitirá el siguiente juicio: «Hagen era un hombre sensato, con una visión amplia y una buena cultura general. Asimilaba un problema con facilidad y de él hacía una síntesis o un artículo. Six, de quien era amigo personal, lo había convertido en su redactor». Cada semestre, Hagen elabora los largos informes de la actividad de la II-112 con una claridad y una minucia encomiables. Da forma a un sinnúmero de notas sobre todos los aspectos de la cuestión judía en Alemania y en el exterior.

Nosotros fuimos prácticamente los únicos que consultamos esas notas, a raíz de una sucesión de circunstancias: en el CDJC de París, hay una caja llena de carpetas personales de Hagen, que este olvidó tras la liberación. Esas carpetas no fueron catalogadas sino después del juicio a Eichmann. La fiebre de la investigación se había aplacado, y ningún historiador jamás había pedido leer aquellas hojas donde se inscribe una parte muy densa de la preparación del genocidio. Hagen fue el principal espía del mundo judío, al que había descrito en fichas. Informaba a los hombres y las instituciones acerca del punto de vista nazi sobre los judíos, para que todos pudieran cumplir con sus tareas conforme a la voluntad de Hitler.

Durante el primer semestre de 1938, la sección II-112 organiza veintitrés conferencias: Eichmann habla una vez; Dannecker, cuatro; Hagen habla en dieciocho ocasiones sobre «el judерío: su organización en el mundo» y «el tratamiento práctico de la cuestión judía». ¿A quién se dirige? El 4 de mayo de 1938, unos meses antes de los acuerdos de Múnich, le da una clase particular a Konrad Henlein, el Führer de los Sudetes. Pero también habla en otras ocasiones ante el Tribunal Popular, la policía, los militantes del partido nazi NSDAP, el Departamento de Prensa del NSDAP, la Academia de Guerra, los suboficiales de las SS, los inspectores de distrito del NSDAP, la escuela de la policía de fronteras, la escuela de la policía de seguridad, los representantes del partido en el exterior y los abogados en formación.

Dieciocho conferencias en seis meses. Hagen puso toda su competencia jurídica y policial al servicio de una labor que pudo consumarse entre 1940 y 1945 gracias al trabajo de preparación realizado por el puñado de hombres liderados, entre otros, por él mismo. Hagen instaló a Eichmann en Viena y le indicó el método a seguir en Austria. Eichmann y Hagen se llevaban de maravilla: «*Lieber* ['querido'] Adolf» le escribe a «*Lieber* Herbert», e incluso firma como «Ady» una serie de cartas manuscritas redactadas en un tono por momentos íntimo.

Esa intimidad se remontaba a aquel extraordinario periplo que condujo a los futuros exterminadores Hagen y Eichmann a Palestina, donde querían perfeccionar su conocimiento del mundo judío y darse cuenta de lo que podía aportarle al Reich la eventual creación de un Estado judío. Eichmann lo repitió en 1961: «Hagen era mi jefe [...], yo era el subordinado de Hagen». Partieron el 26 de septiembre de 1937 a Polonia y Rumania; de Constanza, se embarcaron en el *Romania*, llegaron a Haifa el 3 de octubre, y de allí se fueron el 4 hacia El Cairo, donde tuvieron contacto con sus agentes locales. Los británicos, alertados de su presencia, los expulsaron el 9 de octubre. A bordo del *Palestina*, regresaron a Europa por Brindisi. El viaje había surgido a partir de contactos discretos entre el SD y un agente de la Haganá, la fuerza armada de los colonos judíos de Palestina, a la que sin duda le preocupaba que aquellos emigrantes alemanes se dirigieran hacia ese territorio. La Haganá sondeaba a las SS de Heydrich. ¡Sorprendente encuentro cara a cara, en el café Kranzler, entre el judío de Tel Aviv Feivel Polkes y el dúo Eichmann/Hagen! Sin embargo, a partir de allí, el único episodio que sobrevino fue la breve incursión de los dos SS en Oriente Próximo y su conclusión acerca de la acérrima oposición al Reich por parte de los judíos de Palestina. Las persecuciones antijudías de 1938 interrumpieron definitivamente los contactos.

El voluminoso informe de viaje fechado el 27 de noviembre de 1937 fue redactado principalmente por Hagen. En él brinda interesantes indicaciones sobre su mentalidad antisemita: «La incompetencia total de los judíos para dirigir la economía de su país queda demostrada por la presencia, solo en Jerusalén, de unos cuarenta bancos que viven de los desfalcos de sus propios hermanos de raza».

Por medio de métodos cuidadosamente pergeñados, la II-112 dirigida por Hagen y Eichmann, que a menudo viajan a Europa Central, estudiaba los movimientos judíos y sus asociaciones en todo el mundo, instalaba agentes de inteligencia permanentes, los Vertrauenspersonen y los *V-Männer*, en París, Nueva York, El Cairo, Jerusalén, Praga, Bucarest, etc. La II-112 conformaba archivos y realizaba experimentos que se utilizarían en la Europa conquistada por el Reich y que permitirían atacar a las diversas comunidades judías por medio de métodos cuya eficacia aún sorprende a los historiadores del Holocausto.

En octubre de 1938, Hagen viaja a Viena y Praga, donde ofrece algunos consejos: «Sería oportuno urdir [*inszenieren*] una acción popular contra los judíos». Regresa a Checoslovaquia tras la ocupación de la capital checa en mayo de 1939 y el 30 de junio expone su programa: «Demostrar la influencia de los judíos en la política, la cultura y la economía checas. Así, podrá citarse por su nombre a los dirigentes responsables de la tolerancia en relación con la influencia judía [un medio eficaz para deshacerse de los políticos nacionales checos todavía en el poder]. Demostrar que un judío convertido sigue siendo idéntico en sus características».

Por otra parte, Hagen era un especialista en Francia y hablaba un francés impecable.

Ya desde los primeros días de la guerra, Himmler agrupa a los principales miembros de sus departamentos de policía en la RSHA, a la vez servicio de Gobierno y servicio de las SS. Hagen dirigirá la sección VI-2: «Judaísmo y antisemitismo». En junio de 1940, el Standartenführer de las SS Helmut Knochen llega a París al frente de un *Sonderkommando*, un comando especial de veinte hombres, el núcleo de la SIPO-SD en Francia. Cuando lo interrogaron en Núremberg, Knochen respondió: «Fue el propio Heydrich quien me encargó tal misión. Conmigo estaban Hagen y Dietl, Hauptsturmführer ['capitanes'] de las SS».

Pronto Knochen le encomienda a su mano derecha Hagen la labor esencial de implantar la SIPO-SD en la costa atlántica. El 1 de agosto, lo nombran *Kommandeur* de la SIPO-SD en Burdeos y se muda provisionalmente al yate del rey de los belgas, abandonado durante la debacle de junio de 1940, antes de instalarse en la calle Médoc. Hagen despliega enseguida ahínco antisemita: en un testimonio judicial de diciembre de 1944, el gran rabino de Burdeos afirmó que, «ya en los primeros días de la Ocupación, se llevaron alrededor de doscientos internos judíos alemanes, no se sabe por qué razón, desde los campos de Gurs y Saint-Cyprien hasta Burdeos».

El 8 de enero de 1941, el prefecto de Gironda escribe a Xavier Vallat, comisario general para las Cuestiones Judías en París:

> El comandante Hagen ha manifestado su intención de proceder, en el transcurso del mes de enero, a numerosos internamientos de judíos ciudadanos de países ocupados por Alemania.
>
> [...] Los fondos necesarios para tal disposición deben proporcionarlos los judíos de la región, y su recaudación probablemente sea prescrita mediante una ordenanza.

El 8 de diciembre de 1941, Hagen decreta: «Remitiéndose a las ordenanzas complementarias, todos los judíos deben ser internados con independencia de la edad». Asimismo, el antiguo subordinado de Hagen, Dannecker, que había sido nombrado entretanto jefe del Departamento de Asuntos Judíos de la Gestapo en Francia, escribe una nota el 13 de enero de 1942 destinada al Sturmbannführer de las SS, Lischka: «El Sturmbannführer Hagen me ha informado el 12 de enero de 1942 que el internamiento de los judíos de Bajos Pirineos y Landas en campos de concentración es necesario tanto por razones militares como para la amplificación de las medidas antijudías». El 14 de enero, Lischka, Obersturmbannführer de las SS, comunica al mando militar su decisión de seguir el consejo de Hagen.

Hagen extiende su zona de acción hasta Bretaña e implanta el dispositivo de la SIPO-SD en las principales ciudades del sector atlántico, para prevenir o reprimir toda tentativa de oposición francesa y organizar las detenciones de judíos.

El 5 de mayo de 1942, Heydrich instala en París a un jefe superior de las SS y de la policía alemana en Francia, el general Cari Oberg, que se hace cargo de todos los poderes de policía, y le otorga como mano derecha a una «eminencia gris»: Herbert Hagen, que será su director de despacho personal. Es un ascenso impresionante. Hagen, que aún no tiene treinta años, es también, durante un tiempo, jefe del departamento VI de la SIPO-SD en Francia, especializado en la búsqueda de información, ya sea del extranjero o sobre la actividad del Gobierno francés y los partidos políticos. En adelante, Hagen tirará de los hilos del juego político francés, junto con Knochen, puesto que las personas influyentes en la materia habían pasado progresivamente del mando militar y de la Embajada alemana a las SS.

El Departamento de Asuntos Judíos de la Gestapo, en la avenida Foch, queda muy cerca del bulevar Lannes. Hagen no desatiende su activismo antisemita. Participa en la cumbre de todas las conferencias entre alemanes o entre autoridades alemanas y francesas, para concretar el programa de deportación y derribar los obstáculos de toda índole que puedan alzarse contra la realización de la «Solución Final de la cuestión judía en Francia». Todos los documentos relativos a las medidas tomadas con vistas a la cuestión judía en Francia pasan tanto por Hagen como por Lischka, Oberg y Knochen.

Hagen es el ejemplo tipo del «asesino de despacho». No, él no se ensucia las manos, no se complace asistiendo al espectáculo de la tortura, pero su inteligencia fanática al servicio del mal define líneas directrices y construye estructuras dentro de las cuales hombres como Barbie hunden necesariamente los brazos en la sangre de miembros de la Resistencia y judíos. Las notas de Hagen, redactadas en luminosos despachos con vista al bosque de Boulogne, trazan los caminos de los judíos que terminan en Auschwitz.

Hagen era perfectamente consciente de la suerte que les estaba reservada. Se mantenía informado de sus detenciones y traslados: todo lo que recibía Oberg pasaba por las manos de Hagen.

El 2 de julio de 1942 se celebra una reunión entre Oberg, Knochen, Hagen, Lischka y Bousquet. Hagen elabora el acta: la policía francesa ejecutará la redada llamada del Vél'd'Hiv. El 17 de julio de 1942, Hagen preside la conferencia que reúne a varios agentes franceses y alemanes a propósito de los niños judíos detenidos durante la redada: se decide su deportación.

Hagen todavía participa hasta el final de la Ocupación en numerosas conversaciones con las autoridades francesas en torno a la cuestión judía. Es uno de los últimos criminales alemanes en haber sido condenado en contumacia a reclusión perpetua, el 18 de marzo de 1955, en París, por el Tribunal Permanente de las Fuerzas Armadas.

* * *

Jens Hagen se recompuso tras el examen del expediente de su padre. Comenzó explicándonos que su madre estaba enferma, que su familia era pobre, que había que resguardar a su padre, que su padre había cambiado.

> Podemos admitir perfectamente que tu padre ha cambiado: todo el mundo puede cambiar. Para ello necesitamos pruebas, no obstante. Es muy fácil aportarlas.
>
> Lo mejor es que tu padre se entregue como prisionero y vaya a Francia para solicitar que lo juzguen. En ese caso, facilitará muchos elementos desde el punto de vista histórico, puesto que él fue quien dio origen a las persecuciones antijudías. Él fue quien formó a Eichmann, a Dannecker y a la mayoría de los miembros del equipo de Eichmann. Fue tu padre quien, con Knochen, dirigió la política alemana en Francia durante la Ocupación, en los años 1942-1944. Sabe muchas cosas y, además, tiene un auténtico talento de periodista. Su comparecencia en Francia podrá ser muy positiva.
>
> Si un hombre deja a su familia para entregarse a la justicia y ser juzgado en otro país significa que realmente ha cambiado. Puede ayudar a la sociedad de hoy a entender cómo pudo convertirse en el SS Herbert Hagen de los años 1940. Defenderemos entonces el caso personal del Herbert Hagen de 1971, el cual, en tales condiciones, solo se expone, con toda probabilidad, a

> una condena testimonial. Ahora bien, si no va a Francia, significa que no ha cambiado.

Jens respondió que le transmitiría mi propuesta a su padre. Tan pronto como se fue, sonreímos: no éramos tan ingenuos, la respuesta nunca llegaría. Pero, por ser legalistas, teníamos que intentarlo antes de embarcarnos en una lucha más dura.

Era sumamente interesante observar cómo un periodista que se decía de izquierdas, hijo de uno de los mayores criminales nazis, podía juzgar a la generación que lo había precedido. Sus sentimientos filiales le hacían olvidar por completo todo lo demás.

Jens nos confesó que en el álbum de fotografías de su padre había visto la imagen de Eichmann y Hagen en Haifa y en El Cairo en 1937, y que su padre estaba tan interesado en el problema judío que había vuelto a ir a Israel como turista para visitar el país una vez más. ¡Así que un hombre como Hagen podía permitirse ir a Francia a negociar contratos y hacer turismo en Israel, siendo uno de los mayores perseguidores de judíos! ¿No afirmaría Barbie, un año después, en 1972, haber asistido en los años 1960 al homenaje que se le rindió en el Panteón a su mejor enemigo, Jean Moulin?[1]

En tres días, habíamos filmado a Lischka y a Hagen. Después de pasar por la Conferencia Internacional sobre los Judíos Soviéticos en Bruselas, regresamos el 26 de febrero a Colonia, con la intención de recuperar las películas. El 4 de marzo, viajé a Luisburgo, cerca de Stuttgart. Me entrevisté con Adalbert Rückerl, fiscal general encargado de la dirección de la Oficina de Búsqueda de los Criminales de Guerra en Alemania.

Herr Doktor Rückerl ojeó los expedientes que le entregué sobre Lischka y Hagen. Inmediatamente después estableció una declaración:

> Esas deportaciones de judíos sucedieron por razones raciales. Conforme a nuestra legislación, se trataría de una motivación dolosa *[niedrige Beweggründe]*, lo que significa que, en virtud del derecho penal alemán vigente, los casos en cuestión pueden llevarse a juicio, no hay prescripción. Entre las personas implicadas, hay que mencionar, en primer lugar, a Lischka y a Hagen, a

---

[1] Funcionario y alta figura de la Resistencia francesa. Murió en 1943 en el tren rumbo a Alemania, tras haber sido torturado en la sede de la Gestapo en Lyon. *[N. de la T.]*

quienes cabe juzgar por su responsabilidad en la deportación de los judíos de Francia. Mi parecer es que hay que apresar a las personas que estaban en lo más alto de la jerarquía, responsables o esencialmente corresponsables de esos acontecimientos; son ellos los que deben ser sometidos al juicio justo de los tribunales alemanes.

En apoyo de nuestra lucha y en refuerzo de nuestra determinación, ahora disponemos de la declaración del alemán más competente en la materia, que aduce que Lischka figura a la cabeza de la lista de los criminales nazis. Esta vez, estamos listos para pasar a la acción.

La operación Lischka

El siguiente problema es formar un pequeño equipo: nos hacen falta al menos tres hombres más para intentar la operación Lischka. Estamos hablando al respecto en el restaurante Paul, en la plaza Dauphine, cuando dos jóvenes de la mesa vecina, judíos ambos, que nos habían reconocido y nos habían oído, se ofrecen como voluntarios para echarnos una mano. Se llaman Marco y David: el primero había ido a la Facultad de Ciencias Políticas; el segundo era médico. Además, Marco conoce a un fotógrafo, Élie Kagan, que parece rebelde y que seguramente aceptará participar en el secuestro. Nos pone en contacto con él.

Beate y yo nos reunimos con Élie en un bar del distrito XVIII. Élie pensaba que los criminales nazis se escondían en algún bosque inexplorado. Le parece extraordinario, o disparatado, oír que el hombre que firmó la orden de la redada del Vél'd'Hiv vive muy despreocupado en Colonia, con su verdadera identidad, sin ocultarse. Para terminar de convencerlo, le mostramos los documentos que hemos reunido.

De modo que comenzamos a prepararnos los cinco, es decir, a estudiar los planos que había confeccionado Beate, dignos de una profesional. La topografía del lugar, los horarios y los hábitos de Lischka: todo estaba anotado y se había tenido en cuenta a la hora de elaborar el plan.

También teníamos que equiparnos, en particular, con una porra para tumbar a Lischka. Élie nos enseña la suya; es minúscula y nos reímos. Se enfada: «¡No sabéis nada de porras! ¡Con una pequeñita como esta se puede matar a un mamut!». Impresionados porque ninguno de nosotros estaba acostumbrado a manipular ese tipo de objetos, asentimos. Así que nuestro material de ataque eran dos porras. Una de ellas se quedó inutilizable, porque, en el hotel, el día anterior al secuestro, a nuestro amigo Élie se le ocurrió entrenarse haciendo grandes molinetes con el arma y una de las puntas se desprendió. Por milagro, no se estrelló contra la luna de un magnífico armario, pero golpeó la puerta de la habitación haciendo un ruido ensordecedor. Estuvimos riéndonos como locos durante varios minutos.

De todos modos, necesitábamos un arma más seria. Élie tenía una pistola vieja de no sé qué ejército, a la que le quitamos el percutor para hacerla inofensiva. Era una forma de probar nuestra buena fe en caso de que la cosa saliera mal. También compré un par de esposas y alquilé un Renault 16 para la expedición.

Salimos de París el sábado 20 de marzo, por la tarde. Condujimos toda la noche para llegar a Colonia sobre las tres de la madrugada, después de una festiva parada en un pequeño pueblo, donde se celebraba un baile popular. Nos costó muchísimo sacar a Élie de aquella fiesta; bailaba con todas las chicas.

El domingo, hacia las nueve de la mañana ya estábamos en pie. Beate nos había preparado un buen desayuno para mantener el ánimo de la tropa. Con algunas horas de retraso, fuimos a retirar el coche que habíamos alquilado desde Colonia, un Mercedes 220 de cuatro puertas, el coche más común que pueda verse en Alemania. Pero como no llegamos puntuales. Hertz se lo había alquilado a otra persona.

Tras fracasar en otra compañía de alquiler de vehículos, cambiamos de idea y optamos por un cupé Mercedes 280, un coche grande, de lujo, color crema, con embrague automático. Era terriblemente llamativo, solo tenía dos puertas y la matrícula era de Fráncfort. Tres buenas razones para no pasar inadvertido. ¿Cómo íbamos a caber en un coche de dos puertas una persona secuestrada y nosotros cinco? Sumemos, dividamos: dos personas y media por puerta. La comodidad de la operación no se le escapaba a nadie.

Urdimos un plan bien calculado y comenzamos a ensayar el baile de coches que nos iba a permitir secuestrar a Lischka. Desde el lugar del secuestro, iríamos con el Mercedes a un bosquecito que se hallaba muy próximo. Allí había que proceder al trasbordo de Lischka al Renault. Era un sitio que estaba completamente aislado y su ubicación era magnífica. Se podía acceder por unos pequeños senderos que iban en el sentido opuesto al que tomaríamos para marcharnos. Era fácil comprobar si nos estaban siguiendo. Desde allí había que recorrer apenas quinientos metros para llegar a la autopista que rodeaba Colonia y que nos permitía pasar desde el sur hasta el norte de la ciudad sin atravesarla, para cruzar luego a Bélgica.

El domingo inspeccionamos el lugar y ultimamos nuestro plan de acción. Salimos del apartamento, los dos coches se siguen de cerca. David está al volante del Renault y Marco, del Mercedes. Enseguida nos perdemos de vista. Al cabo de media hora de azarosas vueltas por la ciudad, nos reencontramos en el apartamento. Ese día nos saltamos el almuerzo, cosa que disgustó a Élie. El joven tenía una capacidad extraordinaria y bastante horripilante para no pensar más que en los detalles fútiles, mientras que los otros estábamos obnubilados por el arriesgado operativo que íbamos a emprender. La programación de la intervención estaba empezando a obsesionarnos. Decidimos prepararnos psicológicamente. Cada uno debía prever, ensayar incansablemente los gestos que tendría que hacer, gestos que solo debían durar unos segundos.

Con el tiempo, hoy podemos emitir alguna duda sobre la seriedad de nuestra preparación, ya que, cuando llegó el momento, todo sucedió exactamente al revés de lo que habíamos anticipado.

Fuimos a inspeccionar con todo cuidado el lugar donde vivía Lischka. Escogimos el sitio exacto para la acción. Nos preocupamos un poco, porque ese día había una gran cantidad de gente; Beate nos tranquilizó, no obstante, explicándonos que se debía a una fiesta y que al día siguiente el lugar estaría casi desierto.

Para entrenarnos en la captura de nuestra víctima y el modo de meterlo en el maletero del automóvil, fuimos al magnífico bosque que rodea Colonia. Buscamos un sitio suficientemente tranquilo: obviamente, preferíamos que nadie nos viera entregándonos a ese tipo de distracción. David representó el papel de Lischka. Habíamos acordado actuar en trío, puesto que el conductor debía estar al volante y proteger el movimiento de los demás. Uno debía agarrar a

Lischka de las axilas, los otros dos de las piernas. Cada uno desempeñó su papel a la perfección, y David terminó dentro del maletero del coche en escasos segundos. Justo en ese instante me percaté de que las llaves del maletero las tenía David en el bolsillo. Algo semejante a un alarido emergió de repente: «¡Las llaves las tengo yo!».

Tras un momento de pánico, comprobamos que la apertura era automática. Casi hacemos el ridículo, porque encontrar en Colonia, un domingo, a un cerrajero capaz de abrir un maletero en el que se habría topado con un judío ortodoxo...

Por la noche, cenamos muy discretamente en un restaurante yugoslavo. La atmósfera risueña disimulaba mal nuestra angustia por lo que se avecinaba.

Al volver al apartamento, nos esperaba una catástrofe. El dueño iba a regresar antes de lo previsto. Teníamos que marcharnos y encontrar un hotel donde, en ningún caso, debíamos dar nuestros nombres, para evitar dejar rastros a la policía. Frente a la estación de tren había un hotel con habitaciones disponibles. Beate alquiló una habitación triple y una doble. Por suerte, el joven recepcionista conocía a Beate de nombre y simpatizaba con su lucha. Mientras charlaban, nos deslizamos dentro como conspiradores —o como los Pieds Nickelés[1]— sin rellenar ningún formulario. Una vez en la habitación, sacamos las porras y empezamos a bromear y a entrenarnos una última vez. Apenas nos habíamos dormido cuando Beate dio la señal de partida. Eran las seis de la mañana. Élie gruñía porque era demasiado temprano para tomar el desayuno y no le quedaba más remedio que entrar en acción con el estómago vacío.

A las siete, delante del domicilio de Lischka, nos repartimos las posiciones. La idea era colocarnos a ambos lados de una calle bordeada de árboles, por la que Lischka pasaba para tomar el tranvía, en la estación de Maria-Himmelfahrt-Strasse. En un lado, había una iglesia con un hueco en la pared, donde podía esconderme (Lischka ya me conocía). En el otro, había unos garajes donde iba a camuflarse David. Habíamos estacionado el Mercedes sobre una de las aceras. La espera (Lischka debía salir a las siete y veinticinco) estuvo

[1] Personajes de un cómic creado por Louis Forton. Los tres personajes principales, siguiendo la expresión «pied nickelés», desprecian el trabajo, por lo que se sirven de la picaresca para salir adelante. *[N. de la T.]*

marcada por una nueva inquietud: en aquel lugar, tomaba el tranvía una cantidad incalculable de personas. Con el estado de ánimo que teníamos, la presencia de todos aquellos transeúntes a pocos metros de nosotros nos resultaba sumamente comprometedora.

Élie debía ser el primero en sorprender a Lischka por atrás e inmovilizarlo. Marco, que iba a fingir estar revisando el motor del Mercedes, debía echarle una mano, mientras que David se pondría delante de Lischka amenazándolo y yo surgiría por un costado. Beate, por su parte, debía indicarnos la salida de Lischka de su domicilio quitándose el gorro de piel.

Había un incesante vaivén de coches. Los hombres, al volante, esperaban a sus mujeres e hijos. Yo había dejado encendido el motor del Mercedes. De golpe, Beate levanta el gorro. Un hombre alto, al que reconocimos enseguida, pasó la esquina y llegó a la altura del Mercedes. Marco se sorprendió al ver que Élie no se había movido y entendió de inmediato que se había perdido la ocasión. Lischka había seguido su camino. Cuando llegó a la parada del tranvía, se dio la vuelta furtivamente. Fue un momento de desánimo total. Para colmo, llovía. Nos fuimos avergonzados, en coche, hacia el centro de Colonia. Nadie decía nada, nadie se atrevía a mirar a los demás. El viento de la derrota había soplado sobre nuestro comando. Nos sentíamos culpables.

Estacionamos el coche delante de la catedral y tomamos un copioso desayuno en el hotel, frente a la estación. Traté de levantar el ánimo a las tropas. Expliqué que, incluso en caso de fracasar, el objetivo del operativo era sensibilizar a la opinión pública respecto de Lischka, hacer saber que todavía sobrevolaba una amenaza para los criminales nazis que habían hecho estragos en Francia. De modo que necesitábamos, como mínimo, un conato de ejecución del secuestro: sin eso, el fracaso sería total. No llevarnos a Lischka, pero hacer mucho ruido en torno a un intento real de secuestro ya sería un éxito hermoso: permitiría atraer la atención sobre la impunidad absoluta en la que este vivía.

Beate había anotado que Lischka regresaba a su casa en el tranvía de la una y veinticinco. Decidimos reiniciar el operativo por la tarde, con la esperanza de que Lischka no nos hubiera visto por la mañana. Estábamos preocupados. Lischka podía desconfiar, no regresar, o bien regresar armado, o con amigos o policías y, quién sabe, disparar, en condiciones que la justicia calificaría de «legítima defensa».

De modo que a la una menos cuarto estamos de nuevo sobre el terreno, en la parada del tranvía, decididos a actuar esta vez sin preocuparnos por ser discretos ni cautos. El motor del coche zumbaba. Estábamos de pie a dos pasos, charlando. Nos habíamos puesto en el papel de cuatro policías que estaban esperando para detener a un individuo (creo que hasta incluso lo aparentábamos).

Al llegar los tranvías, cada diez minutos, la gente salía en oleadas. ¿Vendrá o no vendrá? De pronto, apareció Lischka. Estaba apartado de los demás viajeros que se habían apeado al mismo tiempo que él. Habíamos decidido hacer algo, pasara lo que pasara. Marco se precipitó sobre Lischka, que ya estaba a unos treinta metros del coche. Irrumpí dos segundos después que él. Cada uno lo agarró de un brazo, y Marco gritó: «*Komm, komm!*» ['¡Venga, venga!'].

Por reflejo, Lischka caminó dos pasos hacia el vehículo, luego se dio cuenta de que algo no iba bien. Llegaron David y Élie, y este último lo golpeó. Nos percatamos de que teníamos pocas probabilidades de arrastrarlo hasta el Mercedes: era tremendamente pesado. Mucha gente se acercaba. En efecto, Lischka, atemorizado y con el rostro carmesí, gritaba: «*Hilfe, Leute, Hilfe!*» ['¡Socorro! ¡Socorro!']. Se quedaba estático como un paquidermo mientras Élie lo golpeaba. Aparentaba tener más miedo que dolor, y terminó cayéndose al suelo. Pero en ese momento estábamos rodeados. Uno de los alemanes que se acercó gesticulaba enarbolando su credencial de policía en la cara. Debió de tomarnos en un principio por compañeros. Afortunadamente no estaba armado. Le pedimos en francés que se fuera.

Empecé a temer que nos quedáramos bloqueados con el Mercedes, sobre todo porque algunos vehículos se detenían y nosotros habíamos dejado puesta la llave de contacto. Ninguno de nosotros estaba en el coche. Bastaba con que uno de los espectadores sacara la llave para que nos atraparan. Grité: «¡Al coche!».

Élie se había quedado con un sombrero en la mano, y el pequeño policía alemán corría detrás de él pidiendo: «*Den Hut, bitte, den Hut!*» ['¡El sombrero, por favor, el sombrero!']. Élie no entendía qué quería. Se dio la vuelta; el otro le señaló el sombrero. Con gran desenfado, Élie se lo devolvió mientras el policía le decía: «*Danke schön!*» [‘¡Gracias!’].

Lischka yacía en el suelo. Beate tenía ahora la posibilidad de desencadenar una campaña contra los criminales nazis. Me serené. Tres minutos más tarde, estábamos en el bosquecito y habíamos cambiado de vehículo. Pero al oír las sirenas de la policía, renunciamos a cumplir con el plan y abandonamos a Beate a su suerte, seguros de que no le costaría llegar a la estación de tren. Arrojamos las jeringas y las ampollas de cloroformo en el arcén de la autopista. Me di cuenta de que habíamos tomado de nuevo la ruta hacia Colonia. No encontramos la dirección correcta hasta cerca de Aquisgrán. En la frontera, nadie nos pidió nada. Al quedarse sola, Beate sencillamente volvió a París en tren.

Beate

¿Juzgar a Lischka y Hagen, o a Beate y Serge?

Habíamos estudiado en profundidad el aspecto jurídico del traslado a Francia de Lischka. Serge había inspeccionado el caso del secuestro del coronel Argoud en Múnich, que sentaba jurisprudencia.

Las condiciones del retorno a Francia no constituyen un impedimento mayor para volver a juzgar a un contumaz, y esta vez, contradictoriamente: *Male captus; bene detentus* ['mal capturado, bien detenido']. La sala criminal del Tribunal de Casación lo había reconocido formalmente en su fallo de 4 de junio de 1964, al estatuir que «las vías de hecho que denuncia el acusado, las cuales consistieron en apoderarse ilegalmente de su persona y conducirlo bajo coacción más allá de la frontera [...] [no son] de naturaleza tal que acarreen la nulidad de la demanda».

El dinero necesario para el operativo vino de *DVZ*. Una vez interrumpida nuestra colaboración y mi aventura en Praga, exigí de su director político los tres meses de indemnización que me correspondían. Para obtenerlos, lo amenacé con un juicio que habría demostrado que la prensa de extrema izquierda se comportaba con sus periodistas peor que el *holding* de prensa Springer.

Cuando dimos por terminado el intento de secuestro de Lischka del 22 de marzo, yo tenía que sacar a la luz el caso Lischka, que, sin ninguna duda, sería silenciado por la policía alemana.

De modo que, a la mañana siguiente, llamé a un diario de Colonia, el *Kölner Stadt-Anzeiger*, donde dije que me llamaba de apellido Schmidt, vivía en Bergisch Gladbacher Strasse y había asistido el día anterior a una tentativa de secuestro:

—Unos jóvenes aporrearon a un hombre. Estoy sorprendida porque la policía intervino y, sin embargo, esta mañana los diarios no dicen nada.

El periodista me contestó:

—Sí, sí, mire en la segunda página, abajo; hemos publicado una pequeña nota: «Ayer, a primeras horas de la tarde, cuatro desconocidos atacaron a un comerciante y se dieron a la fuga».

Tomé de nuevo el teléfono y llamé a otro periódico, el *Kölner Rundschau*:

—Hola, soy la señora Schmidt, vivo en Bergisch Gladbacher Strasse, 559. Ayer fui testigo de un incidente en Maria-Himmelfahrt-Strasse. En su diario no dice nada al respecto, y en *Kölner Stadt-Anzeiger* solo se habla de un comerciante atacado por cuatro desconocidos. Los agresores eran extranjeros y el hombre al que atacaron, lo sé porque vivo en el barrio, es el antiguo jefe de la policía alemana en Francia.

—Muy interesante —me respondió el periodista—. Vamos a averiguar en la comisaría.

Llamamos a varios diarios dando las mismas indicaciones. Luego, Serge se comunicó con la agencia de prensa alemana diciendo que era un periodista francés, que en Francia estaban corriendo rumores de que el antiguo jefe de la SIPO-SD de París había escapado a un intento de secuestro y que su periódico deseaba conocer los detalles. Así fue como conseguimos que los periodistas asediaran la sede policial de Colonia. Alrededor de la una, nos enteramos de que la policía había decidido dar una conferencia de prensa en torno al caso.

Al final de la tarde, llamé de nuevo, esta vez dando mi verdadero nombre. Los periodistas, que habían entendido nuestra maniobra, me llamaron irónicamente «señora Schmidt». Pero el asunto ya tenía vuelo propio. La policía indicó que el Mercedes hallado había sido alquilado por un ciudadano francés nacido en Bucarest. Se trataba de Serge, cuyo nombre no querían divulgar por temor a que lo relacionaran conmigo y la prensa se adueñara del caso. La policía pensaba que nos íbamos a quedar callados para no tener problemas; todavía no imaginaban que nuestra meta era, incluso a expensas de una acción judicial en nuestra contra, plantear el problema de la impunidad de Lischka y sus cómplices en Alemania. Por consiguiente, les di a los periodistas detalles precisos sobre el secuestro y sobre la víctima. Ese mismo día les remitimos unas carpetas con información. Al otro día y los días subsiguientes, los grandes titulares invadieron la prensa alemana: «B. K. intenta llevarse a París a Lischka, antiguo jefe de las SS».

La segunda parte de nuestro plan consistía en atraer la atención hacia Hagen. Cuarenta y ocho horas más tarde, mientras que el caso Lischka todavía sacudía las redacciones, publiqué un comunicado a través de Associated Press anunciando que aún existían varios cientos de criminales como Lischka y que, si el Bundestag no ratificaba el convenio, repetiríamos nuestra acción con otros cuyos nombres y direcciones conocíamos. Nuestra próxima víctima sería Herbert Hagen, de Warstein. Dimos datos precisos sobre sus actividades nazis y nos tomamos el trabajo de repartir su foto, que apareció en la prensa alemana junto a su currículum vítae. Nuestro objetivo era que los dos cabezas de lista, sobre los que habíamos preparado expedientes intachables, salieran de las sombras. Hagen enseguida apeló a la policía.

Si yo me hubiera limitado a ventilar mis carpetas por las salas de redacción, no habría obtenido resultado alguno. Durante varios días, la prensa alemana polemiza en torno a una amenaza que se cierne sobre los ciudadanos alemanes, porque se sabe que la policía es incapaz de proteger a cientos de personas.

Por fin queda expuesto el tema de la impunidad de los verdugos, hasta entonces desconocido. En *Vorwärts*, órgano del Partido Socialdemócrata, al término de una investigación, Wolf Scheller destaca: «Desde el 22 de marzo, varios caballeros de cierta edad y que gozan de una buena situación ya no pueden dormir tranquilos en la RFA. Se encierran en sus apartamentos, no atienden el teléfono, o mandan decir que están ausentes. No están para nadie». Y un hombre como Simon Wiesenthal admite: «Si bien la República Federal no es América del Sur, comprendo que esos jóvenes pierdan la paciencia», pero numerosos editorialistas de Alemania Occidental no comparten su opinión. A algunos los irrita ver a una mujer tomando semejantes iniciativas. Peter Herold, en *Tages-Anzeiger*, es categórico: «La mujer que abofeteó al canciller Kiesinger se ha vuelto una criminal. El caso Klarsfeld resulta políticamente patológico».

Gracias a unos periodistas que están en contacto con el juez de instrucción, me entero de que el doctor Bellinghausen, por el momento, no ha emitido ninguna orden de detención contra Serge o contra mí por nuestro intento de secuestro. Sin embargo, *Der Spiegel* acaba de publicar un artículo muy extenso sobre el caso. Para intensificar nuestra acción, transmitimos a la Justicia alemana los expedientes completos de Lischka y Hagen. Le pido a Ralph Feigelson, resistente francés y antiguo deportado de Auschwitz, que le lleve las carpetas al juez de instrucción en Colonia vestido con su chaqueta de rayas, enarbolando todas sus condecoraciones en el pecho. Con su imponente físico y su espléndida barba, resulta muy fotogénico, y cuento con el efecto que pueda provocar. El plan era que Ralph Feigelson se personara en la Casa de la Prensa en Colonia y que los periodistas, ya advertidos, lo acompañaran hasta el juzgado.

Pero la tarde del 31 de marzo, unas horas antes de salir, me entero de que el doctor Bellinghausen, cuestionado por los periodistas por no haber expedido la orden de detención en mi contra, había respondido: «No estoy obligado a creer lo que escriben los diarios».

La Justicia alemana duda seguramente en emitir una orden de detención que potenciaría aún más el escándalo. Si me presento ante el doctor Bellinghausen, mi provocación desatará una prueba de fuerza. Si me deja ir impunemente, estará haciendo constar que la situación reservada a los criminales de guerra en Alemania Federal es un escándalo tal que no se puede sancionar duramente a quien actúe de forma ilegal contra ellos. Si me encierra, llevará la situación a su paroxismo, puesto que no solo los criminales continuarán beneficiándose de la impunidad, sino que su acusadora, militante antinazi, irá a la cárcel... en lugar de ellos.

Prefiero no pensar en la posibilidad de una detención. Ralph y yo tomamos el tren nocturno rumbo a Alemania, a las once y cuarto de la noche. Llegamos a la estación de Colonia a las seis y cuarto. Concertamos una cita con la agencia de prensa alemana DPA delante del juzgado, para un poco antes de las once. Ralph, varios periodistas y yo salimos de la Casa de la Prensa y nos dirigimos hacia el Tribunal de Appellhofplatz, a unos minutos de allí. Enfrente de la sede judicial, nos esperan otros periodistas, algunos fotógrafos y cámaras. Tal como planeamos, Ralph lleva puesta la chaqueta de deportado, cubierta de condecoraciones.

Me presento en el despacho del fiscal.

—Estoy al tanto de su llegada a Colonia —me dice.

—Señor Bellinghausen, he venido ante todo a traerle los expedientes, acompañada por el señor Feigelson, y a confirmarle que lo que escribe la prensa es absolutamente cierto: soy responsable de la agresión contra Lischka.

—En el cajón tengo una orden de detención en su contra: queda usted detenida.

Me deja hacer una breve declaración a la prensa.

De regreso a París, Ralph Feigelson narró la escena en el diario de la Liga Internacional contra el Antisemitismo (LICA), *Le Droit de Vivre*, en abril de 1971:

> El fiscal Joseph Bellinghausen y su asistente nos recibieron con cortesía, incómodos y pálidos, pero no sorprendidos. Después de que Beate les presentara las piezas esenciales del expediente, yo solicité la detención inmediata de Lischka. El fiscal, que me dijo que yo era demasiado joven para conocer los hechos, ¡se declaró incompetente! Beate traducía a medida que este hablaba, puesto que yo aprendí alemán en Auschwitz, de modo que no lo entiendo bien, y menos aún lo hablo. Por tanto, cuando el fiscal habló de orden de detención, durante treinta segundos creí que iba a mandar detener a Lischka. Se estaba refiriendo a Beate Klarsfeld.
>
> Al incriminar a B. K. «de tentativa grave de secuestro, tentativa de coacción física, complicidad de golpes y heridas, y organización de asociación ilícita» [*sic*], la Justicia alemana se prepara para condenarla a una pena que puede llegar hasta veintitrés años de prisión.
>
> Me trasladaron a la cárcel de Ossendorf, a pocos minutos del centro, que albergaba a ochocientas mujeres y varios miles de hombres. Mi celda se hallaba en la planta baja: daba a un patio sembrado de césped y flores. Celda individual de cuatro metros por dos, cama sin somier, armario, lavabo, inodoro, ventana con barrotes de hormigón, una mesa y una silla. Permiso para escribir, para leer tres libros por semana, pero no diarios, para escuchar la radio de seis y media de la mañana a diez de la noche (había un responsable especialmente encargado de la radio, que seleccionaba los programas y realizaba números especiales destinados a nosotros, con invitados o discos de su elección). Todo era correcto, estaba limpio (dos duchas por semana),

> era soportable, salvo la privación de la libertad y, por mi parte, agregaría la comida, mejor presentada que en Praga, pero igual de repugnante. Tenía autorización para hacer dos paseos de media hora por día. Mis compañeras eran casi todas condenadas de derecho común, salvo una espía al servicio de la República Democrática Alemana, que caminaba sola. La mayoría de las mujeres eran prostitutas, y el reglamento incluso las autorizaba a salir en chaqueta ceñida de visón y pantalones ajustados. Se hablaba mucho durante los paseos, lo cual permitía no perder la forma y, de paso, intercambiar consejos sobre las técnicas y los precios. Algunas me hacían confidencias: «Tengo de cliente a un juez. Es viejo, me pide que le haga cosquillas antes porque le da fuerzas, pero en realidad la que necesitaría las cosquillas soy yo, porque te imaginarás que el asunto no es muy alegre. Paga bien, eso sí. Tendría que escribirle, tal vez me haga salir de aquí más rápido».

También me pedían asesoramiento jurídico. Todas eran muy amables conmigo: yo había abofeteado a un pez gordo, no había tenido miedo a meterme con los SS y, encima, ya había estado en la cárcel. Lo que me resultaba impresionante era la puerta sin picaporte de las celdas. ¿Cómo salíamos si se declaraba un incendio?

Los primeros días estuve únicamente en contacto con mi abogado, el doctor Klaus Himmelreich, un joven miembro de la Unión Demócrata Cristiana que elegí al azar en el momento de mi detención. Horst Mahler, mi abogado habitual, no podía recomendarme a ningún colega suyo: estaba preso hacía seis meses, en la cárcel de Moabit, en Berlín. Mi nuevo abogado, especialista en accidentes de tráfico, siempre de punta en blanco y muy cortés, veía el caso desde un ángulo meramente jurídico. Su actitud cambió después de reunirse con Serge en Bélgica, sobre todo, porque recibía amenazas con regularidad: «¿Cómo puede usted defender a la Klarsfeld?».

Yo no tenía contacto con Serge y me sentía perdida. Nunca había permanecido lejos de París sin llamarlo una vez al día. Y resulta que ahora me veía súbitamente aislada del mundo, sin saber qué pasaba, si se estaba haciendo lo necesario para sacarme de allí. Pero la paradoja era que la prisión tenía en mí los efectos de una cura de sueño: sentí una distensión física después de tantas semanas de nervios, aunque estaba preocupada por Arno.

Uno o dos días después de mi detención, me convocaron al juzgado en el marco de la instrucción del proceso. Enfrente de mí estaban el doctor Bellinghausen y su asistente, el señor Wissborn. Así como el primero, de cuarenta y cinco años, vestía con elegancia, el segundo iba mal vestido. Ocupaba la mayor parte del tiempo en ver pornografía, es decir, en leer todas las revistas porno que se publicaban y, cuando me miraba, yo siempre tenía la impresión de que el hombre estaba intentando recordar dónde me había visto.

La instrucción se desenvuelve en una atmósfera distendida. Me traen café, me dan sándwiches, incluso el fiscal hace alguna que otra broma. Sin embargo, todos nos vigilamos mutuamente. Tengo experiencia con los fiscales alemanes: ese es su modo de hacer hablar a los detenidos. Son de una amabilidad extrema y fingen dar a entender que lo que uno ha hecho no es muy grave, justamente para conseguir que se diga lo que no se puede obtener mediante el rigor.

Mi objetivo era que constaran en el acta todas las funciones de Lischka, mientras que ellos deseaban tratar el caso en términos estrictamente jurídicos, disociar el pasado de Lischka del hombre hoy atacado. Cuando me decían «Lischka», yo agregaba: «El jefe del departamento judío de la Gestapo del Reich», y paraba de hablar si no lo anotaban tal cual en el acta. Si no dejaban asentada la función, me cruzaba de brazos y permanecía inmóvil. Al término de la instrucción, mi expediente tenía dos cuerpos y cuatro anexos; entre cinco y seis kilos de papel.

Durante esos dieciséis días de detención, el abogado Himmelreich reclamó en dos ocasiones que se suspendiera la detención y yo recuperara la libertad hasta el juicio, previsto para el mes de julio. Los jueces lo denegaron en ambas oportunidades. El presidente del Tribunal, el doctor De Somoskeoy, ya había hecho saber su opinión: «Un acto como el de la Klarsfeld solo se explica por una deficiencia mental». Durante la corta sesión que concluyó con la negativa a liberarme, Somoskeoy anuncia: «La señora Klarsfeld deberá hacerse examinar por un psiquiatra». Le contesto que es la sociedad que rehabilita a asesinos como Lischka la que debería hacerse psicoanalizar. Ante mi negativa, el presidente resiste: «Entonces el psiquiatra asistirá a las audiencias de su juicio y hará un informe sobre usted basándose en sus observaciones».

El ministro de Justicia del Estado federado de Renania del Norte-Westfalia, el señor Neuberger, era judío. Incluso había emigrado a Israel después de la guerra, pero luego prefirió regresar a Alemania para hacer carrera. Huelga aclarar que el señor Neuberger era el último de quien podía esperar algo.

Mientras estuve en la cárcel, se juzgó en Fráncfort al doctor en Biología y SS Bruno Beger por haber seleccionado en 1943, en Auschwitz, a ochenta y seis judíos detenidos, cuyos esqueletos presentaban particularidades bastante interesantes para completar la colección de anatomía patológica del profesor Hirt, en la Universidad del Reich de Estrasburgo. Una vez trasladados, a instancias suyas, a Natzweiler, esos ochenta y seis seres humanos, judíos, cobayas, fueron ejecutados, hervidos y desmembrados. Veredicto del juicio: tres años de prisión.

En simultáneo, se desarrolló una campaña de apoyo a mi persona dirigida por Serge. Gracias a esa movilización —en particular, de los antiguos resistentes y deportados—, obtuve la libertad provisional y la suspensión de la orden de detención. Para conservar su dignidad, el Tribunal solicitó el pago de una fianza de 30 000 marcos (la fianza del jefe de la SIPO-SD de Varsovia, el SS Ludwig Hahn, se elevaba a 8 000 marcos).

El día que salí, un guardia, de unos cincuenta años, avanzó hacia mí y me dio la mano: «Estaba preocupado por que no la liberaran. Lo que usted hizo está bien, muy bien. Espero que algún día Lischka ocupe su lugar».

Serge me contó más adelante qué había sucedido durante mi encarcelamiento: «Por impulso de Pierre-Bloch, los diferentes movimientos de miembros de la Resistencia y deportados, comunistas o no, se reunieron para definir una acción. Era la primera vez que se reencontraban desde hacía mucho tiempo. En la tercera reunión, conformaron el Comité Nacional de Enlace para la Búsqueda y el Castigo de los Criminales de Guerra. Yo también había entrado en contacto con distintos movimientos juveniles. La Organización Judía Revolucionaria decidió ocupar la Embajada de Alemania el 16 de abril. Así, unos veinte jóvenes se presentaron ese día en la avenida Franklin D. Roosevelt y pegaron unas mariposas que decían: «Liberen a B. K., encarcelen a los criminales nazis». Luego, cerraron las rejas de la embajada y se ataron a ellas con cadenas y esposas.

Otro día, recibimos en casa una llamada de un tal señor Liechtenstein. Nos dijo que estaba preocupado por ti, que se había ido de Alemania a causa de las persecuciones nazis y que, en caso de que te otorgaran la libertad bajo fianza, él se ocuparía de pagarla. Cumplió con su palabra y gracias a él te soltaron».

El señor Liechtenstein siempre dijo que su gesto era lógico. Serge y yo sabíamos que era una persona muy excepcional.

Encerrada en mi celda, recibí la mayor de las recompensas, la más bella justificación de todas mis acciones llevadas a cabo en nombre del pueblo alemán, a través de un artículo del filósofo Vladimir Jankélévitch publicado en *Combat*:

> De manera que B. K. es la que está en la cárcel y *Herr Doktor* Lischka, Obersturmbannführer de las SS, el que continúa ocupándose tranquilamente de sus cosas. B. K. está en la cárcel, pero el jefe de la Gestapo en Francia, Knochen, doctor en Filosofía, seguramente continúa con sus grandes labores especulativas y llevando la vida de un buen burgués, sin siquiera pensar en los cientos de miles de víctimas miserables cuyos huesos se están pudriendo bajo tierra. Por el momento, la mala voluntad de la Justicia alemana prevalece sobre el coraje del canciller Brandt. La aparente ilegalidad de un acto de protesta está utilizándola el fiscal de Colonia para ocultar la aplastante responsabilidad de un criminal de guerra.
>
> Se entiende la inquietud del neonazismo alemán y su deseo de acallar la voz de B. K; B. K. es, por sí sola, la conciencia de un país inconsciente. La prosperidad y el «milagro económico» han mantenido a este país, a sus gerentes de empresas, a sus comerciantes, a sus turistas y a sus militares en esa pasmosa inconsciencia en la que los vemos sumidos. ¿El término adecuado es inconsciencia o buena conciencia? Creen que no nos deben nada, que no tienen ninguna explicación que darnos, ninguna cuenta que rendirnos; ni siquiera entienden qué les reprochamos. De modo que B. K. merece, para nosotros, doble estima...
>
> Hace realidad la promesa que los jueces de Núremberg nos habían hecho y no cumplieron: perseguir hasta el fin del mundo a los más grandes criminales del más aberrante crimen de la historia. Su causa es nuestra causa. Su lucha ejemplar y perseverante, a su vez lúcida y apasionada, contiene en potencia la rehabilitación de la juventud alemana.
>
> B. K. aceptó valientemente, como alemana, la responsabilidad de crímenes horribles que no había cometido; sin ser ella misma culpable, asumió la sangrienta responsabilidad de su pueblo. Esos crímenes, sin embargo, no

eran suyos: eran los crímenes de los inmundos y barrigones sexagenarios que actualmente pueblan la administración y la industria alemanas.

[...] Y, pese a todo, B. K. no consideró que aquellos crímenes le eran absolutamente ajenos. Eso es lo hermoso... B. K. prefirió la tribulación y el peligro. Por lo tanto, es para nosotros una esperanza, la posibilidad de una reconciliación, la primera gran oportunidad de perdón. Desde que ella se ha dado esta misión, desde que el canciller Brandt pidió perdón a los mártires en nombre de los culpables, ponemos toda nuestra esperanza en ese combate de la élite alemana. Por primera vez, ha llegado hasta nosotros la palabra caritativa, tan vanamente esperada durante tanto tiempo. Que los jueces de Colonia liberen muy rápido esta primera oportunidad, esta oportunidad única de perdón. Y asimismo: abofetear a un canciller no arrepentido, generar alboroto en el Parlamento, encadenarse en las calles de Varsovia y Praga para dar testimonio ante los indiferentes y certificar la identidad del antisionismo y del antisemitismo seguramente sean, todos ellos, actos «escandalosos». Pero esos actos escandalosos molestan la buena conciencia de los transeúntes, echan luz a otro escándalo, uno infinitamente más grave, escondido en el fondo del ordenamiento legal, que es el escándalo del crimen impune en la triunfante prosperidad. Hacer estallar escandalosamente el escándalo, ese es el difícil papel que ha asumido B. K., no con palabras, sino con actos, y de manera peligrosa. Así pues, decimos contrariamente al Evangelio y meditando el admirable ejemplo que ella nos da: bendito sea aquel a través del cual adviene el escándalo.

La actitud de Alemania Oriental también me daba valor. Me enteré de que el doctor Friedrich Kaul, abogado del Estado de la RDA, había pedido participar en mi defensa. Era justo que un abogado comunista estuviera presente a mi lado, puesto que la Gestapo de Lischka había masacrado a los miembros de la Resistencia de sus filas. Cuando me vio en Colonia, Kaul me dijo: «Si el señor Honecker no hubiera presentado por escrito la orden de defenderte, yo no habría podido enfrentarme a todo ese muro de altos funcionarios que están absolutamente en tu contra. También quisiera transmitirte el saludo y el respeto del señor Honecker». Yo me había ganado esa señal de estima en pie, pese o a causa de Varsovia, de Praga y de mis ataques contra los antisemitas de la RDA. Esa señal de estima emanaba de un hombre que no había pasado quince días en una amable celda, como yo, sino diez años en los calabozos hitlerianos.

Le informé al doctor Kaul que Serge estaba haciendo trámites para conseguir un abogado israelí que representara en el juicio a las víctimas judías de Lischka. El antagonismo entre la RDA e Israel era grande, pero a Kaul no le molestó la iniciativa. Tal vez creyera que Israel no se movería. En efecto, el órgano de la comunidad judía de Alemania Occidental, el Allgemeine Wochenzeitung de Düsseldorf, había comentado mi acción en un sentido exactamente opuesto al del Congreso Judío Mundial y al de los judíos de Francia, que me apoyaron activamente: «Esta situación [la impunidad de los criminales] no le da derecho a B. K. a sentirse llamada a actuar como portavoz de los judíos y los perseguidos, ni a buscar de forma intolerable una publicidad personal».

En ese enfrentamiento, era Serge el que actuaba en nombre de los judíos. Yo jamás actué en nombre de los judíos, sino de los alemanes. Me parece plausible creer que, en el momento de ser masacrados, los seis millones de judíos prefirieran que los culpables fueran castigados antes que protegidos por quienes son hoy, en Alemania, los portavoces de los judíos alemanes: una comunidad que se enardecía contra los subalternos que, en el escalón más bajo de la máquina de exterminio, manchaban sus manos en sangre, pero que permanecía silenciosa ante los grandes «asesinos de despacho», sobre todo, los que habían recuperado un lugar importante en la vida pública.

Israel

En Israel, la noticia de mi detención no hizo demasiado ruido en un principio. Serge se dirigió a la Embajada israelí en París para que un abogado israelí estuviera a mi lado, pero la respuesta tardaba en llegar. Envió entonces por télex una carta abierta a los principales diarios israelíes, que provocó pronunciamientos muy comprometidos en mi favor. Israel Noiman fue el primero en reaccionar en *Davar*:

Carta abierta a una criminal curtida. El silencio en el caso B. K. es un escándalo.

Queridos Beate y Serge:

Estaba esperando que personajes mucho más destacados y mucho más importantes que yo me precedieran mediante una acción mucho más impresionante y útil que la presente carta. Pero, para mi gran estupefacción, esperé en vano. Por eso les escribo. ¿Acaso esto ayude a sacar del sopor a quienes ya habrían debido actuar, apelar y protestar? Los jóvenes judíos franceses se están despertando; nuestro propio silencio, aquí, en Israel, me impacta aún más. Este silencio no puede prolongarse. Es un doloroso insulto a las víctimas del Holocausto. En nuestro país, existen numerosas organizaciones de supervivientes, pero ninguna de ellas se ha tomado la molestia de revelarle al público la detención de Beate por denunciar que determinados grandes criminales se pasean con la frente alta y se apoltronan en cómodos y mullidos sillones, por más que hayan sido condenados por la justicia. Esas organizaciones sin duda estarán ocupadas preparando las ceremonias conmemorativas del Holocausto y no logran encontrar un momento para ocuparse de un caso de tan poca trascendencia.

Bendita seas, Beate, por tus acciones. No tengo duda de que no estarás sola en el banquillo de los acusados. Estaremos contigo, presentes físicamente o con nuestro pensamiento. Durante ese juicio, la nueva Alemania se verá forzada, no por ti sino por respeto a sí misma, a rendir homenaje a la acusada

> que altera su descanso y a disponer los medios para poner fin a la absurda situación en la que está siendo juzgada, mientras los criminales gozan de impunidad. La voz del Estado de Israel no debe estar ausente de la sala del Tribunal de Colonia, porque tu juicio es el nuestro.

Ese diálogo que mantienen conmigo algunos judíos de Israel o de la Diáspora es, en realidad, un diálogo con cierta Alemania. Mis actos me convirtieron en un símbolo que interpela a los judíos.

En una entrevista telefónica en directo con Israel Wiener, de la radio militar, nos enteramos en mayo de que la Unión Nacional de Abogados Israelíes había decidido hacerse cargo de los honorarios de un abogado para mi defensa. Serge tenía que viajar a Israel para comunicarles los pormenores del caso.

Había que encontrar los fondos para el pasaje. Nos habíamos quedado sin dinero: mi suegra nos apoyaba lo mejor que podía, pero las facturas de teléfono eran descomunales; ¡llamábamos muchísimo a Alemania! Serge fue a ver a un directivo del Consejo Representativo de las Instituciones Judías de Francia (CRIF) y le dijo:

—He venido a verlo porque considero lógico que la comunidad judía de Francia corra con estos gastos, dado que Lischka fue el hombre que dirigió la Solución Final en este país.

—Estamos de acuerdo con su idea, pero desde el punto de vista presupuestario es complicado.

—¿Sabe usted que aquí estamos en un edificio adonde venía con frecuencia el jefe del Departamento de Asuntos Judíos de la Gestapo? Y puedo asegurarle que se topaba con serias dificultades a la hora de encontrar trenes para deportar a los judíos de Francia. Así y todo, lo lograba. Tres semanas antes de la liberación de París, cuando los soldados alemanes se replegaban en desorden, él conseguía un tren para deportar a más de mil judíos, entre ellos, cientos de niños.

El tema del pasaje se solucionó muy rápido.

Serge, a quien entrevistaron en varias ocasiones en la televisión y en la radio, no dejó de repetir: «Se necesita a un abogado israelí, no para defender a Beate, sino para atacar a Lischka». El letrado Samuel Tamir, diputado en la Knéset y antiguo comandante de la

Irgún,[1] se ofreció como voluntario y fue designado por la Unión de Abogados.

Siendo aún muy joven, el letrado Tamir se había echado a sus espaldas el caso Kasztner. En efecto, en 1953 había defendido a Michael Greenwald, un judío austríaco que había escrito que Rudolf Kasztner, portavoz del Ministerio de Comercio e Industria israelí, era un traidor, un colaborador del equipo nazi que había ordenado aplicar en Hungría la Solución Final de la cuestión judía y liquidado a 430 000 judíos húngaros. La acusación resultaba inverosímil, ya que Kasztner había pasado hasta entonces por un héroe que se había enfrentado con valentía a las exigencias de Eichmann, quien lo había colocado a la cabeza de la comunidad judía húngara. No obstante, Tamir, que dirigió una campaña sumamente activa, reunió en Europa y en Estados Unidos documentación que determinaba la responsabilidad de Kasztner,[2] este perdió la demanda por difamación. Lo asesinaron en marzo de 1957, en una calle de Tel Aviv.

Kasztner se había salvado de un descrédito definitivo mediante el testimonio ficticio del Standartenführer ['coronel'] de las SS Kurt Becher, representante especial de Himmler en Budapest, que había participado activamente en 1944 en el exterminio de cerca de medio millón de judíos húngaros. De ese modo, Kasztner estaba en paz con Becher, que lo había protegido en previsión de su propio

[1] Organización armada sionista. *[N. de la T.]*

[2] Kasztner, junto a Joel Brand, trató desde el Va'adat Ezrah Ve-hatzalah, o Comité de Ayuda y Rescate, participar en la negociación impuesta por Eichmann para transar la salvación de contingentes humanos de judíos húngaros, a cambio de recursos económicos y materiales pagados a las SS. Kasztner emigró a Israel después de la guerra y fue un líder del partido laborista Mapai. El periodista húngaro Malchiel Gruenwald acusó a Kasztner de colaboracionismo con los nazis y de haber ocultado al resto de la comunidad judía sobre las negociaciones, con el objeto de salvar a un grupo de judíos, incluida su familia; para lograrlo, pactó con Eichmann y el oficial de las SS Kurt Becher. Kasztner le denunció por libelo. El caso se desarrolló en el Tribunal del Distrito de Jerusalén en enero de 1954 y Kasztner fue condenado por las acusaciones de Gruenwald, a quien el Tribunal otorgó veracidad. El presidente del Tribunal Benjamin Halevi —también miembro del tribunal de Eichmann— afirmó en la sentencia que Kasztner «había vendido su alma al diablo». Kasztner apeló al Tribunal Supremo de Israel y, antes de que dictara sentencia el alto tribunal en marzo de 1957, le asesinó un judío vinculado a un grupo radical de extrema derecha. En enero de 1958 el Tribunal Supremo de Israel rechazó las acusaciones de Gruenwald contra Kasztner, señalando en su fallo graves errores cometidos por el tribunal. *[N. del Ed.]*

juicio. Becher sabía que Kasztner se vería obligado a encubrirlo, si no, su papel en la tragedia judía húngara se desvelaría y entonces nos habríamos enterado de que Kasztner no había hecho nada más que persuadir a las masas judías de que se dirigieran tranquilamente al campo «de trabajo» de Auschwitz. Kasztner difícilmente podía ignorar lo que allí los esperaba y sabía que muchos judíos húngaros podían salvarse si él daba la voz de alerta.

El 17 de febrero de 1958, el Tribunal Supremo de Israel afirmaba con solemnidad que «Kurt Becher era un criminal de guerra, no solo en el sentido técnico del término, sino en sus aspectos más terroríficos».

Antes del fin de la guerra, Becher colocó en Suiza los fondos sustraídos a los judíos húngaros adinerados y, una vez liberado gracias a Kasztner, los recuperó. En 1950, abrió en Colonia una empresa de comercio de granos que se desarrolló velozmente y, en 1971, el Standartenführer de las SS Becher era en Bremen uno de los hombres más ricos de Alemania. Este dato tiene su importancia, puesto que, de regreso a Colonia en 1950, el Obersturmbannführer de las SS Kurt Lischka había sido nombrado apoderado de Krücken, otra empresa de venta de granos.

A Serge lo habían despedido de la Continental Grain, el gigante del comercio de cereales, un año antes de nuestra expedición a Colonia. Michel Fribourg, judío estadounidense de origen francés y propietario de ese grupo multinacional, tenía en sus manos el 15 % de las ventas mundiales de granos. En mayo de 1971, nos enteramos casi en simultáneo de que Kurt Lischka trabajaba en el sector y que Kurt Becher, el rey alemán de los granos en Bremen, había sido uno de los más eficaces exterminadores de judíos. La Continental trabajaba activamente con las firmas de Becher y de Lischka. Poco después, Serge comunicó el expediente de esos criminales a uno de los socios de Michel Fribourg y lo instó a que solicitara al dueño la interrupción de las relaciones comerciales que mantenía con ambas compañías alemanas: «Usted conoce la mentalidad de la casa, soy casi el único que piensa como usted. No hay esperanzas», le respondió el socio, que le confirmó más adelante que, a pesar de nuestros expedientes, la Continental continuaría los negocios como en el pasado. ¿Qué hacer ante semejante actitud? ¿Denunciarla? Nadie habría reaccionado: «Los negocios son los negocios», «el dinero no tiene olor». Optamos por una táctica diferente.

A principios de noviembre de 1971, la prensa internacional, todas las grandes empresas cerealeras del mundo y los principales ejecutivos de la Continental recibieron dos expedientes redactados en inglés y titulados: «Los criminales nazis de la acción antijudía a la cabeza de las compañías cerealeras alemanas: n.º 1 Kurt Lischka, n.º 2 Kurt Becher». Cada uno de los documentos consistía en una reseña detallada e iba precedida de una declaración de Michel Fribourg:

> Me provocó un fuerte impacto enterarme recientemente de que ciertas compañías con las que el grupo Continental Grain mantiene relaciones comerciales están dirigidas por criminales nazis que condujeron al exterminio a la población judía de varios países europeos. He ordenado una investigación. Hoy, ya puedo poner a disposición de todas las firmas de la profesión y de la prensa internacional los expedientes de Kurt Becher y Kurt Lischka, cuya impunidad desafía el sentimiento de justicia que todo hombre honrado siente en el fondo de su corazón. Por respeto a las inocentes víctimas de semejantes verdugos, también he decidido poner fin a cualquier negocio con tales empresas, y no dudo de que el mundo del comercio adoptará la misma actitud.

La declaración iba seguida de la mía, redactada en los siguientes términos: «Expreso mi agradecimiento al señor Michel Fribourg, que me ha dado la posibilidad de presentar esta documentación. Celebro las decisiones que ha tomado y la plena conciencia que tiene de sus responsabilidades como judío, como estadounidense y como hombre».

Todo el mundo creyó en la veracidad de aquellas declaraciones. ¿Quién habría podido dudar de que un judío, uno de los hombres más ricos del mundo, no hubiera reaccionado como nosotros hicimos creer que había reaccionado Michel Fribourg en esos folletos? Para todos, no hay olvido ni perdón en el mundo judío frente a los criminales nazis. ¡Pero no siempre es así! De todos modos, como es una de esas convicciones contra las que es muy difícil luchar, más valía dejarse llevar por ella para obtener un resultado.

Y este no se hizo esperar: los ejecutivos de la Continental se alegraron de tener «un patrón que se atrevía a romper con los criminales nazis»; Becher estaba indignado con ese golpe inesperado. En cualquier caso, nosotros éramos los vencedores en esa operación: o Fribourg aceptaba todos los halagos y rompía con Becher/Lischka, o proseguía sus negocios con ellos pese a todo. En este último caso, la gente concluiría que se estaba doblegando, ya fuera por debilidad o por cobardía. Los abogados de Fribourg me pidieron que declarara que su cliente no tenía nada que ver en ese asunto. Ante mi negativa, me amenazaron con un juicio por falso testimonio. La difamación era imposible: lo había cubierto de flores. Y ¿cómo un judío podía llevar ante la justicia a una alemana no judía y afirmar así su voluntad de hacer negocios con los asesinos de su propio pueblo? Lo habría tenido todo a mi favor. Michel Fribourg retrocedió. Sus representantes hicieron saber que él jamás había hecho esa declaración a la señora Klarsfeld, que la calidad de los directivos de ambas empresas alemanas acababa de llegar a su conocimiento y que, efectivamente, su compañía mantenía relaciones de negocios con las empresas de Bremen y Colonia.

Y siguió trabajando con Alemania; al menos, con Kurt Becher.

El presidente de la Asociación de Antiguos Deportados Judíos de Francia, Henry Bulawko, le escribió a Michel Fribourg: «Estoy convencido de que usted ignoraba el pasado de esos hombres. Dicho esto, ahora que está informado de la "calidad" de sus socios alemanes, le corresponde romper toda relación con ellos, e incluso hacerlo públicamente. Quedo a la espera de conocer sus decisiones, que serán, ojalá, conformes a lo que esperan los supervivientes de los campos de la muerte».

Michel Fribourg jamás les respondió a Henry Bulawko ni a los judíos de Auschwitz. Aquellos cuyas cenizas sirvieron de abono para los trigales de Polonia no están a la altura de Becher ni de Lischka.

Relevos en la acción

Una vez liberada de la cárcel de Colonia, regresé a París el 22 de abril. El reencuentro con la familia cuando uno ha escapado ante un peligro es un momento difícil de describir. Había menos espacio para cada uno en nuestro diminuto apartamento que en la celda de Klingelpütz, ¡yo estaba, no obstante, tan feliz! Como en cada una de mis escapadas, se había acumulado la ropa sucia, la costura, un montón de cosas, pero me entregaba a esas labores con alegría.

El 25 de abril me invitaron al congreso de la LICA (hoy LICRA), agrupación que denunciaba incansablemente y por doquier las artimañas racistas y las persecuciones antisemitas. Jean Pierre-Bloch, con gran energía, insuflando su entusiasmo a los demás y sobre todo a los jóvenes, buscando una acción concreta y eficaz antes que bellas frases sin futuro, había sabido congregar en el entorno de LICA a personalidades fuertes y a un grupo de jóvenes que enseguida me agradaron. No tenían pretensiones, les gustaba actuar y eran valientes. Ellos mismos pagaban los gastos de sus acciones; los más adinerados ayudaban a los otros.

El congreso me eligió para formar parte del comité central junto con Jean Pierre-Bloch, tres Compañeros de la Liberación (Jean-Pierre Lévy, el muy afectuoso coronel Romans-Petit, jefe de los miembros de la Resistencia de Ain, y el médico general Diagne), los senadores Gaston Monnerville, Pierre Giraud, Henri Caillavet, André Monteil, mi abogado, el letrado Gaston Maurice, y numerosos jóvenes.

El 11 de mayo de 1971, seis de los jóvenes de la LICA viajaron a Bonn cargados de panfletos. Elisabeth Hajdenberg y René Lévy, ambos de veinte años, y Claude Pierre-Bloch, de veintiocho años, interrumpieron los debates del Bundestag al grito de «¡Castiguen a los criminales nazis!», y lanzaron al aire los pasquines, redactados en alemán y en francés con el siguiente texto: «Parlamentarios alemanes, ratifiquen el convenio judicial del 2 de febrero de 1971 firmado por Brandt. No dejen que los criminales nazis como Lischka vivan libres y sean respetables».

Esa espectacular protesta tuvo una profunda resonancia en la RFA: era la primera manifestación de franceses judíos en Alemania. «En el Parlamento de Bonn, la semana pasada, tres jóvenes franceses lograron lo que ningún diputado había conseguido. Su acción recordaba verdades desagradables y de candente actualidad, los antiguos crímenes impunes, y denunciaba a los responsables, cuya nefasta influencia aún no ha desaparecido. A eso se llama dar en el blanco», escribía el periodista de *U.Z.*, de Essen.

El 24 de junio de 1971, los jóvenes de la LICA vuelven a viajar a Alemania. Esta vez los acompaño. Nuestro objetivo: ocupar las oficinas de Achenbach, en Essen. Yo llego unos días antes para hacer el reconocimiento del lugar. Advierto a la prensa. La idea es demostrar que Achenbach, portavoz de los criminales de guerra en el Bundestag y abogado de Hagen, no puede denunciar a los que lo acusan de estar involucrado en la deportación de los judíos de Francia. Así, le impediremos ir una vez más a defender a los criminales nazis durante el debate sobre la ratificación del convenio judicial francoalemán. Es el primer contacto con Alemania para la mayoría de los siete jóvenes que participan en el viaje: Abraham Serfaty, de diecisiete años; Marc Vitkin y Monique Hajdenberg, de dieciocho años; Didier Kamioner, de diecinueve años; Raphy Marciano y Francis Lenchener, de veintidós años; Serge Hajdenberg, de treinta años. Están nerviosos; yo hago de mamá osa.

Los despachos de Achenbach están situados en Goethestrasse, muy cerca de la sede policial de Essen. Cuando llegamos, los periodistas ya están allí. ¡Qué alivio! La acción será un éxito y la televisión cubrirá el incidente. Unos minutos más tarde, dos grandes banderas nazis ondean en las ventanas de la planta baja. Un gran cartel pegado al vidrio y redactado en alemán reza: «Despachos del nazi-FDP Achenbach ocupados por franceses».

Después de haber conducido a los jóvenes hasta allí, desaparezco antes de que llegue la policía. Esta vez no puedo dejar que me detengan. Estoy en libertad bajo fianza desde hace dos meses. Si la policía me atrapa, no saldré de la celda en mucho tiempo.

Emiten una orden de búsqueda en mi contra, pero me largo en el primer tren que encuentro, en dirección a Bélgica. Hago trasbordo en Aquisgrán y paso la frontera con pasaporte francés.

Ahora tengo que ayudar a mis jóvenes amigos a salir de la cárcel. Después de una ocupación de la fachada de media hora, llevan a la comisaría central de Essen a los siete contestatarios. Al cabo de veinticuatro horas de prisión preventiva y de dos largos interrogatorios, expulsan de Alemania a los cuatro menores del grupo. A los tres adultos los meten entre rejas hasta el inicio del juicio, seis días después.

El 25 de junio, al día siguiente del operativo, los titulares de todos los diarios se referían al incidente. ¿Por qué los distintos periodistas que firmaban los artículos no criticaron ese «acto ilegal»? Porque su legitimidad moral les quedó inmediatamente demostrada gracias a la reacción de Achenbach. Un hombre inocente habría recurrido a la opinión pública; habría reclamado que el expediente sobre sus actividades durante la guerra se hiciera público; habría hecho una denuncia, no por violación de su despacho, sino por difamación; habría demandado por falso testimonio a propósito de los documentos sobre la cuestión judía, donde su nombre aparece involucrado. Achenbach no hizo nada de eso, sino que bajó la cabeza.

Serge, Francis y Raphy fueron condenados a veinte días de prisión o a una multa pecuniaria sumada a la prohibición de entrar durante un año a la RFA, a elección. Eligieron la multa. El operativo de Essen fue eficaz. Redujo al silencio al defensor político de los criminales nazis. Todos en Alemania, sobre todo en el aparato político, tomaron nota de la impotencia de Achenbach, y la acción de Essen permitió dar un paso adelante hacia la ratificación del convenio relativo a los criminales nazis.

El precio del combate

Serge volvió a Israel en julio, con el objetivo de trabajar sobre el expediente de Achenbach con el letrado Tamir y proseguir la campaña en su contra, en el marco de la visita a Jerusalén de Walter Scheel, ministro de Asuntos Exteriores alemán. En la televisión, en la radio, en la prensa, el letrado Tamir y Serge le plantearon una y otra vez a Walter Scheel la siguiente pregunta, fundándose en los documentos probatorios: «¿Cómo puede usted mantener como portavoz parlamentario del Partido Democrático Libre (FDP) a un hombre con el pasado de Achenbach?».

Veinticinco años después de los hechos, la cuestión del castigo de esos criminales condenados en Francia podía parecer ociosa, e incluso fútil, o estar inspirada por la venganza. Pero eso es falso, absolutamente falso. No se trata de un problema orientado hacia un pasado que ya tiene un cuarto de siglo de antigüedad: se trata de un tipo de confrontación donde puede expresarse mejor la voluntad democrática de un país. Entre Francia y la RFA, entre los alemanes guiados por la justicia y los partidarios del más injusto de los perdones, la cuestión del castigo de los criminales nazis aparece como esas colinas anónimas y numeradas que de repente adquieren celebridad en las guerras por ser el sitio donde el bando más resuelto a vencer, finalmente gana.

Entretanto, estalla el caso Barbie, pero no quisimos frenar las acciones sistemáticas contra los grandes criminales como Lischka y Hagen. Había que suscitar acciones pacíficas que llevaran la atención hacia los altos mandos de las SS.

Fue así como, el 13 de enero de 1972, partimos hacia Warstein, donde vivía Herbert Hagen, pertrechados con unos panfletos que resumían su carrera, exponían su foto e indicaban su dirección. En el reverso, había una carta dirigida a los ciudadanos del lugar pidiéndoles que tomaran distancia respecto del que fuera jefe de Eichmann. Aparte de André Lévy, antiguo deportado, me acompañaban solo jóvenes: Elisabeth Lenchener, Jeannot Janower, David Soucot, David Tordjman, Yossi Kuperholc.

Los periodistas —avisados discretamente— van con nosotros a la cómoda casa de Hagen, y la cubrimos de papeles. Rápidamente, la policía acude al lugar, pero no interviene. Nos deja hacer lo nuestro. La estancia en la cárcel de los tres jóvenes de Essen y su juicio permitieron que la LICA se hiciera oír en Alemania. La policía no quiere cometer el mismo error.

Por la tarde, repartimos nuestros panfletos en la ciudad y entablamos animadas conversaciones con los habitantes informados del pasado de Hagen. Algunos aprobaban el fondo y la forma de nuestra iniciativa; otros lamentaban que se hubieran despertado «viejas historias» y no conseguían imaginar a su respetable conciudadano con los rasgos de un criminal SS. Como fuera, había una toma de conciencia. El vicealcalde de la ciudad nos recibió cordialmente, para evitar comprometer a su persona. La acción de Warstein se retransmitió esa misma noche en la televisión alemana, la radio la difundió, los periódicos la describieron. Hagen salió de las sombras gracias a unos jóvenes a quienes se denominó «*die Klarsfeld-Gruppe*».

En Toulouse, provoco cierto revuelo al atacar a René Bousquet, que en aquel entonces era una personalidad de la región: «¿Qué opinión nos merecen los colaboradores franceses de los nazis alemanes, los que los respaldaron con vigor en su acción antijudía y de represión de la Resistencia?».

René Bousquet, secretario general de la policía en tiempos de Vichy, se deshizo de los judíos extranjeros entregándolos en mano a la Gestapo. La gran mayoría de ellos fue deportada. Los arrestaba, los internaba, los entregaba. El 2 de julio de 1942, en el transcurso de una conferencia de Bousquet con el Estado Mayor policial alemán, es decir, Oberg, Knochen, Lischka y Hagen, este último manifestó que se había concluido el siguiente arreglo: «Bousquet se declaró dispuesto a mandar detener a los judíos extranjeros en toda

Francia por medio de una acción realizada en común, y en el número deseado por nosotros. Bousquet subraya que es una primera acción del Gobierno francés y que son conscientes de las dificultades que acarrea». Como indica uno de sus interlocutores alemanes, Bousquet estima que esos judíos «le hicieron daño a Francia». El principal daño que hicieron fue confiar en la Francia de un René Bousquet, hombre hábil, que logró mantenerse en pie después de la Liberación.

La señora Baylet, dueña de *La Dépêche du Midi,* dirigido en aquella época por su amigo René Bousquet, amenaza a la LICA con represalias y nos envía a unos abogados que nos conminan a retractarnos. En vano. Unos años más adelante, cuando llegue el momento de hacerles entender a los franceses cuál fue el crimen de Vichy, nos meteremos de nuevo con Bousquet.

Con ayuda de Serge, prosigo también mi trabajo de documentación sobre los directivos del aparato policial nazi: preparamos expedientes muy precisos sobre unos veinte altos responsables de la SIPO-SD y elaboramos una lista de ciento cincuenta criminales alemanes condenados en contumacia en Francia, que viven en la RFA. Transmitimos nuestros expedientes sobre Lischka y Hagen a la justicia militar francesa y a la fiscalía de Colonia, que se apresura en enviar a dos fiscales suplentes al Centro de Documentación Judía Contemporánea para verificar la autenticidad de los documentos. Serge viaja a Viena, donde también se los entrega a Simon Wiesenthal y a Herbert Langbein.

El contraste es asombroso entre los apasionados reclamos de los franceses en los monumentos a los caídos y su aversión a actuar en la propia Alemania, donde precisamente se hallan los criminales y el sistema que podría juzgarlos. Los supervivientes de la división SS Das Reich, responsable de Oradour, se agruparon el 16 de octubre de 1971 en Rosenheim, cerca de Múnich. Pedí a algunos franceses que fueran a manifestarse, al menos dos, con una pancarta. No fue nadie. Ni siquiera las asociaciones de víctimas de esa misma división. En cambio, más de trescientos jóvenes alemanes se enfrentaron a los antiguos SS y la policía de Baviera al grito de «¡Oradour! ¡Tulle!». Para esos alemanes, para mí, es inadmisible que algunos de los mayores criminales de la historia alemana continúen beneficiándose de una escandalosa impunidad, mientras que el pueblo alemán todavía deberá seguir sufriendo aún mucho tiempo por sus actos. Cuarenta y tres años después de aquella reunión de los SS en Rosenheim, setenta años después del crimen de Oradour, tal vez se abra en Colonia el juicio contra uno de los Waffen-SS que participó en la masacre. Si el proceso se lleva a cabo, Serge será uno de los abogados de las acusaciones particulares.

* * *

En lo que a mí se refiere, padecía las condiciones materiales en las que vivíamos: dos habitaciones para cuatro personas, carpetas por todos lados, un porvenir incierto, un presente cargado de amenazas que nos llegaban casi a diario. Pero si renunciaba, si Serge renunciaba, ¿quién se opondría con acciones a la rehabilitación de los criminales? En términos morales, estábamos sólidamente armados, éramos jóvenes. En términos técnicos, teníamos a mano la historia y la lengua alemanas, la experiencia con los medios. No nos quedaba otra alternativa, así que decidimos sortear la prueba de la pobreza.

El doctor Kaul viene a verme a París y me informa de que en Berlín Este reconocen que mi protesta en Varsovia era justificada. Una cosa, pues, que se daba por terminada. Respecto de mi acción en Praga, si deseo obtener gracia y tener de nuevo derecho a entrar en la RDA como en el pasado, me basta con escribirle una carta a Erich Honecker expresándole «mis dudas» en cuanto a la conveniencia de aquella iniciativa. La gestión del doctor Kaul resultaba inútil. Sobre todo, porque yo tenía otras preocupaciones: en esa época comienza el caso Barbie.

Arno Klarsfeld, voluntario extranjero, en 1939. Colección personal de los autores.

Raisa Klarsfeld, estudiante en Berlín, en 1925. Colección personal de los autores.

Kurt Künzel, soldado de la Wehrmacht destinado en Bélgica, en 1940. Colección personal de los autores.

Hélène Künzel con su hija Beate. Colección personal de los autores.

Arno Klarsfeld y sus hijos en el castillo de Masgelier, en mayo de 1941, poco después de su fuga. Colección personal de los autores.

Arno, Georgette, Serge y Raisa en el Paseo de los Ingleses, Niza, en mayo de 1943. Colección personal de los autores.

El 2 de abril de 1968, Beate interrumpe al canciller alemán en el Bundestag, en Bonn: "¡Kiesinger, nazi, renuncie!". © Ullstein bild-DPA.

Morgenpost

Neu in Hamburg ▶ Mädchen auf Bestellung

Sie ohrfeigte den Bundeskanzler!

1 Jahr Gefängnis vom Schnellgericht

Fürchtet der NDR den Piratensender?

Zech haut auf die Pauke

TANZ – BORDFEST

El 8 de noviembre de 1968, al día siguiente de la bofetada que Beate Klarsfeld le propinó al canciller Kiesinger, *Hamburger Morgenpost* dedica su portada a ese suceso. *Hamburger Morgenpost*, derechos reservados.

Diciembre de 1972: Régis Debray y Serge Klarsfeld con sus amigos conjurados bolivianos. Gustavo Sánchez, el segundo empezando por la izquierda, capturará a Klaus Barbie y le enviará en un avión a la Guyana. Colección personal de los autores.

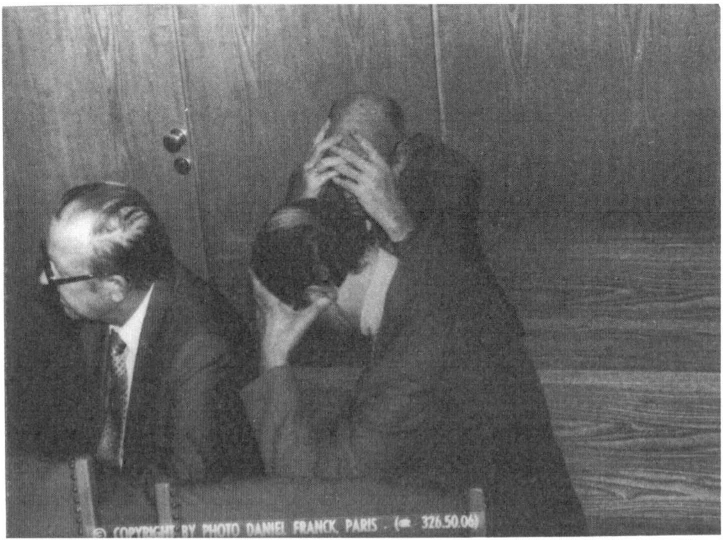

Febrero de 1980. Se pronuncia el veredicto del juicio de Colonia: Heinrichsohn, Hagen y Lischka son condenados. © Daniel Franck.

Serge presenta a la prensa fotos del exoficial SS Alois Brunner, a quien localizó en Siria. © Keystone Francia.

Beate muestra una reproducción de la tarjeta de coronel de los servicios especiales militares bolivianos de Klaus Barbie. © Peter Turnley/Rapho.

1972. Beate y Serge delante del cementerio de Pailharès el día del entierro de Xavier Vallat, Comisario General de la «cuestión judía durante la guerra». © Élie Kagan/BDIC.

23 de octubre de 1979. Apertura del juicio a Kurt Lischka en Colonia. © Élie Kagan/BDIC.

Manifestación en las escalinatas del Tribunal de Colonia. © Élie Kagan/BDIC.

Los Hijos e Hijas de los Deportados Judíos de Francia (FFDJF) se manifiestan en Marsella contra Le Pen. © Élie Kagan/BDIC.

5 de diciembre de 1976. Serge provoca un alboroto en la célebre cervecería donde se ideó el golpe de Hitler en 1923. © Élie Kagan/BDIC.

Beate se manifiesta en Santiago de Chile contra la impunidad del criminal nazi Walter Rauff. © José Arguto/AFP.

Beate encabeza una manifestación en Viena el 5 de junio de 1986 contra Kurt Waldheim. © Rudolf Brandstatter/AFP.

El presidente de la República Francesa, François Hollande, eleva a Beate al rango de Comandante de la Legión de Honor y a Serge al de Gran Oficial. © Philippe Wojazer/AFP.

Beate y Serge en el Memorial de la Shoá, Sala de los niños deportados, en 2011. © Joël Saget/AFP.

El prototipo de criminal nazi: Klaus Barbie

Nuestra persecución fue larga. Duró desde junio de 1971 hasta julio de 1987. Fueron dieciséis años durante los cuales, por más que lleváramos a cabo muchas otras acciones, tuvimos que permanecer concentrados en los medios para alcanzar nuestro objetivo: obligar a las justicias alemana y francesa a perseguir a Barbie, ubicarlo nosotros mismos, desenmascararlo, exponerlo sobre el terreno a los bolivianos como criminal nazi, intentar secuestrarlo, vigilarlo de cerca, azuzar a la opinión pública y a las autoridades francesas, forzar su expulsión, encontrar el télex relativo a Izieu, aportar pruebas a la instrucción y abogar por los niños que fueron sus víctimas.

Barbie era el prototipo de criminal nazi: el que arrestó y torturó a Jean Moulin, el que mandó a la muerte a los cuarenta y cuatro niños judíos de Izieu, el que había huido lo más lejos posible para evitar el castigo.

* * *

Nuestro enfrentamiento con Klaus Barbie arranca el 25 de julio de 1971. Ese día, yo estaba trabajando en el CDJC, en la calle Geoffroy-l'Asnier, para establecer el organigrama exacto de los servicios alemanes de seguridad en la Francia ocupada. Por encima de las cajas de archivos originales de la Gestapo, el director del centro, el señor Mazor, me alcanza un documento que acaba de llegarle: «Esto, seguro que le va a interesar». Se trata de la fotocopia de la decisión de archivar el caso Barbie, firmada el 22 de junio de 1971 por el fiscal Rabl, de Múnich. La resolución no se ha hecho pública.

Gracias a un artificio procesal, la Unión de los Perseguidos del Régimen Nazi (VVN) había logrado el 23 de junio de 1960 que se abriera una instrucción contra Klaus Barbie por los crímenes que había cometido en Francia. A medida que hojeo las diez páginas del informe que explica por qué la fiscalía de Baviera había cerrado la instrucción abierta hacía más de diez años contra el «carnicero de Lyon», tomo conciencia de las implicaciones del fallo: apunta a rehabilitar, a través de Barbie, dos veces condenado a muerte en contumacia por el Tribunal militar de Lyon (el 16 de mayo de 1947 y el 25 de noviembre de 1954), a todos los criminales nazis que operaron en Francia.

La firma del convenio judicial francoalemán del 2 de febrero de 1971 fue una llamada de atención para los criminales y para quienes los protegían dentro del aparato judicial y político alemán. Ya en 1967, el Ministerio de Asuntos Exteriores en Bonn había transmitido a la Cruz Roja alemana una lista de los 1026 contumaces, y esta se había apresurado en ponerlos personalmente sobre aviso: «Usted ha sido condenado en contumacia en Francia; si entra en territorio francés, será detenido y juzgado».

La ratificación de ese convenio impopular en la RFA fue demorada políticamente por un grupo de presión que actuaba en el seno de los tres partidos con representación en el Bundestag. Pero, al sentir que cobraba forma la amenaza que planeaba sobre los contumaces, la Justicia alemana eligió una táctica por la fuerza: dejar libre a uno de los más conocidos de ellos, Klaus Barbie, a fin de que su caso sentara jurisprudencia. Era asimismo un modo de poner a prueba la determinación de los franceses para perseguir a los antiguos criminales nazis.

El caso Barbie era emblemático, y teníamos que luchar sin tregua para que se reabriera la instrucción en Múnich.

Por la noche, traduzco las diez páginas del fiscal Rabl, que conformarán el primer elemento del expediente. Serge y yo decidimos lanzar nuestra campaña en torno a tres ejes: reunir y difundir documentación lo más completa posible sobre Barbie; movilizar la opinión pública en Francia y en la RFA a partir del expediente; y, sobre todo, a partir de las reacciones que provocaré en la región de Lyon, enfrentar a la fiscalía de Múnich en las mejores condiciones de eficacia.

Montamos un primer expediente destinado a mostrarles quién es Barbie a la prensa y a las personas proclives a reaccionar. Reunimos documentos firmados por él relacionados con la cuestión judía. Poco a poco, a fuerza de investigación, descubrimos otros papeles en los archivos de la Gestapo. En pocos días, dispongo de un sólido expediente de sesenta páginas, que ahora tengo que reproducir. El señor Lenchener, padre de Francis, que acaba de pasar una semana preso en Essen a raíz de la acción llevada a cabo por la LICA contra Achenbach, me permite utilizar su fotocopiadora. En el transcurso de los meses que siguen, pasaremos un tiempo considerable en sus oficinas manejándola. Todas las agencias de prensa internacionales, todos los grandes órganos de prensa alemanes y franceses sin excepción reciben la carpeta, que asimismo difundimos en las asociaciones de miembros de la Resistencia lioneses y entre las autoridades competentes de ambos países.

Si en Lyon, donde Barbie precisamente cometió sus crímenes, no se producen enérgicas protestas contra la decisión de la fiscalía de Múnich, los alemanes podrán creer que, a la postre, los lioneses concuerdan con el fiscal Rabl.

Alertamos a la prensa lionesa. El 27 de julio voy a las oficinas parisinas de *Le Progrès* de Lyon. Informo al periodista André Severac de los diversos aspectos del caso. Al día siguiente, se publica un gran artículo titulado: «El fiscal alemán abandona la acusación contra Klaus Barbie, jefe de la Gestapo en Lyon y torturador de Jean Moulin». El 29 de julio, *Le Progrès* dedica mucho espacio a las reacciones que provoca en Lyon el anuncio de la suspensión del proceso contra Barbie. El doctor Dugoujon, que fue detenido al mismo tiempo que Jean Moulin, se indigna: «Klaus Barbie es un hombre al que condenaría a muerte».

Los días siguientes. *Le Progrès* dará a conocer las múltiples gestiones realizadas por asociaciones o personalidades de la región contra la «injusta» decisión de inocencia del fiscal Rabl. Ese mismo 29 de julio entro en contacto con Marcel Rivière, antiguo resistente y gran reportero de *Le Progrès*, que también trabaja en la Oficina de Radiodifusión y Televisión Francesa (ORTF) en Lyon.

El 1 de agosto me presento en Lyon para convencer a sus habitantes no solo de que protesten, sino también de que luchen. Al día siguiente, lanzo la iniciativa de una incursión en Múnich. *Le Progrès* titula el artículo de Marcel Rivière: «El expediente de Klaus Barbie debe reabrirse, nos dice B. K.», y prosigue:

> «Ustedes, lioneses, no pueden aceptar la decisión del fiscal general de Múnich de suspender las actuaciones judiciales contra Klaus Barbie, antiguo jefe de la Gestapo que, en vuestra ciudad y vuestra región, tanta sangre derramó y tantas lágrimas provocó. Quien les habla es una alemana...». Los documentos que B. K. nos presenta son elocuentes. Son fotocopias de órdenes firmadas por Klaus Barbie solo o con otros, relativas a las detenciones y las deportaciones de cientos de israelitas atrapados en Lyon o en sus alrededores, en particular, en la Alta Saboya.
>
> Pero si los testigos alemanes han perdido la memoria, hay en nuestro país hombres y mujeres que, en su carne y en su corazón, conservan crueles y duraderos recuerdos. Ellos pueden atestiguar, y no «de oídas». Desafortunadamente, son pocos los supervivientes de los siniestros sótanos de la avenida Berthelot o de los campos de deportación. [...] «Esos supervivientes —nos dijo Beate sobre quienes fueron torturados por Klaus Barbie— deben darse a conocer. Hay que saber que las acciones judiciales solo están suspendidas y que todo testimonio preciso puede provocar la reapertura del caso».

La AFP da a conocer mi iniciativa a nivel nacional. La detallo en una página entera de *Combat*, el 7 de agosto:

> Barbie es el responsable de las deportaciones de los judíos de la región lionesa, detenidos por orden suya y dirigidos hacia Drancy, donde los hacinaban en los trenes de la muerte. Según el fiscal Rabl, a los directivos de la Gestapo regional les ocultaban totalmente la Solución Final. Para ellos, solo se trataba de «evacuación hacia los campos de trabajo del Este». Pero hemos encontrado un télex firmado por Barbie el 6 de abril de 1944, en el que se refiere la detención, a instancias suyas, de cuarenta y un niños de tres a trece años de la colonia judía de Izieu y a su traslado a Drancy el 7 de abril. [...] Al dejar libre a Klaus Barbie, el fiscal Rabl condena de nuevo a esos niños. ¿Son inocentes los miembros de la Gestapo que iban a la caza hasta de los recién nacidos judíos? Si el pueblo de Francia hoy admite esta denegación de justicia, entonces, cada uno de los criminales nazis que Francia ha condenado en contumacia será a su vez rehabilitado, y el sistema policial nazi, junto con ellos, reinstalado en la legalidad.

> [...] En el caso Barbie, los círculos de la Resistencia y la deportación deben reaccionar rápido, muy rápido. A pesar de que el Comité de Enlace para la Búsqueda y el Castigo de los Criminales Nazis, creado en el pasado mes de abril, congrega a más de veinticinco asociaciones absolutamente representativas, solo existe en los papeles y se apoya en la iniciativa individual, en lugar de dotarse de indispensables medios de trabajo sin los que sería vano esperar otra cosa que la multiplicación de la paralización de las acciones judiciales contra Barbie y sus semejantes. ¿Cuándo tendrá lugar la movilización pública que se necesita en Múnich? ¿Acaso la época de vacaciones realmente es prioritaria frente a la pena y la piedad, incluso para quienes dicen ser los representantes de las víctimas de la barbarie nazi?

El comunicado de la AFP alertó a *France-Soir.* Documentamos a Benoît Rayski, a quien volveremos a ver muy a menudo e informaremos a lo largo de todo el caso que nos ocupa, al igual que a Philippe Bernert de *L'Aurore* y a Manuel Lucbert de *Le Monde.* El 9 de agosto, *France-Soir* publica un artículo titulado: «Un juez alemán exculpa al jefe de la Gestapo de Lyon».

Philippe Bernert, en *L'Aurore* del 16 de agosto, moviliza la opinión en torno a la muerte de Jean Moulin y concluye: «El expediente que el fiscal Rabl juzgó correcto cerrar contiene un crimen histórico».

Mi idea de viaje se va abriendo camino en Lyon, donde me apoyan sobre todo Marcel Rivière, el doctor Dugoujon y la sección de la LICA. El 17 de agosto por la mañana, voy a charlar con los responsables de los asuntos alemanes de *Le Monde.* Por la tarde, se publica un artículo detallado, que concluye así:

> Una vez conocida, en los últimos días, la liberación, por un fiscal de Múnich, de Klaus Barbie, el que fuera jefe de la Gestapo de Lyon, provoca en Francia numerosas protestas. En un comunicado, la LICA declara haberse enterado de la decisión con un «profundo desasosiego» y convoca a todas las organizaciones de la Resistencia, «sin distinción de tendencia», a una gran manifestación de protesta el 3 y el 4 de septiembre en Lyon. Por otra parte, una delegación de antiguos resistentes y deportados acudirá a Múnich a principios de mes.

Así estalla el caso Barbie en Francia.

Acoso a los corresponsales parisinos de los grandes diarios alemanes. Cada uno de ellos está en condiciones de publicar un artículo con los pormenores del tema. Se organiza una vasta protesta. En la RFA, esta se funda en una serie de artículos alemanes bien documentados, que legitiman la reacción francesa, imposible de silenciar dado que la prensa sabe que pronto tendrá repercusiones en Múnich, como consecuencia de la visita de la delegación lionesa. Me pongo en contacto con la prensa de Múnich, a la que informo y documento con más cuidado aún que a los demás periódicos alemanes. Hans Keppert, de *Frankfurter Rundschau*, titula su gran artículo: «La Justicia alemana se pone una vez más bajo un dudoso manto: Francia, indignada por la decisión de dejar en libertad a Barbie»: «A la fiscalía del Tribunal de Múnich le espera un periodo agitado. No obstante, en la prensa francesa —de izquierdas o de derechas— brota de nuevo una duda en cuanto a la voluntad real de la justicia de Alemania Occidental de poner fin honorablemente a un triste capítulo del pasado francoalemán».

Regreso a Lyon el 21 de agosto para incitar a que se conforme la mencionada delegación. Fijamos la fecha del 13 de septiembre para el viaje. Gracias a una colecta entre la comunidad judía, la sección de la LICA garantizará la presencia de varios miembros de la Resistencia.

Aprovecho para visitar a mi hijo, que estaba en una colonia de vacaciones en Le Chambon-sur-Lignon. Estar con él, bajo el sol y en un campo reverdecido, en medio de una población que ayudó a los judíos, es como estar en un oasis. Cada una de mis campañas es una travesía del desierto; ignoro si llegará a buen puerto, tengo miedo del fracaso y sé que sufriré si no obtengo resultados. ¡Tantos trámites inútiles, horas dedicadas a la laboriosa redacción de notas indispensables, llamadas telefónicas infructuosas, carpetas que ordenar, cartas que escribir, documentos que fotocopiar y clasificar! Y luego está el diseño de cada acción: las largas conversaciones con Serge, en las que a menudo nos peleamos con fervor, debido a que él es más imaginativo y yo, más realista.

El 24 de agosto, Serge descubre en el CDJC, entre las listas de los convoyes de deportación, la del 11 de agosto de 1944 confeccionada por el Departamento de Investigación de la Cruz Roja Internacional: ese transporte llevó directamente del «Sammellager Montluc zum KL Auschwitz» a los últimos judíos de Lyon que habían escapado de la deportación y de los postes de fusilamiento. La lista consta de trescientos ocho nombres, a los que se añaden cuarenta y dos nombres de judíos muertos en ejecución sumaria en los sótanos de la Gestapo, y las fechas de cada uno de esos asesinatos. Barbie era el responsable directo del destino de todos esos judíos. *Le Progrès* publica la lista completa.

Mal que bien, la delegación cobra forma el 3 de septiembre, en el marco de una reunión en la Casa de Antiguos Combatientes. La preparación material plantea problemas de organización y económicos. La voluntad de los candidatos al viaje se topa con las realidades prácticas. Hago lo mejor que puedo para recaudar fondos para pagar el viaje de los participantes con los que cuento. Les señalo que la resonancia de semejante manifestación puede ser tanto más grande cuanto que tendrá lugar en vísperas de un coloquio jurídico francoalemán en Bonn, en el que participará el ministro francés de Justicia, René Pleven, a quien acabo de escribirle pidiéndole que interceda ante su homólogo alemán.

Durante mi discurso, uno de los miembros de la Resistencia se levanta y, dirigiéndose a los otros, exclama: «¡Es una alemana quien debe decirles lo que hay que hacer! ¡Despiértense de una vez!».

En Múnich, ante la perspectiva de la llegada de la delegación, el portavoz de la fiscalía manifiesta que, si se recaban nuevas pruebas, el expediente podrá reabrirse. Necesitamos aportar lo que permita a la Justicia alemana reabrir la instrucción. Serge y yo nos entregamos a esa laboriosa tarea. En el CDJC, pasamos revista a un sinnúmero de documentos, buscando el rastro de quienes hayan podido conocer a Barbie.

Entre las muchísimas pistas que desembocan en la nada, terminamos encontrando una más acertada. Serge se percata de que la Unión General de Israelitas de Francia (UGIF), institución creada bajo el impulso de Kurt Lischka para representar a la población judía ante las autoridades francesas y ocupantes, tenía una oficina de enlace con el Departamento de Asuntos Judíos de la Gestapo. En 1943 y 1944, esa oficina estaba dirigida por un antiguo abogado judío berlinés, Kurt Schendel. La tarea de Kurt Schendel era penosa: estaba en contacto directo con los dos gestores de la Solución Final en Francia, los SS Heinz Röthke, del Departamento de Asuntos Judíos de la Gestapo, y Alois Brunner, ayudante de Eichmann. Brunner dirigía un comando especial encargado de acelerar las detenciones y las deportaciones; Röthke se reservaba la parte más administrativa del trabajo.

Alois Brunner desapareció en 1945. Heinz Röthke, igual de responsable y activista que él, falleció de muerte natural en 1968, tras realizar una carrera de asesor jurídico en Wolfsburgo, en la RFA, aunque estaba condenado a muerte en contumacia. Heinz Röthke no pasó ni un solo minuto de su vida en la cárcel.

Se nos ocurre que el doctor Kurt Schendel, por su contacto con los oficiales de las SS como Brunner y Röthke, pudo enterarse de cosas sobre Barbie y sobre el conocimiento que los jefes regionales de la Gestapo tenían respecto del destino de los judíos en Auschwitz. ¿Acaso el fiscal Rabl no había concluido sobre ese punto que no había pruebas que permitieran establecer que, subjetivamente, Barbie estuviera al tanto de la liquidación de quienes él mandaba a Drancy porque serían deportados a Auschwitz? Esa es la tesis oficial de la que se había valido el fiscal Rabl en sus considerandos, tesis que limitaba a una reducidísima minoría el grupo de personas conocedoras del genocidio judío, absolvía al pueblo alemán y le devolvía su buena conciencia.

En la guía telefónica de París figura un «K. Schendel». Hasta el 6 de septiembre, nadie responde a nuestras llamadas, pero aquella noche atienden. Se trata del mismo Schendel. Está recién llegado de sus vacaciones. Recuerda a Barbie, si bien nunca lo vio.

Nos reunimos con él y el 8 de septiembre nos entrega una declaración en alemán:

> Mis observaciones durante el año que pasé en los servicios IV-B y por las numerosas conversaciones que tuve con toda esa gente, así como las insinuaciones de los demás servicios alemanes, me brindaron la irrefutable convicción de que todos los responsables IV-B, salvo, tal vez, los que estaban en

lo más bajo del escalafón, responsables entre los que se encuentran al menos Röthke, Brunner y los dirigentes de las secciones judías en los Kommandos regionales de la SIPO-SD, estaban perfectamente al tanto del destino que esperaba a los deportados.

Tuve ante mis ojos informes según los cuales Barbie perseguía a los judíos con un afán muy particular. A finales de 1943 o principios de 1944, mantuvimos en París una reunión conjunta con los miembros del consejo de administración de la zona sur, a la que me convocaron. En el transcurso de esa reunión, se habló mucho de ejecuciones de judíos detenidos por Barbie y más tarde fusilados sin juicio. Uno de los delegados reportó que se había intentado incansablemente intervenir en favor de los judíos detenidos para que, por lo menos, no fueran fusilados. A lo que Barbie parece que respondió: «Fusilado o deportado, no hay diferencia». Eso me quedó grabado en la memoria: en aquella época, no podíamos comprender esas palabras, pero nuestra angustia por el destino de los deportados se acrecentó. Brunner envió a Lyon por unos meses a su asistente, el Oberscharführer SS Weiszel, que había sido miembro de su Kommando especial en Salónica y que podía contarle a Barbie, como testigo ocular, lo que les había sucedido a los judíos deportados al Este.

Esta declaración nos parece un elemento contundente para instar a la fiscalía de Múnich a revisar la liberación de Barbie. Pero teníamos que dar con el dirigente de la UGIF al que Barbie le había dicho: «Fusilado o deportado, no hay diferencia». En este caso preciso, el doctor Schendel era solo un testigo de oídas.

Serge identificó las actas de los consejos de administración de la UGIF, verificó la lista de nombres de los administradores y llamó a todos lados para saber qué había sido de ellos. El problema era que habían pasado veintiocho años...

Entretanto, me enteré de que los organizadores lioneses del viaje a Múnich habían ido a ver al cónsul alemán en Lyon. Al saber que yo formaría parte de la comitiva, el cónsul les recomendó limitar a doce la cantidad de delegados ante el fiscal y mantenerse a cierta distancia de mí, para no comprometerse con una mujer escandalosa. Por el perceptible malestar de mis interlocutores lioneses al teléfono, adivino que se han dejado convencer y que adoptarán una actitud extremadamente respetuosa de cara a las autoridades alemanas. Por mi lado, organicé todo en Múnich, llamé a todos los diarios de la región, a la televisión, a la radio, alerté a las asociaciones antifascistas para que estuvieran en el aeropuerto a nuestra llegada. Los alemanes esperan a la «Resistencia francesa», gente que reclame con firmeza el cese de una denegación de justicia. Esperan banderas, pechos cubiertos de condecoraciones, una entrada resuelta de todos los delegados a la sala de audiencia; esperan ver a un grupo de combatientes, y no a unas pocas decenas de franceses que en nada se distinguen de cualquier turista. Pero en vista del estado de ánimo de la delegación, las posibles repercusiones del viaje ahora me parecen limitadas. En semejante enfrentamiento, solo una prueba de fuerza puede doblegar a un fiscal. Y estábamos muy lejos de ello.

Una vez más, el archivo del CDJC nos es de gran ayuda. Entre los niños detenidos por Barbie en la colonia judía de Izieu, figuran tres hermanos: Jacques (trece años), Richard (seis años) y Jean-Claude (cinco años) Benguigui, a quienes de inmediato trasladan a Drancy. Como indica Barbie en un télex del 6 de abril de 1944 al IV-B en París: «En las primeras horas de la mañana de hoy, se liquidó la colonia infantil judía de Izieu (departamento de Ain). En total, se detuvo a cuarenta y un niños de tres a trece años. Por otra parte, la detención de la totalidad del personal judío ha sido un éxito: diez cabezas, de las que cinco son mujeres. El dinero en efectivo y demás objetos de valor no pudieron ser rescatados. El transporte hacia Drancy tiene lugar el 7 de abril de 1944».

Localizo los nombres de los niños Benguigui en la lista del convoy del 13 de abril de 1944 con destino a Auschwitz, donde fueron asesinados. El hermano de otros niños de Izieu deportados por Barbie, Alexandre Halaunbrenner, al que también descubrimos gracias a esos archivos, figura en la guía telefónica. Conoce a Fortunée Benguigui, la madre de los tres pequeños, que vive en la calle Francs Bourgeois, en el barrio parisino del Marais. Voy a verla. La propia señora Benguigui había sido deportada el 31 de julio de 1943 a Auschwitz, donde la torturaron espantosamente en el bloque 10, de experimentos médicos. Sufre una invalidez del 75% y solo subsiste gracias a la pensión que le concedieron. En el campo, mantenía la esperanza de que sus hijos estuvieran seguros, escondidos en aquella colonia clandestina, pero en la primavera de 1944 reconoce en una pila de ropa perteneciente a personas a las que acababan de gasear el suéter de su hijo Jacques, tejido por su abuela en Argelia.

Le explico que el responsable de la muerte de sus hijos acaba de ser rehabilitado en Alemania y le pregunto si se siente en condiciones de viajar a Múnich. La prueba de fuerza con la justicia de Múnich vamos a encabezarla ella y yo.

Unos días antes de nuestra partida, Laure Moulin, hermana de Jean, me alienta mediante una carta que me afianza aún más en mi determinación: «No tengo palabras para expresarle mi admiración por el coraje inquebrantable con el que usted lucha para que su país tome conciencia de los errores y los crímenes de los nazis, y los condene para siempre».

Manifestación en Múnich

El domingo 12 de septiembre, víspera del viaje de la comitiva, el doctor Dugoujon me alberga en su casa de Caluire; cenamos con Lucie Aubrac, resistente y a su vez esposa del resistente Raymond Aubrac, detenido al mismo tiempo que Jean Moulin y torturado por Barbie. Me quedo boquiabierta cuando mi anfitrión me explica que no podré formar parte de la delegación del día siguiente. El Ministerio de Asuntos Exteriores ha solicitado a los delegados que no perturben en absoluto las relaciones francoalemanas y les ha hecho saber que nada obtendrán sin diplomacia.

El lunes, éramos cuarenta y ocho dispuestos a partir; más que nada, antiguos miembros de la Resistencia y jóvenes de la LICA. La señora Benguigui y Alexandre Halaunbrenner estaban allí y se unieron a nosotros. Cuando llegamos en autobús, delante del consulado de Francia, en Mühlstrasse, uno de los jefes de la delegación me llama aparte:

—Le pido que no entre en el Consulado, así lo hemos acordado con el cónsul.

—Lo único que voy a decirle —le contesté— es que tengo pasaporte francés, que no tengo por qué recibir órdenes y que tengo tanto derecho como usted a entrar en el Consulado de Francia.

Se anuncian los nombres de los doce delegados «oficiales», que se levantan para acudir al Tribunal. No contengo mi indignación, sabiendo que los periodistas alemanes estarían presentes y que esperaban a unas cincuenta personas: «Sería vergonzoso quedarse aquí, tenemos que ir todos juntos». No convenzo a nadie. En Maxburgstrasse, frente al Tribunal, los doce «sabios» entran en el edificio. Los jóvenes y yo logramos hacer que los demás bajen del autobús para, al menos, agolparnos delante de la puerta. Todo estaba planificado con el Consulado y las autoridades alemanas. La manifestación no provocó ni la décima parte del eco que habría podido tener.

Arriba, en el despacho del fiscal general, el doctor Manfred Ludolph, los delegados le entregan un memorándum «solicitándole encarecidamente» y «rogándole solemnemente» que reabra la investigación.

Mientras tanto, entro con la señora Benguigui en el Tribunal y, como no puedo acceder al doctor Ludolph, pido que le entreguen el expediente con los documentos firmados por Barbie, así como el testimonio del doctor Schendel.

La delegación se encamina luego hacia el campo de Dachau, donde los organizadores habían previsto una visita. Yo había convocado una conferencia de prensa. No había suficiente tiempo antes de que despegara el avión, a las cinco y media de la tarde, para hacer ambas cosas. Los que querían recogerse en Dachau se opusieron a los que, como yo, pensaban que el momento de la acción era prioritario.

La delegación regresa a Lyon, donde los esperaban, en el aeropuerto, el alcalde, los legisladores locales, la televisión regional y muchos lioneses.

La señora Benguigui y yo nos quedamos solas, dispuestas a actuar, puesto que la situación así lo exige. Dos mujeres: una judía, una alemana. Nuestro material: la única foto de sus tres hijos que posee la señora Benguigui y que mandé ampliar, y dos pancartas que confeccioné en nuestra habitación del hotel. Nuestro plan es simple: mañana nos instalaremos en la escalinata del Tribunal y la señora Benguigui iniciará una huelga de hambre ilimitada, con la foto de sus hijos en las manos.

Al día siguiente, a las nueve de la mañana, nos personamos en Maxburgstrasse. Llueve y hace frío. Nos instalamos sobre unas cajas que recogí en un almacén. Le compré a la señora Benguigui unos gruesos calcetines y unas pantuflas abrigadas. Por encima de su cabeza, se extiende una pancarta en alemán: «Haré huelga de hambre hasta tanto no se reabra la instrucción contra Klaus Barbie, el verdugo de mis tres hijos». Mi pancarta lleva la siguiente inscripción: «El fiscal Rabl rehabilita a los criminales de guerra».

A las cinco de la tarde, llegan los periodistas. Al día siguiente, la prensa alemana publicará nuestra foto, acompañada de extensos artículos favorables a nuestra iniciativa. Algunos jóvenes alemanes gritan: «Es una vergüenza para nuestro país que esta pobre mujer se vea rebajada a pedir justicia de este modo». Algunas mujeres charlan con la señora Benguigui; la gente le compra ropa de abrigo. *France-Soir* envía urgentemente a una corresponsal, que alerta al Consulado francés. El vicecónsul se acerca con una manta. La policía solo se presenta para comunicarnos que la pancarta que se refiere al fiscal Rabl constituye una infracción merecedora de acciones legales. Pero la pancarta se queda donde estaba, bien visible. El fiscal general se decide a negociar. La policía viene a buscarnos, se dirige a nosotras con cortesía y nos escolta hasta el despacho del doctor Ludolph.

El diálogo con aquel magistrado de unos cuarenta años, vestido impecablemente y de una extrema amabilidad, comienza así:

—¿Qué es lo que quieren?

—La reapertura de la instrucción contra Barbie.

—Para ello, necesito pruebas concluyentes.

—¿Ha leído el expediente que solicité que le entregaran ayer?

—Aún no he tenido tiempo.

—Pues ahora es el momento.

El fiscal general llega al testimonio del doctor Schendel y exclama:

—¡Esto sí que es un documento crucial! Si se encuentra al informante del doctor Schendel, el testigo directo de las palabras de Barbie, y confirma lo que Barbie supuestamente dijo, prometo reabrir la instrucción.

—Denos ese compromiso por escrito.

—A esta hora, no tengo dactilógrafa.

—No importa, yo fui dactilógrafa.

Me siento y escribo la carta oficial que me dicta el doctor Ludolph, en la que confirma el compromiso que ha tomado con nosotras. La comunico de inmediato a la prensa alemana y esta la hace pública:

> Estimada señora Benguigui:
>
> [...] En lo que refiere a la declaración del doctor Schendel del 8 de septiembre, me parece necesario encontrar al testigo que le relató al mencionado doctor que el acusado habría dicho: «Fusilado o deportado, no hay diferencia». Si es posible dar con ese testimonio de oídas y este confirma el hecho, estaré dispuesto a reabrir la instrucción, ya que eso probaría que el acusado presumía la muerte de las víctimas judías.

Por primera vez desde la muerte de sus hijos, la señora Benguigui tuvo la impresión de haber hecho algo por ellos. Demostró que podía actuar mejor que tantos otros, tan duchos en perorar.

La suerte sigue de nuestro lado. Serge encontró al testigo crucial gracias a la guía telefónica. Se trata del letrado Raymond Geissmann, abogado ante el Tribunal de Apelación, avenida Victor Hugo, abogado de las Embajadas de Israel y de la RFA, lo cual no deja de reforzar el valor de su testimonio. Se trata del mismo Raymond Geissmann que en 1943-1944 fue director general de la UGIF zona sur, en Lyon.

El señor Geissmann nos recibe. ¿Recuerda a Barbie? Naturalmente, y fue a él a quien Barbie le soltó la terrible frase, a raíz de la ejecución sumaria en los sótanos de la Gestapo de varios miembros de la Resistencia y del padre de Alexandre Halaunbrenner.

El letrado Geissmann figuraba asimismo entre los participantes en los consejos de administración de la UGIF. Enseguida le dicta a su secretaria el testimonio que provocará la reapertura de la instrucción:

> A algunos de mis colaboradores y a mí mismo nos convocaban a la Gestapo, o íbamos por iniciativa propia cuando intentábamos arrebatar de las garras del Sicherheitsdienst a tal o cual persona o familia detenida.
>
> De modo que así era como nos enfrentamos al propio Barbie o, las más de las veces, a sus subordinados [...]. Todos teníamos la íntima convicción de que aquellos torturadores, de quienes dependía la vida o la muerte de nuestros correligionarios, conocían a la perfección el temible destino que aguardaba a quienes ellos detenían. Me acuerdo de haber visto a Barbie «babear» al exhalar su odio contra los judíos, y es cierto que es suya la expresión: «Deportado o fusilado, es lo mismo». Es una de las tantas que pronunció delante de mí y que tuve que repetir ante mis colegas parisinos.

Concertamos una cita con el doctor Ludolph para el 1 de octubre, a fin de hacerle entrega del documento. Aviso a la prensa alemana, y esta publica el testimonio del doctor Geissmann.

Viajo junto con Jean Pierre-Bloch y, al bajar del avión, a ambos nos reciben cálidamente los periodistas, la VVN y la sección local del B'nai B'rith.[1] Nos acompañan a ver al doctor Ludolph, que nos recibe muy amablemente en compañía de su asistente, el fiscal Steiner. El doctor Ludolph toma conocimiento de la declaración del letrado Geissmann, que traduje al alemán. De inmediato, le dicta a su secretaria su decisión y nos entrega una copia:

> Múnich, 1 de octubre de 1971
> N.º de expediente 123 Js 3/71
> (7 Js 61/65 Sta. Augsburgo)
>
> Asunto: Instrucción penal de la fiscalía ante el Landgericht de Augsburgo contra Klaus Barbie por presunta asistencia para perpetrar homicidio.
>
> 1.º La instrucción será reabierta en torno al punto que se le imputa al acusado: haber participado en el homicidio de ciudadanos franceses de origen judío, deportándolos de Francia hacia el Este.
>
> 2.º La decisión respecto de la reapertura total de la instrucción penal queda entretanto postergada, pero permanece formalmente bajo reserva.

A propósito de la represión de la Resistencia por parte de Barbie, el doctor Ludolph observa que los miembros de la Resistencia lioneses no le han enviado aún los testimonios que se habían comprometido a suministrarle, pero que, para él, «habría que pasar página». En nombre de la Resistencia francesa, Jean Pierre-Bloch le responde que la página no se pasará hasta que Barbie sea juzgado por todos los crímenes que ha cometido en Francia.

El doctor Ludolph se vio forzado a reabrir la instrucción. Intento adivinar su maniobra. ¿Cuál será su línea de aquí en adelante? El caso Barbie es muy particular: Barbie es uno de los pocos criminales que se expatrió, es un criminal fantasma. Al ayudar a descubrirlo en el país donde esté refugiado, la Justicia alemana traslada en la práctica el caso a las autoridades francesas, únicas en condiciones de reclamar la extradición, puesto que la Justicia alemana

[1] Organización judía internacional, que continúa activa en la actualidad. *[N. de la T.]*

no es competente hasta tanto no se ratifique el convenio del 2 de febrero de 1971. De hecho, era conveniente que Francia capturara a Barbie antes de que el convenio quedara ratificado, ya que, de ser así, la RFA sería competente y tendría que reclamar por sí misma la extradición al país donde aquel había encontrado asilo. La Justicia alemana también iba a poner a prueba la voluntad real del Gobierno francés de enjuiciar a los criminales alemanes. Si esa voluntad no se afirmaba, si Francia no daba ejemplo, ¿por qué el Bundestag debía apresurarse en ratificar el convenio y, si lo ratificaba, por qué la Justicia alemana debía mostrarse severa?

El doctor Ludolph nos entrega dos fotografías de frente y de perfil de Barbie en 1943, y otra que muestra a un grupo de hombres de negocios sentados alrededor de una mesa. Uno de ellos se parece efectivamente a Barbie, veinticinco años después. «La escena», nos explica el fiscal general, «tiene lugar en La Paz en 1968. Por ahora, no puedo decirles más al respecto. Ustedes me han demostrado que son eficaces, ayúdenme a identificar a este hombre».

Barbie, alias Altmann

Tan pronto como regresamos a Francia, hacemos saber públicamente que Barbie se encuentra sin duda en Bolivia. Mandamos reproducir las fotos y las enviamos a Lyon con la esperanza de que surja algún testimonio.

Maurice Schumann recibe a Jean Pierre-Bloch el 8 de octubre. El presidente de la LICA le pide al ministro de Asuntos Exteriores que intervenga ante el Gobierno boliviano para que encuentre a Barbie y lo extradite. Asimismo, le entrega una fotocopia de la nueva decisión alemana y la famosa foto de grupo. En aquel entonces, localizar a Barbie era un juego de niños para las autoridades francesas: bastaba con transmitir por belinograma[1] la foto a la Embajada de La Paz; luego que algún diplomático o, en su defecto, un mero empleado, la presentara a los porteros o camareros de los pocos grandes hoteles de la capital boliviana y, en el día, Maurice Schumann habría obtenido su nombre. Pero no se hizo nada.

Por mi lado, le entrego a uno de los jefes de redacción de *France-Soir* la foto del supuesto Barbie con el mismo objetivo, de modo que pueda verse hasta en América del Sur, que la gente reconozca al criminal y revele su identidad actual. Unos días después, *France-Soir* me responde: «Nuestros asesores jurídicos nos han recomendado no publicar esta foto, ya que, si el hombre sospechado resulta no ser Barbie, estaría en condiciones de reclamar una importante indemnización por daños y perjuicios».

Una mañana de octubre, acudo sin ningún contacto previo al departamento antropométrico del Quai des Orfèvres.[2] Le explico

[1] Documento transmitido en blanco y negro por medio de un aparato de fototelegrafía denominado belinógrafo en honor de su inventor francés Édouard Belin (1907). *[N. del Ed.]*
[2] Dirección de la sede de la policía judicial de París. *[N. de la T.]*

al ordenanza que tengo unas fotos que me gustaría analizar. Hace una llamada telefónica y llega una mujer. Mi relato la sorprende: «La llevaré al despacho del jefe de departamento». Este, de atuendo clínico blanco, es muy amable; conoce mi nombre y fue miembro de la Resistencia. «Solo puedo hacerle un estudio bastante superficial, y me es imposible entregárselo por escrito», me advierte de entrada. Eso ya es mucho. Examina las tres fotografías durante media hora y me contesta, para mi gran alivio: «Sí, hay muy altas probabilidades de que se trate del mismo hombre: mismas orejas, lóbulo prominente hacia el exterior, sobre todo en la oreja derecha, algo poco común. Formación del hueso frontal en relieve, a la izquierda, muy característico; e idénticos pliegues extremos de los labios».

Remito el informe de ese examen al fiscal general Ludolph.

Entretanto, René Pleven, ministro de Justicia francés, me responde el 29 de septiembre informándome de que trasladaría los documentos relativos al caso al ministro de Defensa.

El 29 de octubre de 1971, Louis Saget, director de gabinete de Michel Debré, ministro de Defensa, me escribe con un sorprendente aplomo algo que yo misma podría —y con razón— haberle comentado ya el 1 de octubre: «Actualmente, estoy en condiciones de confirmarle que, en respuesta a las gestiones que había iniciado ante el Gobierno federal, el Gobierno francés ha recibido garantías de que las autoridades judiciales competentes han reanudado la investigación que se refiere a las actuaciones del mencionado criminal de guerra».

El 12 de octubre, el fiscal Steiner, asistente del doctor Ludolph, me escribe una carta en la que precisamente manifiesta la voluntad de una cooperación técnica: la fiscalía de Múnich ve en mis acciones una coherencia y un impulso que prometen resultados.

A finales del mes de octubre, le envío al doctor Ludolph diversos testimonios de personas que habían conocido a Barbie y que lo reconocían más o menos formalmente con la foto del hombre de La Paz. El 2 de noviembre, *L'Aurore* publica la foto de Barbie, así como el breve examen antropométrico, y afirma que se trata del asesino de Jean Moulin. A Philippe Bernert le resulta cómico ver que «es la primera vez que B. K. puede continuar su cruzada con la bendición y el apoyo de un alto magistrado de Alemania Occidental, cuando está en libertad condicional. ¡Paradójica situación la de la nueva auxiliar del fiscal general Ludolph!».

Unas semanas después, el fiscal me pregunta si aceptaría entrar en contacto con un alemán que vive en Lima y cree haber reconocido a Barbie en la persona de un hombre de negocios que hace poco había viajado a La Paz. El alemán había visto la foto de Barbie de 1943 en un reciente artículo de *Süddeutsche Zeitung*, periódico que recibía en Lima. Se llama Herbert John y es director de Editoriales Unidas, cuyo propietario es el multimillonario Luis Banchero Rossi, rey de la harina de pescado en Perú.

El 16 de diciembre, el fiscal Rabl, el mismo que había decidido dejar en libertad a Barbie, me escribe: «La fiscalía está en posesión de fotografías recientes que probablemente representen a Barbie. Acabo de pedirle al Instituto de Antropología y Genética Humana de la Universidad de Múnich que establezca un informe pericial sobre esta cuestión de identidad. Me complacería mucho que, tras recepción del presente aviso, usted pudiera venir a Múnich para hablar detenidamente acerca de las medidas que habría que tomar».

El fiscal Rabl había pasado los últimos meses en comisión de servicio en Israel para interrogar a testigos de otro caso. Era judío por parte de su padre, el cual, funcionario en el Departamento de Propiedad Intelectual en Berlín, había sido destituido con la llegada de Hitler al poder.

Rabl me pone en contacto con Peter Nischk, un amigo de Herbert John, asentado en Múnich. Este último sospechaba que el hombre que nos interesa en la fotografía era Theodor Dannecker, primer jefe del Departamento de Asuntos Judíos en Francia, uno de los auxiliares más cercanos a Eichmann. Si Herbert John creía que el hombre de la foto era Dannecker, era porque hace ya mucho tiempo que ese hombre es conocido en La Paz y Lima —ciudad a la que va con regularidad— como antiguo criminal nazi, antaño activo en Francia. Herbert John logró fotografiarlo, puesto que Barbie se había instalado en Lima el pasado octubre.

El 28 de diciembre, Peter Nischk nos transmite el nombre y la dirección actuales de Barbie: «Klaus Altmann, en casa de Fritz Schwend, Santa Clara vía Lima, Casilla núm. 1, Carretera central, km 14».

Hace unos días que vigilamos todo lo que se refiere a Bolivia y Perú en la prensa. Nos enteramos, por un artículo de *Le Monde*, de que Francia está intentando aplacar la hostilidad de Perú frente a las pruebas nucleares francesas. La situación no nos es demasiado favorable. Sin embargo, el 30 de diciembre Serge llama al general Bourdis, jefe del despacho militar del primer ministro, bajo cuyas órdenes había estado en el Ministerio de las Fuerzas Armadas entre 1961 y 1962, durante su servicio militar. Se reúne con él discretamente en la plaza Dauphine y le transmite todos los pormenores que conocemos sobre Barbie.

Serge le declara a uno de los asesores del gabinete que actualmente comprueba la existencia de dos elementos, uno de los cuales puede jugar a favor de una enérgica extradición y el otro, en contra. El primero es la encarnizada crítica que provocó una frase recientemente pronunciada por Georges Pompidou al referirse a la Resistencia. Si reclamara esta extradición con ímpetu y rapidez, el presidente de la República podría poner fin a la emoción de esos días. El segundo es el componente desfavorable, a saber, las gestiones francesas en Perú en relación con las pruebas atómicas. Por último, Serge informa de una dificultad particular, de la que tuvo conocimiento a través de una entrevista telefónica con Herbert John: «Fritz Schwend, el amigo de Barbie, es uno de los hombres de la CIA en Perú. Instalado en 1949 bajo un nombre yugoslavo, Wenceslas Turi, él también es un criminal nazi condenado en contumacia a veintiún años de prisión en Bolzano, Italia. Proviene de la sección VI de la Oficina Central de Seguridad del Reich (RSHA) en Berlín y fue quien se encargó del famoso operativo de fabricación de libras esterlinas falsas para los nazis. Convertido en criador de pollos, fue él, en concreto, quien ideó la censura postal en ese país. Tiene antenas por todas partes. Si Francia presenta una solicitud de extradición de Barbie, cinco minutos después Schwend y, por consiguiente, Barbie estarán al tanto».

Es importante, sin embargo, que Francia afirme su determinación de perseguir sin tregua a los criminales nazis. Aunque hay que hacer todo para impedírselo, probablemente Barbie consiga huir de Perú.

Años después, a menudo nos preguntan: «¿Por qué no lo abatieron, si no estaba avisado?». Ninguno de quienes nos hicieron la pregunta lo habría hecho.

Nuestro papel es intentar forzar a la maquinaria legal a enjuiciar a los criminales e impedir la rehabilitación de los nazis que operaron en Francia. Para ello, es necesario concentrar la acción en algunos de ellos, los más grandes: Lischka, Hagen, Barbie. El problema de la insolente tranquilidad de todos esos verdugos se solucionará a través de los debates y la pasión que se generen alrededor de sus nombres. Si consiguen escapar al castigo, será una derrota tanto más grave para el ámbito de la justicia cuanto que el drama de sus destinos habrá interesado a la opinión pública. Pero si se identifica a Barbie se potenciará la convicción de que los crímenes nazis no deben prescribir, ni minimizarse, ni olvidarse. Abatir a Barbie no habría servido de nada; como mucho, habrían escrito: «Se encontró a un hombre asesinado sospechoso de ser Klaus Barbie». No habría sido más que un ajuste de cuentas.

Unos días más tarde, nos enteramos de que Luis Banchero Rossi, el jefe de Herbert John, había sido asesinado la noche de Año Nuevo en su propiedad de Chaclacayo. Sospechoso número 1: el hijo degenerado de su jardinero. Pero sabemos que Altmann y Schwend son vecinos de Luis Banchero Rossi, y que Altmann ha sido visto en varias ocasiones con el presunto homicida.

Por otra parte, el 8 de enero de 1972, Serge y yo fuimos con nuestro amigo Élie (el de la expedición a Colonia) a protestar al funeral de Xavier Vallat, primer comisario general de Asuntos Judíos de Vichy. Esas ceremonias son ocasión para que sus amigos políticos celebren sus méritos, y nosotros queremos oponernos a semejante falsificación de la verdad. En Annonay, departamento de Ardecha, y después en el pueblo de Pailharès, éramos los únicos contestatarios, pero poníamos de manifiesto con nuestra presencia que no todos habían olvidado la acción antijudía de Vallat. Nos apostamos delante de la morgue, a ambos lados de la iglesia de Annonay, en silencio, con una estrella amarilla en el pecho y, en la mano, el libro de referencia del doctor Billig, *Le Commissariat général aux Questions juives* ['El comisariado general de Asuntos Judíos']. Los amigos de Vallat nos insultaron, hasta nos escupieron. Pero el comisario de policía se negó a obligarnos a despejar el lugar.

El 12 de enero recibo una nueva carta del fiscal Rabl, que me anuncia: «Acabo de recibir el informe pericial de identidad del Instituto de Antropología y Genética Humana. Su conclusión es que el hombre de negocios Klaus Altmann de La Paz, Bolivia, que aparece en las fotos, es con un grado muy alto de probabilidad, idéntico a Klaus Barbie».

El 15 de enero, Serge vuelve a llamar al general Bourdis. El expediente está en el Ministerio de las Fuerzas Armadas. Aún no ha llegado a la justicia militar. No ha habido ningún avance. El 17 de enero, comunicamos a *L'Aurore* nuestras averiguaciones y les enviamos las nuevas fotos de Barbie, que habíamos recibido unos días antes de la fiscalía de Múnich. *L'Aurore* las publica el 19 de enero bajo el título: «¿Francia va a recurrir?». El artículo de Philippe Bernert tiene la resonancia que habíamos calculado: en Francia, miembros de la Resistencia y deportados multiplican las declaraciones públicas, reclamando al Gobierno francés que solicite la extradición. En Lima, Altmann niega rotundamente ser Barbie. Se suceden numerosos artículos y comunicados, con un mismo signo de interrogación: ¿Altmann es Barbie? La solicitud de extradición sigue sin anunciarse.

Por la mañana del 21 de enero, el doctor Ludolph me comunica las pruebas del registro civil que ha descubierto. Esa misma tarde, Jean Pierre-Bloch y yo damos una conferencia de prensa en Lyon para ofrecer las últimas novedades de la investigación. El doctor Geissmann y algunos de sus amigos entienden que, si tuvieron la suerte de sobrevivir a las persecuciones del propio Barbie, tienen que hacer algo para que el miembro de la Gestapo rinda cuentas. Me regalan el billete de avión a Lima.

El viaje está previsto para la noche del jueves 27 de enero. Pero necesito llevar conmigo algunas pruebas escritas y resulta que el doctor Ludolph me había comunicado los datos oralmente. A las dos de la madrugada, el fiscal por fin vuelve a llamarme y accede a entregarme oficialmente una carpeta. A las siete de la mañana del día anterior a mi viaje a Lima, estoy en Orly; a las diez, me presento ante el doctor Ludolph. Trabajamos hasta las siete de la tarde. A instancia mía, busca en los tratados de derecho internacional todo lo que pueda darme información sobre la cuestión de la extradición entre Francia y Perú, posible gracias a las leyes de 23 de octubre de 1888 y de 28 de julio de 1924. Concluimos un expediente firmado por el fiscal general de Múnich, que establece de manera irrefutable que Altmann y Barbie son una única y misma persona. Se presentan cuatro pruebas esenciales:

1. La hija de Klaus Altmann, Ute, nació el 30 de junio de 1941 en Kassel. El registro civil de Kassel no inscribe en 1941 a ninguna Ute Altmann. En cambio, el 30 de junio de 1941 nació en Trèves Ute Barbie, hija de Klaus Barbie.

2. El hijo de Klaus Altmann, Klaus-Georg, nació el 11 de diciembre de 1946 en Kasel, cerca de Leipzig. Lamentablemente para Altmann, el doctor Ludolph estudió con cuidado las indicaciones: la comuna de Kasel no existe, pero el 11 de diciembre de 1946, en Kassel, en la clínica del doctor Kuhn, nació Klaus-Jörg, hijo de Klaus Barbie.

3. La mujer de Klaus Altmann se llama Regina, y Wilhelms es su apellido de soltera. La serie de asombrosas coincidencias continúa: la mujer de Klaus Barbie se llama Regina y su apellido de soltera es Willms.

Por otra parte, el examen antropométrico absolutamente convincente realizado por el profesor Ziegelmayer, del Instituto de Genética Humana de la Universidad de Múnich, queda recogido con todo detalle en un informe de dieciséis páginas. Lo traduzco en el avión que me lleva a París.

El avión aterriza el miércoles hacia las once de la noche, que será agitada. Serge está ahí, como siempre. Pasamos una hora llamando a Londres para reservar una plaza en el vuelo Londres-Lima de la mañana siguiente y cambiar el billete. Serge había tenido un presentimiento: «Hay que adelantar el viaje para que, cuando llegues a Lima, dispongas de un día libre, el viernes: los despachos están abiertos y puedes hacer gestiones».

Luego nos presentamos en *France-Soir*, donde las pruebas de identidad de Altmann y Barbie no le interesan a nadie. En la AFP, fotocopian el expediente, pero no sale ningún comunicado al respecto. Una vez más, un mero expediente no tiene efecto alguno. Al día siguiente, Serge enviará la documentación a la justicia militar francesa.

Me entero asimismo, a través de los expedientes de Ludolph, de todo lo que atañe al pasado de Barbie entre 1945 y 1949 y, en particular, de sus actividades al servicio de los estadounidenses. Más adelante, compartiré mis notas con Allan Ryan, encargado en Washington de una investigación oficial sobre los vínculos entre Barbie y los servicios especiales estadounidenses en Alemania, a fin de que Estados Unidos presente sus disculpas a Francia por su comportamiento respecto del criminal nazi. Hasta se había emitido, el 25 de abril de 1949, una orden de búsqueda contra Barbie por un robo de joyas. El texto es una obra maestra de la ironía: «Se busca a Klaus Barbie, 1,70 metros, cabello rubio oscuro, labios finos, ojos oscuros, tipo israelí pronunciado, habla un alemán literario, modales corteses».

A las dos de la mañana, estoy en la cama, muerta de cansancio: es demasiado tarde para hablar con Arno y, cuando me vaya, será demasiado temprano. Serge me despierta a las cuatro, después de haber ordenado las carpetas que voy a llevarme. La radio anuncia que Barbie ha salido de Lima por vía terrestre, en dirección a Bolivia. Calculamos que no puede llegar a la frontera antes del viernes a lo largo del día. Para entonces, ya habré llegado a Lima y, de ser necesario, continuaré hasta La Paz.

En el avión, releo las notas sobre Barbie. Una hora después, estoy en el aeropuerto de Londres, donde me topo con los primeros contratiempos. En el control, el policía mira mi pasaporte y consulta luego un libro bastante voluminoso, en el que están recogidos los nombres de las personas buscadas por las autoridades británicas o de quienes estas desconfían. Me pide el billete, coge mi pasaporte y se retira. Temo perder la conexión. Ese trato se debe a mi campaña londinense contra la expulsión de Rudi Dutschke. «Ponga a un policía a mi lado hasta que llegue la hora del avión a Lima —le digo—, así se queda tranquilo». Finalmente, me permite pasar. Estudio a fondo la carpeta de Barbie. Duermo. Las escalas (Trinidad, Caracas) desaparecen tras la estela del avión, que aterriza en Lima a las diez de la noche del mismo día, gracias a la diferencia horaria. Hace calor, el aire es húmedo. Llevo un abrigo de invierno sobre los hombros, aunque es verano. No hay ningún periodista, porque hubo un error en los comunicados: anunciaron la hora de Greenwich y no la hora local. Ni siquiera mi informante Herbert John, a quien había llamado desde París, había venido a esperarme.

Consigo hablar con Albert Brun, corresponsal de la AFP. Delgado, bronceado, de unos cincuenta años, viene a buscarme en automóvil al aeropuerto, con Nicole Bonnet, corresponsal de *Le Figaro*. Reservo una habitación en el hotel Savoy, me ducho, me cambio y bajo al bar con las carpetas, a reunirme con los periodistas. Les expongo las pruebas de la identidad de Altmann y Barbie. Albert Brun traduce mis explicaciones al español. Repito incansablemente la misma historia y hasta pasadas las dos de la madrugada no puedo, por fin, acostarme. Me entero de que Barbie no puede aún haber cruzado la frontera boliviana y que no podrá hacerlo antes del día siguiente por la tarde.

Cerca de las nueve de la mañana, Herbert John se me acerca en la escalinata del hotel. No ha cumplido los cuarenta años. Muy alto, encorvado, rubio de ojos azules constantemente atentos, no parece estar muy cómodo y da la impresión de que tiene miedo a algo. A fuerza de tantas ojeadas temerosas a su alrededor, me da la impresión de que están espiándonos. Me promete ponerse en contacto con la policía peruana para presentarle los documentos. En la oficina de la AFP, hay un incesante vaivén de periodistas que consultan el expediente que les he traído. La prensa está convencida. Ese mismo día, los periódicos peruanos —*La Nueva Crónica, La Tercera, La Prensa, Expreso, Ojo, Correo, El Comercio*— inician una campaña: «La cazadora de nazis alemana prueba que Altmann es Barbie».

De las conversaciones que mantengo se desprende que a Perú no le interesa verse sacudido entre Francia y Bolivia y prefiere que Barbie regrese al país vecino. Es más, gracias a «don Federico», alias Fritz Schwend, Barbie goza de un fuerte apoyo en los servicios especiales peruanos. Alrededor del mediodía, un emisario de Herbert John me lleva a la policía militar, donde me recibe un general. Le explico el caso Barbie y le pido que lo detenga antes de que cruce la frontera. El hombre manda fotocopiar mi expediente y promete elevarlo al ministro competente. Luego, me dirijo al palacio de Gobierno a ver al encargado de prensa. Ambos funcionarios saben que Barbie debe cruzar la frontera. Miran con interés los documentos que les aporto, reconocen que Altmann es Barbie, pero no hacen lo fundamental: cerrarle la frontera. El encargado de prensa del Gobierno llama a los servicios de inteligencia (el Intelligence Service, como lo llaman), situados justo enfrente del palacio. Un coronel me escucha, fotocopia el expediente, llama a la frontera, pregunta si el coche de Barbie, un VW con matrícula HH CD 360 a nombre de su hijo en Hamburgo, ha cruzado la frontera. La respuesta es no. Me voy corriendo a la Embajada francesa, donde me está esperando el embajador, el señor Chambón. Se trata de un antiguo deportado; es un diplomático enérgico y cálido que me da un abrazo en presencia de la prensa. Le entrego una copia de los documentos que pedí que fotocopiaran en el Intelligence Service. El embajador se convence enseguida. Suena el teléfono: es el cónsul de Puno. «Barbie pasó la frontera a mediodía, acompañado por dos policías peruanos que lo entregaron a la policía boliviana». La solicitud que el señor Chambón acaba de hacerle al general Pedro Richter, ministro del Interior, para que arreste a Barbie como medida cautelar hasta que el requerimiento oficial de extradición llegue a Lima no tendrá resultado alguno.

Regreso a la AFP, donde sigo trabajando hasta la medianoche con la prensa escrita y la televisión. Ese trabajo de documentación es importante: la prensa peruana se leerá en Bolivia. Los periodistas peruanos son más sensibles que sus colegas franceses o alemanes a las pruebas que uno se toma la molestia de exponer en un expediente. A la mañana siguiente, me subo a un avión para seguir a Barbie hasta La Paz.

A La Paz para desenmascarar al «carnicero de Lyon»

Dos horas sobrevolando montañas, altas mesetas desiertas y el lago Titicaca. El pequeño aeropuerto de La Paz está a 4000 metros de altitud. Unos veinte fotógrafos, cámaras y periodistas me empujan por el pasillo hasta un pequeño despacho —que resulta ser la enfermería— acondicionado para la ocasión. Doy una conferencia de prensa improvisada, mientras un médico trata a una muchacha que acaba de desembarcar.

Cuando la prensa se retira, paso a un despacho donde tres policías de paisano están esperándome para llevar a cabo los trámites de entrada al país. No tengo visado y no estoy allí para hacer turismo. Contrariamente a lo que se acostumbra, se quedan con mi pasaporte y me prometen que me lo devolverán cuando llegue al hotel. No me lo devuelven hasta tres días más tarde.

Esperaba que hiciera un calor estival, pero en La Paz hace fresco. Desde la ruta que baja hacia la capital, observo el valle con los edificios modernos del centro y las casitas de los aborígenes en las laderas. No me resultan demasiado ajenos los ponchos, las faldas amplias de colores llamativos que llevan las mujeres, los niños cargados a la espalda, los perros vagabundos; ya tuve un primer contacto con América Latina en mayo de 1967, en Guatemala.

Mi habitación, situada en la planta baja del hotel Sucre, da a la calle; mi ventana hace las veces de banco para los peatones cansados. Detrás, retumba el ritmo repetitivo de una ruidosa música con trompetas y platillos proveniente de un estadio. Sumado a la altura, aquel barullo me provoca una violenta migraña. Pese a todo, sigo recibiendo a los periodistas, que van desfilando uno tras otro por mi habitación. Casi podría ponerse una lucecita roja delante de la puerta...

El domingo, leo la prensa y me topo con el título: «¡No es Altmann, es Barbie!». Las pruebas se extienden en varias páginas.

A última hora de la tarde, un funcionario del Ministerio del Interior me pide que lo acompañe. Postergo para el día siguiente la visita que tenía prevista. La policía no se esperaba que una hora después de mi llegada la prensa convirtiera el caso Barbie, prácticamente inexistente en La Paz, en un asunto interno que ya estaba poniendo al Gobierno entre la espada y la pared.

El lunes por la mañana, voy a la Embajada de Francia. El embajador se niega a recibirme y me remite a los servicios del Ministerio de Asuntos Exteriores. Acudo a la sede del Ministerio del Interior, que linda con la Embajada francesa. Un soldado de guardia me detiene en la entrada y me repite sin cesar: «Mañana». En el hotel, unos periodistas me conciertan una cita con el secretario de Inmigración, Rodolfo Greminger, e intentan conseguirme una entrevista con el coronel Banzer, jefe de Estado (y dictador) de Bolivia. Por la tarde, me reúno con Greminger, un muchacho de unos treinta años, de aspecto europeo. Su recibimiento es más bien reservado. Le dejo mi expediente para que lo fotocopie.

Ladislas de Hoyos y su equipo del segundo canal de la ORTF se instalan en el hotel Sucre. Al menos un órgano de información francés ha enviado a un periodista donde se encuentra el tal Barbie, que tantos ríos de tinta está haciendo correr en Francia.

Sigue doliéndome la cabeza y sigo inapetente —los platos del restaurante del hotel tampoco me entusiasman demasiado—. Me conformo con aguacates y compota.

Trabajo con los periodistas, que se suceden en mi habitación hasta bien entrada la noche. Nuestras entrevistas son largas; les explico qué representaban la Gestapo, el nazismo, la Resistencia, los campos de la muerte. Esa es la labor con la que cumplo en La Paz, labor indispensable, sea cual sea el resultado de la licitud de extradición. Además, estoy muy al tanto de la naturaleza del régimen de Banzer y, al denunciar en La Paz el fascismo pasado, tengo la impresión de ayudar a los bolivianos a establecer una asociación entre lo que pasa actualmente con su Gobierno y lo que ocurría en tiempos de Hitler.

Regreso el martes por la mañana a ver al secretario de Inmigración, el señor Greminger, que me devuelve mis documentos y mi pasaporte. Luego, me alcanza un diario donde ha subrayado en rojo algunas de mis declaraciones. Me recrimina que hable con la prensa, dado que he entrado en Bolivia con visado de turista. Sin embargo, intuyo que me tiene más simpatía que el día anterior, y me confiesa que está encargado de preparar el expediente de Barbie para la comisión que él dirige y que entregará su informe a la Corte Suprema de Justicia, que se pronunciará sobre el destino del criminal. El señor Greminger saca del cajón el pasaporte de Altmann, que le han confiscado, y me lo muestra. Leo su fecha de nacimiento: 25 de octubre de 1913, como Barbie, y no 15 de octubre, como él había afirmado en Lima. El señor Greminger me pide que vuelva a Múnich y traiga respuestas sobre distintas cuestiones en relación con el estado civil y la carrera policial de Barbie. Le prometo hacer todo lo necesario.

Al salir del despacho de Greminger, me aborda un oficial que me conduce ante el jefe de la policía de seguridad boliviana, el mayor Dito Vargas, famoso por su crueldad. Dicen que él mismo tortura y realiza las ejecuciones sumarias de los guerrilleros, después de haberles cortado las manos. No llega a los cuarenta años y, en presencia suya, deseo para mis adentros que no llegue nunca a tenerlos. Bien vestido, con el rostro ancho y grasiento, el cabello negro engominado, tiene el físico que corresponde a su trabajo. La entrevista se desarrolla con la mediación de un agente que habla inglés. Con una fea sonrisa irónica y un tono autoritario, Vargas me hace saber que, como turista extranjera que soy, no tengo derecho a utilizar a la prensa boliviana para llevar a cabo una campaña.

Le contesto en un tono burlón: «No necesito a la prensa, ya he visto a todos los periodistas y han informado a los bolivianos de lo principal que yo tenía para decirles». El hombre pone fin a nuestra conversación, no debe estar habituado a discutir con una mujer en un plano de igualdad.

En el vestíbulo, me reclaman al teléfono. Quien me habla es un miembro de la Embajada francesa que me da cita en el hotel, pero en una habitación distinta a la mía, por prudencia. El diplomático, que es judío, ha seguido mis acciones anteriores. Me confirma que no he sido recibida en la Embajada porque no se trata de una misión oficial. Así y todo, les interesa estudiar mis documentos.

Por la tarde, la radio anuncia que el embajador de Francia acaba de solicitar la extradición. Me siento aliviada. Esa noche, el corresponsal de una agencia estadounidense me despierta: me van a expulsar al día siguiente por haber infringido la normativa turística.

Al día siguiente, Greminger me pide que me vaya ese mismo día a París vía Lima. Me reserva un pasaje y me ruega que regrese a verlo a las dos de la tarde. Entretanto, Ladislas de Hoyos me entrevista en la carretera que domina La Paz. Me entero de que el coronel Mario Zamora, ministro del Interior, acaba de declarar que me han expulsado. Sin embargo, cuando me reencuentro con Greminger a las dos, este me desmiente la noticia: «No está expulsada, pero necesito esos nuevos documentos y solo usted puede traérmelos. Estoy decidido a que trabajemos juntos, y de hecho acabo de explicárselo a la prensa».

El comunicado, difundido por la tarde, aclara que «la señora Klarsfeld se ha ido por voluntad propia». Dos policías me escoltan. Pasamos por la Embajada de Francia, donde recupero mis carpetas. En el hotel, llamo a algunos periodistas y llevo conmigo un rollo de película que me entrega Ladislas.

En Lima, al final de la tarde, dos inspectores de policía me llevan a un despacho. Se ha dado orden de no dejarme entrar en la ciudad: «Estamos aquí para garantizar su seguridad, su vida corre peligro. Las organizaciones nazis están furiosas con la campaña que usted ha desatado contra ellos en América del Sur». Herbert John me confirma que Fritz Schwend, el anfitrión de la mujer de Barbie, ha declarado que si vuelvo «se encargarán» de mí. Tengo ganas de dormir en una cama y no en una silla, con un calor sofocante, en el aeropuerto: «Denme un revólver si tienen tanto miedo por mí. Sabré defenderme sola», les digo. Los policías se niegan. Paso una mala noche, sentada en una banqueta, en un despacho acristalado. El jueves 3 de febrero por la mañana, acompañada por mis ángeles guardianes, que me invitan a desayunar, embarco a bordo del Boeing de Air France hacia Bogotá y Pointe-à-Pitre. El comandante, que sabe de mi presencia a bordo, me llama a la cabina y abre una botella de champán en mi honor.

Los días siguientes, me concedo algunos momentos de esparcimiento con Serge y Arno. En casa, no paro de moverme de aquí para allá, como una abeja —el problema de la ropa de mis hombres siempre me obsesiona durante los viajes, sobre todo porque son muy descuidados por naturaleza—. Tal vez alguien se pregunte: «¿En qué piensa esta mientras persigue a los implacables SS hasta el fin del mundo?». En realidad, y acaso sea lo que me da fuerza, me agobio con problemas como: «Espero estar de vuelta dentro de ocho días, porque a lo mejor Arno no tiene suficientes calzoncillos; Serge saldrá todos los días con zapatos cubiertos de polvo, porque no estoy yo para lustrárselos; ¿qué hará Arno el domingo por la tarde?; ¡vaya!, dejé el tique de la tintorería debajo del televisor y Raisa no va a encontrarlo». Hoy, me lo estoy pasando en grande y recupero el retraso acumulado.

Llamo al doctor Ludolph para anunciarle mi llegada. Poco tiempo después, me informa de que la justicia militar francesa va a relevarme: el Ministerio de Asuntos Exteriores en Bonn le ha pedido que reciba a dos magistrados franceses a partir del lunes. Así y todo, mantenemos nuestra reunión, porque acabo de enterarme de que Barbie ha sido detenido por estafa: la Agencia de Estado para el Desarrollo le reclama una deuda considerable. Si una minoría de dirigentes bolivianos es hostil a Barbie, hay que sacar partido y ayudarlos, aportando cuanto antes a la justicia boliviana la mayor cantidad de elementos susceptibles de delatar al criminal nazi. Ahora bien, la maquinaria judicial francesa, que por fin acaba de ponerse en marcha, es pesada y relativamente lenta, porque debe funcionar en conexión con los diplomáticos, hay que traducir los documentos al español, y la Embajada en La Paz —eso lo supe allí— no dispone de personal especializado para ese tipo de trabajo. Todas estas consideraciones pesan mucho en la balanza a la hora de decidir regresar pronto a La Paz con los papeles que obtenga de la fiscalía de Múnich, que terminarán de probar que Altmann es Barbie. Se trata de documentos oficiales que yo transmitiré extraoficialmente.

Para los sudamericanos de Perú y Bolivia, los antiguos miembros de las SS son refugiados políticos como cualquier otro. Allí la obra de exterminio de la Gestapo es prácticamente desconocida. Hay que demostrarles de una manera rotunda que Barbie no es, como él afirma, «un soldado que solo cumplió con su deber». «Durante la guerra, actué como todo oficial de un ejército en lucha, como actuaron los oficiales bolivianos que combatieron a los guerrilleros del Che Guevara», le dijo al enviado del diario español *Pueblo*. Hay que hacer hincapié en la masacre de poblaciones civiles y en la liquidación de los judíos. Los bolivianos deben ver más que documentos y fotos; eso ya sirvió la última vez. Deben toparse con el mal nazi por intermediación de alguien que haya sufrido directamente a causa de Barbie. Hay que conseguir los billetes de avión, cubrir los gastos de la estancia y encontrar a la persona adecuada, a la que tendremos que convencer de que me acompañe.

Me acerco a Estrasburgo por unas horas, el tiempo necesario para dar una conferencia en el B'nai B'rith; luego cojo un tren hacia Múnich. El viaje es extenuante. Los periodistas de la ORTF que me dieron cita en la estación ven bajar del tren a una piltrafa que solo tiene una idea en mente: encerrarse en la habitación de un hotel. Descompuesta, me compro un medicamento, me meto en el primer hotel que encuentro, me echo en la cama y llamo a un médico, que por 40 marcos me confirma que tengo una intoxicación alimentaria y me prescribe la medicina que acabo de comprar.

Por la tarde, con el rostro cansado, me presento ante el doctor Ludolph y le indico cuáles son los documentos que solicita el señor Greminger; en particular, las copias de las actas de nacimiento de los cuatro integrantes de la familia Barbie, las pruebas de que, durante la guerra, la consideración administrativa de Barbie era de policía en activo, no de soldado, las muestras grafológicas de Barbie. Los magistrados franceses no han llegado aún. Trabajamos hasta las siete de la tarde. Lamentablemente, el doctor Ludolph ya no puede darme las fotocopias de esos documentos: debe entregárselos oficialmente a la justicia militar francesa. De no ser así, yo habría podido estar de regreso en La Paz el mismo jueves 10 de febrero con la documentación, lo cual habría sido un apoyo eficaz para quienes querían que Barbie permaneciera preso. Siguiendo la vía oficial, el expediente solo podía llegar a La Paz en un plazo mínimo de diez días. El 12 de febrero, Barbie quedó en libertad.

Los dos magistrados militares, uno en ejercicio en Lyon y el otro en París, pasaron la mañana del día siguiente con el doctor Ludolph, que les había preparado y fotocopiado por duplicado una selección de documentos.

En París, se habla mucho del caso Barbie. Ladislas de Hoyos consiguió entrevistarlo en la cárcel: le costó mucho esfuerzo a él y 2000 dólares a la ORTF. El dinero se lo entregó el cónsul de Francia a un alto funcionario del Ministerio del Interior; Barbie y sus dos abogados se hallaban en el despacho contiguo. Confrontadas con la imagen de su verdugo, las víctimas de Barbie lo reconocen pese al paso de los años.

A partir de ese momento, para los franceses, Altmann es Barbie. Estoy feliz y furiosa a la vez: algunas pruebas irrecusables apenas se tienen en cuenta, mientras que otros testimonios discutibles ganan la adhesión general. Fuera de algunos rostros excepcionales, no suelo ser capaz de reconocer a alguien a quien vi por primera vez el día anterior. Por lo tanto, tengo tendencia a dudar de los testimonios de quienes son categóricos veintisiete años después. Máxime porque la reacción contraria es igual de verosímil: a pesar de que Altmann sea Barbie y que el fiscal general de Múnich lo afirme con «una certeza del 100%, apta para convencer a cualquier Tribunal alemán», los testigos podrían perfectamente no haberlo identificado. Y en tal caso, ¿qué habría sucedido?

Entre los testigos que se manifiestan, tenemos a la señora Simone Lagrange, interrogada por Barbie en junio de 1944, cuando se llamaba Simone Kadousche:

> En aquella época tenía yo trece años. Cuando llegamos a la Gestapo, en la plaza Bellecour, nos pusieron en una sala del tercer piso y allí fue donde vi a Barbie por primera vez. Avanzó hacia mis padres y hacia mí, acariciando con suavidad un gato gris muy grande, y, sin elevar la voz, le preguntó a mi madre si yo era su única hija. Mamá le respondió que tenía otros dos hijos menores, pero que no sabía dónde estaban. En ese momento, Barbie, que seguía ignorando a mi padre, se acercó a mí y me pidió amablemente la dirección de mis hermanitos. Como le dije que no la conocía, apoyó con delicadeza el gato sobre la mesa y, brutalmente, me dio un par de bofetadas. Me dijo que

él sabría encontrarlos solo. El 7 de junio me vinieron a buscar y me llevaron a la plaza Bellecour, donde Barbie me esperaba para interrogarme de nuevo. Me dijo con amabilidad que, si le daba la dirección de los pequeños, nos pondría a los tres juntos en el hospital Antiquaille, que allí nos cuidarían muy bien y que no iríamos a la deportación. Como le respondí una vez más que no sabía nada de ellos, se me acercó. En ese entonces yo tenía el pelo muy largo. Barbie enrolló algunos mechones alrededor de su mano y me tiró con brusquedad hacia él. Llovieron las bofetadas durante unos quince minutos. Me dolía mucho, pero no quería llorar. Por fin me soltó y me caí al suelo, pero me forzó a levantarme dándome patadas en el vientre y me llevó él mismo hasta la cárcel. Le dijo a mi madre que ella no tenía corazón, puesto que había dejado que golpearan a su hija y que, si quería hablar, ahí acabarían los interrogatorios, y le dio algunas bofetadas más. Nos volvimos a ver el 23 de junio de 1944, fecha en la que nos trasladaron a Drancy, antes de salir hacia el campo de concentración de Auschwitz, donde mamá fue incinerada el 23 de agosto de 1944. A mi padre, por su parte, lo ejecutaron el 19 de enero de 1945 cuando se evacuó el campo.

Serge conoció a la señora Lagrange en una manifestación de antiguos resistentes y deportados, delante de la Embajada de Bolivia. A la señora Lagrange le interesó de inmediato la idea de informar a los bolivianos sobre la actuación de Barbie y el sistema concentracionario.

El 12 de febrero de 1972 ponen a Barbie en libertad; saldó la deuda que le reclamaban. Jean Martin-Chauffier, de *Le Figaro*, no pierde el optimismo: «A Barbie le falta para encontrarse cara a cara con el juez de instrucción, pero Altmann ya está frente al diablo. Ahora, para él, cada hora de la noche es como esa primera hora del alba que con angustia esperaban los hombres a quienes él mandaba ante el pelotón de ejecución».

El artículo en cuestión es una equivocación, porque en realidad significa: «Pueblo bueno, quédate tranquilo, el criminal no escapará, no podrá disfrutar mucho tiempo más de su mansión, su piscina, su descanso, su felicidad familiar. Alabado sea Dios; los profesionales y el inexorable comando de la justicia van a ponerse en marcha. La cuenta de Barbie ya está saldada, de modo que ni siquiera vale la pena hacer el más mínimo esfuerzo». Así es como se desmoviliza la opinión, como se induce al error, como se toman los deseos por realidades y como se gana uno el desprecio de los verdugos socarrones.

En realidad, Klaus Barbie iba con regularidad al bar del Crillon, en La Paz, a degustar tranquilamente sus vasitos de whisky. ¿Vengadores? ¿Qué vengadores? ¿De dónde saldrán? El caso Eichmann es único, y su presencia en Buenos Aires era un secreto a voces; hacía años que todo el mundo, nazis o judíos de Argentina, lo sabían. Se escondía tan bien que concedía entrevistas e inscribía a sus hijos en la Embajada alemana con su verdadero nombre. Cuando el ministro boliviano de Asuntos Exteriores, Mario Gutiérrez, fue a Israel, en mayo de 1972, ninguna autoridad israelí mencionó el caso Barbie. Las reacciones internacionales desfavorables frente al secuestro de Eichmann habían defraudado a los israelíes. No querían ni podían involucrarse por una presa más insignificante.

El caso Barbie es sano: a través de un criminal, también se recuerdan los crímenes de todo un aparato policiaco detestable y la necesidad de no olvidar que lo que sucedió siempre puede repetirse.

El personaje que encarno es mucho más grande que yo, lo sé. En mí está lo negro de Barbie, o de Kiesinger; está lo gris de los que por indiferencia o por cobardía se resignan, por ejemplo, ante la impunidad de los criminales nazis o la represión de Praga. Está asimismo lo «blanco roto» de quienes no se resignan a eso ni a tantos otros excesos igual de escandalosos, pero que se conforman con firmar peticiones para aplacar sus conciencias indignadas. Sin embargo, lo que importa son los actos, blancos o negros, y la elección de los principios que inexorablemente conllevan a actuar blanco o negro. Se puede perfectamente ser un hombre de valores y extraviarse siguiendo principios que conducen a actos negros. Una vez que se pone en marcha, el destino de cada hombre queda petrificado por sus actos. Y se vuelve blanco, negro o gris, sin que nada importe el color original del alma.

El 15 de febrero, Georges Pompidou le escribe a Hugo Banzer: «El tiempo borra muchas cosas, pero no todo. Por lo tanto, los franceses no podrían aceptar, sin que la idea de justicia se viera empañada, que ciertos crímenes y sacrificios, confundidos unos con otros, cayeran en el olvido de la indiferencia». Suscribo sus palabras sin reservas.

El Gobierno boliviano le dejó a la Corte Suprema la labor de juzgar el caso Barbie. Los miembros de esa corte habían sido nombrados tras el golpe del coronel Banzer, en agosto de 1971, y a los anteriores jueces los habían sustituido mucho antes de la expiración del plazo previsto. Consigo dos billetes de avión gracias a Francine Lazurick, directora de *L'Aurore*. La señora Lagrange, sin embargo, no me acompaña: «Me han pedido que postergue el viaje para no obstaculizar el avance de la justicia, pero por supuesto que una vez concluido el juicio, si es necesario y si se puede organizar un debate, siempre estaré dispuesta».

Encajo la mala noticia y decido recurrir a la señora Halaunbrenner; está por cumplir sesenta y ocho años, y su vida ha sido dolorosa y complicada. Barbie enlutó su existencia. A su alrededor, solo le quedan un hijo, Alexandre, y una hija, Monique. A su marido, su hijo mayor y sus otras dos hijas los asesinó Barbie. Recogí el testimonio de Alexandre:

> En 1943, nuestra familia estaba constituida por mi padre, Jakob, nacido en 1902 en Drohobiz (Polonia); mi madre, Itta-Rosa; mi hermano mayor, León (trece años); mis tres hermanas, Mina (ocho años), Claudine (cuatro años) y Monique (tres años). De 1941 a 1943, estuvimos internados en varios campos de la zona sur (Nexon, Rivesaltes, Gurs). Fuimos sometidos a prisión domiciliaria en Lyon el 26 de agosto de 1943. Vivíamos en el n.º 14, de la calle Pierre-Loti, en Villeurbanne, cuando la Gestapo vino a nuestro domicilio el 24 de octubre de 1943, a las once de la mañana. Eran tres hombres: dos de gran contextura física y de unos cuarenta años, y el tercero, más joven (unos treinta años, según mis ojos de niño), que aparentemente era el que mandaba el grupo. Su rostro me quedó grabado en la memoria desde aquel momento y me atormentó en mis sueños y en mis noches de insomnio. Cuando vi la foto publicada por Die Weltwoche el 10 de septiembre de 1971, lo reconocí de inmediato, al igual que lo reconoció mi madre, que estaba a mi lado.
>
> Mi hermano, León, que era muy alto para su edad, regresó alrededor de las seis de la tarde. A su llegada, lo registraron y decidieron llevárselo, junto con mi padre. Mi madre entonces se puso a gritar en yidis para que soltaran a mi hermano; todos llorábamos y gritábamos en vano. Mi madre intentó

> impedirles que se fueran, pero Barbie la empujó, sacó el revólver y le golpeó la mano para que aflojara el puño. Esperamos la llegada del día siguiente en la calle; mis hermanitas estaban aferradas al vestido de mamá, que aguardaba la vuelta de los dos detenidos. Fue entonces cuando vimos un camión militar alemán detenerse delante de nuestra casa, sin duda para llevarnos a nosotros también. Fingimos ser transeúntes y nos fuimos, dejando todo atrás. Unas semanas más tarde, el 14 de diciembre, nos enteramos por una amiga judía de que mi padre había muerto «en el hospital». Enseguida recorrimos todos los hospitales con mi madre. No encontramos nada. A mí se me ocurrió entonces ir a la morgue, y allí sí encontramos a mi padre. Había sido fusilado en una ejecución sumaria en la École de Santé, en la calle Marcelin Berthelot, sede de la Gestapo: diecisiete balas de ametralladora en el cuello y el pecho. A mi hermano León lo deportaron. Trabajó hasta el agotamiento completo en las minas polacas. A mis dos hermanas menores, Mina y Claudine, las mandaron la UGIF y la OSE [Obra de Socorro a los Niños] a la colonia de niños judíos de Izieu (Ain). Pensábamos que estaban seguras. Por desgracia, Barbie no las perdonó, y el 6 de abril de 1944 acabó con esa residencia infantil. Mis hermanas fueron deportadas el 30 de junio de 1944 y asesinadas al llegar a Auschwitz.

Pese a su edad, a la altura de La Paz y a la perspectiva de una eventual confrontación, la señora Halaunbrenner no tiene miedo. Sabe que será útil y que, por boca suya, los bolivianos sabrán cómo Barbie perseguía a los inocentes.

Conseguí que el doctor Ludolph me entregara una copia de las fotos de la señora Barbie que acaba de encontrar, datadas en 1940. Vi su retrato en 1972 en la prensa, y su físico es singular. La mañana siguiente a la conferencia, llego a Múnich en avión. El doctor Ludolph me da las fotos y me reúno con mi informante, Peter Nischk, que poco tiempo después muere ahogado en un lago en Italia. Herbert John, su amigo, está convencido de que no se trató de un accidente. Vuelvo a tomar el avión a París esa misma noche. Examino las imágenes de la señora Barbie: en treinta años no ha cambiado, apenas tiene alguna arruga en el rostro. El parecido no plantea dudas. Cuando le muestro las fotos a Serge en el aeropuerto, me arrastra a un taxi. Es casi medianoche cuando llegamos a *L'Aurore* , cambian la composición del periódico: se insertan las dos fotos, seguidas de un extenso artículo titulado: «La última prueba».

El sábado pido al departamento fotográfico de *L'Aurore* que imprima treinta ejemplares de ambas imágenes y de la foto de la familia Halaunbrenner completa, antes del drama.

* * *

Regreso a La Paz tan solo unas semanas después, esta vez, acompañada por la señora Halaunbrenner.

Salimos de París el domingo 20 de febrero de 1972 y llegamos a Lima, donde pasaremos un día. Temo que nos expulsen de Bolivia, pero ese riesgo sería menor si la prensa peruana difundiera mis nuevas pruebas y la historia de la señora Halaunbrenner, porque expulsarnos equivaldría entonces a negarse a oír lo que tenemos que decir. Cambio de actitud diplomática: el cónsul francés está presente entre un grupo de periodistas que casi me arrancan de las manos las fotos de la señora Barbie y la familia Halaunbrenner. Llueven las preguntas. La señora Halaunbrenner responde con simpleza y dignidad. El cónsul nos lleva al hotel Savoy. Nos cuenta que el señor Chambón está en Europa. A pesar de las amenazas de Schwend, no temo mucho las represalias sobre el terreno por parte de los nazis; provocarían una campaña demasiado viva en su contra. Al día siguiente, la prensa de Lima nos dedica buena parte de sus portadas.

El martes, a las ocho de la mañana estamos en el aeropuerto. En el punto de facturación de equipajes, nos hacen esperar. Un empleado se acerca para prevenirnos de que ha llegado un comunicado de La Paz: no estamos autorizadas a viajar y debemos entrar en contacto con la Embajada boliviana. Cogemos nuestro equipaje y acudimos allí directamente en taxi. El embajador nos informa de que debemos solicitar un visado de entrada al Ministerio de Asuntos Exteriores y al Ministerio del Interior, por nuestros propios medios, y que los gastos de la respuesta del télex corren por nuestra cuenta.

De regreso al Savoy, envío los dos télex, y otro a Greminger para recordarle que él fue quien me pidió que volviera. Ahora hay que esperar, pero nuestras esperanzas son débiles. La prensa nos apoya: «Los bolivianos protegen a Barbie y niegan a sus acusadoras el derecho a reclamar justicia».

Vuelvo sola al consulado boliviano el miércoles a primera hora: todavía no hay respuesta. Hacia las cinco de la tarde, me llama la

AFP: golpe de efecto en La Paz. El Ministerio del Interior boliviano ha hecho público un comunicado informando que el coronel Banzer ha concedido personalmente nuestro visado de entrada, que el expediente Altmann está en estudio en el Ministerio de Asuntos Exteriores (y ya no en el Ministerio del Interior) y que las autoridades judiciales se pronunciarán en el momento oportuno. Me precipito con el télex de la AFP al consulado boliviano, donde me dicen que aún no han recibido nada. El cónsul Ricardo Ríos, que es un gran amigo de Barbie, se alegra mucho de darme esa respuesta negativa. Tan pronto como llego al hotel, recibo una llamada suya: acaba de recibir nuestra autorización. Estoy muy contenta de dar media vuelta y desandar el camino andado.

Llegamos a La Paz el jueves, a las doce y media.

Me preocupo por la señora Halaunbrenner y la altitud, pero la mujer parece resistirla mejor que yo. Nada más aterrizar, un muchacho sube al avión y me hace jurar que no haré declaraciones a la prensa, so pena de tener que irme en el acto. Intento comunicarme con Greminger, pero me da la impresión de que lo han amonestado: «Ya no me ocupo del caso Barbie; tiene que remitirse al viceministro de Asuntos Exteriores, el señor Tapia». Este último nos da cita para el viernes a las tres y media.

La situación parece inmejorable para Barbie. El secretario de la presidencia, Alfredo Arce, señala: «No cabe proceder a la extradición de Klaus Altmann. El presidente Banzer estima contar con elementos jurídicos suficientes como para considerar que el problema está resuelto». Unos días antes, el más destacado especialista en derecho internacional privado de Bolivia, el doctor Constancio Carrión, consejero de Asuntos Exteriores, había proclamado: «Bolivia es un asilo inviolable, y todo el que aquí se refugia es sagrado. En Bolivia, los peores crímenes prescriben al cabo de ocho años. Los de Altmann-Barbie son, pues, historia antigua». El doctor Carrión también forma parte de los abogados que defienden a Barbie.

El viernes por la mañana el periodista de *Los Angeles Times* me llama y nos invita a almorzar a Maxim's, en el paseo El Prado, el mejor restaurante de la ciudad. «Durante mi entrevista el miércoles pasado con el coronel Banzer —nos cuenta—, le expresé la mala impresión internacional que produciría impedir que esas dos valientes mujeres entraran en Bolivia. Ante ese argumento, reaccionó. Es sensible a la opinión estadounidense, digamos. Dicen que la CIA le abona siete dólares diarios por preso encarcelado por razones políticas».

Esa tarde, nos presentamos ante el viceministro, Jaime Tapia, a quien le entrego las nuevas pruebas. La señora Halaunbrenner le habla largo y tendido de su familia. El funcionario le da unas palmadas cordiales en el hombro y le promete que hará todo lo que pueda. No sabemos qué podemos esperar; hemos seguido la vía legal y elevado el expediente a las autoridades competentes.

El día anterior, el embajador Jean-Louis Mandereau se reunió con el ministro de Asuntos Exteriores, y la solicitud oficial de extradición llegó a La Paz. El señor Mandereau nos recibe el mismo día. Lo ponemos al tanto de nuestros trámites y se le escapa una frase que me hace dudar de que haya comprendido el problema:

—Por tratarse de usted, me he visto obligado a desapasionar el caso y llevarlo únicamente al terreno jurídico.

—Señor embajador, el suplicio de Jean Moulin por parte de Barbie es la pasión de la Resistencia francesa —le respondo.

¿La Embajada de Francia en La Paz, desprovista de traductores (es la Embajada alemana la que traduce al español los documentos alemanes del expediente francés), es coherente con la carta de Georges Pompidou, tan mal traducida al castellano por la Embajada de Francia que las autoridades bolivianas todavía se sonríen?

El sábado 26 de febrero realizo una discreta encuesta entre los periodistas y me percato de que tienen la instrucción de no mencionar nuestra presencia. Mi propuesta de organizar una conferencia de prensa les gusta. Sobre todo, porque me propongo proyectar la confrontación de las víctimas con la entrevista de Barbie filmada por Ladislas de Hoyos.

El lunes por la mañana, convoco por teléfono a todos los periodistas para una conferencia de prensa a las once horas. Tengo que darme prisa. A las diez y cuarto, media docena de policías sin uniforme entran en el hotel. Dos de ellos me abordan en el pasillo y me solicitan que los acompañe. Voy a buscar unas cosas a mi cuarto; delante de la puerta hay dos policías montando guardia. Llamo a nuestros amigos judíos para que vengan a calmar a la señora Halaunbrenner, que está preocupada. También aviso a Albert Brun, para que explique la situación a los periodistas, si no regreso antes de las once. El mayor Dito Vargas, a quien conozco de mi primera visita a La Paz, me lo advierte con toda solemnidad: si doy una conferencia de prensa, seré expulsada.

A las once menos diez, estoy de nuevo en el todoterreno de la policía. En una gran sala del hotel, iniciamos nuestra conferencia ante unos treinta periodistas. Se proyecta la película. Reparto las fotos y las varias carpetas de prensa que Serge había preparado. Analizo el caso. La señora Halaunbrenner toma la palabra; su calvario de mujer y madre judía conmueve a la prensa. Apenas termina de hablar, a las doce y cuarto, los policías que me habían escoltado antes regresan y me vuelven a llevar. Me encierran en un despacho pequeño y mugriento. Me dejan pudriéndome ahí hasta las cinco de la tarde. Luego, el jefe de la Policía Internacional, el señor Hernau Arteaga, me pone en libertad recomendándome que me calle: «Es la última advertencia, si no será detenida».

El martes la prensa se entrega a fondo. Logra perforar la censura. Se dedican páginas enteras no solo a nuestra conferencia, sino también a los campos de exterminio, y así se revela a los lectores lo que el rostro insignificante de Altmann-Barbie ocultaba.

Se nos acercan unos bolivianos, consuelan a la señora Halaunbrenner, nos garantizan su apoyo, declarando que Barbie debe ser extraditado.

Ese martes, 29 de febrero, poco después del desayuno, aparecen dos caras conocidas. Me levanto resignada para ir a pasar un rato a las instalaciones de la comisaría. Paso el día en el mismo despacho. Insisto en vano para que me informen sobre las razones de mi detención. Un inspector que habla un poco de francés, fastidiado por mis múltiples preguntas, me responde en la lengua de Descartes: «¡Usted nos está jodiendo, así es que nosotros la jodemos a usted, para que se largue de aquí!». Conque me resigno, no me queda otra alternativa que aguardar con paciencia el final del día. Cuando se vacían las oficinas, me liberan, como el día anterior.

Entretanto, el señor Mandereau ha pedido oficialmente, a instancias nuestras, un careo entre Barbie y la señora Halaunbrenner.

Obviamente, Barbie rechaza cualquier careo, y el señor Tapia le confirma el miércoles por la mañana al señor Mandereau la imposibilidad de obligarlo a enfrentarse con la señora Halaunbrenner.

La señora Halaunbrenner presenta entonces una denuncia individual por el homicidio de cuatro miembros de su familia. El segundo abogado que contactamos, el letrado Manuel Morales Dávila, inicia acciones legales. Dejamos constancia de la denuncia ante un notario, que una vez cumplido el acto nos anuncia sus honorarios: 7 000 dólares. Entiendo que nos están bloqueando y declaro a la prensa que «la justicia boliviana es demasiado cara para nosotros». Es más, en La Paz nos repiten el siguiente proverbio: «Desconfía de las mujeres chilenas, de los amigos peruanos y de la justicia boliviana».

El sábado estamos a orillas del lago Titicaca, para descansar antes de dar comienzo a una manifestación de protesta. Antes había comprado cadenas y dos candados.

El lunes 6 de marzo por la mañana, acudo al Ministerio del Interior a sacar el visado de salida y regularizar nuestros pasaportes. Reservo para el mismo día dos lugares en el vuelo La Paz-Lima. Cerca del mediodía, nos atamos las cadenas alrededor del torso y de la muñeca. Tenemos dos pancartas en español. La de la señora Halaunbrenner lleva la foto de su familia y la siguiente inscripción: «¡Bolivianos, escuchen! Como madre, reclamo justicia, que se juzgue a Barbie-Altmann, asesino de mi esposo y de mis tres hijos». La otra pancarta pide la extradición: «En nombre de millones de víctimas del nazismo, que se permita la extradición de Barbie-Altmann». Nos dirigimos hacia la sede de la Transmarítima Boliviana, cuyo gerente es Barbie. La oficina está situada en El Prado, la arteria más concurrida de La Paz. Nos encadenamos a un banco, justo enfrente de la oficina, y exhibimos los carteles. La multitud se agolpa, los coches frenan, se produce un embotellamiento. No se había visto una manifestación pública en plena ciudad desde hacía mucho tiempo, después del golpe de agosto. La Paz había quedado bajo el yugo del régimen policial de Banzer. La radio anuncia la noticia. Aparece un jeep de la policía; sus ocupantes leen las frases de nuestras pancartas y se van. A las cuatro de la tarde, se detiene allí mismo una camioneta; bajan unos hombres de paisano y se mezclan entre los espectadores. Nos arrebatan los carteles y se dan a la fuga. Unos jóvenes bolivianos y un israelí de paso por La Paz fabrican nuevas pancartas y nos las ponen en las manos.

Un periodista me acerca un micrófono y me pregunta por el significado de las cadenas; le respondo: «Son las cadenas que unen el régimen boliviano con el nacionalsocialismo». Empieza a llover. Hace seis horas que estamos junto al banco. Hemos visto desfilar a buena parte de la población de La Paz, así como al cuerpo diplomático. Un funcionario de la Embajada de Francia se detiene delante de nosotros para susurrarnos: «Lo que están haciendo no sirve para nada». Sin embargo, la resonancia de aquella protesta será importante y positiva. Hemos actuado a plena luz del día, hemos despertado las conciencias. Así es como se prepara el terreno, tanto más cuanto que el régimen de Banzer es inestable y quién sabe si sus sucesores no abordarán el caso con otros ojos después del trabajo de zapa que hemos hecho.

Al anochecer, tomamos el avión y permanecemos veinticuatro horas en Lima, en un clima cálido y agradable en comparación con el de La Paz. Vamos a la peluquería, porque queremos presentar la mejor cara posible ante las cámaras de televisión que van a estar esperándonos en Orly.

Llegamos a París el jueves 9 de marzo por la tarde, después de dieciocho días de campaña sudamericana.

El atentado

No traemos a Barbie en nuestro equipaje, pero hemos representado, por un momento, la búsqueda insaciable de justicia. Hecho inédito en el mito del criminal que huye al fin del mundo para escapar al castigo: dos mujeres —una del pueblo mártir y la otra del pueblo verdugo— fueron a buscarlo para reclamar justicia.

Busco desesperadamente a Serge con la mirada: está apartado, observa la escena con una leve sonrisa. «Tienes que poetizar tu vida, elevarla a los niveles de una experiencia emocionante», le escribía a la joven alemana que acababa de conocer en la primavera de 1960. ¿Qué habría podido hacer yo sin él, sin su compromiso total y discreto a mi lado, sin su permanente energía? Otro hombre me habría exigido probablemente que me desprendiera de Alemania; Serge me había ayudado a convertirme en una alemana de verdad.

Una serie de breves viajes a mi país me permite completar la lista de dirigentes del aparato policial nazi en Francia. ¿Acaso había calculado mal mis fuerzas? Al regreso de uno de esos reconocimientos de campo, quedo bloqueada en Estrasburgo por una huelga general: me bajan de la litera a las dos de la madrugada, en medio del frío, y espero durante largas horas un lugar para sentarme. En cuanto llego a París, pierdo el bebé que llevaba desde hacía tres meses en mi vientre.

El 10 de mayo, salgo por la tarde hacia Cannes, a dar una conferencia para la LICA; me acompaña Arno. Por fin me tomo tres días de descanso con él, un viaje oportuno que nos permite escapar a la muerte. Unas horas después de irnos, la portera trae un paquete que le deja el cartero, dirigida a la «Señora Beate Klarsfeld». Mi suegra deja el paquete sobre la mesa, intrigada porque el sello de correo, «París, 9 de mayo, Av. de Wagram, 12.30 h», no concuerda con la dirección del remitente, un tal Samuel Ségal: «Les Guillerettes, por 34-Gignac». Esto despierta su desconfianza y prefiere esperar el regreso de Serge. Este aparece a las seis y media de la tarde y comienza abriendo el primer envoltorio de papel fuerte, dentro del cual se halla una caja de cartón flexible. En el interior, bien calzado en un papel de seda, un segundo envoltorio en papel fantasía, con la etiqueta de la marca de la confitería Marquis. Todo está muy bien embalado. Serge abre el papel y descubre una caja cilíndrica amarilla y anaranjada con la indicación «Azúcar».

> Me sorprendió —me dijo esa misma noche por teléfono—. ¿Quién podía mandarnos azúcar? Pero ¿te acuerdas de Etzold, el antiguo deportado alemán que vino a casa hace quince días, a traernos de regalo pan negro alemán? En definitiva, perfectamente podía ser azúcar. Pero al inspeccionar atentamente el papel, noté unos pequeños granitos negros, como si fuera polvo. Mamá pensaba que quizá fuera azúcar negra. Me puse un granito en la lengua, era ácido. Luego coloqué unos granitos en la pileta de la cocina y acerqué un fósforo encendido. Me pareció que la llama se agrandó antes de apagarse. Mi sospecha estaba confirmada. Pregunté en informaciones telefónicas si había algún abonado de nombre Samuel Ségal en Gignac. Respuesta negativa. Conseguí el número de la gendarmería de Gignac y, tras la verificación, un gendarme me aclaró que no conocía a ningún "Ségal", ni ningún lugar llamado "Les Guillerettes". Por último, llamé a la confitería Marquis: no, no vendían cajas de azúcar. Lo metí todo en una bolsa de la compra y acudí a la comisaría de Auteuil. Avisé a los policías, al principio un tanto escépticos, de que lo mismo podía tratarse de dulce como de una bomba. El comisario llamó de inmediato a la brigada de artificieros, que radiografió la caja en el camión laboratorio. Al comprobar que había un detonador, el ingeniero mandó bloquear durante quince minutos la circulación en la esquina del bulevar Exelmans con la calle Chardon Lagache, hasta tanto cortara la caja con una sierra para metales y la vaciara de su contenido. En el interior había 300 gramos de clavos y suficiente sustancia explosiva para descuartizar y provocar la muerte de la persona que la abriera y de quienes la rodearan.

Unos meses después, el doctor Fully, jefe de médicos de la administración penitenciaria y antiguo deportado de Dachau, recibió el mismo paquete y lo abrió. La explosión lo mató, así como a la portera que le había llevado el paquete.

Serge

Disparo de fogueo o disparo real

Para seguir avanzando en Alemania, necesitamos algunos catalizadores.

Uno de ellos es la ilegalidad de nuestras intervenciones, que deben ser psicológicamente violentas. Esa violencia se justifica en la medida en que permite aclarar la legitimidad de nuestra protesta y nuestro llamamiento a que se haga justicia. Para ello, tiene que descargarse a su vez sobre nosotros una violencia real, como la detención, el enjuiciamiento y la cárcel, mientras que el gran criminal permanece libre, puesto que el Parlamento alemán se niega a votar una ley que permita juzgarlo. El segundo catalizador consiste en dar con el paradero de los criminales nazis que operaron en Francia y demostrar que la impunidad que les asegura la situación les ha permitido reciclarse en cargos honorables y respetables.

Desde octubre de 1972, vamos a actuar en ambos planos. Nuestra investigación en el caso del doctor Heinrich Illers, capitán SS, segundo de Lischka y jefe de la Gestapo de París en 1943, acababa de llegar a buen puerto. En 1942, era él quien procedía a la selección de los fusilados del Mont Valérien y quien, en 1944, había organizado el «convoy de la muerte» de miembros de la Resistencia hacia Dachau. En agosto de 1944, ordenó salir dos convoyes de deportación de Compiègne, pese a la intervención de la Cruz Roja referida a los acuerdos Nordling-Choltitz, concluidos entre el cónsul de Suecia y el comandante militar. «No recibo ninguna orden que no provenga del jefe superior de las SS», respondió. Illers había desaparecido y, al no poder identificarlo, la justicia militar francesa había puesto fin al proceso judicial mediante un sobreseimiento. Al ver en un documento que estaba calificado como «*Doktor*», examinamos minuciosamente las listas de abogados y magistrados, y descubrimos a un tal «*Doktor* Heinrich Illers», presidente de sala en el Tribunal de Asuntos Sociales del *Land* de Baja Sajonia y… experto en problemas de víctimas de guerra.

Necesitábamos su foto. Le pedimos a una chica alemana, Lisa, que había cuidado a Arno dos años antes y vivía en Múnich, que viajara a Celle. Una vez allí, vigila a Illers, lo ve hacer tareas de jardinería, le pregunta si puede fotografiar su casa, tan bonita; el hombre acepta. Imprimimos varias decenas de ejemplares de la foto.

Para estar seguros de que se trata del mismo Heinrich Illers, Beate lo llama:

—Estoy haciendo una tesis de historia sobre la administración militar alemana en Francia. ¿Usted formaba parte de esa administración?

—Sí.

—¿Puedo hacerle algunas preguntas sobre la jerarquía en la policía de seguridad? ¿Helmut Knochen era el jefe?

—Sí.

—¿Y Kurt Lischka era su segundo y el Kommandeur en París?

——Sí.

—Y ¿quién era el segundo de Lischka y el jefe de la Gestapo de París?

—Karl Bömelburg.

—Eso no es lo que indica el organigrama que tengo delante de mí. Bömelburg era el jefe de la Gestapo en Francia. En París, el jefe de la Gestapo era el doctor Heinrich Illers.

—*Unmöglich!* ['¡Imposible!']

Yo estaba cerca de Beate y escuchaba esas respuestas con atención. El grito fue tan fuerte y sincero que me impresionó, aunque no lo creyera.

Para dramatizar nuestra revelación, decidí viajar clandestinamente a Alemania, donde pesaba sobre mí una orden de detención por mi participación en el intento de secuestro de Lischka, y dar una conferencia de prensa en Bonn, en el hotel Am Tulpenfeld, cerca del Bundestag, punto de encuentro habitual de los periodistas. En aquella época, Bonn era la capital política de la República Federal de Alemania. Para que no me detuvieran en la frontera, tomé el tren nocturno con coche-cama, con el pasaporte de un amigo de mi edad y acompañado por un antiguo deportado. Sabía que el control de documentación se realizaba en la frontera y que la policía no iba a verificar si el documento correspondía al pasajero. Beate, por su parte, al no estar ya bajo orden de detención, repartió a todos los periodistas invitaciones que aclaraban que Serge Klarsfeld, a pesar de que estuviera bajo orden de detención, daría una rueda de prensa a las dos de la tarde, durante la cual haría algunas revelaciones.

Entro teatralmente en la sala de conferencias, a la hora prevista, acompañado por Heinrich Böll, el apoyo más firme de Beate y futuro Premio Nobel de Literatura. En cuanto me pongo delante del micrófono, dos hombres, policías, me presentan la *Haftbefehl* ['orden de detención']. Todo sucede con suma cortesía: la sala quiere oír mis revelaciones y los inspectores aceptan esperar. Se ponen a mi lado mientras hablo y su imagen difuminada aparecerá en toda la prensa. Beate distribuye el expediente que hemos preparado sobre Illers. Su foto ocupará las primeras planas al día siguiente.

Los inspectores me llevan a una celda del Tribunal de Colonia. Los magistrados proponen dejarme en libertad a cambio de una fianza. Me niego a desembolsar un solo marco. Como lo último que quieren es tenerme en prisión, deciden de oficio dividir en dos la fianza pagada hace un año por Beate: la mitad para ella; la otra mitad para mí. La medida es absolutamente irregular, puesto que la voluntad de quien había abonado el importe solo se aplicaba a Beate, pero así se deshacen de mí sin dilatar la cuestión.

Aquel día, jubilan a Heinrich Illers. Y como ahora está identificado, se abre una instrucción en su contra en París y otra en Alemania. El gran semanario *Der Spiegel* publica su foto. En sus declaraciones a la prensa, Illers se queja de perder la mitad de su pensión.

Nuestra amiga Lisa, encantadora, inteligente y temeraria, feliz de haber contribuido a la causa, comprueba que se puede ser eficaz sin tener conocimientos específicos; decide involucrarse en nuestra acción, y su apoyo será precioso, en particular en Bolivia.

El 15 de diciembre de 1972, regreso a Bonn; esta vez, viajo acompañado por unos diez antiguos deportados, partidarios de la ratificación del convenio judicial francoalemán. A la cabeza del grupo están Georges Wellers, presidente de la asociación Monowitz-Auschwitz III, personalidad destacada del Centro de Documentación Judía Contemporánea, donde dirige la revista *Le Monde Juif*, Julien Aubart, cuyo apellido original era Obarjansky, deportado a los veinte años, que se convirtió en mi mejor amigo hasta su fallecimiento en 1977, cuando tenía cincuenta y tres años; y dos de sus compañeros de Auschwitz, Henri Pudeleau, que antes era Pudlowski, y Henri Wolff, quienes también estuvieron a nuestro lado hasta el prematuro suspiro final de ambos. Estos tres últimos fueron nuestros garantes morales; nosotros prolongamos su combate. Movilizaron a decenas de supervivientes de los campos para que se manifestaran en Alemania. Ese día, que era el día de la presentación en el Bundestag del nuevo Gobierno de Brandt tras las elecciones legislativas, nos manifestamos en la zona prohibida. Decenas de policías se abalanzaron sobre nosotros, pero no podían golpearnos delante de una multitud de diputados y periodistas. Aproveché para hacer alguna pirueta y tirar al suelo unas diez gorras de policía antes de que me neutralizaran. En la comisaría, ante la pregunta: «¿Estuvo usted detenido alguna vez?», las respuestas llovieron y cada uno de los deportados dio la fecha y el motivo de su arresto y su número. Esa tarde nos llevaron escoltados hasta la frontera.

El 11 de febrero de 1973 estuve con Julien Aubart en Hamburgo, en el barrio de San Pauli, para desenmascarar a August Moritz, miembro de la Gestapo de París, Orleans, Marsella y Lyon; ese día festejaba su sexagésimo cumpleaños. El subteniente SS Moritz había detenido a Victor Basch y a su esposa y los había entregado a los milicianos, quienes procedieron a su ejecución sumaria. Moritz acepta hablarnos: se defiende afirmando que forma parte de la extrema izquierda y que él reconstituyó el archivo de la asociación de víctimas del nazismo, la Unión de los Perseguidos del Régimen Nazi (WN); que incluso fue a escuchar a Beate a la Universidad de Hamburgo en 1968; que pasó cuatro años en prisión por espionaje en favor de la República Democrática Alemana; en fin, que es inocente y no merece ser condenado en contumacia en Francia. Le propongo que se entregue para que lo detengan; se niega: debe pensar ante todo en su familia, su trabajo, su reputación. Le pregunto entonces si tuvo alguna responsabilidad en lo que atañe a los judíos. Asegura que no. Le pongo en las manos las fotocopias de la docena de documentos que llevan su firma, dirigidos al jefe del Departamento de Asuntos Judíos de la Gestapo en París. Por ejemplo, el 10 de enero de 1943, Moritz le pregunta: «¿A qué campo debemos enviar a los judíos que hemos detenido?». Tras un largo silencio: «Sí, yo firmé esos papeles, pero administrativamente. Yo nunca maté a nadie». Le respondí que a los judíos los enviaban a la cámara de gas por una maquinaria policial y administrativa. Ni Hitler ni Himmler ni Eichmann habían matado a ningún judío con sus propias manos, pero cada uno de ellos, desde su lugar, había alimentado el funcionamiento de ese engranaje de muerte. Se abrió una investigación judicial en su contra.

* * *

El 7 de mayo de 1973, guiados por Beate, embarazada de seis meses, Julien Aubart, Henri Pudeleau y cuatro jóvenes de la Liga Internacional contra el Antisemitismo (LICA) se acercan al despacho de Lischka, situado detrás de la estación central de Colonia. Nuestros dos amigos, vestidos con sus chaquetas de deportados, se atan a las ventanas y gritan: «Lischka, Nazi Morder!». La gente frena. Acude la policía y maltrata a Julien y a Henri. Tan pronto como llegan a la comisaría, uno de los oficiales los golpea. ¡Qué muestra de coraje dieron! Ellos, que habían conocido los campos, volvían a caer voluntariamente entre las garras de policías alemanes que no respetaban a las víctimas de sus predecesores del Tercer Reich. Después de una noche en la celda, a nuestros dos amigos y sus cuatro cómplices los juzgan y los condenan a pagar 2000 marcos a la firma Krücken, que emplea a Lischka, para reparar la fachada acristalada de la oficina. El magistrado alemán que juzga a los dos deportados comenta, en particular, el hecho de que en Francia ellos tengan una pensión de más del 100%, cuando él, en Alemania, con un brazo menos, solo recibe el 75%. Pero cuatro años más tarde, el corazón de Julien deja de latir, cuando tenía cincuenta y tres años; Henri fallecerá unos años después.

Nuestra arma consiste en demostrar, con la repetición de nuestras manifestaciones ilegales, que hay un enfrentamiento entre nuestra voluntad de obtener la ratificación del convenio y la voluntad de la sociedad política alemana de proteger a los criminales, puesto que no lo ratifica. La relación de fuerzas nos es desfavorable, pero, manifestación tras manifestación, vamos afianzando nuestra causa.

El 13 de junio, Julien y yo estamos en Bonn para difundir cincuenta expedientes sobre Achenbach, que acaba de ser nombrado responsable del convenio judicial francoalemán en el seno de la comisión de Asuntos Exteriores del Bundestag. Es él quien tiene a su cargo proponer, en nombre de esa comisión, la ratificación o no del convenio. Nuestros expedientes, repartidos a todos los legisladores miembros de la comisión, no les impidieron votar por Achenbach.

En la RFA, la prescripción de veinte años tuvo como punto de partida 1949, año de creación de esa República, y la imprescriptibilidad de los crímenes de lesa humanidad solo es válida para los que se cometieron después de ese momento, no para el pasado nazi. En 1969, tras un acalorado debate y bajo presión internacional, se posterga diez años la prescripción para los crímenes de lesa humanidad, lo cual significa que en 1979 el Parlamento deberá tomar una decisión al respecto. El grupo de presión liderado por Achenbach también está entonces en plena acción para convencer a los parlamentarios de que «treinta años es suficiente».

Mientras yo actúo en Bonn, Beate, embarazada de siete meses, hace campaña en la Knéset, en Jerusalén, para que las autoridades políticas israelíes presionen a Brandt, en visita oficial en Israel, en aras de la ratificación del convenio. Como la mayoría de los deportados de Francia se dirigía hacia los lugares de exterminio en condición de apátridas, nuestro problema también incumbía a Israel —que, por otra parte, concede la nacionalidad israelí con carácter póstumo a los muertos en deportación, si la familia lo solicita—.

Cuando el avión de Beate aterriza en Lod, la espera un joven abogado, colaborador y chivo expiatorio del famoso Samuel Tamir.[1] Se llamaba Ehud Olmert. Durante esa visita oficial, Beate representaba sobre todo un incordio, y ningún dirigente deseaba recibirla. El único que la invitó fue Menáhem Beguin, jefe del Likud, por aquel entonces en la oposición. Él, que jamás había aceptado tener contacto con un alemán no judío, abrazó efusivamente a Beate y la

[1] Abogado, patriota, legislador y eminente defensor de la independencia israelí. *[N. de la T.]*

apoyó en su solicitud de intervención diplomática israelí. Asimismo, las víctimas de la Shoá le rindieron un homenaje. Embarazadísima, Beate dio una conferencia de prensa y advirtió a los israelíes de que los alemanes todavía no se asemejaban a Willy Brandt y que la preciosa amistad que parecía reinar no resistiría la próxima prueba, cuando el petróleo y los mercados árabes estuvieran en juego.

Los acontecimientos no tardaron en darle la razón: en noviembre de 1973, durante la guerra del Yom Kipur, el Gobierno alemán no permite que los aviones estadounidenses cargados de armamento y piezas de repuesto para el Ejército israelí hagan escala en su territorio.

El 15 de agosto de 1973, ocho años después que Arno, Lida Myriam hace su entrada en la familia Klarsfeld. Es cierto que es una responsabilidad más, pero nos encanta. Arno es un alumno más en la escuela del Parque de los Príncipes, donde su padre se inició en el jardín de infancia, en 1938.

Ahora dedico todo mi tiempo a nuestra lucha, ya que, desde mayo de 1972, estoy desempleado y soy uno de los pocos que fichan en el ayuntamiento del distrito XVII —Francia atraviesa su último periodo de pleno empleo—. En el otoño de 1974, cuando voy a firmar por última vez, veo por primera vez a una multitud de nuevos desempleados ocupando mi lugar.

En Israel, adonde voy con Jean Pierre-Bloch, unos días después del final de las operaciones militares, me percato de lo cerca de la derrota que estuvo el país. Lo salvaron los sacrificios de los soldados de las unidades de carros del Golán y el ingenio estratégico de Ariel Sharon. También me entero de que las discretas gestiones diplomáticas de Israel en Bonn para apresurar la ratificación del convenio no han dado resultado.

Estoy desesperado; ese fue el único periodo en el que dudé. Decido aportar pruebas a las autoridades alemanas para que entiendan que, si no ratifican el convenio, cargarán con la responsabilidad de una tragedia: mataremos a Lischka o a Hagen o a otro criminal, y será responsabilidad del Bundestag. Debo demostrarles que es posible que eso se haga realidad. Lischka está armado y dispone de un permiso de armas. De modo que a él es a quien voy a atacar.

El 7 de diciembre, con un frío glacial, me encuentro en la estación de tren de Colonia, con un revólver en el bolsillo —un Walther que Julien me consiguió—. Beate y mi madre no lograron disuadirme. Espero a que Lischka salga de su oficina, lo sigo hasta su coche y me abalanzo sobre él empuñando el arma. El coloso lleva guantes y no tiene tiempo de sacar su arma. Le pongo el revólver en la frente; se desmorona sobre el capó de su vehículo. Su mirada traduce espanto, cree que ha llegado su hora final. Disparo, pero mi arma está vacía. Suelto una carcajada y regreso hacia la estación, antes de que él se levante y de que los transeúntes que han visto la escena reaccionen. En la estación, tomo un tren que cruza la frontera belga. Me instalo voluntariamente en el compartimento de los policías que van a controlar los pasaportes.

Al día siguiente, el presidente del Tribunal de Colonia y el fiscal general reciben una carta en la que les suplico que avisen a las autoridades competentes de que no podrán evitar un gigantesco escándalo si no se vota la ratificación y si la Justicia alemana no se decide a organizar los juicios de Lischka y Hagen. La respuesta no tarda: se emite una nueva orden de detención en mi contra; pero sé que mi demostración es un paso adelante, y mis ánimos vuelven a su estado normal.

¿Habría matado si nuestros esfuerzos no hubieran desembocado en un juicio? Mi íntima convicción es que no habría dejado que nuestra causa fuera derrotada: habría vuelto a la carga y, movido por la desesperación, habría disparado de verdad. La determinación inquebrantable de llegar hasta la pérdida de mí mismo, si fuera necesario, para que nuestra causa no fracasara era la misma que animaba a Beate cuando arriesgó su vida al abofetear al canciller, vigilada por guardaespaldas dispuestos a abatir a cualquier agresor. Cuando uno se compromete con una causa grande y justa, ceder sin haber llegado hasta las últimas consecuencias de lo que se puede acometer es un abandono de sí mismo, y jamás me hubiera repuesto. Si la esperanza hubiera desembocado en un callejón sin salida, la desesperación habría vuelto a abrir el camino. Pero ¿cuál habría sido el precio? Seguramente, la degradación de mi persona, porque no se mata a nadie impunemente, ni siquiera a los culpables.

El secuestro fallido de Barbie

Los años 1972 y 1973 también son pródigos en avances en el caso Barbie. En el otoño de 1972, entra en contacto con nosotros Régis Debray. Para él, más que para nosotros, Barbie es un nexo entre la opresión nazi en Europa y la que sufren algunos pueblos en América Latina. Debray fue compañero de Che Guevara, estuvo condenado a muerte en Bolivia y lo salvó la intervención del general De Gaulle; fue liberado tras cinco años de detención. Muchos son los militantes de 1968 que no lo aprecian demasiado: da un mal ejemplo —un poco como nosotros, pero por distintas razones—. Viene de una familia acomodada, es catedrático de Filosofía y tuvo el valor, a diferencia de tantos otros, de ir a arriesgar su vida en el contexto de una implacable dictadura.

Beate, que tanto respeto tiene por Michèle Firk quien, en Guatemala, en 1967, eligió la muerte antes que arriesgarse a hablar, y yo, que aprecio la trayectoria de Régis Debray y lo admiro por haber obtenido el título de la Escuela Normal Superior al que yo renuncié, nos reunimos con este último en el Café de Flore. Simpatizamos y decidimos cooperar con lo siguiente: gracias a las relaciones en América del Sur de Régis y Elizabeth, su mujer venezolana, con quien se casó en la cárcel, intentaremos secuestrar y traer a la fuerza a Barbie a Francia, vía el Chile de Salvador Allende. Régis nos hace saber de inmediato que el hombre más cualificado para organizar semejante operación es un experiodista de izquierdas que había cubierto su juicio en Camiri y a quien el Gobierno progresista del general Juan José Torres había nombrado gobernador de la ciudad de Cochabamba en 1970. Por entonces, estaba exiliado en Chile, tras el sangriento golpe del coronel Hugo Banzer, en agosto de 1971.

Se llamaba Gustavo Sánchez Salazar. Tenía cuarenta y cinco años. Su hermano, oficial del Ejército boliviano, capturado por la guerrilla, bien tratado y liberado, había impedido la ejecución sumaria de Régis cuando este fue detenido. Régis nos asegura que es un hombre en quien podemos confiar plenamente.

Proponemos invitar a Gustavo a París. Llega el 20 de octubre de 1972. Charlamos y elaboramos un plan. Gustavo conoce a jóvenes oficiales bolivianos que se oponen a la dictadura. Sugiere que yo vaya a Chile y aporte 5 000 dólares para que los conspiradores compren un coche y secuestren a Barbie en la carretera de La Paz a Cochabamba, adonde viaja con regularidad, dado que tiene intereses en un aserradero de la región. Los hombres reclutados por Gustavo son oficiales de origen campesino, que están a favor de una revolución social y política. Bloquearán su vehículo y a él se lo llevarán hacia la frontera con Chile. Una vez allí, nosotros tendríamos que hallar el modo de llevarlo a Francia, contando con el apoyo de dirigentes chilenos amigos de los Debray.

Yo no podía ir a América del Sur con mi pasaporte: el apellido «Klarsfeld» estaba demasiado asociado al de Barbie. Así que mi antiguo compañero de la secundaria, Michel Boyer, me prestó el suyo: cuando lo abrí, vi que el sello de la policía estampado sobre la foto de identidad de Michel difería por unos pocos milímetros del sello que iba sobre la de mi pasaporte. Mi amigo cirujano Daniel Marchac, con sus bisturíes, despegó las fotos y remplazó la de Michel por la mía. Solo un examen muy minucioso podría descubrir el fraude. Me convertí en Michel Boyer y practiqué su firma.

Cuando llegué a Santiago, Régis me guio. Alquilamos un avión de turismo que nos condujo al norte de Chile, a la frontera boliviana. Un viaje pintoresco por la cordillera de los Andes; el avión se detuvo varias veces en altas mesetas para cargar combustible en unas estaciones de servicio primitivas. Me encontraba en el decorado de la obra maestra de Howard Hawks, *Solo los ángeles tienen alas*. Sobre una pista apenas trazada, esperamos a Gustavo y a un oficial boliviano, Carlos, conductor del coche que él mismo debía conseguir con el dinero que yo le llevaba, y que era el resultado de una colecta entre el grupito de personas que se había ido formando poco a poco alrededor de nuestra pareja. Una vez entregado el maletín, nos felicitamos antes de separarnos: unos hacia el norte y otros hacia el sur.

Regresé a Francia vía Buenos Aires, San Pablo y Río. No nos quedaba más que esperar a que se fijara la fecha del operativo. Pero tres sucesos dramáticos que ocurrieron sucesivamente redujeron nuestras esperanzas a la nada absoluta. Primero, un accidente destruyó el coche que habíamos comprado: el oficial que lo conducía perdió el control del vehículo al intentar eludir unas llamas sueltas en la carretera. Poco después, a principios de marzo de 1973, detuvieron a Barbie: durante el examen de su expediente de extradición por la Corte Suprema Boliviana, este se había ido a pasar unos días a Paraguay. Temiendo que Barbie huyera a Asunción y que Francia le reprochara su negligencia, el Gobierno boliviano lo puso bajo estrecha vigilancia en condiciones de detención llevaderas. Por último, en el momento en que a Barbie lo ponen en libertad, después de que la extradición fuera denegada, en septiembre de 1973, al presidente chileno Salvador Allende lo derroca el general Pinochet, y muere durante el golpe de Estado.

En Brasil, leyendo un ejemplar de *Le Monde* atrasado, me entero de que el título de Ciencias Políticas permite acceder sin examen al tercer curso de Derecho. La noticia me reconforta: a los treinta y siete años, no es demasiado tarde para retomar los estudios. Para mí, es un nuevo desafío, pero es uno de los pocos medios para salir adelante y acceder a una profesión útil para cumplir con nuestra misión de justicia de la A a la Z.

Beate

Arrestada en Dachau, juzgada en Colonia

Las órdenes de detención y las entregas voluntarias forman parte de una necesaria estrategia de hostigamiento. Mañana, el símbolo de nuestra lucha será mi detención dentro del campo de Dachau. Sigo estando bajo orden de detención en Alemania desde que llevé a nuestro comando a manifestarse a Colonia, en mayo de 1973. Dejarme entrar al campo no supondrá ningún problema de conciencia para los policías alemanes. Pero el operativo sí supondrá un problema para los israelíes, para quienes ahora soy una frágil pasarela entre el pueblo alemán y el pueblo judío. Para que ellos exijan mi liberación, deben sentirse involucrados, no solo porque soy yo la persona detenida por los alemanes, sino también por el lugar y la fecha misma de la detención: he elegido el día de Yom Hashoah, día de la conmemoración de la Shoá.

Salgo de París el 16 de abril de 1974 acompañada por dos fieles, los dos Henri, Pudeleau y Wolff. Estarán junto a mí en Dachau, con sus chaquetas de deportados. En Múnich, la policía recibe una llamada anónima: «Beate Klarsfeld, bajo orden de detención, se encuentra en el campo de Dachau». Unos minutos más tarde, llegan varios coches patrulla. Tres policías entran en el campo y, en presencia de los periodistas que fotografían la escena, proceden a detenerme. Me conducen a la prisión estatal de Baviera. Al día siguiente, cuatro oficiales me llevan en coche de Múnich a Colonia, y otra vez me encuentro en la prisión de Ossendorf, donde, en 1971, ya había pasado tres semanas.

Al día siguiente, en Tel Aviv, los manifestantes que se han congregado frente a la embajada alemana gritan: «*¡Nazis in, Beate out!*». Personalidades políticas como Haika Grossman, diputada de izquierdas, o Benjamin Halevi, magistrado en el proceso Eichmann, miembro del Tribunal Supremo y diputado de derechas, abogan por mi causa. El 23 de abril se organiza una manifestación delante de la Embajada alemana en París. El revuelo no desbloquea mi situación. Temo que la Justicia alemana, que fijó la fecha de mi juicio para el mes de junio, lo postergue hasta octubre. Así me tendrán encerrada seis meses y podrán condenarme a seis meses de prisión efectiva, lo cual agradará a la opinión pública alemana. Semejante perspectiva está lejos de entusiasmarme, máxime porque una de mis compañeras de celda, Hermine Braunsteiner, extraditada desde Estados Unidos, fue en su día guardia de un campo de exterminio. El 2 de mayo, cincuenta antiguos deportados viajan en autobús desde París para manifestarse delante de la cárcel, desoyendo la prohibición. Julien encabeza el cortejo. Antes de dirigirse al Bundestag, dejan delante de la prisión cincuenta ramos de flores tricolores.

En prisión, mientras que las chicas que pertenecen al movimiento Baader-Meinhof [1] destruyen todo en su celda y se enfrentan a los guardias, yo me muestro educada con ellos y limpio mi cubículo con esmero. Brandt acaba de dimitir a causa del caso Guillaume, espía de la República Democrática Alemana (RDA), próximo al canciller. Christel Guillaume, su esposa y cómplice, entra en Ossendorf y la encierran en la celda más limpia, la mía. Basta con fregar mi nueva celda para merecerme una buena reputación como interna.

El 2 de mayo de 1974, el presidente interino de la República, Alain Poher, expresa su «profunda conmoción» ante mi detención. En Israel, una petición en mi favor recoge varios cientos de miles de firmas. Cada día, una multitud se reúne ante la embajada alemana, donde la gente se manifiesta y se encadena voluntariamente. Recibo cientos de cartas de apoyo provenientes de Israel. *Le Monde* publica una petición firmada por nombres prestigiosos, entre ellos, Jacques Chirac y François Mitterrand.

El embajador alemán en Israel, Jesco von Puttkamer, organiza una conferencia de prensa en Tel Aviv, a la que no asiste ningún periodista israelí. El 6 de mayo, pese a la llegada a Jerusalén de Henry Kissinger, la Knéset se reúne en una sesión especial para

[1] Facción del Ejército Rojo. *[N. de la T.]*

tratar mi caso. Al finalizar la sesión, se toma por unanimidad una resolución que se transmite al Bundestag: reclaman mi inmediata liberación, así como la ratificación del convenio judicial francoalemán. Mi abogado Samuel Tamir, político de profesión, no puede ausentarse de Israel por un largo periodo, por lo que lo sustituye otro abogado conocido, Arie Marinsky, que viaja inmediatamente a París y prepara mi defensa con Serge.

Mi abogado israelí y su homólogo alemán, Jürgen Stange, luchan codo con codo con el presidente del Tribunal, Victor de Somoskeoy, magistrado intransigente que lo único que quiere ver es que se ha violado la ley. Al cabo de ocho horas de discusión, Marinsky obtiene mi libertad provisional con la garantía de Benjamin Halevi de que me presentaré al juicio a comienzos de junio. Marinsky declara al *Jerusalem Post*:

> Beate Klarsfeld está realmente en peligro. La máquina legal alemana puede ser inflexible hasta límites inimaginables. Puede parecer impensable que una idealista como Beate Klarsfeld sea encarcelada, mientras que algunos de los más crueles criminales del mundo, como Lischka, permanecen libres e impunes... Que una alemana pueda recordarles todo lo que ellos quieren olvidar les resulta inadmisible. En Alemania, reina una conspiración del silencio.

El 9 de mayo, después de tres semanas de prisión, me reencuentro felizmente con mi familia, mi casa y el mercado de la Porte de Saint-Cloud. A menudo me comparaban con Antígona, pero Antígona era soltera. Yo estoy casada y soy madre de dos niños, uno de los cuales es un bebé de ocho meses. Mientras trato de cambiar el mundo y el nuevo está aún por consolidarse, la auténtica heroína es mi suegra.

Preparamos el juicio metódicamente. Incluso viajo a Israel una semana con nuestra pequeña Lida, para trabajar con Marinsky. Recibo condecoraciones de la Knéset, Yad Vashem y la ciudad de Jerusalén. En Colonia, Victor de Somoskeoy se niega a que Marinsky litigue en inglés, a lo cual este último replica que recusaré a mis abogados y me mantendré en silencio. Somoskeoy cede, pero, por temor a que yo apele al silencio si el desarrollo del juicio no me satisface, suma a mi defensa un abogado de oficio.

Serge se ocupa tanto de la documentación del juicio como de sus estudios de Derecho. Se desvive para que esta vez venga de Francia la presión que encienda el juicio y haga prosperar la ratificación. Un miembro del gabinete de Jacques Chirac —entonces flamante primer ministro— le promete que se hará lo necesario para que yo no vaya a la cárcel, pero que Francia es escéptica en cuanto a la ratificación.

Mi juicio se inicia en Colonia, el 25 de junio de 1974. Comento los sucesos más destacados:

25 de junio – Muchos de mis simpatizantes se encuentran presentes. El juez aún no ha decidido si admitirá o no testigos de la defensa. Hay manifestaciones en la puerta del Tribunal.

27 de junio – Somoskeoy nota que, durante la audiencia, Marinsky hace llegar dos notas al cónsul israelí. Exige que sean leídas. Marinsky acepta. Primera nota: «¿Hay algún correo para mí?». Segunda nota: «¿Puedes salir a comprarme aspirinas?». Marinsky prosigue: «En caso de tener que pedir o recibir instrucciones, no me voy a dirigir a Jerusalén, sino a Bialystok, donde los alemanes asesinaron a toda mi familia».

Ese mismo día, el nuevo presidente de Francia, Valéry Giscard d'Estaing, interviene en mi favor. Envía una carta al ministro alemán de Asuntos Exteriores declarando que mi juicio le preocupa, pide que los testigos franceses sean oídos por el juez y le recuerda que el Bundestag todavía no ha ratificado el convenio judicial francoalemán del 2 de febrero de 1971. Somoskeoy acepta oír a los testigos franceses.

1 de julio – La sala está llena. Jean Pierre-Bloch se encuentra presente, así como mis fieles, entre los que figuran numerosos estudiantes judíos venidos de París. Le toca atestiguar a Lischka. Somoskeoy denuncia la carta del presidente de la República francesa como «una intrusión en la independencia del Tribunal». El caso provoca un escándalo en Alemania.

Interrogado por Marinsky, Lischka no se acuerda de nada, o se niega a responder. El público se levanta: «¡Asesino! ¡Nazi!».

El desorden es total. Todos los medios miran hacia Colonia y al Tribunal.

2 de julio – Somoskeoy se vuelve mucho más prudente después de haber leído la prensa. Convoca a Georges Wellers al estrado para que dé testimonio del sufrimiento de los judíos de Francia. Joseph Billig alude a la carrera de Lischka. Dos declaraciones importantes, que sin embargo no interesan tanto a la prensa alemana como los incidentes que se producen durante la sesión. Hace falta provocar una nueva conmoción.

3 de julio – Somoskeoy vuelve a referirse a la «intolerable» intervención de Valéry Giscard d'Estaing. El abogado de oficio que me impuso se pone en pie y manifiesta su apoyo al juez: «Es una táctica que recuerda la época nazi». Protesto: «El letrado Jochum no es mi abogado, es el abogado del señor Somoskeoy». Al final de la declaración de mi primer testigo del día —que también será el último—, René Clavel, antiguo miembro de la Resistencia, el juez lo acusa de haber prestado juramento parodiando el saludo nazi. Tumulto en la sala, cuerpo a cuerpo entre testigos y policías, deportados y miembros de la Resistencia violentamente atacados. Achenbach declara a los medios en alemán y en francés: «Pedimos una amnistía general por razones humanitarias y cristianas. En calidad de responsable en el Bundestag de mi comisión, voy a estudiar en detalle la propuesta de ratificación y eso llevará tiempo, mucho tiempo». Achenbach creyó que, como consecuencia de la intervención presidencial, la situación le era favorable; pero, unos días después, cuando se pronunció el veredicto, los medios, la clase política y la opinión pública lo responsabilizaron como el máximo obstáculo para la ratificación.

5 de julio – Somoskeoy decide que la audiencia se celebre a puerta cerrada en virtud de los recientes acontecimientos. «Esos incidentes solo tuvieron lugar en razón de la inhumanidad con la que usted dirige este juicio». Furioso, Somoskeoy quiere que se me aplique una pena de prisión por insulto al Tribunal. El juez acepta que el cónsul general de Francia se quede, pero hace salir a un diplomático israelí. El cónsul francés se levanta y se retira con su par israelí.

El fiscal Gehrling pide que se me condene a seis meses con suspensión de pena. El psiquiatra a quien el juez le había ordenado hacer un informe sobre mi comportamiento y que, sin que yo aceptara hablarle, siguió el juicio, declara que soy mentalmente sana y que actúo por las razones que he expuesto.

El alegato de Arie Marinsky es notable. Recuerda por qué debía estar presente un abogado israelí para defenderme, lo que yo represento para los israelíes, lo que Lischka representa para Alemania, los crímenes que ha cometido y la necesidad de poner fin a su impunidad por medio de la ratificación del convenio judicial. Concluye con las siguientes palabras: «Rezo asimismo por que eche raíces una nueva Alemania y que este alegato en favor de la justicia sea escuchado».

Por mi parte, agrego para terminar: «Tienen una ocasión única para demostrar al Bundestag que es su deber ratificar y afianzar el sentido de justicia en nuestro país. Tanto para mis amigos como para mí, no ha sido fácil infringir la ley para obtener justicia. Tampoco les resultará sencillo a ustedes absolverme, cuando saben que he cometido un acto ilegal. Pero si lo hacen, demostrarán que, a diferencia de tantos otros jueces alemanes que los precedieron, es posible no obedecer la letra de la ley».

7 de julio – La Knéset se reúne en sesión especial, aprueba por unanimidad una manifestación contra mi juicio y reprocha al Tribunal los incidentes de los cuales fueron víctimas los antiguos deportados.

8 de julio – El día anterior al veredicto, se celebra la cumbre francoalemana entre Helmut Schmidt, el nuevo canciller, y Valéry Giscard d'Estaing. Para sorpresa general, Schmidt anuncia que se ha comprometido ante el presidente de la República francesa a que el convenio quede ratificado antes de fin de año. La cumbre debía ser económica, pero fue judicial.

9 de julio – Día del veredicto. Los franceses están presentes en masa. Colocamos una serie de coronas de flores en el monumento levantado en homenaje a los alemanes antinazis, así como en la prisión de Colonia, donde tantos miembros de la Resistencia fueron guillotinados. La sentencia se pronuncia a las dos de la tarde. Me condenan a dos meses de prisión efectiva, sin obligación de repetir los treinta y siete días ya pasados en la cárcel (dieciséis, en 1971 y veintiuno, en 1974) y sin obligación de encerrarme de inmediato por los veintitrés días restantes, puesto que mi caso debe ser sometido a la Corte Federal de Karlsruhe. La sala protesta. Cantan *La Marsellesa*. El veredicto consolida aún más el efecto del juicio. La indignación es general.

En Bonn, la clase política alemana vive con dureza la conclusión del editorial de Maurice Delarue, jefe de la sección diplomática de *Le Monde:* «No es con la Alemania de Lischka ni de los jueces de Colonia con quien los franceses quieren profundizar la Comunidad Europea, sino con la Alemania de Willy Brandt y Beate Klarsfeld».

Mientras *Combat* publica a seis columnas, en primera plana, un artículo titulado «¿Y Beate, señor presidente?», Roger-Gérard Schwartzenberg dedica su página en *L'Express* a «Beate y los robots»:

> Quienes olvidan el pasado están destinados a revivirlo. Tal es el sentido del grito emitido con tanta valentía por Beate Klarsfeld. Para despertar a la opinión pública que duerme, en Alemania y en otras partes. Esa voz da testimonio. Y nada la hará callar. Porque es la voz de la verdad y la moral. Por lo tanto, a la hora en que la Justicia alemana se condena al condenarla, le ruego, señora, acepte nuestro homenaje.

Esta situación kafkiana es producto de la estrategia que Serge y yo hemos ido afinando. El 10 de julio, delante de la Embajada de Alemania en París, casi dos mil personas manifiestan su apoyo hacia mí. Rodeada de policías, con Serge a mi lado sosteniendo un inmenso ramo, soy el centro de atención. Pero no soy ninguna ingenua: he conocido demasiados días posteriores a los momentos de triunfo, en los que Serge y yo nos encontramos solos, o casi, cuando hubo que tomar caminos incómodos.

La ratificación va a transformar el convenio judicial francoalemán en ley; se conocerá como «lex Klarsfeld», el homenaje más auténtico que se nos pueda rendir. La resonancia internacional que tuvo mi condena provoca un contragolpe: Achenbach se ve obligado a renunciar a su cargo de responsable de la comisión de Asuntos

Exteriores del Bundestag, y quienes se muestran más virulentos contra él son los diputados y militantes de su propio partido. Su carrera política inicia su declive. La conferencia de prensa que doy en Bonn el 1 de enero de 1975, durante la cual reparto a todos los parlamentarios alemanes un número especial de *Le Monde Juif* dedicado a Achenbach, le impide participar en el debate sobre la ratificación en el Bundestag.

Serge, Julien y yo estamos de nuevo en Bonn el 30 de enero de ese año. No me dejan entrar en el Parlamento para asistir a los debates. Quince policías me escoltan permanentemente y nos vigilan toda la noche. La coalición Partido Socialdemócrata de Alemania–Partido Democrático Libre (SPD-FDP) se mantiene firme; la Unión Demócrata Cristiana–Unión Social Cristiana (CDU-CSU) vota en contra.

Sin embargo, la cosa no ha terminado: los democristianos han dejado entrever que votarán de nuevo en contra de la ratificación en la segunda Cámara, el Bundesrat, donde son mayoría, lo cual pospondrá indefinidamente la ratificación. Lo único que podemos hacer es multiplicar nuestras revelaciones sobre los nazis.

El 4 de febrero, en Jerusalén, damos una conferencia de prensa durante la cual hago saber que el alto funcionario de Asuntos Exteriores a cargo de la preparación de las entrevistas euroárabes es Hans Schirmer, antecesor de Kiesinger en el puesto de subdirector de Propaganda radiofónica hitleriana hacia el exterior, que difundía para Oriente Próximo mensajes como el siguiente: «Los judíos son los enemigos mortales de los árabes [...], vuestra salvación no puede venir sino de las fuerzas del Eje, que están dispuestas a libraros de la peste judía». Poco después, Schirmer se toma una baja, que será definitiva, por motivos de salud. Afortunadamente, el calendario nos es favorable: el 17 de febrero estoy en Estrasburgo, donde el Parlamento Europeo vota una resolución que condena toda impunidad para los criminales de guerra; solo la CSU —los socialcristianos, a la derecha de la CDU— vota en contra, lo que permite prever un cambio de posición de la CDU en el Bundesrat.

Y, en efecto, el 21 de febrero de 1975 los parlamentarios del Bundesrat votan por unanimidad a favor de la ratificación.

Militar en Damasco

19 de enero de 1974. El avión que realiza la conexión París-Damasco toma tierra. La situación en Oriente Medio está más emponzoñada que nunca; sobre todo, en Siria, donde el apoyo que brinda el régimen baasista a la causa palestina desde 1948 somete a la muy antigua comunidad judía siria a presiones cada vez más insoportables. La atmósfera acaba por deteriorarse aún más tras la derrota infligida por el Tsahal a la coalición sirioegipcia, en octubre de 1973, durante la guerra de Yom Kipur. En el vecino país del Líbano, la afluencia de combatientes palestinos expulsados de Jordania por la monarquía amenaza el frágil equilibrio comunitario.

Desembarco en Damasco sin sufrir contratiempos, probablemente porque, una vez más, hice la solicitud de visado utilizando mi apellido de soltera. Pero, a unos miles de kilómetros de allí, el nerviosismo corroe a mis seres queridos. Hace solo dos horas que estoy instalada en mi habitación del hotel Omeyyades cuando recibo una llamada de Serge, muy preocupado por saberme sola en medio de un Estado donde nuestra lucha genera muy poca simpatía. Tiene razón, debo actuar con celeridad y determinación. Un taxi me conduce al palacio presidencial, donde quiero intentar hacer entrega de mi mensaje al mandatario Háfez al-Ásad sin mediación alguna. No obstante, el hombre fuerte del país, que llegó al poder después del golpe de Estado de 1970, está absorto en tareas más serias. Un consejero me invita a renovar mi requerimiento unos días después. De regreso al hotel, en plena tarde, recibo la visita del corresponsal palestino de una agencia de prensa estadounidense; después, la de sus colegas de la AFP y de Reuters en Damasco. Mi iniciativa les inspira una serie de críticas apenas disimuladas.

Por la noche, cuando intento deshacerme de un opresivo sentimiento de soledad llamando a mis allegados, me doy cuenta de que la línea está cortada. Es imposible hablar con nadie. Hace falta que intervenga el propio embajador, que viene directamente al hotel y exige verme, para salir por fin de mi aislamiento.

El silencio se prolonga por parte de las autoridades sirias, pese a las promesas del asesor de la presidencia. Así y todo, cuento para ayudarme en mi misión con el don de gentes de Colette Khoury, figura de la literatura siria proveniente de la burguesía cristiana y muy cercana a ciertos círculos de poder. Es ella la que da el primer paso y me propone que nos encontremos poco después de mi llegada. La cito en el hotel.

El tono de la conversación empieza siendo afable. La cortesía tan oriental de aquella profesora universitaria de francés me saca agradablemente de la atmósfera que me envuelve desde que estoy en Damasco. Sin embargo, las intervenciones de mi interlocutora van cargándose rápidamente de violentas diatribas antiisraelíes. La conversación se transforma en un diálogo de sordos.

La tarde del segundo día, me convocan junto con algunos oficiales a una cena ofrecida por Colette Khoury. Dos visiones del mundo, dos interpretaciones políticas de la historia contemporánea y de la tragedia vivida por los judíos de Europa se confrontan sin poder hallar un punto de encuentro. Entre ellas, sin duda alguna, como un abismo infranqueable, el drama palestino.

Al día siguiente, temprano, llaman a la puerta de mi habitación. Se trata de funcionarios del Ministerio del Interior que vienen a anunciarme que sus superiores consideran que ya he abusado suficientemente de su paciencia. Un coche me está esperando. Mi equipaje ya está cargado; mi factura está pagada por la presidencia; me conducen al aeropuerto.

En marzo del mismo año, los familiares de los prisioneros cautivos en Siria me reciben con ramos de flores durante el viaje que hago a Israel con Serge. Una guerra y dos bandos. Hace mucho tiempo que elegí el mío. La primera ministra israelí, Golda Meir, nos recibe el 23 de marzo. Tiempo después, escribe:

> Coraje, convicción, compasión, decencia, justicia y sacrificio de sí misma, a tal punto de ponerse en peligro: estas son las palabras que brotan cuando oímos el nombre de Beate Klarsfeld. Con una brutal e insuperable integridad, esa mujer no judía se ha dedicado a buscar y a eliminar el residuo del nazismo donde los obscenos criminales hallaron asilo. Su apasionada humanidad la ha conducido a identificarse con los judíos dondequiera que estos aún sean víctimas de discriminaciones y persecuciones, treinta años después de la destrucción por la máquina de muerte nazi. Para Israel y para el pueblo judío, Beate Klarsfeld es una «Mujer de Valor», título que en la tradición judía no encuentra nada que lo supere. El ejemplo de Beate Klarsfeld sirve como afirmación personal de una mujer a favor de la supremacía del Derecho y la Justicia.

Por su parte, el diputado y varias veces ministro Victor Shem Tov me entrega la medalla del Levantamiento del Gueto.

Después de mi juicio en Colonia, el alcalde de Jerusalén me invita a pasar con Serge unos días en la Ciudad Santa; luego, continúo mis vacaciones en el kibutz Dalia, con mis hijos. Durante cuatro veranos consecutivos, pasaré un mes en distintos kibutzim.

En octubre de 1974, asisto a la séptima Cumbre de Países Árabes, que se desarrolla en Rabat, Marruecos. Allí deseo expresar mi exasperación frente a la actitud sistemáticamente belicosa, tanto en palabras como en actos, de los Gobiernos árabes frente a Israel. Reparto unos folletos que llaman a los Estados de la región a «dejar a Israel vivir en paz»:

> He venido aquí porque, en esta cumbre de países árabes que ahora se celebra, tiene que haber al menos una persona que proteste contra una política cuyo objetivo es la destrucción del Estado de Israel. Treinta años atrás, la Alemania de Hitler exterminaba a seis millones de judíos en la indiferencia. En calidad de alemana, es mi deber decirles a los países árabes: no tomen como ejemplo el crimen del que mi país es culpable. Dejen al Estado judío vivir en paz. Ese país es un refugio para los supervivientes del exterminio dirigido por los nazis, para los judíos expulsados por los Estados comunistas y oprimidos en la Unión Soviética y para los judíos que se han visto obligados a abandonar los países árabes en mayores cantidades que los palestinos exiliados en 1948. En la Palestina de la Declaración Balfour, hay lugar para el Estado de Israel y para un Estado palestino.

La organización de la Cumbre ha puesto a los servicios de seguridad marroquíes bajo presión. Hasán II teme que un granito de arena pueda enturbiar un evento del que espera obtener algunas ventajas diplomáticas, en detrimento del vecino argelino. Me acompaña Marco, el mismo que participó con nosotros en el frustrado intento de secuestro de Kurt Lischka en Colonia, en marzo de 1971, que ha vivido en Marruecos.

El avión aterriza el 26 de octubre por la mañana en el aeropuerto de Casablanca. En nuestro equipaje llevamos los doscientos cincuenta ejemplares de mi texto, que cargamos en un coche de alquiler a bordo del cual cruzamos sin dificultad los múltiples puestos de control que jalonan la carretera de Rabat. Aparcamos cerca del Ministerio de Información, sin despertar la atención de las fuerzas del orden. La situación no dura demasiado. Pero, entretanto, hemos alcanzado la meta que nos habíamos fijado. Distribuyo los pasquines. Marco permanece apartado y se escabulle cuando la policía por fin se da cuenta de mi presencia. Unos guardias me arrastran hasta el Ministerio. Un policía de alto rango procede a un largo interrogatorio. Espera que haya una conspiración, panfletos impresos en Marruecos, cómplices que me esperan. Examina mi pasaporte, que cuenta con seis sellos israelíes, además de los sellos de Siria, y se irrita visiblemente ante la laxitud de la policía de fronteras, que ni siquiera notó nada de eso en el aeropuerto. Monta en cólera cuando se entera de que he viajado con Marco, que ha desaparecido. Da la orden de detenerlo. Me llevan al cuartel general de la policía: fotografías, huellas dactilares, nuevo interrogatorio.

Mientras Marco consigue llegar a Francia pasando por Tánger y España, yo pernocto entre dos policías, sentada en el banco de una comisaría, antes de embarcarme a la mañana siguiente en el primer vuelo con destino a París.

Le Monde, L'Aurore y *Le Figaro* informan sobre mi detención. «Beate Klarsfeld provoca un nuevo incidente», titula *Le Figaro*: «En esos panfletos, redactados en francés y en inglés, subrayaba el derecho a la vida de Israel y la necesidad para el Estado hebreo de tener fronteras seguras. Beate Klarsfeld fue llevada ante los servicios de seguridad. Al final de la tarde, todavía seguía detenida».

Un mes más tarde, en Jerusalén, el ministro de Asuntos Exteriores, Yigal Allon, ofrece una recepción en nuestro honor y declara al *Jerusalem Post*: «Beate hace más que todo mi Ministerio».

El 13 de enero de 1975 organizamos una conferencia de prensa en Bonn con el fin de hacer públicos los nuevos documentos conseguidos por Serge sobre Ernst Achenbach, aún entonces encarnizado defensor de sus viejos amigos nazis buscados por la justicia. Entrego el expediente Achenbach a quinientos parlamentarios alemanes.

El propósito es lograr que Achenbach renuncie a su función de presidente de la Asociación Parlamentaria para la Cooperación Euroárabe, al revelar que uno de sus más próximos colaboradores en su estudio de abogados es Horst Wagner, antiguo responsable de las cuestiones judías en Asuntos Exteriores del Tercer Reich; este había actuado, sobre todo, con el gran muftí de Jerusalén, exiliado en Berlín, para impedir el salvamento de miles de niños judíos. La dimisión de Achenbach pronto se hizo efectiva.

Viajo a El Cairo, guiada por motivos más o menos análogos a los que me habían conducido a Damasco, un año antes. Espero que el Egipto de Anwar el-Sadat se distancie de Achenbach, que bajo su autoridad se impulsen nuevas relaciones con su vecino israelí y, por último, que intervenga ante sus pares sirios e iraquíes para que sus minorías judías dejen de verse perseguidas. Voy sin visado. Así y todo, me dejan entrar. Tengo la intención de viajar inmediatamente después a Beirut, Bagdad y, una vez más, a Damasco, para llevar el mensaje en persona.

El ministro de Información de Anwar el-Sadat me recibe y me escucha con todos los gestos de la más perfecta cortesía. La aduana siria me niega el derecho a entrar en su territorio. Entonces, tomo un avión para Beirut, donde me conceden un visado por 48 horas.

Antes de la guerra civil, el Saint Georges era uno de los hoteles más famosos de la capital libanesa. Allí encuentro a los periodistas del diario libanés francófono *Le Jour* y de Associated Press. Hace apenas cinco minutos que estamos charlando dentro de mi habitación cuando irrumpen cinco agentes de las fuerzas de seguridad libanesas. Los dos empleados que los acompañan se abalanzan sobre mis cosas y las meten en desorden en mi maleta. La escena siguiente —ahora ya estoy acostumbrada— se desarrolla en el interior de un edificio de los servicios de seguridad, donde un funcionario me expresa sus inesperadas felicitaciones por mi campaña contra Barbie... antes de invitarme a considerar el trato infligido a los libaneses en el sur del país por parte de los israelíes. Luego sigue el siniestro y monótono ritual de la noche en la comisaría, sentada en un banco, de tres coches camino del aeropuerto y de los policías que no me sueltan hasta llegar al pie de la pasarela, ritual que culmina en un vuelo con destino a Roma, desde donde regreso a París.

Serge

En busca de pruebas irrefutables

El año 1974, cuando nuestro activismo está en su apogeo, una parte de mi tiempo está dedicada al Derecho. Llevo los apuntes conmigo, adondequiera que voy, los leo apenas puedo. La idea es aprobar cuarto año y obtener el título.

Ese año, Jean-Michel Charlier, guionista del cómic *Blueberry*, me pide ideas para una serie documental televisiva titulada *Les Dossiers* noirs, que cuenta el destino de personajes cuyo papel en la historia fue importante, pero que no asumieron el poder. Le sugiero a Otto Strasser, allegado de Hitler que luego lo combatió, así como a Menahem Begin, a quien admiro y que, un año antes, había sido el único político que había recibido a Beate con suma cordialidad, pese a su hostilidad para con los alemanes. Sin Begin a la cabeza de una Irgún que hostigaba a los británicos, estoy convencido de que jamás habría habido, durante escasas semanas que resultaron decisivas, una conjunción casi milagrosa entre los intereses divergentes de Estados Unidos y la Unión Soviética para aprobar la creación del Estado judío.

Lo único que hago con Otto Strasser es entrevistarlo en Múnich. Se trata de un anciano hosco y amargo. Me cuesta creer que haya sido uno de los dirigentes del partido nazi, junto con su hermano Gregor, asesinado por los hitlerianos en 1934 en la Noche de los Cuchillos Largos; decrepitud de la vejez. En cambio, Menahem Begin, a quien conocí con Beate en Jerusalén en 1974, no solo representa para mí el pasado, sino también el futuro. Escribo el guion de «Begin y la Irgún» abordando tres momentos esenciales: el atentado del hotel King David, la evasión de los miembros de la Irgún de la fortaleza de San Juan de Acre y la masacre de Deir Yassin.

Filmamos en Israel, desde luego, y en Inglaterra, donde entrevistamos a sir Alan Cunningham y a sir John Shaw, los últimos dirigentes británicos de Palestina. Cunningham tiene por lo menos noventa años. Es un buen hombre. Nos muestra, flemático, un álbum de fotos. Las imágenes desfilan: «*My friend* Abdullah, Golda Meir *my friend*, Glubb Pacha *my friend...*», y de repente, al pasar una página, un conmovedor sollozo: «O*h my dog, my dog!*», ante un basset al que debió adorar al menos tanto como al Imperio británico. Sir John Shaw, por su parte, se negó a confirmar que hubiera declarado, al enterarse por teléfono de que una bomba iba a hacer explosión en el King David, donde había instalado su cuartel general administrativo, después de que una persona anónima lo hubiera conminado a ordenar la evacuación del hotel: «Estoy aquí para dar órdenes a los judíos, no para recibir órdenes de ellos».

Después de presentarme a los exámenes de junio de 1974, tenía que asimilar en pocas semanas cuatro años de derecho penal, civil, comercial y administrativo para poder aprobar el difícil examen del Colegio de Abogados. Todo esto, en paralelo con la militancia y los viajes.

Aprobé el escrito por poco, gracias a la prueba de cultura general. Recuerdo que, para el oral, pasé una noche en vela en un hotel cercano a la Facultad, intentando comprender y absorber un libro de contabilidad que jamás había abierto. Salió todo bien.

¡Qué felicidad para mí y para los míos! No nos había afectado el compromiso que yo había asumido; al contrario, gracias a él, había encontrado fuerzas para alcanzar hasta el nivel de una profesión liberal que me hacía libre, respetable y me ponía en condiciones de ganarme la vida y defender aún mejor nuestra causa, puesto que, gracias a la ratificación que estaba ya próxima y que conseguiríamos en febrero de 1975, los juicios de los criminales nazis se acercaban.

A partir de ese momento, teníamos que definir una estrategia para la fase de aplicación de la «lex Klarsfeld» por la Justicia alemana, que no hizo esfuerzo alguno para convencer a la clase política de que estaba dispuesta a juzgar a los criminales nazis. El fiscal general Gehrling, el mismo que acababa de solicitar una pena contra Beate, estaría a cargo de solicitar una condena contra Lischka y Hagen si decidía que la causa merecía un auto de acusación y si una sala del Tribunal de Apelación consideraba que era plausible llegar a una condena. Debemos alimentar el expediente con pruebas irrefutables del conocimiento subjetivo del destino de los deportados por parte de los acusados.

En los casos de Lischka y Hagen, procedo del siguiente modo: pongo en orden cronológico, en once volúmenes de fotocopias, los miles de documentos alemanes de la Solución Final en Francia, documentos de los que dispongo y que provienen del Centro de Documentación Judía Contemporánea (CDJC) o de la justicia militar, y clasifico todos los firmados por Lischka y Hagen o dirigidos a ellos, los que ellos rubrican y en los que aparecen citados. Así, descubrimos dos documentos donde aparece claramente que Lischka tenía conocimiento del auténtico sentido de la Solución Final.

El primer documento data del 13 de mayo de 1942. Es un informe dirigido a Knochen y Lischka, que redacta el jefe del Departamento de Asuntos Judíos de la Gestapo, Dannecker. Este se reúne con el general Kohl, jefe del Departamento de Transporte Ferroviario en Francia: «En la conversación, que duró una hora y cuarto, le expuse al general una visión de conjunto sobre la cuestión judía y la política relativa a los judíos en Francia. Pude comprobar que [Kohl] era un adversario de los judíos, sin concesiones, y que aprobaba totalmente una Solución Final de la cuestión judía, cuyo objetivo fuera la aniquilación rotunda del adversario».

De modo que el general Kohl pudo concluir, a partir de la exposición de Dannecker sobre la deportación al Este, que la meta era aniquilar a los judíos de Francia. La rúbrica de Lischka figura en ese documento.

El segundo documento, también rubricado por Lischka, data del 20 de julio de 1942. Dannecker relata lo siguiente a Knochen, Lischka y Oberg:

> El jefe del campo «Les Milles» ha proporcionado indicaciones interesantes sobre este problema. Ha comprobado que, tan pronto como se presenta una posibilidad de embarque, la sociedad judía de emigración HICEM paga cualquier suma para permitir que los judíos emigren. Esto prueba a la perfección hasta qué punto el judaísmo mundial es consciente de que todos los judíos

que se hallan en poder de los alemanes se dirigen hacia su aniquilación total [*restlosen Vernichtung*]

El caso Hagen es más fácil: fue él quien formó a Eichmann y a sus principales agentes del exterminio y fue él quien, en Francia, junto con el general Oberg, jefe de las SS y de la policía, más promovió las deportaciones masivas.

Un tercer personaje del escalafón central de las SS en Francia se suma a Lischka y a Hagen. Se trata de Ernst Heinrichsohn, a quien acabamos de descubrir. A los veintidós años, Heinrichsohn era el segundo de Dannecker. Un documento nos muestra que era estudiante de Derecho. Conseguimos las listas de todos los abogados alemanes. Bingo: es abogado y notario en Miltenberg, Baviera, y alcalde de Bürgstadt, una localidad vecina.

Julien y yo tomamos un tren y alquilamos un coche en Múnich, donde Lisa se une a nosotros. Julien había visto a Heinrichsohn en el campo de Drancy, de manera que podía reconocerlo. En 1942 era un apuesto, alto y elegante muchacho rubio que, según los testigos, disfrutaba particularmente controlando en persona la deportación de los niños de temprana edad que salieron a miles, en seis convoyes, entre el 17 y el 28 de agosto. En Miltenberg, Lisa llama al despacho de Heinrichsohn; está en el Tribunal. Allí nos apostamos. Del edificio sale un hombre rubio, bien vestido. Julien piensa que es él. Seguimos el vehículo al que sube, que se detiene para entrar en una tienda. Me acerco al coche. Por la luneta trasera veo la guía Michelin de Alemania: con lo único que se ha quedado Heinrichsohn de su experiencia en Francia, donde persiguió a los judíos, participó en la organización de la salida de cada convoy en 1942 y, en 1944, mató sumariamente a André Rondenay, Compañero de la Liberación, es con la excelente gastronomía francesa.

Queremos tener la certeza de que el hombre al que perseguimos es Heinrichsohn. Para despejar toda duda, lo seguimos de manera ostensible. Se da la vuelta, ve a un hombre de su edad, Julien, de rostro duro, y a mí. Acelera, gira y vuelve a girar sin lograr deshacerse de nosotros. Frena de pronto delante de una comisaría, adonde entra corriendo. Ahora sí estamos seguros. Debió de temer que lo matáramos.

El enjuiciamiento de esos tres hombres, Lischka, Hagen y Heinrichsohn, nos basta para resolver el conflicto judicial francoalemán. Si los juicios tienen lugar, a la Justicia alemana le será difícil no condenarlos. Si esta se muestra reticente, actuaremos como siempre lo hemos hecho: mediante acciones ilegales cuya fuerza simbólica sea evidente. En lo que atañe a otros responsables de la policía nazi, hubo que dar con quienes aún estaban vivos para transmitir la necesidad de juzgar a los de más alto rango.

Fritz Merdsche era Kommandeur de la SIPO-SD en Orleans; su autoridad abarcaba cuatro departamentos. En el territorio que él dominaba, estaban implantados los dos campos de Loiret: Pithiviers y Beaune-la-Rolande. De allí partieron directamente hacia Auschwitz ocho convoyes con mil deportados. En esos campos, miles de niños fueron separados de sus madres por la fuerza y enviados a Drancy y a Auschwitz. En agosto de 1944, cuando la Gestapo de Bourges ya no puede trasladar a Drancy a treinta y nueve judíos —entre ellos, once mujeres—, Erich Hasse, jefe de la mencionada Gestapo, llama a Merdsche para preguntarle qué hacer con ellos. La respuesta no se hace esperar: «Liquídelos». Los arrojan vivos en el pozo de Guerry. Merdsche fue condenado a muerte en contumacia dos veces. Nos enteramos de que desempeñaba el cargo de jefe de redacción de una de las más importantes revistas jurídicas alemanas y que había sido magistrado en Fráncfort. Morirá en su cama, pero imputado por la Justicia alemana.

A Hans-Dietrich Ernst lo condenaron a muerte cuatro veces en contumacia. Fue Kommandeur de la SIPO-SD en Angers, de 1942 a 1944; tenía a su cargo ocho departamentos. En 1944, estaba al mando del siniestro Kommando Ernst en la región de los Vosgos. Su balance: la deportación de 8 463 personas, de las que 3 773 no regresaron jamás, así como de 800 judíos en el convoy número 8 del 20 de julio de 1942, que salió de Angers. Ese convoy reunía a judíos del oeste de Francia y, para completarlo, Ernst ignoró las directrices recibidas e incluyó allí a más de doscientos judíos de nacionalidad francesa. Vivía en el norte de Alemania, en Leer, adonde fui a identificarlo. Era abogado y notario. Conseguí que lo proscribieran en el Colegio de Abogados y lo inculparan, pero murió antes de su juicio, al caerse por la escalera de su casa.

El conde Modest von Korff fue Kommandeur de la policía nazi en Châlons-sur-Marne. En octubre de 1942, mandó deportar a los hijos de los judíos que él había detenido en julio de 1942. Será el único en comparecer ante el Tribunal Penal de Bonn. Alcanzó la cima de la jerarquía de los funcionarios: director ministerial en el Ministerio de Economía en Bonn.

Waldemar Ernst era el jefe de la policía de la administración militar alemana en Francia. Fue él quien dirigió la redada del 12 de diciembre de 1941, en la que fueron detenidos 743 judíos notables que, en el campo de Compiègne, gestionado por la administración militar, padecieron un régimen de detención inhumano que llevó a la tumba a unos cuarenta de ellos, antes de la deportación de los demás. Cuando identificamos a Ernst, este era presidente de las acerías de Baden-Wurtemberg, que contaban con 1 300 empleados y cuya propietaria era su esposa. Ernst renunció a sus funciones.

Podría multiplicar los ejemplos. Con cada descubrimiento, había que armar meticulosos expedientes, fotocopiar todos los documentos, buscar acusaciones particulares, recoger las declaraciones, transmitir los expedientes a las fiscalías competentes en Alemania e informar a los medios que estuvieran en condiciones de asegurar su difusión. Beate traducía nuestra argumentación.

El caso de Rudolf Greifeld es un poco distinto. Director del centro nuclear de Karlsruhe, acababa de ser nombrado en la dirección administrativa del Instituto Nuclear Laue-Langevin, en Grenoble. Un investigador, el señor Grünebaum, que le reprochaba a Greifeld su expulsión, me asegura que, en una fiesta en la que había bebido, este había hecho declaraciones antisemitas y que, durante la guerra, había tenido un cargo en París. Grünebaum me suplica que busque la aguja en el pajar, y yo ni siquiera estoy seguro de que haya algo que buscar. Sabiendo que ello cambiaría la vida de Grünebaum, que me entregó una muestra de la firma de Greifeld, me obligo a examinar uno a uno los miles de documentos del comando militar alemán. Tras varias horas de búsqueda, de pronto aparece la firma de Greifeld al pie de un documento de 1941, en el que pide a sus superiores que, con medidas apropiadas, pongan fin a la presencia de judíos en las salas de fiesta de la capital. Se eleva una petición firmada por cuatrocientos físicos franceses de Grenoble que rechazan el nombramiento de Greifeld, que niega la autenticidad del documento. Una comisión alemana debe acudir a certificar su autenticidad al CDJC. El día anterior al viaje de la comisión a París, Greifeld presenta su renuncia. Siempre confrontamos a los criminales que tenemos como blanco con sus propias firmas.

Junto con Maurice Pioro, presidente de la Unión de Deportados Judíos de Bélgica, también nos hicimos cargo del problema de la impunidad de los dos principales responsables de la deportación de 25 000 judíos de Bélgica: Ernst Ehlers y Kurt Asche. Viajamos a Bruselas, a dar una conferencia y les revelamos a los judíos del centro comunitario que el coronel SS Ehlers estaba vivo y que sus crímenes seguían impunes. En 1941, era jefe de la Gestapo del Einsatzgruppe B en Rusia, los grupos especiales de exterminio, y luego pasó a ser jefe de la policía nazi en Bélgica. Hasta 1975, había sido juez en el Tribunal Administrativo del *Land* de Schleswig-Holstein. Su nombre figuraba en la lista de criminales buscados, pero el fiscal responsable de las búsquedas, que trabajaba en el mismo edificio que Ehlers, afirmaba no haber sospechado nunca que se tratara del mismo Ehlers. Kurt Asche, por su parte, era jefe del servicio antijudío de la Gestapo en Bélgica y especialista y organizador de la deportación de los 25 000 judíos de los que más arriba he hablado.

El 8 de mayo de 1975, Beate lleva a siete jóvenes judíos desde Bruselas hasta Schleswig, en el norte de Alemania. Estos se meten en el apartamento de Ehlers, ausente aquel día. La policía los detiene, mientras que Beate se da a la fuga, con el conductor de uno de los dos coches.

Se emite una orden de búsqueda contra ella, que pasa por Colonia en el momento exacto en que sucede un sangriento episodio en un enfrentamiento entre terroristas y fuerzas del orden. Beate regresa a Bruselas. No ponen en libertad a los siete jóvenes hasta pasados unos días, pero se inicia el caso Ehlers. Joseph Billig y yo preparamos una pericia histórica que, tras numerosas peripecias judiciales, será decisiva para inculpar a Ehlers y a Asche, en mayo de 1977.

Mientras tanto e inmediatamente después del comando de Schleswig, lanzamos un comando de jóvenes, el 24 de junio de

1975, para romper la fachada acristalada del despacho de Lischka en Colonia. Queremos que la Justicia alemana entienda que debe cumplir con su deber. Para evitar que la acción cobre trascendencia, el mismo día el juez condena a esos jóvenes a una multa que no se les obligará a pagar para que los liberen y los escolten hasta la frontera. Justo una semana después de los desmanes y tan pronto como se remplazan las ventanas, un segundo comando de nueve miembros actúa el 1 de julio y vuelve a destruir lo reparado. Esta vez, a la justicia no le queda otra alternativa que enojarse y encarcela a los nueve militantes: entre ellos, seis miembros del Frente de Estudiantes Judíos y tres miembros del comité central de la Liga Internacional contra el Antisemitismo (LICA): el rabino Daniel Farhi, Elisabeth Hajdenberg y Gertrude Drach, antigua deportada.

Después de tres días de prisión, todos son liberados en espera del juicio, que se anuncia como un acontecimiento judicial. Tiene lugar en mayo de 1976, ya que la Justicia alemana de la época se encuentra tan poco dispuesta a juzgarnos a nosotros como a juzgar a los criminales.

El 4 de febrero de 1976, estando aún bajo la orden de detención de 1971, acudo a la fiscalía de Fráncfort. Advierto previamente a la prensa y le llevo al fiscal general los expedientes de Fritz Merdsche y Flans-Dietrich Ernst, así como el del recientemente localizado Ernst Heinrichsohn. Merdsche había dirigido la policía nazi de Orleans. Voy acompañado por el comisario principal de Orleans, el señor Rébillon, antiguo resistente, y por mi amigo Julien. Una vez más, los magistrados se ven enfrentados a una alternativa: o un contundente arresto que hará mucho ruido o una violación de la legalidad sin sanción.

Con cortesía y comprensión, el fiscal toma conocimiento de los expedientes que le entrego y aplica la orden de detención. Hago las correspondientes declaraciones a la prensa y paso la noche en la celda del Tribunal. Al día siguiente, dos policías me llevan a Colonia en la parte trasera del vehículo, con ellos delante. En la prisión de Ossendorf, la de Beate, es como si un *nabab*[1] hubiera llegado al Carlton: el director me recibe en el umbral de la puerta, me saluda,

[1] Título otorgado a toda persona que ocupara un alto cargo en la India musulmana y, por analogía, a todo hombre rico que despliega su opulencia. *[N. de la T.]*

se alegra de verme tras el paso de mi esposa por allí, me conduce al punto de cacheo, donde me dejan casi todo lo que tengo en los bolsillos y hasta olvidan vaciar mi maletín, que llevo conmigo a la celda, en la que dispongo de una radio y está limpia como una habitación de hotel. Al día siguiente, el cónsul de Francia me trae galletas, chocolate y cigarrillos, que reparto entre los otros detenidos. Sabiendo que sería detenido, llevaba conmigo el primer tomo de las obras de Platón de la colección Pléiade. Una lectura atenta y profunda podía llevarme unos meses. Saldré de la cárcel habiendo estudiado tan solo dos diálogos, uno de ellos cautivante, sobre el lenguaje.

En París, nuestros amigos reaccionan y, al igual que sucedió con Beate, hacen pintadas en autobuses alemanes, en la embajada alemana y en empresas alemanas. El Consejo del Orden protesta en mi favor. La fecha de mi acción no había sido elegida al azar, sino que optamos por llevarla a cabo pocos días antes de la cumbre francoalemana. El problema planteado por mi detención debía solucionarse imperativamente antes de ese encuentro: así como la Justicia alemana demostraba tener poca prisa para juzgar a los criminales, daba de pronto muestras de una rara celeridad para juzgarme a mí ante el Tribunal de Colonia, solo me da tiempo para conocer las gaviotas que vuelan desde el Rin hasta la prisión para abastecerse de alimento en los barrotes de las ventanas de los presos.

El 9 de febrero comparezco ante el Tribunal de primera instancia. Les explico a mis jueces que la peor pena a la que se exponen los criminales sería que los sancionara un Tribunal alemán, pero que los huérfanos de las víctimas de la Solución Final esperan cada vez con más impaciencia ese juicio. Declaro que, tan pronto como sea liberado, infringiré de nuevo la ley hasta obtener justicia. No hay nada que hacer: pese a mi voluntad manifiesta de reincidir, el juez Liptow no quiere y, sobre todo, no puede mantenerme en la cárcel. Expresa su comprensión respecto de nuestras motivaciones, me condena a dos meses de prisión con suspensión de pena y me pone en libertad. A mi regreso a París, el presidente del Colegio de Abogados Pettiti me da un abrazo.

El tercer episodio de la fachada acristalada de la oficina de Lischka se desarrolla el 19 de mayo de 1976, día del juicio de las nueve personas inculpadas por haberla roto el 24 de junio de 1975.

Los tres miembros del comité central de la LICA están presentes. Los otros seis inculpados están ausentes por motivos de estudio, dada la inminencia de sus exámenes y por la cantidad de audiencias previstas: seis, repartidas en quince días. Un juicio «mamut», como lo calificó la prensa de Colonia. En efecto, qué gigantismo para una causa que querían reducir a un mero caso de derecho común: dos abogados de oficio por imputado; es decir, dieciocho letrados el primer día. Además, cinco traductores. Un costo considerable para el contribuyente alemán. Por el contrario, el Tribunal Superior n.º 1 de lo civil se había quedado corto al elegir la sala de audiencias.

La LICA había alquilado un autocar que ya casi llenaron solos los amigos del rabino Farhi, que oficiaba por entonces en la sinagoga de la calle Copernic, sede de la Unión Liberal Israelí. De la reserva de un segundo autocar nos ocupamos nosotros mismos. Ese juicio era la ocasión de hacerle entender a la Justicia alemana que no aceptábamos la existencia de ese proceso, en virtud de la no existencia del juicio a los criminales que habían operado en Francia, y que semejantes incidentes se repetirían mientras no se juzgara a Lischka y a sus cómplices. Por tal razón, los quince militantes que salieron en el segundo autobús tenían como misión socavar las propias bases del juicio, repitiendo la acción que se le reprochaba al rabino Farhi y sus compañeros: destruir otra vez la fachada del despacho de Lischka. Esa acción debía obligar a la Justicia alemana a manifestarse en un mal día, o a juzgar la causa en sí misma antes que el incidente.

Lo logramos, pero el enfrentamiento fue duro.

El comando pasó a la acción el mismo día del juicio, a las seis de la mañana. Altenbergerstrasse n.º 23, en pleno centro de Colonia, el autocar deja a nuestros militantes, vestidos con cazadoras naranjas y cortavientos con pasamontañas que impiden su identificación. Pese a la muy reciente implantación de una comisaría enfrente del despacho de Lischka, los vidrios blindados se hacen rápidamente añicos con los golpes de las barras de hierro.

A las nueve de la mañana, los grupos se reúnen en el Tribunal. Todo el mundo exhibe una escarapela tricolor y la estrella amarilla. Nuestras pancartas en alemán y en francés se despliegan ante las cámaras de televisión: «Juzguen a Lischka antes que a los antinazis franceses»; «Mientras la Justicia alemana no juzgue a los criminales nazis, volveremos».

Un importante operativo policial toma posiciones alrededor del Palacio de Justicia y en el interior del edificio. La sala de audiencias no tiene capacidad suficiente para todos nuestros amigos. Más de cuarenta personas se quedan afuera. Reclaman en vano que el Tribunal se traslade a otro sitio, puesto que existe una sala más grande que ese día no está ocupada. Invaden la escalera de acceso cuando conducen al deportado y resistente Julien Aubart, que fue el primero en ser juzgado por haber atacado el despacho de Lischka en 1973. Durante más de una hora, gritan con una voz que nada puede cubrir: «¡Auschwitz, Dachau, Buchenwald!». En la sala, dominada por aquel clamor, se multiplican los incidentes. La policía despeja la escalera *manu militari* por orden del juez Somoskeoy, que ese día intervenía en otro juicio.

Acudo al cuartel general de la policía y me presento como abogado de Gisèle Guerchon. Un panadero, llevado por la policía al Palacio de Justicia, la había reconocido como la mujer que había visto, unas horas antes, delante del despacho de Lischka. Gisèle Guerchon niega su participación efectiva, al tiempo que se declara solidaria con todos los franceses venidos a Colonia para apoyar al rabino Farhi. Aquella madre de familia, que había perdido a su padre en Auschwitz, pasa la noche en una celda inmunda, sobre un catre de piedra sin colchón, rodeada de prostitutas. Al día siguiente, la trasladan a la prisión de Ossendorf, que nosotros conocíamos bien.

Entretanto, en el juicio, mientras el Tribunal intenta atenerse a los hechos, los acusados ponen el acento en las razones de su acción, y el rabino Farhi se destaca por una intervención tan elocuente y tan emotiva que el joven presidente del Tribunal, Günter Kaumanns, llega a declarar: «Los jueces compartimos su indignación».

El 21 de mayo ya solo quedamos unos pocos junto a los inculpados. A Gisèle Guerchon la juzga un Tribunal especial para delitos flagrantes. Así pues, se desarrollan en paralelo y en simultáneo dos juicios por dos episodios idénticos, con la misma actuación y en el mismo Palacio de Justicia. Hemos ganado: el veredicto del juicio será el mismo que se pronuncie en el pequeño juicio por delito flagrante o, de lo contrario, el magistrado responsable del rabino Farhi y sus compañeros dictará sentencia en desacuerdo con quien juzga a Gisèle Guerchon; en tal caso, la Justicia alemana demostrará que en sus filas hay magistrados que divergen en su apreciación del caso.

El juicio mayor irrumpe de lleno en el pequeño cuando Elisabeth Hajdenberg atestigua que el panadero que supuestamente había identificado a Gisèle Guerchon es el mismo que, el 1 de julio de 1975, había arrancado y pisoteado la estrella amarilla que llevaba en el pecho el rabino Farhi. El panadero niega sin convicción, pero enseguida confiesa que no recuerda, aunque es posible. Resulta entonces que a Gisèle Guerchon la ha identificado únicamente el testimonio de un antisemita. El juez, un hombre mayor, duda, pero pronuncia el escandaloso veredicto: concede los tres meses de prisión con suspensión de pena que reclama el fiscal. Se produce un gran alboroto: Julien Aubart salta, se abraza a Gisèle Guerchon y, sollozando, acusa al juez de haber condenado a una inocente. Yo me apodero de la bandera francesa, elemento probatorio que estaba en el escritorio del juez, y, para que no quede intacta en manos de los jueces alemanes parto el asta, mientras los policías intentan recuperarla. «¡No les dejaré la bandera tricolor!» Arriba, el juicio mayor corre el riesgo de estancarse como consecuencia de las declaraciones de los testigos alemanes de la acción y de los peritos llamados para establecer la nocividad de la granada de humo empleada durante el ataque a las oficinas de Lischka.

En París, Colonia, Bruselas y Tel Aviv, se publican numerosos artículos que narran los acontecimientos del doble juicio.

El lunes 24 de mayo, el cónsul de Francia llega a la audiencia: asiste de principio a fin y redacta un informe para el Ministerio de Asuntos Exteriores. Declaro y reivindico la entera responsabilidad en la instigación y preparación de las diversas acciones contra el despacho de Lischka, acciones que continuarán si este no es juzgado. Acuso de mala voluntad y de inercia a la Fiscalía encargada desde hace quince meses de la instrucción del juicio de los responsables de la Solución Final en Francia. Solicito al presidente una absolución general, por mucho que le cueste, para que por fin un juez alemán señale el auténtico tumor que es la impunidad de los criminales. El fiscal Wissborn reclama tres meses de prisión con suspensión de pena para los inculpados del comando de 1975, salvo para la señora Drach, amenazada con dos meses con suspensión. A continuación, tiene la palabra Elisabeth Hajdenberg:

> Por primera vez desde 1945, un tribunal alemán juzga a un rabino. La opinión pública internacional tiene los ojos puestos en este juicio y espera su veredicto, puesto que no se trata aquí más que de una ventana rota y un poco de humo. Ese humo era para nosotros una señal de desamparo y de alarma que queríamos lanzar en Alemania, para que esos criminales no queden libres, impunes, respetados, para que nada de eso se repita. Todas las redadas de todos los Lischka no lograron eliminarnos. Ustedes deben absolvernos. Condenar a un rabino y a una superviviente de Auschwitz sería un ultraje a los seis millones de muertos, asesinados porque eran judíos.

La señora Drach hizo una fuerte declaración en alemán, reclamando también la absolución. En cuanto al rabino Farhi, sus palabras finales quedaron ilustradas con una asombrosa parábola:

> Si hemos venido a su país y hemos actuado como lo hemos hecho, es más por ustedes que por nosotros, para ayudarlos a salir de este terrible accidente de la historia. El fiscal dijo que no comprendía que un rabino filósofo se hubiera asociado a semejante acción. Señor presidente, debe usted entender que el asunto tiene que haber sido muy importante para hacerme bajar de la filosofía al acto político y, lo afirmo, tenemos la determinación de cometer ese acto de nuevo si no obtenemos pronto que se juzgue a los criminales. Mediten el siguiente versículo del Eclesiastés: «Como no se ejecuta enseguida la sentencia sobre la mala obra, el corazón de los hijos de los hombres está dispuesto para hacer el mal».

El presidente Kaumanns suspende la audiencia y se reúne con sus asesores antes de pronunciar el veredicto. Cuarenta y cinco minutos más tarde, el Tribunal regresa con una sentencia de absolución general y simples penas de multa por los daños materiales, multas proporcionales a los ingresos de cada uno. En los considerandos del fallo, comentado de diversos modos en Alemania, el presidente Kaumanns afirma que no ponía en duda «la responsabilidad de Lischka en el asesinato de numerosos franceses y en la deportación de los judíos de Francia».

Por primera vez, un juez alemán nos oyó. Por fin abrimos una brecha en el muro de la Justicia alemana.

Después del agitado episodio de Colonia, reanudo un trabajo de investigación muy pormenorizado en el CDJC. Preparo tres volúmenes. El primero, en alemán, está constituido por ciento treinta y seis documentos, en su mayoría redactados o firmados por nuestros tres objetivos; vamos a difundirlos a la prensa y entre los parlamentarios alemanes. El segundo es nuestro auto de acusación: le suministro a Joseph Billig todos los documentos que pude reunir; conversamos y, en *La Solution finale de la question juive. Essai sur ses principes dans le IIIe Reich et en France sous l'Occupation* ['La solución final de la cuestión judía. Ensayo sobre sus principios en el Tercer Reich y en Francia bajo la Ocupación'], el historiador demuestra la importancia del papel desempeñado por Hagen, Lischka y Achenbach. El libro se traduce al alemán, y nosotros nos encargamos de distribuirlo a la prensa y a los parlamentarios alemanes. El tercer volumen surge de mi voluntad de ver en el juicio a las víctimas de los criminales. No a algunas acusaciones particulares, sino a todos los deportados. Para recabar los documentos necesarios, fotocopio las listas de deportación del CDJC. En el Ministerio de Antiguos Combatientes, me permiten reproducir las listas mecanografiadas de la inmediata posguerra, que a menudo se revelan inexactas; hallo copias de listas originales en Bruselas, en el Ministerio de Salud y Familia; en Arolsen, Alemania, en el Servicio Internacional de Investigación del Comité Internacional de la Cruz Roja (CICR); en Auschwitz, en Yad Vashem y, por último, en Nueva York, en los archivos del Instituto Judío de Investigación, el YIVO. Es una larga y paciente búsqueda.

No soy un mero cazador de nazis, soy, por encima de todo, un buscador de almas judías desaparecidas en la Shoá.

Le doy a cada uno de nuestros amigos dispuestos a ayudarnos una lista, unas mil tarjetas y una caja de zapatos. La idea es anotar el apellido, el nombre, la fecha y el lugar de nacimiento, así como el número de convoy de cada uno de los deportados, y clasificar las fichas por orden alfabético. Es difícil descifrar las listas; muchas veces se trata de duplicados con papel carbón, poco legibles. Algunos voluntarios las transcriben con absoluta fidelidad; otros, no tanto. Hay que volver a empezar. Cada uno de nosotros está a cargo de una o varias listas.

La tarea es ardua: muy a menudo, los apellidos, los nombres y los lugares de nacimiento son complicados. Una parte de las listas mecanografiadas es inutilizable; también tenemos que repetir ese trabajo.

Pese a los obstáculos, la obra avanza. No solo los deportados de cada convoy están clasificados alfabéticamente y los convoyes presentados por orden cronológico, sino que, además, abro un expediente por convoy y meto cada documento relacionado que he podido encontrar. Me centro particularmente en Auschwitz, donde tuvo lugar la selección y adonde, después de mi peregrinación de 1965, regreso en 1977 y en 1978. Si los comunistas tratan de borrar el exterminio masivo de los judíos en Birkenau, estoy agradecido a los polacos por haber salvaguardado el campo. En 1978, llevo allí a mi hijo y tiene lugar el encuentro entre Arno, el nieto, y Arno, su abuelo. Ese niño, que ama la historia y la vive con nosotros, afianza así su vínculo con sus antepasados.

Además de la confección de las listas, escribo la historia de cada convoy y reconstituyo el contexto histórico en el que partió. Para redactar esa parte del monumental libro, viajo con mis pesadas carpetas a pasar unas semanas en hoteles de Praga y Budapest, aún contemporáneos del periodo sobre el que trabajo, ciudades majestuosas y decrépitas, donde la libertad se encuentra cercenada y donde me siento como un ave migrante. Redacto con entusiasmo, reconstruyo el destino de tantos desaparecidos, que transmitiré a los miembros supervivientes de sus familias.

Nuestros amigos nos respaldan en nuestra investigación, ¡y qué amigos! En el aeropuerto de Tel Aviv, en septiembre de 1975, un hombre de unos treinta y cinco años se acerca a nosotros y nuestros hijos: «Si puedo ayudarlos...». Retomamos contacto con él en París. A su padre lo habían deportado en el convoy número 4; a su madre, en el convoy número 22. Ella solo había tenido tiempo de dejarle el pequeño, de dos años en aquel entonces, a una vecina no judía, al bajar la escalera de su edificio. En Israel, Henri

Golub había recuperado la conciencia de su identidad judía. Quiere cooperar. Apela a sus relaciones, organiza reuniones con nosotros, recauda fondos. Poco a poco, por medio de la acción y la preparación del *Mémorial de la déportation* ['Memorial de la deportación'], se forma un grupo de huérfanos de la Shoá en torno a nuestra pareja francoalemana.

En 1977, descubro en el archivo del YIVO de Nueva York una serie de once documentos que ordenan la detención y el traslado de judíos a Drancy por el jefe de la Gestapo de Toulouse, Karl Muller, condenado a muerte en contumacia. Conseguimos localizarlo: es comisario principal, jefe de seguridad criminal de la ciudad de Celle, en Baja Sajonia. Primero niega rotundamente, luego se ve forzado a confesar que ha escondido esa faceta de su pasado. Será objeto de una acusación judicial.

* * *

Así como dedicamos gran parte de nuestro tiempo a estas tareas de investigación, también permanecemos activos sobre el terreno. La extrema derecha, unos partidos que en realidad son neonazis, como la Deutsche Volksunion (DVU), tienen viento a favor y organizan reuniones en el centro de las grandes ciudades. Queremos frenarlos en seco, pero ¿cómo lograrlo?

Está previsto un mitin para el 4 de diciembre de 1976, en Múnich, en la famosa cervecería Bürgerbräukeller, de donde salió en 1923 el intento de golpe de Hitler, y donde un atentado casi lo mata en 1939. Los oradores serán Gerhard Frey, cabeza de la DVU, y Hans Rudel, as de la aviación alemana y enfervorecido hitleriano. Unas diez personas decidimos viajar a Múnich con la intención de que yo intervenga desde la tribuna, cosa que acarreará mi linchamiento. Así, ante los ojos de la prensa y por primera vez desde el final de la guerra, veremos a un judío golpeado públicamente por los nazis y neonazis: eso movilizará a la opinión pública contra los agresores. Nos acompaña nuestro amigo, el fotógrafo Élie Kagan. La sala es amplia, alrededor de setenta metros por treinta, y está surcada por largas mesas perpendiculares cubiertas de jarras de cerveza. Nuestro grupo se instala en una mesa del fondo. Hay unas ochocientas personas sentadas, dos tercios de las cuales tienen más de cincuenta años: los antiguos miembros de la Wehrmacht y de las SS se intercambian jocosamente fotos de los buenos tiempos. Sobre las mesas hay varios ejemplares del DNZ, semanario pronazi, y octavillas con el mapa de la Alemania de 1937, «la única, la verdadera». Hay hombres en camisa negra y niños en uniforme de las Juventudes Vikingas, con la nueva sigla en forma de rombo. Se ha dispuesto una larga mesa para los oficiales sobre el estrado y, detrás, una orquesta toca marchas militares.

Élie Kagan, cámara en mano, barba rojiza, cabellos largos, chaqueta de cuero, aparición que inevitablemente hace pensar en el judío tal y como lo describe el Stürmer —semanario nazi que se públicó hasta 1945—, va de mesa en mesa, ante la mirada atónita de los militantes de la DVU; en esos dramáticos instantes, yo estoy a punto de llorar de risa. Me encuentro en la primera fila. Acaban de colocar en el estrado una gigantesca placa que reza: «A nuestros héroes que viven en nuestros corazones». El coronel Rudel y el doctor Frey, seguidos por sus amigos, hacen entonces una estruendosa entrada en la sala, precedidos de las Juventudes Vikingas, con redoble de tambores y un machete en la cintura; detrás de ellos, una multitud de banderas de asociaciones nostálgicas del periodo hitleriano. Todo el mundo se levanta, aplaude. Los rostros están inmutables, los brazos se extienden hacia arriba. Como antaño. Saco mi brazalete con la estrella de David azul y me lo pongo en el brazo derecho, cubriéndolo con la mano.

Los oficiales están ya en la tribuna, detrás de la mesa, responden a los aplausos. Aprovechando la falta de atención de uno de los varios miembros musculosos del servicio de seguridad nazi, me lanzo, subo los escalones del estrado y avanzo derecho hacia la mesa, al centro, frente a Rudel, que no puede creer lo que está viendo cuando advierte la estrella de David. Retrocede un paso. Con voz fuerte, me dirijo a él en inglés (sé que ha vivido largos años en Estados Unidos). Declaro: «*Mister Rudel, I ask you the right for a Jew to speak; my name is Klarsfeld*» ['Señor Rudel, le solicito el derecho a hablar para un judío; me llamo Klarsfeld']. Repito la petición. No me responde. El doctor Frey, a su izquierda, niega con la cabeza. El personal de seguridad se precipita, me arroja al pie de la escalera. Me levanto y camino con calma hacia la multitud, que se abalanza sobre mí, se amontona. Están tan deseosos de golpearme y escupirme a la cara, que se empujan unos a otros.

Me encuentro en tal disposición de ánimo que, sabiendo lo que me va a ocurrir, no siento los golpes. En mitad de la sala, dos hombres se me echan encima, para mi gran alivio: son dos de mis amigos de pegada dura. Cada uno me agarra de un brazo, gritando: «*Raus! Raus!*», y me sacan del lugar como si ellos mismos fueran nazis. Beate, por su parte, tan pronto como ve que me maltratan, grita: «¡Nazis!». Enseguida, un alemán la agarra por la garganta, pero alguien logra soltarla. La policía se niega a entrar en la sala para que yo les señale a alguno de mis agresores.

Esa misma noche, la radio y la televisión alemanas informan sobre el incidente. El lunes, en Alemania, aparece una avalancha de artículos y fotos donde se ve a la masa golpeándome. Logramos despertar la indignación y dirigirla contra los nazis.

Proseguimos nuestra campaña para que las salas del centro de las grandes ciudades no reciban a la DVU. Los alcaldes anulan las reuniones. En Hamburgo, la amenaza de bomba en un lugar permite la cancelación del encuentro programado. Por todas partes, la DVU se ve obligada a celebrar sus asambleas en los suburbios y no obtendrá el 5 % necesario para entrar en el Parlamento. *National Zeitung*, órgano de prensa negacionista de los neonazis, hierve de furia contra Israel, los judíos y nuestro grupo de terroristas, «*die Klarsfeld-Bande*». Consecuencia estrepitosa: en Múnich, durante la noche, cuando el edificio se hallaba vacío, una bomba destruye toda el ala derecha de las oficinas de *National Zeitung*. En el suelo, como único mensaje, los siguientes nombres: «Auschwitz, Sobibor, Treblinka». Unas horas más tarde, llego a Múnich y declaro a la prensa y a la policía: «No tengo nada que ver con lo que ocurrió, pero les voy a explicar por qué ocurrió». Nadie insiste, puesto que yo estaba en París a la hora del atentado, así que me voy libre.

En 1976, fue asesinado el coronel SS Joachim Peiper en Alto Saona, donde vivía. La investigación no llega a buen puerto; no hay voluntad de llegar a buen puerto. Poco tiempo después, unos cuantos periodistas franceses y alemanes reciben una invitación para asistir a una misteriosa conferencia de prensa en una habitación del Grand Hôtel, en París, en la plaza de la Ópera. Cuando están todos presentes, se les pide que pasen a una habitación contigua. Se encuentran frente a siete hombres cubiertos con pasamontañas. Uno de ellos, con un ligero acento yidis, declara: «Lo de Peiper lo hicimos nosotros». Otros se arremangan la camisa y extienden sus brazos hacia los periodistas, exhibiendo sus números de deportación. Se fotografía la escena. Los periodistas reciben un expediente de identificación fotográfica muy preciso de un criminal nazi, Christmann, particularmente odioso, afincado en Baviera: su domicilio, su coche, su lugar de trabajo, sus horarios de traslado, sin olvidar sus crímenes, todo está ahí. La puesta en escena pretende convencer a la Justicia alemana de que, si no se juzga a los criminales nazis, iremos directamente hacia una tragedia de la que la propia Justicia será responsable.

Beate

Contra las dictaduras en Argentina y Uruguay

El enjuiciamiento de los criminales nazis es la causa prioritaria de Serge, como lo fue para mí la campaña contra Kiesinger. Participo con él por completo, pero, si bien ocupo una parte central en los medios, sé que Serge es el que está a la vanguardia de la lucha e irá hasta las últimas consecuencias, sea cual fuere el precio que tenga que pagar. Jamás admitirá que Lischka y Hagen no sean juzgados.

La entrada de Serge en el Colegio de Abogados de París me quita un enorme peso de encima. Raisa, Arno, algunos amigos y yo asistimos el día que presta juramento.

A partir de mediados de la década de 1970 y durante unos quince años, realizo una o dos giras al año para dar conferencias en Estados Unidos, lo cual nos permite vivir y actuar, pero resulta un tanto extenuante: así, en 1980, entre el 4 de noviembre y el 10 de diciembre, viajo sucesivamente a Nueva York, Washington, Siracusa en Nuevo Hampshire, Baltimore, Norfolk, Cincinnati, Madison, Bloomington, Los Ángeles, San Francisco, Richmond, Winnipeg, Montreal, Houston, Saint Laurent, Búfalo, Nueva York, Sarasota, Miami y Dayton.

Un día, en plena gira, me entero de que me han propuesto para el Premio Nobel de la Paz 1977 cincuenta y siete miembros de la Knéset, —entre ellos Menahem Begin, futuro primer ministro, y Abba Eban[1]— y cuarenta y cuatro profesores universitarios. Soy la primera persona no judía de ciudadanía alemana que es objeto de semejante honor. Debo continuar mereciéndolo.

[1] Diplomático y político israelí. *[N. de la T.]*

* * *

Las dictaduras todavía son mayoritarias en América del Sur. Ya he experimentado el régimen boliviano, y menos mal que tuve mucha suerte. Monika Ertl, la muchacha que el 1 de abril de 1971 mató al cónsul de Bolivia en Hamburgo, Roberto Quintanilla —uno de los verdugos del Che Guevara y cuyo cadáver, por otra parte, lo llevó a La Paz el hijo de Barbie—, fue ejecutada con una bala en la cabeza después de su detención, en 1973, un año después de mi paso por allí. La joven tenía dos pasaportes, uno boliviano y otro alemán. La policía boliviana no quiso incordios diplomáticos como en mi caso, así que la liquidaron sin más.

El 2 de mayo de 1977 vuelo a Argentina, en el momento más virulento de la sangrienta represión que vivía el país. Pocos diarios publican mi texto de protesta dirigido a las autoridades contra las muy graves violaciones a la dignidad humana que se multiplicaban en suelo argentino; solo el señor Timerman, al frente del *Buenos Aires Herald*, que pronto será detenido, torturado y encarcelado durante mucho tiempo, tiene el valor de reproducirlo:

> He venido a Argentina para protestar contra un régimen político cuyos métodos represivos y su macabro resultado no pueden dejar indiferente a la opinión pública internacional.
>
> El respeto de la dignidad humana exige el cese de los crímenes, la tortura y los secuestros arbitrarios, en las peores condiciones, de los que son víctimas desde hace más de un año los militantes de la oposición, sus familias y sus amigos, así como numerosos refugiados políticos.
>
> Hace cinco años, viajé a Bolivia para dejar al descubierto la impunidad del SS Barbie, símbolo del vínculo que existe entre la opresión nazi que subyugó a Europa y la que hoy subyuga a algunos pueblos de América del Sur. Desde esa fecha, por desgracia, las salas de tortura, los campos de concentración y las ejecuciones sumarias hicieron su aparición en Chile, en Uruguay y en Argentina.
>
> [...] Así pues, donde se conculquen los derechos humanos, asumo mis responsabilidades de antifascista alemana, de ciudadana francesa y de dirigente de la LICA: ayer, en Varsovia, en Praga y en Damasco; hoy, en Buenos Aires; mañana, en Montevideo.

Viaje también al Uruguay de la junta militar, donde la misma represión se abate sobre los opositores y los sospechosos, y difundo más o menos el mismo mensaje. Como en Buenos Aires, la prensa es discreta en relación conmigo; las autoridades me evitan y me recomiendan por intermedio de todos mis interlocutores que me vaya cuanto antes para evitar todo incidente. Protesté sobre el terreno. Para ello, puse en juego mi vida. Las dos jóvenes religiosas francesas que acaban de desaparecer para siempre en Argentina también pusieron en juego sus vidas. Pero me resulta difícil protestar ante una Embajada, cuando sé que tengo la posibilidad de protestar sobre el terreno y darle a mi gesto su auténtico significado.

El documento del *shock*

Nuestro *Mémorial de la déportation des Juifs de France* ['Memorial de la deportación de los judíos de Francia'] está listo para impresión, pero en la primavera de 1978 no disponemos de recursos para hacerlo por nuestra cuenta. Nos hace falta la ayuda de una organización o de un mecenas para publicar el libro, de 656 páginas, un formato comparable al de una guía telefónica. En aquella época, el Centro de Documentación Judía Contemporánea (CDJC) aún no tiene medios financieros suficientes para publicar nuestro trabajo. Y la persona más indicada para ayudarnos, por su posición en la comunidad judía, nos responde que no puede emprender semejante proyecto porque «el Ministerio de Antiguos Combatientes y la Comunidad siempre han hablado de 100 000 a 120 000 deportados raciales, y vuestro estudio concluye en 76 000 deportados, 3 000 muertos en los campos en Francia y unos mil ejecutados sumariamente, o sea, 80 000 víctimas». Le contesto: «Debería sentirse aliviado de que la cantidad de víctimas sea inferior a la que circula. La verdad es indivisible: por ejemplo, hay que corregir la placa que en el Vél d'Hiv recuerda el internamiento en aquel lugar de 30 000 judíos, dado que los informes alemanes y franceses que he descubierto en la Prefectura de Policía indican 13 152 detenciones, de las cuales, 4 992 son personas solteras o parejas sin hijos, o con hijos mayores internados en Drancy (1 989 hombres y 3 003 mujeres), y en el Vel'd'Hiv son 8 160 internados (1 129 hombres, 2 916 mujeres y 4 115 niños). La historia ha de ser precisa y rigurosa». Mi argumentación no convence a mi interlocutor, que tampoco quiere que lo convenzan.

Me lleno de rabia, pero me esfuerzo por ser realista: solo podemos contar con las bases, los judíos directamente víctimas de los nazis. Beate llama al señor Micmacher, creador de Pronuptia, porque tiene a varios de los suyos en aquella lista demasiado larga. Nos reunimos con él, y el impresor de sus catálogos imprime a crédito 5 000 ejemplares de nuestro *Mémorial.*

En mayo de 1978, durante la asamblea «Las doce horas por Israel» en La Défense, el libro está presente, tal como se había prometido en la celebración del evento, el año anterior. Cientos de personas se lo disputan, lloran al leer los nombres de sus padres, se desmayan, nos dan las gracias. Se reencuentran con padre, madre, hermanos, hermanas y amigos; se enteran de sus destinos, cuándo se fueron, adónde se fueron, buscan en los convoyes clasificados por orden alfabético. Terminan descubriendo la fatalidad de cada uno de sus allegados, y sufren una conmoción extraordinaria tras décadas de esconder sus heridas intentando construirse una nueva vida, dado que, en el fondo de ellos, estaba grabada la última visión de esos seres queridos a los que no volverían a ver nunca más.

Vladimir Jankélévitch publicó en *Le Nouvel Observateur* del 22 de mayo de 1978 una magnífica nota sobre el *Mémorial.* Si de toda nuestra acción hubiera que conservar solo un artículo, sería este:

> Al perpetuar el recuerdo de los 75 000 deportados judíos de Francia, el *Mémorial* de Serge Klarsfeld se impone ante todo al historiador y a los militantes antifascistas por la enormidad del trabajo que representa y por el rigor implacable, metódico, minucioso que guio su elaboración. Pero también por la inmensidad del sufrimiento que esas listas de nombres evocan. Por más que supiéramos todo esto, en realidad no sabíamos nada. Por más que lo repitiéramos incansablemente, todavía no se había dicho nada...
>
> Serge Klarsfeld entendió que las grandes declaraciones siempre resultarían deficientes para significar el horror, que nuestra indignación, tan natural, sin embargo, no podría estar a la altura de la gigantesca masacre. Por lo tanto, eligió la objetividad y la terrorífica precisión de las enumeraciones y las estadísticas, sabiendo que esa precisión y esa objetividad eran en sí mismas la más implacable de las acusaciones; de hecho, se queda uno desconcertado por el horror cuando recorre las largas listas monótonas del libro. Nos estremecemos imaginando la inconcebible empresa que abarcaban las palabras «Solución Final del problema judío», da miedo figurarse cómo podían ser esos ochenta convoyes que llevaban en desorden, hacia la más espantosa de las muertes, a tantos hombres, mujeres, ancianos y miles de niños.
>
> No podríamos concebir maquinaria más atroz y más diabólica desmontada en un libro más sobrio. Y esa sobriedad refleja con suma exactitud la

monstruosa planificación administrativa e industrial que dirigía el exterminio y que ajustaba metódicamente sus avances.

Al perpetuar el recuerdo de los 75 000 deportados judíos de Francia, el *Mémorial* de Serge Klarsfeld se impone ante todo al historiador y a los militantes antifascistas por la enormidad del trabajo que representa y por el rigor implacable, metódico y minucioso que guio su elaboración. Y también, por la inmensidad del sufrimiento que esas listas de nombres evocan. Por más que supiéramos todo ello, en realidad, no sabíamos nada. Por más que lo repitiéramos incansablemente, todavía no se había dicho nada...

El *Mémorial* de Serge Klarsfeld establece la identidad de cerca de 80 000 judíos, muchas veces polacos, con un máximo de precisión y a costa de mil dificultades. Este trabajo, particularmente árido, reviste una importancia moral excepcional. La persona humana lleva un nombre, y ese nombre designa a un ser humano. Que no se pierde en el anonimato de la especie, como los perros abandonados. No obstante, los torturadores-burócratas, al empecinarse en deshumanizar lo más completamente posible a los «subhombres», comenzaban por destruir su estado civil. ¡Preludio de la incineración! El deportado no era más que un número impersonal en la matrícula de subhombres intercambiables.

El *Mémorial* de Serge Klarsfeld hace salir de la noche y de la bruma, al llamarlos por sus nombres, a los innumerables fantasmas anónimos aniquilados por sus verdugos. Nombrar a esas pálidas sombras ya equivale a convocarlas a la luz del día...

Henry James habla en términos admirables acerca de la fidelidad que debemos a los muertos. Nuestra buena memoria es el único lazo que mantiene fuera de la nada a los pasajeros fantasmas de los convoyes de la muerte. Una inmensa queja brota de la tierra mezclada con las cenizas de los miles de mártires, nos suplica que seamos fieles, que protestemos y demos fe por los siglos de los siglos. En el «memorial», está ante todo la memoria. La buena memoria, Serge y Beate, mis amigos, ustedes son los caballeros de la buena memoria.

Por citar solo una carta de lectores, la de Annette Zaidman resulta ser la más significativa. Data del 29 de marzo de 1978:

A Beate y Serge Klarsfeld:

¡Gracias! Un millón de gracias por este *Mémorial de la déportation des Juifs de France*, así como por todas sus acciones.

Acabo de pasar tres noches leyendo solamente una parte de este «libro». A través de mis lágrimas, me reencontré con veinticinco personas, padres, amigos y compañeros de mi infancia. He descubierto cosas asombrosas y trágicas; por ejemplo, un hermano de mi padre y un hermano de mi madre, detenidos por separado en ciudades diferentes, figuran ambos en el convoy 50. Respecto de una tía cuyo rastro habíamos perdido, detenida con sus dos hijos mientras su marido estaba preso en Alemania, resulta que su padre figura en el convoy número 13 (¡!), la madre en el convoy 14 y mis dos primos, de seis y diez años, en el convoy número 21...

Gracias a ustedes, esas decenas de miles de nombres hoy sobreviven. Yo, que soy hija, hermana, sobrina, prima y amiga de deportados, quisiera aportarles más que mi gratitud, más que mi simpatía y más que mi desgarro.

Les ofrezco mi total adhesión.

¿Qué puedo hacer para apoyar sus acciones, que suscribo con todo mi corazón?

Apelen a mí. Es, por mi parte, un deseo que siento como un deber.

Quedo a la espera de su respuesta y les hago llegar mi máxima consideración.

Un afectuoso saludo,

A. Zaidman

Annette Zaidman, a quien fui a ver con nuestros queridos amigos Henri Golub y Simon Guerchon, dirigía entonces un negocio de reprografía en los Campos Elíseos. Sus máquinas van a funcionar a pleno rendimiento para nosotros durante años. Su dedicación sin límites la conduce a crear con nosotros, en 1978, la asociación Hijos e Hijas de los Deportados Judíos de Francia (FFDJF). Va a escribirse una nueva gran aventura, y una nueva fuerza va a impulsar la memoria de la Shoá, la memoria de los huérfanos.

La onda expansiva del *Mémorial* es tal que, en junio de 1978, cuando organizamos un viaje para manifestarnos contra Heinrichsohn en Miltenberg, Baviera, debemos alquilar dos coches cama que viajan toda la noche para llegar a destino. Arno forma parte de la comitiva; milita desde su más tierna infancia y se lleva muy bien con Élie Kagan, siempre ávido de las más pueriles travesuras.

En Miltenberg, para atraer la atención de los habitantes, más de ochenta de nosotros nos agrupamos delante de la oficina de Heinrichsohn, y uno, el hercúleo Olivier Friedler, asesta redoblados garrotazos a la placa de abogado del criminal y la derriba. La gente aparece en las ventanas, sale a la calle. Beate les cuenta el pasado nazi de Heinrichsohn; no parecen conmovidos. El hombre tiene fama de ser un buen abogado y un buen alcalde para Bürgstadt, localidad cercana. Irrumpe la policía, deseosa de interrogar al cabecilla: salgo de las filas. El interrogatorio transcurre en el coche patrulla. Los agentes reciben instrucciones por teléfono y nos dejan ir a todos.

El 9 de noviembre, con ocasión del cuadragésimo aniversario de la Noche de los Cristales Rotos, vamos a Colonia, a manifestarnos pacíficamente con grandes pancartas que reclaman el enjuiciamiento de Lischka, responsable del envío a los campos de concentración de los judíos detenidos al día siguiente de aquella funesta noche. El tiempo es gélido. Vamos del domicilio de Lischka a su despacho, y desde allí, hasta la puerta de la sinagoga, donde se celebra el oficio. Ni uno de los judíos alemanes que asisten a él viene a nuestro encuentro. Pasan delante de nuestras pancartas desviando la mirada, avergonzados y apenados por nuestra presencia, temiendo ser mal vistos si participan de nuestras reivindicaciones.

* * *

Se acerca lo que ya entonces llamamos el «juicio de Colonia». Durante el verano, el fiscal general había redactado su auto de acusación contra los tres inculpados. Pero todavía faltaba que esa resolución resultara convincente para el presidente de la sala n.º 15 de lo penal del Tribunal de Colonia, el señor Hutmacher. El 6 de junio de 1979, hacemos un último esfuerzo: primero, una manifestación ante Tribunal de Düsseldorf, donde se está desarrollando desde hace meses el juicio de varios SS del campo de Majdanek y donde algunos abogados de los acusados se comportan muy mal con los testigos judíos supervivientes, a los que no dejan de violentar y de quienes también se burlan.[1] Nos acompañan muchos jóvenes de la Unión de Estudiantes Judíos de Francia (UEJF), de la Organización Judía de Defensa (OJD) y de los movimientos juveniles judíos. De Düsseldorf, nuestro autobús sigue a Colonia, donde nuestros manifestantes ocupan la planta baja del Tribunal que tendrá a su cargo el

[1] Juicio de Düsseldorf sobre la masacre de unas 250 000 personas en el campo de Majdanek. Tuvo lugar entre 1975 y 1981, siendo hasta la fecha el juicio más largo de la historia alemana de posguerra. El fiscal principal fue Dieter Ambach, que actuó inspirado por los juicios de Fráncfort de 1963 promovidos por el fiscal Fritz Bauer y conocidos como los juicios de los Guardianes de Auschwitz. *[N. del Ed.]*

juicio. Todos los magistrados se acercan a mirar esa escena inédita en ese lugar. Beate parlamenta. Los medios se movilizan.

El 19 de junio de 1979, viajo una vez más a Colonia, para reunirme con el presidente del Tribunal y el Fiscal General, y entregarles todas mis observaciones relativas al auto de acusación. El juicio queda fijado para el 23 de octubre. Se prevén treinta y dos audiencias hasta el 30 de enero de 1980. Reunimos cuidadosamente a más de trescientas acusaciones particulares y preparamos el trabajo del abogado alemán que nos representa en Colonia. La presencia de un letrado alemán es obligatoria y somos nosotros quienes costeamos sus honorarios. Al final del juicio, Menahem Begin decidirá hacerse cargo de ese gasto.

Me preparo bien para ese maratón judicial, que será la carrera de mi vida, la que no puedo perder: imagino todas las eventualidades y cómo amoldarme a ellas, todas las maniobras y cómo bloquearlas. Sé que ese juicio es el más importante de los que tendremos que afrontar: se trata de las verdaderas cabezas de la Solución Final en Francia.

Ofensivas contra Bousquet y Leguay

Entretanto, en octubre de 1978, las escandalosas declaraciones del que fuera comisario general de Asuntos Judíos, Louis Darquier de Pellepoix («en Auschwitz solo gaseamos piojos»), provocaron un sinnúmero de reacciones de indignación.

En 1972, Darquier había tramitado una visita a su hermano, enfermo en Francia. Su dirección en Madrid era conocida por las autoridades francesas y, sin embargo, Francia no pidió su extradición. En 1979, unos días antes de que lo asesinaran, Pierre Goldman había venido a verme para hablarme de un eventual secuestro de Darquier: operación tan difícil como secuestrar a un enfermo postrado. Las declaraciones de Darquier me deciden a intervenir por otra vía.

Desde 1975, estoy acumulando documentos sobre el papel de Vichy. Se necesita realizar una labor pedagógica para sacar a la luz su complicidad en la Solución Final e impedir la rehabilitación de Pétain y del Estado francés. Si no les demostramos a los franceses la culpabilidad del Gobierno de Vichy, su policía y su administración prefectoral en el suplicio infligido a miles de familias judías, entre las que había 10 000 niños, al final de ese siglo XX De Gaulle será considerado la espada y Pétain, el escudo. Para impedir esa inversión de la historia, hay que desatar un proceso judicial que apunte a uno de los que cargan con el peso de los crímenes de lesa humanidad, en los que Vichy participó de un modo activo. René Bousquet ya había sido juzgado y prácticamente absuelto: es imposible juzgar dos veces por los mismos cargos, salvo que se expongan hechos nuevos. Pero el expediente de Bousquet está en el Archivo Nacional, y no dispongo de una autorización excepcional para consultarlo.

Beate había encontrado en Nueva York el rastro de Jean Leguay, delegado de René Bousquet en la zona ocupada. Leguay se había vuelto a instalar en París; será nuestro blanco judicial y, hasta que encontremos nuevos hechos —si eso es posible—, atacaremos a Bousquet.

La colaboración de Vichy con la policía nazi en lo que a los judíos se refiere se manifestó sobre todo en 1942, cuando la victoria alemana parecía segura: 42 000 judíos deportados en seis meses en 1942 y 33 000 desde enero de 1943 hasta agosto de 1944. La policía y la gendarmería encabezaron los operativos de detención en ambas zonas en nombre de los alemanes; eran agentes de ejecución del poder político, que encomendaba lo esencial de las negociaciones con los ocupantes a los dirigentes de la policía francesa, con el impulso del Comisariado General de Asuntos Judíos, órgano oficial de Vichy.

Los miembros de ese alto personal político implicado en la acción antijudía bajo la autoridad del mariscal Pétain son Pierre Laval, René Bousquet (secretario general de la policía en 1942-1943), Jean Leguay (su delegado en la zona ocupada), Jacques Schweblin (policía de Asuntos Judíos), M. François (director en la Prefectura de Policía) y Louis Darquier de Pellepoix (comisario general). Son casi exclusivamente ellos los que se reúnen con los jefes de la policía nazi (Oberg, Hagen, Knochen, Lischka, Dannecker, Röthke, Heinrichsohn) a la hora de organizar la detención de los judíos, su entrega procedente de la zona libre y su deportación hacia Auschwitz.

Una nota diplomática alemana relata la visita a París de Heydrich, jefe de la Oficina Central de Seguridad del Reich (RSHA) y organizador principal de la Solución Final. Estamos en mayo de 1942. Hasta ese momento, solo hubo un único convoy de deportación, integrado por hombres, el 27 de marzo de 1942. Heydrich informa a Bousquet que próximamente se dispondrán trenes para deportar a los judíos apátridas recluidos en la zona ocupada. Y, en lugar de protestar o callar, Bousquet responde, en resumidas cuentas: ¿puede también llevarse a los judíos apátridas que hemos recluido hace más de un año en la zona libre?

En cuanto a Leguay, delegado de Bousquet en la zona ocupada, de treinta y tres años, como él, participó en las dos reuniones policiales francoalemanas del 7 y el 10 de julio de 1942, durante las cuales se organizó la redada del Vél'd'Hiv. Leguay estaba a la cabeza de la delegación de altos policías franceses que, el 17 de julio, insistieron en varias ocasiones ante Hagen y Röthke para que los miles de niños judíos, casi todos franceses, detenidos entre el 16 y el 17 de julio, también fueran deportados porque a Laval no le interesaba su destino. Fue la policía francesa la que los separó de sus padres deportados, la que los internó en condiciones lamentables en Beaune-la-Rolande y Pithiviers. Al cabo de diez días de campo, ya había muertos entre los niños. Fue la policía la que los transportó a Drancy, desde donde fueron agrupados por los gendarmes, ante la feliz mirada de Heinrichsohn, y deportados en condiciones que permitían prever el fatal final del viaje. Unos 4000 niños, aquel verano de 1942. Ninguno de ellos regresó.

Leguay también fue el interlocutor privilegiado de los nazis en la organización de los convoyes procedentes de la zona libre: más de 10 000 judíos se entregaron al ocupante. Por último, el 8 de septiembre de 1942, pidió al jefe de la sección antijudía de la Gestapo autorización para detener a los judíos bálticos y búlgaros, cosa que llevaron a cabo los agentes de policía en el marco de la redada del 14 de septiembre. Deportados el día 16, el 18 ya habían asesinado en Auschwitz a decenas de ellos.

Los partidarios de Vichy aseguran que, si Laval no hubiera entregado a los judíos apátridas y extranjeros, Francia habría terminado dirigida por un alemán o por un Gobierno Doriot/Deat ultracolaboracionista. Eso es absolutamente falso. En ninguno de los documentos alemanes se detectan indicios de semejante amenaza. Muy por el contrario: cuando en agosto-septiembre de 1942 Pétain es el blanco de las protestas de la alta jerarquía del clero católico y protestante, así como de determinados embajadores con destino en Vichy, surte efectos en Leguay a través de Laval y Bousquet. En septiembre, Leguay anuncia a los agentes nazis que el programa de octubre no podrá cumplirse, ya que la policía francesa tiene otras misiones a las que dedicarse. La Gestapo no toma ninguna medida de represalia entonces —más allá de dedicarse ella misma a detener a los judíos en 1943— y jamás lo hará, por mucho que la cooperación policial francesa retroceda progresivamente con el repliegue militar alemán. Knochen informa en Berlín acerca del comportamiento de Vichy. No hay ninguna reacción de Berlín, donde se espera de la policía nazi, sobre todo, que mantenga a Francia en una red policial tal que la economía francesa continúe funcionando con un mínimo de incidentes y resistencia, en beneficio de la máquina de guerra hitleriana.

¿Con quién podía contar la Gestapo para detener masivamente a los judíos en 1942? ¿Con la policía militar alemana? Esta última detiene, en efecto, a los primeros mil judíos franceses en diciembre de 1941, pero los consideran rehenes. Es fundamental notar que, ya en agosto de 1942, seguramente al tomar conciencia de la suerte real que esperaba a los judíos en Auschwitz, el mando militar alemán, para no proporcionar una escolta a los convoyes que salen de Drancy, argumenta que esa no es función de los militares. ¿Y los refuerzos de Berlín? Cuando en la primavera de 1943 Knochen reclama refuerzo policial a Berlín, solo recibe un comando especial de unos diez hombres, en lugar de los 250 que había propuesto que le enviaran.

En realidad, si Pétain y Laval hubieran tenido el valor de negarse a poner a la policía francesa al servicio del ocupante para la acción antijudía, los nazis habrían debido retroceder. Sus prioridades se encontraban en otra parte. Es más, los pocos hombres que estaban en la cúpula de la pirámide político-policial colaboracionista tenían posibilidades de dimitir. No obstante, Leguay hizo ese trabajo y fue objeto, por ello, de una promoción, y se convirtió rápidamente en prefecto.

Tras la liberación, Leguay comparece ante una comisión de depuración que no dispone de ningún archivo sobre su acción antijudía. Afirma que solo vio a Dannecker dos veces, cuando nosotros tenemos el informe de que fueron seis reuniones con él. Afirma que se negó a ceder a las exigencias de Dannecker cuando este le solicitó, a comienzos de julio, que detuviera a «20 000 judíos franceses», obviando así la redada del Vél d'Hiv, de la que no dice una palabra. Borró de un plumazo a miles de víctimas, entre ellas, 4 000 niños. Su descaro le permitió hacer carrera: encargado de misión en 1945 en

Estados Unidos por el ministro de Producción Industrial, pasó luego al sector privado y se convirtió en un gran directivo de la industria cosmética y farmacéutica en Nueva York, Londres y París.

En cuanto a Bousquet, su juicio, en 1949, roza la cuestión judía. Termina condenado a una pena insignificante, de la que es dispensado «por servicios prestados a la Resistencia» —pero, desde luego, no a las decenas de miles de judíos que contribuyó a deportar—. Tiempo después, pasa a ser nombrado director general adjunto del Banco de Indochina.

* * *

En 1975, Beate dio con el rastro de Leguay en Nueva York. Decidimos esperar a que se acusara a los policías nazis alemanes, que representaban el impulso homicida, antes de actuar contra sus colaboradores franceses. Lischka, Hagen y Heinrichsohn fueron oficialmente acusados durante el verano de 1978. El otoño vio nacer nuestra ofensiva contra Bousquet y Leguay.

En realidad, Leguay es Bousquet, puesto que el primero había sido delegado del segundo en la zona ocupada, y Bousquet es Laval, puesto que el primero aplicaba las directrices políticas en materia policial del segundo. Concentramos toda nuestra presión judicial en Leguay.

El 10 de noviembre de 1978, en el transcurso de una conferencia de prensa donde reparto un expediente detallado sobre Leguay, hago saber que tengo la intención de presentar una querella en su contra. *Le Monde* informa sobre la conferencia:

> El abogado Klarsfeld condenó la fábula que postula que los alemanes procedieron solos a la detención de los judíos de Francia. El mencionado abogado Klarsfeld, al hablar de los principales responsables de la policía francesa bajo la Ocupación, declaró: «Considero que la clase política y la opinión deben exigir que renuncien a los distintos cargos que hoy ocupan. Deben retirarse. Tuvieron treinta y cinco años de tranquilidad. ¡Ya es suficiente! Deben rendir cuentas. No tenemos sed de venganza, pero no queremos escarnio alguno ni que estos criminales queden impunes. Pedimos lo estrictamente necesario: que se juzgue la política antijudía de Vichy», concluyó el abogado.

Durante una reunión pública de protesta contra Louis Darquier de Pellepoix, cuestiono a René Bousquet, lo que suscita la intervención en este asunto (que se extenderá a lo largo de veinticinco años) de un joven periodista de *Le Monde*, Laurent Greilsamer, que consigue una entrevista con Jean Leguay, publicada el 1 de noviembre de 1978:

> *Le Monde* — ¿Sigue usted sosteniendo que «la detención de veinte mil judíos por parte de la policía parisina no tuvo lugar?
>
> *J. L.* — Originalmente, antes de Röthke estaba Dannecker, con quien no se podía hablar. Me quejé a Bousquet, que trasladó mi preocupación a Laval; nombraron a Röthke. No hubo redada de veinte mil judíos franceses. Eran judíos extranjeros.
>
> *Le Monde* — ¿Detener a judíos extranjeros que se refugiaron en Francia y a sus hijos franceses es menos grave para usted?
>
> *J. L.* — A ver si nos entendemos, para mí, en aquella época, estábamos ante un deber de obediencia para con los alemanes. Eran judíos alemanes y polacos. El Gobierno francés defendía a sus ciudadanos, es lógico.

El 15 de noviembre de 1978, en nombre de varios integrantes de familias víctimas de los operativos policiales en los que Leguay estuvo implicado, inicié una querella muy detallada por crímenes de lesa humanidad, procedimiento que, hasta ese momento, jamás había desembocado en una acusación. Al mismo tiempo, valiéndome de documentos probatorios, inicié un dossier sobre Bousquet y lo hice público. Nos manifestamos delante del domicilio de Leguay, en París, en la calle de Rémusat, distrito XVI. La acción tiene amplia resonancia y seguramente fue aquella noche cuando decidimos crear nuestra asociación FFDJF.

Para Bousquet, la situación cambia rápidamente: los sindicatos del grupo bancario Indosuez se movilizan, el grupo de jóvenes de la Liga Internacional contra el Antisemitismo se manifiesta delante de la sede social, nuestros documentos circulan. La prensa se asombra de su reciclaje, y Bousquet se convierte en una persona incómoda para sus pares. Se ve forzado a renunciar, primero, a su puesto de miembro del consejo de administración de la compañía aérea UTA, cuando Antoine Veil[1] era su director general. Es obvio que el señor y la señora Veil se movieron para obtener tal dimisión. Luego, a sus

[1] Empresario y político que ocupó altos cargos en la administración francesa; marido de Simone Veil. *[N. de la T.]*

puestos de censor del banco Indosuez y de miembro de múltiples consejos de administración, en teoría, para ocuparse mejor de su defensa.

Entretanto, el 15 de diciembre, la Fiscalía abre una investigación contra Leguay por crímenes de lesa humanidad y, unas semanas después, el 11 de marzo de 1979, acaba siendo el primer francés oficialmente acusado de ese cargo por la jueza de instrucción Martine Anzani, que me había concedido una audiencia. Me entero de la noticia delante del número 15 de la calle de Italia, en Niza, donde tuvo lugar la detención de mi padre. En el escaparate de la librería que se hallaba a pocos metros de nuestro inmueble, en la esquina de la calle de Inglaterra, los grandes titulares de *France-Soir* me fulminan. Enterarme precisamente en aquel sitio de algo que pocos esperaban me reconforta durante mucho tiempo, sobre todo, en vísperas del juicio de los criminales nazis en Colonia. A raíz de esa acusación, la derecha antisemita y los partidarios de Vichy se movilizan: *Minute*, seguramente informado por los defensores de Leguay, publica las direcciones de las acusaciones particulares, que son objeto de llamadas telefónicas amenazantes e insultantes. *Le Monde*, donde coexisten dos tendencias opuestas, deja que uno de sus periodistas, Gilbert Comte, publique dos largos artículos a favor de la prescripción de los crímenes nazis. Ese mismo periodista era el que había dado un informe negativo sobre el coloquio del CDJC en torno a la actitud de los franceses respecto de las persecuciones antijudías. Esperé una reacción exterior a nuestro grupo y, afortunadamente, esa reacción vino del propio diario: dos semanas después, Jacques Amalric, redactor jefe de política exterior, publica una enérgica respuesta a Gilbert Comte, acompañada por artículos de Bertrand Poirot-Delpech,[2] del doctor Robert Badinter y del presidente Jean Pierre-Bloch.

El 15 de marzo de 1979, *Le Monde* saca en la sección «Puntos de Vista» mi artículo titulado «La página más negra», la primera de una serie de notas pedagógicas publicadas durante veinte años, donde intento clarificar el papel de Vichy.

2 Periodista, ensayista y novelista francés *[N. de la T.]*.

En el caso Leguay, recibo el apoyo de Charles Libman, gran abogado y antiguo resistente. No tengo experiencia alguna en lo que se refiere a los engranajes del Palacio de Justicia, donde no conozco a nadie. En mis contactos directos con la jueza de instrucción Martine Anzani, que enseguida dimensiona la importancia del expediente y tiene el coraje de tratarlo sin dejarse influir por las presiones, no surge ningún problema. Pero a la hora de iniciar los trámites indispensables ante los distintos departamentos o de redactar en la jerga de los tribunales y según las formas requeridas, me pierdo. Charles Libman me permite avanzar, liberándome de la preocupación por no conocer las vías judiciales que hay que seguir, las reglas y los usos que deben respetarse.

Al rescate de los judíos de Teherán

Me entero de que en Teherán, donde la revolución acaba de aupar al poder al ayatolá Jomeini, un judío notable, Habib Elghanian, presidente de la comunidad de la capital, ha sido fusilado porque estaba acusado de «sembrar la corrupción en la tierra». Viajo a Teherán el 22 de mayo de 1979. Al día siguiente de mi llegada, me recibe, sin haberme anunciado siquiera, Assadollah Mobasheri, ministro de Justicia. Le entrego mi mensaje de protesta contra la ejecución del señor Elghanian, dejando constancia de la profunda conmoción de los judíos de las distintas partes del mundo y aclarando que, cuando se juzga a un judío a puerta cerrada, en virtud de un cargo que no existe en ningún otro lado y no tiene base legal, no se puede escapar al reproche de antisemitismo. El ministro de Justicia me garantiza que aquel proceso no es el preludio de una serie de juicios que afectarían a una comunidad judía que siempre vivió en armonía con el pueblo iraní, sino que Elghanian había sido condenado por su apoyo al Sha.

Al día siguiente, me recibe Ibrahim Yazdi, ministro de Asuntos Exteriores. Me presento como combatiente por la causa judía en varios frentes y le hago entrega de mi mensaje de protesta. El doctor Yazdi me declara: «Elghanian no ha sido juzgado y condenado por su condición de judío, sino porque formaba parte de un sistema criminal. El Sha fue para el pueblo iraní lo que Hitler fue para el pueblo judío, y podrá usted comprobarlo en las fotos que voy a entregarle, en las que se ve a patriotas martirizados por la Savak.[1] La acusación de tener nexos con Israel y de sionismo la enfatizarton los medios occidentales, que no controlamos; en realidad,

[1] Servicio de inteligencia y seguridad interior de Irán entre 1957 y 1979, disuelto por la Revolución Islámica. *[N. de la T.]*

eso venía en segundo plano, después de la pertenencia al sistema criminal del Sha».

El doctor Yazdi me asegura que, en el futuro, no habrá juicios a judíos o a no judíos solo por sus conexiones con Israel, pero es posible que a judíos o no judíos, juzgados ante todo por su pertenencia al sistema criminal del Sha, se les reprochen, asimismo, sus vínculos con Israel si participan en las relaciones especiales entre Israel y el régimen del Sha. Es más, para el ministro, Israel debe ser considerado según dos aspectos: la cuestión palestina por un lado y la cooperación policial con el Sha por otro. Para el doctor Yazdi, que se compromete a aportar ulteriormente las pruebas, el entrenamiento de los policías de la Savak por el Mossad convertiría a Israel en parte integrante del sistema criminal del Sha.

Al día siguiente de unas violentas manifestaciones antiestadounidenses y antiisraelíes en Teherán, voy solo y sin anunciarme a Qom, donde tiene su despacho el ayatolá Jomeini. Le entrego a uno de sus cercanos colaboradores, el ayatolá Tavassoli, una declaración que traslada de inmediato a su superior: podrá recibirme precisamente el próximo día de audiencia, el sábado 2 de junio, si prolongo mi estancia.

Mientras tanto, conozco al fiscal general de la revolución ante los tribunales revolucionarios islámicos, el señor Hadavi, que me recibe durante más de una hora. Es un personaje misterioso, que jamás se dejó fotografiar y no habla con los periodistas.

Me explica que él es fiscal general y que no se ocupa directamente de cada causa. En el transcurso de la conversación, intenta convencerme de que «todos los medios de comunicación de Occidente están en manos de judíos». Su guardaespaldas abre un armario y deja sobre el escritorio de Hadavi la revista pornográfica estadounidense Hustler. La hojea lentamente y me enseña una página ilustrada con la caricatura de un asno y, sobre su trasero, la foto de Jomeini. «El que escribió este artículo es un judío», me dice. Miro la firma —Lee Quarstromm— y le respondo: «No puede ser, este apellido no es judío, sino sueco. Un judío no cambiaría su apellido en Estados Unidos por un apellido sueco». Hadavi, en apuros, recorre el artículo y apunta triunfalmente el dedo a la palabra «Israel». Leo la frase: «Irán rompió relaciones con Israel».

Me consigue una cita con el fiscal del Tribunal revolucionario islámico de Teherán, directamente responsable de la acusación contra Elghanian, así como un salvoconducto.

Al despedirme de él, voy a ver a su segundo para pedirle que deje salir del país al hijo y a la nuera de Elghanian. Amir Husseini parece inspirar aún más terror en su entorno que Hadavi. Me contesta:

—¿Por qué tienen tanta prisa?

—Porque el padre fue ejecutado, sus tres hijos están en Europa, sus bienes han sido confiscados y los echaron de su casa.

—Se irán cuando al país le convenga.

—Entonces puedo decir que los judíos no tienen derecho a irse de Irán.

—¡No los judíos, los sionistas!

Hasta donde yo sé, el fiscal general y su asistente terminaron siendo víctimas de la revolución y fueron ahorcados o fusilados. La familia de Elghanian, por su parte, pudo abandonar Irán.

Al día siguiente, acudo a la prisión de Qasr, donde está el fiscal de Teherán. Son las nueve de la mañana. Presento el salvoconducto de Hadavi al hombre con la ametralladora que filtra a los visitantes en la entrada de la cárcel. Unos mulás con turbante van y vienen sin cesar por el despacho del joven fiscal adjunto. Son ellos los que preceden a los interrogatorios. La delgadez de los expedientes da miedo, sobre todo, cuando piensa uno que, para el inculpado, todo culmina muchas veces en el Tribunal mismo de esta prisión. El joven fiscal me cuenta que se ha fusilado a gente por error, gente que llevaba el mismo nombre que la persona acusada.

Por fin llega el fiscal. El ayatolá Azari Qomi lleva ropaje religioso. Tiene unos sesenta años y parece saber bastante poco del ámbito judicial. Me habla durante diez minutos; el intérprete traduce un minuto. Eso no le impide al ayatolá lanzarse a otros diez minutos de monólogo. Solicio el expediente de Elghanian para examinar los cargos que se le imputan. El ayatolá manda traer la carpeta y la estudiamos juntos, con el intérprete entre nosotros.

En realidad, solo hay documentos que atañen a las relaciones de Elghanian con Israel. Y no prueban nada. Su actividad, tal como establece su expediente personal confeccionado por la Savak (la policía del Sha), es la de todo alto dirigente de la colectividad en el mundo: invitó a trescientas personas a un Bar Mitsvá, entre ellas, al personal de la Agencia Judía; visitó Israel y, en el marco de una cena a la que asistía Moshé Dayán, dio un discurso en el que dijo que había que recaudar más dinero para Israel e intensificar la aliá[2] procedente de Irán. ¡Esos eran los documentos que lo habían llevado ante el pelotón de ejecución! En el expediente no había nada más.

El intérprete me traduce el auto de acusación. Todo se vincula con Israel, no hay nada sobre pertenencia al sistema criminal del Sha. No puedo apartar la mirada de la resolución: tengo que contarlo. El ayatolá acepta hacerme copias. Tiene el expediente sujeto por una esquina; yo, por la otra. Duda: «Pero aquí figura mi firma». De un tirón seco, consigo meter las cuatro hojas en mi cartera de mano. A mi regreso, esos documentos aparecen en la primera plana de los medios israelíes. La publicación de ese auto de acusación despeja el equívoco en cuanto a las razones de la ejecución de Elghanian. En particular, porque yo no engañé a mis interlocutores iraníes: defendí la causa de los judíos, la de Israel.

Habrá otras luchas para salvaguardar a los judíos de Irán, pero, en conjunto, no serán una comunidad mártir, como sí lo fueron los bahaíes. Me siento feliz de haber reaccionado, de haber protestado sobre el terreno, de haber contribuido a salvar la memoria de Elghanian y de haber ayudado a su familia a irse de Irán.

---

[2] *Ascenso* en hebreo. Término utilizado para denominar a la inmigración judía en la tierra de Israel, que es lo opuesto conceptualmente a "diáspora", *dispersión* en griego. *[N. del Ed.]*

El juicio de Colonia

El 6 de julio de 1979, en torno a la una de la madrugada, se oye una violenta explosion en nuestro edificio. No estábamos durmiendo. Nuestro automóvil estalló en el estacionamiento subterráneo. Quedó completamente destruido y todos los coches de alrededor resultaron dañados. Después de la investigación, se halló un artefacto explosivo dotado de un temporizador, que seguramente debía hacer explosión por la mañana, en el momento en que yo llevara a nuestra hija Lida al jardín de infancia.

En aquella época, recibimos muchas amenazas de muerte. El Parlamento alemán acaba de votar la imprescriptibilidad de los crímenes nazis, y esa decisión suscita también la furia de neonazis juzgados en Bückeburg: seis de ellos reconocen que habían planificado nuestra liquidación porque éramos supuestamente «dos cabecillas de una banda de criminales terroristas».

La organización o el grupúsculo que se hace llamar Odessa reivindica el atentado contra nosotros y nos amenaza: «Les advertimos: nuestros camaradas alemanes de la organización los están esperando. Estarán armados, y su determinación estará a la altura del odio que sienten por ustedes. Han jurado matarlos: ¿Aún tiene usted la intención de venir a Colonia, señor Klarsfeld? ¿Sí? ¡Pues adelante! ¡Adelante!». No voy, corro.

23.15-6.10 h; 17.32-22.45 h. Los Hijos e Hijas de los Deportados Judíos de Francia van a vivir con nosotros al ritmo de los horarios del tren nocturno a Colonia y del tren vespertino de regreso a París. Estaré presente en cada una de las treinta y dos audiencias de ese juicio, en el que ejerzo la acusación particular y, al mismo tiempo, me revisto con la toga de abogado e intervengo en los debates.

Nuestro joven abogado alemán, el letrado Lahme, acepta nuestra estrategia y no se opondrá a nuestras acciones violentas que alteran el curso habitual de la justicia. Nuestra asociación organiza los viajes en coche cama para cada audiencia; Charlotte Erman y Annette Zaidman dedican su tiempo a esa misión. Miles de judíos franceses van a viajar a Colonia. En el enfrentamiento con la policía alemana el día de la apertura de juicio, o bien manteniendo la calma más absoluta, como durante la gran manifestación del 31 de enero de 1980, los movimientos juveniles judíos de Francia, y en particular la OJD, dieron muestras de una eficacia, una cohesión y una disciplina notables. El juicio oral se inicia el 23 de octubre de 1979.

6.45 h, en las calles de Colonia: trescientos deportados e hijos de deportados despliegan sus pancartas y sacuden la apatía de una ciudad ensimismada en sus actividades. Un taxista queda bloqueado unos minutos en un cruce. Alguien le pregunta:

—¿El juicio de Lischka le parece lógico?

—No, seguramente sea inocente. Si fuera culpable, ya habría sido juzgado. Confío en la justicia de mi país.

Nuestros militantes llevan el «emblema» judío y desfilan por la gélida ciudad. Enarbolan pancartas: «Absolver a los verdugos nazis significaría asesinar a los judíos por segunda vez». Los lemas que entonan («¡Lischka asesino!», «¡Auschwitz, Majdanek!») retumban en los altavoces. La manifestación transcurre sin violencia, pero la atmósfera se tensa. En el edificio del Tribunal de Colonia se instala el caos. La sala, demasiado pequeña, no puede recibir sino a unos setenta periodistas de todo el mundo y a alrededor de cincuenta personas como público. Los empujones no tardan en dar paso a un intercambio de golpes entre los manifestantes que desean entrar y los numerosos policías movilizados por el servicio de orden.

En el discurrir de aquella primera jornada, nos anotamos muchos puntos. La torpeza de las autoridades judiciales alemanas legitimó, por un lado, la manifestación de la mañana, destinada a demostrar que los judíos de Francia, si estaban descontentos con su desarrollo, podían poner fin a una causa surgida de su voluntad. Por otra parte, la reducida capacidad de la sala nos permitió llenarla en cada audiencia, colocando codo con codo y por primera vez en la historia judicial alemana, a las víctimas judías, a los criminales y a sus jueces. Por primera vez también, los jueces eran los que habíamos reclamado, cuatro hombres y una mujer (el presidente, sus dos magistrados asesores y dos jurados populares) de menos de cuarenta y cinco años, pertenecientes a la generación de los hijos de los criminales. Asimismo, por primera vez los criminales estaban allí, los tres, y asistieron a cada audiencia.

Al comprobar que el presidente era hostil a las maniobras dilatorias de los abogados de la defensa, decidimos darle la oportunidad de mostrar otra cara de la Justicia alemana. Ya desde la segunda audiencia, reinó la calma entre los judíos de Francia, lo cual impresionó a los observadores y a la opinión pública alemana.

Pertrechados con documentos irrefutables que les habíamos suministrado, los medios dedicaron extensos artículos a las actividades de los tres acusados antes del inicio del juicio.

Embutido en una toga negra demasiado grande para su porte, el presidente Heinz Fassbender, de unos cuarenta años y con una abundante cabellera, transmite honradez. No duda en alterar el protocolo e interrumpir con autoridad a los abogados de la defensa.

Fassbender palidece ligeramente con los días. Desde la apertura de la audiencia, los dos abogados de Kurt Lischka han desplegado una inútil retahíla de argumentos jurídicos contra la celebración del juicio; las reacciones de los letrados se tornan virulentas. Por más que los guardias cierren meticulosamente las ventanas y corran las grandes cortinas rojas, los gritos de los manifestantes que han rodeado el Palacio de Justicia perturban al presidente: «Lischka Morder, Hagen Morder, Heinrichsohn Morder...». La misma letanía, ininterrumpida, durante más de cuatro horas.

Alguna vez provoqué estallidos a conciencia. Resulta que todos los testigos convocados por el Tribunal, excepto los franceses, pertenecían a la policía nazi. El presidente esperaba, sin duda, obtener la verdad al interrogarlos. Pero nosotros sabíamos que iban a declarar que ellos no habían hecho nada y que desconocían todo acerca de las actividades de los tres acusados. Por lo tanto, desenmascaré a varios de esos testigos. Por ejemplo, Söllner, miembro de la Gestapo del equipo de Alois Brunner, afirmó no haber visto a niños en Drancy, cuando yo había podido constatar que durante su paso por ese campo más de 2500 niños habían sido deportados.

Ya desde la audiencia de Nährich, directivo de la policía del comando militar alemán, el presidente entendió que se había equivocado de rumbo. No consiguió nada de aquel testigo. Cuando llegó mi turno de interrogarlo, le pregunté: «¿Clasificó usted a los judíos en categorías en el campo de Compiègne? ¿Preparó la escolta de los convoyes? ¿Elaboró las ordenanzas sobre la obligación de llevar la estrella amarilla?». Obtengo tres respuestas negativas. Le presento entonces una recopilación de documentos redactados y firmados por él, que prueban lo contrario. El presidente le ordena irse sin prestar juramento; de otro modo, se vería obligado a acusarlo. Luego me pregunta si dispongo de documentos relativos a los demás testigos. Se los entrego. Kübler (encargado del enlace con la policía francesa), Illers (jefe de la Gestapo de París en 1943) y Moritz (miembro de la Gestapo que pasó por París, Marsella y Orleans), al ser confrontados con tales documentos, se niegan a declarar para no tener que mentir y agravar los cargos que pesan en su contra. Mientras Laube, encargado de elegir a los rehenes a los que van a fusilar, y Knochen, jefe de la policía de seguridad interior y de los servicios de seguridad, se declaran enfermos, Jüngst, edecán de Oberg, atestigua a favor de Hagen. Sus palabras causan una fuerte impresión, por lo sinceras y sin complacencia que parecen en relación con Hagen, por quien reconoce no tener ninguna simpatía personal. Le pregunto: «¿Sabe usted si Hagen presionaba a Vichy para desnaturalizar a los judíos? No. ¿Redactó usted algún informe sobre la cuestión judía y lo remitió a la Gestapo? No. ¿Puede reconocer su propia firma?», y le alcanzo un informe sobre la cuestión judía que él mismo dirigió a la Gestapo, donde relata los trámites de Hagen para desnaturalizar a los judíos. Desconcierto de Jüngst.

Aquel juicio presenta dos particularidades esenciales que lo distinguen de los otros juicios de criminales nazis. En primer lugar, es la primera vez desde 1945 que cientos de judíos (¡además, de fuera!) van a Alemania para asistir al enjuiciamiento de uno de sus verdugos. El único que había conocido el privilegio de que lo juzgaran entre los judíos había sido Eichmann, ¡a quien llevaron hasta

Jerusalén! De modo que su jefe, Hagen, que lo había llevado a Palestina en octubre de 1937, y su antecesor a la cabeza del departamento antijudío de la Gestapo, Lischka, también están ahora rodeados de judíos. Para nosotros, cada una de esas salidas hacia Colonia no es un viaje turístico, sino un impresionante periplo a través de la memoria colectiva del pueblo judío.

La segunda particularidad del juicio es la existencia de numerosos documentos salvados y conservados en el CDJC de París. Esos documentos pertenecían a la sección antijudía de la Gestapo en Francia y revisten una importancia excepcional. Constituyen la base de mi investigación y permiten depurar las responsabilidades de cada uno de los acusados.

Uno de los puntos culminantes del juicio fue el momento de las emotivas y terroríficas declaraciones de tres testigos franceses a propósito de la deportación de los miles de niños separados de sus padres y arrojados a los trenes como animales, en un desamparo físico y moral insoportable. Ante esa evocación, los ojos de algunos abogados de la defensa, así como de las acusaciones particulares, se nublaron, pero los criminales permanecieron impasibles; Lischka continuó protegiendo su rostro con su gigantesca mano, garabateando notas incansablemente; Hagen se transformó en una corriente de aire inmóvil, y la cabeza violácea de Heinrichsohn se movía de un lado a otro por encima de su regazo. Las señoras Daltroff-Baticle y Husson, que en Drancy se ocupaban de los niños deportados, reconocieron perfectamente la foto de Heinrichsohn tomada en 1942, entre unas cien fotos de otros miembros de la Gestapo. Al igual que esas dos testigos, el profesor Wellers fue terminante: era Heinrichsohn y no otro el que supervisaba la salida de la mayoría de los convoyes hacia Auschwitz en 1942.

Lischka prefirió no decir palabra y no cooperar en nada con el Tribunal, ni siquiera para leer lo que había escrito en 1942 al margen de un documento y que al presidente le costaba descifrar. Hagen, por su parte, se negó a responder, so pretexto de que se trataba de un asunto de los servicios secretos y que necesitaba una autorización para hablar. El presidente lo interpela: «Y, ¿quién debe dar ese permiso? ¡Realmente, se está usted excediendo!». También se hizo el asmático cuando se le formuló una pregunta delicada; el juez le espetó entonces: «Mire, señor Hagen, esté o no enfermo, al final del presente juicio, la alternativa es culpable o inocente».

El 31 de enero de 1980, organizamos una manifestación excepcional en Colonia: un tren especial salió de París; y de otros puntos del país partió una serie de autocares. Alrededor de mil quinientos judíos franceses desfilaron desde la estación de tren hasta el Tribunal. No se había visto a tantos judíos en las calles de Alemania desde las detenciones que siguieron a la Noche de los Cristales Rotos.

El requerimiento del fiscal general Cohnen se ciñó a penas de prisión definidas en el Código Penal bismarckiano. Fueron incluso un poco más severas de lo previsto: doce años de prisión efectiva para Hagen, diez años para Lischka y seis años para Heinrichsohn. El veredicto del juicio de Colonia nos brindó un inmenso alivio, sobre todo, porque, para sorpresa general de los alemanes, estuvo seguido por el encarcelamiento de los tres acusados.

Alivio es la palabra que se impone, ya que no se puede hablar de satisfacción. No hay comparación entre una sanción, sea cual fuere su gravedad, y el alcance de los crímenes en los que participaron Lischka, Hagen y Heinrichsohn. Nueve años antes, cuando nos propusimos poner fin a la impunidad de los criminales nazis responsables de la deportación de los judíos de Francia, nuestra meta era que los juzgara y condenara la Justicia alemana. Necesitamos cuatro años para lograr que el Parlamento de Alemania Federal votara la ley que habilitaba el juicio de esos criminales por parte de un tribunal alemán. Luego, necesitamos otros cuatro años para obtener la acusación de esos jefes de las SS y el inicio de sus causas.

Treinta y cinco años después del fin de la guerra, resultaba difícil para jueces y jurados condenar a la generación de sus padres. Y esa era la prueba de que los tan tardíos juicios nazis podían dar resultados positivos en el plano histórico y judicial. Esa era la prueba de que el pueblo alemán aceptaba asumir sus responsabilidades de cara al pueblo judío y que, cada vez más, se afirmaba como opuesto al totalitarismo racista. Con este punto concluyo mi alegato: «Es cierto que el camino que nos vimos obligados a tomar para desembocar en el presente juicio fue difícil para nosotros y para ustedes. Pero sepan que, a lo largo de todo ese camino, los judíos de Francia jamás perdieron la confianza en la Justicia alemana».

En la prisión de Colonia-Ossendorf, donde varios de nosotros (jóvenes de la LICA, antiguos deportados o Hijos e Hijas de los Deportados Judíos de Francia) lo precedimos por un tiempo breve con el objeto de que algún día él también entrara allí, Heinrichsohn tolera mal haber pasado de la condición de alcalde y abogado a la de detenido, condición que comparte con Lischka; Hagen, por su parte, fue encarcelado en la prisión de Bochum.

> Sí, querido primo, yo tampoco habría creído posible jamás que me condenaran y que me detuvieran. Realmente no he hecho nada malo. Soy inocente. Pero eso no me sirve de nada. Me han condenado y ahora estoy encarcelado. Así es que debo cargar con mi destino. Soy una víctima de mi generación. Cualquiera en mi lugar habría actuado de la misma forma.

Heinrichsohn murió poco tiempo después de su liberación.

Esfuerzos de justicia y memoria

Inmediatamente después del juicio de Colonia, continuamos con las acciones que habíamos iniciado contra Ernst Ehlers y Kurt Asche, verdugos de 25 000 judíos de Bélgica; contra Arnold Strippel, que había ahorcado a veinte niños judíos en el sótano de una escuela en Bullenhuser Damm, en Hamburgo; contra Jean Leguay y contra Maurice Papon y el negacionista Robert Faurisson. Continuamos vigilando a Klaus Barbie en Bolivia, aguardando el momento propicio para obtener su extradición.

El esfuerzo de justicia se prolonga en el esfuerzo de memoria: decepcionado por la incapacidad de Michael Marrus y Robert Paxton, autores de *Vichy et les Juifs*,[1] para dominar con precisión el desarrollo cronológico de la Solución Final en Francia y para describirlo apropiadamente, a falta de nueva documentación, me sumerjo en la preparación de *Vichy-Auschwitz*. Nuestra memoria exige un nexo permanente con Auschwitz. A nosotros, Hijos e Hijas, nos tocó organizar la primera peregrinación en grupo de un día a Auschwitz. Por otra parte, tomamos la resolución de edificar en Israel un monumento memorial de piedra dedicado a los 80 000 judíos franceses exterminados durante la guerra, que estará rodeado de 80 000 árboles que simbolizan las 80 000 vidas (el «Bosque del Recuerdo»), e inscribir en ese monumento el estado civil de todas las víctimas.

Con ayuda del Ministerio de Salud y Familia en Bruselas, y contando con el auxilio del notable historiador Maxime Steinberg, establezco alfabéticamente el memorial de la deportación de 25 124 judíos de Bélgica y de 312 gitanos. Gracias a la pericia de nuestro

[1] Michael Marrus y Robert Paxton, *Vichy et les Juifs*, París, Calmann-Lévy, 1981.

amigo Joseph Billig, los magistrados de Schleswig-Holstein deciden, el 8 de marzo de 1977, que los juicios del antiguo jefe de la policía nazi en Bélgica, Ernst Ehlers, y el de la Gestapo antijudía, Kurt Asche, se celebrarán en el otoño de 1980, en Kiel, en el norte de Alemania. La Corte Suprema Federal lo confirma en noviembre de 1979.

El primer día del juicio, el 26 de noviembre de 1980, desfilamos con los judíos de Bruselas por la ciudad de Kiel hasta el tribunal. Ehlers, coronel SS del Tercer Reich y magistrado en la República Federal de Alemania (RFA), se suicida en vísperas del juicio, electrocutándose en su bañera; su mujer se había matado un tiempo antes. El juicio de Asche se desarrolló en treinta y seis audiencias, repartidas en siete meses. Participaré en unas quince. Como en Colonia, a Asche lo condenan a siete años de prisión el 8 de julio de 1981.

Arnold Strippel, criminal empedernido, ya había pasado veinte años en prisión por otros crímenes y, según las leyes alemanas, no podía volver a ser encarcelado a raíz de un nuevo juicio. Su papel, que había consistido en ejecutar a niños de la localidad de Bullenhuser Damm, era tan odioso que queríamos que la Justicia alemana lo acusara, a fin de que la muerte de aquellos pequeños judíos atrapados en toda Europa para experimentos médicos y ahorcados en una escuela no quedara borrada.

Para alcanzar ese objetivo, fui a Hamburgo, donde había presentado una denuncia contra Strippel, y les expliqué a los fiscales que, en París, no dejaban de hostigarme quienes me reprochaban buscar una salida legal, cuando lo que ellos querían era liquidar a Strippel. Para respaldar semejante bluf, tuvimos que enviar a varias personas que, una a una, se hicieron notar por sus idas y venidas cerca del domicilio de Strippel; cientos de ellos fueron detenidos por la policía —que se vio obligada a soltarlos por no tener nada concreto que recriminarles más allá de su presencia en el lugar—. Los signos que anunciaban una acción violenta impactaron a la Fiscalía de Hamburgo, que terminó acusando a Strippel. Poco tiempo después, murió libre, pero imputado.

El regreso forzado de Barbie a Lyon

A raíz de nuestra denuncia de noviembre de 1978, el 12 de marzo de 1979 Jean Leguay es el primero en Francia a quien se acusa de crímenes de lesa humanidad. El 20 de julio del mismo año, tras nuestra interpelación del 1 de junio en *Le Monde* («¿El Ministerio de Asuntos Exteriores desea proteger a Leguay y a Touvier?»), el ministro en cuestión declara que el estatuto del Tribunal Militar Internacional y la Convención Europea de Derechos Humanos confirman la ley que sanciona la imprescriptibilidad de los crímenes de lesa humanidad. En octubre de 1979, la apelación de Leguay respecto de la competencia de la jueza de instrucción Martine Anzani es rechazada. En noviembre de 1979, su recurso de casación también es rechazado. En febrero de 1980, Leguay despliega toda una serie de conclusiones de improcedencia en relación con las cincuenta acusaciones particulares que hemos presentado.

El 23 de octubre de 1980, compramos un cuarto de página en *Le Monde* para reprocharle al Ministerio de Justicia el bloqueo del expediente Leguay desde el 9 de mayo de 1980, fecha en la que la Fiscalía de París había terminado de redactar su requerimiento a propósito de la procedencia de las acusaciones particulares. El expediente queda desbloqueado una semana más tarde. La resolución del 4 de diciembre de 1980 rechaza de plano la argumentación de Leguay. El juez de instrucción podrá avanzar, por consiguiente, en su examen de los hechos y las responsabilidades y, a través de Leguay, lo que se pone en tela de juicio es la política antijudía de Vichy. El 29 de abril de 1981, unos cien militantes de FFDJF se agolpan en el Palacio de Justicia, ante la sala de acusación donde Leguay apelaba contra la resolución del 4 de diciembre de 1980. El abogado de Leguay se queja de la elevada cantidad de acusaciones particulares que se habían puesto en circulación: «Pronto necesitarán el Parque de los Príncipes», lo cual provoca la siguiente réplica del letrado Libman: «O, ya que estamos, el Vél'd'Hiv, ¿no?».

El 3 de julio, Leguay pierde la apelación y presenta un nuevo recurso de casación que se le deniega en noviembre de 1982. Charles Libman y yo en el juzgado de instrucción, así como Charles Choucroy en el Tribunal de Casación, hacemos avanzar la jurisprudencia en la materia. La instrucción del caso puede por fin reanudarse.

A Leguay lo interroga en varias ocasiones la jueza. Como yo había finalizado el primer tomo de Vichy-Auschwitz, proporciono a la instrucción unos quince nuevos documentos que lo incriminan. En cuanto a Bousquet, descubrí en los archivos dos documentos que desempeñaron un papel devastador contra los judíos y que resultan contundentes. Los reservo para pedir que Bousquet sea juzgado una vez más, sobre la base de esos hechos nuevos, pero no quiero arriesgarme al fracaso que representaría un no ha lugar. Bousquet se muestra solidario con Leguay en sus declaraciones como testigo.

Mi auto de acusación es *Vichy-Auschwitz*, que contiene doscientos cuarenta y tres documentos franceses recogidos íntegramente y ciento veintidós documentos alemanes. La edición alemana, por su parte, presentará ciento dieciocho documentos alemanes y sesenta y seis documentos franceses. El grado de conocimiento del papel del Estado francés de Vichy debe ser lo suficientemente elevado entre el pueblo francés como para que penetre en su conciencia y la gente condene para siempre aquel régimen que, en nombre de Francia, se atrevió a entregar al ocupante hitleriano a miles de niños judíos. Además, desde el curso 1983-1984, el papel de Vichy entra con fuerza en los nuevos manuales de historia del último curso de secundaria. Durante el verano de 1985, la jueza de instrucción Martine Anzani se pronuncia en el caso Leguay. El expediente queda en manos del fiscal general, Marc Domingo.

* * *

Después del fallido intento de secuestro de Barbie, nunca dejamos de vigilarlo de cerca. ¿Cómo? Gracias a nuestra amiga Lisa, que viajó a Bolivia para estar acerca de él e intentar saber si tenía o no la intención de quedarse allí.

Su plan de acción era simple: debía personarse en el club alemán de La Paz bien vestida y entablar conversación con alguno de los asiduos. Debía presentarse como una alemana de derechas que acababa de visitar el enclave arqueológico de Machu Picchu en Perú, que había continuado hasta Bolivia para ver el lago Titicaca y, en el momento oportuno, tenía que dejar caer que había oído hablar de Klaus Barbie. Y eso es lo que hará.

El alemán en cuestión, un industrial, le dice que conoce bien a Barbie y, tres días después de llegar a La Paz, a Lisa la recibe la familia Barbie y cena con ellos. El hombre está a gusto en Bolivia, y el régimen del coronel Banzer le conviene de maravillas. Lisa mantiene el contacto con ellos y, más adelante, regresará brevemente a La Paz en dos ocasiones, para asegurarse de nuevo de que Barbie no tiene intención de irse del país hacia alguna otra dictadura de América del Sur.

En agosto de 1982, le reproché públicamente a la justicia francesa que todavía no hubiera inculpado a Barbie, cuya condena por crímenes de guerra en 1954 había prescrito en 1974. Fundándose en la ley de 1964 sobre la imprescriptibilidad de los crímenes de lesa humanidad, la investigación abierta en su contra debía tomar en consideración cuanto antes los hechos nuevos que habíamos suministrado y que no se habían alegado en su contra en 1954, en el marco de su juicio en contumacia: el secuestro de los cuarenta y cuatro niños de Izieu, la redada de la calle Sainte-Catherine y los deportados del convoy del 11 de agosto de 1944.

Presentamos una demanda contra Barbie y documentamos con suma precisión esos hechos nuevos. Aquella acusación por crímenes de lesa humanidad era necesaria para que Francia pudiera dirigirse una vez más a Bolivia. Nuestro llamamiento a una movilización judicial fue oído, y Barbie fue acusado en Lyon.

A comienzos de 1982, Lisa viajó una última vez para evaluar la situación de Barbie en Bolivia. La dictadura se tambaleaba, pero Barbie no estaba inquieto por la evolución política del país, demasiado aquejado por sus problemas personales: la muerte de su mujer en 1982 y, un poco antes, la de su hijo Klaus Georg, víctima de un accidente en ala delta. Su hija Ute se había instalado en Múnich, donde trabajaba como secretaria de Hans Rudel, con quien nos habíamos enfrentado en 1976 en la cervecería Bürgerbräukeller.

Barbie era muy activo en el seno de los servicios especiales militares con respecto a las represiones que seguían a cada golpe de Estado o cambio violento de dirigente: el 12 de febrero de 1980, el siniestro coronel Arce Gómez le entregó una tarjeta de teniente coronel honorario y se comprometió a darle incondicionalmente un cargo en el Ejército boliviano.

Hugo Banzer había dejado el poder en 1978; lo había sucedido el general Juan Pereda, apartado en 1979 por el general David Padilla Arancibia. En mayo de 1979, se había nombrado presidente a Walter Guevara Arze; pero había tenido lugar un nuevo golpe de Estado militar, el 2 de noviembre de 1979, con el resultado de que el coronel Alberto Natusch Busch había tomado el poder. Fue rápidamente sustituido por Lidia Gueiler, primera mujer en asumir la presidencia. El poder no dejó de estar controlado por los militares, que incluso hacían venir de Alemania e Italia a peligrosos neonazis, tales como Joachim Fiebelkorn, Pierluigi Pagliai y Stefano Delle Chiaie, que se agrupaban en torno a Barbie, su ídolo. El 17 de julio de 1980, el general Luis García Meza tomaba el poder y multiplicaba los asesinatos políticos, las torturas y el tráfico de drogas, acciones con las que cooperaban Barbie y su pandilla, apodados «los novios de la muerte». El 4 de agosto de 1981, la 8.ª división de Santa Cruz se sublevó contra García Meza. El general Celso Torrelio dirigió el país hasta enero de 1982; después le cedió el sitio al general Guido Vildoso Calderón, amigo personal de Barbie, a quien recibió en su primera audiencia. Pero el prestigio de los militares se fue desmoronando y la presión popular se hizo lo bastante fuerte como para que el Parlamento eligiera, en octubre de 1982, a Hernán Siles Zuazo.

Ese mismo año, un exiliado boliviano nos contó que iba a regresar a Bolivia e intentaría abatir a Barbie. Le deseamos buena suerte. Tiempo después, nos llamó desde La Paz y nos dijo que renunciaba a su proyecto porque la dictadura se estaba desintegrando y había una posibilidad legal de actuar. Era nuestro turno. Retomé contacto con Régis Debray, que entonces era uno de los principales asesores de François Mitterrand en el Elíseo, junto con Jacques Attali. Este último narró mis intervenciones en *Verbatim*.[1]

---

[1] Jacques Attali, *Verbatim*, París, Robert Laffont, 1993.

3 de agosto de 1982. Serge Klarsfeld le recuerda a Régis Debray que juntos habían intentado secuestrar a Barbie en 1973.

3 octubre de 1982. Investidura en Bolivia de Hernán Siles Zuazo, presidente democráticamente electo de la Unión Democrática Popular. Klaus Barbie tal vez sea accesible otra vez. Régis Debray continúa negociando con el ministro boliviano del Interior, su amigo Gustavo Sánchez. Klarsfeld tiene una idea: que los bolivianos entreguen a Barbie en Cayena, donde nosotros podremos recibirlo.

27 de octubre de 1982. Régis Debray se reúne con Serge Klarsfeld e informa de ello al presidente. Klarsfeld cree que puede lograrse la extradición de Barbie, o que los bolivianos lo expulsen hacia territorio francés. El presidente está de acuerdo en poner en marcha el procedimiento.

26 de enero de 1983. Barbie es detenido en La Paz, como estaba previsto. Debray trabaja con Klarsfeld y Sánchez en la elaboración de un plan. Los bolivianos nos entregarían al prisionero en Cayena.

3 de febrero de 1983. Jean-Louis Bianco organiza el envío del avión militar francés que va a buscar a Barbie a Cayena. Los diez años de esfuerzos de Serge Klarsfeld se ven coronados por el éxito.

Yo había insistido en la necesidad de la expulsión antes que la extradición, ya que si el problema era sometido a una nueva Corte Suprema boliviana, como correspondía, esta probablemente consideraría que los veinticinco años que Barbie había pasado en Bolivia, durante los cuales se había convertido en ciudadano, incluso con una identidad falsa, constituían, según el Derecho Internacional, una relación personal y permanente con el país, y que, si bien el nombre era falso, el hombre era verdadero; en tal supuesto, la extradición sería denegada, puesto que Bolivia no extradita a sus nacionales.

En La Paz, a nuestro amigo Gustavo Sánchez lo habían nombrado secretario de Información y hombre de confianza del presidente boliviano: este, el 4 de febrero de 1983, lo nombró viceministro del Interior, a fin de que tuviera la autoridad suficiente para solucionar el problema Barbie en el sentido solicitado por Francia. Entretanto, Barbie estaba detenido en la cárcel de San Pedro, por negarse a pagar una vieja deuda de 10 000 dólares. Cuando por fin se decidió a saldarla, le faltaba dinero para pagar los intereses, y Gustavo pudo tenerlo bajo control hasta el momento en que lo sacó de la prisión para conducirlo hasta el Hércules C-130 que lo llevaría a Cayena.

El mismo día, el Gabinete boliviano decidió la expulsión de Barbie, que se vio privado de su nacionalidad boliviana y se convirtió en extranjero indeseable. Tal como yo había previsto, la RFA no lo quiso en calidad de expulsado; sí lo habría recibido si hubiera sido extraditado, pero en lugar de cadena perpetua, lo máximo que le habría caído allí habrían sido ocho años de detención.

El 5 de febrero de 1983, Barbie se encuentra de regreso en Francia.

* * *

El 18 de junio de 1981, Ita-Rosa Halaunbrenner y Fortunée Benguigui, madres mártires y madres coraje, inauguraron nuestro monumento memorial de la deportación de los judíos de Francia en Roglit, Israel. Yo les había prometido que haríamos todo lo posible para que Barbie tuviera que responder por sus crímenes, y fue en ese mismo sitio donde, gracias a un avatar del destino, la señora Halaunbrenner se enteró de la noticia.

Beate y yo nos sentíamos felices y aliviados: doce años bajo tensión, con el temor a fracasar y arrastrar un pesado remordimiento. Sin embargo, también sabíamos que debíamos preparar minuciosamente el juicio que se avecinaba.

Desde 1982, yo insistí ante la presidencia para que me dieran luz verde a fin de intentar encontrar el original del télex de Izieu, con fecha del 6 de abril de 1944, en el que Barbie anunciaba a la Gestapo la liquidación de aquel hogar de niños judíos y el traslado de estos al campo de Drancy, el 7 de abril. La condena de Barbie dependía de aquel episodio.

El télex de Izieu, extraído de los archivos del CDJC, había sido presentado en el juicio de Núremberg por Francia como prueba de los crímenes perpetrados por los nazis en suelo francés contra los judíos. Había sido fotocopiado por el equipo de reprografía del tribunal, y pude conseguir tres copias certificadas por ese equipo en 1946, antes de que el original fuera restituido a Francia: una copia se conservaba en el archivo del Tribunal Internacional de Justicia en La Haya, donde se hallaban los archivos del juicio de Núremberg; otra, en el Archivo Nacional de Washington; la tercera, en el archivo de Núremberg, Baviera. El télex original era inhallable, como otros tantos documentos prestados por el CDJC y nunca devueltos. Obtuve la autorización de la presidencia para realizar investigaciones en el archivo del servicio jurídico del Ministerio de Asuntos Exteriores. En vano. Lo mismo en el Ministerio de Justicia.

En el Archivo Nacional, el responsable de la sección contemporánea, Pierre Cézard, me brindó acceso a todo el material del que disponía sobre el periodo 1940-1944. Me sentía mareado, aplastado por todos esos expedientes que hojeaba y que ningún investigador había inspeccionado aún: archivos de las reuniones del Consejo de Ministros, del Ministerio del Interior, de la secretaría general de la Policía y su delegación en la zona ocupada; archivos del juicio de Bousquet, donde descubrí hechos que eventualmente permitían acusarlo de nuevo; del juicio de Darquier de Pellepoix; del juicio de Bussière, prefecto de policía de París; del juicio de Hennequin, director de la policía municipal. Todo eso no se relacionaba con el desarrollo del propio juicio, sino con la instrucción del caso, que a menudo era muy voluminosa y contenía documentos, interrogatorios y testimonios. Asimismo, con ese material documental me encontraba en condiciones de elaborar la obra de referencia que estaba preparando, *Vichy-Auschwitz* y de explicar con suma precisión el despliegue de la Solución Final en Francia, algo que, hasta ese momento, nadie había hecho. Me puse a trabajar febrilmente, sumido durante semanas en un conjunto de carpetas portadoras de verdades trágicas y luminosas, copiando íntegramente los documentos.

También había mandado traducir del alemán al francés numerosos documentos de la Gestapo, que se conservaban en el CDJC. La justicia militar me había proporcionado otros documentos importantes y había visto muchísimos otros hasta entonces bajo llave en el archivo de la Prefectura de Policía, excepcionalmente abierto para mí por el ministro del Interior Gaston Defferre. Volvía a convertirme en historiador con felicidad, con intensidad, con la certeza de la utilidad de mi labor. El tiempo ya no existía; entraba en esos archivos y todo mi día transcurría en 1942.

En cuanto al télex original, di con él a principios de 1984, al obtener de la dirección del CDJC una autorización para rebuscar en el sótano del edificio, donde estaban almacenadas decenas de cajas de mudanza, repletas de archivos diversos. En la segunda caja, el archivista del CDJC y yo abrimos el expediente titulado «Abetz». En esa carpeta, encontramos el télex de Izieu en excelente estado de conservación. ¿Qué había ocurrido? En 1949, para la causa de Otto Abetz, Léon Poliakov, historiador del CDJC, se había presentado ante el magistrado instructor con ese documento, certificando con maestría la naturaleza de los crímenes alemanes perpetrados cuando Abetz era embajador en París. De regreso en el CDJC, el expediente no había vuelto a abrirse, el télex no se había colocado en su lugar y, en el transcurso de una mudanza, la carpeta había caído en el olvido. La verdad, creí que era un milagro, y retomé mi diálogo con Dios, interrumpido cuarenta años antes.

El tomo de 1942 de *Vichy-Auschwitz* se publicó en la primavera de 1983. «Ya la tapa es una conmoción», escribe Bertrand Poirot-Delpech en un gran artículo titulado «Holocauste-sur-Seine» y publicado en *Le Monde*. Sí, es una conmoción porque contiene todos los documentos, la mayoría de ellos inéditos, relativos a la cooperación gubernamental, policial y administrativa de Vichy en la caza de los judíos, en 1942. Reconstituyo metódicamente, día tras día, la retahíla de acontecimientos que desembocaron en la implementación de la Solución Final, haciendo comprensible lo que hasta entonces permanecía en gran parte desconocido. Desgloso minuciosamente las responsabilidades de los principales dirigentes (Pétain, Laval, Bousquet, Leguay, Darquier). Por último, pongo en evidencia la importancia decisiva de las intervenciones del alto clero y la opinión pública francesa: todo ello, desde septiembre de 1942, había forzado a Vichy a frenar considerablemente su colaboración policial con la Gestapo en la detención y la entrega de los judíos.

El segundo tomo, que abarca los años 1943-1944, se publicó en 1985, gracias a la documentación que pude reunir luego, y esclarece el comportamiento de Vichy en tres casos sustanciales: el de la resistencia de las autoridades italianas a las medidas antijudías en su zona de ocupación en Francia; el de la ley reclamada en vano por los alemanes y que ordena la pérdida de la nacionalidad francesa para los judíos naturalizados después del 10 de agosto de 1927; el de la defensa de los judíos franceses que fueron librados a su suerte por Laval, en enero de 1944. Asimismo, *Vichy-Auschwitz* fue el telón de fondo histórico de los casos Barbie, Bousquet, Leguay y Papon, que estaban en curso en el momento de la publicación.

* * *

El 18 de julio de 1986, en virtud de una propuesta mía apoyada por la comisión del recuerdo del Consejo Representativo de las Instituciones Judías de Francia (CRIF), el alcalde de París, Jacques Chirac, inaugura la «Plaza de los Mártires Judíos del Vél'd'Hiv. Gran redada del 16 y el 17 de julio de 1942». En su discurso, que prefigura el que dará el 16 de julio de 1995, Jacques Chirac, primer ministro entonces, declara que «las horas más sombrías también deben traerse al recuerdo de los ciudadanos». Y cuando menciona «el destino de las comunidades judías que residían en Francia», cita mi conclusión de *Vichy-Auschwitz*, una frase que medité mucho y moldeé con cuidado para que su alcance fuera mayor:

> Los judíos de Francia siempre guardarán en su memoria que, si el régimen de Vichy desembocó en una quiebra moral y se envileció al contribuir con eficacia a la pérdida de un cuarto de la población judía de ese país, los tres cuartos restantes deben básicamente su supervivencia a la sincera simpatía del conjunto de los franceses, así como a su solidaridad efectiva a partir del momento en que comprendieron que las familias judías caídas entre las manos de los alemanes estaban condenadas a muerte.

Aquel día, tuve la sensación de que ese gigantesco trabajo de una década se había condensado en pocas líneas, que encerraban una verdad que contradecía las versiones de varios historiadores, una verdad que necesariamente se iba a imponer.

El surgimiento del caso Papon

Entretanto estalla el caso Papon. Maurice Papon es ministro de Presupuesto de Raymond Barre desde hace cinco años. Fue prefecto de policía entre 1958 y 1967. Muchos le recriminan los ataques racistas contra una minoría étnica[1] y los del metro Charonne, causados por la brutalidad policial en 1961. No obstante, hasta ese momento, ¿quién tenía conciencia de que esa represión había sido encabezada por policías entre los que había agentes que habían participado en las redadas de 1942 y que, en aquella fecha, el prefecto de policía de París ya las había iniciado en Burdeos?

El caso Papon se inicia cuando, en Burdeos, un joven investigador, Michel Bergès, se apodera de una gran cantidad de expedientes de la Prefectura regional que iban camino al vertedero. Al darse cuenta de que allí estaban los expedientes del Departamento de Asuntos Judíos de la Prefectura y que había documentos que incriminaban a Maurice Papon, Bergès los envía a Michel Slitinsky, antiguo miembro de la Resistencia e hijo de un deportado judío asesinado, que milita para llegar a la verdad acerca del destino de los judíos de Burdeos. Slitinsky transmite esos documentos a *Le Canard Enchaîné*, que, el 7 de mayo de 1981, revela que Papon estuvo involucrado en la detención y la entrega de judíos a la Gestapo. Respuesta de Papon: «Nada de eso me afecta demasiado. *Le Canard Enchaîné* está queriendo provocarme. Actualmente, tengo cosas más importantes de las que ocuparme».

Solicito la renuncia del ministro en *Le Monde* del 8 de mayo:

---

[1] Se refiere aquí al asesinato de trabajadores argelinos so pretexto de combatir el Frente de Liberación Nacional, agrupación armada que luchaba por la independencia de la Argelia francesa. *[N. de la T.]*

A su nivel, Papon desempeñó un papel que no era de primer plano, pero sí muy real. Seguramente, Papon haya hecho menos que el único francés acusado por crímenes de lesa humanidad, Jean Leguay; el mismo Jean Leguay a quien, por lo demás, Papon pide instrucciones el 24 de agosto de 1942, según *Le Canard Enchaîné*. Sin embargo, Papon hizo más que la policía ordinaria que detenía a los judíos, o que el simple gendarme que escoltaba los convoyes cargados de niños sin defensa, condenados a muerte por haber nacido judíos.

Mi punto de vista permaneció invariable desde el inicio del caso, el 8 de mayo de 1981, hasta el resonante alegato de Arno, el 10 de marzo de 1998, único en reclamar no ya la pena perpetua, sino una pena graduada de diez años de cárcel, que el jurado concedió; eso salvó el proceso de una absolución que habría sido el desenlace probable si el jurado solo hubiera tenido que elegir entre cadena perpetua y absolución. Arno concluyó del siguiente modo:

¿Por qué semejante malestar? Porque estamos en presencia de un hombre educado, policía, que sin duda jamás maltrataría a un niño en virtud de su religión. Porque no es un monstruo sanguinario, sino sencillamente un hombre que olvidó, en beneficio de una carrera sin desavenencias, los valores republicanos de compasión y humanidad. [...] Maurice Papon se atrincheró detrás de las instrucciones. Para él, primaba el orden. Se creyó espectador de la tragedia, desde las sombras de sus carpetas. Sin embargo, era actor, puesto que, sin ningún reparo interior, se convirtió en un eficaz instrumento al servicio de un crimen de lesa humanidad. Maurice Papon no es Klaus Barbie ni Paul Touvier. Tampoco tiene el papel político de un Leguay, de un Bousquet. Condenarlo a cadena perpetua no se corresponde con la verdad histórica. Pero sí traicionó. Porque jamás tuvo el valor de decir un día, un solo día, «¡no!», tanto a la carrera como a los honores.

En 1981, Papon, a quien Jacques Chirac negó la designación del RPR[2] para las elecciones, reclama un jurado de honor compuesto por miembros de la Resistencia; se le concede. Lo integran el reverendo Riquet, Marie-Madeleine Fourcade, Daniel Mayer, Jean Pierre-Bloch y Charles Verny, que actúa de portavoz y, el 27 de julio de 1981, me pide que exprese mi posición. Eso hago el 29 de septiembre de 1981, y lo que expongo choca con la incomprensión

[2] Siglas de Rassemblement pour la République ['Agrupación por la República'], antigua formación política de derecha que se identificaba con las ideas de Charles de Gaulle. *[N. de la T.]*

de los miembros del jurado, hostiles a mi punto de vista. Para mí, en efecto, Maurice Papon debe ser juzgado por crímenes de lesa humanidad. De todos los que se oponen a su impunidad, soy el único que decidió conformar un expediente detallado (9 páginas de presentación y 49 documentos) y defender la tesis de que Papon debe responder por sus actos ante los tribunales.

El 15 de diciembre, el mencionado jurado pronuncia su sentencia en cuatro puntos, ofreciendo una visión de Papon por demás ambigua:

1.- Papon es reconocido como agente de la Resistencia a partir del 1 de enero de 1943.
2.- «Debió de tomar parte en actos aparentemente contrarios a la concepción que el jurado tiene del honor y que, con razón, violentan la sensibilidad francesa, pero que conviene situar en el contexto de la época, en particular, porque varios de ellos no tuvieron el alcance o los efectos que su revelación puede llevarnos a pensar hoy [...]. Maurice Papon tendría que haber renunciado a sus funciones en el mes de julio de 1942».
3.- Los documentos aportados por *Le Canard Enchaîné* y por Serge Klarsfeld en nombre de los Hijos e Hijas de los Deportados Judíos de Francia son auténticos.
4.- De los dieciséis testigos oídos, todos, excepto Serge Klarsfeld, han considerado que sería injustificado demandar ante la justicia a los responsables de la Prefectura de Burdeos.

La sentencia me incita a un punzante comunicado que los medios reproducen:

> En representación de algunas familias judías, podemos afirmar que seguramente fuera mejor ser salvado por funcionarios antisemitas de Vichy, que a veces eran reacios a hacer el trabajo sucio de la Gestapo, que ser arrestado y entregado a los nazis por simpatizantes de la Resistencia o miembros de la Resistencia activos, tales como el señor Papon y sus semejantes. Que yo sepa, al pronunciar su decisión, el jurado de honor es el primer órgano de la Resistencia que declara públicamente que hubo judíos de Francia enviados a la muerte por un resistente francés.

Entretanto, Jean-François Steiner, el autor de *Treblinka*, me pide que no denuncie a su amigo Maurice Papon. Le respondo que para ello basta con que, en una carta dirigida a las víctimas, Papon reconozca su participación en la organización de las redadas y los traslados de judíos de Burdeos a Drancy. No recibo respuesta alguna, tal como esperaba: una confesión de ese tenor, de haberla presentado ante un tribunal, habría acarreado la acusación de Papon.

Como habían transcurrido cinco meses desde que el abogado Boulanger había iniciado las causas contra Papon, el peligro de que estas fueran archivadas era inminente. Yo había trabajado mucho para recabar denuncias de acusaciones particulares relativas a la muerte de niños pequeños, entregados durante el verano de 1942 a la Gestapo por el departamento de Asuntos Judíos de la Prefectura, entonces bajo la autoridad de Papon, y disponía de documentos originales firmados por él en ese sentido. De modo que el 10 de mayo de 1982 presenté nuevas denuncias con la certeza de que el juez instructor no las rechazaría. Efectivamente, las aceptó el 29 de julio de 1982 y se abrió entonces una investigación en contra de Papon.

El 19 de enero de 1983, Papon es acusado de crímenes de lesa humanidad. Asistí a nuestros acusadores particulares en París, Reims, Lens y Versalles, y me tocó cumplir la muy dolorosa tarea de regresar para ayudarlos en 1985, porque Papon había presentado una querella contra ellos por denuncias calumniosas. Esos acusadores particulares, en su momento, habían perdido a madres, hermanos, hermanas, y se encontraron frente a un magistrado instructor que, si bien intentaba acercarse a la verdad, también los colocaba en la situación de acusados. Ninguno de ellos cedió y renunció a su causa, pese al hostigamiento que padecían mediante llamadas telefónicas insultantes y amenazantes.

A finales del mes de octubre de 1986, el juez de instrucción del caso Papon, Jean-Claude Nicod, convocó a Burdeos a Jean Leguay y lo acusó a él también por su papel en la detención y posterior deportación de los judíos de esa ciudad. Yo siempre había insistido en el nexo que existía entre Bousquet-Leguay y Papon, y lo había documentado; en particular, con una misiva de Leguay dirigida a Papon, en la que le solicitaba que ejecutara las instrucciones de las SS.

La instrucción del caso Papon y del caso Leguay se desarrolló con una prudente lentitud a partir del momento en que Klaus Barbie se vio obligado a un regreso forzado a Lyon, en febrero de 1983, ya que se le concedía prioridad al juicio de este último. Sin la ocupación alemana, no habría habido persecución de judíos por las autoridades francesas: sin Lischka, sin Hagen, sin Barbie, no habría habido Leguay, Papon ni Touvier.

El juez de instrucción de Burdeos había ordenado una pericia a propósito de la responsabilidad de Papon dentro del aparato administrativo y policial de la región. Conseguí que se reconociera que dos de los tres peritos designados estaban involucrados en situaciones en las que podrían resultar juez y parte a la vez: un historiador que, en su *Histoire de la Gestapo*, escribió que, en Francia, los judíos habían sido detenidos sobre todo en redadas del Comisariado General para Asuntos Judíos, cuando en realidad la mayoría de ellos lo habían sido por agentes de policía o gendarmes de las fuerzas de policía regular (el historiador en cuestión había sido policía en 1943); y un subprefecto de Vichy, que había sido secretario general de la Prefectura de un departamento en el momento en que había tenido lugar la gran redada de los judíos apátridas en la zona libre, el 26 de agosto de 1942, que supuso decenas de detenciones en ese mismo departamento.

Nos denegaron la recusación de esos dos peritos, pero la pericia histórica fue rechazada tras el proceso de Barbie en Lyon.

Frente al negacionismo

El negacionismo hace estragos a comienzos de la década de 1980.

Desde el comienzo de la ofensiva, me parece dolorosa, pero útil en cierto sentido, si logra suscitar en el ámbito histórico una investigación precisa y rigurosa. Los libros sobre la Shoá no abundan. Muchas veces, están firmados por historiadores aficionados, que no disponen de tiempo ni de recursos documentales necesarios, y tampoco de suficiente objetividad: la mayoría de ellos son parte interesada y exageran en un sentido u otro. Milito con fervor para que la tragedia judía entre en el campo de acción universitaria; que sea objeto de memorias y de tesis, y que los hechos descritos, analizados, discutidos y aceptados sean irrefutables.

Ya en 1978, Beate y yo nos involucramos en ese proceso y creamos una fundación estadounidense cuyo objetivo es «publicar documentos indiscutibles y autenticados sobre el Holocausto». Publicamos en Nueva York, en inglés, el estudio de Joseph Billig sobre el detonante de la Solución Final, así como los trabajos de Georges Wellers sobre el número de judíos víctimas de esa Solución Final y sobre la existencia de las cámaras de gas. Logramos incluso localizar en Alemania a Richard Korherr e interrogarlo, inspector de la estadística de las SS, a quien Himmler había encomendado la misión secreta de elaborar dos informes sobre la liquidación de los judíos en Europa, a finales de 1942 y en la primavera de 1943. Richard Korherr nos confirmó el contenido de tales informes, que publicamos en alemán y en inglés en nuestro libro *The Holocaust and the Neo-Nazi Mythomania* ['El Holocausto y la mitomanía neonazi'].

Emprendimos asimismo la tarea de publicar una obra fundamental sobre las cámaras de gas, escrita por Jean-Claude Pressac.

Yo consideraba que, en el siglo XXI, los jóvenes tendrían legítimo derecho a preguntarse: «¿Qué eran las cámaras de gas?» y que, si no comenzábamos de inmediato la labor de investigación, luego sería demasiado tarde para emprenderla. Los alemanes no habían matado a todos los testigos, las ruinas aún estaban ahí, los planos y los documentos no habían sido quemados en su totalidad: de modo que era posible trabajar y hacer avances para comprender y explicar en qué había consistido ese procedimiento de ejecución. Pressac había dudado de la existencia de las cámaras de gas, pero era científico de formación y decidió ir a Auschwitz. En el lugar de los hechos, quedó convencido de su existencia por medio del examen de las ruinas de las construcciones que las alojaban, así como de los planos archivados. A su retorno, *Le Monde Juif* publicó el importante estudio que Pressac nos había presentado.

Pressac solo lo consideraba un comienzo. Beate y yo financiamos la decena de viajes que él efectuó a Auschwitz. Yo fui en persona a Moscú, de donde pude traerle documentación inédita sobre ese campo de concentración. Trabajamos juntos para llegar, en 1989, a la publicación en Nueva York de un gigantesco volumen escrito en francés, que hicimos traducir al inglés. Repartimos ese libro gratis a más de un centenar de bibliotecas y centros de documentación en todo el mundo. Pressac publicó su resumen en una obra del Centro Nacional para la Investigación Científica (CNRS), que registró un éxito considerable y obligó a los negacionistas a atrincherarse detrás de otras líneas de defensa.

En agosto de 1980, publicamos un libro fundamental, que más adelante fue objeto de numerosas ediciones en varios idiomas, en particular por parte de Yad Vashem, en Jerusalén. Se trata del *Álbum de Auschwitz*, cuyo original habíamos hallado y que publicamos por primera vez en su totalidad.

Resulta que, en el verano de 1979, enviamos a un estudiante de dieciocho años, Emmanuel Lulin, como «agente encubierto» a Praga. Su misión era entrar en el Museo Judío Estatal, lograr que lo aceptaran y escudriñar el contenido de aquel establecimiento confiado desde hacía treinta años a los comunistas. A su regreso, Emmanuel nos entregó una gran cantidad de datos y una serie de setenta fotos que reflejaban la llegada de un transporte a Birkenau-Auschwitz II. Todas parecían haber sido tomadas por el mismo fotógrafo. Algunas de ellas me resultaban familiares; las había visto reproducidas en varios libros. Pero entonces, al examinarlas juntas, intuí que todas provenían de la misma fuente y que podía haber otras que aún estuvieran inéditas. Emmanuel me confirmó la intuición, dado que el lote estaba compuesto por un total de aproximadamente doscientas fotos. Nunca habían sido publicadas en su conjunto y representaban el único testimonio visual detallado de la llegada de un convoy a Birkenau. Para concebir el destino de tantas familias judías cuando el tren se detenía en el andén de Birkenau debemos encomendarnos al poder evocador de esas imágenes. El valor de esas fotos era inestimable para el pueblo judío. Necesitábamos buscar su origen y proveniencia a fin de poder publicarlas.

Volvimos a mandar a Emmanuel a Praga, donde consiguió todas las fotos en cuestión. Según el museo, estas eran copias de un álbum que había llegado a manos de una antigua deportada, copias efectuadas en 1946 por el Consejo de la Comunidad Judía de Praga, a la que habían obligado a entregar los negativos de cristal al Museo Judío Estatal de la ciudad cuando este se creó, en 1949. La primera publicación de treinta y siete de aquellas fotos, en marzo de 1949, se la debemos al Centro de Documentación de la Unión Central de Comunidades Religiosas Judías de Bratislava, en Eslovaquia.

El historiador checo e israelí Erich Kulka nos comunicó que, en el juicio a los guardias de Auschwitz en Fráncfort, se había establecido que las fotografías eran o bien de Bernhard Walter, que había sido jefe del servicio de autenticación antropométrica en Auschwitz, o bien de su segundo, Ernst Hoffman. La deportada que se había quedado con las fotos se llamaba Lilly Zelmanovic y era oriunda de Berohovo, en la Rutenia subcarpática. En diciembre de 1964, la mujer había viajado desde Miami para prestar testimonio en Fráncfort, en la causa de los guardias de Auschwitz. En la década de 1950, Praga había enviado una buena cantidad de esas imágenes al museo estatal de Auschwitz que, en general, las había reproducido sin indicar su procedencia y, como es de esperar, en ese periodo en que los investigadores no viajaban prácticamente nunca ni a Praga ni a Auschwitz, todo el mundo creyó que esas fotos de Auschwitz-Birkenau provenían directamente de los archivos del campo de concentración.

El 17 de julio de 1980, Beate y yo fuimos a ver a los fiscales de Fráncfort y ellos mismos nos confirmaron el testimonio de Lilly. El Tribunal no fotocopió el álbum. El 25 de julio de 1980, conocí en Miami a Lilly Jacob, viuda de Max Zelmanovic y casada en segundas nupcias con Eric Meier. La identificamos por medio de un detective privado. Me confió su álbum y le pedí a un antiguo fotógrafo de *Life* que lo reprodujera, lo cual le llevó toda la noche. Al día siguiente, convencí a Lilly de que lo entregara a Yad Vashem, en Jerusalén. Lo único que pidió a cambio fue que costeara todos los gastos del viaje a Jerusalén y a Auschwitz, que deseaba realizar con su marido. Acepté, desde luego, y en agosto de 1980 publicamos por primera vez esa extraordinaria recopilación de fotos.

Nuestro descubrimiento dio lugar a la publicación de un sinnúmero de artículos en la prensa internacional y nuevas ediciones del álbum. Nuestro mayor logro: el que fuera fiscal general estadounidense en Núremberg, el general Telford Taylor, estima que «la única edición auténtica es la de Serge Klarsfeld». Mi ambición, en efecto, había sido reproducir el álbum tal como estaba, explicar en detalle su historia y volver a encontrar las pocas imágenes que Lilly Jacob había retirado. Más adelante, Yad Vashem publicó ediciones útiles, en las que se identificaba individualmente a numerosas víctimas, y la Fundación para la Memoria de la Shoá (FMS) publicó asimismo una notable edición dirigida por Marcello Pezzetti y por mí. Así y todo, aquel trabajo de memoria no debe hacernos olvidar a quienes intentan destruirla.

* * *

Hay que obtener la condena del negacionista Robert Faurisson. Los Hijos e Hijas se asocian con la Liga Internacional contra el Racismo y el Antisemitismo (LICRA) y el Movimiento contra el

Racismo y por la Amistad entre los Pueblos (MRAP). Junto a Robert Badinter, litigo en lo civil —será una de las pocas veces—:

> El hecho de haber puesto en tela de juicio la muerte de los deportados causó a cada uno de los miembros de nuestra asociación un muy grave perjuicio moral directo y personal; para nosotros, no se trata de defender ideas generales, una cuestión teórica, un ideal o una ideología. Se trata de oponernos al cuestionamiento, a la negación de la muerte de nuestros padres, nuestros hermanos, nuestros abuelos, de quienes somos no solo los representantes o portavoces, sino también los herederos en todos los planos, material y moral. Al afirmar lo que usted se ha atrevido a afirmar, ha atentado, en primer lugar, contra el honor y la dignidad de cada uno de los miembros de nuestra asociación. ¡Qué buena noticia, las cámaras de gas no existieron! ¿Pero entonces dónde están nuestras familias, dónde están nuestros padres, cuyo recuerdo jamás nos abandona y con quienes aún soñamos por las noches? ¿Dónde están esos padres que no estuvieron a nuestro lado para criarnos, señor Faurisson? ¿Millonarios en Estados Unidos, ocultos bajo identidades falsas, como los criminales nazis, en algún sitio de América del Sur, o bien afincados en Israel, adonde vamos regularmente a visitarlos fingiendo llorarlos entre viaje y viaje? [...] A ese perjuicio moral se añade el hecho de que, al negar la existencia de las cámaras de gas, usted fomenta contra nosotros, a sabiendas, el odio antisemita, pues eso equivale a afirmar que los judíos han mentido y, por supuesto, entre los judíos, los primeros en mentir son los FFDJF, que han cometido un monstruoso fraude. Semejante acusación, de ser creída por algunos, los lleva inevitablemente a despreciar y aborrecer a los judíos. [...] Me parece que ese odio solapado hacia los judíos que se adivina en sus escritos tiene algo en común, si bien en una escala menor, con el que animaba a Hitler. [...] Señor Faurisson, usted, que a nuestro juicio encarna un odio violento e incomprensible; usted, que es a nuestro juicio una especie de profanador de sepulturas, sepa que jamás lo perseguiremos por nuestro odio, sino por la fidelidad de nuestra memoria hacia nuestros padres y hacia todas las víctimas del Genocidio.

En julio de 1981, Faurisson resulta condenado en las jurisdicciones civil y penal.

* * *

El domingo 29 de marzo de 1981, alquilamos dos aviones, uno de LOT y el otro de Air France, con destino a Auschwitz pasando por Katowice. Inventamos esa fórmula de viaje en un solo día porque se trataba, para nosotros, de una peregrinación; nos resultaba indecente añadir otras actividades.

Los doscientos participantes se personaron donde nos habíamos dado cita, aun cuando los medios habían anunciado el día anterior que se prohibiría todo aterrizaje en Polonia porque ese día se esperaba la entrada de los soviéticos en el país. Partimos pese a todo, y así cumplimos con la promesa que nos habíamos hecho en el juicio de Colonia.

Otra cosa que nos habíamos prometido era edificar en Israel para la Reunión Mundial de Supervivientes Judíos del Holocausto, que debía celebrarse en junio de 1981, un monumento a las víctimas de la Shoá en Francia que exhibiera todos los nombres. Fue una carrera contrarreloj lograr inaugurar el 18 de junio de 1981, fecha escogida por nosotros, ese memorial de hormigón, cubierto de piedras de Jerusalén, donde, desde entonces, vienen a rendir homenaje tantas personalidades francesas, entre ellas, los presidentes Valéry Giscard d'Estaing y Jacques Chirac, y que es un punto de congregación para los judíos de Francia radicados en Israel. Cada año, el día del recuerdo, Yom Hashoa, el embajador de Francia en Israel se traslada a Roglit y pronuncia unas palabras. Nuestro memorial está rodeado por 80 000 árboles, el «Bosque del Recuerdo», y nuestros mejores militantes, Jacques Toros y Régine Lippe, encendieron allí la llama del recuerdo. Se eleva sobre el valle del Terebinto, donde David venció a Goliat, a unos treinta kilómetros de Jerusalén.

Sería arduo describir los esfuerzos de nuestro pequeño equipo, compuesto por Simon Guerchon, encargado del diseño del monumento, Annette Zaidman, encargada de la administración y la recaudación de fondos, y yo mismo, responsable de su contenido y su construcción. ¡Cuántos viajes para negociar con las autoridades locales, afinar técnicamente el proyecto y reunir los medios necesarios!

Paso varias semanas en Israel en una situación personal muy dolorosa. Acabo de perder a mi madre, el 20 de abril de 1981, fecha aniversario del nacimiento de Hitler. Su fallecimiento me conmociona, pero es ley de vida. No me subleva y no me detengo. Combato la congoja y la depresión intentando no pensar en eso durante el día y, poco a poco, sigo en contacto con ella por las noches, en mis sueños, donde muy a menudo está presente, hasta el día de hoy.

Tras la pista de Alois Brunner

Las amenazas de atentado no han cesado. Lanzan un cóctel Molotov contra la puerta de mi hermana. Enfrente de nuestro apartamento, en la avenida de Versalles, hay un hotel desde donde resultaría fácil dispararnos. Nos mudamos a la calle La Boétie, donde la policía nos protege permanentemente durante dieciocho meses; luego, volvemos al mismo inmueble de la Porte de Saint-Cloud, pero en la plaza, sin nadie enfrente.

En Damasco, el 23 de junio de 1982, pongo en marcha un nuevo expediente, comparable con el de Barbie: el de Alois Brunner. Entre el 23 de junio de 1943 y el 18 de agosto de 1944, Brunner procedió a la deportación de 24 000 judíos de Francia, muchos de ellos detenidos por su comando de SS austríacos, como lo fueron los judíos de Niza, entre los que se encontraba mi padre. Es un expediente que iniciamos en 1977. En Viena, Lisa y yo nos habíamos dedicado a vigilar los domicilios de Anni, exesposa de Brunner, y de Irène, hija de ambos. El apartamento de Anni es muy grande para una persona sola. Deducimos que su exesposo debe de ayudarla. En cuanto a Irène, Lisa consigue entrar en su vivienda y descubrir, bajo el seudónimo de «Fischer», la dirección y el teléfono de su padre en Damasco. Toda esa información no pudimos utilizarla entre 1977 y 1982: estábamos demasiado ocupados en nuestras otras campañas.

Retomamos el tema en 1982, estamos en junio. La aviación israelí acaba de destruir decenas de aviones sirios; la tensión está en su máximo nivel. Elijo ese momento para ir. No tengo visado, pero sí llevo la carpeta de Brunner en mi maletín y mi tarjeta de donante de sangre de Tsahal, el Ejército de Israel, en mi tarjetero.

Antes de mi partida, nos cercioramos por última vez de que Georg Fischer y Alois Brunner fueran la misma persona. Beate le llamó a Damasco: «Le hablo de parte de mi jefe de despacho en el Palacio de Justicia, es el hijo de alguien que trabajó con usted durante la guerra. Le manda decir que no viaje a Suiza para tratarse los ojos, que allí lo espera una orden de detención». «No tengo la intención de ir a Suiza, pero dele las gracias a su jefe y dígale que rezaré por él».

Beate llamó luego a Anni Brunner a Viena y le contó la misma historia, recomendándole que previniera a su marido en Damasco. La señora Brunner también le dio las gracias y le dijo que llamaría a su marido.

En el aeropuerto de Damasco, le explico mi iniciativa a la policía de fronteras y le doy el expediente de Brunner para que lo transmitan a quien corresponda. Me dejan toda la noche sentado en una sala del aeropuerto. Asisto a la llegada de los primeros voluntarios barbudos y armados provenientes de Irán. Aprovecho para trabajar en mi libro sobre la Solución Final en Francia.

Por la mañana, la policía se niega a dejarme entrar a Siria y me anuncia que mi informe ha sido entregado, pero que estoy expulsado del país. No me esperaba un desenlace muy distinto, pero el caso Brunner queda relanzado con eficacia en la arena internacional. Beate y yo viajamos a Fráncfort para hacerle llegar al fiscal correspondiente, que jamás había abierto el antiguo expediente de Brunner, los nuevos documentos que hemos conseguido. Nos dirigimos al departamento jurídico del Ministerio de Asuntos Exteriores de Bonn para que la RFA solicite a Siria la extradición de Brunner. La petición se eleva en 1984, pero solo verbalmente. En la República Democrática Alemana, tan influyente en Siria, pedimos que el país proponga la expulsión de Brunner hacia Berlín Este a través de la compañía aérea Interflug, con la garantía de que el juicio, que se celebraría en esa ciudad, no abordaría la cuestión de la estancia del antiguo nazi en Siria. En Estados Unidos, Beate une a la causa a Jesse Jackson, que le escribe a Háfez al-Ásad, en vano.

Denuncio a Brunner en Francia, lo que permite que «quede manifiesta la verdad», y el magistrado instructor ordene el embargo de los ficheros de la Prefectura de Policía y del campo de Drancy que necesito para la futura edición del *Mémorial.* El 17 de marzo de 1983, el *Times* de Londres hace pública la situación de Brunner. Este sabe que su existencia está condicionada por la voluntad de quienes insisten para conseguir que sea juzgado. En 1980 había abierto un paquete procedente de Austria. No desconfiaba de esos paquetes, enviados en apariencia por una revista de herboristería a la que estaba suscrito. Lo abrió y perdió cuatro dedos de la mano izquierda. En 1960, ya había perdido un ojo al abrir una carta bomba en el correo central de Damasco.

En enero de 1987, me reúno con Raymond Kendall, secretario general de Interpol, y consigo que se difunda una orden internacional de busca y captura para todos sus miembros, entre ellos, Siria. Algo inédito para Interpol, que hasta entonces no se consideraba competente en materia de criminales nazis. Pero es inútil. Brunner, cómplice de la policía política, al igual que Barbie en Bolivia, había participado en muchas vilezas en Siria: el control de los judíos sirios, el tráfico de armas dirigido a ese país y el apoyo para el ascenso al poder del clan al-Ásad, que le estaba agradecido y le protegía.

El 2 de marzo de 1987, se le niega a Beate el acceso al aeropuerto de Damasco. Había obtenido el visado en Berlín Este.

Volveremos a la carga.

* * *

Los cuatro años que nos separan de la causa Barbie (de 1983 a 1987) están dedicados en parte a la preparación de ese juicio: Barbie es culpable de muchas masacres y ejecuciones sumarias por las cuales no podrá ser juzgado, porque ya lo ha sido en contumacia en 1954. Solo será juzgado, en principio, por tres hechos relacionados con el destino de los judíos: la redada de la calle Sainte-Catherine el 9 de febrero de 1943, el secuestro de los niños de Izieu el 6 de abril de 1944 y el convoy del 11 de agosto de 1944. La tarea de la acusación se vio facilitada por el fallo del Tribunal de Casación del 20 de diciembre de 1985, que define los crímenes de lesa humanidad como «actos inhumanos y persecuciones que, en nombre de un Estado que practica una política de hegemonía ideológica, fueron cometidos sistemáticamente no solo contra personas en razón de su pertenencia a una colectividad racial o religiosa, sino también contra los adversarios de esa política, sea cual fuera la forma que revistiera tal oposición».

Critico esa interpretación, que amplía la definición de crimen de lesa humanidad para permitir que decenas de miembros de la Resistencia deportados denuncien individualmente a Barbie y se asocien a las víctimas judías. En *Le Monde*, el 15 de enero de 1986, escribo:

> Lo que esperábamos del Tribunal de Casación era la estricta definición de esa inocencia, y no su extensión a los combatientes armados. Vivimos en un mundo donde, en numerosos países, los opositores políticos asumen sus responsabilidades cuando se deciden a actuar y saben a qué se exponen. Hasta donde tengo conocimiento, solo los judíos y los gitanos fueron en Francia víctimas de crímenes de lesa humanidad tal como lo concebían los redactores de la Carta del Tribunal Militar de Núremberg, a cuyos trabajos preliminares el Tribunal de Casación ni siquiera se refirió, probablemente por falta de tiempo para buscar y estudiar los correspondientes archivos anglosajones. Por eso, sostengo que el fallo del citado órgano judicial es lamentable, que diluye ineficazmente el concepto de crimen de lesa humanidad y debilita la protección de los inocentes (judíos y gitanos, mañana ¿quién sabe?) tal como la contemplaron los redactores de la Carta de Núremberg.

El fiscal jefe de Lyon, Pierre Truche, también critica públicamente ese fallo el 20 de febrero de 1986, cuestionamiento poco habitual en el cuerpo judicial.

He tomado la costumbre de llevar conmigo la toga de abogado: viajo a menudo a Lyon para reunirme con el excelente juez de instrucción Christian Riss. Represento a una, dos, diez, cien víctimas de la acusación particular; Charles Libman y Richard Zelmati, joven y brillante abogado lionés, trabajan en equipo conmigo. Charles conoce a la perfección el procedimiento y los engranajes de los tribunales (su experiencia se remonta a sus comienzos en 1945); Richard pertenece a la élite lionesa y nos representa a Charles y a mí con mucha eficacia. El juez Riss se entrevista con víctimas representadas por nuestra acusación particular, que le hacen conocer de cerca el sufrimiento judío.

En paralelo, comienzo a escribir un volumen dedicado a los niños de Izieu, tema central para el juicio. Durante la instrucción, todos los miembros del jurado lo tendrán en sus manos. Para escribirlo, reconstruí el itinerario de cada una de las familias de esos cuarenta y cuatro menores. Encuentro una parte de la historia familiar de cada niño, algo que parecía imposible. No obstante, Beate y yo lo hicimos. Incluso logramos que figurara una fotografía de cada menor. Identificamos a los acusadores particulares no solo en Francia, sino también en Alemania, Austria, Bélgica, Israel, Estados Unidos, Brasil y Australia. ¡La cantidad de trámites y documentos que tuvimos que elaborar! Cada parte de la acusación particular fue oída por un magistrado en comisión rogatoria y tuvo que probar su vínculo de parentesco con el niño que quería representar.

Gracias al trabajo de Beate en Múnich, que examinó minuciosamente los expedientes alemanes de Barbie, y al mío en los archivos de la ocupación francesa en Alemania, publicamos en *Le Monde* artículos que ponen de manifiesto la colaboración de Barbie con los servicios especiales estadounidenses. El juez Ryan, que dirige la oficina estadounidense en el departamento de justicia encargado de los criminales nazis, viene a vernos y se va con una gran cantidad de documentos, que incorpora a su famoso informe sobre Barbie, informe que da pie a las disculpas oficiales de Estados Unidos a Francia por haber reclutado, protegido y repatriado al criminal. También revelamos en *Le Monde* que Ernst Misselwitz, uno de los más altos responsables de la Gestapo en Francia y especialista en la lucha contra los miembros de la Resistencia, acusado de haber torturado a Pierre Brossolette en la avenida Foch, se había convertido después de la guerra en uno de los mejores agentes de Francia en Alemania.

En el archivo del Instituto Judío de Investigación (YIVO) de Nueva York, encuentro una lista de víctimas de la redada de la calle Sainte-Catherine y, en el Archivo Nacional de París, otra lista que confirma la primera. Publico entonces un libro sobre aquel trágico episodio.

Hago asimismo pública la credencial de teniente coronel honorario de Barbie en los servicios especiales militares de la peor dictadura boliviana, la de García Meza y Arce Gómez. El documento lleva las huellas digitales de Barbie y le brindó el acceso a todas las instalaciones militares hasta 1985. Nos la entregó un tránsfuga de su grupo neonazi. También doy a conocer la foto que pude conseguir de Barbie de uniforme, entre un grupo de militares alemanes. Participo en las confrontaciones de algunas de las víctimas de la acusación particular contra Barbie y me doy cuenta de hasta qué punto ese cara a cara turba a las víctimas.

Barbie expresa su deseo de hablar conmigo; me niego. Ningún diálogo es posible entre él y yo. Lo que más me asombró de la instrucción y el desarrollo del juicio fue que algunos de los testigos que para mí eran los más creíbles fueron los menos creídos en razón de su fragilidad o antipatía, mientras que las palabras de otros que me parecían menos creíbles, pero que se imponían por su seguridad y su talento al expresarse, eran creídas sin la más mínima duda. Recuerdo a un superviviente que había perdido a su hermano, deportado con él, que al confrontarlo con Barbie, era incapaz de responder a las preguntas que este le hacía: «¿Cómo iba vestido yo? ¿De paisano, de uniforme?», «¿Llevaba botas?», «¿De qué color era el coche?». La víctima afirmaba que Barbie había soltado a un perro que le había mordido el muslo. Barbie exclamó: «¡Un perro! La señora Lagrange me había visto con un gato en brazos; ¡resulta que hoy es un perro! Tenía un zoológico a mi disposición...». Me di cuenta de que el juez de instrucción se había estremecido con esa historia del perro, que parecía tan estereotipada. De allí nos fuimos al despacho del juez, donde este me mostró un documento lacrado que aún no había abierto. Tiempo atrás, yo le había comentado que una llamada anónima me había dado el nombre de una mujer juzgada tras la liberación por el Tribunal de Justicia de Lyon, que habría sido la amante de Barbie. El juez mandó traer el expediente y lo abrió delante de mí. En realidad, la mujer había sido la amante de otro agente de la Gestapo y contaba que, durante una sesión de tortura a la que había asistido, le había dicho a su amante que le pidiera a Barbie que llamara a su perro, porque estaba mordiendo al detenido. Aquella declaración era de 1946. El juez y yo reconocimos que, si bien a veces el criminal podía parecer más creíble que la víctima, siempre había que cotejar los hechos.

Barbie intentaba mostrarse entero, pero se intuía que consideraba su regreso forzado a Lyon como una derrota del nazismo, al que permanecía vinculado, si bien no tenía el coraje de proclamarlo. En cuanto a Jacques Vergès, su abogado, yo lo conocía poco, pero comprendía muy bien su táctica: sostener que Barbie había sido secuestrado, lo cual no era del todo falso, aunque también se trataba de un acto legítimo que dependía de la soberanía boliviana y, para Francia, de un acto legal a partir del momento en que Barbie pusiera un pie en territorio francés; afirmar que Francia solo había recuperado a Barbie debido al caso Jean Moulin; denigrar a la Resistencia; amenazar con revelar la verdad sobre tal o cual resistente; intoxicar la opinión pública alegando que el télex de Izieu era una falsificación.

Por mi parte, yo manifestaba que el juicio a Barbie no sería una nueva causa Eichmann. Uno era el capataz de la Solución Final; el otro, un dirigente regional de la Gestapo, particularmente cruel y eficaz en su misión criminal. El juicio a Barbie sería simplemente un acto de justicia necesario.

Un tránsfuga alemán de la banda neonazi que gravitaba en torno a Barbie me había confesado que la hija de este había convocado al neonazi Gerhard Frey y a François Genoud, banquero ginebrino de los altos dignatarios nazis. Es muy probable que Genoud le hubiera propuesto a Vergès que se hiciera cargo de la defensa de Barbie.

Yo esperaba el juicio, el momento de la verdad. Esa causa fue ejemplar. Se desarrolló y culminó como nosotros quisimos, y no como deseaban Vergès y Barbie. Nuestro equipo representaba a tres cuartas partes de las acusaciones particulares. La comunidad judía de Lyon, con el impulso de Jean Lévy, uno de mis mejores amigos, convocó a un valeroso comité de coordinación que ayudó con contundencia a los abogados de las acusaciones particulares judías en todos los terrenos, para que cumplieran con éxito su cometido. Los Hijos e Hijas vinieron en masa desde París a cada audiencia para apoyarnos. Entre todos los abogados que representaban a una multiplicidad de víctimas, Roland Dumas y yo exhibimos una cohesión hasta entonces inexistente, puesto que no había unidad real entre judíos, miembros de la Resistencia, comunistas y anticomunistas, salvo la del sufrimiento causado por la Gestapo. Esa cohesión quedó de manifiesto cuando todos los abogados de las acusaciones particulares decidieron que yo litigara primero y Roland Dumas fuera el último.

Para Beate y para mí, el juicio de Lyon tenía menos importancia que el de Colonia, donde se había juzgado a dos organizadores excepcionales de la Solución Final, Hagen y Lischka. Además, el juicio de Colonia resolvía un litigio judicial capital entre Francia y Alemania, y Francia colindaba con Alemania, no con Bolivia. Para los medios internacionales, el juicio de Lyon era más sensacional, ya que Barbie se correspondía con el estereotipo del criminal que huye lo más lejos posible, pero no escapa al castigo. Los periodistas de los medios franceses e internacionales daban botes de impaciencia en Lyon, antes del primer día del juicio. A costa de no pocos esfuerzos, la sala de audiencias se había trasladado al Salón de los Pasos Perdidos del Palacio de Justicia de Lyon.

Pasé casi tres meses en esa ciudad, en el tercer piso de un pequeño apartamento. El edificio no tenía ascensor, pero yo podía subir a toda velocidad la escalera para llevar al juzgado los documentos necesarios: el edificio estaba situado frente a la puerta de entrada del tribunal. Desde el punto de vista logístico, y considerando la tonelada de papeles que había llevado a Lyon, eso equivalía al cinco estrellas de Vergès, aunque, por las noches, el gato de la propietaria, cuya guarda me había encomendado, se hacía las uñas en mi pecho.

Cuando tuvo lugar la primera audiencia, Barbie volvió a decir lo que nunca había dejado de afirmar: «Mis contratiempos comenzaron cuando esta mujer [Beate] fue a Bolivia». Vergès invocó el secuestro y retiró a Barbie de la escena. La estrella del juicio, sin embargo, era Barbie. Vergès lo había entendido, desde luego, pero quería ocupar el papel protagonista, así que mandó al nazi de vuelta a su celda. Al día siguiente, prácticamente todos los medios internacionales se habían retirado, solo quedaban los medios franceses. En mi opinión, si Barbie aceptó retirarse, sabiendo que estaba en condiciones de incomodar mucho mejor que Vergès a todos los testigos, fue porque Vergès o sus mandantes respaldaban en términos financieros a su nuera y a sus nietos. Aunque se defendiera personalmente con terquedad, Barbie no debía de tener dudas sobre el desenlace de la causa. Al menos, podía hacerle un favor a lo que le quedaba de familia.

Los demás abogados estaban furiosos de que Barbie se retirara de su propia causa. Yo, en absoluto, puesto que dejaba a la acusación frente a Vergés, y eso era mucho más sencillo. Vergés no conocía bien el expediente; solo se oponía a determinados testigos, como Raymond Aubrac o Michel Thomas; a los demás, los dejaba hablar e impresionar a los jurados con su dignidad y con el recordatorio de las torturas físicas y morales padecidas. Los testigos fueron las estrellas dolorosas del juicio, le confirieron su verdadera importancia. Sin la presencia de Barbie, pudieron expresarse libremente para la posteridad: Ita-Rosa Halaunbrenner, Fortunée Benguigui, Léa Feldblum, Sabine Zlatin, Simone Lagrange, Marcel Stourdzé, así como todas esas heroínas de la Resistencia que tomaron la palabra, con Lise Lesèvre a la cabeza.

Cuando se presentó el télex de Izieu en la audiencia, me opuse con vehemencia a que pasara a manos de Vergés sin protección: un télex está compuesto por tiras de papel pegadas; habría bastado con dañar el documento para luego discutir su autenticidad. Con ese documento alemán y otros, todos autenticados por los fiscales de Colonia, a quienes habíamos hecho venir como testigos, no estaba permitido dudar.

Ser el primero en alegar provoca cierto pánico escénico. Preparé la declaración en el Café des Négociants, en Lyon, y fue Arno quien, al hojear el borrador, me aconsejó añadir tras el recordatorio del destino de cada niño una frase que evocara su nombre: «Hans no volvió»; «Monique no volvió». Un artículo publicado en *Libération* dio cuenta de ello:

> El letrado Serge Klarsfeld no pleitea. No levanta los brazos hacia las molduras del techo, no hace uso de ningún efecto de voz; habla con tristeza, ni siquiera parece ser abogado. No, el letrado Klarsfeld lee. Y esa lectura, seguramente más que todo lo que vaya a decirse durante ocho días por los treinta y nueve abogados de la acusación particular, conmueve.
>
> Klarsfeld el historiador, el militante, el cazador de nazis, el auxiliar de la justicia acosado por el recuerdo de los cuarenta y cuatro niños de Izieu. Klarsfeld, que se conforma con pronunciar el nombre de esos niños, como se hace en el aula al pasar lista. Cuarenta y cuatro nombres, uno tras otro, recitados en un silencio de muerte. Y sus edades. Y algunas de las cartas que escribieron a sus padres antes del 6 de abril de 1944. Va a leer sus palabras.

Va a hacerlos entrar en la sala. Va a volver a provocar escalofríos... El letrado Vergès está tenso; aguanta. Todo el mundo aguanta.

Al final de mi alegato, Vergès avanzó hacia mí y me tendió la mano. Me negué a dársela. Era nuestro enemigo y yo no estaba en el teatro. No oí su alegato. Intuía que sería tan odioso que me resultaría intolerable el silencio que debía guardar por respeto al Tribunal.

La noche del veredicto, cerca de las dos de la madrugada, fui caminando hasta la prisión de Montluc, para recogerme y agradecerle al Cielo, a Dios, al Ser Supremo los azares beneficiosos de la historia, o las consecuencias de una voluntad humana que había superado esta prueba de dieciséis años.

Beate

Walter Rauff: la impunidad denunciada en Santiago de Chile

A finales de 1983, decido ir a Chile para intentar obtener la extradición o la expulsión de Walter Rauff. Es la ocasión, una vez más, de oponerme a una dictadura, la de Pinochet, y a la impunidad de un odioso criminal nazi.

Walter Rauff, de setenta y siete años, vivía en Las Condes, un barrio residencial de Santiago. Su extradición había sido solicitada por la República Federal de Alemania, pero denegada por la Corte Suprema chilena en 1963, porque en Chile los crímenes de guerra prescribían a los quince años de su ejecución. ¿Cómo aceptar semejante situación? La campaña de postales lanzada por Simon Wiesenthal no iba a provocar que el general Pinochet, sangriento dictador, se separara del autor de actos bárbaros cometidos en nombre de un régimen que le servía de modelo para la represión de los opositores.

Desde el 13 de marzo de 1961, Rauff era objeto de una orden de detención de la fiscalía de Hannover por el homicidio de al menos 97 000 judíos, mediante cámaras de gas móviles; dicho en otros términos, camiones de gas. En 1941-1942, Rauff había sido jefe del grupo II-D de la Oficina Central de Seguridad del Reich (RSHA). Ese grupo era responsable de la preparación y el equipamiento técnico de los comandos especiales de exterminio, los *Einsatzgruppen*, así como de la puesta a punto, el funcionamiento y la reparación de los camiones de gas, que operaron sobre todo en la Unión Soviética.

Cuando, durante el verano de 1942, los carros de combate de Rommel se acercaron a Alejandría y El Cairo, Himmler creyó que los alemanes iban a apoderarse de Palestina: Rauff fue enviado a

Atenas para organizar la liquidación de los judíos de Palestina. La decepción quedó compensada con el envío de Rauff a Túnez, en noviembre de 1942, en el momento en que la invasión alemana entregaba a los SS decenas de miles de judíos. Rauff aterrorizó a la comunidad judía tunecina. El dominio naval del Mediterráneo por parte de los británicos le impedía deportar a los judíos tunecinos hacia Europa, como se hizo más adelante con los judíos de Rodas o de Corfú, más próximos al continente; pero sí impuso a aquella comunidad rescates colosales en dinero, oro y joyas, y sometió a los hombres a trabajos forzados con violencia, ejecuciones sumarias y una alimentación insuficiente. Si su crueldad no provocó más víctimas, probablemente se deba al respeto de las reglas de la guerra por parte del comandante militar alemán en Túnez, el general Von Arnim, que terminó rindiéndose, en mayo de 1943. Walter Rauff no permaneció inactivo; después de una breve estancia en Córcega al mando de la policía nazi, donde no pudo capturar a ningún judío, lo nombraron jefe de la policía de seguridad y de los servicios de seguridad en Italia del Norte, en la República de Saló, donde todavía era efectiva la autoridad de Mussolini. Rauff intensificó la lucha contra los miembros de la Resistencia y multiplicó las detenciones de judíos, desde el asilo de ancianos de Venecia hasta los judíos de Milán, pasando por los de Florencia. Miles de ellos fueron deportados.

Nos esforzamos por difundir su foto en uniforme y abrigo largo de cuero en el momento de su detención por Estados Unidos en su cuartel general, el hotel Regina de Milán, el 30 de abril de 1945. Tiempo después, Rauff se escapó de un campo estadounidense del sur de Italia y pasó de Nápoles a Roma, donde halló refugio durante más de un año en centros religiosos. Enseñó matemáticas y francés en un orfanato. Se instaló en Damasco en 1949; un golpe de Estado lo privó de la protección del presidente Husni al-Zaim. Consiguió entonces entrar en América del Sur y, vía Ecuador y Bolivia, llegó a Chile. El periodista de *L'Express* Édouard Bailby lo identificó en el sur del país, en Punta Arenas, donde ejercía de gerente en una fábrica de conservas de pescado. Hay quienes sostienen que fue uno de los dirigentes de la policía política de Pinochet, cosa que me parece poco probable, aunque sea verosímil que haya colaborado con ella tras el golpe de 1973. Ningún Gobierno chileno, ni siquiera el de Allende, aceptó entregar a Rauff.

* * *

A finales de noviembre de 1983, el consulado chileno me concede un visado de turista de un mes con mi pasaporte alemán. Llego a Santiago el 19 de enero de 1984 y, a través de un comunicado, hago saber la razón de mi intervención. Llevo conmigo una carta del fiscal de Hannover que certifica la existencia de una orden de detención contra Rauff, emitida en Alemania. Agrego a la exposición sobre los crímenes de Rauff la siguiente declaración:

> No es la primera vez que me manifiesto en América del Sur para denunciar la protección que las odiosas dictaduras militares otorgan a los antiguos verdugos del pueblo judío. Hace doce años, me manifesté en la Bolivia del coronel Banzer para desenmascarar a Barbie; hace siete años, lo hice en Buenos Aires y Montevideo contra la represión policial en vigor. Mañana, en un Chile que bien quisiera deshacerse del régimen dictatorial del general Pinochet, intentaré movilizar a la opinión pública para que Rauff sea expulsado, como lo fue Barbie de Bolivia con el advenimiento de un régimen democrático. Así es como asumiré mis responsabilidades de alemana, como siempre he hecho, y afirmaré donde corresponda, como militante de los Derechos Humanos, mi solidaridad con el combate del pueblo chileno en aras del restablecimiento de sus libertades.

Me instalo en el hotel Cordillera; lo primero que hago es acercarme a los movimientos juveniles judíos por intermedio de un estudiante judío boliviano, Salomón.

El 27 de enero dirijo una manifestación de jóvenes judíos chilenos que han tenido la valentía de oponerse a sus padres, preocupados por ver a sus hijos alterar el orden público de una implacable dictadura. Nuestro blanco: el domicilio de Rauff, calle Los Pozos 7 230. Pintamos grafitis en las paredes, enarbolo un póster, mis amigos leen el nombre de los campos de exterminio. Unos policías insisten en que desista de mi acción y, ante mi negativa, terminan levantándome en vilo y alejándome del lugar. El 31 de enero reincido. Unos opositores a Pinochet entran en contacto conmigo y nos damos cita en la plaza de la Constitución, delante del Palacio de La Moneda, sede de la dictadura del general Pinochet. Era la primera manifestación en aquel lugar simbólico, al pie de las ventanas del despacho del dictador. La policía interviene masivamente, se lleva a los cabecillas y nos conduce en autobús a una comisaría. Nos dejan en libertad enseguida. La prensa chilena escribe grandes titulares en alusión a esos sucesos inéditos.

En París, Serge y los Hijos e Hijas organizan el 3 de febrero una gran marcha delante de la embajada chilena. Cientos de nuestros amigos participan, movilizados por las imágenes de mi interpelación frente al cuartel general de Pinochet. La policía me convoca el 7 de febrero a las ocho y media de la mañana para responder por la organización de una manifestación ilegal en La Moneda.

Entretanto, recibo un apoyo importante. Poco después de mi llegada a Chile, había conocido al embajador de Israel. El 25 de enero, Moshe Nissim, ministro de Justicia en Jerusalén, pide la extradición de Rauff, y el 1 de febrero, David Kimche, director general del Ministerio de Asuntos Exteriores israelí, realiza una visita inesperada a Santiago. En el transcurso de una entrevista con el canciller Jaime del Valle, solicita la extradición de Rauff hacia Israel y se topa con una negativa inmediata. El embajador alemán Hermann Holzheimer declaró entonces que, si Rauff debía irse de Chile, el lugar donde debía ser juzgado era Alemania. El embajador de Gran Bretaña también intenta, por su parte, una gestión en el mismo sentido, pero, como escribe el corresponsal de Associated Press: «Augusto Pinochet no es la persona que autorizará una expulsión».

Me voy de Chile el 9 de febrero de 1984. Es cierto que Rauff no fue expulsado, pero no morirá sin haber oído a los jóvenes judíos manifestándose ante su puerta y enarbolando estrellas amarillas. Muere el 14 de mayo de 1984. Durante el funeral, los canales de televisión de todo el mundo difunden las imágenes de los brazos en alto de los viejos nazis por encima de su tumba. Aquella campaña en Chile revela la protección de la que disponen los criminales nazis en los contextos de las dictaduras sudamericanas. Pero eso no es motivo suficiente para desmovilizarme. Pronto me sumerjo en otra dictadura, en Paraguay, la del general Alfredo Stroessner, esta vez en busca de Josef Mengele.

La caza de Josef Mengele

Cuando llego a Asunción, el 9 de febrero de 1984, el expediente de Mengele que traigo conmigo es voluminoso. Su caso nos interesó desde el comienzo, porque nada puede igualar el grado de inhumanidad de los llamados experimentos médicos con judíos y gitanos a los que se dedicaba.

En 1973, nuestra amiga Lisa había aceptado realizar una investigación en Paraguay para conseguir información sobre él. Sabíamos que era rico, que se había ido de Alemania rumbo a Argentina unos años después de la derrota y que, poco antes del secuestro de Eichmann en 1960, había sido alertado por la embajada alemana de los movimientos que se habían emprendido para solicitar su extradición de Argentina, donde vivía con su propio nombre. Mengele se había fugado entonces a Paraguay, donde el dictador Alfredo Stroessner le concedió la nacionalidad paraguaya en 1959.

Lisa regresó de ese país con las siguientes conclusiones:

> Este verano viajé a Paraguay con el objetivo de dar con el paradero de Mengele, pero, desde el principio, me parecía difícil lograrlo en los escasos veintiocho días que tenía. La mayoría de los alemanes de Paraguay viven en las colonias del interior del país, son agricultores que emigraron a principios de siglo. En Asunción, hay una cantidad de alemanes pertenecientes a la clase dirigente que tienen un papel importante en la economía del país. Es esa clase en concreto la que pareciera resultar interesante para obtener algún dato sobre Mengele. La dificultad es entrar en contacto con ellos, ya que no hay lugar de encuentro oficial en Asunción. Me invitaron a casa de una de esas familias. Para ellos y sus amigos, durante la guerra, Hitler y el nacionalsocialismo representaban la cohesión de las colonias alemanas. Para aquella gente, no tiene nada de incorrecto que M. viva realmente en Paraguay. Pero sobre ese tema no saben demasiado o no quieren saber demasiado. El contacto

más interesante que hice y que habría podido ser de gran utilidad fue una persona que conocí poco tiempo antes de mi partida: un hombre de negocios, dueño de varias empresas y de dos fincas. Formaba parte del entorno del presidente Stroessner y lo acompañó durante su viaje a Alemania ese verano. Pasé unos días con él, pero aquel encuentro fue demasiado tardío como para poder aprovecharlo. Estoy segura de que ese hombre sabe dónde se halla Mengele, pero no lo diría a quien le planteara la pregunta abiertamente. Disponer de mucho tiempo es absolutamente necesario para poder conseguir algún resultado. Hay que codearse con mucha gente y establecer contactos duraderos, a fin de generar confianza y esperar una ocasión en la que se pueda hablar de Mengele. También residí en un hogar costeado por las colonias alemanas. La directora, una muchacha de la colonia Hohenau (ubicada en el sur, muy cerca de la frontera argentina), me decía que Mengele había vivido allí tras la guerra, pero que se había ido hacía años, no se sabía adónde, probablemente a Brasil. Esa información me fue confirmada. Un belga, propietario del hotel El Tirol (un hotel de lujo donde los burgueses pasan uno o dos meses del verano), me confirmó que M. había vivido en Hohenau utilizando su verdadero nombre, pero que también tenía papeles argentinos. Antes del secuestro de Eichmann, M. iba a menudo a su hotel, pero, desde entonces, había desparecido. Es posible que esté en la región, esconderse aquí es fácil, me decía el hombre. (Más adelante, me enteré de que era un nazi condenado a muerte en Bélgica.) Después de numerosas conversaciones con otra gente de las colonias durante ese mes en Paraguay, me parece posible que Mengele se halle en la región del Alto Paraná, cerca de la frontera argentina, o bien en Brasil.

Lisa no se equivocó.

Nuestros compromisos prioritarios nos habían impedido avanzar más en esa investigación, pero no lo habíamos perdido de vista. En 1983, nos entrevistamos en Fráncfort con el fiscal Hans-Eberhard Klein, a cargo del expediente de Mengele. Creemos que la familia Mengele, que posee una gran empresa de maquinaria agrícola en Gunzburgo, lo mantiene económicamente. Su vínculo con su familia subsiste: en Buenos Aires, dirigió la filial de la firma Mengele, la Fadro Farm, creada en 1957. Tras un primer matrimonio, en 1939, con Irène Schönbein, con quien tuvo un hijo, Rolf, nacido el 16 de marzo de 1944 en Friburgo, Mengele se divorció en 1954. Volvió a casarse el 25 de julio de 1958 en Colonia, Uruguay, con Martha, la viuda de su hermano Karl Thaddeus, fallecido en 1949.

El hijo de Karl Thaddeus y de Martha, Karl-Heinz Mengele, también nacido en 1944, se convirtió en el jefe de la firma junto con su primo Dieter, hijo de Alois, otro hermano de Josef. Tras su boda con Josef Mengele, Martha y su hijo se afincaron en Argentina hasta 1961. Luego regresaron a Europa y se instalaron en Zúrich. Una situación complicada, pero que demuestra con toda claridad que detrás de Mengele está su familia.

Un registro de la sede de la empresa y de la casa de los integrantes de la familia en Gunzburgo solucionaría el problema. Pero el fiscal tiene miedo de «meter la pata» y, por otra parte, no puede seguir al hijo, Rolf, en sus desplazamientos fuera de Alemania. Nosotros lo haremos por él gracias a Lisa, que se ha ido a vivir a Berlín para terminar sus brillantes estudios universitarios.

Por la mañana, a la hora del cartero, Lisa pasa por el domicilio de Rolf, abogado, que también reside en Berlín. Se hace con su correo, se lo lleva, lo abre, fotocopia lo que le parece interesante (sobre todo, los resúmenes de las tarjetas de crédito), lo vuelve a colocar en el buzón y nos envía todo a París. Esa rutina se repite todas las mañanas a partir de 1983, cuando nos enteramos de que el hombre vivía en Berlín.

Un día, Lisa tiene la audacia de meterse en el departamento de Rolf, como había hecho en casa de la hija de Brunner. Los vio salir a él, luego a su mujer Almut y a sus hijos. No sabe de cuánto tiempo dispone. Una requisa rápida le permite descubrir en un cajón un pasaporte: pertenece a un hombre joven, Wilfried Busse, nacido el 26 de julio de 1947, más o menos en la misma época que Rolf. Se trata del pasaporte C5479673 expedido en 1970; 1,80 metros, la altura de Rolf, y el sello «Brasil entrada 11 de agosto de 1977 - salida 23 de agosto de 1977». Lisa vuelve a colocar el documento en su lugar.

La información es muy valiosa. Rolf viajó en 1977 a América del Sur para reunirse con su padre, ya fuera en Brasil, ya fuera en Paraguay u otro país vecino, con la identidad de un militante de extrema derecha, Busse; se marchó de Brasil y regresó para volver a Alemania y desviar cualquier sospecha. Transmitimos esos datos a la fiscalía de Fráncfort, que permanece apática.

Espero que mi campaña en Paraguay decida al fiscal a registrar el domicilio de los Mengele. Lamentablemente, la dimisión de Menahem Begin de su puesto de primer ministro puso fin a la iniciativa que este había tomado, el 28 de agosto de 1980, de crear un comité especial con el objetivo de estudiar los medios para poner fin a la impunidad de los criminales nazis más destacados.

En Asunción, me reciben el ministro del Interior, Sabino Montanaro, el ministro de Justicia, Eugenio Jacquet, y el presidente de la Corte Suprema, Luis María Argaña. En el transcurso de esas entrevistas, me aseguran no saber dónde se halla Mengele, me dicen que muy probablemente haya abandonado el país después de haber sido privado, el 8 de agosto de 1979, de la nacionalidad paraguaya que se le había concedido el 27 de noviembre de 1959. Es posible, pero creo que Stroessner y su eficaz policía política saben dónde se ha refugiado Mengele, ya sea en Paraguay o en otro sitio. Continúo presionando. Convenzo a mis contactos militantes del Partido Liberal Radical, de la oposición, de que me sigan al Palacio de Justicia de Asunción para una excepcional marcha en la que reclamamos la extradición de Mengele. El 17 de febrero de 1984, a las diez y media, me planto con una pancarta en la escalinata del Tribunal, acompañada por unos treinta valerosos militantes poco acostumbrados a manifestarse delante de la policía. «General Stroessner, usted ayudó a proteger a Mengele. Ahora ayude a traerlo ante la justicia»; «El pueblo paraguayo no quiere a Mengele en su país».

La policía me vigila de cerca, así como a todo el que se me aproxima, como el general Andrés Rodríguez o el que fuera ministro del Interior Edgar Ynsfrán. También sé por Serge que los medios occidentales han popularizado mi campaña; me pusieron el sobrenombre de «*Marathon woman*».

El caso Mengele está otra vez sobre la mesa. Me voy de Paraguay el 19 de febrero y, al día siguiente, doy en Nueva York una conferencia de prensa en el Comité Judío Estadounidense, donde los periodistas se empujan para entrar. Estados Unidos está implicado, puesto que resulta que Mengele había sido detenido en 1947 en la zona de ocupación estadounidense y puesto en libertad. Se abre una investigación oficial. Aprovecho para regresar a Paraguay el 22 de noviembre de 1984, esta vez con la fiscal de Brooklyn, Elizabeth

Holzmann, el presidente de la asociación de supervivientes de Bergen-Belsen, Menachem Rosensaft, y el sacerdote católico René Valero, también de Brooklyn. Nuestro cuartel general es el hotel Casino Ita Enramada. Nos entrevistamos a diario con personalidades paraguayas: ministros y magistrados a los que yo ya había conocido en febrero. Es un trabajo de resistencia: se trata de presionar al Paraguay de Stroessner, que había protegido a Mengele durante dos décadas.

Unos días después, nuestra delegación sale de Asunción rumbo a Nueva York. En Israel, los «gemelos» de Mengele se movilizan: en 1985, un jurado internacional oye sus declaraciones durante quince horas de audiencia. Muchas veces, Mengele había conducido a los padres a la cámara de gas y les ahorró ese desenlace a los hijos a fin de hacerles sufrir sus espantosos experimentos médicos.

La movilización internacional se intensifica y presiona a la Justicia alemana. Vuelvo a viajar a Asunción el 17 de mayo de 1985, esta vez con una orden de busca y una recompensa sustanciosa para quien suministre información. El aviso será publicado en algunos diarios paraguayos y en *O Estado de S. Paulo*. Paso por Buenos Aires, donde me reciben con afecto las Madres de Plaza de Mayo, víctimas de la junta militar, que no habían olvidado mi acción en la Argentina de mayo de 1977, durante el auge de la represión.

En Asunción, vuelvo a ocupar mi habitación del hotel Guaraní. Los directivos de la Liga de Derechos Humanos y algunos periodistas me esperan en el aeropuerto. He preparado material documental, que la censura prohíbe difundir en la televisión después de largas discusiones. Cada día, *El Diario* me acusa de llevar a cabo una campaña contra Paraguay. El 24 de mayo encabezo una pequeña manifestación considerada «pacífica» por la policía, que ordena a los manifestantes que abandonen el Palacio de Justicia y se dispersen. Me quedo sola con mi cartel: «Stroessner, mientes al decir que no sabes dónde está el SS Mengele. No vayas a Alemania sin él». Quiero impedir la visita oficial a Alemania de Stroessner, prevista para el 3 de julio de 1985.

La prensa comenta mis intervenciones todos los días. El 28 de mayo, Pastor Coronel, jefe del Departamento de Investigaciones Policiales, informa a su superior, el general Francisco Borges, que:

1) he venido para provocar a la opinión pública nacional e internacional contra Paraguay y su Gobierno legítimamente constituido; 2) me he tomado el atrevimiento de tratar de «mentiroso» a Su Excelencia el presidente de la República, general del Ejército don Alfredo Stroessner. Dado que la sanción por esa infracción está definida por el artículo 6 de la ley número 209, sugiere «respetuosamente» mi expulsión de Paraguay.

El 29 de mayo un periodista da parte a la policía de que estoy preparando una marcha delante de la Embajada alemana para el día siguiente, contra la visita de Stroessner a ese país. El 30 de mayo a las diez y veinte, me presento sola frente a la Embajada alemana, con mi pancarta: «No a la invitación de Alemania al protector de Mengele, el dictador Stroessner». El embajador alemán, Walter Groener, aprueba mi acción. El dueño del hotel en el que estoy alojada me echa, porque juzga que mi comportamiento es «ofensivo e irrespetuoso». Se me acusa de «campaña difamatoria en la que están implicados sectores de la oposición obviamente manipulados por el comunismo internacional», y la prensa reproduce el estribillo a coro.

Así y todo, mis objetivos serán alcanzados a mi regreso a Europa: 1) Stroessner postergó su visita a Alemania a una fecha indeterminada y nunca más volvería a pisar suelo alemán; 2) el registro que la Justicia alemana finalmente efectuó el 31 de mayo de 1985 en Gunzburgo dio resultado: se reveló que Mengele había muerto el 7 de febrero de 1979, ahogado en una playa.

* * *

Regreso una vez más a Argentina, el 21 de diciembre de 1987, para solicitar la extradición de Josef Schwammberger, quien dirigió el gueto de Przemyśl, en Polonia. En 1982, Serge había publicado las memorias de Markus Wolfshaut, superviviente de aquel gueto. Cuando Schwammberger fue identificado en Buenos Aires y Alemania reclamó su extradición, montamos un expediente con testimonios de Wolfshaut y Henri Gourarier (antes, Heinz Leibowitcz), testigos oculares de asesinatos cometidos por Schwammberger. Por intermedio nuestro, ambos se presentaron como acusación particular en Stuttgart, en representación de sus padres asesinados.

Serge y yo fuimos a Stuttgart a presentar sus denuncias. Mandamos traducir todos los documentos al español y los entregué en Buenos Aires al fiscal general de la nación, José D'Alessio, y al fiscal de la Corte Suprema de Justicia, Jaime Malamud Goti. La extradición fue concedida en 1988, y el 12 de mayo de 1992 Schwammberger terminó condenado en Stuttgart a cadena perpetua. Fue para mí la oportunidad de abrazar a las Madres de Plaza de Mayo. Nuestro último encuentro con Hebe de Bonafini en Buenos Aires data de septiembre de 2010, cuando fui invitada de honor de la presidenta de Argentina, Cristina Kirchner, para hablar de la lucha por la justicia y la memoria en un coloquio internacional sobre la Shoá.

El caso Kurt Waldheim (1986-1987)

Al enterarse por medio de revelaciones del círculo político austríaco publicadas en Viena de que Kurt Waldheim había mentido sobre su pasado militar, el Congreso Judío Mundial reunido en Nueva York en 1986 elaboró un notable y voluminoso expediente. Waldheim, Secretario General de las Naciones Unidas, que ocupó la cima del rascacielos de la organización en Nueva York durante diez años, estaba catalogado, en los archivos del sótano de ese mismo edificio, como criminal de guerra, en el mismo nivel que Barbie, a raíz de la presentación por Yugoslavia, en 1948 de un detallado expediente que daba cuenta de sus crímenes.

Si Israel no corroboró el pasado de Waldheim en 1972, fue probablemente porque, curiosamente, Simon Wiesenthal, que era austríaco y vivía en Viena, no se pronunció en aquella época. Israel podía creer que Waldheim estaba limpio. ¿Por qué Wiesenthal no dijo nada? O bien su investigación había sido un fracaso, o bien no había investigado nada, por simpatía hacia Waldheim o hacia el partido político que este apoyaba.

Serge y yo revelamos que, tras la deportación de 42 000 judíos de Salónica, ocupada por los alemanes, el general Löhr y su Estado Mayor, del que formaba parte Waldheim, habían presionado a los militares italianos en Grecia para que ellos también deportaran a los judíos griegos de su zona de ocupación.

En cooperación con el Congreso Judío Mundial, participamos en la búsqueda de documentos que demostraran la implicación de Waldheim en la represión en Yugoslavia y en las deportaciones de Grecia. Me dedico, sobre todo, a impedir su elección como presidente de Austria, que parecía no plantear ningún problema.

Viajo a Viena en mayo de 1986 y, con unos jóvenes austríacos, organizo varias manifestaciones en la capital y en el interior del país, en Graz y en Amstetten. A veces me vapulean, a menudo me insultan, pero al menos ayudo a que la oposición a Waldheim se oiga.

El 25 de junio de 1987, mientras Serge participa en la audiencia número treinta de la causa contra Barbie, yo me esmero para movilizar a la opinión en Roma, con el fin de que tome conciencia del escándalo que representa el encuentro en el Vaticano entre un presidente austríaco desacreditado por sus mentiras sobre su pasado y un papa polaco, preocupado por mejorar las relaciones entre la Iglesia católica y los judíos. Ese encuentro fue expresamente organizado para manifestar el apoyo del papado a Waldheim, cuyos viajes oficiales a los países occidentales eran boicoteados. Waldheim solo podía viajar fuera de los países de la Comunidad Europea y de Estados Unidos —este último acababa de incorporarlo a una *watchlist* que le prohibía todo acceso al territorio estadounidense—.

La visita prevista debía quedar marcada por el sello de la vergüenza y, para ello, yo contaba con algunos apoyos; en particular, el del rabino Avi Weiss de Riverdale, que ya militaba a mi lado en Viena y había venido expresamente desde Nueva York con otros tres rabinos: Robert Frauenglas, Chik Rïkto y Bernard Glickman. Asimismo, numerosos jóvenes de la comunidad judía de Roma estaban decididos a expresar su desaprobación con respecto a Waldheim, pero también a ese papa, que había sido el primero en entrar en la sinagoga de Roma. El encuentro desconcertaba a muchos católicos: los cardenales Decourtray y Lustiger declararon en un comunicado conjunto «no comprender el sentido de esa visita».

Llego a Roma antes que Waldheim, el 24 de junio, y llevo lo necesario para concretar mi plan. Dado que la elección pontificia se anuncia mediante un humo blanco, cuando Waldheim pase delante del Vaticano, voy a originar seis humaredas negras, para simbolizar los seis millones de judíos asesinados. Traje varias bombas de humo, pero no sé manipularlas. Reservé una habitación en el hotel Colombus, la 418, que da a la Via della Conciliazione, que conduce a la plaza de San Pedro. Cerca de las cuatro de la tarde, decidimos hacer una prueba y estudiar el mecanismo de activación de las bombas. Es un desastre: la bomba se activa en el cuarto, que se llena de humo y se prende fuego. Hacemos sonar la alarma y nos damos a la fuga. Nuestro fracaso será un éxito rotundo: acuden los bomberos y también la policía. En un principio creen que se trata de un atentado y los medios enloquecen: el incidente ocupará los grandes titulares del día siguiente, y yo soy la responsable del escándalo.

Una vez apagado el incendio, me precipito al aeropuerto de Fiumicino con los cuatro rabinos para recibir a Waldheim como se merecía. Pero la amenaza de atentado, potenciada por el episodio de las bombas de humo, provoca nuestra interpelación a las ocho y media de la tarde. Nos dejan en libertad enseguida, y termino la noche en el hotel de los rabinos.

A la luz de los acontecimientos del día anterior, el Gobierno italiano, que se cuidó bien de ir a recibir a Waldheim y únicamente mandó como delegado al aeropuerto a su jefe de protocolo, tomó sus precauciones: la inmensa plaza de San Pedro se encuentra vacía y varios cordones de policía impiden el acceso al Vaticano; Waldheim y su comitiva no pueden entrar al lugar sino por medio de un recorrido lateral mucho menos prestigioso. El Vaticano es un campo con trincheras. La manifestación solo convoca a judíos y periodistas (casi en cantidades iguales), pero las fotos de los judíos cubiertos con los harapos de deportados, rodeados de policías delante de la basílica de San Pedro, dan la vuelta al mundo, mostrando una visita cuestionable y cuestionada. Los embajadores estadounidense, inglés y alemán se abstuvieron de participar en la recepción de Waldheim. Logramos obstaculizarlo, pero solo ganamos tiempo, puesto que Waldheim va a viajar en visita oficial a Jordania, del 1 al 4 de julio. Si él va, yo también voy.

El rey Hussein de Jordania llama a Waldheim «*dear friend*», querido amigo. En su calidad de secretario de las Naciones Unidas durante diez años, Waldheim favoreció más bien la causa árabe.

Llego a Amán con la Royal Jordanian Airlines, utilizando mi apellido de soltera, y reservo una habitación en el Intercontinental. El 2 de julio, acudo al Ministerio de Asuntos Exteriores con un gran tomo blanco: el expediente Waldheim establecido por Israel Singer e Ilan Steinberg. Un oficial jordano me recibe calurosamente, hasta que tiene conocimiento del contenido del documento que le quiero entregar; se niega a que le deje la carpeta y me acompaña muy cortésmente hasta la salida. Debajo de mi chaqueta, que me quito cuando llega el momento oportuno —o sea, delante de las gigantescas fotos de Waldheim y del rey Hussein—, llevo una camiseta negra con estas tres palabras: «*Waldheim muss weg*», Waldheim debe irse. Desde luego que la policía me interpela, me lleva a una comisaría y luego me deja en libertad bajo custodia, en mi habitación de hotel. El portavoz jordano de Asuntos Exteriores recuerda a la prensa que soy una gran defensora de la causa judía, que las manifestaciones públicas están prohibidas desde 1967, que debo dejar a Waldheim en paz y que me han invitado a abandonar Jordania (invitación apremiante a la que me someto sin lamentarlo). Estaba sola, pero gracias a una foto muy lograda fui la invitada estrella del mundo occidental al encuentro Waldheim-Hussein y consigo de este modo transmitir mi mensaje.

Volví a Viena el 9 de diciembre de 1987, el 5 y el 12 de marzo de 1988: todas las veces, para manifestarme. En la primavera de 1988, nos enteramos de que, en junio, el papa iba a devolverle a Waldheim en Viena la visita que este le había hecho al Vaticano. A Serge, a Arno y a mí se nos ocurrió que uno de nosotros —será Arno— se pondría el uniforme que vestía Waldheim durante la guerra, y otro —se turnarán nuestros amigos Benjamin Asenhejm y Willy Gruska— llevaría las inmaculadas ropas del pontífice. Proyectamos alquilar una habitación con balcón en el hotel que se encuentra frente a la catedral de San Esteban: los mirones que se agolparan para festejar a Waldheim y a Juan Pablo II verían en el balcón a un Otto Waldheim, idéntico al real. Esa parte del guion se desarrolló tal como habíamos previsto.

En el mismo momento, unos jóvenes judíos estadounidenses se manifestaron en la plaza.

Al día siguiente, la escena transcurre en la calle. Nuestro grupo se presenta ante la Nunciatura por la mañana temprano. Avanzo a la cabeza, seguida por Arno, vestido de uniforme alemán, con las condecoraciones de Waldheim y la esvástica, así como por Willy, que luce ropas papales; los demás enarbolan pancartas. La policía se abalanza sobre nosotros, arrojan a Arno dentro de un vehículo policial, también a Willy, y se llevan al resto del grupo. Terminamos todos en una comisaría de la Taubstummengasse, donde un policía le propina una serie de patadas a Arno. Me levanto y abofeteo al agente, que no se atreve a reaccionar. Toman las huellas digitales de Arno, que, después de haber hecho lo que le pedían, se limpia con mucha calma los dedos en la camisa blanca del policía. El agente se pone a gritar, pero se contiene para no golpearlo. Nos encierran en distintas celdas durante más de seis horas y luego nos liberan.

Mi última protesta contra Waldheim tiene lugar en Turquía, junto al rabino Weiss. Aterrizamos en Ankara el 1 de noviembre de 1988, pero debemos salir rumbo a Estambul, porque se trata de una visita privada de Waldheim, que desea, tras su paso por Siria y Kuwait, visitar esa ciudad. Declaro que «Turquía comparte el mismo pasado que Waldheim», en referencia al genocidio de los armenios. Nos presentamos con nuestros carteles frente a una escuela que va a visitar el presidente turco, Kenan Evren, antes de reunirse con Waldheim. Una multitud de policías se nos viene encima. Lo que sigue es el procedimiento de rutina: comisaría, interrogatorio, unas horas de encierro antes de ser liberados y sentirnos aliviados por la presencia de la prensa. Al día siguiente, los grandes titulares y la foto de la primera plana están dedicados a nuestra manifestación, que arrojó algo más que una sombra sobre la visita de Waldheim a un país de la Organización del Tratado del Atlántico Norte (OTAN). Confrontado con la pérdida de prestigio que Waldheim le ocasiona a Austria, el partido conservador lo obliga a renunciar a su candidatura a la reelección.

Tendremos que regresar a Austria en el año 2000, para manifestarnos contra la entrada en el Gobierno conservador de la extrema derecha con el Partido de la Libertad de Austria (FPÖ), partido liberal populista y xenófobo de Jörg Haider, que había destacado públicamente los méritos de la política de empleo de Hitler y había efectuado llamamientos para que se reconociera a los Waffen-SS. Los socios de Austria en el seno de la Unión Europea también protestan contra esa nueva coalición y preconizan una vigilancia absoluta.

Fue en la conferencia de Estocolmo dedicada a la Shoá donde se confirmó la formación de esa nueva coalición gubernamental en Austria entre los conservadores y el partido de Haider. Serge estaba invitado al evento, que reunió, del 26 al 28 de enero de 2000, a los representantes de cuarenta y seis Estados. Para la totalidad de los participantes, sumidos psicológicamente en el genocidio perpetrado por el Tercer Reich, el acceso democrático al poder, en un país de la Unión Europea, de un partido xenófobo y racista y de un hombre que no había dejado de referirse positivamente a determinados valores del Tercer Reich representaba un escarnio, un desafío, una humillación histórica y la negación perentoria de todo aquello que los convocaba en esa ocasión. Fue así como se decidió la reacción del núcleo de los catorce, que bajo el impulso de Francia, declararon que el alma de Europa era incompatible con los valores sostenidos por un personaje como Haider. El boicot a Austria terminó siendo eficaz y el partido de Haider se deshizo de él antes de que los partidos políticos «clásicos» se deshicieran del partido de Haider. No obstante, el apego de los austríacos a su identidad nacional es tan intenso que la extrema derecha parece destinada a un eterno retorno.

En el sector musulmán de Beirut

Unas decenas de judíos libaneses no habían respondido al llamamiento de las fuerzas israelíes a irse del país cuando estas se retiraron del centro del Líbano, y se habían quedado en Beirut. Los judíos libaneses se creían a salvo de la violencia de la guerra civil, en razón de su nacionalidad política y del apego a su país de nacimiento o de elección. Esa decisión de no abandonar el Líbano se reveló fatal para unos diez de ellos, secuestrados en 1984 y 1985. Haim Cohen e Isaac Tarrab fueron ejecutados por la Organización de los Oprimidos de la Tierra, que exigía la liberación de todos los detenidos de la prisión de Khiam, en el sur del Líbano, en manos de milicias controladas por Israel. No hubo ninguna protesta internacional al respecto, únicamente se pronunciaron las comunidades judías. Francia no se mueve, ni siquiera con Isaac Tarrab, que había obtenido el doctorado en Matemáticas en la Sorbona, en 1939. Un respetado profesor que había formado a generaciones de docentes libaneses. Nosotros no podemos admitir tales asesinatos ni los que seguirán, por mucho que sepamos que nuestros movimientos preliminares tienen pocas probabilidades de llegar a buen puerto.

¿Quién de nosotros dos va a viajar? Yo, puesto que la solución parece depender en parte de Israel y porque mi presencia en el Líbano, después de lo que ya he hecho por los judíos en peligro, puede resultar útil. No me es fácil separarme de mi familia, sobre todo cuando se trata de adentrarme en una ciudad donde impera la violencia. ¿Pero cómo podemos defender la memoria de los judíos asesinados hace más de cuarenta años si no defendemos la vida de los judíos que hoy están corriendo riesgos? El mensaje que les dejo a los medios antes de irme, el 17 de enero de 1986, es explícito:

> Voy a Beirut por dos motivos. Por un lado, para denunciar allí mismo los asesinatos de dos rehenes judíos. Esos crímenes, cometidos contra judíos libaneses por el mero hecho de ser judíos, rebajan a sus autores al rango de criminales nazis. Por otro lado, en calidad de alemana consciente de mis responsabilidades después del Holocausto, me siento siempre y en todas partes solidaria con los judíos perseguidos por ser judíos. Es por eso que quiero intentar salvar la vida de los cinco rehenes que todavía están vivos y voy a proponerles a sus secuestradores que los liberen y me tomen a mí como rehén en su lugar.

En París —suele ser así—, los militantes judíos que se entregan a una causa absolutamente legítima, como la de los rehenes judíos libaneses, difícilmente aceptan que otra persona intervenga, y en un compromiso más visible por ser más peligroso. Nos reprochan la falta de diálogo. Si el diálogo hubiera tenido lugar, sin embargo, solo habría perseguido un objetivo: impedirme viajar.

Tomo un vuelo hacia Chipre y, seguidamente, el buque que realiza el enlace con el Líbano. Voy sin visado. Me parece más fácil entrar ilegalmente en el país por mar. Cuando el barco atraca en el puerto de Jounieh, en el norte de Beirut, dejo que desembarquen todos los pasajeros y espero el momento indicado. Como nadie controla nada, desembarco con mi maleta. Estoy en el sector cristiano de la ciudad y deseo entrar en el sector musulmán, en Beirut occidental. Pero cuando llego en taxi a la frontera, la «línea verde» entre ambos sectores, la seguridad del lado cristiano me intercepta, controla mis papeles y me conduce a una comisaría donde paso la noche. Por la mañana, el embajador alemán Ambrosius Eitel me consigue un permiso de residencia de dos meses, al tiempo que me recomienda que me vaya, en razón de los riesgos a los que ya me he expuesto. Le agradezco el consejo y me dirijo al sector musulmán, donde me alojo en el hotel Cavalier, el que eligen los medios extranjeros.

La prensa libanesa informa sobre el objetivo de mi viaje. El 3 de febrero, Himat, un chiita, me lleva en coche hacia las afueras de Beirut. Frena y otro vehículo se detiene al lado; baja un muchacho. Hablamos en inglés. Me dice que los rehenes serán liberados únicamente si todos los prisioneros de la cárcel de Khiam son antes liberados. «¿Por qué atacan a unos inocentes?» «Porque, de todos modos, todos los judíos son hermanos y todos los judíos son responsables». Me dice que volverá a ponerse en contacto conmigo si hay novedades.

Informo a Serge sobre este primer encuentro. Viaja a Israel, después de declarar que yo no habría intervenido si no se hubiera ejecutado a dos rehenes, si se hubiera tomado alguna iniciativa concreta al respecto, y que él comunicaría a quien correspondiera las exigencias de los secuestradores. Sus interlocutores en Israel le aseguran que todos los judíos libaneses han sido advertidos en tiempo oportuno de que debían irse, y que de ninguna manera las milicias del general Haddad liberarán a cientos de prisioneros.

Serge está dispuesto a reemplazarme en Beirut, donde la prensa occidental me evita. Roger Auque[1], que sí quiere reunirse conmigo, será secuestrado. A su regreso, preguntándose sobre la causa de su secuestro, escribió:

> Entonces, ¿cuál podía ser el obstáculo que impidiera mi liberación? Durante la estancia de Beate Klarsfeld en Beirut, la mayoría de los corresponsales libaneses de la prensa francesa, y también los corresponsales occidentales, habían pasado por alto su presencia por dos razones. La primera, porque gran parte de los corresponsales de prensa en Beirut son más bien antiisraelíes. La segunda, porque siempre hay peligro al entrevistar a una mujer que tiene relaciones muy estrechas con Israel, por más que sus objetivos sean humanitarios. Para mí, judíos o no judíos, esos rehenes son ante todo rehenes, y el hecho de que Beate Klarsfeld asumiera grandes riesgos personales viniendo a Beirut era ya un acontecimiento en sí mismo.
>
> Entonces, ¿fue precisamente a causa de aquella entrevista por lo que hoy estoy en un calabozo? ¿Será que algunas organizaciones de Beirut se enteraron de que yo había entrevistado a Beate Klarsfeld? En cualquier caso, resultaba peligroso hacer aquella entrevista.[2]

El 10 de febrero, regresé a París con las manos vacías; pero había hecho todo cuanto había podido durante más de tres semanas en una ciudad donde resuenan disparos, explosiones y atentados. Dos días después, Serge tomó el relevo.

---

[1] Periodista, espía y diplomático francés. [*N. de la T.*]

[2] Roger Auque y Patrick Forestier, *Un otage à Beirut*, París, Filipacchi, 1988.

Serge

En la boca del lobo

Llegué a Beirut el 20 de febrero de 1986 con un visado de turista. Beate había regresado a París dos días antes. Elie Hallak, médico judío famoso sobre todo por su labor con los pobres, acababa de ser asesinado. En el aeropuerto, situado en el sector musulmán, me esperan los medios. Leo el comunicado que he hecho público antes de salir:

> Vengo a protestar públicamente contra los asesinatos de los rehenes judíos libaneses y a lanzar un llamamiento a los dirigentes espirituales musulmanes, los cuales, hasta hoy, no se han manifestado, a fin de que condenen los crímenes antijudíos y soliciten que los rehenes supervivientes sean liberados [...]. Hay que intentar que los secuestradores de esos desgraciados rehenes entren en razón, esos judíos libaneses no tienen Estado que los defienda, y repetirles que su enfrentamiento con Israel no debe pasar por la Solución Final de esos últimos judíos que han elegido quedarse en el Líbano porque aman a su país, y que estos son inocentes de todo acto hostil hacia las diversas facciones que chocan en el país.

Cuando bajo del taxi en la entrada del hotel, todos se sorprenden al verme. Yo sabía que me arriesgaba a que me secuestraran entre el aeropuerto y el hotel Cavalier. La voz alemana de Beate se había hecho oír; yo no venía a negociar, sino a condenar los odiosos homicidios e intentar ayudar a que no hubiera más secuestros de judíos. Es una extraña sensación salir del hotel, nada más dejar la maleta para personarme en la sede de un periódico musulmán, caminar por unas calles donde todo puede pasar. La última vez que había experimentado esa sensación había sido en las calles de Niza, cuando intentábamos escapar de las redadas.

Temprano por la mañana, suena el teléfono; es el embajador de Francia, Christian Graeff: «Si permanece en ese sector, no sobrevivirá ni un día tras sus declaraciones. Quédese en el hotel, en el vestíbulo, preparado para marcharse». Sigo su consejo. Dos vehículos blindados se detienen delante del hotel, irrumpen unos gendarmes franceses fuertemente armados, me conducen hasta uno de los coches. Nos paramos delante de un convento y entramos corriendo, casi a cuatro patas, para evitar a los francotiradores. Los gendarmes dejan unas cajas de cartón; seguimos camino y cruzamos la línea verde a toda velocidad. Les agradezco profundamente la actuación, así como al embajador y al agregado militar, con quien almuerzo y que poco después será asesinado.

Regresé mediante el enlace marítimo Beirut-Chipre. Luego tomé un avión a París. Ninguno de aquellos desafortunados rehenes sobrevivió.

¿Qué conclusión cabe sacar de todo ello, sino que cuando una inmensa ola antijudía irrumpe, a los judíos no les queda otra alternativa que huir a tiempo, si es que pueden? ¿Cuántos judíos alemanes, patriotas, con la Cruz de Hierro al cuello, fueron asesinados por los nazis? ¿Cuántos judíos franceses, con la Legión de Honor en la solapa, fueron entregados a la Gestapo por Vichy? Raoul Mizrahi, Haim Cohen, Isaac Tarrab, Elie Hallak, Elie Srour, Henri Mann, Ibrahim Youssef, Yehouda Benesti, Isaac Sasson, Selim Jammous: son nombres que están inscritos en el gran memorial de los judíos ejecutados por ser judíos. Beate y yo habíamos revelado con paciencia y obstinación los 80 000 nombres de las víctimas de la Shoá en Francia. Los diez nombres de esos rehenes judíos libaneses ejecutados los inscribimos a nuestra manera, lanzándonos a la boca de un lobo que ni siquiera se da cuenta de su absurda ferocidad.

* * *

Arno siguió nuestro ejemplo al año siguiente, arrojándose con coraje a las garras de los esbirros de Jean-Marie Le Pen. Después de que este último hablara de «un detalle»[1] en 1987, lo demandamos ante la justicia, a la vez que a otros.

[1] El político francés de extrema derecha afirmó que las cámaras de gas fueron «un detalle» en la historia de la Segunda Guerra Mundial. *[N. de la T.]*

Arno quiere confrontarlo y asistir al congreso del Frente Nacional en Le Bourget, a modo de protesta. Mientras que todos los camaradas de ayer se escabullen uno tras otro, él decide ir solo. Querríamos disuadirlo, pero no podemos: nosotros le hemos mostrado el camino. En aquella circunstancia, tanto él como nosotros sabemos que no podrá evitar los golpes. Debajo de su abrigo se ha puesto una camiseta donde ha escrito: «Le Pen nazi». Cuando salta a la tribuna cerca de Le Pen y la multitud ve su camiseta, recibe una paliza de los guardaespaldas. La policía lo lleva al hospital Rothschild. En ese enfrentamiento solitario, perdió algunas décimas de visión en el ojo derecho. Atravesó la prueba de iniciación militante que se había fijado, y jamás retrocederá ante un peligro que le impida cumplir con lo que él considera su misión.

Peripecias en los casos Leguay, Bousquet y Papon

El 3 de noviembre de 1987, Jacques Chirac e Yitzhak Samir, ambos primeros ministros, viajan a Rogüt, donde los recibo con Annette Zaidman, nuestra secretaria general. En mi alocución, recalco:

> Usted comparte activamente con nosotros esta voluntad de recordar lo que fue el destino de los judíos de Francia, señor primer ministro, y también ha tomado recientemente la iniciativa de informar, en especial a los alumnos de la escuela primaria y secundaria, sobre el contenido de las leyes antijudías de Vichy. ¡Qué camino hemos recorrido desde 1954, cuando se censuró el documental de Alain Resnais, *Noche y niebla*, porque se veía el quepis de un gendarme delante del campo de Pithiviers!

Jacques Chirac responde: «Con profunda emoción regreso hoy aquí, a este santuario del recuerdo, para saludar la memoria de esas 80 000 víctimas de la barbarie y la locura de los hombres, esos 80 000 mártires de la Shoá, cuyos nombres están grabados para siempre en nuestros corazones. He aquí sus nombres, he aquí sus rostros, testimonio viviente que nos alcanza en nuestra memoria colectiva».

Ningún otro político dio muestras de tanta sensibilidad para con nosotros ni de semejante comprensión histórica. Chirac sabía, como yo, que, durante aquellos años oscuros, dos Francias se oponían: la de De Gaulle y la de Pétain, pero que cada una de ellas era Francia y que la Francia de hoy debía asumir también aquella Francia de Vichy.

* * *

El caso Papon atraviesa una desafortunada peripecia: el juez de instrucción está dispuesto a acusar al prefecto de la época, Maurice Sabatier; para juzgar a un prefecto, sin embargo, hay que pasar por el Tribunal de Casación, y este consideró el 11 de febrero de 1987 que el juez habría debido darse cuenta desde el inicio de su instrucción de la posibilidad de acusación del prefecto Sabatier. Lo único que no se anuló fueron nuestras acusaciones particulares en nombre de las víctimas.

De modo que la instrucción vuelve al principio, con un nuevo juez, François Braud. El 15 de diciembre de 1987, participo en la audiencia en la vista de las acusaciones, donde, junto con los demás abogados, impugnamos la reciente decisión de la Fiscalía de proceder a un peritaje histórico. Un magistrado debe fundarse en los hechos y no refugiarse detrás de un historiador. El 5 de enero de 1988, la cámara de acusaciones de Burdeos rechaza la solicitud de la Fiscalía.

Publico un extenso documento donde indico los nombres y las direcciones de los 1 500 judíos, convoy por convoy, trasladados de Burdeos a Drancy, así como los numerosos papeles firmados por Papon que prueban su participación. Lo enviamos a todos los parlamentarios, a toda la prensa y a cientos de personas de la región de Burdeos.

Papon resulta discretamente acusado de nuevo en julio de 1988, y la misma suerte corre el prefecto Sabatier en el mes de octubre. Concedo entonces varias entrevistas: «La justicia duda en meterse con él porque Papon es francés y ocupó funciones respetables en la Francia de la posguerra. Tengamos cuidado con las conclusiones que de ello podrían sacar los observadores extranjeros: ¿acaso Francia, por un lado, siente congoja por las víctimas de Barbie y, por el otro, piedad por los cómplices de Vichy?».

En París, el nuevo fiscal jefe de la Corte de Casación es Pierre Truche, el mismo que presentó el requerimiento contra Barbie en Lyon. Me reúno con él, así como con el fiscal general de la República, Marc Domingo, que acaba de finalizar la redacción de su requisitoria contra Leguay. Antes del verano de 1989, Leguay podría haberse llevado ante la jurisdicción de lo penal, pero muere el 2 de julio, y el prefecto Sabatier sigue el mismo camino poco tiempo después. Conseguimos que la resolución del 11 de septiembre de 1989 de la fiscalía de París, que pone fin al procedimiento entablado contra Leguay, no se vea reducida a una línea, sino que vaya acompañada de requerimientos muy detallados de Marc Domingo, lo cual es excepcional y totalmente inédito. Por su parte, el juez de instrucción Jean-Pierre Getti sostiene contra Leguay, sin el menor atenuante, su «participación en crímenes de lesa humanidad».

> Su presencia activa en las reuniones de la comisión francoalemana, las misivas de las que es autor y las instrucciones transmitidas por él en nombre de la jerarquía son actos reales voluntariamente consumados con la intención (y con el resultado) de facilitar la ejecución de las operaciones criminales entonces en curso en París y en el conjunto del territorio francés [...]. Cabe señalar que las detenciones y las deportaciones de niños, muchos de ellos de menos de doce años, no podían tener ninguna justificación legal ni jurídica.

Esa resolución y ese requerimiento notables marcan un hito en la historia de la justicia y revelan el camino recorrido por la sociedad francesa desde la inmediata posguerra, cuando la Corte Superior de de Justicia de la Francia de la Resistencia absolvía a Bousquet, jefe de la policía de Vichy.

Al día siguiente de la publicación de la resolución y la requisitoria contra Leguay, el 13 de septiembre de 1989, presento con Charles Libman, en nombre de los Hijos e Hijas de los Deportados Judíos de Francia (FFDJF), una denuncia contra Bousquet por crímenes de lesa humanidad.

Ya juzgado (y absuelto) en 1949, Bousquet solo puede ser enjuiciado otra vez sobre la base de hechos nuevos, tal como ocurrió con Barbie. Presenté dos hechos nuevos particularmente trascendentes para que fueran examinados por la justicia. El primero atañe a la supresión por el propio Bousquet, el 18 de agosto de 1942, de exenciones que protegían a los niños de dos a cinco años que pudieran ser objeto de la gran redada del 26 de agosto de 1942 en la zona libre. El segundo se relaciona con el papel de Bousquet en la decisión de aportar la colaboración de la policía francesa en el marco de la redada del Vél'd'Hiv. El acta alemana elaborada por Herbert Hagen del encuentro del 2 de julio de 1942 entre los jefes

SS y Bousquet no formaba parte de los documentos examinados por la Corte Superior.

El Tribunal de Casación designa la sala de acusación de París para que estudie el expediente de 1949 y decida si los hechos que hemos presentado son realmente nuevos. Seguramente, sean tan nuevos como el télex de Izieu que figuraba en el expediente de los miembros de la Gestapo de Lyon juzgados en 1954. ¿La justicia francesa apreciará del mismo modo la novedad de los hechos relativos a las actuaciones de los jefes de la policía de Vichy que las de los jefes de la Gestapo de Lyon? Esa es la pregunta que nos hacemos. Mantengo la confianza, a pesar de que corresponda a la sala de lo penal del Tribunal de Casación determinar si Bousquet debe ser juzgado por una Corte Superior de Justicia (que ya no existe) o bien por la jurisdicción de lo penal, como deseo.

En el caso Papon, no cabe duda de que se ejerce presión desde muy arriba para retrasar el procedimiento: tras dos años de instrucción a tiempo completo, el juez Braud, de repente, asciende y debe abandonar el expediente. Se designa a un nuevo magistrado, la señora Léotin; ¿cuánto tiempo le hará falta para empaparse de tan enorme expediente?

* * *

El 13 de mayo de 1990, como cada año, dos autobuses llevan a los Hijos e Hijas en peregrinación a Pithiviers y Beaune-la-Rolande, donde estaban instalados los dos campos que recibieron a las familias retenidas en el Vél'd'Hiv y que asistieron a la separación forzada de padres e hijos de temprana edad, 3000 niños. Ese domingo por la mañana, nuestros autobuses se detienen en la avenida Raphaël y nos manifestamos bajo las ventanas de René Bousquet con pancartas: «Bousquet a la jurisdicción criminal», «Los hijos del Vél'd'Hiv reclaman justicia». El gran artículo de Eric Conan en *L'Express*, «Investigación sobre un crimen olvidado», sensibilizó profundamente a la opinión pública. Le sigue la nota de *Paris Match*, que presentaba en la portada a una niña pequeña peregrinando en los campos de Loiret, con el lema de nuestra asociación, Hijos e Hijas.

Beate

Contra Brunner, de Nueva York a Berlín Este

En noviembre de 1987, me reúno en Nueva York con Jesse Jackson, por entonces candidato a la presidencia, para hablarle de Brunner. Lo convenzo de que le escriba al presidente sirio, a quien había conocido en 1984 y de quien había obtenido la liberación de un aviador estadounidense cuyo avión había sido abatido en el Líbano. Simpatizamos y lo acompaño durante un día de su campaña presidencial. Jackson hace pública la carta que remitió a al-Ásad el 10 de diciembre de 1987, en la que le solicita la extradición de Brunner «en nombre de la paz y la moral». No obtiene respuesta. Insisto ante Jackson y este, el 14 de abril de 1988, envía una nueva misiva, a modo de recordatorio. «La extradición de Brunner sería justa, el acto de un auténtico hombre de Estado». La respuesta brilla por su ausencia. En cambio, Brunner declara por teléfono a un periodista del *Chicago Sun-Times* que logró comunicarse con él: «Todos los judíos merecerían morir porque son agentes del demonio y basura humana. No tengo remordimientos y volvería a hacerlo...».

Me vuelvo hacia la República Democrática Alemana, durante una entrevista en el Elíseo con el presidente del Consejo de Estado, Erich Honecker, en el marco de su visita oficial a Francia. François Mitterrand nos había invitado a Serge y a mí a la recepción, de manera que aprovecho la oportunidad. Honecker accede a mi solicitud y pone en movimiento a las autoridades competentes de Alemania Oriental.

Las gestiones de la RDA en Damasco no obtienen mejores resultados que las que había encabezado Francia. El 16 de enero de

1989, Oskar Fischer, ministro de Asuntos Exteriores, le escribe a Honecker y le expone las ventajas de la solución expeditiva que proponemos (la expulsión), así como las de un juicio en la RDA. El 19 de febrero de 1989, el fiscal general de la RDA le escribe a Fischer comunicándole que, tras un encuentro conmigo el 12 de febrero, se ha presentado a Siria una solicitud oficial de extradición. Pero el régimen de al-Ásad es más fuerte que el de Honecker. El clan al-Ásad debe estarle agradecido a Brunner por los servicios prestados en los años sesenta, y debe apreciar su comportamiento en relación con los judíos.

Coordino en Nueva York una manifestación de organizaciones judías ante el consulado sirio, en la Segunda Avenida, el 6 de noviembre de 1988. Simpatizo con un miembro del Congreso, Michael R. McNulty, que presenta una resolución en la Cámara de Representantes solicitando al presidente Bush que intervenga en persona ante el presidente al-Ásad para obtener la extradición de Brunner. Será la resolución 129 de la primera sesión del 102.º Congreso de Estados Unidos. No tendrá ninguna consecuencia concreta.

El 10 de junio de 1988, el juez Claude Greffier, con quien Serge coopera estrechamente, emite una orden de detención internacional y, el 27 de diciembre de 1988, Francia le pide a Siria la extradición de Brunner. Siria responde que no tiene conocimiento de la presencia de ese hombre en su territorio.

Serge

En Damasco, contra Brunner

En enero de 1990, acudo a la Embajada de Siria en París y obtengo, para mi gran sorpresa, un visado de negocios. Para mí, eso significa que la Embajada desea, con la anuencia de Damasco, que el caso se trate sobre el terreno entre las autoridades competentes y el estímulo que Beate y yo representamos. Escribo y hago traducir al árabe una carta al presidente al-Ásad solicitándole su cooperación; la hago pública antes de viajar, el 10 de enero de 1990.

En la Embajada de Francia en Damasco, me confirman que el viceministro sirio de Asuntos Exteriores me recibirá antes del mediodía. Luego me entero de que la cita ha sido anulada. Me dirijo a la Embajada alemana, donde el embajador me confirma su impotencia. Lo único que me puede prometer es una nota a Bonn. ¿Qué comportamiento podía adoptar ya frente a esa negativa tan rotunda? Voy a la sede del Consejo General de la Abogacía: me escuchan, toman nota, pero intuyo que mis palabras no movilizan a mis interlocutores. Así y todo, acceden a entregar mi carta a la presidencia.

Un policía de paisano me sigue desde por la mañana. Desesperado, opto por una jugada divertida: regreso al hotel y pido alquilar una sala pública, un teatro para dar al día siguiente una conferencia, cuyo tema será: «Los criminales nazis: de Klaus Barbie en Bolivia a Alois Brunner en Siria». Me contestan que me darán una sala pequeña. Salgo y tomo un taxi para dirigirme a la AFP. Mi perseguidor se me adelanta y le habla al conductor. Me dirijo a él y le propongo que suba a mi taxi; acepta. Su francés es excelente, lo aprendió con unos religiosos franceses. En la oficina de la AFP, donde oficia un colaborador sirio, el policía está como en su casa. De regreso al hotel, me informan de que la sala que he reservado ya no está disponible.

Al día siguiente, alrededor de las 7 de la mañana, llaman a mi puerta: dos militares de uniforme y un civil vestido de gentleman me notifican con cortesía una resolución de expulsión. Apenas tengo tiempo para afeitarme y vestirme; me está esperando un coche, que sufre una avería camino al aeropuerto. Lo reparan. En lugar de enviarme a París, me llevan hacia el avión que va a despegar rumbo a Viena. Así que es a mí, y no a Brunner el austríaco, a quien van a expulsar a Austria. El avión está al final de la pista; nuestro vehículo se le acerca; traen una escalera para que embarque; subo y vuelo en dirección a Europa.

Es un nuevo fracaso, pero la memoria funciona gracias a la necesidad de justicia expresada por nuestras acciones. El caso Brunner hace vivir la memoria de sus víctimas. ¿Cómo vamos a renunciar, cuando Brunner, que llenaba de niños su último tren de deportación de Francia, permanecía impune?

El 20 de agosto de 1990, mi propuesta de una iniciativa conjunta entre Francia y Alemania obtiene el consentimiento de nuestro ministro de Asuntos Exteriores, Roland Dumas. Sin embargo, una vez más, choca con la misma respuesta absurda de los sirios. ¿Habrá que romper las relaciones diplomáticas con Siria? No soy un hombre de Estado para juzgarlo. Personalmente, hago lo que debo, pero sé que está en juego la salida de los judíos de Siria, y la vida de ellos es más cara que el juicio a Brunner. ¿Acaso Jacques Chirac no me había escrito el 7 de agosto, con una posdata de su puño y letra, lo siguiente?

> Soy muy consciente de la importancia de este caso, en vista de nuestra sensibilidad común y de los crímenes que se han cometido. Por el momento, me encuentro trabajando en una cantidad de casos humanitarios relacionados con las familias judías que residen en Siria. He insistido en hacer referencia a ello ante las autoridades sirias, ya sea directamente, ya sea por intermedio de la Embajada de Francia en Damasco. Entenderá usted sin dificultad que, por razones de las que dimana el éxito de tales demandas, las cuales revisten un gran significado, sobre todo, para la opinión de la comunidad judía francesa, me veo obligado, por ahora, a ajustarme a esas razones.
>
> P. D.: Estoy sumamente comprometido con la causa de los judíos de Siria, en particular con las jóvenes menores, y debo tener en cuenta las limitaciones que este esfuerzo implica.

El 9 de julio de 1991, el juez de instrucción Jean-Pierre Getti emite una comisión rogatoria internacional que será traducida al árabe y entregada a las autoridades diplomáticas sirias. Pide que reciban a los gendarmes de la sección de investigaciones de París, cuya misión es, ante todo, «verificar si la orden de detención emitida el 10/06/1988 es aplicable a Alois Brunner, alias Georg Fischer, alias Fescoer» y «notificar en la última dirección conocida la orden de detención internacional emitida el 10/06/1988 y dictar una orden de registro».

Consecuencia de ese trámite: nos enteramos a través de un sirio que vive en el extranjero y cuya familia es vecina de Brunner, que este se ha mudado el 15 de octubre de 1991. Su departamento pasó a manos del jefe de la guardia personal de Háfez al-Ásad. Brunner dejó su domicilio en ambulancia, ayudado por dos enfermeros. No le queda mucho tiempo.

El 12 de septiembre de 1991, a raíz de mi intervención ante la eurodiputada verde Birgit Cramon Daiber, el Parlamento Europeo, preocupado por la presencia de Brunner en Siria, adopta una resolución por unanimidad, con la excepción de los votos de los eurodiputados de la extrema derecha francesa, que se abstienen.

Roland Dumas, ministro de Asuntos Exteriores francés, debía viajar en visita oficial a Damasco el 18 de diciembre de 1991. Decidimos aprovechar la visita.

Beate

Últimos giros en el caso Brunner

Ahora es mi turno de regresar a Damasco y necesito una visa a nombre de otra persona. Única solución posible: adoptar el rostro de una amiga diez años mayor que yo, Trudy Baer. Su padre había sido fusilado en Brantôme y su madre y su hermana habían sido deportadas. En aquella época, Trudy era judía y alemana. No le costó conseguir una visa de turismo que a mí me habrían denegado.

El jueves 5 de diciembre de 1991, una maquilladora profesional recrea el rostro de Trudy sobre el mío, valiéndose de una peluca y de su propio talento. Nuestro amigo periodista estadounidense Peter Heilman, llegado a Damasco el día anterior para cubrir el episodio para *The New York Magazine*, no me reconocerá en el aeropuerto, donde me espera. En la carretera hacia Damasco paso dos controles de policía sin incidentes. Me alojo en el Cham Palace, donde Serge se había hospedado el año anterior.

Por la noche, escribo con un rotulador negro, en una cartulina grande, el mensaje que voy a enarbolar al día siguiente con los brazos en alto: «Presidente al-Ásad, el 99,98 % de los votos no basta. ¡Extradite al criminal nazi Alois Brunner y libere a los judíos de Siria!». Ningún taxi acepta conducirme cerca del edificio presidencial. El barrio está cerrado con cadenas y guardias armados con ametralladoras. Quiero desplegar mi pancarta delante de un lugar simbólico, custodiado por militares sirios de uniforme, un edificio con banderas. Opto por el Ministerio del Interior, en la avenida El Malek Faruk; lo localizo desde el piso once de la torre Al Faradis.

El sábado me dirijo hacia la entrada principal del edificio. A pesar de los militares que me hacen señas para que me detenga, avanzo y desenrollo el cartel en el otro lado de la calle. Unos militares se lanzan sobre mí, me arrancan el cartel, me arrojan al interior de un coche y descubren en mi cartera el único documento que me llevé del hotel, mi verdadero pasaporte a nombre de Beate Klarsfeld. Los agentes buscan mi visado y, por supuesto, no lo encuentran. Después de mi interrogatorio, al que me somete primero un policía que habla francés y luego un alto mando, un general, confieso estar alojada en el hotel Cham. Me llevan allí y me encierran en mi habitación. Un policía me acompaña, el mismo que vigiló a Serge unos meses antes. Se lamenta de que yo sea menos comunicativa que él.

El lunes me llevan al aeropuerto, fuertemente escoltada, y me embarcan hacia París, donde me esperan los medios. El incidente provoca alboroto en el plano internacional.

El martes 10 diciembre, a Serge y a mí nos recibe Roland Dumas, también hijo de un fusilado de Brantôme, reafirma públicamente la voluntad de Francia de obtener la extradición de Brunner y su intención de abordar el tema en el marco de su encuentro con al-Ásad. Consecuencia: su visita oficial a Damasco queda postergada en el último momento, con el insultante pretexto de que la agenda del presidente al-Ásad está demasiado cargada.

El 14 de enero de 1992, viajamos a Estrasburgo, donde debe votarse una ayuda financiera de doscientos millones de dólares a Siria. Hemos preparado una argumentación para cada parlamentario, con una carpeta de sesenta y tres páginas sobre Brunner. Damos una conferencia de prensa en el Parlamento, a petición del Grupo de los Verdes y, al día siguiente, se vota una nueva resolución parlamentaria criticando que «ese país hospede y proteja al criminal nazi Alois Brunner». En cuanto a los protocolos financieros entre la Comunidad Económica Europea y Siria, solo obtienen 207 y 209 votos, por lo que no alcanzan los 280 necesarios. *Le Monde* comenta aquel sorprendente resultado: «Quienes votaron en contra estimaron que los Derechos Humanos no se respetaban en Siria y se mostraron sensibles a la requisitoria de Beate y Serge Klarsfeld, que acusan a los sirios de proteger al criminal nazi Alois Brunner».

Por lo que nosotros sabemos, Brunner habría muerto en 1992. Las autoridades sirias quedan presas de su propia mentira: no pueden probar que murió sin revelar el fraude. Así que Brunner continuará viviendo, y Siria siendo criticada. En 1998, Háfez al-Ásad viaja en visita oficial a París, cuando estamos por obtener el juicio a Brunner en contumacia. Al enterarnos de que las fechas escogidas para el encuentro Chirac-Ásad son el 16 y el 17 de julio, día del aniversario de la redada del Vél'd'Hiv, declaro: «¿El presidente al-Ásad habrá sido asesorado por su protegido de honor, el criminal nazi Alois Brunner, comandante del campo de Drancy, para esta elección simbólicamente tan relevante?».

En una entrevista realizada en Damasco para el canal TF1, antes de llegar a Francia, el presidente al-Ásad afirma: «Ese hombre es extranjero. Si hubiera estado aquí, yo lo sabría. Si usted sabe dónde se encuentra, le envío a alguien para que lo acompañe hasta su casa».

No puedo resignarme ante esa alfombra roja que ha desenrollado el 16 de julio de 1998 delante del protector de Brunner el hombre que dio el discurso del 16 de julio de 1995. Después de nuestra concentración anual delante del Vél'd'Hiv, nuestra asociación marcha hasta el Ministerio de Asuntos Exteriores. A la altura del puente Alejandro III, nuestros dos autobuses se cruzan con la comitiva oficial de al-Ásad, que avanza hacia el Elíseo. Desplegamos nuestras pancartas y nuestros pósteres en el bulevar de los Inválidos, en la esquina de la calle de Varenne: «En este día, aniversario de las terribles redadas del 16 y el 17 julio de 1942, el dictador al-Ásad, protector del criminal SS Brunner, es el distinguido invitado de la República de Francia. ¡Qué vergüenza!».

Jacques Chirac evocó el caso Brunner delante de al-Ásad, durante la entrevista de ambos, pero no obtuvo «respuesta precisa». El 1 de septiembre de 1999, el juez de instrucción Hervé Stephan decidió remitir a Brunner a la jurisdicción penal. Le corresponde a la sala de acusación del Tribunal de Apelación dar su aval para ese juicio en contumacia; y eso fue lo que hizo.

El 2 de marzo de 2001, se abrió ante la jurisdicción de lo penal de París el juicio en contumacia a Brunner. Charles Korman abogó en representación de la Liga Internacional contra el Racismo y el Antisemitismo (LICRA); Alain Jakubowicz, en representación del

Consistorio. En representación de los Hijos e Hijas, tres abogados: Serge, Arno y Lida, litigando por primera y última vez juntos. Arno se dedicó a estudiar la personalidad de Brunner, mientras que Lida leyó fragmentos de testimonios de deportados de los veintitrés convoyes enviados por Brunner, como informa un periodista de *L'Est Républicain*:

> La joven sabrá colmar la ausencia de testigos, excluidos de este juicio meramente formal, y rememorar el lento descubrimiento del horror, las disparatadas ilusiones de los deportados que creen que van a reencontrarse con sus familias, la pesadilla de los viajes, los orinales llenos a rebosar, los heridos gimiendo, los ancianos aturdidos y las mujeres desamparadas, la separación de las familias tan pronto como bajan de los vagones, la selección, el pavor, los humos de los crematorios y, bajo los techos de artesonados poblados de querubines de la sala de audiencias, sabrá hacer oír los gritos y los llantos de los niños.

El mismo año, el hijo de Háfez al-Ásad, Bashar, sucesor de su padre, es invitado a París en visita oficial. Tras oír sus declaraciones antisemitas, compramos un cuarto de página en *Le Monde* del 19 de mayo de 2001 y lo titulamos «No a la visita de al-Ásad a París»:

> Francia, que tanto ha hecho en estos últimos años para reparar el mal cometido contra los judíos de Francia por el Estado francés de Vichy, se desacreditaría recibiendo oficialmente al presidente de Siria, Bashar al-Ásad, a quien sus recientes declaraciones antisemitas deberían convertir en intratable por parte de los jefes de Estado y de Gobierno democráticos. ¿Cómo asumir la responsabilidad de recibir en el Elíseo y en Matignon a quien, delante del papa Juan Pablo II, se atrevió a declarar que Israel y los judíos querían «asesinar todos los principios de todas las religiones, tal como habían traicionado a Jesús e intentado matar al profeta Mahoma»? [...] Los Hijos e Hijas de los Deportados Judíos de Francia recuerdan estos hechos para incitar a todos los que reprueban el antisemitismo, aunque se resignen ante la supuesta razón de Estado, a que expresen directamente a Jacques Chirac y a Lionel Jospin su desaprobación de esta visita, que avalaría las declaraciones del presidente sirio y cuyo impacto sería desastroso en nuestro país, donde la incitación al odio racial es sancionable por los tribunales.

Ante la apelación del Consejo Representativo de las Instituciones Judías de Francia (CRIF), el 25 de junio de 2001, cerca de ocho mil personas se reunieron en la explanada de los Mártires Judíos del

Vél'd'Hiv, en el metro Bir-Hakeim, para denunciar aquella visita. Previamente, el 9 de junio, reservo un nuevo cuarto de página, de nuevo en *Le Monde*, para publicar una tribuna bajo un título provocador: «Como un pequeño Montoire»:[1]

> Señor presidente de la República:
>
> Le debemos mucho; incluso más de lo que usted cree. Le debemos haber oído de un presidente de la República, el 16 de julio de 1995, las palabras justas y verdaderas que esperábamos, que ansiábamos desde nuestra infancia. Su discurso nos ha reconciliado definitivamente con una República que por fin reconoce las responsabilidades de Francia en la tragedia que azotó a los judíos de nuestro país hace sesenta años. ¿Por qué perder en un día el crédito personal que adquirió usted con tanto coraje, usted, que desde hace quince años ha sido —otro título eminente que merece nuestro reconocimiento— el principal y permanente obstáculo para una alianza de la derecha con el Frente Nacional? Si la visita de Bashar al-Ásad no se anula ni se posterga, o si él no se retracta de aquí al 25 de junio, o si ese día usted no denuncia públicamente el punto de vista de su par sirio sobre los judíos, su apretón de manos con Bashar al-Ásad se considerará como un pequeño Montoire.

Me costó mucho escribir esas líneas, porque me resultaba penoso hacer sufrir a un hombre al que yo respetaba y que no sopesaba la naturaleza verdadera de sus interlocutores sirios, como también sucederá con su sucesor.

Jacques Chirac no me guardó rencor mucho tiempo. Me nombró oficial de la Legión de Honor y me condecoró en el Elíseo. En cuanto a Bashar al-Ásad, inició en Berlín, el 10 de julio, una nueva visita oficial, y otra vez se topó en su camino con los Hijos e Hijas, que habían viajado desde París en delegación y se manifestaron fervientemente en contra de su dictadura.

Por desgracia, el futuro demostrará que nuestro juicio tanto sobre el hijo como sobre el padre era fundado.

---

[1] Encuentro realizado entre el mariscal francés Philippe Pétain y Adolf Hitler en 1940, en la localidad de Montoir-sur-le-Loir. *[N. de la T.]*

Serge

Junto a los gitanos rom[1] en Rostock, en 1992

Verano de 1992. Miles de gitanos rumanos y exyugoslavos corren el riesgo de ser expulsados por los alemanes hacia Rumania, donde por entonces son perseguidos, y hacia Serbia, devastada por la guerra. Tres años nos separan de Srebrenica, pero sabemos que, en el aluvión de los odios étnicos, los gitanos serán las víctimas. Se les deniega injustamente el derecho a asilo político, al que pueden aspirar con mayor legitimidad que otros en Europa.

A nuestro juicio, esa situación exige nuestro compromiso, y eso es lo que algunos no nos perdonan. Algunos que, desde la tribuna o ante los micrófonos, denuncian demagógicamente situaciones donde evitan con sumo cuidado comprometerse ellos mismos. Son los mismos que siempre nos siguieron a regañadientes y solo cuando no había dudas acerca del éxito de nuestras empresas.

---

[1] El pueblo gitano, *rromanò thèm*, romaní (nombre común de la lengua de origen prácrito) o rom, es una comunidad étnica de proyección transnacional originaria de los reinos medios de la India. Se encuentra radicada mayoritariamente en Europa, a la que migraron tras la extensión del islam al subcontinente Indio en el siglo IX y, durante el siglo XIII, en una segunda migración debida a la presión de los mongoles. Está constituida por varios subgrupos: sinti-manouches en Europa central; doms en el antiguo imperio Otomano; roms y boyash o rudaris en Europa del Este, calós en la península ibérica; etc. Su llegada a la zona rumana y yugoslava tiene lugar hacia el siglo XV. La etnia o pueblo gitano es reconocido por diversas denominaciones, como gitanos, síganos o tsiganos, roma, zíngaros, gypsies. Los gitanos se se reconocen a sí mismos simplemente como «rom», que en lengua hindi significa sencillamente 'hombre'. Las políticas de la Alemania nazi implementaron la persecución y matanza del pueblo gitano. Por primera vez en diciembre de 1938 aparece un documento sobre la solución final del pueblo gitano «Die endgültige Lösung der Zigeunerfrage». El genocidio gitano se conoce con el término *Porrajmos* que en lengua romaní significa literalmente 'devoración'. Igualmente, se utiliza la palabra *Samudaripen*, que significa 'gran matanza' o 'asesinato en masa', y que expresaría la idea de Holocausto «negado». [*N. del Ed.*]

En el este de Alemania, acaba de desatarse un enfrentamiento entre un aparato de Estado alemán y una opinión pública xenófoba, que se disponen a atacar a sus antiguas víctimas, las mismas que compartieron la suerte del pueblo judío hace medio siglo. En la historia, el éxito no está necesariamente a la orden del día, pero si nosotros, judíos e hijos de deportados, no participamos en ese combate, estaremos desertando del campo de batalla de la memoria.

Los Hijos e Hijas damos a conocer nuestra intención de manifestarnos en Rostock, donde, en agosto y septiembre de 1992, se multiplican los ataques asesinos a las residencias de inmigrantes, incendiadas por grupos de agresores. La policía interviene de mala gana, y la mayoría de la población permanece indiferente.

En un comunicado difundido a la prensa, explicamos los motivos de nuestra movilización:

> Solidarios con los gitanos amenazados, solicitamos al Gobierno alemán que renuncie solemnemente a la aplicación del acuerdo firmado con Rumania el 24 de septiembre de 1992 (exactamente cincuenta años después de la terrible redada de judíos rumanos en la Francia ocupada). Solicitamos a Alemania que tome en consideración el destino de los gitanos rom, descendientes de las víctimas de las persecuciones hitlerianas. Solicitamos a los alemanes que recuperen su sangre fría, que se movilicen contra las pulsiones de extrema derecha y pongan fin a los atropellos xenófobos que desacreditan a su país.

Viajamos a Rostock con los Hijos e Hijas de los Deportados Judíos de Francia (FFDJF), con unos jóvenes del Betar[2] y otros de la Unión de Estudiantes Judíos de Francia (UEJF). Allí nos recibe, el 19 de octubre de 1992, una delegación de gitanos rom. Juntos, colgamos en la fachada del imponente edificio del ayuntamiento la placa conmemorativa del calvario de los gitanos, que llama a Alemania a poner término a las brutalidades sufridas por los extranjeros. Nuestros jóvenes, con Arno a la cabeza, ocupan el primer piso del lugar para desplegar una pancarta desde la ventana de la sede de la Unión Demócrata Cristiana (CDU): «Kein Ansmisung der Roma aus Deutschland» ['No a la deportación de los gitanos de Alemania'].

[2] Movimiento juvenil sionista radical fundado en 1923. *[N. de la T.]*

Se trata de la primera reunión judía en Rostock desde la Noche de los Cristales Rotos, el 9 de noviembre de 1938. Ya no éramos judíos agrupados por la policía para marchar hacia los campos de concentración, sino judíos mostrándoles sin complejos a los alemanes el camino que deben seguir para no volver a colocar los pies en las huellas de las botas nazis.

En Rostock vi a la policía apoderarse con violencia de cuatro jóvenes a los que arrastraron hacia un auto y a otros judíos, entre ellos yo mismo, precipitarse sobre esos vehículos y enfrentarse a unos diez agentes que empuñaban con rabia sus pesadas porras. Liberamos a nuestros compañeros, y los policías tenían tanto pánico, que intentaron desenvainar sus revólveres. Una vez vuelta la calma, vi en Rostock decenas de coches patrulla rodear nuestro autobús y a un centenar de agentes equipados como gladiadores tratarnos como si fuésemos nosotros los criminales de extrema derecha con quienes ellos evitan enfrentarse durante los ataques a los hogares de refugiados.

En un gimnasio de Rostock, vi una parodia de procedimiento judicial federal todavía rebosante de nacionalcomunismo, donde un ejército de policías multiplicaba los vejámenes e incurría en identificaciones absolutamente irregulares; donde tres fiscales enloquecidos no paraban de contradecirse y consultar un código de procedimiento penal que aún no habían asimilado. Solo la intervención del cónsul de Francia en Hamburgo reencauzó la situación y permitió que la gente mayor y los enfermos pudieran irse de un gimnasio helado, una vez más adjudicado a judíos en situación irregular.

La placa que colocamos en el ayuntamiento de Rostock fue retirada poco después, pero veinte años más tarde, en 2012, volvieron a ponerla, esta vez, oficialmente, en un emplazamiento menos destacado y en presencia de Beate y de una delegación de Hijos e Hijas. Su texto es el siguiente (el original está en alemán):

> En esta ciudad, en el mes de agosto de 1992, hubo hombres que nuevamente encabezaron actos de violencia racista contra familias inocentes, niños, mujeres y hombres.
>
> Recordamos a los millones de niños, mujeres y hombres que, por ser judíos, gitanos sinti o rom, fueron víctimas del genocidio nacionalsocialista.

> En una sola noche de horror inolvidable, el 2 de agosto de 1944, los últimos 3000 gitanos supervivientes del campo de Auschwitz-Birkenau fueron gaseados.
>
> Esas experiencias vividas y esos compromisos históricos deben quedar presentes en la memoria del pueblo alemán para impedir que se vuelvan a producir la violencia y el desprecio por el ser humano.

Nos achacaron la responsabilidad como cabecillas de los disturbios a Beate, a Arno y a mí, y tres jóvenes fueron acusados de «golpes y heridas graves, rebelión contra la fuerza pública y liberación de detenidos», y permanecieron detenidos durante algunos días. Ninguno de esos procedimientos llegó a buen puerto, y la Fiscalía de Rostock los desestimó rápidamente.

Las organizaciones judías en su conjunto no reaccionaron con simpatía frente a nuestra iniciativa y no quisieron ver el vínculo entre los gitanos rom de 1942 y los judíos de 1942. No obstante, recibimos numerosos testimonios de solidaridad y agradecimiento, sobre todo, procedentes de Alemania e Israel. Nuestra manifestación de Rostock dio el puntapié inicial a una fervorosa campaña contra la expulsión de los gitanos, y los gitanos rom que estaban presentes junto a nosotros en Rostock estaban felices de ver que un grupo de judíos defendía sus derechos.

Polémicas con François Mitterrand

François Mitterrand me caía bien. Nuestros caminos se habían cruzado en Montmaur, en febrero de 1943, cuando él había optado por la Resistencia y mi familia había hecho brevemente las veces de tapadera para la impresión de documentos falsos de la red La Chaîne ['la cadena'], de Antoine Mauduit. Años después, cuando la radio retransmitía las sesiones de la Asamblea Nacional, me impresionaban su talento de orador, su capacidad para provocar, replicar, polemizar, y su humor. En 1974 habíamos llamado a votar por él; no así en 1981, porque había sido el único de los candidatos republicanos en responder favorablemente a la solicitud de la asociación por el mariscal Pétain, que reclamaba el traslado del cuerpo del militar a Douaumont.[1]

Mitterrand había pasado cerca de un año en Vichy tras escapar de un *stalag*,[2] y el año 1942 había significado el inicio de su carrera política y de la constitución de su red en torno al problema de los prisioneros de guerra. Había dado impulso al desarrollo de Hogares del Prisionero en toda la zona libre. En Niza, el Hogar del Prisionero estaba bajo la influencia de los supervivientes de los Regimientos de Marcha de Voluntarios Extranjeros, casi todos judíos. Mi padre formaba parte de ellos; fue allí donde conoció a Antoine Mauduit. Como representante de los movimientos de prisioneros de guerra, Mitterrand viajó a Londres y Argel, y tuvo el valor de regresar a la Francia ocupada para militar activamente y correr el riesgo de ser detenido por los alemanes, torturado, fusilado o deportado. En cambio, Vichy no representaba una verdadera amenaza para él:

[1] Monumento a la memoria de los soldados de la batalla de Verdún, en 1916. *[N. de la T.]*

[2] Abreviatura de *Stammlager*: campo de concentración alemán para prisioneros de guerra no civiles durante la Segunda Guerra Mundial. *[N. del Ed.]*

tenía contactos, y muchos altos funcionarios, si bien eran hostiles a los judíos y contribuían a perseguirlos, no por ello apreciaban a los alemanes, y buscaban engañarlos.

Para Mitterrand, Vichy representaba el punto de partida de una brillante carrera. Conservaba hacia el viejo mariscal, ídolo de su familia, un respeto que se había expresado en la liberación mediante indulgentes artículos escritos y publicados con motivo de su juicio, al que asistió. Más adelante, se reveló que incluso había tenido un breve interludio como simpatizante de Laval. Había tenido, no obstante, la precaución de hacer creer a la opinión pública, gracias a sus complacientes biógrafos, que había trabajado en Vichy para Vichy a petición de la Resistencia. Pero yo sí había leído lo que él había publicado como partidario de Pétain.

Cuando viajó a Israel en 1982, asistí a sus discursos en la Knéset y Yad Vashem, donde inauguró el espacio dedicado a la Resistencia judía. Ni una palabra sobre Vichy. Y cuando inauguró el jardín Marianne-Kohn, en honor a la joven judía alemana exiliada en Francia y asesinada por la Gestapo por ayudar a los niños judíos a cruzar la frontera con Suiza, la calificó de «valiente hija de Francia».

Pese a todo, su elección en 1981 me alegró mucho. Era realista y no cumplió con su compromiso de trasladar a Pétain de la isla de Yeu a Douaumont; se mostró, por otra parte, sensible a los argumentos de Régis Debray y míos con relación al traslado de Barbie de La Paz a Lyon. Nos hizo entrar a Beate y a mí en la Orden de la Legión de Honor en 1984, en el caso de Beate «a título excepcional».

Tampoco desconocía yo el apoyo que René Bousquet le había dado en 1965 en su campaña contra De Gaulle, cuando Bousquet dirigía *La Dépêche du Midi* en razón de sus vínculos personales con la dueña del diario, Évelyne Baylet. Bousquet había ayudado a Mitterrand durante su travesía del desierto; sin duda, merecía su reconocimiento, sobre todo porque, en cierto modo, Mitterrand continuaba la carrera que habría seguido Bousquet de no haber sido enjuiciado por la Corte Superior de Justicia. Para Mitterrand, Bousquet representaba seguramente el mejor de los auditorios, el hombre mejor ubicado para apreciar una trayectoria excepcional, cuya señal de partida había sonado en 1942, en el hotel du Parc, de Vichy, sede del Estado francés, y que culminaba en el Palacio del Elíseo, en 1981, con una ajustada victoria del «socialista» Mitterrand sobre el conservador Giscard d'Estaing.

Es obvio que la corona de flores que Mitterrand mandaba colocar cada 11 de noviembre sobre la tumba de Pétain desde 1987 me asqueaba. De Gaulle había ordenado colocar una en 1968 para el cincuentenario de Verdún; Giscard, otra para el sexagésimo aniversario; pero una antes del septuagésimo aniversario y otra después y otra más tarde... para los Hijos e Hijas, para mí, era demasiado.

Estábamos indignados con ese gesto simbólico, que equivalía a una rehabilitación. La relación de fuerzas no estaba de nuestro lado, y no había que dar batallas que estábamos seguros de perder.

El giro tuvo lugar en octubre de 1990, y me vi obligado a oponerme abiertamente al presidente. Mitterrand protegía a Papon, eso estaba claro: en 1987 se había ordenado una inútil investigación pericial histórica, y el magistrado encargado a tiempo completo de la instrucción había sido promovido en 1989, antes de cerrar la instrucción, con lo cual Papon ganaba unos años de tregua. Cuando Pierre Arpaillange cesó como ministro de Justicia y fue sustituido por Henri Nallet y Georges Kiejman y el expediente de Bousquet quedó en vía muerta, atacamos de frente.

El 23 de octubre de 1990, *Le Monde* titula: «El abogado Klarsfeld y la juventud del señor Mitterrand». En aquella época, los medios reaccionaron con bastante discreción. Hubo que esperar a la publicación en 1994 del libro de Pierre Péan, *Una juventud francesa,*[3] y la entrevista del 27 de septiembre de 1994 de François Mitterrand con Jean-Pierre Elkabbach para que se admitiera que, cuatro años antes, yo estaba en lo cierto.

Entretanto, el 17 de junio de 1992, *Le Monde* publica un llamamiento al presidente para que reconozca que «el Estado francés de Vichy es responsable de las persecuciones y los crímenes contra los judíos de Francia». Once personas idearon aquel llamamiento redactado por Anna Senik, al que se adhirieron más de doscientos

[3] Pierre Péan, *Une jeunesse française. François Mitterrand 1943-1947*, París, Fayard, 1994 [trad. esp.: *Una juventud francesa*, Barcelona, Juventud, 1996].

signatarios. Yo lo firmé con reticencia, ya que, si bien no lo habían hecho de un modo solemne, todos los presidentes de la República habían condenado al menos en alguna declaración la política antijudía de Vichy o del Gobierno del Estado francés. Semejante reconocimiento por parte de François Mitterrand no iba a hacer que avanzara nuestra causa. La respuesta de Mitterrand, del 14 de julio de 1992, fue la siguiente: «En 1940 hubo un Estado francés, era el régimen de Vichy, no era la República. Y a ese Estado francés debemos pedirle que rinda cuentas. No se lo pidan a la República, la República hizo lo que debía hacer».

Era testarudo. Hubiera podido reconocer las faltas y los crímenes del Estado francés en nombre de la República. Pero, en realidad, no estaba del todo equivocado: la República no estaba implicada, había sido derribada por una forma de Estado autoritario que había depurado el aparato estatal soberano de los republicanos fieles y había exigido de los demás un juramento a su jefe. Para mí, los franceses no estaban en tela de juicio: si bien es cierto que Vichy participó en el exterminio de un cuarto de los judíos de Francia, también lo es que la población francesa contribuyó a salvar a tres cuartos de ellos, o sea, a unas 240 000 personas. Hubo en Francia un gran movimiento de solidaridad, en particular para con los niños.

Desde mi punto de vista, lo que había perpetrado el Gobierno del Estado francés de Pétain había sido en nombre de Francia, al igual que lo que había logrado la Francia Libre de De Gaulle. Bir-Hakeim, en junio de 1942, era Francia; la redada del Vél'd'Hiv, en julio de 1942, también era Francia. Dos formas de Gobierno y dos hombres habían encarnado contemporáneamente al país. El jefe del Estado Mayor de De Gaulle, el general Pierre Billotte, narró esta anécdota: «Durante los dos primeros meses de nuestra colaboración, durante la debacle soviética de 1941, De Gaulle se interrogaba a menudo delante de mí sobre la procedencia de la acción que se había propuesto emprender. Me decía: "Si vencen los alemanes, se les dará la razón a Pétain, Laval y Déat, y yo seré el responsable de dañar a Francia"».

No había que pedirles explicaciones a la República, ni a los franceses, ni al Estado francés desaparecido, sino a Francia. Había que ir más lejos, y esa fue la argumentación que le presenté a Jacques Chirac mucho antes de su pronunciamiento del 16 de julio de 1995 en el Vél'd'Hiv. En su discurso, redactado por Christine Albanel, lo expresó al afirmar: «Aquel día, Francia llevaba a cabo lo irreparable...».

Tres años antes, en el momento más álgido de la polémica, nosotros asumimos nuestra responsabilidad: pese al gesto simbólico de Mitterrand, primer presidente de la República que iba al Vél'd'Hiv, y teniendo en cuenta que era un hombre que después de eso podía sentarse a cenar sin remordimiento con Bousquet, decidimos perturbar la ceremonia.

Roland Dumas, hombre previsor, por entonces ministro de Asuntos Exteriores, me había llamado por la tarde: «Serge, ¿puedes ir a esperarme al puente de Bir-Hakeim y acompañarme al Vél'd'Hiv? No tengo ganas de que me abucheen». En el camino, le revelé lo siguiente: «Dile que no ponga una corona de flores en la tumba de Pétain; si lo hace, será un inmenso escándalo». Los nuestros y los jóvenes pitaron al presidente y le gritaron «Mitterrand a Vichy», lo que provocó la ira de Robert Badinter, cuyo discurso censuraba ostensiblemente Vichy, pero cuya colérica improvisación fue la alegría de los medios, diatriba que más tarde le impuso silencio en cuanto a sus relaciones con el presidente cuando este desveló su verdadero juego y sus relaciones con Bousquet.

Al final de esos incidentes, Arno y yo urdimos un plan para lograr aquel «inmenso escándalo» con el que yo había amenazado al presidente. La solución pasaba por una mentira verosímil, que colocara a Mitterrand en un dilema con consecuencias obligatoriamente negativas para él: deslizar que uno de sus allegados, Danielle Mitterrand, por ejemplo, me había revelado un mensaje del presidente que afirmaba que no iba a honrar con flores la tumba de Pétain. Aquello forzaría a Mitterrand a acusar recibo del mensaje y someterse a él, o bien a contradecirlo, pero desatando ese «inmenso escándalo», puesto que iría en contra de lo que esperaban tanto la opinión pública como los medios. El 21 de julio anuncio «con satisfacción», por lo tanto, que Mitterrand renuncia a la corona de flores.

Georges-Marc Benamou había notado que ese foco puesto sobre la corona de flores anual inquietaba al presidente:

> Resulta que un comunicado del Elíseo, informado por la AFP, había anunciado que, en adelante, se anularía la colocación de la corona de flores. Para mí era motivo de alegría. Pero François Mitterrand aclaró de inmediato que la información era falsa, que todo había sido inventado por Serge Klarsfeld: «Ese Serge Klarsfeld es increíble. No le falta desfachatez. Por medio de una nota que envía a la AFP, me hace declarar que le prometí que nunca más colocaría una corona de flores sobre la tumba de Pétain en la isla de Yeu. Jamás aseguré eso y he comprobado que nadie en el Elíseo lo había dicho: ninguno de mis colaboradores tuvo la iniciativa que él manifiesta, es un loco...». Su mirada se iluminó: «Un loco... o un manipulador».
>
> Hizo una pausa, luego meditó en voz alta, como si atribuyera a Klarsfeld insospechadas estratagemas —lo cual no era del todo falso—: «Ese Klarsfeld, con quien he mantenido relaciones cordiales, decidió llevarme adonde él desea. Tiene un plan, está dispuesto a todo, incluso a este tipo de mentiras. Yo no he tomado ninguna resolución respecto de esas flores. Y si hubiera tenido algo que anunciar, no me habría dirigido a él, que me ha declarado abiertamente la guerra. Es más, resulta curioso...».
>
> Observé una mueca de descontento en su rostro. Estaba exasperado de encontrarse en tal situación y, a su vez, estaba buscando a cualquier precio una escapatoria. Había quedado atrapado en el ardid de Serge Klarsfeld.[4]

El 26 de agosto de 1992, los Hijos e Hijas llegan a Vichy en tren, desde París. Anunciamos una ceremonia conmemorativa delante del hotel du Parc. La cantidad de personas presentes es considerable. Encabeza el cortejo el alcalde de la ciudad, el doctor Malhuret, que no esperaba que se colocaran dos placas de improviso, una a cada lado de la puerta de entrada del histórico edificio:

> El 26 de agosto de 1942 el Gobierno del Estado francés, instalado en este edificio de Vichy, desató en todos los territorios de la zona libre una inmensa redada de judíos extranjeros.
>
> Aquel día, más de 6500 de ellos, entre los cuales había cientos de niños, fueron detenidos y entregados a los nazis en la zona ocupada, desde donde fueron inmediatamente deportados sin retorno hacia el campo de exterminio de Auschwitz.

---

[4] Georges-Marc Benamou, *«Jeune homme, vous ne savez pas de quoi vous parlez»*, París, Plon, 2001.

> En total, esa fue la trágica suerte de más de 11 000 judíos extranjeros que residían en la zona libre.
>
> La población francesa y los cleros católicos y protestantes en su conjunto se opusieron enseguida a tales medidas violadoras de las tradiciones y el honor de Francia.
>
> A ellos les damos las gracias.
>
> No olvidemos jamás.

El texto de aquellas placas está hoy grabado en un monumento oficial que se levanta frente al antiguo hotel du Parc.

En el discurso que pronuncio en esa ocasión, declaro en particular:

> Pétain, junto con Bazaine, es el único mariscal reciente de Francia que asume totalmente la vergüenza nacional: Bazaine a título militar y Pétain a título político. Ya desde el día siguiente de la gran redada de la zona libre, muchos franceses lo disciernen con lucidez. [...] El derecho de gentes y el derecho internacional de asilo fueron violados, y la entrega a los alemanes de israelitas extranjeros se considera una «vergüenza nacional».

El 11 de noviembre, mis amigos Claude Bochurberg, Jacques Toros, Benjamin Asenhejm y yo vamos a la isla de Yeu con los militantes de la Unión de los Estudiantes Judíos de Francia. Tenemos que obstaculizar la veneración de los fieles a Pétain y, sobre todo, mostrar nuestra vigilancia en cuanto a la colocación de la corona de flores por Mitterrand. Para nosotros, al revés de lo que piensa el resto de los franceses, es obvio que lo hará, puesto que no ha anunciado lo contrario. Somos unas cuarenta personas vigilando la entrada del cementerio. La travesía hacia la isla es una prueba terrible porque hace muy mal tiempo: partidarios y adversarios de Pétain vomitan sus entrañas con repugnante unanimidad. Al final de la tarde, solo un barco regresa, y si no lo tomamos quedamos bloqueados en el lugar. Nos resignamos a embarcar y se desata la tormenta. Tan pronto como le damos la espalda a la isla de Yeu, el prefecto de Vendée baja de un helicóptero y pone ostensiblemente la corona de François Mitterrand junto a la que se había colocado en nombre de Jean-Marie Le Pen.

Lanzamos, junto con la UEJF, un llamamiento a manifestarse el 12 de noviembre a las seis de la tarde en el emplazamiento del

Vél'd'Hiv, y le encargo al mejor florista parisino una inmensa corona que representa una francisca de rosas blancas sobre un fondo de rosas rojas con la mención: «A François Mitterrand, con todo mi reconocimiento, Philippe Pétain». La iniciativa era insolente, pero pertinente. Al término de esa manifestación, nuestras militantes Annette, Françoise y Charlotte fueron a llevar nuestra corona al Elíseo. En el cruce de la avenida Matignon y la calle Faubourg Saint-Honoré, las interceptó la policía y les quitaron las provocadoras flores.

El 15 de noviembre, el presidente de la República anuncia que, en adelante, tiene la intención de «abordar de otro modo la contradicción» que le supone la colocación anual de esa corona de flores. Renuncia a ese gesto, al tiempo que afirma que «la nación francesa no se ha visto comprometida en este asunto». Unos días después, de visita oficial en Israel, Mitterrand habría declarado: «Como usted sabe, a menudo es mucho más difícil salir de una tontería que cometerla». El tema de la corona de flores le estropea el viaje. El presidente israelí le advierte: «Hubo mucha indignación aquí tras su gesto a favor de Pétain. Y los judíos de Francia esperaban otra cosa de usted».

Escribimos a todos los parlamentarios para solicitarles que introdujeran cuanto antes en el orden del día el proyecto de ley de Jean Le Garrec. El 3 de febrero de 1993, François Mitterrand lo transforma en decreto e instituye así un día nacional de conmemoración de las persecuciones racistas y antisemitas cometidas por la autoridad de hecho llamada «Gobierno del Estado francés» (1940-1944). Esa jornada queda fijada para el domingo siguiente al 16 de julio, y cada año debe celebrarse un acto en la capital de cada apartamento.

Gracias a la intensa polémica que despertó el llamamiento del Comité Vél'd'Hiv 1942, en un periodo marcado por las peripecias judiciales de los casos Bousquet, Touvier y Papon; gracias a los incidentes que sacudieron la ceremonia del 16 de julio de 1992 en presencia de François Mitterrand; gracias a nuestro subterfugio para que la corona de flores de Pétain se convirtiera finalmente en un tema decisivo; gracias al escándalo que todo eso provocó, François

Mitterrand le otorgó a la memoria un avance considerable. El 12 de septiembre de 1994, publico en *Libération* una «carta a François Mitterrand»:

Señor presidente:

Cuando nos encontramos cara a cara en la Maison d'Izieu el pasado 27 de abril, después de un largo silencio, usted renunció a expresarse, solo esgrimió un gran gesto abriendo sus brazos, gesto que traducía la inutilidad de un diálogo y su reproche por mi comportamiento respecto de usted. Usted sabía, sin embargo, que yo jamás había intervenido en su contra hasta aquel triste día de 1990 en que quiso obstaculizar el curso de la justicia en el caso Bousquet.

Sin embargo, yo conocía desde antiguo sus vínculos con el antiguo jefe de policía de Vichy. Pero las relaciones de amistad que François Mitterrand había trabado con aquel hombre de una talla excepcional solo comprometían al hombre, no al presidente.

Declaré entonces con toda claridad que, si bien su trayectoria desde la derecha partidaria de Pétain hacia una activa resistencia antialemana era absolutamente honorable, su adhesión a Vichy en 1942 sin tener en cuenta el antisemitismo de Estado de aquel régimen y su eficaz concurso a la consumación de la Solución Final de la cuestión judía por el Tercer Reich no lo autorizaba a usted a impedir el enjuiciamiento de Bousquet sobre su actividad antijudía, ocultada durante su juicio en 1949. [...]

Asimismo, en 1992, decidí tratar de poner fin a ese intento de rehabilitación servil de Philippe Pétain, que consistía en mandar depositar sobre su tumba una corona de flores cada 11 noviembre. [...]

Instituyó usted así una conmemoración nacional de la ignominiosa redada del Vél'd'Hiv, encabezada por la policía de la Prefectura a petición de los alemanes, pero con el necesario acuerdo de Bousquet, Laval y Pétain. Lo que usted ha llevado a cabo, señor presidente, por una memoria judía tan golpeada es impresionante. Ha aceptado usted, ante mi insistente solicitud, que se organizara el regreso forzado de Klaus Barbie a Francia. Fue el primero de los presidentes en ir más de una vez al emplazamiento del Vél'd'Hiv, creó la Casa de los Niños de Izieu. [...] Todo eso lo realizó bajo presión, pero lo realizó, y en mi alma y mi conciencia, creo que otro primer mandatario de la República de su época no lo habría hecho.

Mi insolencia se justifica también porque el 12 de febrero de 1943, cuando usted participó en aquella reunión decisiva en el castillo de Montmaur, en los Altos Alpes, reunión en la que usted decide entrar abiertamente en la Resistencia por influencia de Antoine Mauduit, yo también estaba en Montmaur, tenía siete años...

El 16 de julio de 1995, François Mitterrand no tolera el discurso de Jacques Chirac. Georges-Marc Benamou se refiere a sus reacciones:

> Prosiguió, señalando hacia la ventana y, más allá, la torre Eiffel y el Vél'd'Hiv:
>
> «Y Klarsfeld... Debía ser también su día de gloria... Era un triunfo. Chirac se lo debía, por el tiempo que lleva haciendo campaña por él. Estaba pagando una deuda...
>
> —¿Cree usted que sea esa la única explicación de la posición de Chirac, señor presidente?
>
> —¡Naturalmente! No veo por qué Francia debería disculparse por crímenes en los cuales nada tiene que ver de manera colectiva, crímenes cometidos por minorías activistas cómplices de los alemanes... La Francia de aquella época eran millones de personas de bien extraviadas, patriotas y antialemanas... No eran antisemitas... Yo estoy en la línea de todos los presidentes de la República: De Gaulle, Pompidou, Giscard. Todos estamos de acuerdo en la imposible confusión entre Francia y Vichy [...]. Por tal motivo, me opongo a la tesis que expresa Chirac. Está rompiendo con aquella posición».[5]

Debemos ser conscientes de que se puede poner en tela de juicio esa conclusión de Mitterrand. Bastaría con que el candidato de la extrema derecha, honorablemente convertida en «populista» o «derecha nacional», accediera al poder para que el discurso de Chirac quedara rápidamente relegado al olvido y las voces oficiales rehabilitaran a Pétain, sin repudiar a De Gaulle.

---

[5] Georges-Marc Benamou, *«Jeune homme, vous ne savez pas de quoi vous parlez», op. cit.*

El destino del fichero de los judíos

Aquella larga polémica con Mitterrand se agregó otra en la que también estuvieron involucrados los dos presidentes de la República que se sucedieron en 1995: la del «fichero de los judíos».

En septiembre de 1991, conseguí ese fichero. Lo descubrí por casualidad, pero por casualidad que me había puesto en situación de descubrirlo: en varias ocasiones, había pedido (en vano) a los diversos ministros de Antiguos Combatientes y Víctimas de Guerra una copia del fichero de Drancy, valiosa herramienta de trabajo histórico y humano, para el Centro de Documentación Judía Contemporánea (CDJC). La función del CDJC (hoy, Memorial de la Shoá) es precisamente poder explicar el destino de cada judío de Francia desaparecido, proporcionando un rastro escrito y reintegrando así la tragedia individual al drama colectivo para permitir que la memoria se perpetúe: de ese modo, los nietos de los deportados y sus descendientes pueden y podrán recibir las pruebas documentales del paso de sus familias por ese cataclismo de la historia que fue la Shoá.

La negativa a trasladar en microfilmes o en fotocopias el fichero de Drancy al CDJC fue un error, tanto en relación con la comunidad judía como con las necesidades en materia de investigación histórica. La acción del CDJC y la de Antiguos Combatientes eran complementarias por naturaleza. Quienes escriben la historia no son los antiguos combatientes, sino los historiadores del CDJC, que son asimismo quienes acuden allí a trabajar, por lo que toda dilación tuvo como resultado impedir durante mucho tiempo una escritura meticulosa del martirio de los judíos.

El Ministerio de Antiguos Combatientes conservaba celosamente no solo el fichero de los judíos de la Prefectura de Policía, sino también documentos de igual importancia histórica: el fichero de Drancy, los cuadernos de entradas diarias a ese campo hasta agosto de 1944, que permitían continuar la tarea de establecer el origen de los judíos deportados, y las listas de traslado de los campos de la zona libre hacia Drancy entre agosto y septiembre de 1942, o las relaciones de los judíos reunidos en centros departamentales en dirección a centros de agrupamiento regionales, que luego se entregaban a los nazis en Drancy.

Esos documentos permitían completar la realidad civil de los deportados, de los que, de momento, solo se conocían el nombre y apellido. ¡Hay mucha diferencia entre un apellido y un nombre privados de su fecha y lugar de nacimiento y un estado civil completo! Al agregar la fecha de nacimiento, se obtiene la edad: la silueta se extirpa de la nada y cobra forma. Con el lugar de nacimiento, ya existe del todo, contra la voluntad de los falsificadores de la historia. Se obtiene la huella de su paso por la tierra: un extracto de acta de nacimiento, una declaración de fallecimiento.

Se trata de un piadoso deber de memoria que los investigadores voluntarios podían realizar con detalle. En el CDJC, habríamos comparado incansablemente las listas y habríamos restituido a cada persona la mayor cantidad de información posible sobre su identidad. Antiguos Combatientes disponía de más de cincuenta listas de deportación en muy buen estado de legibilidad, mientras que al menos un quinto de las del CDJC estaba en papel carbón. Para establecer el memorial, habíamos tenido que descifrar miles de nombres con lupa, con los riesgos de error que ese tipo de ejercicio conlleva.

En septiembre de 1991, en Val de Fontenay, pude entrar sin impedimentos a las instalaciones de la Dirección de Estatutos del Ministerio de Antiguos Combatientes: me habían nombrado miembro de la comisión oficial encargada de estudiar cómo figuraba la mención «muerto en deportación» en las actas de defunción. Consulté documentos cuya existencia ignoraba. ¡Qué emoción descubrir en uno de los registros de entrada a Drancy, el 7 de abril de 1944, los nombres de los 44 niños de Izieu! Si la copia hubiera obrado en los archivos del CDJC, no hay duda de que aquel documento se habría aportado como prueba al juicio y habría dado la vuelta al mundo, como un resumen documental del destino de aquellos niños.

Durante la investigación que llevaba a cabo, comprobé que el inventario del personal de los archivos incluía las siguientes indicaciones: «Fichero mayor elaborado por la Prefectura de Policía en octubre de 1940» y «Fichero menor de la Prefectura». Pedí ver una ficha: la que me presentaron se correspondía exactamente con los modelos del fichero de la zona libre que había descubierto en una circular del ministro del Interior con fecha de 29 de julio de 1941. Ese documento se hallaba en el Instituto Judío de Investigación (YIVO), en Nueva York, en los archivos de la Unión General de Israelitas de Francia (UGIF).

Hacía más de diez años que yo seguía de cerca la cuestión del fichero de los judíos. En 1980, el magistrado Louis Joinet, encargado por la Comisión Nacional de Informática y Libertades (CNIL) de localizarlo, vino a consultarme. Le dije entonces que estaba seguro de que el fichero no había sido destruido, puesto que, de ser así, habrían quedado algunas fichas que habrían llegado al CDJC. Creía, por lo tanto, que el paquete completo debía de estar en algún sótano o desván de un edificio oficial, desconocido por sus propios detentadores.

La CNIL, por su parte, había recibido la siguiente respuesta: «Ni la Secretaría de Estado de Antiguos Combatientes ni la Oficina Nacional de Antiguos Combatientes disponen de ficheros en los cuales se mencionen los orígenes raciales... de las personas». El 5 de marzo de 1980, *Le Canard Enchaîné* informaba de que la gendarmería guardaba aquel famoso fichero en una caja fuerte. La investigación de Louis Joinet no había tenido resultado.

Cuando salgo del archivo de Antiguos Combatientes, comunico inmediatamente el descubrimiento al inspector general del ramo, que me contesta: «Lo sospechaba». Asimismo, informo a Louis Joinet, ahora asesor jurídico del Gobierno en Matignon, y le pido que se desplace a Val de Fontenay para verificar en persona si se trata del fichero en cuestión. También me dirijo al magistrado a cargo de la instrucción del caso Brunner, Jean-Pierre Getti, y le sugiero que emita una orden de embargo del fichero, indispensable para saber quién fue deportado por el último gran convoy de Drancy que transportaba a cientos de niños capturados por Brunner. Por último, comunico el descubrimiento a Laurent Greilsamer, especialista de Vichy para el diario *Le Monde*. Este último se pone en contacto con el director del gabinete del ministro Louis Mexandeau: «No, ese fichero no está aquí; estoy seguro».

El 12 de noviembre, el juez Getti concierta una cita en Fontenay, para examinar los documentos, con un suboficial de la sección de investigaciones de la gendarmería, Philippe Mathy, con quien mantengo una cooperación eficiente en los años siguientes. Laurent Greilsamer prevé la publicación de un artículo suyo para esa misma fecha. El día anterior, Louis Joinet, de vuelta de Val de Fontenay, me llama y me confirma: «Sí, es el fichero indicado». Philippe Mathy se instala en el archivo para llevar a cabo su propia investigación sobre los niños del convoy 77 del 31 de julio de 1944.

El 26 de noviembre, el juez regresa a Val de Fontenay y ordena el embargo del fichero allí mismo. El artículo de Laurent Greilsamer, «Fichero de los judíos: el fin de un enigma», y la conferencia de prensa que organizo el mismo día ponen el tema sobre la mesa. Tras un breve periodo de debate en la opinión pública sobre el destino del fichero (¿hay que destruirlo o no?), su supervivencia está asegurada.

La CNIL apoyaba que el fichero se entregara al Memorial del Mártir Judío Desconocido-CDJC. Pero esa propuesta iba en contra de la opinión de François Mitterrand, que, el 16 de diciembre de 1991, le escribía al presidente del CDJC: «Usted mismo comprenderá que la conservación del fichero no puede encomendarse sino a los organismos y servicios que legalmente están facultados para ocuparse de ello. Veo difícil que las dependencias competentes puedan inhibirse». Y, para que no se apartaran en absoluto, el fichero debía dejar de ser el fichero. Ante la presión de numerosos archivistas e historiadores, el Gobierno nombró una comisión, a la que designó con el nombre de su presidente, René Rémond. Al cabo de unos años, la comisión Rémond produjo un informe que sigue mis desarrollos históricos, pero afirma que estoy equivocado, que no se trata del fichero de los judíos. Semejante persistencia en negar algo evidente me pareció exasperante y, a su vez, divertida.

No había que dejar que la opinión pública creyera que las fichas se habían redactado después de la guerra para indemnizar a las víctimas. Las fichas formaban parte del fichero de los judíos de la Prefectura de Policía y se utilizaron después de la guerra por el Ministerio de Antiguos Combatientes y Víctimas de Guerra para cotejar las declaraciones de quienes solicitaban indemnizaciones por su deportación o internamiento. Como tal Instrumento de comprobación, el importante remanente del fichero inicial de los judíos había permanecido secreto.

El fichero de los judíos, elaborado por la Prefectura de Policía tras la ordenanza alemana del 27 de septiembre de 1940, que exigía el censo por parte de la administración francesa de los judíos de la zona ocupada (el censo de los judíos de la zona libre quedaba previsto por la ley francesa de 2 de julio de 1941), era un conjunto de declaraciones: en octubre 1940, cada judío cabeza de familia debía completar un formulario; es decir, el marido se declaraba y declaraba a su mujer y a sus hijos menores. Cada judío de más de veintiún años y soltero se consideraba que era cabeza de familia. Por ese procedimiento, se llenaron alrededor de 70 000 formularios, que concernían a 149 734 personas en el departamento de Sena.

A partir de esos formularios, los agentes de policía elaboraron fichas clasificadas según cuatro criterios: por orden alfabético de los patronímicos, por nacionalidad, por domicilio y por profesión. Eso permitía que se pudiera detener a los judíos mediante selección: aquellos cuyo apellido comenzara con la letra «D», los judíos de nacionalidad holandesa, los judíos de la calle Réaumur, o los peluqueros judíos. Esas fichas salieron a la luz a partir de noviembre de 1940 y llevan las referencias de la imprenta (233 E-6376-40; 263 E-6379-40; 235 E6357-41, etc.). Son fichas individuales de adultos; las fichas familiares se establecieron en 1941. Como el fichero familiar se mantuvo actualizado durante la Ocupación, determinadas fichas familiares se imprimieron, según las necesidades, en 1942.

La totalidad de las fichas conservadas en los archivos del ministerio proviene del lote inicial. En la mente de quienes mandaron redactar aquellos documentos criminales, no se trata de un fichero de víctimas a las que se quiere indemnizar, sino de un fichero de una categoría de personas a las que se quiere perseguir.

Para nosotros, esas fichas debían preservarse, porque eran las huellas y las pruebas de las persecuciones; instrumento de muerte y también vehículo de la memoria. Demasiados de esos documentos se habían ocultado durante décadas, lo que había impedido, por ejemplo, escribir la historia de la expoliación de los bienes judíos y de las redadas, región por región. También sorprendió que se hallaran ficheros judíos en cada uno de los archivos departamentales, cuando se sabía desde hacía mucho tiempo que estos existían. Lo que pasaba era que los expedientes relativos a los judíos no estaban inventariados ni eran accesibles.

Por otra parte, me parecía obvio que algunos historiadores «oficiales» deseaban recuperar el poder sobre la historia de la acción antijudía de Vichy. Nunca habían apreciado la independencia del CDJC, ni tampoco que este hubiera abierto libremente sus valiosos archivos a los investigadores ya en 1945.

Es posible que en la Prefectura, durante la Ocupación, se hayan extraído de los ficheros judíos las fichas de personas detenidas, y que se haya conformado así, poco a poco, no ya un fichero de víctimas, sino un fichero de gente detenida. El resto —las actas de las detenciones y probablemente todo lo que pudiera suponer alguna responsabilidad por parte de los ejecutores, así como las denuncias y las fichas improductivas del fichero de los judíos, las que no se habían llegado a procesar tras una detención— se destruyó tras la liberación.

Sobre la base del proyecto que Jean Favier, director general del Archivo de Francia, el historiador Denis Peschanski y yo habíamos elaborado el 6 de enero de 1992, Jacques Chirac impuso una solución razonable en cuanto al devenir del fichero: la instalación en el memorial de la Shoá, el 4 de diciembre de 1997, de una división del Archivo Nacional reservado a lo que quedaba del fichero de la Prefectura de Policía, del fichero de Drancy, de los ficheros de los campos de Beaune-la-Rolande y Pithiviers, de los registros de entradas a Drancy.

Asimismo, en el transcurso de mis investigaciones, encontré los archivos del personal del Comisariado General de Asuntos Judíos en las dependencias de varios sótanos de un edificio de Les Domaines, en la calle Scribe. Se lo hice saber al director del Archivo Nacional, y este los mandó aprehender y descubrió en esos mismos sótanos los archivos de las congregaciones.

También suministré al Archivo Nacional el contenido de una caja fuerte que encerraba una gran cantidad de telegramas oficiales cifrados y descifrados en un sótano del Correo Central de Vichy.

En Francia, la conservación de los archivos nacionales o departamentales está organizada de manera ejemplar. Gracias a los diferentes centros organizados con inteligencia, es extraordinario ver que se facilita a los ciudadanos una legibilidad gratuita y excepcional. Se ha invertido mucho dinero en la guarda y puesta a disposición de los archivos, y el personal a cargo es muy competente. Todo ello representa un incuestionable logro de nuestro país en el frente de la memoria.

Touvier arrestado, Bousquet acusado

La detención de Paul Touvier a finales de mayo de 1989 acaba con una huida de quince años, precedida por otra huida de más de veinte años. Hace ya mucho tiempo que estamos movilizados contra la inmunidad del miliciano Touvier. En junio de 1972, Beate y yo, con Arno de seis años, habíamos llevado a los jóvenes de la Liga Internacional contra el Antisemitismo (LICA) a manifestarse en Chambéry, delante de su casa, para protestar contra el indulto que le había concedido el presidente Pompidou. Veintidós años después, Arno iba a representar a los Hijos e Hijas en el juicio.

En 1989, los Hijos e Hijas se constituyen en la acusación particular, y yo colaboro con la investigación documental del juez de instrucción, Jean-Pierre Getti. A él y a su antecesor, Claude Grellier, les debemos el impulso que desembocó en la detención. Los gendarmes registraron el 23 de mayo la abadía carmelita de Saint-Michel-en-Brenne. Interrogaron al padre Buron, después de descubrir unas maletas marcadas con la palabra «Lacroix», uno de los apellidos tapadera de Touvier. Los gendarmes hicieron saber al mencionado padre que Serge Klarsfeld y su organización estaban tras la pista de Touvier, que ellos tenían muy poca anticipación con respecto a nosotros y que más le valía a Touvier que fueran ellos quienes le pusieran las manos encima. Touvier fue detenido ese mismo día.

Algunos acusaron a toda la Iglesia de Francia de haber protegido a Touvier. Nosotros sabíamos que una parte de esa Iglesia, la que efectivamente había protegido a Touvier, no se sentía cercana a monseñor Saliège.[1] Ahora bien, la Iglesia de Francia había desem-

[1] Hombre de Iglesia particularmente conocido por denunciar la deportación de judíos y las exacciones nazis durante la Ocupación. *[N. de la T.]*

peñado un papel tan positivo a partir del momento en que se desató la caza de las familias judías, que me esforcé por recordar algunos hechos, para que recordaran los olvidadizos. Lo hice publicando en *Le Monde* una nota de opinión titulada «Una gran deuda con la Iglesia»:

> Desde el 2 de septiembre de 1942, los jefes SS en Francia señalaron: «El presidente Laval explicó que las exigencias formuladas en lo que se refiere a la cuestión judía habían chocado esos últimos tiempos con una resistencia sin igual por parte de la Iglesia». Gracias a la oposición de la Iglesia, se obtuvo la anulación de un programa de cincuenta convoyes de deportación de mil judíos cada uno. En otra ocasión, durante otro momento decisivo para los judíos de Francia, el 21 de agosto de 1943, la Iglesia intervino con firmeza y logró bloquear la medida prevista por Vichy de retirar masivamente la nacionalidad francesa a las decenas de miles de judíos nacionalizados después de 1927.

* * *

A petición del ministro de Justicia, Pierre Arpaillange, el 26 de septiembre de 1990, la Fiscalía General de París abre una investigación contra René Bousquet por «crimen de lesa humanidad». La sala de acusación se reúne el 22 de octubre para pronunciarse sobre la procedencia de mi denuncia.

El 1 de octubre de 1990, Henri Hajdenberg y yo organizamos en el Senado el coloquio «Hace cincuenta años, el estatuto de los judíos de Vichy». La reunión ya había comenzado cuando un distinguido señor de cierta edad se presenta tímidamente en la entrada de la sala donde se encontraba hablando Beate: «Soy el ministro de Justicia».

Efectivamente, Pierre Arpaillange había venido de improviso, y Beate le pide que suba al estrado. Antes de iniciar el coloquio, yo había conversado en el patio del Senado con el fiscal general de París, Pierre Truche, que compartía mi opinión de que el procedimiento entablado contra Bousquet era competencia de la jurisdicción penal, y no de la inexistente Alta Corte de Justicia. La declaración del ministro de Justicia sonó extraña: mencionó su aversión espontánea por el régimen de Pétain, su adhesión a la Resistencia y su apego permanente a sus valores. Luego, se retiró; y esa misma tarde presentó su renuncia. Se nombra ministro de Justicia a Henri Nallet y ministro delegado a Georges Kiejman.

Entendimos que se había visto forzado a dimitir cuando nos enteramos, el 8 de octubre, de que el Fiscal General había cambiado de posición y defendía ahora la competencia de la Alta Corte de Justicia.

Redacto, bastante molesto, un comunicado con la intención de sacar de sus casillas a Georges Kiejman, poniéndolo en primera línea, delante de François Mitterrand:

> Este giro de ciento ochenta grados no se explica, en el fondo, sino por la existencia de una voluntad política en las altas esferas de que no llegue a juzgarse la acción antijudía del Gobierno de Vichy, su policía y su administración. Ese comportamiento, el mismo desde 1945, atenta contra los intereses de Francia. El brusco giro de la Fiscalía General, que recibe instrucciones de la Cancillería en semejante caso, se explica, en el tiempo, por el cambio acaecido el 2 de octubre a la cabeza del Ministerio de Justicia. Un hijo de deportado era ministro de Justicia cuando el jefe de la Gestapo de Lyon fue conducido a Francia para ser juzgado. Un hijo de deportado fue nombrado ministro delegado de Justicia para asegurar la impunidad del jefe de la policía de Vichy. Si la asociación Hijos e Hijas de los Deportados Judíos de Francia se equivoca, la misma, que en su argumentación respecto del personal político de Vichy siempre sostuvo que mediante la renuncia era posible no participar en acciones deshonrosas, le solicita al señor Kiejman que renuncie a su cargo para que su nombre no se vea asociado al entierro del expediente Bousquet.

Georges Kiejman se ve señalado con el dedo y reacciona con torpeza, una hora después: «Mi compromiso en el seno del Gobierno es un compromiso general, que va mucho más allá de mi condición de hijo de deportado. De ahí que, pese a toda la estima que le profeso a Serge Klarsfeld, entiendo que no tengo por qué recibir lecciones de su parte. En el plano técnico, puede parecer deseable que sea la Alta Corte de Justicia o su equivalente la que hoy juzgue a Bousquet». La frase que culmina la declaración es ciertamente reveladora de la índole de las instrucciones que había recibido: «Si pasamos por alto el problema técnico, cabe tomar conciencia de que, más allá de la necesaria lucha contra el olvido, puede resultar importante preservar la paz civil. Hay otros medios diferentes a un juicio para denunciar la cobardía del régimen de Vichy».

El 22 de octubre, durante las dos horas de audiencia a puerta cerrada en la sala de acusación presidida por Albert Moatty, los pasillos del Palacio de Justicia se ven invadidos por los Hijos e Hijas. Ataco directamente al presidente de la República delante de los medios, evocando su feliz juventud en Vichy, durante 1942.

El entierro de primera clase del caso Bousquet finalmente no sucedió. El 18 de noviembre de 1990, en el Palacio de Justicia, la sala de acusación tuvo el valor de emitir un fallo en el que se declara competente para instruir los hechos del crimen de lesa humanidad que se le imputan a Bousquet. Se abre la instrucción y, a menos que se decida el sobreseimiento, Bousquet será juzgado. La Fiscalía renuncia a interponer un recurso de casación. Sí lo presenta, por el contrario, el abogado de René Bousquet, su hermano Louis, pero será rechazado *in limine.*

* * *

El 8 de octubre de 1990, defiendo en Niza, durante cinco horas, mi trabajo sobre «La Solución Final de la cuestión judía en Francia». La defensa de tesis se desarrolla en la Universidad de Niza, en presencia de mi familia y de los Hijos e Hijas, que también son mi familia. El Tribunal está formado por los profesores universitarios André Nouschi, director de la tesis, Ralph Schor, Jacques Basso, Jean-Paul Brunet y Michèle Cointet-Labrousse. Finalmente, soy doctor en Letras, título que me habilita para dirigir investigaciones en el campo de la historia. Hay un solo puesto que me interesa de veras: el de docente en la Universidad de Lyon III, donde la influencia de la extrema derecha es todavía muy fuerte. No conozco los tejemanejes universitarios: se ha creado un puesto, pero en Historia Social del siglo XIX. El revés me brinda el tiempo necesario para preparar y publicar, en 1993, un compendio histórico, *Le calendrier de la persécution des juifs de France* ['El calendario de la persecución de los judíos de Francia'] —1 264 páginas, con índice alfabético, índice temático, índice por departamento y por comuna—. El libro se presenta como un código civil o penal, de color amarillo. Todos los investigadores lo conocen y lo utilizan porque les permite comprender el contexto en el que se desarrollan sus respectivas investigaciones regionales, departamentales o locales, y evitar errores.

El 19 de noviembre de 1990, la sala de acusación de Tribunal de Apelación de París le encomienda a su presidente, Albert Moatty, «la continuación de la investigación que se refiere a Bousquet, para dar forma a todo acto de instrucción relevante para la investigación». Ha tomado nota de la imposibilidad de aplicar la ordenanza del 18 de noviembre de 1944, que estaba ya obsoleta:

> En estas condiciones, dado que no hay ninguna jurisdicción de sustitución susceptible de intervenir, el Tribunal de Apelación de París no podría declinar su competencia, puesto que tal decisión podría considerarse por las acusaciones particulares como una denegación de justicia y una violación del artículo 6 del Convenio Europeo para la Protección de los Derechos Humanos y de las Libertades Fundamentales, que dispone que toda persona tiene derecho a que su causa sea oída equitativa y públicamente, en un plazo razonable, por un tribunal independiente e imparcial.

El fiscal general no interpone, finalmente, recurso de casación; Bousquet, sí. Esa decisión lesiona sus intereses: el 1 de febrero de 1991, la sala de lo penal del Tribunal de Casación rechaza su recurso y habilita al presidente de la sala de acusación para comenzar la instrucción de la investigación abierta contra él, a quien no tardará en notificársele oficialmente su procesamiento. El Tribunal de Casación pone así fin al debate sobre la jurisdicción competente: constata que la Corte Superior de Justicia se había mantenido únicamente para los casos en los que ya había entendido en aquella época, y que hoy, en su ausencia, ese tipo de casos solo podían recaer en una jurisdicción de derecho común, la jurisdicción de lo penal.

El 24 de mayo de 1991, le escribo al presidente Moatty y le envío las ediciones francesa y alemana de mi libro *Vichy-Auschwitz*, en el que se establece que la conferencia del 2 de julio de 1942 no se menciona ni en la instrucción, ni en el juicio de 1949; que aquella conferencia había sido decisiva para el destino de los judíos de Francia; que Bousquet, al comprobar que esta se había silenciado, la obvió, achacándole únicamente a Laval la cuota de iniciativa más que importante que le correspondía a él. Asimismo, le transmito las listas de 498 niños detenidos y trasladados de la zona libre al campo de Drancy, después del telegrama secreto de Bousquet a los prefectos, que suprimía ciertas exenciones previstas para proteger a los menores. Entre ellos, cincuenta y dos niños de dos a cinco años víctimas directas del telegrama de Bousquet.

El 18 de junio, le sugiero al presidente Moatty que incaute en el CDJC el acta de la conferencia del 2 de julio de 1942, elaborada por Herbert Hagen, y mande hacer dos traducciones oficiales por expertos, a fin de eliminar cualquier posible diferencia de interpretación.

La sala de acusación le encarga al juez Getti, que instruye en paralelo el caso Touvier, la presentación de un informe que responda a una cuestión de derecho: ¿las piezas que yo he presentado contienen elementos nuevos que no han sido juzgados en el transcurso del juicio de Bousquet en 1949? La respuesta, dada en junio de 1991, es positiva: sí, esos hechos son nuevos. Bousquet es, entonces, inculpado; y le corresponde a Albert Moatty, presidente de la sala de acusación, dirigir la instrucción. Le proporcionamos nuestra participación activa.

Bousquet, por lo tanto, fue oído en varias ocasiones. El acta de la conferencia del 2 de julio de 1942 que reunió a Bousquet con los jefes SS quedó autentificada por Hagen, que la había redactado y a quien habíamos hecho condenar en Colonia, en 1980. El requerimiento contra Bousquet fue firmado por el abogado general Marc Domingo, autor del destacado requerimiento contra Leguay, que tuvo la audacia de hacerlo público. Dicho requerimiento contra Bousquet se trasladó a la sala de acusación, que debía pronunciarse rápidamente. Si lo confirmaba, a Bousquet le quedaba como único recurso el Tribunal de Casación.

El 8 de junio de 1993, cuando la acusación estaba lista, Bousquet, el «Fouché[2] de Laval», es asesinado.

[2] Joseph Fouché fue ministro de Policía durante el Consulado y el Imperio francés. [*N. de la T.*]

El juicio a Touvier

Noviembre de 1989. Enredo judicial en el caso Touvier: dos jueces instruyen simultáneamente el expediente: uno en París, Jean-Pierre Getti; el otro en Lyon, Jacques Hamy. El letrado Charles Libman y yo deseamos que el caso se instruya solo en Lyon, y allí viajamos el 13 de noviembre para presentar dos nuevas denuncias y hacer un repaso de los hechos con la prensa. Poco tiempo después, el fiscal general ante el Tribunal de Apelación de París, Pierre Truche, y el fiscal general del Tribunal de Casación también opinan que la instrucción debe llevarse a cabo exclusivamente en Lyon.

El que fuera jefe del 2.º Despacho de la Milicia solicita su libertad provisional. La sala de acusación de París rechaza la petición, pero con unos considerandos que nos preocupan y que permiten anticipar su próxima liberación. La sala de lo penal del Tribunal de Casación, por su parte, decide designar al juez parisino para continuar a cargo de la instrucción, lo que conduce al juez lionés a renunciar a sus expedientes.

El 13 de abril de 1992, la sala de acusación del Tribunal de Apelación de París libera a Touvier y lo exculpa, explicando que solo son imprescriptibles los crímenes de lesa humanidad cometidos en nombre de un Estado «que practica una política de hegemonía ideológica». Según el Tribunal, tal no era el caso del Estado de Vichy, «sean cuales fueren sus flaquezas, sus cobardías y sus ignominias». Es evidente, sin embargo, que en la cuestión judía, Vichy sí había practicado una política hegemónica. Recurrimos al Tribunal de Casación y confiamos en él para que ponga fin a semejante escándalo. No pueden absolver a Touvier.

El 22 de noviembre de 1992, el Tribunal de Casación se pronuncia sobre nuestro recurso y anula el fallo de la sala de acusación de París, que había omitido tomar en consideración la complicidad de Touvier con la Gestapo en el caso de la ejecución sumaria de Rillieux-la-Pape, donde siete judíos habían sido abatidos por los milicianos de Touvier. El Tribunal de Casación se mostró, no obstante, timorato; habría podido ir más lejos, definir qué era «un Estado que practica una política de hegemonía ideológica» y, al contrario de la sala de acusación, constatar definitivamente que Vichy había llevado a cabo una práctica en contra de los judíos. Ese fallo permitió que los casos Papon y Bousquet también avanzaran desde la perspectiva de la complicidad.

En adelante, la suerte de Touvier está en manos de los consejeros de la sala de acusación de Versalles, que deciden, el 2 de junio de 1993, que Touvier debe ser llevado ante la jurisdicción penal. No obstante, lo hacen entrar por la puerta pequeña, como un cómplice anodino que había seguido las directrices de los alemanes.

Nuestra tarea es ardua: si el fiscal y las acusaciones particulares se atienen a la definición incompleta del crimen de lesa humanidad y fundan su acusación en una complicidad con la SIPO-SD, instigadora directa de la masacre, entonces corremos el gran riesgo de que Touvier se beneficie de circunstancias atenuantes, tal como preveía insidiosamente el fallo de la sala de acusación de Versalles, ya que su supuesta intervención y la de su superior de Bourmont no podrían entonces explicarse sino por una presión de la Milicia ante los alemanes, a fin de reducir la cantidad de rehenes. Tal estrategia también sería peligrosa desde un punto de vista histórico. Iría en el sentido que Touvier y su defensor querían darle a aquel periodo trágico, estableciendo un paralelismo con el régimen de Vichy en su totalidad: «Los nazis deseaban matar a todos los judíos de Francia, Vichy consiguió que solo una parte de ellos fuera sacrificada», posición idéntica a la de la Corte Superior de Justicia que juzgó a Bousquet en 1945 y lo absolvió: «Bousquet consiguió que la detención de los judíos estuviera únicamente a cargo de la policía francesa».

No me gustan ni el ambiente de los juicios ni las relaciones con los demás abogados, que siempre son difíciles. Ante todo, Arno y yo tenemos la determinación de abogar por la verdad histórica, y no a acomodarla a la idea de la complicidad con la Gestapo. Personalmente, no tengo ganas de adentrarme en el muy voluminoso expediente de la Milicia y hacer el esfuerzo de memorizarlo. Será Arno, pues, quien ocupará mi lugar junto a Charles Libman. Tengo plena confianza en la inteligencia de mi hijo, en su memoria y en su firmeza.

Desafortunadamente, la acusación oficial está en la misma línea que la defensa, por más que sus puntos de vista difieran. La acusación acepta las confesiones de Touvier, que se otorgó a sí mismo un buen papel afirmando que, en represalia por la muerte de Philippe Henriot, la Gestapo de Lyon había exigido cien víctimas para fusilar; que el jefe de la Milicia había logrado reducir ese número a treinta, y que él, Touvier, al escoger a los judíos, había conseguido que solo fusilaran a siete personas. Ahora bien, nada en el expediente ni en la lógica de los acontecimientos establece que los alemanes hubieran pedido represalia alguna. No vamos a permitir que surja una imagen de la Milicia protectora de la vida de los franceses contra las exigencias de la Gestapo. Y, en tales condiciones, ¿cómo contar con los jurados para condenar a Touvier a la pena más severa, la reclusión perpetua? Vamos a defender la verdad: el Estado francés de Vichy fue cómplice del Reich hitleriano en lo que a la persecución de los judíos respecta; la Milicia fue cómplice íntima de la Gestapo y, en el marco de esa complicidad evidente, había dado origen a su propia represalia por la muerte de su director, Philippe Henriot, y Paul Touvier había sido el instigador de la masacre de Rillieux-la-Pape.

En nuestra primera reunión con los otros abogados de las acusaciones particulares, se abre una brecha. Todos ellos temen que nuestro punto de vista contradiga la interpretación de crimen de lesa humanidad dada por el Tribunal de Casación y que eso acarree la absolución de Touvier. Nuestra oposición a varias decenas de abogados es flagrante: Arno abogará por la verdad histórica y alegará la complicidad natural entre la Milicia y la Gestapo. Está perfectamente claro; sin embargo, a los medios les cuesta admitir nuestro punto de vista. Para Éric Conan, de *L'Express*: «Los abogados de las acusaciones particulares están ahora divididos. Arno Klarsfeld sostiene que Touvier actuó por propia iniciativa. Elige la verdad histórica. A riesgo de una absolución».

Si Arno flaqueaba y suscribía la lógica judicial, Touvier se beneficiaría de circunstancias atenuantes (siete víctimas en lugar de cien) y solo sería condenado a una pena intermedia, que no sería la que le correspondía, puesto que el impulso asesino, la voluntad de matar, de vengar a Henriot, estaban en él.

Yo no entraré en la sala del Tribunal penal de Les Yvelines; mi lugar estará en el exterior, donde militaré desde la primera sesión con los numerosos Hijos e Hijas que se personaron en Versalles desde el primer día con nuestras pancartas, y cuyo papel en el plano emocional será fundamental. Como en Lyon durante la causa de Barbie, mi amigo Jean Lévy alquiló y acondicionó en Versalles un local para los representantes de la víctimas y sus abogados. Yo seré el asesor de mi hijo en cada audiencia, entre el 17 de marzo y el 20 de abril de 1994. Mi hijo conoce el expediente a fondo y su personalidad me parece mucho más adecuada que la mía para resistir a la presión de sus pares, ya muy irritados por la tesis que él defiende y por sus aires juveniles y provocadores. Les gustaría que fuera fútil, superficial y haragán; es brillante, serio y trabajador. Tendrán que prepararse para más de una contrariedad.

En la audiencia del 1 de abril, cuando Arno afirma que Touvier actuó por voluntad propia, se produce un fuerte incidente. La intervención de Arno se opone al testimonio del comisario Jacques Delarue, que contradice el abrumador informe de investigación que él mismo había redactado en 1970, donde escribía que no existían rastros de una intervención de los alemanes en este caso. Para justificar su cambio de parecer, Delarue se basa en un interrogatorio al jefe de la Milicia, Joseph Darnand, del 6 de agosto de 1945; pero Arno presenta al Tribunal un acta de audiencia de Delarue con fecha del 11 de abril de 1990, en la que este último declara que no hay que dar ningún crédito a las mentiras de Darnand en ese interrogatorio. Delarue intenta irse por las ramas. Arno le pregunta entonces si está sometido a presiones por haber participado, como policía, en la gran redada de Marsella de enero de 1943. Se genera un tumulto en la sala: los abogados de las acusaciones particulares se distancian de Arno, pero el testimonio del comisario Delarue se desmorona.

El antisemitismo inmundo y constante de Touvier queda demostrado con la lectura de sus cuadernos; su papel en la ejecución sumaria de Rillieux-la-Pape está demostrado por los testigos, por el miembro de la Resistencia al que dejó de lado por no ser judío, por la secretaria de Touvier, por su conductor. Llega el momento de los alegatos. A Arno le toca el 14 de abril. Sus palabras son rotundas desde el inicio: «Paul Touvier es el responsable, el instigador, el patrocinador del asesinato de Rillieux. Y todo esto sin la más mínima petición alemana».

Para Arno, Touvier entró en la jurisdicción de lo penal por la puerta de servicio. Hubo que doblegar la verdad para que fuera humillada por los fallos incoherentes del Tribunal de Casación. Touvier actuó por iniciativa propia en el marco de una complicidad general con la Alemania nazi. Todos los milicianos estaban involucrados por el juramento a Hitler que había hecho su jefe, Joseph Darnand. Sus compatriotas veían en ellos a hitlerianos franceses totalmente alineados con la ideología nazi. Un hitleriano francés, eso es lo que era Touvier cuando mandó masacrar a siete judíos en Rillieux-la-Pape. Arno interpela a los jurados para que desoigan los términos en los cuales la sala de acusación de Versalles había dado intervención a la jurisdicción de lo penal, el 2 de junio de 1993. Su conclusión es muy fuerte; coloca a los jurados frente a la alta responsabilidad que les compete y reclama la reclusión perpetua:

> Si aceptan la premisa de la intervención alemana, no solo convertirán a la Milicia en el ejecutante de las viles labores de la Gestapo, sino que harán de ella, un beneficioso escudo que protegió a los franceses de las exigencias alemanas en materia de represalias, un cómplice entre dos fuegos, proclive a disminuir la cantidad de víctimas de la Gestapo. Según la gravedad de la pena que apliquen a Touvier, se podrá medir si el pueblo francés tiene una mirada más indulgente hacia los crímenes cometidos por un francés de la Milicia que hacia los crímenes cometidos por un alemán de la Gestapo.

El fiscal Hubert de Touzalin pronuncia un requerimiento que traza la personalidad de Touvier, el alcance de su poder, su voluntad de ejecutar a sus siete víctimas judías. Culmina en un punto central: según el Tribunal de Casación y la sala de acusación de Versalles, la demanda contra Touvier es por complicidad con los alemanes en crímenes de lesa humanidad, mientras que toda la instrucción se apoya en su autonomía en la masacre de Rillieux. Y el fiscal se une a Arno cuando declara que la definición del Tribunal de Casación puede ser entendida de forma lo suficientemente amplia como para englobar el crimen de Touvier: «Estoy convencido de que no hubo una orden, sino una intervención alemana». El matiz le permite al fiscal oponerse a los argumentos de Touvier: «Siete judíos fueron asesinados. Ese es un hecho comprobado. El único».

En definitiva, el fiscal se alinea con nosotros: hubiera o no una orden, Touvier era culpable; lo de la presión fue un invento mentiroso.

El historiador Henry Rousso declara en *Libération*: «Arno Klarsfeld estuvo en lo cierto al abogar por la verdad. Por la Historia, por la Memoria y contra un derecho cuya geometría es tan variable como restringida».

En *Le Monde*, Bertrand Poirot-Delpech escribe: «El señor Arno Klarsfeld prefirió ser fiel a la evidencia de una represalia espontánea y al papel pedagógico que reviste el juicio a dar un utilitario giro de ciento ochenta grados. Si el jurado no se hubiera pronunciado por la reclusión perpetua, nadie habría dejado de atacar al señor Arno Klarsfeld. Solo gracias a él la verdad y la justicia han formado una buena pareja, cosa que no resulta habitual».

Una de las enseñanzas que nos dejó la causa Touvier es que, cuando se celebre el juicio a Papon, el enfrentamiento más áspero que tendremos será con los demás abogados de las acusaciones particulares, para quienes la justicia y la verdad no van de la mano. Si abonaron la tesis de que Touvier era un ejecutante de las instrucciones de la Gestapo, cuando se trataba de un responsable, ¿no verán acaso en Papon a un responsable, en lugar de a un ejecutor de las directrices de Vichy? La experiencia de Versalles me convence de que, en Burdeos, el lugar de Arno será otra vez ante el Tribunal, y el mío, afuera.

En Pale, contra Karadžić y Mladić

A mediados de febrero de 1996, entro en contacto con el Ministerio de Defensa. Solicito una plaza en el avión militar del 22 de febrero que vuela a Sarajevo, el pasaje corre por mi cuenta, a fin de evitar un largo trayecto por la ruta desde Belgrado. Tengo la intención de intervenir ante los serbios de Bosnia, con el objeto de explicarles las ventajas que supondría el enjuiciamiento de sus responsables políticos y militares, no solo para la comunidad internacional, sino también para ellos mismos.

Se acepta mi petición. Parto desde una base cerca de Orleans, hacemos escala en Istres y emprendemos un vuelo a baja altura por la región de Sarajevo, para eludir posibles disparos. Paso una noche en un hotel que se ha quedado sin fachada a causa de las bombas. Me reúno con unos periodistas:

> He venido a Pale para intentar convencer a Karadžić y a Mladić de que se pongan ellos mismos a disposición del Tribunal Penal Internacional. Si estiman que son inocentes, será el mejor modo de afirmar públicamente su inocencia. Si estiman que son culpables o responsables —lo cual nos parece obvio, puesto que las fuerzas armadas de los serbios de Bosnia, bajo su autoridad política y militar, perpetraron crímenes de guerra y un genocidio—, Karadžić y a Mladić deben tener en cuenta que la comunidad internacional no admitirá por mucho más tiempo su impunidad. Tarde o temprano, serán ignominiosamente llevados por la fuerza ante la justicia, como ocurrió con algunos criminales nazis unas décadas después de sus atropellos, solo una iniciativa voluntaria por su parte en dirección a La Haya sería un acto capaz de desvincularlos de su indignidad internacional, de crear una dinámica de paz, de hacerles un favor a los serbios de Bosnia, a la justicia y a una comunidad internacional cuya voluntad es erradicar para siempre los genocidios y los crímenes de guerra.

Si se entregaban voluntariamente, Karadžić y Mladić mejorarían la situación de los serbios de Bosnia, y tengo presente la ayuda que brindaron los serbios a los judíos durante la Shoá, cuando algunos croatas y bosnios participaban activamente en las persecuciones.

Hace tres días que los serbios huyen masivamente de la ciudad, que está por caer en manos de los musulmanes de Bosnia. Los suburbios, aún bajo control serbio, se vacían, y miles de serbios aterrorizados viven el éxodo de Sarajevo a Pale por una pequeña ruta de tierra y bajo fuertes precipitaciones de nieve. Para unirme a ellos, solo tuve que cruzar caminando el puente de Bratsva (de la Fraternidad); ninguno de los militares de servicio me pidió los papeles.

Le di a entender en ruso a un civil serbio que estaba buscando un coche para seguir el éxodo hasta Pale. El hombre tenía un perro con él. Le mostré una foto de los míos y simpatizamos. Me condujo a través de la ciudad hasta un taxi, que aceptó correr el riesgo. El camino por la montaña era muy difícil: fuerte tormenta de nieve, hielo y un sinnúmero de coches, camiones, además de unas carretas lamentables. Nos llevó seis horas recorrer los escasos 25 kilómetros que nos separaban de Pale, pequeña localidad de veraneo situada al este de Sarajevo, transformada en cuartel general de las fuerzas serbias de Bosnia.

Fui directamente al centro de prensa dirigido por Sonia, la hija de Radovan Karadžić, el presidente de los serbios de Bosnia, para asegurarme de que mi mensaje llegara rápido a su destinatario. Sonia no estaba, pero su ayudante leyó el mensaje, que también estaba redactado en inglés y en alemán. Se mostró muy hostil, se opuso con violencia a su contenido y me pidió que fuera a esperar a un motel, a tres kilómetros de allí.

Me vio partir a pie con mi maletita y mi bolso, en medio del frío, por una ruta helada.

No es fácil verse aislado en un entorno hostil, preguntándose si realmente tiene sentido intentar razonar con alguien que ha perdido la razón. Terminé llegando al motel Olympic, que estaba casi desierto, y alrededor de las ocho de la noche estaba tomando un té en la sala, cuando tres hombres de paisano, a los que enseguida reconocí como policías, entraron acompañados por una muchacha.

Hablaron con el dueño del motel, vinieron hacia mí y, por intermedio de la mujer que hablaba inglés, me pidieron que los siguiera. A fuerza de oírlos repetirme «No debe tener miedo», podría haberme espantado. Apretado entre dos agentes en el coche, no podía evitar preguntarme si estábamos dirigiéndonos hacia una oficina o hacia un bosque... Fue una oficina, donde me interrogaron durante más de dos horas. Los policías querían saber, sobre todo, si había estado en contacto con bosnios y en nombre de quién actuaba. Luego intentaron refutar mis argumentos. Cada tanto, llamaban por teléfono a alguno de sus superiores y, a fin de cuentas, me declararon que no podría ser recibido por nadie, ni tampoco trasladarme a Bania Luka, la capital, ni a Belgrado. Me notificaron la orden de regresar a Sarajevo y me llevaron de vuelta al motel.

A la mañana siguiente, unos periodistas de Reuters, como no me habían encontrado la noche anterior, se preocuparon y regresaron para verme. En la sala había dos policías que aguzaban el oído. Los periodistas ingleses me llevaron a Sarajevo por la ruta directa y rápida reservada a los militares de las fuerza de la IFOR y a la prensa. Pude ir de Sarajevo hacia Split, Croacia, en un Hércules de la IFOR —un avión de la Luftwaffe—. ¡Qué extraña sensación, encontrarme en un avión que llevaba la misma cruz negra que llevaban los aviones que de niño deseaba ver derribados!

El martes 27 de febrero, viajé de improviso a Zagreb para reunirme con el viceprimer ministro, a cargo del problema de los criminales de guerra croatas (seis de ellos, entre los cuales estaba el general Blaškić, estaban acusados por el Tribunal Penal Internacional de La Haya). Su consejero, el señor Göttlicher, me recibió durante un largo rato. Le solicité que transmitiera mi deseo de ver al general Tihomir Blaškić —cuya extradición, me dijo, no podía obtenerse hasta tanto el Parlamento croata no modificara la ley vigente—. Insistí en la solución práctica que consiste en la iniciativa voluntaria del acusado de entregarse él mismo (o bajo presión) en La Haya. Recalqué la necesidad para los croatas de dar ejemplo en materia de respeto por el Tribunal de La Haya.

El 12 de marzo, o sea, quince días después, Blaškić fue trasladado y detenido en La Haya.

Mi gestión era menos arriesgada de lo que parecía y se inscribía, a conciencia, en el contexto de una campaña para la creación de un Tribunal Penal Internacional permanente. A mi juicio, a aquel Tribunal debía asociarse una «legión» mundial, cuyo papel sería proteger a las poblaciones civiles durante los conflictos. Los elementos de aquella «legión» solo debía reclutarlos Naciones Unidas, se convertirían en sus ciudadanos y dependerían de ellas. La importancia y la nobleza de su misión humanitaria de protección preventiva permitiría forjar en aquellos legionarios un sentido de pertenencia y un ideal lo suficientemente poderosos como para que estuvieran dispuestos a sacrificarse por esa misión. ¿Acaso no es una utopía que aún hoy conserva su vigencia?

El caso Papon

En 1993, el caso Papon todavía estaba en plena instrucción y se limitaba al año 1942, puesto que nuestra participación como acusación particular era la única que no había sido anulada. Yo me había limitado a ese año porque era el año del pico de deportaciones (43 000 personas; 33 000 de ellas en once semanas) y el año en que las relaciones entre la SIPO-SD, la policía y la alta administración francesa habían sido más fluidas y se había ejercido menos presión alemana sobre la parte francesa. De los tres procesados junto con Papon —el prefecto regional Maurice Sabatier, Jean Leguay, delegado de René Bousquet en la zona ocupada, y el propio Bousquet, jefe de la policía de Vichy—, Papon era el único que seguía en escena, y aún no sabíamos si la obra iba a representarse en el gran teatro del Palacio de Justicia de Burdeos.

Entretanto, se habían personado numerosas acusaciones particulares por los sucesos de 1943 y 1944. Annie Léotin, jueza de instrucción, procedía a oírlos y debía decidir si el expediente se trasladaría o no a la Fiscalía de Burdeos. Yo confiaba en ella por principio, si bien sabía que François Mitterrand estaba intentando influir en el curso de los acontecimientos, como había hecho con el caso Bousquet. Es más, tiempo después, él mismo reconocería haber intentado demorar las causas de crímenes de lesa humanidad.

Contrariamente a los demás abogados de las acusaciones particulares, Arno y yo no vemos ninguna desidia en la investigación que lleva a cabo la jueza, y la dejamos trabajar con tranquilidad. Casi todos los abogados acaban de iniciarse en este expediente, en el que yo estoy metido desde hace catorce años, desde el 7 de mayo de

1981, para ser exacto. Frente a la exasperación de nuestros colegas, que contemplan la posibilidad de presentar una denuncia ante el Tribunal Europeo de Derechos Humanos o de valerse del artículo 434-7-1 del Código Penal, que prevé severas penas para los magistrados que traben el curso de la justicia, sostengo que ningún magistrado puede sobreseer el caso contra Papon con la conciencia tranquila, que se está trabajando con mucha seriedad en la causa y que la Fiscalía se mueve con total independencia.

El 10 de febrero de 1996, Arno y yo publicamos un gran artículo en *Le Monde* revelando nuestra estrategia: hacer todo lo posible para obtener la pena proporcional que merecía Papon.

> Había que actuar con fines pedagógicos. Nos esforzamos para que eso sucediera. Nuestra meta consistía en hacer entrar la verdad histórica en la conciencia de nuestros compatriotas. [...] El 29 de septiembre de 1981, ante el jurado de honor [...], de todas las personas oídas fuimos los únicos que sostuvimos ante los jurados incrédulos y a veces hostiles que el señor Papon era enjuiciable ante la jurisdicción penal. [...] El señor Papon es culpable de complicidad en crímenes de lesa humanidad. De eso no cabe duda. [...] El poder de decisión de Maurice Papon no se compara, sin embargo, con el de Bousquet [...]; las responsabilidades de Maurice Papon tampoco son las mismas que las de Jean Leguay [...]; tampoco encontramos en Maurice Papon el impulso asesino antijudío ostensible de un Touvier [...]; en cambio, lo que sí descubrimos en Papon es una fría voluntad de no dificultar la misión que le ha sido encomendada por sus superiores y que realiza en aras de su carrera y promoción personal, sabiendo que aquello iba en contra de la dignidad humana y los principios republicanos.

En agosto de 1995, tal como habíamos previsto, se pronuncia el cierre de la instrucción. El expediente consta de veintiséis cuerpos, es muy voluminoso y está en manos de la Fiscalía General, que debe redactar su informe definitivo y darlo a conocer en diciembre: ¿sobreseimiento o jurisdicción penal? No dudamos de la decisión final, pese al escepticismo de los otros abogados. Si nuestra confianza es fundada, la sala de acusación reunirá a todas las partes, las oirá y decidirá entonces seguir o no el requerimiento del fiscal. Si lo sigue, a Papon no le quedará más remedio que interponer un recurso de casación.

Todos los casos judiciales de los que nos hemos ocupado alcanzaron resultados imprevisibles al principio. La Fiscalía dirige a Papon hacia la jurisdicción penal.

Es cierto que el requerimiento expresa una diferencia de apreciación entre el abogado general y el fiscal general: el primero, Marc Robert, muy prudente, demasiado; el otro, Henri Desclaux, ofensivo contra Papon. Sin embargo, es el fiscal general el que requiere con fuerza y convicción una pena ante la sala de acusación el 5 de marzo de 1996, y ya no temo en absoluto el fallo de esa sala; incluso espero que incorpore otros cargos contra Papon.

Arno estableció el alegato en representación de nuestras acusaciones particulares. Yo me presenté en Burdeos como representante de las víctimas. No fueron los abogados sino las acusaciones particulares las que iniciaron el caso Papon. Antes de la audiencia, los magistrados recibieron las argumentaciones escritas de los abogados y pueden juzgar por los hechos, y no después de un concurso de oratoria.

Papon, en manos de la jurisdicción penal, se considera víctima de un complot político dirigido, a través de mí, por judíos estadounidenses de origen alemán para atenuar la culpa de Alemania compartiéndola con Francia.

El fallo de la sala de acusación de octubre de 1996 justificó nuestra espera y la confianza que manifestamos públicamente en los magistrados. No nos quedaba más que desear que la sala de lo penal del Tribunal de Casación, cuya intervención había solicitado Papon, pudiera pronunciarse lo antes posible. El 21 de octubre, Arno solicita al fiscal general Desclaux que le retire el pasaporte a Papon y ordene su arresto domiciliario bajo vigilancia policial exterior permanente.

El 23 de enero de 1997, el Tribunal de Casación rechaza el recurso de Papon, a quien le conviene seguir el consejo implícito que le damos: eludir el proceso y darse tranquilamente a la fuga. Desoye nuestra advertencia. Debió de confiar en su abogado. Claro, al letrado Varaut le servía más que tuviera lugar un gran juicio, donde él pudiera desplegar su gran talento; pero su interés era contrario al de su cliente, que se arriesgaba más a ser condenado que absuelto, sobre todo después de que anunciáramos la preconización de una pena graduada, en contra de los demás abogados de las acusaciones particulares, que reclamaban cadena perpetua.

El 21 de julio de 1997, la Fiscalía General aclara en un primer requerimiento que nuestra solicitud es improcedente, habida cuenta de que una acusación particular no está facultada para pedir la intervención judicial con tal fin; pero en el marco de un segundo requerimiento, toma ella misma la iniciativa de pedirle a la sala de acusación que ponga a Papon bajo control judicial. La respuesta es positiva. Arno sabía que la solicitud era improcedente en el fondo, y hasta la envió por fax para que también lo fuera en la forma; simplemente, había que darle pie a la fiscalía para que aprovechara la ocasión.

Papon, obligado a entregar su pasaporte y a limitar sus desplazamientos, habla de una humillación impuesta a su función de antiguo prefecto de policía, al tiempo que se atreve a denunciar por calumnias a los hijos de deportados que lo habían denunciado a él.

En *Le Monde* del 9 de febrero de 1997, Laurent Greilsamer, que sigue estos casos paso a paso desde 1978, explica en su artículo titulado «Las resacas de la memoria nacional»:

> En cada oportunidad, el historiador investigó, husmeó en los archivos, alimentó expedientes. En cada oportunidad, el abogado se presentó como acusación particular. En cada oportunidad, su acción es reveladora de un pasado oculto e inédito para la opinión pública. Serge Klarsfeld actúa en nombre de la misión que se ha encomendado, según la estrategia que se ha fijado. Quería que, ante todo, se castigara a los responsables alemanes, cuya intención criminal era patente; solo después arremetió contra las responsabilidades francesas. En aras de la coherencia y la pedagogía. A veces, el trabajo de uno solo puede avivar o despertar la memoria de todos.

Sabemos que el juicio será difícil, puesto que, de entrada, no hay acuerdo entre los diversos abogados de las acusaciones particulares y nosotros. Arno asimiló todos los cuerpos de la instrucción y el archivo histórico que reuní; él es quien batallará y litigará. Como acusación particular, decido quedarme fuera del Palacio de Justicia, junto a Beate y los Hijos e Hijas, y hacer propaganda de agitación desde allí, a fin de orientar la causa hacia nuestro objetivo y, eventualmente, corregir su curso.

Queremos una condena graduada y, extraoficialmente pero de manera insistente, sostenemos que debe ser de diez años. Si Papon no resulta condenado, será una tragedia para los Hijos e Hijas de los Deportados Judíos de Francia: significaría un veredicto idéntico al de la inmediata posguerra. Desde el prefecto hasta el gendarme, todos los ejecutores de la política antijudía de Vichy quedarían exonerados y exculpados. Estamos dispuestos a enfrentarnos a la defensa de Papon y a todos los demás abogados de las acusaciones particulares, porque lo que está en juego es fundamental. Sabemos que el jurado popular será nuestro mejor aliado (siempre ha sido así). Al término de la causa de Barbie, un miembro del jurado me reveló a propósito de Vergès y del télex de Izieu, cuya autenticidad este impugnaba: «Con esa historia del télex quiso tomarnos por idiotas». ¿Podrían ver los jurados populares en el caso Papon algo distinto de lo que habíamos visto nosotros, que estábamos sumidos en el expediente? No. No podrían ver en Papon a un hombre animado por el odio antijudío y una voluntad criminal; lo verían tal como nosotros lo describíamos y no podrían condenarlo a la pena más severa, es decir, la cadena perpetua.

También sabíamos que, entre los que iban a alzarse contra nosotros, estaría el presidente del Tribunal de lo penal. Francia no es, como Estados Unidos o Alemania, un país donde el magistrado que preside el Tribunal penal se elige por sorteo. En Francia, ese cargo lo designa el primer presidente del Tribunal de Apelación. Y resulta que unos amigos bordeleses nos habían contado que, en el transcurso de una velada con pocos invitados, el magistrado que debía hacer esa elección había expresado su hostilidad ante una causa contra Papon, incluso antes de que se hubiera decidido su apertura. ¿Por qué elegiría entonces a alguien que no compartiera su punto de vista? Todas las probabilidades indicaban que el presidente del Tribunal sería un partidario de la absolución.

Preparamos una documentación muy detallada, que incluía cada ficha de Drancy de los 1 645 deportados procedentes de Burdeos, todas las fotos que habíamos descubierto de los niños detenidos en la región administrativa de Burdeos y deportados, así como los documentos firmados por Papon. Con nuestro amigo Jean Lévy, que en Lyon y Versalles había instaurado los eficaces comités «Acción juicio Barbie» y «Acción juicio Touvier», creamos el comité «Acción juicio Papón», presidido por el presidente del Consejo Representativo de las Instituciones Judías de Francia (CRIF) de Aquitania, David Berdugo. Habilitamos un espacioso local a disposición de las acusaciones particulares, sus abogados y los militantes judíos, a diez metros del Palacio de Justicia, encima del café de la Concorde.

De inmediato, chocamos con el presidente del Tribunal, uno de cuyos secretarios tiene fama de ser de extrema derecha. El otro seguramente no compartiera sus opiniones. Desde que Pétain suprimió el jurado de doce miembros, los nueve jurados populares deliberan con tres magistrados.

Ya desde el inicio del juicio, nuestra aprensión se justifica: el presidente le impide a Arno expresarse a la hora de examinar el estado de salud de Papon. Arno iba a informar que el cardiólogo que trataba a Papon se había negado a confirmar que su salud se hubiera deteriorado, razón por la que Papon había recurrido a un cardiólogo más flexible. La puesta en libertad de Papon, decidida por el presidente Jean-Louis Castagnède, significaba que, aun condenado, Papon solo iría a la cárcel el día anterior al pronunciamiento del Tribunal de Casación, durante un lapso de tiempo imprevisible. Si su recurso se aceptaba, habría pasado una noche en prisión; si se rechazaba, permanecería en la cárcel.

Papon tiene ochenta y seis años. El presidente Castagnède le cedió las llaves del juicio: Papon puede decidir si debe asistir o no. Si considera que al final del juicio lo espera la condena, no le convendrá seguir asistiendo y guardará cama definitivamente. En tal caso, el presidente solo podrá postergar el juicio a una sesión ulterior del Tribunal, lo que equivale a decir nunca. En cambio, si Papon estima que conserva alguna probabilidad de ser absuelto, hará el esfuerzo de acudir y solo será condenado si ha errado el pronóstico.

En cuanto se anunció la decisión de liberar a Papon el 10 de octubre, Arno protestó: «En nombre de las víctimas a las que represento, nos retiramos de un juicio que ha perdido todo sentido. Usted tiene la responsabilidad de esa decisión; ahora deberá asumirla». El presidente se dirige entonces a los demás abogados: «Les estoy agradecido por no haber reaccionado». En realidad, ellos no quieren entender las implicaciones de este juicio. Algunas de sus acusaciones particulares hablan de recusarlos por las deficiencias de sus intervenciones y por recordar la presunción de inocencia.

Hago una declaración afuera, donde están manifestándose los Hijos e Hijas:

> Jean-Louis Castagnède jamás liberó en la jurisdicción penal a ningún acusado, aun cuando pesaran sobre él menos cargos que sobre Papon. Papon ha quedado en libertad. Maurice Papon, moribundo hasta ayer pero de nuevo rozagante, se sentaba a la mesa, en público, en los más lujosos Relais & Châteaux de la región de Burdeos, para comer y brindar por la salud de una inconcebible libertad y de la inconcebible coalición que se la había facilitado. A la justicia le llevó dieciséis años enviar a Maurice Papon a la cárcel; al presidente Castagnède le llevó tres días liberarlo.

Los Hijos e Hijas organizan una gran manifestación en Trocadero, el domingo 12 de octubre, y otra delante del Palacio de Justicia de Burdeos, al día siguiente. Entretanto, el fiscal general nos instó en varias ocasiones para que volviéramos a ocupar nuestro lugar en el juicio, y él también decidió hacer pública su oposición a la decisión del presidente Castagnède interponiendo un recurso de casación. ¡Una iniciativa sin precedentes! En esas condiciones, efectivamente podíamos volver a ocupar nuestro lugar en esa causa.

Arno regresó a la sala de audiencias, que había quedado vacía durante un tiempo por la «enfermedad» de Papon. Nos manifestamos permanentemente ante el Palacio de Justicia, enarbolando el discurso de Jacques Chirac del 16 de julio de 1995, que imprimimos en un póster tricolor, al igual que el llamamiento del 18 de junio de 1940.[1] Difundimos aquel discurso por unos altavoces durante toda una audiencia. La voz de Jacques Chirac se hacía oír con claridad por encima de las voces de los testigos gaullistas que defendían a Papon.

En las manifestaciones del 14 y del 20 de noviembre ante el Palacio de Justicia, nuestros militantes alzaron las 1 645 fichas del campo de Drancy de los 1 645 judíos trasladados desde Burdeos; esas fichas también se fijaron en las paredes de la sinagoga de esa ciudad.

---

[1] Primer discurso pronunciado por Charles de Gaulle en la radio británica, donde incita a no dejar de combatir al Tercer Reich. *[N. de la T.]*

El 5 de noviembre, cuando expusimos delante de las verjas del Palacio de Justicia las 1 645 fichas de las víctimas, solicitamos educadamente al presidente, por escrito, que viniera a rendirles homenaje. Se negó, explicándonos que el gesto podía interpretarse como una muestra de simpatía para con las acusaciones particulares. Le respondimos que se trataba de simpatía para con las 1 645 víctimas, a quienes debíamos este juicio que él tenía el honor de presidir. No se acercó.

En el tribunal, Arno está solo. No es la primera vez: habíamos sido los únicos en reclamar el control judicial cuando Papon había pasado la mayor parte del verano en Marbella (cosa que el público ignoraba) y dudaba entre exiliarse o regresar a Francia. Los otros abogados no querían ningún control y algunos de ellos abogaron incluso por la liberación de Papon al comienzo del juicio, ¡o felicitaron al presidente por haberlo liberado!

El 28 de enero, provocamos un giro inesperado al revelar que Jean-Louis Castagnède aceptó presidir el Tribunal siendo sobrino de una víctima de Papon, y que él mismo podría presentarse como acusación en el juicio.

En efecto, Micheline Castagnède es la hija del único tío paterno del presidente del Tribunal y de Esterina Benaïm, su esposa, única superviviente de su familia, deportada de Burdeos a Auschwitz vía Drancy en tres traslados, todos ellos imputados a Papon (el padre, Sadia, traslado de Burdeos a Drancy el 26 de agosto de 1942, convoy número 34; la madre, Luna, y las dos hijas, Paulette y Georgette, traslado del 30 de diciembre de 1943, convoy número 66; el hermano, Gastón, traslado del 13 de mayo de 1944, convoy número 74).

Desconocíamos la existencia de Micheline Castagnède hasta que ella se puso en contacto con la oficina del CRIF de Aquitania. Se personó el 26 de enero y solicitó información sobre la deportación de la familia Benaïm. La secretaría me transmitió la solicitud la mañana del 27 de enero, estando en Burdeos, y solo presté atención a los nombres de las personas cuyo convoy de deportación debía buscar, cosa que hice en París, el 28 de enero por la mañana. Extraje del fichero de Drancy las fichas de Sadia, Luna, Paulette, Georgette y Gaston Benaïm. El 28 por la tarde, llamo a la oficina del CRIF en Burdeos y la secretaria me pasa con Micheline Castagnède, que acaba de llegar tras la suspensión de la audiencia a la que había asistido. Me explica que está conmocionada: ha oído al presidente, su primo, leer los nombres de su madre y sus dos hermanas al proceder al examen del convoy del 30 de diciembre de 1943 hacia Drancy. Le declara a la secretaria del CRIF que había visto regularmente a su primo hasta los dieciséis o diecisiete años, que él sabía quién era su tía, que sus relaciones discontinuas se debían a la madre del presidente, que desdeñaba esa rama de la familia. Asimismo, la mujer estaba conmovida porque acababa de ver las fichas de sus hermanas.

Por sugerencia mía, Micheline Castagnède fue a ver a Arno, quien no le pidió ni le sugirió que se personara como acusación, cosa que ella probablemente habría aceptado. Arno no quería que se dijera que le había arrebatado aquella decisión. La mujer debía tomar su resolución en frío, y no bajo el efecto de la conmoción. Ni Arno ni yo le pedimos nada a Micheline Castagnède. Ella nos dio espontáneamente información que teníamos derecho a utilizar; y había que utilizarla en pos de la verdad, para impedir que la defensa de Papon se valiera de ella, ya fuera para recusar al presidente, ya fuera como argumento contundente para el alegato, ya fuera como medio de casación; por último, para que el presidente asumiera sus responsabilidades y se declarara incompetente. Le ofrecimos una puerta de salida que no quiso aceptar. Si le hubiéramos pedido a Micheline Castagnède que se presentara como acusación, de inmediato habríamos puesto al presidente de patitas en la calle, automáticamente y sin recurso alguno. Deseábamos que él se alejara por iniciativa propia, cosa que no hizo.

El juez Castagnède afirmó «estar atónito». No lo creímos. ¿Por qué aceptar la presidencia de un juicio tan importante, cuando él mismo podía presentarse como acusación contra Papon? Además, su prima podía recusarlo si decidía ser acusación. Si lo hizo, no fue para ser parcial frente a Papon, como algunos podrían ingenuamente creer, puesto que presidía el Tribunal que había tomado la medida de liberarlo. Si no informó sobre el parentesco, fue para ayudar a Papon.

La revelación de ese vínculo no lo obligó a abandonar la causa, sino que lo colocó bajo máxima vigilancia, sobre todo por parte de los jurados populares, a quienes, a partir de ese momento, no podría manipular, y sobre todo en el momento de la deliberación, donde el papel del presidente suele ser clave. En Burdeos, en el ámbito judicial, se sabe que uno de sus adjuntos es un hombre marcadamente de derechas. En caso de recusación de Castagnède, este asumiría la presidencia del Tribunal; pero más valía un presidente en oposición con el jurado que un adjunto a favor de la absolución y un presidente de quien sospechamos lo mismo.

El descubrimiento de la verdad no es el motivo del alboroto que siguió después: el comunicado de Arno no tenía nada de agresivo. Tras recordar los vínculos de parentesco entre el presidente y la familia Benaïm, concluía diciendo: «Hasta donde sabemos, el presidente del Tribunal de lo penal de Burdeos, Jean-Louis Castagnède, evitó mencionar ese vínculo». El escándalo vino de la inmediata solidaridad hacia el presidente que manifestaron a bombo y platillo algunos letrados de las acusaciones particulares, así como los abogados de Papon. Sin embargo, conseguimos que la defensa de Papon decidiera solemnemente que jamás utilizaría el parentesco como vía de recurso contra la sentencia, sea esta cual fuere, lo cual seguramente no habría sucedido si se hubieran enterado del parentesco por sus propios medios.

La oficina ejecutiva del CRIF nacional, de la que yo formaba parte desde hacía unos veinte años, nos propuso, como gesto para calmar las aguas, que no pidiéramos formalmente la recusación del juez Castagnède. Aceptamos, haciendo saber que le correspondía al propio juez decidir qué era lo más conveniente para asegurar que los debates se desarrollaran con la serenidad necesaria. No obstante, mantuvimos nuestro punto de vista, lo cual acarreó la ira de los magistrados de Burdeos, que hicieron público un virulento comunicado:

> La asamblea general de los magistrados de la sede y de la Fiscalía General del Tribunal de Apelación de Burdeos, tras examinar las declaraciones vertidas por los letrados Serge y Arno Klarsfeld contra el juez Castagnède, presidente del Tribunal de lo penal del departamento de Gironda, interviniente en el caso Maurice Papon,

> Considera que ambos letrados han difamado gravemente al juez Castagnède al acusarlo públicamente en la radio, la televisión y la prensa escrita de haber ocultado voluntariamente una situación familiar susceptible de exponerlo a una recusación, con miras a obtener la presidencia del caso y la absolución del acusado, después de haberlo responsabilizado violentamente cuando la jurisdicción penal ordenó la puesta en libertad de Maurice Papon.
>
> Advierte de que, como antes, cuando tuvo lugar la responsabilización difamatoria de los miembros de la sala de acusación por un testigo citado en el caso Papon, el ministro de Justicia, legalmente a cargo de la defensa de los magistrados, manifestó públicamente la intención de no iniciar ninguna demanda penal.
>
> Se indigna ante esa toma de posición, que deja desprotegidos a los magistrados difamados en el ejercicio de sus funciones y legitima la utilización de todos los medios, aun los más odiosos, para ejercer presión sobre el curso de la justicia y desestabilizar la institución judicial.
>
> Solicita que el primer presidente y el fiscal general exijan sanciones disciplinarias y penales contra los letrados Serge y Arno Klarsfeld.

Mientras muchos abogados de las acusaciones particulares se adhieren a las solicitudes de sanciones disciplinarias y penales formuladas en contra de nosotros por los magistrados bordeleses, el doctor Thierry Lévy, en *Le Monde,* apunta a la ventaja que Arno acaba de sacarle a la defensa de Papon:

> Se ha alcanzado otro resultado, no desdeñable desde el punto de vista de las acusaciones particulares. Los abogados del acusado se han visto obligados a proclamar públicamente su confianza en la imparcialidad del presidente y, por consiguiente, a privarse por anticipado de la posibilidad de atacar, en ese campo, un eventual fallo condenatorio. Tomaron conciencia de ello, pero ya era demasiado tarde. Ya habían tomado posición. Vemos que el «loco de la memoria» no careció ni de prudencia ni de discernimiento y, para más adelante, ya ha alcanzado al menos uno de sus objetivos: poner en dificultades a la defensa de Maurice Papon. Ese era su papel. En un juicio tan difícil como este, se trata de un mérito que ha de saludarse por otros medios que las sanciones disciplinarias.

Resistimos, expresando nuestra posición con firmeza e intransigencia. Es más, rápidamente el presidente, desestabilizado, modifica su comportamiento y se muestra severo con Papon y su defensor, ambos furiosos por haber sido tan mal recompensados tras brindar su apoyo al presidente y prometer solemnemente que no se valdrían del famoso vínculo de parentesco para un eventual recurso de casación.

En todo aquel alboroto, Lida se une a su hermano como abogada de una acusación particular. Los hijos están en el Tribunal; los padres, fuera, con los Hijos e Hijas venidos de París y de toda Francia, siempre fieles y cada vez más numerosos a medida que pasan las sesiones.

Nunca tendré palabras suficientes para agradecer a quienes, con sesenta años o más, tuvieron que cruzar más de una calle para manifestarse en seis ocasiones y estar presentes en numerosas sesiones para apoyar a su abogado, Arno, a quienes debían costearse el billete de tren a las siete de la mañana para regresar agotados a París al caer la noche, tras pasar horas de pie, a veces bajo la lluvia y el frío, con los carteles del discurso de Jacques Chirac en el Vél'd'Hiv colgados del cuello, con las listas de los deportados de Burdeos, leyendo los nombres de los mártires al megáfono y arrojando flores en varias ocasiones en memoria de cada uno de ellos. Veo la imagen de esas personas con sus pancartas en alto, como la que llevaba una cita de Jacques Chirac, que todos enarbolaron delante del Tribunal el día del veredicto: «Sí, la locura criminal del ocupante fue secundada por franceses, por el Estado francés», frase que indicaba a los jurados el camino que había que seguir y, que efectivamente siguieron.

Sin ellos, ese juicio habría quedado desierto. Solo los ochenta y cuatro deportados que contaban con la representación de sus acusaciones particulares habrían estado presentes. Gracias a los Hijos e Hijas, los 1 690 deportados de Burdeos estaban allí. Las pancartas amarillas, que nuestro amigo Jean Lévy había mandado confeccionar por la ORT de Lyon para cada uno de los doscientos veinte niños, con su nombre, apellido, edad, convoy y ficha de Drancy, estuvieron presentes desde el primero hasta el último día del juicio. Así que, gracias a todos los que forman el núcleo de Hijos e Hijas y actúan a nuestro lado, desde el juicio de Colonia, luchando con ahínco en aras de la memoria, es cierto, pero también en aras de una justicia verdadera. A los que, al igual que nosotros, prefieren intervenir sobre el destino para modificarlo según convenga, en lugar de ver que se nos impone un destino moldeado por otros y que podría sernos hostil.

Tres sindicatos de magistrados, los de izquierdas, los moderados y los de derechas, reclaman más sanciones contra nosotros. La ministra de Justicia, Elisabeth Guigou, se niega. Por su parte, el presidente del Colegio de Abogados de París inicia acciones disciplinarias en contra de Arno y mía. Un antiguo presidente de ese organismo, Jean-René Farthouat, tendrá la misión de formular las observaciones antes de pronunciar las eventuales sanciones. El letrado Varaut, defensor de Papon, hizo una denuncia en mi contra por haber ejercido «una presión sobre la justicia sin precedentes en la historia judicial». La mayoría de los abogados jugaron al juego de la confraternidad, felicitándose entre sí, sonriéndose, conversando y departiendo como si nada. Y eso que el Varaut era un abogado militante, y su libro sobre Vichy intentaba rehabilitar aquel régimen. Nuestra idea del papel de los abogados en aquella causa no podía contentarse con semejante confraternidad, que nos chocó profundamente. Lo mismo había ocurrido durante el juicio a Barbie, donde tampoco tuvimos contacto con el letrado Vergès, no más del que tuvo Arno en Versalles con el letrado Trémollet de Villiers, defensor de Touvier.

Arno acaba de pasar unos meses en Burdeos y está preparando su alegato. Un periodista de *Paris-Match* alude a que se le reprocha que acuda al tribunal en patines; Arno le contesta: «¿Qué cambia que vaya en patines o en monopatín? Lo que aquí nadie se ha preguntado es si es lógico que Papon llegue a su juicio en limusina, con chófer y guardaespaldas, y encima a costa del contribuyente».

El vibrante alegato de Arno deja su impronta. Pierre Bois da cuenta de ello en *Le Figaro*:

> El muy esperado alegato del abogado —el tribunal estaba atestado de gente— va a darle la razón. Pues la causticidad de las palabras de Arno Klarsfeld, quien dicho sea de paso jamás faltó a una audiencia, lo cual dista mucho del comportamiento de sus pares, no es para nada gratuita. El letrado marcó el tono. Abogar por quienes, "cincuenta años después, todavía tienen el rostro de su infancia por no haber vivido", requisitoria sin concesiones contra Maurice

Papon, que cierra los ojos pero permanece con la guardia alta. Es más, cada párrafo se refiere a las frases pronunciadas por el exsecretario general de la Prefectura de Gironda a lo largo de dieciséis años de instrucción y seis meses de juicio.

"'¡Nada de esto me conmueve demasiado!' Eso declaraba Maurice Papon el 7 de mayo de 1981, en el momento en que revelaban su implicación personal, entre 1942 y 1944, en la deportación de más de 1 500 judíos, hombres, mujeres y niños —destaca el doctor Klarsfeld—. Y cuando, en el transcurso de una audiencia, le pregunto: 'Si hubiera que hacerlo otra vez, ¿volvería a hacerlo?', el hombre retruca con rabia: '¡Sí, volvería a hacerlo!'. Más tarde, dirá que lloró por un convoy de deportados en Navidad. Pero investigué. Con habilidad, escogió como receptáculo de sus lágrimas el único convoy en el que las familias judías fueron arrestadas directamente por los alemanes." [...] Maurice Papon "jamás fue a Drancy —recuerda el doctor Klarsfeld—, envió a su segundo, Pierre Garat. Ni siquiera se personó en el campo de Mérignac, no asistió a una sola redada, a una sola salida de convoy. Sin embargo, cumplió, sin entusiasmo pero con una temible eficacia, las instrucciones de los nazis, cuidando bien de cubrirse ante las autoridades de Vichy. Lo importante es el resultado de esa burocracia fría y silenciosa, a puertas cerradas y detrás de las cortinas. En cuanto al *imperium* alemán, tanto Bousquet como Papon lo destacan. Este último emplea imágenes como 'fusil en la espalda', 'revólver en la sien', 'metralleta en los riñones'. Raras son las partes del cuerpo de Maurice Papon que escaparon a las despiadadas armas nazis...".

[...] "Se sabe —prosigue— de los 1 300 hombres y mujeres enviados al aniquilamiento. Se sabe de los 200 niños exterminados. Se sabe de las responsabilidades del secretario general, del dolor de los supervivientes. Todo eso se sabe, y sin embargo no se puede sino experimentar cierta incomodidad. ¿Por qué?"

Este es el momento clave. Allí es cuando Serge y Arno Klarsfeld divergen de las demás acusaciones, proclives a la condena perpetua. Los Klarsfeld tienen una visión intermedia: entre siete y diez años de prisión, como a menudo dieron a entender. Para ellos, esa es la justa medida de la indignidad. [...] "Maurice Papon no es Klaus Barbie ni Paul Touvier. Tampoco tiene el papel político de un Leguay, de un Bousquet. Condenarlo a cadena perpetua no se corresponde con la verdad histórica. Pero sí traicionó. Porque jamás tuvo el valor de decir un día, un solo día, '¡no!', tanto a la carrera como a los honores. Esos niños que me acompañaron mientras duró el juicio —termina el abogado con un tono uniforme, voluntariamente sin grandilocuencia— confían en ustedes, señoras y señores jurados, para que condenen a Maurice Papon a la pena que les parezca equitativa y que, por tanto, se convertirá en una pena ejemplar."

El letrado Alain Jakubowicz despertó el entusiasmo en la sala al lanzarle al Tribunal: «Están juzgando para la humanidad. Su sentencia debe ir más allá de la perpetuidad, debe inscribirse en la eternidad». Los demás abogados también reclaman la cadena perpetua. Es fácil provocar los aplausos de la sala; más difícil resulta recibir la aprobación de los miembros del jurado.

El fiscal general, cuyo requerimiento es particularmente esperado, se alinea con nosotros, si bien la pena de veinte años que solicita representa el doble de la que nosotros proponemos. Al término de su intervención, el fiscal Henri Desclaux aclara: «Maurice Papon era un engranaje indispensable, tuvo un papel fundamental, pero no era el instigador, no era el único cómplice». Pide que se juzgue «en razón de la responsabilidad de cada uno [...]. Por ello, el ministerio público solicita que se sentencie a Maurice Papon a una pena de veinte años de reclusión, así como la privación de sus derechos cívicos, civiles y familiares».

La defensa de Papon pidió la absolución, jugándoselo a todo o nada. Los principales abogados de las acusaciones particulares declararon públicamente que preferían una absolución antes que una pena intermedia. Tomar ese riesgo equivalía a traicionar la voluntad de las familias víctimas, quienes deseaban que Papon fuera condenado y sabían que una absolución sería una catástrofe.

El 2 de abril de 1998, el jurado optó entre las cuatro hipótesis posibles: cadena perpetua, veinte años, diez años o absolución. La condena de Papon es, como pedíamos nosotros, a diez años de reclusión criminal. Sin embargo, permanecerá libre hasta el día previo al examen de su recurso por parte del Tribunal de Casación. En efecto, puede gozar de la libertad que le concedió el juez Castagnède al comienzo del juicio, y ha interpuesto un recurso de casación.

Mientras tanto, intentamos en vano privarlo de su Legión de Honor. La Orden nos responde que, tras la lectura del fallo, el presidente del Tribunal habría debido pronunciar la siguiente frase: «Usted ha faltado al honor; declaro en nombre de la Legión de Honor que ha dejado de ser miembro de la Orden». De lo contrario, no se puede dictar formalmente la exclusión de Papon hasta tanto el fallo no adquiera carácter definitivo... Ahora bien, el artículo R 105 del Código de la Legión de Honor permite que el gran canciller proponga al gran maestro la suspensión provisional inmediata, tras dictamen del Consejo de la Orden y en virtud de la gravedad de las faltas que se le recriminan al legionario. Una condena por complicidad en crímenes de lesa humanidad nos parece particularmente grave. El 16 de julio de 1998 nos manifestamos delante del palacio de la Legión de Honor.

A Arno y a mí nos imponen sanciones disciplinarias el Consejo del Colegio de Abogados de París, a petición de la asamblea general de los magistrados de Burdeos, que reclaman el procedimiento penal que la ministra de Justicia les ha denegado. Nos convocaron el 30 de marzo de 1999 ante un comité del Consejo y conseguimos que, excepcionalmente, la audiencia sea pública. Más de trescientos militantes nuestros estaban presentes, y los que no pudieron entrar se agolparon delante de las puertas.

Arno y yo asumimos nuestra propia defensa después del relato de los hechos expuesto con maestría por el presidente del colegio, el doctor Farthouat. Recordé que, en cada uno de mis pronunciamientos públicos durante el juicio a Papon, había tenido la precaución de expresarme como acusación, y no como abogado. Se sucedió un acalorado y apasionado debate; al final me exoneraron de toda acción. El consejo aprueba mi comportamiento. En cuanto a Arno, la sanción fue insignificante: una mera advertencia, ya que debería haber hecho la declaración revelando el parentesco en el marco del juicio, y no en un hotel. Enviamos el texto completo de la resolución a cada uno de los 35 magistrados de Burdeos.

El 2 de septiembre de 1999, Arno escribe a la ministra de Justicia, Elisabeth Guigou: «Hoy, el señor Papon puede elegir entre avenirse a la obligación de entregarse como prisionero en vísperas del examen de su recurso o darse a la fuga, tanto más cuanto que no está sujeto a ningún control judicial. [...] El Gobierno, y en cualquier caso el aparato judicial, cargaría públicamente con el peso de una eventual fuga del señor Papón». Nuestra petición está destinada a provocar que la Fiscalía vuelva a hacerse cargo de la solicitud que presentamos, tal como había sucedido en septiembre de 1997. Si, en términos procesales, la Fiscalía es la única que cuenta con la facultad para solicitar un control judicial, Papon también puede solicitar al Tribunal penal de Burdeos que lo exima de la obligación de entrar en prisión el 20 de octubre, día anterior al examen de su recurso. No vemos por qué renunciaría a esa posibilidad.

Efectivamente, Papon pide ser exonerado. El 20 de septiembre, el presidente del Tribunal de Gironda se declara incompetente respecto a la solicitud de Papon, así como de la nuestra. De inmediato, los abogados de Papon presentan la misma petición a la sala de acusación del Tribunal de Apelación de Burdeos. El 21 de septiembre contestamos: «Previendo esta solicitud, el 15 de septiembre pedimos que se ordenara un control judicial sobre la persona de Maurice Papon. Pero, dado que las acusaciones particulares no son competentes en la materia, le corresponde a la Fiscalía la exclusividad de tal solicitud. Si esa medida no fuera propuesta ni decidida, y si el día del rechazo de su recurso el señor Papon se hubiera ido de Francia, ¿quién cargaría entonces con semejante responsabilidad?».

El siguiente episodio se desarrolló ante la sala de acusación de Burdeos, donde la defensa de Papon se presentó con certificados médicos indicando que el estado de salud de su cliente era incompatible con cualquier tipo de detención, por muy efímera que esta fuera. El abogado general, representante del ministerio público, pidió un dictamen médico pericial, lo que venía a significar, en realidad, que respaldaba la petición de la defensa: en efecto, ningún médico iba a arriesgarse a poner en juego su carrera oponiéndose a conocidos colegas y afirmando que Papon sí podía ir a la cárcel, puesto que siempre podía ocurrir un accidente de salud tratándose de un hombre de ochenta y nueve años que ya había sido operado del corazón. De modo que defensa y fiscalía hacían causa común...

Por si fuera poco, determinados abogados de las acusaciones particulares, y no los menos destacados, los doctores Boulanger y Lévy, no se opusieron a esa solicitud de dictamen médico pericial. Nuestro abogado fue el único que se pronunció en contra, y a él se unió el doctor Jakubowicz.

El 12 de octubre, la sala de acusación rechazó la solicitud de dictamen médico. Papon estaba obligado, por lo tanto, a entregarse el 20 de octubre o a negarse a hacerlo, esperando a los gendarmes o dándose a la fuga.

Pronto íbamos a saber cuál sería el final del culebrón judicial y si nuestra táctica de hostigamiento llevaría a Papon al límite y lo proyectaría fuera de esa imagen de alto funcionario adornado con todos los atributos de la legalidad.

Sin embargo, ya se esbozaba una trampa política que el abogado general le había tendido al presidente de la República. El esquema de esta trampa quedó descrito en el artículo de Pascale Nivelle en *Libération*, el 12 de octubre de 1999, que se basaba en las declaraciones del letrado ante la sala de acusación. En efecto, el abogado general había sostenido que, en caso de dispensa médica y de denegación del recurso de Papon, este último probablemente no iría a la cárcel, dado que él, el abogado general, debía escribirle dentro de los quince días para que se presentara, pero que, en caso de solicitar el indulto de Papon al presidente de la República, le incumbiría a Jacques Chirac decidir si Papon iba o no a la cárcel mientras evaluaba la posible concesión del indulto.

Alertamos de inmediato al gabinete de la ministra de Justicia y del presidente de la República contra semejante maniobra.

El 19 de octubre, en una carta dirigida a *Sud Ouest*, Papon explicaba por qué no se presentaba. En un fragmento, arremetía contra el presidente de la República, de quien no podía esperar indulto alguno: «No hay que equivocarse: más allá de mi persona, y a través de ella, mi condena es el refrendo judicial de una inaceptable culpa de Francia. Añado que, desde que los Klarsfeld hablan en nombre del presidente de la República, hay poca esperanza de obtener justicia...».

El 20 de octubre, en lugar de presentarse a las puertas de una cárcel, Papon desaparece con su nieta.

Las reacciones de indignación no se hacen esperar. Algunos abogados lo califican de «crápula» por su conducta. Para nosotros, Papon es más bien un hombre aterrorizado, conmocionado por verse forzado a ir a la cárcel, humillación suprema, y perder su grado militar. Él, que había sido ministro y jefe de la policía del general De Gaulle, se veía obligado a huir en el último minuto, sin preparación, a una edad avanzada que no podía ocultar, junto con su nieta como única defensora y cómplice. Nosotros vemos sin duda en todo ello un grave castigo: encontrarse en la situación de un judío casi nonagenario, solo, en la ilegalidad, con la certeza subjetiva de su inocencia.

Al referirse a nuestra solicitud del 2 de septiembre, Elisabeth Guigou, ministra de Justicia, explica que «el Tribunal de lo penal de Gironda decidió poner en libertad al señor Papon, lo cual, en términos jurídicos, impide que pueda haber ulteriormente un control judicial». El punto de vista de la Fiscalía General de Burdeos es idéntico.

La fuga de Touvier había durado cinco décadas; la de Papon terminó al cabo de 48 horas. El 21 de octubre a las cuatro de la tarde, en medio de un júbilo generalizado, Casación rechazó el recurso de Papon. Al día siguiente, se anunció su detención en Suiza y, esa misma noche, fue encarcelado en la prisión de Fresnes.

Su encarcelamiento viene a demostrar que, por hechos ocurridos hace casi sesenta años, un hombre todopoderoso puede ser alcanzado por los crímenes de los que fue cómplice. Pese a todos sus esfuerzos por evitar el encierro, pese a sus abogados, a todos los recursos posibles, a todas las protecciones de las que se benefició, entre ellas, la del presidente Mitterrand, terminó en la cárcel. Si Papon se hubiera suicidado tras el veredicto, no habría sido condenado, habría conservado sus condecoraciones y sus partidarios siempre habrían podido decir que su recurso de casación tenía infinitas posibilidades de llegar a buen puerto. Pero no tuvo el valor de evadirse por medio de la muerte y terminó finalmente en la cárcel. Papon permaneció entre rejas hasta los noventa y seis años.

El retrato más perspicaz que se haya trazado de Papon es, a mi entender, el que hace Arno en *La Cour; les Nains et le Bouffon* ['La Corte, los enanos y el bufón'].[2]

---

[2] Arno Klarsfeld, *La Cour, les Nains et le Bouffon*, París, Robert Laffont, 1999.

Durante los seis meses que duró el juicio de Burdeos, habría podido sorprender ver en Papon algún indicio de remordimiento; no percibí nada. Semejante insensibilidad puede parecer un fenómeno; pero es lógica. Papon, impermeable al arrepentimiento, subordinaba sus crímenes a algo más amplio: la preservación de su propia persona. Para la conciencia, es cosa sencilla: no se deseó la realización del crimen, «solamente» se consumaron los actos indispensables para que se perpetrara [...].

Papon es más que un mentiroso, es un maestro del arte de mentir.

¿El fichero judío?

«Lo guardábamos como el Santísimo Sacramento. Más valía fichar a los judíos que dejarlos en la ilegalidad; habrían corrido el riesgo de que los cogieran los alemanes y los enviaran a los campos».

¿La arianización de los bienes judíos?

«Era para ponerlos a salvo, pero yo no me ocupaba demasiado de eso, prefería concentrar mis actividades en los seres humanos».

¿Qué significaba para usted la deportación, en julio de 1942?

«Significaba un traslado al interior del territorio».

[...] La inteligencia de Papon era organizada, precisa y eficaz. [...] Papon, terco más que orgulloso, mordaz más que irónico, era de enfado fácil y mirada desconfiada. A veces le interesaban los hombres, rara vez su sufrimiento. Cuando al final de una declaración de una acusación particular enunciaba con voz temblorosa: «Me inclino con respeto y expreso la emoción que sentí ante este punzante y sobrio relato», yo sonreía para mis adentros, puesto que lo había observado dibujando en su bloc de notas. No escuchar no lo convertía en un ser insensible; nadie puede pedirle a un hombre que oiga durante seis meses el sufrimiento que él contribuyó a ocasionar. No obstante, sus frases asépticas revelaban su falsedad. Papon prefería emocionarse consigo mismo, con sus pérdidas de peso durante la Ocupación, en el despacho del prefecto, con las condiciones de su fugitiva detención, poniéndola en paralelo con la de los judíos internados en Drancy.

Maurice Papon mantenía, en primer lugar, con la moral una relación de vocabulario: la ruta de sus intereses era la que él llamaba ruta del deber. No mostraba sus flaquezas, confundiendo pudor con temor. Había rechazado la pericia psiquiátrica, decisión poco frecuente según los peritos, por ser sus «altas funciones incompatibles con todo desorden mental»; sin embargo, ese no era el único objetivo de la pericia. Cuando se mencionaba su currículum vitae, pocas palabras sobre sí mismo, nada sobre su madre y sobre su padre, dos alejandrinos, «un hombre apasionado ante el deber de la vida», «un viejo hambriento desatendido por los tiempos», catorce pies y poca sinceridad.[3]

[3] La traducción de estas frases fue levemente modificada para respetar la métrica del original. *[N. de la T.]*

Papon declaraba que leía a Platón por la noche después de la audiencia, pero se negaba a conocerse a sí mismo. Acaso algún convoy, el de diciembre de 1943, sobre el que había afirmado haber «llorado», lo había hecho encontrarse consigo mismo, pero había huido enseguida, como el animal que descubre su reflejo en un espejo deformante.

Papon, hombre de orden y organización, recordaba a la Fiscalía con una rapidez y una precisión selectivas las contradicciones de las diversas posiciones de esta en el transcurso del caso, pero nunca buscaba interrogarse sobre las propias entre 1942 y 1998. Al sentirse traicionado por el Estado, manifestaba por el ministerio público un desprecio profundo, amargo y meditado. A veces lo vencía el aburrimiento, el cansancio o el hastío, se le hundía la mejilla en el hombro y se quedaba dormido, pero se despertaba de inmediato, como si en sus sueños hubiera soplado un viento malo. Al final de la audiencia, se levantaba y, desde la balaustrada del banquillo de acusado, se dirigía al tribunal como si estuviera en el balcón de un ayuntamiento para brindar unos minutos de mentiras y omisiones, postergando siempre para el día siguiente las «pruebas irrefutables» de sus «salvamentos» y de sus «sabotajes».

En las interrupciones de la sesión, permanecía en la sala estudiando, y a menudo nos encontrábamos solos, o casi, él, aislado en el box de acusado, y yo, en las desiertas hileras de bancos reservadas a los abogados de las acusaciones particulares. Sin intercambiar miradas, éramos conscientes de la presencia del otro. [...]

En ese rostro también se detectaba cierta parsimonia. Acostumbrado a vivir del Estado por haber cobrado toda su vida un cómodo sueldo, duplicado por los intereses de la próspera empresa familiar, terminaba su vida arruinado sobre los papeles sin haber gastado mucho y, muy probablemente, sin haber perdido nada.

Papon es también producto de un medio social. Provenía de una burguesía de corazón endurecido y barriga alimentada por las prebendas de la Tercera República, ora conservadora, ora radical, pero unida en la preservación de los intereses de la clase dominante, que se daba a sí misma dirigentes de pequeñas aspiraciones, mientras que los enemigos de la democracia construían con fervor un mundo nuevo donde cada hombre, en teoría, era igual al otro, siempre y cuando fuera de su misma sangre o del mismo partido.

Varaut decía a menudo a los periodistas: «¡Ay, si al menos Papon pudiera parecer simpático!». Pero, ¿cómo podría serlo? Uno solo dispone de los sentimientos que ejercitó a lo largo de su vida.

El castigo de Papon en la cárcel no duró diez, sino tres años. El 10 de enero de 2001, Robert Badinter declaró a favor de su liberación: «Es un anciano. Mantenerlo en prisión a esa edad ya no tiene sentido, a mi juicio». Nos oponemos. Recordamos que el exmariscal Pétain había abandonado la cárcel republicana poco tiempo antes de su fallecimiento, con más de noventa y cinco años, y también que, si Papon no hubiera retrasado su juicio mediante maniobras dilatorias y gracias al apoyo de las más altas cúpulas del Estado, habría sido juzgado y condenado en la década de 1980, y llevaría ya mucho tiempo libre.

Maurice Papon, que se compara sin problemas con el capitán Dreyfus,[4] no padece las condiciones de la isla del Diablo, sino las de la prisión de La Santé, donde pasa a diario un control médico. El indulto por razones de salud solo se aplica si hay certeza de un final próximo, indulto que, con razón, no se le concedió ni a Barbie ni a Touvier. Papon será liberado beneficiándose de las reducciones de pena de los presos modelo, pero no antes de cumplir la mitad de la pena. ¿Cuál sería el efecto en los miembros de las familias de las víctimas si, liberado antes de tiempo, Papon llegara a cumplir cien años?

Los abogados de Papon recurren al Tribunal Europeo de Derechos Humanos por «tratamiento inhumano y degradante» de su cliente, pero el presidente Chirac impide el acceso de los jueces a los exámenes periciales médicos. Chirac ya le había denegado en dos ocasiones el indulto a Papon. Responde a través del Ministerio de Asuntos Exteriores que «el derecho al indulto es una prerrogativa del presidente de la República, que este ejerce personalmente, sin que ningún recurso pueda interponerse en contra de su decisión. [...] En consecuencia, los informes no pueden serles trasladados, so pena de revelar algunos de los elementos que pudieron determinar el ejercicio de aquella prerrogativa de regalía que constituye el examen de una solicitud de indulto».

El Gobierno pide que se rechace la solicitud de Papon. Hace un tiempo, nos decían a nosotros, que luchábamos contra la respetabilidad y la impunidad de Papon: «No será acusado»; lo fue. «No será juzgado»; lo fue. «No será condenado»; lo fue. «No será encarcelado»; lo fue. «No permanecerá en la cárcel»; ¡allí está desde hace dos

[4] El caso Dreyfus, de neto corte antisemita, tuvo lugar a finales del siglo XIX y conmocionó a la sociedad francesa. *[N. de la T.]*

años y tiene noventa y uno! La ofensiva que lanzaron sus amigos de la Resistencia de alto rango para liberarlo, potenciados por algunas grandes conciencias, varias de ellas judías, duró mucho tiempo: Chirac no indultó a Papon en junio de 2001, y el Tribunal Europeo de Derechos Humanos rechazó en octubre su solicitud de que Francia fuera condenada por «tratamiento degradante». El 9 de octubre de 2001, el presidente de la República rechaza la tercera solicitud de indulto presentada por los abogados de Papon.

Se presenta entonces un proyecto de ley relativo a la suspensión de pena en caso de personas mayores o enfermas. Al dirigirnos, el 8 de octubre de 2001, a Marlise Lebranchu, nueva ministra de Justicia, adoptamos la siguiente posición:

> Por principio, no somos hostiles al proyecto de ley, a condición de que excluya de su campo de aplicación a los culpables de crímenes de lesa humanidad, o de complicidad en crímenes de lesa humanidad. Alois Brunner, por ejemplo, acaba de ser condenado en rebeldía el 3 de marzo de 2001 a reclusión perpetua; si su comparecencia contradictoria se hiciera realidad, Brunner sería exonerado de toda ejecución de pena en virtud de la mencionada ley.

La ley del 4 de marzo de 2002, que rige el derecho de los enfermos «sea cual fuere la naturaleza de la pena», prácticamente conoce su primera aplicación con la liberación de Papon por parte del juez de ejecución de penas, a raíz de dos informes médicos que daban cuenta del deterioro físico del preso. Sin embargo, el 4 de septiembre de 2002 Papon no sale de La Santé en cama ni minusválido, sino por su propio pie.

Última peripecia de este caso, que duró más de veintitrés años en la arena judicial: la muerte de Papon, el 17 de febrero de 2007. ¡Cuánta distancia recorrida entre mediados y finales del siglo! después de la liberación, en octubre de 1944, Papon pronunciaba en Burdeos el discurso en homenaje a los patriotas y a los judíos deportados, y la sociedad política francesa consideraba que los franceses que habían detenido a judíos y los habían entregado a los alemanes no tenían nada que reprocharse, que no habían hecho otra cosa más que cumplir con su deber y que había sido mejor que lo hicieran ellos y no los alemanes. En 1998, en Burdeos, el pueblo francés decidió que el concurso del aparato estatal de la Francia de Vichy había conformado una complicidad real e indispensable con los alemanes en su plan de exterminio de los judíos.

El caso Papon fue difícil, desagradable y ejemplar. Tuvimos que luchar con terquedad contra casi todos; muchos no nos comprendieron, nuestra única base sólida fue la voluntad colectiva de los Hijos e Hijas.

Beate

Candidata a la presidencia de la República Federal de Alemania

Hace más de treinta años que me ocupo de las tareas de secretaría de nuestra asociación Hijos e Hijas de los Deportados Judíos de Francia (FFDJF): mantengo actualizado el archivo informático de alrededor de mil quinientos afiliados, así como el archivo en papel, con el fin de preservarlo. Me hago cargo de los envíos de los libros que almacenamos en el sótano, puesto que tuve buena escuela en materia de paquetes cuando fui aprendiz en el Woolworth de Berlín, a mediados de los años cincuenta. Transporto todos esos volúmenes en mi propio y pequeño coche y los envío a través del correo de mi barrio. Imprimo las etiquetas de nuestros socios para enviarles nuestro boletín trimestral; debo de haber escrito millones de direcciones en sobres. Todo ello sucede entre la una y las siete de la tarde en la oficina y, muy a menudo por las noches, en casa.

Por la mañana, me ocupo de la familia, de nuestros animales, hago las compras y las tareas domésticas. Cada día, paso a ver a mi hija y a mis nietos. Nuestra vida familiar siempre fue simple: cuando estamos en París, no salimos prácticamente nunca, salvo para las reuniones de nuestra asociación. Con el correr de los años, fuimos pasando nuestras veladas con nuestros hijos o con las mascotas que siempre tuvimos con nosotros. Nuestra relación con los animales es intensa: los queremos con un amor total, mezcla del que se siente por los padres, la pareja y los hijos; un sentimiento que nada puede alterar y que llena el corazón. Con nuestras mascotas, no hay depresión posible. Entre los grandes amores de Arno, tres gatos; dos de ellos, de un basurero de Jerusalén. En cuanto a Lida, la nombraron responsable del departamento jurídico de la Sociedad Protectora de Animales, con eso digo todo.

Arno y Lida tuvieron una infancia poco común. Nosotros nos ausentábamos bastante, pero Raisa se ocupó mucho de ellos; en particular, de Arno. Le hablaba en ruso, como había hecho con Serge. Lo llevó a ver a sus hermanas a Bucarest y a Leningrado, y cada año iba a ver a su otra abuela, «Omi», en Berlín. Arno aprendió alemán en Berlín Este, conoció Auschwitz-Birkenau con Serge a los doce años, visitó Italia con la hermana de Serge. Dio la vuelta al mundo a los once: había ido a San Diego, a casa de una compañera mía de la escuela, y luego viajamos juntos a Australia, donde yo debía dar una serie de conferencias, y a Japón. A Arno lo atraía Estados Unidos. Fue de vacaciones a distintos centros judíos de la Costa Este. Lida también siguió esos itinerarios. Conoció la Unión Soviética con la hermana de Serge, Estados Unidos, Berlín e Italia, que la atrajo más que ningún otro país y donde aprendió italiano.

Arno se graduó en Derecho en cuatro años y aprobó el examen de ingreso al Colegio de Abogados de París sin problemas. Se hizo entonces abogado y continuó estudios de derecho en la Universidad de Nueva York, para obtener el máster y ejercer en esa ciudad. En siete meses, completó el programa de estudios, obtuvo el título y, en el examen nacional del Colegio de Abogados, obtuvo la mejor nota entre casi diez mil candidatos. Se presentó enseguida en el Colegio de Abogados del Estado de California y también lo aprobó. A los veinticinco años, entró en uno de los mejores estudios jurídicos de Nueva York, Skadden & Arps, pero prefirió regresar a Francia. Serge y yo compartimos todo con él, nuestras preocupaciones, nuestras acciones. Siempre fue nuestro mejor militante y nuestro más próximo consejero. Lida, también una alumna brillante, preparó en Venecia, en la bellísima Biblioteca Marciana, el examen para el Colegio de Abogados de París y lo aprobó.

Estamos tan unidos con nuestros hijos que seguimos viéndolos todos los días. En este preciso instante, Lida está tecleando al ordenador nuestras memorias, que Serge y yo redactamos en papel. Por lo general, nuestros amigos del núcleo de Hijos e Hijas tienen una intensa vida familiar: son parejas sólidas, unidas hasta la muerte, y existe un profundo apego entre padres e hijos, potenciado por la trágica infancia de los padres.

Siempre hemos viajado mucho: fui en varias ocasiones a las grandes ciudades americanas, y también recorrimos casi todas las metrópolis europeas (Berlín, Viena, Roma, Venecia, Florencia, Madrid, Moscú, San Petersburgo, Múnich, Londres, Ámsterdam...), a veces juntos, a veces por separado.

Somos muy amantes de la ópera. Mi abanico de preferencias es vasto: cuando dispongo de una noche libre, intento sacar una entrada si se presenta una ópera en el lugar donde me encuentro. Los gustos de Serge son menos eclécticos, están más ligados a una preferencia que responde a una necesidad de entusiasmo y consuelo psicológico: sus bienhechores son Mozart, Verdi y Rossini.

En lo que atañe a la pintura, hemos pasado revista a casi todos los grandes museos del mundo y hemos recorrido más de cincuenta veces el Museo Metropolitano de Arte y la Colección Frick de Nueva York, o el Dahlem de Berlín. Nuestro gusto es el mismo, tal vez porque Serge fue quien me inició en el arte. Sin Bruegel, Rembrandt, Velázquez, Botticelli, Rubens, Durero, Masaccio, Vermeer, Van Gogh y otros, el hombre no se habría elevado moralmente como se elevó, en contraste con las cimas del horror que también pudo alcanzar. Admiramos sobre todas las cosas a Miguel Ángel, ese genio universal, tan orgulloso pero tan modesto que pidió que se le diera a su sepulcro en Santa Croce un sitio que le permitiera, cada vez que la puerta se abriera, «admirar la cúpula de Brunelleschi».

* * *

Nunca dejé de estar activa: me siguen pidiendo aquí y allí que dé algún discurso, alguna conferencia. En mayo, en Berlín, soy quien tradicionalmente toma la palabra para recordar la quema de libros que los estudiantes nazis organizaron el 10 de mayo de 1933, junto a la Ópera.

En 2012, elegí como tema un libro de Stefan Zweig que alguien retiró de la hoguera levemente quemado y que su mejor estudiante le había entregado al lector de francés de la Universidad de Gotinga, el señor Larrose. Unos años después, en 1940, como intérprete del ministro del Interior, el señor Larrose se reencontraría con su mejor estudiante, Helmut Knochen, jefe de la policía nazi en la Francia ocupada y responsable de la incineración de 75 000 deportados judíos de Francia. En 2013, para acompañar mi discurso, diseñé un gigantesco póster con ciento cincuenta fotos de niños judíos deportados de Francia, con un libro cada uno de ellos en las manos, el pueblo del Libro. En 2014, elegí mencionar a Denise Bardet, docente de veintitrés años, enamorada de la literatura alemana que tuvo el coraje de confesarle a su diario íntimo, en plena guerra, su admiración por la cultura alemana humanista y, a su vez, su repulsión por la barbarie nacionalsocialista. Maestra en Oradour-sur-Glane, la joven fue quemada en la iglesia local junto con sus alumnos. «Cuando se queman libros, tarde o temprano se termina matando también a los hombres», escribía su querido Heine.

También doy conferencias —aunque con mucha menos frecuencia que antes— en Estados Unidos o en Buenos Aires, a donde me invitó la presidenta, en recuerdo de mi protesta en Argentina contra los militares, en mayo de 1977. Hablé en Italia, Bélgica, Holanda e Israel. Siempre viajes muy rápidos. Estoy presente en Alemania y Austria, donde sigo militando en distintas causas: contra la extradición de los gitanos rom hacia la antigua Yugoslavia en 1993, por ejemplo, o por la proscripción del partido neonazi, el Partido Nacionaldemócrata de Alemania (NPD). Respaldé iniciativas como la de Lea Rosh para que se edificara el monumento memorial del Holocausto en Berlín, el Holocaust-Denkmal, al pie del Reichstag.

En enero de 2012, se define el panorama para la presidencia de la República en Alemania. Los comicios deben celebrarse el 18 de marzo. La Unión Demócrata Cristiana (CDU), los conservadores, el Partido Socialdemócrata de Alemania (SPD), los socialdemócratas, el Partido Democrático Libre (FDP), los liberales y los Verdes respaldan la candidatura del pastor Joachim Gauck, defensor de los Derechos Humanos en la República Democrática Alemana (RDA)

Die Linke, el partido de izquierdas, fiel a la memoria de las víctimas del nazismo, quiere a toda costa presentar una candidatura simbólica. Los dirigentes están indecisos entre dos habituales: la del excandidato a la cancillería, Oskar Lafontaine, y la de Gregor Gysi, que fue uno de los últimos dirigentes de la RDA y preside el grupo parlamentario en el Bundestag. La copresidenta de Die Linke, Gesine Lötzsch, próxima a Gysi, declara que, si pudiera desear una presidenta, sería una mujer como Beate Klarsfeld, cuyo coraje personal y compromiso admira. Un periodista de Der Spiegel me pregunta si aceptaría presentarme en caso de que Die Linke me lo propusiera. Espontánea, instintivamente, respondo que sí, porque me viene a la mente mi condena a un año de prisión, porque de golpe veo el camino recorrido por Alemania y por mí desde 1968 y porque yo represento la voluntad de depuración del nazismo y del crimen nazi en la República Federal de Alemania (RFA), en tanto que Joachim Gauck personifica al militante de las libertades cívicas en la RDA y al cazador de los crímenes de la Stasi. Sería, pues, el enfrentamiento de un hombre y una mujer que encarnan cada uno una vertiente de la historia alemana de la posguerra.

Una vez que los medios comunican que yo accedía como voluntaria como «persona moral», y no como «persona política», el 27 de febrero de 2012 Die Linke decide designarme candidata. Será Beate Klarsfeld contra Joachim Gauck, una confrontación desigual, pero que hace honor a Alemania. Entre nosotros, no hay ninguna animosidad; por el contrario, mucha simpatía.

El 17 de marzo de 2012 estamos los cuatro en Berlín, Serge, Arno, Lida y yo, acompañados por nuestro grupo de amigos de Hijos e Hijas. Por la noche, Die Linke organiza una gran reunión. El domingo por la mañana, una inmensa limusina nos lleva a Serge y a mí, con protección policial, hasta la iglesia ecuménica de Friedrichstadt, donde se encuentra reunida toda la clase política alemana. Serge y yo somos los primeros a quienes saluda Angela Merkel. En el Reichstag/Bundestag, se agrupan los diputados y delegados de los Länder. Se había reservado un salón para nuestro grupo, que saboreaba el momento, puesto que cada uno de nosotros había tenido que sufrir alguna detención en Alemania durante nuestras manifestaciones y acciones ilegales, y cada uno de nosotros, excepto yo, había perdido a un padre o a una madre en Auschwitz.

Para los Hijos e Hijas, esa candidatura era un gran momento. Gauck salió elegido con más de novecientos votos, mientras que yo obtuve 126, pero lo esencial se había alcanzado. Para mí, eso era una culminación personal y la justificación oficial —si es que era necesaria— del itinerario que había escogido y me había conducido desde la cárcel hasta una suerte de consagración de los valores que nunca dejé de defender.

Serge

La cuestión de las expoliaciones y la reparación debida a los huérfanos

La arianización y la expoliación de los bienes judíos habían sido de una amplitud tan descomunal, la restitución y la reparación habían sido tan complicadas e incompletas que, a finales de la década de 1970, me parecía imposible que se oyeran las reivindicaciones, por muy justificadas que fueran. Lo más llamativo para mí estaba en que los huérfanos de padres deportados, que eran las víctimas más jóvenes y más dignas de atención, no habían sido objeto de una auténtica indemnización: Francia los había dejado desamparados.

Mi punto de vista era claro: no íbamos a poder obtener nada hasta que el conocimiento de los franceses sobre el destino de los judíos durante la Ocupación alemana y bajo el régimen de Vichy no alcanzara un nivel conveniente. Eso implicaba el éxito de la acción de memoria y justicia que estábamos promoviendo, y llevaría unos cuantos años; esos años habían pasado. Informado acerca de lo que Jacques Chirac iba a decir en el Vél'd'Hiv el 16 de julio de 1995, sabiendo que iba a reconocer no la mera responsabilidad del Estado francés de Vichy, sino la de Francia, quise que el día anterior a aquel discurso nuestras reivindicaciones aparecieran expuestas con tanto más ímpetu cuanto que, al día siguiente, el presidente de la República las legitimaría con el contenido de su discurso.

La arianización de los bienes judíos era tan compleja de estudiar que, cincuenta años después de los hechos, solo una comisión podía llevar a cabo el trabajo. Yo estaba en posesión de un documento inédito que había hallado en mis investigaciones en el archivo de la Prefectura de Policía en 1982: el informe de liquidación de las cuentas del campo de Drancy, establecido por el funcionario de la Prefectura a cargo de la gestión financiera del campo, Maurice Kiffer. Todo internado debía abonar a la caja de Kiffer las sumas y los valores que tuviera. En total, se incautaron veinticuatro millones de francos, sin contar las requisas salvajes llevadas a cabo durante el verano de 1942 (con motivo de la afluencia de los judíos provenientes de la zona libre) por parte de la codiciosa policía de Asuntos Judíos, que no llevaba la contabilidad y efectuaba esos operativos principalmente por cuenta personal de sus agentes. Kiffer había transferido más de doce millones de francos a la Caja de Depósitos y Consignaciones, y los objetos de valor y las joyas arrebatados a los judíos quedaron depositados en el Banco de Francia.

En 1994, relaté los hechos a la dirección del Banco de Francia, que no encontró rastros de ningún depósito, sino solo del alquiler de tres cajas de seguridad por la Prefectura de Policía. Esta última me indicó, por su parte, que el contenido de las cajas fuertes había sido transferido «antes de 1950» a la Administración de Propiedades. Ya en 1990, yo había alertado a la Caja de Depósitos y Consignaciones, y su director le encargó a su asesor, Pierre Saragoussi, huérfano de deportados y futuro primer director de la Fundación para la Memoria de la Shoá (FMS), la realización de un estudio pormenorizado, al que me asoció y que estableció el no reembolso de la mayor parte de los depósitos provenientes de los bienes de judíos expoliados en Drancy, ni de bienes mobiliarios ni inmobiliarios mucho más importantes, sustraídos en aplicación de las medidas antisemitas adoptadas por el Estado francés.

El sábado 15 de julio de 1995, en vísperas del discurso de Jacques Chirac en el Vél'd'Hiv, Annette Lévy-Willard publica en *Libération* una página entera titulada «El robo olvidado de los bienes judíos de los deportados», sobre la base de las revelaciones aportadas por el informe de Maurice Kiffer, que afirmaba que las joyas y los valores confiscados habían sido entregados al Tesoro Público después de la guerra. El comunicado señala que «Serge Klarsfeld opina que es hora de abrir otra página negra del Estado francés». Esa página será la de los bienes judíos expoliados, la que permitirá más adelante que todos los huérfanos de los deportados judíos amenazados en su vejez por la pobreza escapen a la miseria gracias a una modesta renta.

En marzo de 1996, le escribo una larga carta al presidente de la República:

> Esos niños huérfanos de padre o madre, deportados judíos de Francia, declarados franceses después de su nacimiento por sus padres extranjeros, no solo sufrieron afectiva y materialmente la pérdida brutal de alguno de sus progenitores, lo cual los colocó en seria desventaja en todos los planos existenciales, sino que ellos mismos también fueron víctimas de las persecuciones conjuntas de la Alemania hitleriana y del régimen de Vichy: acorralados y perseguidos por la Gestapo, los agentes de policía y los gendarmes; el pecho, los papeles de identidad y la tarjeta de alimentación estampados con el sello de la estrella amarilla o con la mención «judío»; intentando sobrevivir con miedo, angustia y con la congoja de haber perdido a sus padres; habiendo escapado de milagro a las detenciones, para finalmente quedar apartados, deliberadamente, de toda reparación por parte de una Alemania que deseaba indemnizarlos directamente y no pudo, y por una Francia que no se preocupó de ellos, acaso porque eran todavía demasiado débiles para hacer valer sus derechos.
>
> Como presidente de una asociación que agrupa a quienes fueron niños que hoy tienen entre cincuenta y sesenta y un años, puedo asegurar que algunos de ellos sufren muchas carencias materiales. Muchos no se han recuperado de los embates sufridos y no han podido hacer de sus vidas lo que esta habría sido si los nazis y Vichy no los hubieran privado de su padre, su madre y, a menudo también, de sus hermanos [...]. Por eso, señor presidente de la República, hemos decidido actuar, para que esta clase de víctimas, que debería haber sido indemnizada en su infancia o adolescencia, por fin lo sea en la tercera edad.
>
> [...] He puesto en conocimiento de los principales directivos de las instituciones y organizaciones judías nuestra inquietud para que aquellos que fueron niños judíos no indemnizados perciban una modesta pensión, que equivalga al menos a la de un interno político. Semejante medida permitiría a esas personas envejecer con dignidad y con el consuelo moral de saber que ya no son desatendidas por Francia, a partir del momento en que los franceses, gracias al coraje del presidente de la República, hayan tomado conciencia de que lo que Vichy consumó fue en nombre de cierta Francia, que otra Francia diversa a la suya, la nuestra, repudia.

Jacques Chirac me responde: «Acerca de la indemnización que usted solicita en favor de los niños declarados franceses que sobrevivieron pero tuvieron que lamentar la pérdida de alguno de sus seres queridos, o tan a menudo de ambos, tomo nota de sus argumentos y los transmito al Gobierno». Esa respuesta no anticipa la decisión que tomará el Gobierno de Alain Juppé en cuanto a respaldar o no nuestra demanda.

Luchamos por una gran cantidad de personas y por el interés general, y no por una limosna reservada a una categoría acotada. Estamos frente a una administración intolerante, frente a comisiones inflexibles que, por ejemplo, en el caso de dos niñas pequeñas internadas en Drancy durante ochenta y cuatro días y luego entregadas a la Unión General de los Israelitas de Francia (UGIF), tras haber sido separadas de sus padres enviados a la deportación, ¡no dudaron en negarles una pensión porque les faltaban seis días de internamiento!

Ante los interrogantes sobre la situación de los bienes expoliados a los judíos, el 5 de febrero de 1997 Alain Juppé le encomienda a Jean Mattéoli, presidente del Consejo Económico y Social, antiguo miembro de la Resistencia y deportado, una Misión para estudiar las condiciones en las que se expoliaron esos bienes, evaluar la magnitud de las expoliaciones, establecer la suerte reservada a los bienes y su inventario y formular propuestas relativas al destino de los bienes en poder de personas públicas del derecho francés.

Éramos siete en la comisión, presidida con agrado por Jean Mattéoli, cuya buena voluntad no planteaba dudas, pero que tenía la costumbre de calificar las tiendas judías de «puestos» y que, en el juicio de Maurice Papon, atestiguó en su favor. Jean Mattéoli dio muestras de eficacia para dotarse de personal competente; en particular, nuestra responsable de archivo, Caroline Piketty, que sabía dónde buscar y dónde encontrar los documentos que numerosas instituciones eran reticentes a descubrir o trasladar. Éramos siete, pues, para repartirnos el trabajo. El profesor Ady Steg, al que siempre se le recuerda porque operó de la próstata al general De Gaulle, fue innegablemente el alma, el motor y el cerebro de aquella comisión. Estuvo respaldado en esa tarea por Claire Andrieu, quien remplazó al fallecido historiador François Furet y, cosa que parecía imposible, consiguió dominar el sector financiero de la expoliación.

Annette Wieviorka logró desmenuzar con claridad y precisión el embrollo de los bienes sustraídos a los deportados en el campo de Drancy y el saqueo de los departamentos. Alain Pierret, en su día embajador de Francia en Israel, firme partidario del Estado judío, hijo del capitán de los bomberos que, pese a la prohibición policial, sació la sed de los internados del Vél'd'Hiv, se encargó de las relaciones internacionales de la comisión. Jean Favier asistió en algunas oportunidades a nuestras reuniones y nos hizo partícipes de su punto de vista. El profesor Antoine Prost se hizo cargo con valentía del gran expediente sobre la arianización económica y supo gestionarlo con la abnegación de alguien a quien esas restituciones tan lejanas en el tiempo le resultaban extraordinariamente desagradables: «¿Por qué no a los habitantes de la Vendée o a los protestantes?». Jean Kahn, por desgracia, sufrió, poco tiempo después de haber empezado, un ataque cerebral que nos privó a todos de su influyente personalidad y, a mí en particular, de un amigo fiel y un apoyo para obtener la pensión de los huérfanos. Me encontraba solo, único portador de esa reivindicación que, a decir verdad, no le interesaba a ninguno de los miembros de la comisión, salvo al profesor Steg, sobre el que recaían ya tantas responsabilidades. Yo había elegido como campo de acción inexplorado la cuestión de los bienes expoliados a las decenas de miles de judíos internados en los numerosos campos del interior del país. Esa elección me permitía ir a los archivos departamentales, conseguir todos los expedientes todavía no «consultables», relativos a los arrestos y traslados de judíos, fotocopiarlos y alimentar así la nueva edición del *Mémorial de la déportation* ['Memorial de la deportación'], publicado en 2012. Aunque únicamente fuera para completar los miles de vacíos sobre el estado civil de los deportados entregados desde la zona libre por Vichy a los alemanes, necesitaba listas y más listas, y confrontarlas con los patrónimos de los deportados, a menudo sin fecha ni lugar de nacimiento, y hasta sin nombre. Hacía falta entonces poder recopilar y recopilar: el cuento de nunca acabar.

Estaba entusiasmado: podía aportarle algo a la comisión y lo hice con rigor. Estaba en condiciones de descubrir y recabar documentos inestimables para mí, que me permitían edificar una obra irremplazable, ya que al estado civil completo y exacto a los datos de cada una de las casi 80 000 víctimas, podría añadir el lugar de la detención y por dónde habían pasado antes de ser deportadas y, por último, pese a las dificultades relacionadas con los homónimos, reunir a tantas familias cuyos miembros habían quedado desperdigados por los diferentes convoyes. ¡Cuántas horas, tantos minutos pasados en Agen, Lille, Carcasona, Perpiñán, Montpellier, Arras, Grenoble, Limoges, Tulle, Foix, Niza, Guéret, Marsella, Périgueux, Melun, Gap, Toulouse, Pau, Montauban, Moulins, Vesoul, Chalons, etc.! Hojear todos esos expedientes lo más rápidamente posible, sin omitir nada importante; extraer también de ellos los procesos de expoliación de los bienes de los desafortunados judíos internados y, las más de las veces, condenados a morir: los depósitos, las requisas, las confiscaciones, el dinero gastado en los campos, los bienes dejados tras de sí con motivo de la detención y subastados en remates públicos, atribuidos al Socorro Nacional o sustraídos por codiciosos policías o civiles.

Los tres años durante los cuales funcionó la comisión fueron absorbentes. En diciembre de 1997 y en febrero de 1999, se publicaron los informes parciales, seguidos por el informe final, en la primavera de 2000. En total, La Documentation Française publicó nueve volúmenes, que constituyen una preciada contribución al conocimiento de las condiciones de vida de los judíos durante aquel trágico periodo.

En 1998, participé en la conferencia de Washington. También viajé a Nueva York con el presidente del Consejo Representativo de las Instituciones Judías de Francia (CRIF) para expresar a las grandes organizaciones judías estadounidenses nuestro punto de vista acerca de una solución «francesa». Les hicimos entender que la comunidad judía de Francia no deseaba injerencia exterior alguna en ese campo.[1]

---

[1] Serge Klarsfeld se refiere a la conferencia promovida por el dipomático estadounidense Stuart E. Eizenstat y cuyos logros y avatares aparecen en el libro *Justicia Imperfecta, bienes saqueados, trabajo esclavo y negocios inconclusos de la Segunda Guerra Mundial*, publicado en esta misma colección de la Biblioteca Literatura y Derechos Humanos de Berg Institute: «Sometido a una intensa presión por parte de Klarsfeld y su organización, el primer ministro Jospin aceptó también crear un fondo que pagaría, bien en un solo pago en efectivo, bien a través de una pensión mensual, a aquellos judíos franceses que se habían quedado

Así analicé la situación, en una nota redactada a finales de 1998, dirigida a la comisión:

> Hoy, la comisión se encuentra frente a tres grupos de presión. El primero está representado por la comunidad judía francesa organizada, que desea una fundación francesa (con dirigentes del colectivo a la cabeza) que disponga del poder de repartir el maná procedente de los bienes no restituidos. El segundo está representado por el Congreso Judío Mundial, que desea fondos internacionales o una fundación internacional (con dirigentes de grandes organizaciones judías a la cabeza) que disponga del poder y distribuya a su antojo todo o parte del maná. Y un último grupo, representado por las auténticas víctimas de la Shoá, a las que jamás «se tuvo en cuenta» y desean que sea el Estado, y solo el Estado, el que afronte directamente la deuda moral y material, bajo la forma de una indemnización vitalicia. Hace cuarenta años que están esperando ese resarcimiento, y anhelan con ansias una cuota de mayor bienestar para no culminar sus días en la precariedad. Me parece difícil que la Misión decida esperar un año más sin hacer ninguna propuesta concreta y razonable al Gobierno.

Al igual que con la cuestión de la reparación a los huérfanos, me encuentro solo en cuanto al problema de la prohibición de trabajo para los judíos dictada por el Gobierno de Vichy. De los 320 000 judíos, no debía haber menos de 80 000 cabezas de familia, mucho más de 100 000 si consideramos el trabajo de los cónyuges. La inmensa mayoría de los judíos padeció no solo la arianización de sus bienes, el despojo de su mobiliario y sus efectos personales, tanto si los detenían como si estaban huyendo, sino también la prohibición de trabajar durante dos, tres o cuatro años, y el perjuicio causado por la falta de contribución al sistema de previsión social y de años de trabajo contabilizados para la jubilación. Tomando como base un ingreso de 3 000 francos mensuales (valor en 1940) por cabeza

---

huérfanos durante la guerra, como Rose Helène Spreiregen. Y la Comisión Matteoli recomendó la creación de una Fundación Shoá para financiar proyectos relacionados con el Holocausto. Se convirtió en la organización humanitaria más grande de la historia de Francia, con un capital inicial de 2 500 millones de francos (unos 375 millones de dólares), creado por las contribuciones de los bancos y las compañías de seguros franceses, el Banco Central y el Gobierno francés (…) Para conseguir justicia para los judíos franceses, líderes judíos como Hajdenberg, Theo Klein y Serge Klarsfeld confiaban en sus instituciones gubernamentales, altamente centralizadas, y con el grupo de funcionarios mejor formados del mundo, más que en el sistema judicial de Estados Unidos, mucho más distante..» pág. 511 y ss. *[N. del Ed.]*

de familia, o sea, 36 000 francos anuales, multiplicado por tres años de prohibición de trabajo, el resultado supera los 10 000 millones de francos. Aquel expolio también habría podido tenerse en cuenta. Por otra parte, varios miles de hombres judíos extranjeros se vieron obligados, bajo control policial, a realizar trabajos forzosos no remunerados y, a menudo, muy penosos (mineros, leñadores, metalúrgicos, agricultores), tanto en la zona libre (luego zona sur) como en la zona ocupada. Alrededor de 10 000 judíos pasaron por los Grupos de Trabajadores Extranjeros (GTE), donde al menos 3 000 de ellos fueron detenidos en agosto de 1942 y en febrero de 1943 por la policía de Vichy, y entregados a la Gestapo para ser deportados.

Ese resarcimiento por la prohibición de trabajar no se tuvo en cuenta pese a mis esfuerzos, pero sí jugó a nuestro favor en la legitimidad de nuestras reivindicaciones respecto de la pensión de los huérfanos.

Antes de la entrega del segundo informe parcial, no puedo concebir que siga sin tratarse la cuestión de los huérfanos y hago valer mi argumentación.

Presento a la comisión el siguiente texto, para que lo proponga como recomendación al Gobierno: «En las condiciones expuestas, la Misión solicita que la situación de los hijos de los deportados de Francia asesinados se tenga en cuenta, sean cuales sean su nacionalidad y su lugar de residencia, y se tomen las medidas adecuadas, en particular, mediante el pago de una indemnización vitalicia a los que aún no se beneficien de algún resarcimiento que responda a ese objeto».

A principios de enero de 1999, le solicito una entrevista a Jean Mattéoli. Me recibe en su despacho del Consejo Económico y Social, en la plaza de Iéna. Previamente, le entrego una carta breve y clara donde lo insto a que apoye mi propuesta. Al término de nuestra reunión, obligado por mi voluntad de renunciar a la comisión e incluso de llevar adelante una campaña contra ella, el presidente Mattéoli me garantiza su respaldo. La cuarta y última recomendación del informe del 12 de enero de 1999 atañe a la situación de los huérfanos. Mattéoli recoge más o menos exactamente mi propuesta.

En el editorial que escribo para la revista de nuestra asociación, en febrero de 1999, les pido a los Hijos e Hijas:

> Escriban individualmente al primer ministro una carta que exponga cómo fueron su infancia, su juventud y su existencia de huérfanos de la deportación judía, cuyos padres fueron detenidos la mayoría de las veces por la policía francesa. Huérfanos que sufrieron un terrible drama, cuya onda expansiva se propagará hasta el último soplo de sus vidas y que les hizo padecer una inmensa minusvalía afectiva y material que nunca dejó de pesarles a lo largo de los años. Expliquen que son víctimas, y no supervivientes a quienes basta con decirles: «¡Qué suerte que pudieron escapar de eso!». ¡No fue ninguna suerte encontrarse sin padre, sin madre o sin progenitores! Y, con esa «suerte», ¡cuántos huérfanos se han sentido culpables por haber sobrevivido cuando sus padres no habían podido escapar! Escriban todo eso, describan simplemente, pero con fuerza, cada uno con sus palabras y su sensibilidad, todo lo que padecieron y qué representaría para ustedes, en la tercera edad, esa «indemnización vitalicia», reparación material, y también moral, no obstante, puesto que el perjuicio sobre el que esta se funda se lo deben no solo a los nazis alemanes, sino también a su cómplice, el Estado francés de Philippe Pétain.

Unos días más tarde, el presidente Mattéoli concede una entrevista al diario *Le Temps*. Tras la lectura del artículo, le escribo:

> Señor presidente:
>
> Me permito remitirle la presente carta con el deseo de que se conserve en los archivos de la Misión. Lamento encontrarme en la situación de tener que expresarle mi profundo desacuerdo con algunos puntos destacados de la entrevista que concedió a *Le Temps* el 3 de marzo.
>
> Usted declaró: «Hacer una distinción respecto de daños rigurosamente comparables entre franceses judíos y franceses católicos, o lo que fuera, sería en verdad crear un precedente muy desafortunado, del que, al fin y al cabo, podrían ser víctimas los propios judíos». Los daños sufridos por los judíos fueron específicos, así como lamentablemente también lo fue su situación de perseguidos. Once mil niños judíos fueron deportados de Francia y asesinados, ningún otro niño fue deportado de Francia; es el único ejemplo que mencionaré.
>
> Frente a la apreciación: «Sin embargo, hay una diferencia, puesto que los judíos fueron deportados por el mero hecho de ser judíos», usted respondió: «Los alemanes fueron quienes establecieron tal diferencia». Esa declaración es falsa: las autoridades alemanas dieron su definición de judío en dos ordenanzas, la del 27 de septiembre de 1940 y la del 26 de abril de 1941, mientras que el Gobierno del Estado francés dio espontáneamente y sin presión alemana su propia defini-

ción de judío el 3 de octubre de 1940 y el 2 de junio de 1941. La Gestapo aplicó la definición francesa, que era la más amplia, para los arrestos de las familias judías destinadas a ser deportadas por parte de la policía francesa.

Usted declaró: «Serge Klarsfeld pidió que miráramos con atención la situación de los judíos de determinadas nacionalidades que no fueron indemnizados en aquel entonces ni por los alemanes ni por los franceses». Esa declaración subestima y disminuye el alcance de la importante recomendación efectuada por su comisión con miras a que todos los huérfanos de la deportación judía, que hasta ahora no han sido indemnizados, se beneficien de un resarcimiento vitalicio. En lugar de poner el foco en esa recomendación, aceptada a regañadientes por ciertos miembros de la comisión, su declaración la limita a las sombras...

Usted declaró: «Los judíos consideraron en ese momento [a mediados de los años cincuenta] que todo había quedado solucionado como correspondía». No es cierto: muchos judíos estaban resignados a no recuperar nada más, les parecía imposible: ya habían tenido innumerables dificultades, aunque solo fuera para poder ocupar de nuevo las viviendas de las que eran inquilinos en 1940. Y usted acotó: «Es cierto que la mayoría de los 2500 judíos que volvieron de la deportación hoy están muertos, pero tienen herederos, derechohabientes. Estos no se han pronunciado». No se trata de las 2500 víctimas «que volvieron», sino de las 72500 víctimas «que no volvieron», que no podían pronunciarse y que, a menudo, hicieron el viaje a Auschwitz con sus derechohabientes y herederos.

[...]

Usted declaró que eventualmente correspondía a Alemania reparar el perjuicio moral. Ese punto de vista es discutible: ¿no tienen derecho los judíos extranjeros perseguidos por la policía francesa en la zona libre a reclamarle a Francia que repare el daño que les hizo? Usted planteó la pregunta: «Pero, ¿hasta dónde podrá aguantar Alemania?». Alemania está saldando, y con razón, sus deudas imprescriptibles, y aguanta perfectamente bien en términos morales y materiales, sin que haga falta que el presidente de la Misión de estudios sobre la expoliación de los bienes judíos se preocupe por la situación.

Me permito añadir que, si en la reciente conferencia de prensa de la Misión un periodista de Reuters no se hubiera levantado contra su declaración respecto de los judíos llevados «como ovejas al matadero», yo habría reaccionado evocando la cantidad de judíos fusilados en el Mont Valérien, importante lugar de la Resistencia, y sus mártires: ciento ochenta y dos judíos de un total de mil veinte fusilados, es decir, el 18%, cuando solo había un 0,7% de judíos en toda Francia.

Desde nuestra primera reunión, no me cansé de explicar con insistencia que represento a víctimas no indemnizadas que reclaman a Francia la reparación específica a la que tienen derecho. Es cierto que fueron víctimas de los nazis, pero gracias al eficaz concurso del Gobierno de Vichy, de su administración y su policía, que los entregaron a la Gestapo para ser deportados.

> Si la comunidad judía despierta su «admiración», señor presidente, puesto que no habla de «reparación pecuniaria» y lo que le importa es la «preservación de la memoria», le recuerdo que esta desea de todos modos «fondos» que pueda controlar. En cuanto a la memoria que hemos devuelto a los judíos de Francia, todo lo que nosotros, Hijos e Hijas de los Deportados Judíos de Francia, hemos logrado ha sido sin el apoyo de la comunidad judía organizada.

En mayo de 1999, me dirijo al jefe de gabinete del primer ministro Lionel Jospin, quien, como su predecesor Alain Juppé, otorgó todo el respaldo necesario a la comisión:

> Ignorando aún la posición del Gobierno en relación con esta recomendación —posición que probablemente todavía no haya sido definida—, pero sabiendo cuál es la posición (reservada) de la secretaría de Estado de Antiguos Combatientes en la materia, quisiera exponerle personalmente en qué medida la solución a todo el problema de las expoliaciones de los bienes judíos depende, en primer lugar, de la indemnización o no de los huérfanos de la deportación.

Entretanto, nos llegan cientos de cartas de huérfanos, todas ellas emotivas, confirmando la terrible frustración que sienten al ver que su dramática situación no se tiene en cuenta, dado que existe una diferencia abismal entre quienes se reencontraron con sus padres tras la liberación y quienes, perseguidos aún más que los demás puesto que sus padres habían sido detenidos, esperaron a sus familiares en vano durante meses, años y siguen esperándolos aún hoy en sus sueños. Preparo una recopilación que reúne las 277 cartas más significativas, transcritas total o parcialmente. La publicamos y difundimos en septiembre entre todos los diputados, así como entre los miembros del Poder Ejecutivo.

En una nota entregada al Gobierno el 4 de enero de 1999 en Matignon, recapitulé las ventajas de la aplicación de la recomendación sobre los huérfanos y concluí:

> Se trata, por parte del Gobierno y sin tener necesidad de recurrir a un procedimiento legislativo, de una medida digna, generosa, fácilmente comprensible y aceptable por todos, e indiscutible en razón del trágico criterio que la determina, de simple implementación. Podemos estar seguros de que apaciguará las polémicas, será saludada en Francia y en el exterior, y allanará el camino ante la comisión Drai, creando un clima favorable para la resolución de los litigios judiciales en Estados Unidos.

La comisión Drai a la que me refiero se convirtió en la Comisión de Indemnización de Víctimas de las Expoliaciones Antisemitas (CIVS), cuya creación emana de una recomendación de la comisión Mattéoli, para ocuparse de toda reclamación material. El otro componente que moldeó nuestra comisión fue la creación de una Fundación para la Memoria de la Shoá, cuyo capital estaría constituido por fondos no restituibles a personas o familias enteramente desaparecidas.

Con todo, me mantenía sumamente alerta: el 16 de junio de 1999, en una conversación durante una recepción con Dominique Strauss-Kahn, entonces ministro de Finanzas, le pedí su indispensable apoyo. Me contestó: «Ni se le ocurra; luego vendrán los *harkis* y los huérfanos de la Resistencia...». Hice pública su declaración, cosa que le desagradó profundamente; pero, por suerte, el caso de la MNEF[2] lo obligó a renunciar. Su sucesor, Laurent Fabius, aceptó de inmediato, el 6 de octubre de 1999, el principio de la indemnización a los huérfanos.

El 23 de septiembre de 1999, me escribe el primer ministro, Lionel Jospin:

> Con digno coraje, cada una de esas cartas encierra un fragmento del horror vivido por esos niños —niños salvados de milagro, niños por siempre rotos—.
>
> Conoce usted mi atención a la situación de los huérfanos de la deportación. He solicitado a una misión de inspección que evalúe la recomendación hecha al Gobierno por la comisión Mattéoli en su segundo informe parcial. En cuanto esos resultados me sean presentados, me pronunciaré sobre la medida de resarcimiento vitalicio. Sé cuánto nos apremia el tiempo. Deseo que la cuestión quede zanjada a partir de este otoño.
>
> Saludo el trabajo de memoria y justicia que usted lleva a cabo. Le expreso, estimado amigo, mi mayor consideración.

El 25 de octubre de 1999, se hace público el informe de estudio sobre «la indemnización a las viudas y los huérfanos de los deportados judíos que partieron de Francia».

[2] Causa judicial por enriquecimiento personal y creación de empleos ficticios que involucró a diversas personalidades del Partido Socialista. *[N. de la T.]*

Se trata de un informe muy extenso (cerca de doscientas páginas) y muy confuso. Sin embargo, se desprende una síntesis de las opiniones relevadas entre los responsables de las asociaciones, así como entre diversas figuras representativas. Esos puntos de vista, a pesar de provenir de organizaciones o personalidades judías, están, en general, muy divididos respecto de la recomendación de la comisión Mattéoli y de mi nota del 4 de junio de 1999, con excepción del CRIF, que apoya firmemente nuestra postura. En cuanto a la conclusión de las conclusiones, si Lionel Jospin llegara a hacerla suya, equivaldría al entierro sin más de la indemnización solicitada: «Cabe subrayar, no obstante, las dificultades prácticas que supone la recomendación del informe Mattéoli...».

El día anterior a la decisión del primer ministro, publico un editorial en nuestro boletín del 7 de noviembre de 1999. Estos son algunos de los fragmentos que reflejan mi estado de ánimo:

> Decidí escribir este editorial en el momento de mayor nerviosismo: el día anterior a enterarme de la decisión del primer ministro de otorgar o no una indemnización vitalicia a los huérfanos de la deportación judía. En este momento, me siento terriblemente dividido entre la esperanza y la angustia. Hace cuatro años que lucho por esta indispensable reparación para con las últimas víctimas no indemnizadas aún, que todavía sufren cada día la desgracia que les infligieron los nazis alemanes con la colaboración del Estado francés de Vichy. La comisión Mattéoli terminó rindiéndose ante mis argumentos y recomendó el resarcimiento. El Gobierno creó una pequeña comisión para que lo instruyera sobre las posibilidades de aplicar o no tal recomendación. Esa pequeña comisión, constituida por tres inspectores generales, uno de Antiguos Combatientes, otro de Interior, y el tercero de Asuntos Exteriores, entregó su informe el 25 de octubre. Desde entonces, un consejero técnico del primer ministro está examinando el problema y me mantendrá informado la tarde del 8 de noviembre. Entonces estaré al tanto de la suerte de un combate por nuestra dignidad, por nuestro sosiego y por la seguridad material de muchos de ustedes.
>
> Mañana sabré si nuestra vejez tendrá sosiego. Solo lo será si sé que a cada huérfano se le asegura lo necesario para no sumirse en la miseria y la desesperación. No me atrevo a pensar que el primer ministro oponga una negativa cruel a una demanda justa, legítima y modesta como pocas. Si fuera el caso, sabremos reaccionar con energía, como hemos hecho en cada una de las peripecias de todas las cuestiones que hemos tenido que resolver. En cambio, si el Gobierno salda esta deuda, tomaremos nota de que Francia, en la persona de

su presidente de la República, el 16 de julio de 1995, y de su primer ministro, el 13 de noviembre de 1999, ha tenido el valor de decir lo que había que decir y de hacer lo que había que hacer.

Alivio o decepción, dentro de unas horas lo tendremos claro. Pero hoy la angustia en mí le gana en fuerzas a la esperanza.

El 13 de noviembre de 1999, en la cena del CRIF, Lionel Jospin, cuya sensibilidad y entereza sobrepasaron las objeciones y las reticencias de los inspectores, anuncia su decisión. Sé a quiénes se la debemos: a él, a su jefe de gabinete Olivier Schrameck y a su asesor David Kessler.

He encomendado a una misión de inspección el cuidado de examinar las condiciones en las que las viudas y los huérfanos de los deportados judíos que partieron de Francia fueron indemnizados. [...] Quisiera decirles esta noche la conclusión que el Gobierno intenta sacar. Mi convicción es que la situación particular de los hijos, huérfanos de la deportación, que conocieron el dolor de la pérdida de uno de sus progenitores y muchas veces de ambos, y también la dificultad de ser judíos en un país donde existía para ellos la amenaza de redadas y deportación, apela, cincuenta años después, a una respuesta digna de la República. Por tanto, he decidido que los huérfanos de los deportados judíos de Francia puedan beneficiarse, sea bajo la forma de un capital, sea bajo la forma de una renta mensual, de un gesto de reconocimiento del deber que tenemos para con ellos. Las medidas necesarias para la implementación de tal mecanismo de reparación serán elaboradas por el Gobierno en las semanas venideras.

Otras víctimas, los huérfanos de los miembros de la Resistencia muertos en la deportación, protestan contra la medida que debe tomarse en nuestro favor, o reclaman que se les aplique a ellos también. Les explico con paciencia que nuestro caso es prioritario, ya que nosotros también fuimos blancos para la Gestapo y Vichy, al igual que nuestros padres, y que los huérfanos de los miembros de la Resistencia solo podrán acceder a tal medida si primero somos nosotros los beneficiarios. Y será así en efecto.

Con el correr de los meses, mi ansiedad se acrecienta al comprobar que la solemne promesa del primer ministro aún no ha surtido efecto. El tiempo pasa y no se publica ningún decreto. Al 30 de junio, nada. Estoy convencido de que si el decreto que nos atañe no ha sido publicado antes del 16 de julio de 2000, no se dictará jamás.

El consejero a cargo del decreto es Robert Gelli. El 30 de junio le escribo a David Kessler, asesor de Lionel Jospin:

> Ayer, durante la recepción en los salones del hotel de Matignon, conversé con el señor Gelli. Me dio la impresión de que el Gobierno no se da cuenta de que el 16 de julio, fecha de la ceremonia nacional del Vél'd'Hiv, es la fecha límite para la publicación del decreto. Si el 13 de julio esa publicación aún no se ha hecho efectiva, me veré obligado a protestar públicamente: «A mediados de noviembre, el primer ministro habló de algunas semanas; nueve meses después, esa solemne promesa sigue sin cumplirse». ¡Ciertamente, es lo último que deseo hacer! Pero llegado el caso... ¿No se pueden resolver las últimas asperezas? Estoy a su disposición para indicar las vías más certeras en relación con las disposiciones que queden pendientes.

El 4 de julio, nada aún. Me dirijo entonces al jefe de gabinete del primer ministro, Olivier Schrameck. Mi mensaje es todavía más apremiante y preciso en cuanto a mi eventual reacción ante la inexistencia del decreto.

El 13 de julio, el Boletín Oficial publica el decreto con mi texto, que había sido, no obstante, rechazado por la misión interministerial. Se prevé, pues, una renta vitalicia de 3000 francos por mes, o un pago global de 180000 francos por cada huérfano de deportado.

Organizo metódicamente, en colaboración con la administración de Antiguos Combatientes, ahora muy cooperativa, el modo en que los huérfanos van a hacer efectivos sus derechos con nuestra participación ad honorem. A partir del 21 de julio de 2000, solicito que la administración extienda la aplicación del decreto del 13 de julio a otras categorías: los huérfanos de los judíos muertos en los campos en Francia; los huérfanos de los fusilados judíos; los huérfanos de los judíos ejecutados sumariamente por haberse descubierto su condición de judíos; los huérfanos de los judíos abatidos mientras intentaban cruzar a Suiza y España; los huérfanos que cumplieron veintiún años entre la detención de sus padres y su deportación; los huérfanos de judíos detenidos como judíos, pero deportados en calidad de miembros de la Resistencia; los huérfanos de judíos detenidos en la región Norte y Paso de Calais y deportados de Malinas, Bélgica, así como de los que habían huido a Italia y fueron abatidos o deportados allí. Todas esas peticiones fueron aceptadas. La lista total de los beneficiarios del decreto superó las 14000 personas, un tercio de las cuales vivía en el extranjero. En el otoño de 2001, la Oficina Nacional de Antiguos Combatientes había procesado más de 11 500 expedientes, un logro administrativo excepcional debido a la simplicidad del procedimiento. Desde noviembre de 2001, planteo la cuestión de la indexación de la renta. A partir de 2008, la presencia de nuestro hijo en el gabinete del primer ministro François Fillon facilitó la obtención de una indexación permanente, cosa que no habíamos podido conseguir ni con Jean-Pierre Raffarin, ni con Dominique de Villepin, que se habían sucedido en aquel cargo.

Gracias a esa medida, la renta abonada de por vida a cada huérfano asciende hoy a 540 euros mensuales, y no se reducirá año tras año de manera drástica. Le debemos mucho a Arno, y se lo dije a los Hijos e Hijas al anunciarles la buena nueva:

> Misión difícil, si no imposible, y sin embargo misión cumplida. Se lo debemos mucho más a Arno que a mí. Recuerden: fue el primer militante asociado a nuestra pareja. En 1969, a los tres años, le lanzó tomates al canciller Kiesinger y mordía a los antiguo nazis que le querían dar la mano. A los seis años, casi muere al abrir el paquete bomba de «caramelos» que nos estaba destinado. Estuvo en Miltenberg, en el juicio de Colonia, en Auschwitz a partir de 1978, en Rostock, en Viena, donde lo detuvieron mientras actuaba de Waldheim, vestido de oficial nazi. ¡Cuántas veces lo mandé a hacer gestiones o a buscar fotos de la Shoá a Auschwitz, Coblenza y Budapest! ¡Cuántos consejos sensatos me dio en momentos decisivos para mi alegato en la causa de Barbie, para terminar con esa corona de flores que François Mitterrand ponía en la tumba de Philippe Pétain, para socavar la autoridad del presidente del Tribunal penal de Burdeos! ¡Cuántas veces viajó a Israel, donde hizo el servicio militar como ciudadano israelí! ¡Cuántas veces se enfrentó con magistrados, abogados de la defensa e incluso de las acusaciones particulares en los juicios a Touvier y Papon, que ganamos y donde nos representaba en la sala de audiencias frente a una jauría de togas negras exasperadas por nuestras posiciones intransigentes! ¡Cuánto se esforzó también para no suspender ningún examen y adelantarse a los miles de abogados estadounidenses de su promoción en el concurso nacional! Un hijo siempre disponible, fuera cual fuera su carga de trabajo, para transcribir y mecanografiar mis textos tan mal escritos, destinados a nuestros boletines, o para hacer una u otra gestión. En 1993, le dediqué Calendrier de la persécution des Juifs en France ['Calendario de la persecución de los judíos en Francia'], que, de los libros que he escrito, es mi preferido:
>
> «A mi padre Arno Klarsfeld y a mi hijo Arno Klarsfeld.

Uno me dio la vida,
sacrificó su vida por la mía,
le dio un sentido a mi vida;
el otro, a quien le di la vida,
es tan valiente que sabrá mantener el rumbo».

Beate y yo proseguimos en Alemania la acción social a favor de los huérfanos. Yo quería encontrar para todos o parte de esos miles de personas los recursos económicos que les evitarían caer en la exclusión social. En abril de 2009, nos reunimos en Bonn con los responsables del Ministerio de Finanzas alemán competentes para las negociaciones con la Conferencia sobre Reclamaciones Materiales Judías contra Alemania (CLAIMS). Nos habíamos preparado con una argumentación bien detallada para hacerles entender que, en Francia, cada niño judío podía caer detenido en cualquier momento y deportado; que todos vivían angustiados, por más que fueran a la escuela y parecieran llevar una vida casi normal; que en cada instante podía ocurrirles una catástrofe; que al regresar a sus casas podían no encontrar a sus padres y que, incluso en clase, sucedía que la policía alemana entraba y se apoderaba de ellos. Por consiguiente, la administración alemana, sobre todo respecto de los huérfanos, blancos prioritarios, debía dejar de reclamar la prueba de que estos habían pasado dieciocho meses «en condiciones inhumanas», como en Europa del Este. Los años comprendidos entre el verano de 1942 y el verano de 1944 también debían ser considerados «condiciones inhumanas» para los niños judíos en Francia.

Nuestros interlocutores aceptaron de inmediato levantar el veto que impedía que los niños beneficiarios de un resarcimiento en virtud del acuerdo francoalemán del 15 de julio de 1960 aspiraran a una pensión de la CLAIMS. Cada año, regresamos a Bonn para abogar por la misma prerrogativa frente a funcionarios comprensivos, pero a menudo atados por textos inviolables. Perseveramos, y hoy son varios los Hijos e Hijas que reciben la renta de los huérfanos y se les añade la pensión de la CLAIMS. Sin olvidar que hay organismos sociales de la colectividad judía, creados y generosamente financiados por la FMS, donde asumo mis responsabilidades desde hace catorce años, organismos todos ellos que asisten a los supervivientes del Holocausto en las últimas etapas de sus vidas.

Por último, la CIVS, instaurada por el Gobierno siguiendo las recomendaciones de la comisión Mattéoli, aportó asimismo una reparación económica no desdeñable a todos nuestros huérfanos que acudieron a ella por los bienes materiales sustraídos con motivo de la detención de sus padres, del saqueo de sus viviendas o de sus herramientas de trabajo.

Ese combate interminable que tanto nos importaba nos brindó la inmensa satisfacción y el sosiego de saber que ninguno de los descendientes de los deportados caería en la miseria.

Caballeros de la buena memoria

Si para el cincuentenario del estatuto de los judíos adoptado por el Gobierno del Estado francés de Vichy el 3 de octubre de 1940 organicé en el Senado un coloquio memorable, para el sexagésimo aniversario hice pública la actualización de aquel proyecto, modificado y aumentado de puño y letra por el propio Philippe Pétain. Se trata de un documento que establece el papel determinante de Pétain en la redacción de aquel instrumento y revela el profundo antisemitismo del mariscal, considerado hasta entonces como personalmente ajeno a la concreción del estatuto.

Sobre este particular, el historiador estadounidense Robert Paxton manifestó lo siguiente:

> Es un descubrimiento muy importante, un descubrimiento que cambia la mirada sobre aquel periodo. [...] Pétain no se exhibía como antisemita en público, en sus discursos. La mayoría de los historiadores, entre los cuales también me incluyo, pensaba hasta ahora que, sobre la cuestión del tratamiento de los judíos, Pétain daba muestras de indiferencia, que dejaba que los antisemitas radicales de su entorno prepararan las medidas. Se creía que Pétain no era directamente activo.

El documento lo depositó un generoso anónimo en el Memorial de la Shoá y los peritos más competentes, Alain Nicolas y Thierry Bodin, lo autentificaron ante los tribunales. La parte que involucra al mariscal en ese infame estatuto no deja duda alguna:

1) Pétain agrega los «juzgados de paz» a la lista de los tribunales y las jurisdicciones de los que están excluidos los judíos, y también les prohíbe formar parte de «todas las asambleas resultantes de una elección», lo cual los priva, en particular, de poder ser elegidos

como diputados, senadores, concejales generales o municipales y alcaldes.

2) Pétain amplía la prohibición de ejercer sus cargos a «todos los miembros del cuerpo docente», dado que los redactores del estatuto habían previsto tal proscripción solo para los puestos de rector, inspector, y director de establecimientos primarios y secundarios.

3) Pétain suprime una excepción capital prevista para los judíos: «Ser descendiente de judíos nacidos franceses o naturalizados antes de 1860». Quienes aún sostienen que Pétain quería proteger a los judíos franceses deberán tomar en consideración aquella supresión, cuando los alemanes no ejercían presión alguna para que Vichy implementara un estatuto de los judíos y las medidas que ellos mismos tomaron el 27 de septiembre de 1940 concernían al censo de los judíos y de las empresas judías en la zona ocupada.

4) Pétain concluye esas medidas antijudías decretando también de su puño y letra «los motivos que las justifican», motivos que se publicarán en el Boletín Oficial. Eso demuestra que comparte al cien por cien la nota gubernamental profundamente antisemita que se hizo pública los días 17 y 18 de octubre de 1940 con la promulgación del mencionado estatuto, que convertía a los judíos en los chivos expiatorios de la derrota:

> Desde los primeros días, en su obra de reconstrucción nacional, el Gobierno debió estudiar el problema de los judíos y el de ciertos extranjeros que, amén de abusar de nuestra hospitalidad, contribuyeron no poco a la derrota. Por doquier, y en especial en las dependencias públicas, por muy reales que sean las honorables excepciones que cada uno pueda traer a colación como ejemplo, la influencia de los judíos se ha hecho sentir de forma insinuante y finalmente degradante.

Así el antisemitismo, doctrina partisana, en octubre de 1940 se convirtió espontáneamente y sin presión alemana en doctrina oficial del Gobierno francés; un antisemitismo de Estado que acusaba a los judíos de todos los males, los responsabilizaba de la crisis, la guerra y la derrota, se dedicaba a discriminarlos, a transformarlos en ciudadanos de tercera categoría, a hacer de ellos parias políticos, sociales y económicos, privándolos de trabajo y recursos, sin olvidarse de despojarlos cuidadosamente de todos sus bienes; un antisemitismo de exclusión y apropiación que, pese a alguna que otra vacilación, no se considerará en condiciones de negar su colaboración activa con el antisemitismo de exterminio alemán, cuando, en junio de 1942, la Gestapo dé inicio a la Solución Final por medio de la deportación al Este.

Tras dejar al descubierto el antisemitismo de Pétain en 2010, en 2011 tuve que reaccionar contra la voluntad del Alto Comité de Celebraciones Nacionales de inscribir el nombre de Céline en la compilación con motivo del cincuentenario de su muerte.

Hago un llamamiento al presidente Nicolas Sarkozy y, en 48 horas, la edición de 2011 del libro queda desechada. De inmediato, resurgen las palabras «lobby judío».

Pero hay que decir que la genialidad literaria de Céline no le impidió ser abyecto en política, así como la gloria militar de Pétain no le impidió llevar a Francia a la colaboración. Ni la genialidad literaria de Céline ni la competencia militar de Pétain están en entredicho; lo que sí está en entredicho es lo que hicieron con esos talentos.

Si solo debiéramos celebrar la genialidad, ¿no habría que reconocer entonces la genialidad en oratoria de Adolf Hitler? ¿No habría que reconocer la genialidad como memorialista de Goebbels? ¿Qué otro actor importante de la historia pudo escribir día a día, durante diecisiete años, el informe de su actividad y, el último día, liquidar a su mujer y a sus hijos, y dejarnos cincuenta volúmenes de su diario? ¿No habría que reconocer y celebrar la habilidad como gestor de Albert Speer, quien, durante dos años, reorganizó con tanta eficacia la industria de guerra alemana que la Alemania hitleriana pudo hacerles frente a Roosevelt, Churchill y Stalin? Reconocer, tal vez; celebrar, definitivamente no.

Claude Lanzmann no se equivocó en su análisis: «Celebrar a Céline es matar por segunda vez a las víctimas de la Shoá. [...] Sartre decía: "El antisemitismo no es una opinión. Es un crimen". No se debe salir de ahí. La tendencia hoy es olvidar que aquello condujo a una masacre inconmensurable. Se vuelve a convertir en una opinión como cualquier otra. [...] En este país, las posturas antijudías se están agravando en estos tiempos».[1]

---

1 Entrevista con Violaine de Montclos para *Le Point*, 27 de enero de 2011.

Eso fue en 2011. En 2012, unos niños judíos fueron asesinados a sangre fría en su escuela. Mi vigilancia indignada no está exenta, sin embargo, de serenidad histórica, y tengo conciencia de que, con el paso de los siglos, se celebra al mismo tiempo a las víctimas y los verdugos.

* * *

Viví una sola polémica literaria, pero fue pacífica: en el número de *L'Herne* dedicado al Premio Nobel de Literatura Patrick Modiano, publicado en 2012, Maryline Heck recuerda mi papel de investigador en la elaboración de una de las obras maestras del escritor:

> La génesis de *Dora Bruder*, uno de los libros más notables de la obra de Modiano, fue de lo más singular: se sabe que en 1988 el escritor descubrió la noticia en *Paris-Soir*, punto de partida de su búsqueda de algún rastro de la muchacha judía que murió en la deportación. Sin embargo, la obra que a ella dedica no aparece en las librerías hasta 1997, casi una década más tarde. Durante esos años, Modiano realiza una paciente y minuciosa investigación, intentando si no reconstituir el rompecabezas de la desaparición de Dora, sí hallar al menos algunas de sus piezas. Encuentra entonces a un preciado aliado en la persona de Serge Klarsfeld, el abogado que publicó con su mujer Beate los diferentes volúmenes del *Mémorial de la déportation des Juifs de France* ['Memorial de la deportación de los judíos de Francia'] y el *Mémorial des enfants juifs déportés de France* ['Memorial de los niños judíos deportados de Francia']. Se inicia una correspondencia entre ellos, gran parte de la cual recogemos aquí. Esas cartas atestiguan el decisivo aporte de Klarsfeld, a quien Modiano rinde homenaje en un artículo publicado en el diario *Libération* en 1994 [...]. Gracias a la doble investigación que ambos llevaron a cabo, cada uno por su lado, las huellas de Dora pudieron emerger al cabo del tiempo, tal como demuestran esas fotografías familiares que Serge Klarsfeld encuentra cuando el escritor ya ha iniciado la redacción del libro. La que hasta ese momento no tenía rostro para él se ve repentinamente dotada de un cuerpo.

«Gracias a Serge Klarsfeld, acaso sabré algo de Dora Bruder», escribía Modiano en 1994. Y Modiano supo. El 27 de marzo de 1995, me escribió: «Me conmovieron su carta y las fotos de Dora Bruder. Usted era el único que podía sacarlas de la nada». Más adelante, el 25 de abril de 1995: «Todo lo que usted reconstruyó sobre el paradero de Dora Bruder y sus padres me conmovió una vez más».

Patrick Modiano había escrito magníficos artículos sobre nuestro trabajo de memoria. El 20 de junio de 1995, me escribió al recibir el *Mémorial des enfants*.

> Para mí, este libro, en el que usted ha reunido todos esos destinos quebrados, donde ha dado testimonio en nombre de toda aquella inocencia saqueada, es el más importante de mi vida. Ya lo hablaremos, eso espero.
> Su amigo,
> Patrick Modiano

Dora Bruder se publicó en marzo de 1997, sin ninguna referencia al sustento documental que yo había proporcionado. Me tomé el atrevimiento de escribirle a su autor el 3 de abril de 1997 para hacerle un comentario al respecto:

> Estimado Patrick Modiano:
> He recibido Dora Bruder, que es un bello libro sobre ella y sobre usted también. Permítame, no obstante, notar que la investigación, tal como usted la narra, está más cerca de una novela que de la realidad, puesto que usted me borra. Solo Dios sabe cuánto trabajé para descubrir y recabar información sobre Dora y transmitírsela. No sé si esa desaparición a la que me refiero en mi carta a Philippe Lepape[2] expresa una presencia demasiado grande por mi parte en esa investigación, o si se trata de un procedimiento literario que permite al autor ser el único demiurgo.
> Como sea, tras el llamamiento que usted públicamente me hizo en *Libération* para saber algo sobre Dora Bruder, ¿cómo pudo hacerme desaparecer de su novela de investigación, cuando yo respondí a ese llamamiento y de manera muy precisa? Lo que expreso no es una queja, sino una suerte de irritante comprobación.
> Acaso esté usted enamorado de Dora, o de su sombra, y como la hemos buscado juntos, ahora quiera quedársela para usted solo, haciéndola querer por parte de un vasto público. Permaneceré, pues, con los miles de rostros que he podido hallar, entre ellos el de Dora, sin pretender entender demasiado.
> Cordialmente,
> Serge Klarsfeld

No dejé de apreciar la obra de Modiano, pero nuestra amistad llegó a su fin en 1997.

* * *

---

2 Se trata en realidad de Pierre Lepape, crítico de *Le Monde des Livres*.

En el otoño de 2014, surgió una polémica en Francia a raíz de la publicación de un libro de Éric Zemmour, *Le Suicide français* ['El suicidio francés'], donde se afirma que le debíamos a Pétain el salvamento de los judíos franceses, tesis ya formulada en los juicios a los dirigentes de Vichy. Valiéndome de numerosos documentos, a menudo inéditos, a los que tuve acceso, pude explorar un territorio desconocido por los que solo se habían aventurado en él de modo superficial.

El Gobierno de Vichy tenía a su cargo la supervivencia de los 190 000 judíos franceses y los 130 000 judíos extranjeros que vivían en territorio francés. El estatuto de los judíos de octubre de 1940 era la manifestación espontánea de un antisemitismo profundo y peligrosamente xenófobo en el seno del nuevo régimen, entrando así en competencia con los alemanes en ese ámbito. Las redadas que tuvieron lugar en París en 1941 no conmovieron a los parisinos, todavía apáticos por el peso de la derrota militar.

El 11 de junio de 1942, los alemanes deciden la aplicación de la Solución Final en el oeste de Europa. El 16 de junio, Bousquet, secretario general de la policía, acepta una primera entrega de 10 000 judíos extranjeros considerados apátridas, provenientes de la zona libre. El 25 de junio, Dannecker, jefe del Departamento de Asuntos Judíos de la Gestapo, entabla con Leguay, delegado de Bousquet en la zona ocupada, el proceso necesario para la detención en la zona ocupada del contingente que debe alimentar tres trenes por semana a partir del 13 de julio. Dannecker es consciente de la insuficiencia de efectivos policiales alemanes para encabezar las redadas, que encima enemistarían a la opinión pública francesa con los alemanes. Espera de Leguay una propuesta concreta para la detención en París y sus alrededores de 22 000 judíos de catorce y dieciséis años, de los que el 40 % era de nacionalidad francesa.

En el Consejo de Ministros del 26 de junio, Laval menciona la cuestión judía, recalcando que esta ha sido resuelta de modo por demás severo en Alemania y que «la opinión francesa difícilmente aceptaría que medidas idénticas a esas se adoptaran en Francia, donde la cuestión jamás tuvo la misma importancia». Anuncia que mandará efectuar un censo, con el fin de distinguir a los judíos franceses de los extranjeros. El 2 de julio, tiene lugar un encuentro en Francia entre los jefes SS Oberg, Knochen, Lischka y Hagen, y Bousquet, quien, en un primer momento, explica que Laval, a raíz de una intervención del mariscal, sostiene que corresponde a las fuerzas de ocupación, y no a la policía francesa, proceder a las redadas en la zona ocupada, y que la policía francesa procedería a la detención únicamente de los judíos extranjeros en la zona no ocupada. No obstante, al final de la reunión Bousquet acepta que la policía francesa encabece las redadas en todo el territorio y entregue el contingente de judíos reclamado por los alemanes. Esa decisión la ratifican Pétain y Laval en el Consejo de Ministros del 3 de julio.

El 4 de julio, cuando Bousquet y Darquier se reúnen con Knochen y Dannecker, Bousquet declara que tanto el mariscal Pétain como el presidente Laval han expresado su consentimiento respecto de la evacuación, en un primer momento, de todos los judíos apátridas que residan en la zona ocupada y no ocupada. Bousquet ha superado, pues, las reticencias de Pétain y Laval y compromete a la policía francesa, tanto en la zona ocupada como en la zona libre, contra los judíos apátridas. Es cierto que colocaba al final del todo a los judíos franceses; en particular, a los que eran franceses de nacimiento. Pero la mejor defensa de los judíos franceses habría estado en la negativa a detener a los judíos extranjeros con miras a su deportación.

Ese mismo día, en París, Laval avala esa decisión ante Oberg y Knochen. Propone asimismo la deportación de las familias extranjeras de la zona libre sin limitación y deja que los alemanes decidan la deportación de los niños cuyos padres hayan sido detenidos y deportados, niños que en su mayoría son franceses por declaración. Tres mil niños de temprana edad serán deportados así, sin sus padres, que se habían ido dos o tres semanas antes que ellos.

En once semanas, entre el 17 de julio y el 30 de septiembre, 33 000 judíos detenidos por la policía francesa serán deportados y, para finales de 1942, más de 42 000 judíos habrán sido deportados, 6 500 de ellos de nacionalidad francesa.

El freno a la rotunda cooperación en la cuestión judía entre las autoridades francesas y alemanas se debe a la presión que ejercieron sobre Vichy las Iglesias y la población francesa; sobre todo, después de las redadas y de la deportación de familias procedentes de la zona libre.

Por tanto, los judíos franceses fueron detenidos ya por los propios alemanes y sus secuaces franceses, ya por la policía francesa, como en Marsella en enero de 1943, en unas treinta localidades de la antigua zona libre en el marco de la redada de febrero de 1943, o en Burdeos en enero de 1944.

En total, alrededor de 25 000 judíos franceses fueron víctimas de la Shoá: un tercio eran niños franceses de padres extranjeros, un tercio eran naturalizados franceses y un tercio eran judíos nacidos franceses (un cuarto de ellos, nacidos en el norte de África; los otros tres cuartos, en Francia).

El Estado francés cometió un crimen al asociarse al Tercer Reich en el desarrollo de la Solución Final. El hecho de que, entre las víctimas, la proporción de judíos franceses sea menos importante que la de los judíos extranjeros no es una excusa ni una justificación.

La caza de nazis: el combate continúa

Última etapa judicial contra los criminales nazis: la ofensiva que algunos fiscales alemanes lanzaron contra los jóvenes que ejecutaron la Solución Final o masacres de civiles. Todos los responsables del exterminio de los judíos están muertos. Solo quedan vivos los ejecutores que entonces tenían unos veinte años, hoy de noventa años o más. La sociedad alemana, que por fin comprende mejor el crimen nazi que hace medio siglo, quisiera juzgar a los responsables hasta el último soplo. Pero es sumamente difícil: estos deben estar física e intelectualmente en condiciones de defenderse, y los cargos que se les imputan deben constar en algún sitio, lo cual es inusual en el caso de los ejecutores, cuyos crímenes básicos no son objeto de informe ni de documento alguno.

En el caso de John «Ivan» Demjanjuk, de quien se probó que había sido guardia en el campo de exterminio de Sobibor, la Fiscalía alemana concibió una nueva extensión de la noción de culpabilidad: el acusado no puede haber formado parte de una estructura cuyos crímenes han quedado demostrados aun sin haber sido él mismo un criminal. Demjanjuk, condenado a cinco años de prisión, murió poco tiempo después de su sentencia, y su recurso ante la Corte Suprema Federal no pudo ser examinado.

Es decir, que aquel tribunal no llegó a pronunciarse sobre esa extensión, a la que soy hostil: no le corresponde al acusado probar su inocencia, sino a la acusación probar su culpabilidad. Así y todo, cada caso ha de ser analizado escrupulosamente para saber si existen pruebas de una implicación personal. En el caso de Demjanjuk, queríamos que nuestras acusaciones particulares, hijos de deportados de los convoyes del 23 y el 25 de marzo de 1943 que acabaron en Sobibor, fueran admitidas por el Tribunal de Múnich, cosa que se nos negó porque no era seguro que aquel agente, que había asumido su cargo de guardia el 25 de marzo de 1943, hubiera participado en la ejecución de los deportados que llegaron a Sobibor el 26 y el 28 de marzo.

En el caso de Hans Lipschis, guardia en Birkenau durante el periodo en que llegó de Francia el convoy del 23 de junio de 1943, el fiscal de Stuttgart nos denegó en 2013 el acceso al expediente si no presentábamos ninguna acusación particular. Esperamos. La decisión del Tribunal de lo penal fue que Lipschis era incapaz de defenderse.

Nuevo caso en 2014: el de Werner Christukat, antiguo miembro Waffen-SS, acusado por la Fiscalía de Dortmund de haber participado en la masacre de Oradour-sur-Glane el 10 de junio de 1944, cuando 642 habitantes del pueblo fueron asesinados por una unidad de la división Das Reich. Francia juzgó y condenó a una parte de los responsables, alemanes y alsacianos. La República Democrática Alemana (RDA) juzgó y condenó a un oficial de la unidad SS en cuestión; solo la República Federal de Alemania (RFA) no había juzgado a ninguno de los militares involucrados, aun cuando disponía de los archivos de la unidad, aun cuando el jefe de la división, el general Lammerding, dirigía una gran empresa de transporte. El acusado acudió a la televisión francesa para expresar el horror que había experimentado en su momento al descubrir que estaba cometiéndose una masacre, para afirmar que había logrado mantenerse al margen, no participar en absoluto en la matanza, y que aquella abominación le había malogrado la vida. Era muy convincente, y yo estaba dispuesto a creerlo. Pero le dije a Beate: «Lo creo, con una salvedad: hay que saber si antes de ir a Oradour estuvo en la Unión Soviética. Si no fue así, lo creería. Pero si estuvo allí, voy a intervenir en su contra, puesto que lo que ha declarado sería mentira». En la Unión Soviética, las masacres de civiles a manos de las SS eran comunes.

En abril de 2014, me enteré de que Werner Christukat había pasado el año 1943 en Ucrania y que había realizado una pasantía en Riga en 1942. Solicité mi reinscripción en el Colegio de Abogados de París y presenté dos acusaciones particulares en el Tribunal Penal de Colonia, donde iba a desarrollarse el juicio (si así lo decidía la Corte). Si se aceptaba mi solicitud, los Hijos e Hijas, treinta y cinco años después del «juicio de Colonia», vivirían un nuevo y último juicio de Colonia. Pero era mucho más probable que la respuesta fuera negativa.

La verdad histórica no se negocia

Una vez hallada la verdad, imponerla ante el círculo de historiadores y ante el público general no es cosa sencilla. El caso de los fusilados del Mont Valérien lo demuestra, puesto que, para lograrlo, tuvieron que transcurrir más de veinte años. En 1987, después de una minuciosa investigación, mi amigo Léon Tsevery, antiguo miembro de las Fuerzas Francesas del Interior (FFI), y yo mismo afirmamos que había habido «1 007 fusilados, en lugar de los 4 500 inscritos desde 1960 en la losa de granito en el claro del bosque de los fusilados». El 23 de febrero de 2008, el presidente Sarkozy declaró delante de la famosa baldosa: «Entre febrero de 1941 y agosto de 1944, aquí cayeron más de mil personas por las balas del enemigo». Y el 21 de febrero de 2014, en la explanada del Mont Valérien, el presidente Hollande dio la misma cantidad

Los responsables a cargo de la memoria solo se resignaron a regañadientes y muy poco a poco a admitir y corregir ese recuento, deliberadamente falseado en 1960 con el fin de corresponder al sentir de la opinión pública y a las intenciones de encantamiento de los políticos. Las declaraciones oficiales siguieron siendo ambiguas y dejaron entrever una duda donde ya no la había: frente a la Cloche, el monumento instalado en frente de la capilla de los fusilados e inaugurado en 2003, se indica: «Después de la guerra, la cantidad de fusilados se había estimado en 4 500. Las investigaciones que se llevaron a cabo en los archivos de Francia y Alemania permitieron encontrar algo más de 1 000 nombres que están grabados en la obra de Pascal Convert». Se sobreentiende que aún no hemos dado con los 3 500 nombres restantes. Abundan los ejemplos de este tipo de ambigüedades, que tienden a preservar aquel balance de 4 500 víctimas, que distorsiona la comprensión de la política de represión alemana. Expuse la evolución de esa política en 1979, en *Le Livre des otages* ['El libro de los rehenes']: el comando militar alemán y el jefe superior de las SS y la policía alemana en Francia comprobaron, cada uno por su cuenta, en diciembre de 1941 y en octubre de 1942, la ineficacia de las represalias masivas por ejecuciones en Francia, y decidieron entonces la deportación criminal a Alemania de los miembros de la Resistencia y opositores, antes que su asesinato en el país ocupado.

Hasta diciembre de 2009, no se sabía de la existencia de ninguna foto de las ejecuciones en el Mont Valérien. Sin embargo, hacía años (al menos desde 2003) que existía un expediente con tres fotos en el Establecimiento Fotográfico y Cinematográfico de los Archivos de la Defensa (EPCAD), en el fuerte de Ivry. Una de esas tres fotos se publicó en un volumen coeditado por el Ministerio de Defensa en 2003 con el siguiente epígrafe: «Reconstrucción de una ejecución en el claro del Mont Valérien, probablemente con fines propagandísticos alemanes». Ahora bien, esas fotos las había sacado clandestinamente un suboficial de la Feldgendarmerie, Clemens Rüther, el 21 de febrero de 1944, después de escoltar a los condenados a muerte del Cartel Rojo[1] hasta el Mont Valérien. En 1985, Rüther, durante una peregrinación a Roma, encomendó esas imágenes a un amigo, Karl Forster, que las envió al comité Franz Stock. En el EPCAD, el investigador que había consultado el expediente, y que tenía conocimiento de nuestro libro de 1995 sobre los 1007 fusilados, comprobó que nosotros habíamos dado el horario preciso de las ejecuciones y que se podía, por lo tanto, establecer las tandas de disparos que aquel día abatieron a veinticinco miembros de la Resistencia, veintitrés de los cuales eran miembros de la Resistencia que figuraban en el Cartel Rojo. El 8 de diciembre de 2009, comuniqué esos datos a la AFP, unos días antes de nuestra ceremonia anual del 13 de diciembre en homenaje a los judíos fusilados en el Mont Valérien.

En la nota explicativa que acompañaba las fotos, indiqué:

[1] *Affiche rouge*. Cartel de propaganda alemana difundido masivamente en Francia durante la Ocupación. *[N. de la T.]*

> El 21 de febrero de 1944 hubo siete tandas. Solo la tercera, la cuarta y la quinta afectan a cuatro fusilados, como se ve en cada una de las tres fotos: la 3.ª, a las 13.29 horas (Georges Cloarec, Rino Della Negra, Cesare Lucarini y Antonio Salvadori); la cuarta, a las 13.40 horas (Celestino Alfonso, Joseph Boczow Wolf, Emeric Glasz y Marcel Rajman); y, la quinta, a las 13.47 horas (Thomas Elek, Mojsze Fingercweig, Jonas Geduldig «Martiniuk» y Wolf Wajsbrot).

Así, incorporé a la historia de la represión alemana su línea de acción, la cantidad de fusilados en el Mont Valérien y la auténtica visión de las ejecuciones.

Hube de librar ese mismo combate por la verdad en otros campos de batalla. Por ejemplo, en relación con Suiza.

Al contradecir durante quince años las cifras oficialmente dadas y aceptadas por la opinión pública en cuanto a los judíos expulsados de Suiza, me expuse a muchas críticas. Pero la verdad también se impondrá en este campo, gracias a investigaciones y tesis sumamente precisas, como la de la historiadora Ruth Fivaz-Silbermann. Suiza fue acusada no solo de haber robado a los judíos que disponían de cuentas bancarias allí, sino también de haber provocado la muerte de muchos de ellos al impedir su entrada por la frontera.

El 10 de diciembre de 1999, la comisión independiente de expertos denominada «Comisión Bergier» entregó su informe titulado «Suiza y los refugiados en la época del nacionalsocialismo». Dos números deberían haber estado en el centro de aquella investigación histórica: el de los judíos que cruzaron ilegalmente la frontera suiza y fueron recibidos como refugiados, y el de los judíos a quienes se les negó la entrada. La primera cifra, 21 214, no planteaba objeciones, puesto que las personas en cuestión habían quedado inscritas como judías. La segunda cifra permanece indeterminada: según el informe, «para el periodo de enero de 1940 a mayo de 1945, se tienen pruebas de que se denegaron 24 500 entradas en la frontera, pero ese número debe ser considerado como límite inferior, por más que sea difícil proceder a un cálculo exacto en el estado actual de las fuentes [...]. La evaluación más precisa indica un total de 24 398 casos certificados de refugiados devueltos durante la guerra». Por lo tanto, ese resultado no ofrece ni el número de expulsiones ni el total de personas expulsadas, cantidades que están lejos de coincidir, puesto que hay personas que intentaron cruzar la frontera en varias ocasiones. Tampoco dice el número de judíos que fueron expulsados entre la cantidad real total y aún desconocida de personas rechazadas. No por ello deja de ser cierto que se mantuvo la cifra de 24 000, asimilada a la cantidad de judíos rechazados y, a partir de ese informe, el mundo repitió que, entre 1939 y 1945, Suiza recibió a 21 000 refugiados judíos «ilegales», pero denegó la entrada a 24 000.

Ya desde la entrada en la guerra del Tercer Reich, la vigilancia de los policías alemanes o austríacos que custodiaban las vías de acceso a Suiza era tal que la posibilidad para los judíos de cruzar esa frontera, o incluso de acercarse a ella, era muy baja. El informe Bergier alude muy poco a los intentos de paso de la frontera en esa zona y durante ese periodo y, en la mayoría de los casos, se trata de detenciones que tienen lugar antes de alcanzar la línea fronteriza. De Italia, desde donde unos 6 000 judíos consiguieron entrar a Suiza, menos de 500 fueron expulsados y, entre ellos, la mitad como mucho fueron deportados.

Recapitulando lo que sabemos sobre la muy baja cantidad de judíos que pudieron ser expulsados entre septiembre de 1939 y mayo de 1945 en las fronteras del Tercer Reich y Suiza y en la frontera italosuiza, que no podían llegar a unas mil personas, hemos de admitir que la inmensa mayoría de ellos provenían de Francia. Si así fuera, las cifras que he indicado sobre la procedencia de los 76 000 deportados de Francia serían erróneas. La historiadora Ruth Fivaz-Silbermann y el archivo estatal de Ginebra establecieron que alrededor de la mitad de los 21 500 judíos que entraron en Suiza pasaron por la frontera ginebrina; sobre un total oficial de 10 661, 884 fueron expulsados y, de ellos, el número de aquellos que fueron víctimas de deportación o de ejecución sumaria se eleva a 127. En cuanto al total de judíos detenidos en el Territorio de Belfort, Doubs y Jura, está lejos de alcanzar el millar de personas, y muchos de ellos son judíos locales detenidos en su domicilio, no mientras intentaban entrar en Suiza. En definitiva, la cantidad total de judíos expulsados de Suiza es, a mi entender, inferior a 3 000.

La diferencia entre la cifra mítica y la cifra real es muy importante, en detrimento de la reputación de Suiza, por mucho que haya que deplorar los expulsados que a veces fueron detenidos por la policía suiza en las calles ginebrinas y unos días después se encontraron en Auschwitz, y responsabilizar a ciertos agentes fronterizos por su falta de compasión y por haberse excedido en la aplicación de las consignas recibidas.

Durante la guerra, Suiza representaba para los judíos uno de los escasos oasis europeos de libertad y valentía, puesto que el Ejército suizo vigiló las fronteras, el Reich no se atrevió a invadir la Confederación y muy pocos suizos votaron a favor de la extrema derecha pronazi.

Los clichés que prevalecieron contra Suiza (neutralidad asimilada a un cobarde egoísmo, dinero que afluye y abundancia cuando las privaciones aquejan a las poblaciones en guerra) también fueron utilizados contra el principado de Mónaco, donde el príncipe Luis II y el ministro de Estado (siempre un francés designado por Francia) Emile Roblot fueron acusados de haber entregado a la policía de Vichy a cientos de judíos. La realidad fue bien distinta, como demostró el minucioso estudio encargado por el príncipe Alberto II, quien creó, en 2006, una comisión de asistencia a las víctimas de expoliaciones.

Como las expoliaciones deseadas por Vichy no existieron en Mónaco, porque el príncipe y los miembros del Consejo Nacional se opusieron, la comisión indemnizó a las víctimas de deportaciones provocadas por una detención en el principado. En 1993, en una placa conmemorativa colocada a instancia mía por el príncipe Rainiero en el cementerio judío de Mónaco, calculé en 87 la cantidad de deportados. Un nuevo estudio realizado por nuestra comisión de expertos en 2014 llegó a noventa y dos deportados, dieciséis de los cuales habían sido detenidos fuera del principado. De los 250 judíos oficialmente censados como residentes o titulares de un permiso de residencia en 1941, 10 fueron deportados, y 5 de ellos detenidos en Mónaco. Los derechohabientes que se manifestaron o que descubrimos fueron indemnizados. Por otra parte, la redada de judíos extranjeros del 28 de agosto de 1942 ordenada por el Gobierno de Vichy fue el resultado de una decisión del ministro de Estado interino, el señor Bernard, muy presionado por el cónsul de Francia, el señor Jeannequin, y en ausencia del príncipe Luis II y del ministro de Estado Roblot, a quienes no se consultó.

Otro personaje que no merece ser desacreditado como a menudo lo ha sido es Pío XII. El papa tenía por aquel entonces una considerable autoridad moral y la responsabilidad de mantener lo que era la única fuerza de oposición en una Europa en manos de los nazis. La Iglesia poseía sus propias redes de comunicación. Cabe destacar que, en Alemania, la Iglesia y los católicos fueron la auténtica fuerza de oposición a Hitler, incluso después de su toma de poder, momento en que los protestantes se aliaron masivamente con el Führer.

Goebbels destacó en su diario: «El papa habló en Navidad [1939]. Discurso plagado de ataques muy severos y disimulados contra nosotros, contra el Reich y contra el nacionalismo». Goebbels consideraba al papa como un enemigo. Es más, en la Alemania de Hitler se hablaba del Judenpapst, el «papa de los judíos».

Los trabajos de los historiadores y los archivos ya conocidos en gran cantidad (y que continuarán completándose) demostrarán lo que realmente hizo el papa. Roma es un ejemplo preciso de ello: si 1 200 judíos fueron detenidos en la repentina y violenta redada del 16 de octubre de 1943, otros 7 000 pudieron hallar refugio en los establecimientos religiosos de la capital. Es un balance terrible para quienes se fueron y no regresaron, pero el papa, al actuar en lugar de hablar, contribuyó a salvar a una parte importante de la población judía de Roma.

La lucha de Pío XII consistió en afirmar el cristianismo frente a los totalitarismos ateos, ya sea el paganismo, el comunismo o el nazismo, y, una vez terminada la guerra, ayudó a construir Europa. Yo fui muy consciente de haberme beneficiado del papel del papa, a quien le debemos la democracia cristiana, que les dio a hombres como Alcide De Gasperi en Italia, Konrad Adenauer en Alemania y Robert Schuman en Francia, la posibilidad, la fuerza y el impulso moral para sobreponerse a los nacionalismos y crear una nueva Europa. Y yo tuve la suerte de formar parte de esa Europa de la libertad.

Lamentablemente, a partir del momento en que Hitler tomó el poder y lo asumió de forma absoluta, con sus ideas fijas y sus obsesiones —y el papa era consciente de la personalidad del dictador—, ya no había modo de oponerse. Habría que haberlo frenado mucho antes, cuando los dirigentes de los grandes países democráticos aún podían actuar, cuando la ribera izquierda del Rin fue reocupada, remilitarizada, cuando Hitler violó los tratados, cuando tuvo lugar el Anschluss... Ese era el momento de intervenir.

En aquella época, nadie intervino eficazmente, ni siquiera nosotros, los judíos. Los judíos de Europa no acudieron a Alemania a manifestarse y ayudar a los judíos locales.

La suerte ya estaba echada a partir del momento en que se inició la guerra, por más que Hitler aún no tuviera certeza del desenlace del conflicto. Hitler no quería que su enemigo ideológico y pasional sobreviviera. Por ende, cuando hizo falta, dio prioridad a los trenes de judíos sobre los convoyes militares que circulaban por toda Europa, porque su objetivo máximo, su obsesión, la conclusión misma de su testamento era «luchar contra el judaísmo internacional».

Otra polémica fue la del papel de la SNCF[2] en la deportación, polémica que aún no ha cesado y en la que Arno y yo defendimos ante la opinión pública a la empresa, demandada por el pago de indemnizaciones en Francia y con reclamaciones aún pendientes en Estados Unidos. Esos querellantes jamás se manifestaron durante nuestras campañas en contra de los principales culpables.

Los hechos siempre están sujetos a interpretación, pero modificarlos para alcanzar un objetivo implica negar la evidencia y trastocar el pasado. Nunca la SNCF ofreció sus servicios a las autoridades alemanas o francesas para transportar a las personas detenidas. Y numerosos empleados ferroviarios se destacaron en la Resistencia. En diciembre de 2001, un grupo de derechohabientes de víctimas de la Solución Final en Francia interpuso una denuncia en Estados Unidos contra la SNCF, con la siguiente argumentación: la empresa, bajo «control privado» a lo largo de la guerra, habría «colaborado por voluntad propia» con el «régimen nazi alemán, al proporcionar los trenes de deportación con fines de lucro», y habría «transportado a los deportados hasta los campos de exterminio»; sus ferroviarios

[2] Société Nationale des Chemins de Fer, compañía ferroviaria estatal francesa. *[N. de la T.]*

habrían «desnudado a los deportados en el andén de la estación» antes «de amontonar a la mayor cantidad posible de familias judías en vagones para animales»; así, los ferroviarios habrían cuidado de que los «deportados permanecieran, durante el terrible trayecto hasta Auschwitz, sin agua, alimento ni facilidades sanitarias». Al regreso de los convoyes de la muerte, «los ferroviarios [habrían] limpiado los vagones, deshaciéndose de quienes habían perecido debido a las execrables condiciones del trayecto». Así, la SNCF sería «culpable de crímenes de lesa humanidad».

Esas denuncias son contrarias a la verdad histórica. Mancillan la memoria de los 1 647 ferroviarios fusilados o deportados sin retorno, borran el papel de las autoridades alemanas, el del Estado francés de Vichy, y diluyen la responsabilidad de quienes sí tuvieron a su cargo la deportación de los judíos de Francia.

Es indiscutible que la SNCF era una empresa pública bajo control del Estado francés y las autoridades alemanas. Era requisada para cada traslado de retenidos judíos, como también lo fueron muchos individuos o empresas, cuyos vehículos requisaron los prefectos para transportar a los judíos detenidos hacia un centro de agrupamiento departamental o regional, antes de partir hacia Drancy en vagones de mercancías, como sucedió durante el verano de 1942 con 10 000 judíos provenientes de la zona libre, por ejemplo, o en vagones de pasajeros, como sucedió las más de las veces en 1943 y 1944. La requisa era un acto de autoridad del Estado, del que la SNCF no podía sustraerse ni sustraer sus vagones, locomotoras, conductores y mecánicos.

Para las deportaciones, se consideraba que los trenes eran alemanes, tal como demuestra una nota de fecha de 28 de julio de 1942 de Heinz Röthke, responsable del Departamento de Asuntos Judíos de la Gestapo desde julio de 1942 hasta agosto de 1944: «Es necesario que los judíos de la zona no ocupada cambien de tren, porque los judíos deberán partir de Drancy en vagones de mercancías alemanes prestados por la dirección de transporte de la Wehrmacht». En los numerosos documentos intercambiados entre el Departamento de Asuntos Judíos de la Gestapo en Berlín y el Departamento de Asuntos Judíos de la Gestapo en París, jamás se refieren a la SNCF: siempre es el Ministerio de Transporte del Reich el que suministra los trenes. Ninguno de los deportados supervivientes que relató su viaje acusó a la SNCF ni a los ferroviarios. No eran ellos lo que procedían al embarque, ni para los traslados ni para la deportación. En el primer caso, eran los gendarmes, los guardias móviles o la policía municipal; para lo demás, eran las SS, los soldados o la policía alemana. Afirmar que la requisa de los deportados incumbía a los agentes de la SNCF es falso. La nota de Röthke al respecto es diáfana: «Asimismo, todos los judíos deberán someterse a una inspección corporal minuciosa a cargo de la policía antijudía francesa».

En los testimonios de los supervivientes, los ferroviarios aparecen como quienes transmitían los mensajes de los deportados a las familias. A veces, también lograron intervenir y salvar a alguien. ¿Se les puede reprochar no haber saboteado las vías? Eso conllevaba el riesgo de una catástrofe y, para sacrificar deliberadamente algunas vidas a fin de salvar otras, había que estar absolutamente seguro de que lo que les esperaba a los judíos deportados al final del viaje era la muerte. Por otra parte, los ferroviarios franceses nunca atravesaban la frontera francoalemana.

Al contrario de lo que sostienen los querellantes, los alemanes no le pagaron a la SNCF por su participación en las deportaciones. Ya el 15 de junio de 1942, en Berlín, cuando la Oficina Central de Seguridad del Reich (RSHA) decide deportar a los judíos de Francia, se entiende que «el Estado francés correrá con los gastos de la deportación». Se acusa a la SNCF de haber acumulado beneficios gracias a la deportación. Si tal fuera el caso, sería natural, legítimo y justo que esta los restituyera. Pero no hubo semejante beneficio, puesto que no hubo pago. Los únicos pagos conocidos hasta hoy son los de la Gestapo a la agencia de viajes alemana Deutsche Reisebüro, ubicada en la plaza de la Ópera, sobre la base de la cantidad de vagones de los convoyes de deportación, multiplicada por 336 kilómetros (la distancia desde Drancy hasta la frontera), multiplicada por 18 francos el kilómetro.

En el fondo, la pregunta que plantea este tema es la siguiente: ¿qué es el crimen de lesa humanidad? Si basta con la participación para configurarlo, entonces la secretaria que mecanografiaba las listas, el gendarme que procedía a las detenciones, el ferroviario que practicaba el cambio de vías del tren son culpables de crímenes de lesa humanidad; todos son eslabones de una cadena. Pero esa imagen de la cadena, válida para describir el proceso penal, no lo es para establecer la responsabilidad penal. Para deslindar esto último, cabe sopesar el grado de participación, la adhesión al plan concertado, el nivel de autonomía y el conocimiento del destino de las víctimas. Quienes tienen papeles decisivos cargan con una responsabilidad que no comparten aquellos cuyo papel es ciertamente indispensable, pero impersonal, y que están sometidos a los eslabones fuertes. La SNCF estaba sujeta al Estado; empresa pública requisada, su participación era automática.

La especificidad de quienes fueron juzgados y condenados por crímenes de lesa humanidad o por complicidad en estos es el poder del que disponían con miras a originar la acción criminal. Acción criminal cuya iniciativa tuvieron, en puestos donde la acción antijudía constituía la meta primordial (Kurt Lischka, Herbert Hagen, Ernst Heinrichsohn, Klaus Barbie, Paul Touvier), o cuya responsabilidad operativa tomaron, siguiendo las instrucciones de su Gobierno (Maurice Papon). En cuanto a las organizaciones que fueron declaradas criminales en el juicio de Núremberg —el Partido Nacionalsocialista Obrero Alemán (NSDAP), el Servicio de Seguridad (SD), la Gestapo y las SS—, su objetivo, enunciado en los documentos, era resolver de manera definitiva la cuestión judía. Sus fuerzas, su energía, una parte de su razón de ser estaban dirigidas hacia ese cometido.

Los medios de transporte son neutros: sirven para el bien, sirven para el mal, su finalidad depende de quienes los controlen. Un vagón no es una cámara de gas. En octubre de 1943, el poeta Itzhak Katzenelson describió el papel de los trenes de deportación en una obra sublime, *Le Chant du peuple juif assassiné* ['El canto del pueblo judío asesinado']. A su esposa y a sus dos hijos acababan de llevárselos desde Varsovia hacia las cámaras de gas de Treblinka; él y su último hijo iban a correr la misma suerte poco después, en Auschwitz:

> Ya están ahí de nuevo los vagones, salieron anoche y regresaron hoy. Ahí están de nuevo, en el andén [...]. Vagones vacíos, que estabais llenos, vacíos estáis de nuevo. ¿Dónde descargasteis a los judíos? ¿Qué les ocurrió a todos ellos? Eran diez mil, contados y registrados, y resulta que estáis de vuelta.

> Oh, decidme, decidme, vagones vacíos, ¿dónde habéis estado? Venís del otro mundo. Lo sé, ese mundo no debe de estar lejos. Ayer salisteis cargados y hoy ya estáis aquí otra vez. ¿Por qué tanta prisa, vagones? [...] Decidme, oh, vagones, ¿adónde conducís a ese pueblo, a esos judíos, derechos a la muerte? No es culpa vuestra, a vosotros os cargan, os dicen «anda», os envían cargados, os traen vacíos. Vagones que regresáis del otro mundo, ¡hablad! Decid algo, una palabra, que hablen vuestras ruedas para que yo, para que yo llore.

En Francia, el Consejo de Estado puso fin a las reclamaciones contra la SNCF. En Estados Unidos, el asunto se resolvió hace apenas unos pocos años. El 8 de diciembre de 2014, Francia y Estados Unidos firmaron en Washington un acuerdo que repara una injusticia para los antiguos deportados judíos de Francia, hoy estadounidenses, y sus familias, y que impide otra injusticia al poner a la SNCF a resguardo de cualquier acción judicial en ese país. A Arno y mí, que mucho nos involucramos en aquella lucha, nos invitaron a Washington con motivo de la firma de ese acuerdo bilateral.

Militante una vez más y hasta el final

Nuestra asociación entabla muy pocas demandas judiciales, pero siempre nos pareció esencial demostrar por vía judicial que Jean-Marie Le Pen y el núcleo de quienes lo rodeaban eran visceralmente antijudíos. Estuvimos entre quienes hicieron que lo condenaran por la declaración sobre el «detalle». Hace poco también, el 19 de junio de 2013, obtuvimos su condena definitiva gracias a un fallo del Tribunal de Casación, a propósito de una afirmación de 2005: «Al menos en Francia la ocupación alemana no fue particularmente inhumana». Presenté ante los jueces nuestro *Mémorial de la déportation des Juifs* y el de los miembros de la Resistencia para establecer que el ocupante había perpetrado por lo menos 150 000 crímenes de lesa humanidad. En ese caso, que duró más de diez años, el fiscal había actuado originalmente contra Le Pen por apología de crimen de guerra (Le Pen había declarado en esa misma entrevista que la Gestapo había frenado la masacre de Ascq),[1] y nuestra asociación, gracias a Arno, había sido la única en demandar por negación de crimen de lesa humanidad.

El Tribunal de Apelación de París no aceptó la apología de crimen de guerra. Nuestra argumentación sí se aceptó, por lo que pudo continuar nuestra demanda y se condenó a Le Pen y a *Rivarol*.[2] Al final de una de las sesiones del juicio en la que Le Pen y yo habíamos declarado, me miró a los ojos y me dijo: «Yo no soy su enemigo». Le respondí: «Hágalo saber públicamente». No lo hizo.

* * *

1 Matanza cometida durante la Segunda Guerra Mundial por las Waffen-SS. *[N. de la T.]*

2 Semanario francés de extrema derecha. *[N. de la T.]*

Siempre intento fijarme en la inteligencia y la voluntad de quienes actúan conmigo o de quienes me escuchan cuando tengo que pronunciarme. En marzo de 2014, cuando redacté el editorial de nuestro boletín de los Hijos e Hijas, lamentablemente fui categórico:

> A partir de ahora, como quedó demostrado por la manifestación «Jour de colère»,[3] nos encontramos confrontados con un antisemitismo francés que aglutina a una parte de la extrema derecha, de la extrema izquierda, de los antiisraelíes y de la joven población descendiente de la inmigración magrebí. El asesinato de niños judíos en Toulouse en 2012, la soltura de las palabras y los gestos antijudíos que vemos en la calle y en internet crean un clima deletéreo que nos retrotrae, a los Hijos e Hijas de los Deportados Judíos de Francia, a los oscuros años de nuestra infancia, por más que el conjunto de la población francesa no esté en absoluto contaminado por esa infección y los poderes públicos intenten bloquearla. [...] Nunca hemos sido alarmistas y siempre hemos confiado en la República. Hoy la nueva situación nos obliga a hacer sonar la alarma.

En el caso Dieudonné[4], damos la señal para la movilización y no nos limitamos a los comentarios. El 2 de enero de 2014, me entero de que la gira de su espectáculo se inicia el 9 de ese mes en Nantes y que ese espectáculo antijudío se presentará luego en las principales ciudades francesas. Estallo de rabia: esos mítines iban a tener lugar en las mismas localidades donde nosotros habíamos presentado, en las estaciones de tren, entre 2002 y 2004, nuestra exposición sobre los 11 400 niños judíos deportados de Francia. A Dieudonné lo conocemos: en 2002, Arno ya había denunciado la amenaza que representaba por su antisemitismo y su capacidad para seducir y congregar auditorios, cautivados por su humor popular.

---

[3] Día de ira, manifestación organizada en contra del gobierno el 26 de enero de 2014. *[N. de la T.]*

[4] Dieudonné M'bala M'bala (1966) es un actor, humorista y político francés de padre camerunés. Su militancia ideológica evolucionó del izquierdismo al antisemitismo, por influencia quizá de las tesis de que los judíos formaron parte de la trata de negros en EE.UU. y de la represión de algunas minorías islamistas actuales. En 2008 fundó la Lista Antisionista y se ha mostrado próximo al Front National de Jean-Marie Le Pen; sus posiciones negacionistas, expresadas también en sus espectáculos, han dado origen a varios procesos y condenas judiciales, así como a la suspensión de espectáculos. En junio de 2010 fue condenado por difamación contra la LICRA; en noviembre de 2012, por difamación e incitación al odio contra los judíos por dos vídeos; en enero de 2015 fue detenido, acusado de apología del terrorismo. *[N. del Ed.]*

En octubre de 2013, nuestro delegado de Ródano-Alpes, Jean Lévy, y yo habíamos conseguido que el prefecto regional de Lyon prohibiera la presentación del grupo británico Death in June, que tenía la intención de entonar una canción sobre Klaus Barbie titulada «Es un sueño». El decreto de 25 de octubre del prefecto Carenco reflejaba nuestra argumentación:

> Considerando que la alteración del orden público no se limita a demostraciones callejeras, sino que asimismo puede ser definida como un golpe intelectual y moral muy fuerte para una parte de la población, en tanto y en cuanto los supervivientes de un drama histórico y todos los que sufrieron en carne propia a causa de los personajes mencionados por el grupo en cuestión se sienten legítima y directamente agredidos;
>
> Considerando que la ciudad de Lyon, en virtud de su historia durante de la Segunda Guerra Mundial, fue un lugar destacado de la Resistencia, así como también de la barbarie nazi; que esa misma ciudad fue el lugar del juicio contra Klaus Barbie, a quien una canción de ese grupo hace referencia, y que los supervivientes de la deportación siguen perpetuando allí una acción de preservación de la memoria;
>
> Considerando que los supervivientes de la deportación, los supervivientes del fuerte Montluc, torturados por el propio Barbie, tienen derecho al respeto que es constitutivo del orden público en Lyon [...].

Para conseguir un decreto idéntico por parte del prefecto de Loira Atlántico, el 4 de enero, Arno le envía a este la decisión del prefecto Carenco, acompañada por otros fundamentos jurídicos:

> El objeto de nuestra manifestación es pedir a las autoridades del Estado, cuyo representante en el departamento es usted, la prohibición del espectáculo que provoca una evidente alteración del orden público. En efecto, la alteración del orden público no se limita a demostraciones callejeras, sino que asimismo puede ser definida como un golpe moral considerable. Ese golpe moral considerable existe. Amén del carácter odiosamente antisemita del espectáculo, el señor Dieudonné niega la existencia de las cámaras de gas, al tiempo que lamenta paradójicamente que estas no hayan gaseado a tal o cual periodista judío (en este caso, el señor Cohen, de *France Inter*). Esto hiere profundamente a los supervivientes de la Shoá, al igual que a sus descendientes. Todos ellos tienen derecho al respeto de su dignidad, derecho que también resulta constitutivo del orden público, y se sienten legítima y directamente agredidos. En ese espectáculo, existe un doble delito: uno de incitación al odio racial; el otro, de negación del genocidio, reprimido por la ley Gayssot.

> [...] Los defensores de Dieudonné replicarán que los espectadores son numerosos; nosotros respondemos que *La France juive* ['La Francia judía'] de Drumont fue antaño un *best-seller*, al igual que *Bagatelles pour un massacre* ['Bagatelas para una masacre'] o *Les Protocoles des sages de Sion* ['Los protocolos de los sabios de Sion'], y que los mítines antijudíos del antisemita empedernido Streicher también estaban repletos de gente en Núremberg. En cuanto a la libertad de expresión, tiene un límite: la prohibición de la incitación al odio racial, fundamento de nuestra democracia y nuestra República.

El 6 de enero, Manuel Valls instruye a todos los prefectos y solicita al prefecto de Nantes que prohíba la representación del 9 de enero. Dado que el ministro del Interior toma partido en nuestro favor, cancelamos la manifestación prevista para el día anterior al espectáculo. El prefecto de Loira Atlántico emite un decreto prohibiendo el espectáculo de Dieudonné. Enseguida, este interpone un recurso ante el Tribunal administrativo de Nantes, que el 9 de enero a las 14.30 horas anula la resolución del prefecto por no ver ninguna malicia antisemita en el espectáculo en cuestión. A las 15.00 horas, el ministro del Interior apela la medida ante el Consejo de Estado, que fija la audiencia por procedimiento de urgencia el mismo día a las 17.00 horas. Al final de la audiencia, a las 18.00 horas, el Consejo de Estado se pronuncia: la más alta instancia administrativa invalida la sentencia del Tribunal administrativo de Nantes. El espectáculo se prohíbe una vez más. Otros prefectos, otros alcaldes tomarán el mismo camino, hasta que Dieudonné finalmente cede y quita de su espectáculo los fragmentos en cuestión.

Solicitamos asimismo la prohibición de la difusión de su vídeo no expurgado (a ese resultado llega la denuncia de la Unión de Estudiantes Judíos de Francia [UEJF] en febrero) y llamamos a manifestarnos el 16 de enero, día de la presentación de su nuevo espectáculo en su teatro Main d'Or. En el momento en que iba a comenzar mi discurso en la Bastilla, uno de los organizadores gritó, a modo de eslogan: «¡Dieudonné, estás jodido; los franceses han salido!». Mis primeras palabras fueron: «No, Dieudonné no está jodido, y los franceses no han salido».

Lo mismo sucedió en la gran manifestación republicana en el Trocadero, el 19 de marzo, que respondía a un llamamiento del CRIF: solo se movilizaron la base judía y las organizaciones judías, con la participación en la tribuna de varias personalidades que representaban a los poderes públicos. Pero ni una palabra en la prensa escrita; ni una imagen en los canales de televisión. No, Francia no se movilizó como para Copernic,[5] Carpentras[6] o Ilan Halimi.[7] Estos últimos años, muchos judíos retiraron a sus hijos de las escuelas públicas por miedo a que fueran golpeados o humillados por ser judíos. Muchos ya no leen los periódicos, cuyo punto de vista parcial en contra de Israel los irrita y les duele. Saben que hay numerosas páginas web que difunden una propaganda antijudía comparable a la de los años treinta, y fue un golpe enterarse de que, durante la manifestación «Jour de colère», el 26 de enero, que convocó a entre 15 000 y 20 000 manifestantes, se habían oído los eslóganes antijudíos más odiosos. La banalización del odio contra Israel condujo de nuevo al odio contra los judíos. En mayo de 2014, en el Museo Judío de Bruselas, Dominique Sabrier, miembro de nuestro grupo y asistente fiel a nuestras ceremonias de lectura de los nombres de los deportados en el Memorial de la Shoá, fue asesinado, al igual que otras tres personas, por un joven terrorista antijudío francoargelino.

Me preocupan mucho tanto la connivencia entre todos los que, de derechas o de izquierdas, se proclaman antijudíos y antisionistas, como la apatía de una población que aún no logra creer en el surgimiento de un nuevo antisemitismo francés.

Para combatir ese antisemitismo, hacen falta recursos: del Estado, y también de la comunidad judía. Se trata de una acción a largo plazo; sobre todo, de instrucción, educación, formación de docentes y del personal escolar, vigilancia y control de los círculos extremistas y las redes llamadas «sociales», que a menudo son asociales.

Por suerte, ante nuestro llamamiento, los principales aludidos parecen reaccionar positivamente y aúnan energías y recursos. De otro modo, frente a una ola masiva antijudía, la experiencia enseña que no hay más salida que la marcha de quienes ya no quieren ser víctimas otra vez. Si en Francia y en Europa los pueblos eligen un

---

[5] Alude al atentado de 1980 en la sinagoga situada sobre la rue Copernic. *[N. de la T.]*

[6] Alude a la profanación de tumbas judías en 1990 en el cementerio de Carpentras. *[N. de la T.]*

[7] Joven judío secuestrado, torturado y asesinado en 2006. *[N. de la T.]*

destino populista xenófobo y antisemita, los judíos seguirán yéndose del continente. En 1939, en las Américas había seis millones de judíos; en Europa, nueve millones; en el resto del mundo, dos millones. Hoy en Israel residen casi seis millones de judíos; en las Américas, siete millones; en Europa, dos millones. Debemos luchar a diario para defender los valores que nos son tan preciados, sin saber cuál será su porvenir más lejano.

Hacer trabajo de memoria

Nosotros, los militantes de la memoria de la Shoá, los Hijos e Hijas de los Deportados Judíos de Francia, fuimos combativos en todos los frentes. En 1981, organizamos la primera peregrinación multitudinaria en avión a Auschwitz-Birkenau en un solo día; edificamos en Roglit, Israel, el monumento que lleva los nombres de las 80 000 víctimas de la Shoá en Francia; llevamos al juicio de Colonia a miles de jóvenes judíos de Francia; en 1992, condujimos hasta Auschwitz-Birkenau a un millar de Hijos e Hijas en el «tren de la memoria», siguiendo el mismo itinerario que los trenes de la deportación; en 1993, fuimos de Tallin a Kaunas, Sobibor, Majdanek y Auschwitz-Birkenau, a todos los lugares de ejecución adonde transportaron a los judíos de Francia; las miles de fotos de niños judíos que pudimos hallar están expuestas en el Memorial de la Shoá en París, en el memorial del campo de Les Milles, en el Memorial del Holocausto en Nueva York, en el pabellón francés de Auschwitz, en el CERCIL-Memorial de los niños del Vél'd'Hiv, en Orleans. ¡Cuántos documentos originales proporcionamos al Memorial de la Shoá en París, a Yad Vashem en Jerusalén, al Museum of Jewish Heritage de Nueva York! Con el rabino Farhi, tuvimos la iniciativa de leer los nombres de los deportados el día de Yom Hashoa. Colocamos e hicimos colocar placas y estelas en distintos lugares de tragedias judías en Francia: en las estaciones de Austerlitz y del Este en París, de Toulouse, de Clermont, de Lyon-Perrache, de Saint-Priest, de Saint-Roch en Niza; en el hotel du Parc en Vichy; en Paris, en la calle Lamblardie, en el orfanato Rothschild y en el n.º 72 de la calle Claude Decaen, en el 5-7, de la calle Corbeau, desde donde se deportó a treinta y siete judíos; en Neuilly, en el 67 del bulevar Édouard Nortier, de donde partieron diecisiete niños de menos de cinco años; en Louveciennes, en el centro donde la Gestapo detuvo y deportó a treinta y tres niños; en la estación de tren de Compiègne, por los convoyes 1 y 2; en las estaciones de Vierzon y de Chalon, donde 10 000 judíos «apátridas» de la zona libre cruzaron la línea de demarcación antes de ser entregados por Vichy a la Gestapo, en Drancy; en la Escuela Militar, por los judíos detenidos en la tercera redada de 1941, la del 12 de diciembre; en el hospital Necker, por el doctor René Bloch, hermano de Marcel Dassault,[1] que tuvo el orgullo de lucir, el 6 de junio de 1942, día de la introducción de la estrella amarilla, una muy grande sobre la que había colgado todas sus condecoraciones de 1914-1918, y que fue detenido en el quirófano al día siguiente por Dannecker, deportado por el tercer convoy y ejecutado por medio de una inyección de fenol en el corazón; en el liceo Hélène Boucher, por Louise Jacobson[2] y sus compañeros; en Niza, delante del hotel Excelsior, el Drancy de la Costa Azul; en el hotel du Parc, sede del Estado francés en Vichy; en Mulsanne, en la entrada del circuito de Le Mans, donde en octubre de 1942 congregaron a ciento cuarenta y dos judíos (cincuenta y ocho de ellos, niños), antes de ser conducirlos a Drancy; en el cementerio de Mónaco; en Rosans, en los Altos Alpes, donde en agosto de 1942 acabaron con un centro de una veintena de jóvenes judíos extranjeros; en el cuartel Auvare, Niza, donde reunieron a quinientos sesenta judíos a finales de agosto de 1942 para deportarlos a Auschwitz; en Saint-Martin-Vésubie, desde donde más de quinientos judíos huyeron hacia Italia por las montañas, en un éxodo bíblico, en septiembre de 1943. ¡Y cuántas placas colocaron nuestros militantes, que crean sus asociaciones en las distintas regiones! Simon Massbaum en Aveyron, Frank Marché en Maine y Loira, a quienes suministramos documentación y apoyamos en sus gestiones, sin olvidar el gran memorial de Arbit Blatas, que instalamos en 2003 en la entrada del fuerte IX en Kaunas, en homenaje al convoy número 73. A ello se añaden cientos de conferencias, intervenciones en coloquios y la vicepresidencia del necesario proyecto Aladin, que me llevó en 2010 a hablar de la Shoá en Túnez, El Cairo, Aman, Bagdad y hasta en Erbil, Kurdistán.

---

1 Empresario francés, fundador del Grupo Dassault. *[N. de la T.]*

2 El itinerario de esa niña se detalla en el capítulo siguiente. *[N. de la T.]*

En 1978, preparamos y presentamos en el ayuntamiento del distrito XI de París, luego en la del distrito X, la primera muestra dedicada a la deportación de los judíos de Francia; organizamos para el Centro de Documentación Judía Contemporánea (CDJC) y presentamos en el municipio de París la gran exposición «El tiempo de las redadas». En cuanto a nuestra exposición sobre los 11 400 niños judíos deportados de Francia, cientos de miles de personas la visitaron en veinte de las principales estaciones de tren francesas y en los grandes salones del ayuntamiento de París y el Parlamento, así como en el memorial del campo de Les Milles.

Gracias a nuestro amigo Claude Bochurberg, que tiene todos los talentos y es el memorialista de todos nuestros valientes militantes de la memoria, pudieron realizarse películas muy valiosas, como una sobre la escuela primaria pública Hospitalières Saint-Gervais, en el barrio del Marais, la única en Francia donde no había clases los sábados antes de la guerra; o *Une famille en héritage*, que narra la saga de la familia Halaunbrenner, siete personas de las que cuatro fueron ejecutadas por Klaus Barbie y pasaron por Nexon, Rivesaltes, Gurs, Lyon, Izieu, Montluc y Drancy; o *Le Dernier survivant*, dedicada a Maurice Jablonski, que es hoy el único vivo de su convoy, el número 51 del 6 de marzo de 1943; o *La Confrontation*, que recoge la visita a Berlín de un importante grupo de Hijos e Hijas; o *Le Témoin impossible*, donde Claude Bochurberg y yo estamos frente a un superviviente de Auschwitz de ciento dos años, que se niega con mordacidad a responder a nuestras preguntas.

Fui militante de la memoria en el comité ejecutivo del CRIF durante veintitrés años, de 1983 a 2006, atento a que la asociación respaldara nuestras iniciativas, que indisponían a unos porque aún no las entendían, a otros porque actuábamos a un ritmo intenso que no les parecía adecuado, a otros porque éramos demasiado mediáticos.

¿A cuántas ciudades alemanas —Colonia, Hamburgo, Düsseldorf, Múnich, Berlín, Miltenberg, Bergen-Belsen, Rostock, Fráncfort, Stuttgart, Warstein y otras— fuimos a manifestarnos en autobús o en tren? También fuimos a Viena en varias ocasiones, contra Waldheim y contra Haider. Incluso fuimos en grupo a inaugurar el memorial de Nueva York en 1997.

¡Escribimos o publicamos tantas obras de referencia! *Del Mémorial de la déportation* de 1978 al de 2012; del *Calendrier de 1940-1944* al *Mémorial des enfants juifs déportés de France*; del *Mémorial des enfants d'Izieu* [‘Memorial de los niños de Izieu’] a *Vichy-Auschwitz*; de la obra de David Olère a la de Noël Calef sobre Drancy; del *Livre des otages a L'Étoile des Juifs* [‘La estrella de los judíos’]; de Georgy a *Adieu les enfants* [‘Adiós niños’]; de la publicación de 120 000 nombres de judíos húngaros a los miles de documentos sobre los judíos de Rumania; del inmenso volumen de Jean-Claude Pressac sobre las cámaras de gas en Auschwitz-Birkenau al *Mémorial des Juifs déportés de Belgique* [‘Memorial de los judíos deportados de Bélgica’]. Más de cien prefacios y numerosos artículos de fondo en *Combat*, *Le Monde*, *Libération*, *Le Quotidien de Paris*, *Le Matin*... ¡Y cuántas participaciones en programas de radio y televisión!

La FMS fue creada en el año 2000 por el Gobierno de Jospin, siguiendo la proposición de la comisión Mattéoli, de la que yo era miembro. Ahora soy miembro del consejo de administración de la FMS y, desde su creación, soy testigo de la excelencia de su obra. La institución estuvo sucesivamente presidida por Simone Veil y David de Rothschild, y dirigida asimismo por Pierre Saragoussi, Anne-Marie Revcolevschi y Philippe Allouche. El rigor operativo y la competencia de la dirección general y de los encargados de misión, así como la calidad de los integrantes de sus comisiones, todos ellos voluntarios, solo merecen elogios.

Presido la comisión «Memoria y transmisión», y cientos de proyectos examinados por la FMS pasan por mi área: proyectos de películas de ficción, documentales, creación de lugares de memoria, programas vinculados a esos mismos sitios, proyectos teatrales y exposiciones.

También presido el comité de lectura de la colección Testimonios, creada por iniciativa de Simone Veil y mía. En doce años, se publicaron unos sesenta volúmenes gracias a Philippe Weyl, director de la colección, y cada uno de ellos contribuye al conocimiento de la Shoá a través de la experiencia vivida e irremplazable de un testigo. Dos ejemplos de interés: el primero atañe al campo judío de Royallieu, en Compiègne, que fue arrasado. ¿Cómo hacerlo revivir en las memorias? Me dediqué a reunir poco a poco todos los textos ya publicados y los manuscritos inéditos que los internados (israelitas de la élite de la sociedad francesa mezclados con judíos extranjeros) habían redactado, y pudimos recuperar bastante. En ese campo, dirigido por los alemanes, las condiciones de vida eran en ciertos aspectos comparables con las de los campos del Este y, al mismo tiempo, la ausencia de trabajos forzados permitía a esos hombres luchar con fuerza de ánimo organizando conferencias. Gracias a unos cinco libros de la colección «Testimonios», el campo judío de Compiègne seguirá pudiéndose visitar virtualmente. El segundo ejemplo se relaciona con la ocupación alemana en Túnez. También en ese caso quise evitar que desapareciera el recuerdo preciso de una ocupación alemana donde la voluntad de exterminio nazi fue obstaculizada, durante los pocos meses en los que habría podido ejercerse, por la sutil capacidad de reacción de los dirigentes del colectivo judío, por el comportamiento amistoso de los musulmanes y por la rápida evolución de la situación militar. También allí quise que se reunieran todos los testimonios ya publicados y los manuscritos inéditos: están recopilados en cuatro volúmenes, cuya edición realizó Claude Nataf con una sabia y dolorosa erudición. Al sumergirnos en esos libros, siempre lograremos remontarnos en el tiempo, regresar a Túnez entre diciembre de 1942 y mayo de 1943, y compartir las angustias de los judíos tunecinos que escaparon por poco a la aniquilación.

Si la Shoá se hubiera consumado hasta el objetivo absoluto deseado por sus responsables, si los nueve millones de judíos europeos caídos ante el poderío del Tercer Reich hubieran sido ejecutados, esa habría sido para los nazis la «página de gloria» a la que se refería Heinrich Himmler en 1943, en Poznan. Tres millones de judíos sobrevivieron y escribieron la página del sufrimiento vivido por su pueblo. Sin los que hablaron, contaron, escribieron, dibujaron, compusieron, es decir, los supervivientes de la deportación y los campos de exterminio, los que escaparon a las redadas, los huérfanos y los niños escondidos, los pocos que pudieron salir de los guetos y las fosas comunes, no sabríamos nada, o casi nada, de aquella inmensa tragedia que tuvo por marco todo un continente y hasta las arenas de Libia y los montes del Cáucaso. El relato auténtico de la Shoá exigiría seis millones de testimonios. Todos esos muertos asesinados no pueden atestiguar sino por medio de las declaraciones que constituyen los diarios íntimos y las cartas manuscritas redactados antes de que sus verdugos se apoderaran de ellos, los documentos que sepultaron en una tierra ensangrentada los miembros de los Sonderkommandos judíos de los crematorios de Auschwitz, o los que escondieron, como los de Emanuel Ringelblum y su equipo de historiadores en Varsovia. Pueden también dar testimonio quienes los vieron perecer y tuvieron la voluntad de atestiguar. Cada relato de una víctima o de un superviviente es una piedra de un edificio que permanecerá inconcluso, un fragmento de un fresco sin terminar que expresa lo que fue la Shoá. Esa obra nos fue legada por los judíos asesinados y los judíos que aún estaban vivos, pero muy contusionados. Constituye un inmenso memorial, una gigantesca mediateca, una enorme biblioteca donde cada página, cada imagen, cada objeto representa a esos millones de judíos de la Shoá que hacen sonar la alarma para nuestra humanidad.

Los historiadores de la Shoá, los centros de documentación sobre la Shoá, el CDJC desde 1943, Yad Vashem desde 1953, Auschwitz, Milán, Varsovia, Washington, Berlín, Malinas, Ámsterdam, Oslo y muchos otros desempeñan, frente al océano del olvido, el papel de faros de la Shoá y salvadores de la memoria de las víctimas.

Simone Veil y yo deseábamos que se creara un memorial en Drancy; y se hizo realidad en 2012. El gran edificio moderno, situado frente al antiguo campo, está magistralmente llevado por el director del Memorial de la Shoá de París, Jacques Fredj, que, en unos veinte años, ha ido haciendo progresar la institución con energía y habilidad, y ha conseguido hacer de ella el centro europeo más destacado de la Shoá desde el punto de vista de los archivos y la formación nacional e internacional de los docentes, los escolares y las distintas categorías de la sociedad civil (policía, gendarmería, bomberos, magistrados, etc.).

Soy miembro del consejo directivo del Memorial de la Shoá, así como de lugares de memoria como la Fundación Memoria del campo de Les Milles —campo renovado por Alain Chouraqui, que lleva a cabo una experiencia pedagógica formidable—, el

CERCIL-Memorial de los niños del Vél'd'Hiv, en Orleans, que no existiría sin Hélène Mouchard-Zay, la Casa de los Niños Judíos Exterminados de Izieu, que debemos a Sabine Zlatin y a François Mitterrand. Formo parte de la oficina o el comité científico de cada uno de ellos. Pertenezco al consejo de administración de la conferencia CLAIMS y a la comisión de asistencia a las víctimas de las expoliaciones antisemitas en Mónaco. Soy miembro del Comité Internacional del Museo de Auschwitz-Birkenau, y el único francés designado por el Gobierno polaco en el seno de la fundación Auschwitz-Birkenau, que ahora asume financieramente la preservación de ese indispensable sitio de la memoria. Debo ir a todos esos lugares y, a menudo, trabajar allí.

Es mucho, diría que demasiado, y estoy contemplando reducir esa actividad, porque me priva de algunas delicias de la existencia. Cuanto más envejecemos Beate y yo, más trabajo tenemos. No era nuestra vocación, pero nos hemos convertido en unos adictos al trabajo.

Hoy casi todos los establecimientos escolares parisinos y algunos de los suburbios exhiben los nombres de los alumnos de las escuelas primarias o secundarias víctimas de la Shoá. Una placa en la entrada de los establecimientos, colocada por el ayuntamiento de París gracias a las investigaciones de las Asociaciones por la Memoria de los Niños Judíos Deportados (AMEJD), señala la cantidad de alumnos víctimas de los nazis y del Gobierno de Vichy. En el interior, una placa indica los nombres y las edades de los menores. Por el momento, en Francia es habitual centrarse en el destino de los niños, puesto que la infancia es la edad de la inocencia. Todos los judíos eran inocentes, pero los niños más que todos los demás.

La placa de cobre (Stolpersteine, literalmente 'piedra en el camino') que figura en la piedra de la acera frente al domicilio de la víctima, que se usa en Alemania, no se adecua a los franceses, que no están acostumbrados a caminar sobre lo que respetan. Si la insignia de cobre a veces también se inscribe en la piedra del mismo edificio, no hay nada que decir. Pero en Francia haría falta el acuerdo del propietario, o de todos los copropietarios, lo cual, en la práctica, es muy difícil de obtener. Por tal motivo, se me ocurrió otra fórmula que permitirá que todas las víctimas sean inmediatamente catalogadas donde vivían: la cartografía. Para empezar, el profesor Jean-Luc Pinol, de la Escuela Normal Superior de Lyon, y yo situamos en un mapa a todos los niños judíos deportados de Francia (11 458), de las ciudades de París, Marsella, Lyon y Niza. Basta con introducir sus nombres o el de una calle para ver, calle por calle y número por número, dónde vivió cada niño judío ejecutado durante la Shoá. Esa cartografía está hoy disponible para toda Francia. Mañana, pasado mañana, acaso sea así para todos los deportados judíos, muertos en los campos, ejecutados o sumariamente abatidos. Con un *smartphone*, estemos donde estemos, será posible saber de inmediato qué pasó en determinado sitio vinculado con la Shoá.

Gracias a la FMS, pude conseguir que rehabilitaran la Judenrampe, rampa ferroviaria recubierta de tierra y vegetación, a la que llegaban todos los convoyes de deportados entre Auschwitz I y Auschwitz II-Birkenau, hasta mayo de 1944. ¡Cuántas veces viajé a Polonia para concretar ese proyecto que anhelaba desde hacía veinte años!

Durante sesenta años, en efecto, uno de los lugares que habría debido ser el más respetado en el emplazamiento de Auschwitz-Birkenau estuvo, por el contrario, completamente descuidado, a punto de desaparecer por completo bajo la vegetación. A la Judenrampe llegaron más de 500 000 judíos, lo que corresponde a la mitad de los judíos destinados a ese campo de exterminio. Esa rampa funcionó durante dos años, entre junio de 1942 y mayo de 1944, como lugar de desembarco de los trenes cargados de judíos procedentes de toda Europa: más de 200 000 judíos de Polonia, 63 000 de Francia, 58 000 de Países Bajos, 50 000 de Grecia, 20 000 de Bohemia y Moravia, 16 000 de Eslovaquia, 24 000 de Bélgica, 9 000 de Yugoslavia, 3 300 de Italia, 22 000 de Alemania y Austria, 690 de Noruega...

Ahí fue donde decenas de miles de familias sufrieron la selección criminal, cuando a los más numerosos, a los que los SS querían asesinar de inmediato, que no entraron en el campo y cuya llegada no registraron, los dirigían enseguida a las cámaras de gas, los separaban de los que los nazis iban a explotar hasta que no tuvieran más fuerza para trabajar, y luego gasear o ejecutar a golpes.

No solo habían desaparecido los raíles de esa Judenrampe, sino que la propia rampa había quedado borrada de la historia. No se halló ninguna foto de las víctimas sobre la Judenrampe, cuando la existencia de las fotos del Álbum de Auschwitz permitió, ya en la inmediata posguerra, visualizar con precisión lo que habían sido en el interior mismo del campo de Birkenau la llegada de los convoyes y la selección de los «aptos» y los «no aptos».

Efectivamente, a mediados de mayo de 1944, previendo la llegada masiva, en un breve periodo, de cientos de miles de judíos, los SS construyeron, a partir de la Judenrampe, un nuevo ramal ferroviario, la Bahnrampe, que pasaba bajo la gran puerta del campo de Birkenau y se dividía luego en tres vías, lo que permitía que tres trenes desembarcaran casi simultáneamente su carga humana a inmediata proximidad de las cámaras de gas homicidas. Fue así como medio millón de judíos, en particular, 430 000 de Hungría, los del gueto de Lodz y 5 000 judíos de Francia, fueron sacrificados por el odio racial.

Durante décadas, el recuerdo de la Judenrampe estuvo borrado por el recuerdo de la Bahnrampe. Era mucho más cómodo ir de Auschwitz I a Auschwitz II-Birkenau sin tener que pasar por la Judenrampe. En la época comunista, la dirección del museo estatal polaco ya no tenía que ocuparse de aquel emplazamiento tan trágico para los judíos, máxime porque eso sucedía en un tiempo en que se tendía a desdibujar la presencia de judíos en Auschwitz y solo se clasificaban las nacionalidades de las víctimas, sin tener en cuenta que se trataba casi exclusivamente de seres humanos destruidos no por ser polacos, belgas o griegos, sino por ser judíos.

Para el cincuentenario de la deportación de los judíos de Francia, en 1992, los Hijos e Hijas organizaron un «tren de la memoria». Ese tren especial llevó a un millar de hijos de deportados desde la estación del Este hasta Auschwitz, por el mismo itinerario que los convoyes de 1942. En cuanto llegamos a Auschwitz, procedimos a una ceremonia y colocamos una placa en la Judenrampe. Le planteamos entonces la posibilidad al museo de Auschwitz de financiar la realización de un proyecto de renovación de la rampa, pero no teníamos recursos para sustentarlo, puesto que tal proyecto no había interesado a ninguna organización. Afortunadamente, Simone Veil y la FMS se convencieron de la necesidad de restablecer la verdad histórica y permitir así que los sentimientos de los visitantes se expresaran en los lugares mismos donde los acontecimientos habían tenido lugar. Como encargado de supervisar el desarrollo de tal proyecto, estuve junto a Jacques Chirac y Simone Veil cuando inauguraron el sitio rehabilitado, el 27 de enero de 2005, con ocasión del sexagésimo aniversario de la liberación del campo.

Voces que siempre retumban

Mi fidelidad para con las víctimas consiste en dilucidar y explicar su destino, al restituir su estado civil, reconstruir las circunstancias de su detención y las condiciones de su deportación, devolverles su rostro, hallar su fotografía, hacer oír su voz. ¿Pero qué es una voz? Una carta particularmente punzante, redactada antes o poco después de la detención, que revela una personalidad o la fuerza de un destino. Una mirada en una foto que no podremos olvidar. El mero nombre de un niño en una lista de adultos deportados y que se va solo, aislado, sin sus padres, nombre que uno ha de guardar en su memoria porque no puede abandonarlo otra vez. Un dibujo que expresa las esperanzas o que traiciona la angustia y la congoja. Esas voces individuales también pueden ser, si no un clamor, al menos un rumor colectivo como el *Mémorial des enfants*, un potente rugido subterráneo que emana de esos miles de vidas demasiado breves, que suplican que no dejemos que el horror se repita y que no los olvidemos.

Pienso en *Louise Jacobson*, muerta a los diecisiete años, en las veintiséis cartas desde Fresnes y en las seis que escribió desde Drancy, que leí por primera vez en 1988. Debía de ser el primero en leerlas dado que sus destinatarios no las habían recibido, excepto su hermana, Nadia, que me había pedido que intercediera para que se colocara una placa en el liceo Hélène Boucher, donde Louise había estudiado, cosa que se hizo el 28 de abril de 1989, en la misma época en que publiqué sus cartas.

Cara a cara con esa adolescente valiente y sensible, alegre y reflexiva, inteligente y curiosa, que incluso en la celda se despertaba cada mañana determinada a no ceder ante la prueba, se ve uno confrontado con todo el encanto, toda la gracia y toda la generosidad de la juventud. Porque, al asesinar a Louise, se asesinó a la juventud.

Louise Jacobson es nuestra Ana Frank. Su voz se hizo tan presente en mí, que cuando Alain Ginzburger vino a verme para pedirme un tema sobre la Shoá adaptable al teatro, le propuse sus cartas. Desde entonces, su esposa Juliette Battle encarnó a Louise, o mejor dicho la reencarnó, en cientos de representaciones. La obra fue traducida y presentada en muchos países; sobre todo, en Alemania. En Italia, *L'Unità* publicó y difundió 300 000 ejemplares de la correspondencia.

Me interesé por esas cartas que, por escasez de papel, Louise escribía con una letra minúscula para hablar de la mayor cantidad posible de cosas; leí y me cautivaron tanta vida y semejante personalidad. Con la publicación de esos escritos, Louise salió de un largo sueño de cuarenta y cinco años. La prisionera de Fresnes y de Drancy, la martirizada de Auschwitz alzó el vuelo para siempre. Dialoga con cada uno de sus innumerables lectores; subió al escenario; habla fluidamente finés, sueco, alemán, inglés... Oímos a Louise en la radio; la hemos visto en la televisión. Sus contemporáneos envejecen, hace largos años que sus amigas tienen tarifa de transporte para la tercera edad. Louise, asesinada, permaneció joven para siempre, ejemplar y representativa de todos los que tenían su edad y terminaron asesinados como ella.

Pienso en Georgy, *Georg Halpern*, ese chiquillo siempre sonriente que tenía mi edad, con quien pude cruzarme en 1941 en la Obra de Socorro a los Niños (OSE), en Creuse, en el castillo de Masgelier, detenido por Barbie en 1944 cuando yo había escapado a la detención de Brunner en 1943, y cuya historia, cuyos dibujos y cuyas fotos publiqué.

Pienso en Youri Riskine, ese genio de quince años, en cuya memoria publiqué un libro de recuerdos escrito por uno de sus compañeros del liceo Louis-le-Grand. Su amigo, Bertrand Poirot-Delpech, no dejó de dialogar con él durante toda su vida.

Pienso en *Noel (Nissim) Calef*, autor de *Drancy 1941. Camp de représailles. Drancy la Faim* [‘Drancy 1941. Campo de represalias. Drancy, el hambre’], libro sobrecogedor que explica mejor que cualquier otro lo que fue el primer Drancy, la psicología de los internados, la inhumanidad de sus guardias-gendarmes, la creación de las estructuras del campo. Un volumen cuyo manuscrito halló Arno, escrito en francés y publicado en italiano en 1944, y que publiqué en francés en 1991. El 20 de agosto de ese año, cincuenta años después de la redada del 20 de agosto de 1941, dejé un ejemplar del libro, impreso el día anterior, al pie del monumento de Drancy.

Pienso en *Benjamin Schatzmann*, cuyo diario, escrito en el campo de Compiègne, publiqué en la colección Testimonios de la FMS, antes de volver a publicarlo en la editorial Fayard gracias a Claude Durand, ese gran y amistoso editor. El caso de Benjamin Schatzmann me confirmó que, si un hombre excepcional está dotado, la mayoría de las veces, de cualidades y talentos excepcionales que se expresan permanentemente, también hay hombres en apariencia normales, cuya trayectoria particular los convierte en originales y, que, de repente, sumidos en una situación excepcional, son capaces de crear obras fuera de serie. Se trata de un texto realmente singular, escrito en trozos de papel desperdigados o en papel de envoltorio, el único en su especie que reúne particularidades tan incomparables: un hombre de elevada condición intelectual y moral, un científico dotado de una gran cultura general, que se ve torturado y describe con lujo de detalles las etapas de su suplicio, zarandeado entre la esperanza y la desesperación, al tiempo que fuerza a su mente a reflexionar con intensidad, a analizar con lucidez las razones de las persecuciones que padecen los internados de Compiègne: el antisemitismo, la desorganización de Europa. Se trata de un inmenso texto que impone respeto por ese hombre de sesenta y cinco años que será deportado y practica su autopsia viviente en cuerpo y alma.

El inverosímil cóctel humano que es Benjamin Schatzmann, nacido en Rumania, criado en la Palestina turca, estudiante en Francia, agrónomo en Nueva Zelanda, dentista en los mejores barrios de París, hombre de una inteligencia penetrante y de un carácter original, difícil y reservado, desemboca en el siguiente resultado: ese diario es suyo y solamente suyo, es un texto único, el de la victoriosa resistencia de un hombre de edad confrontado con la violencia y el sufrimiento y que, al profundizar en el conocimiento de sí mismo en esa prueba, por su elevación y su sosiego, aporta a los hombres de buena voluntad un material de alto valor para comprender y defender la dignidad humana.

El 2 de marzo de 1943, un convoy de 1 000 judíos salió del campo de Drancy en dirección al campo de Auschwitz: 100 hombres y 19 mujeres fueron seleccionados para trabajar; los otros 881 deportados fueron inmediatamente gaseados. En 1945, solo quedaban seis supervivientes; dos de ellos, mujeres.

Uno de los supervivientes se llamaba *David Olère*, matrícula 106 144. Sepulturero en el búnker 2, rápidamente destinado al comando especial de judíos, el Sonderkommando del crematorio III, edificio que reunía la cámara de gas y los hornos crematorios. David Olère habría podido ser liquidado enseguida, como lo fueron casi todos los demás miembros de esos Sonderkommandos. Un testigo superviviente, Dow Paisikovic, relató después de la guerra: «Un judío de París, llamado Olère, estaba desde hacía tiempo en el Sonderkommando. Era pintor y, durante todo el tiempo que conocí el Kommando, tenía como única tarea pintar cuadros para los SS. Estaba eximido de cualquier otro trabajo para el Sonderkommando. Sabíamos que, más allá de las excepciones mencionadas, los detenidos del Sonderkommando eran gaseados».

David Olère es el único pintor del mundo que entró en los crematorios de Birkenau y salió de allí con vida, con la voluntad de atestiguar visualmente y de una manera precisa. Había nacido en 1902, en Varsovia. Con apenas dieciséis años, se va de Polonia a Danzig y Berlín, donde expone maderas grabadas en la Kantstrasse. En 1921 y 1922, lo contrata la Europäische Film Allianz como asistente de arquitecto, pintor y escultor. Trabaja con Ernst Lubitsch y pinta los decorados de la película *La mujer del Faraón*, con Emil Jannings en el papel protagonista. En 1923, se instala en París, en Montparnasse. Como decorador de cine, realiza asimismo trajes para películas y carteles publicitarios, en particular para la Paramount Pictures, cuyo presidente para Europa, Henri

Klarsfeld, primo hermano de mi padre, se hizo amigo suyo. En Auschwitz, David Olère se salvó porque era un artista que hablaba varios idiomas: polaco, ruso, yidis, francés, inglés y alemán. Precisamente su conocimiento de este último idioma y su talento como ilustrador lo hacen interesante a ojos de los SS. Escribe para ellos cartas caligrafiadas y decoradas con flores destinadas a sus familias. No obstante, a veces lo asignan al horno de basura, o debe participar en el «vaciado» de las cámaras de gas. A veces también asiste a los paroxismos del horror que se desarrollan en el crematorio: el desnudamiento en el vestuario, el gaseado, el trabajo de recuperación de los dentistas y peluqueros, la incineración de los cuerpos, los vejámenes sexuales impuestos por los SS a las muchachas judías, los supuestos experimentos médicos, el terror de las víctimas o la crueldad de los verdugos. Cuando le cuenta a su mujer lo que ha visto, ella cree que su marido ha enloquecido. Dibuja entonces *Memento*: más de cincuenta bocetos que son la inspiración precisa de su futura obra.

Murió el 21 de agosto de 1985. Su viuda y su hijo, Alexandre, me encomendaron la labor de disponer de los lienzos y dibujos en posesión de ellos, de modo tal que su obra contribuyera a alimentar la memoria del destino de los judíos en Auschwitz, como él mismo deseaba. Misión difícil, pues la obra de David Olère parecía repeler al espectador. Es fácil entender por qué: el espectador desvía la mirada y se niega a contemplar lo que David Olère vio con sus ojos y nunca dejó de obsesionarlo. Colocamos sus dibujos en el museo de arte de Yad Vashem, en Jerusalén; algunos de ellos ya se habían expuesto en el museo del Kibutz de los Combatientes de los Guetos. El conjunto de sus cuadros está en el memorial de Nueva York, en Battery Park. Por otra parte, reunimos sus obras en un catálogo, *L'Œil du témoin* ['El ojo del testigo'], publicado en 1989. David Olère solo extraía material de su memoria y no buscaba más que lo verídico. Lo que, para otros artistas, partía de una propuesta estética era para él una obligación moral.

El valor documental de sus dibujos y cuadros es valioso. No hubo fotografías de lo que pasó en el interior de los crematorios. Solo sus ojos y su mano restituyen la cruenta verdad. En sus cuadros, a menudo él está presente, él, el testigo, y su rostro fantasmagórico observa con dolor las escenas inhumanas que no podrán desprenderse de su memoria casi fotográfica.

Pienso en Young Pérez, cuya memoria mi amigo Jacques Toros y yo hicimos revivir a partir de 1993, encabezando una campaña con los Hijos e Hijas para que el Instituto Nacional de Deporte, Pericia y Performance (INSEP) le dedicara su sala de boxeo y se colocara allí una placa:

A la memoria de Young (Víctor) Pérez
Gran deportista francés
Campeón mundial de boxeo en la categoría peso mosca en 1931
a los veinte años de edad
Víctima de las leyes raciales del gobierno de Vichy
Judío deportado el 7 de octubre de 1943 a Auschwitz
Asesinado por los nazis el 22 de enero de 1945

Pudo concretarse en 1997. En 2013, Brahim Asloum, campeón olímpico de religión musulmana, encarnó a Young Pérez en una excelente película. Brahim, que practica boxeo en el INSEP, siempre se inspiró en el ejemplo de su colega, niño judío de Túnez trasladado a Marsella y luego a París, que se convirtió a los veinte años en campeón mundial de boxeo en la edad de oro de ese deporte (proeza que, en más de medio siglo, solo cinco franceses han realizado). Desde la cúspide del mundo. Young Pérez pasó trece años después al *anus mundi* que fue Auschwitz. Sacamos a la luz al vencedor que combatía con una estrella de David en el calzoncillo, incluso el 11 de noviembre de 1938, en Berlín, al día siguiente de la Noche de los Cristales Rotos, y que conoció un heroico final en la marcha de la muerte.

Pienso en Chana Morgenstern. Edité las cartas que intercambió con su novio, Isaac Schönberg, mientras este estaba internado en el campo de Pithiviers. Él era pintor; fue deportado sin retorno. Ella era operaria. Por amor a él, se casó con su mejor amigo, a fin de poder evocar cada día el recuerdo de Isaac. Se realizó como pintora naíf y alcanzó notoriedad. Donaba el dinero que ganaba al hospital Hadassah, en Israel.

Esas voces, esas miles de voces que susurran en mi memoria... Continuaré trabajando lo mejor que pueda para que sigan oyéndose, después de ellas, después de mí.

Epílogo

¿Qué mensaje general podemos transmitir Beate y yo a nuestros lectores y a nuestros descendientes? ¿De qué podemos alertarlos a partir de lo que sucedió durante nuestra infancia y nuestra experiencia de adultos comprometidos con la militancia? Ante todo, que la historia es imprevisible: los acontecimientos políticos no se pueden concebir ni prever, sobrevienen por razones insondables que solo pueden reconstituirse a posteriori. Avanzamos a tientas, casi a ciegas. Por más que entre nosotros siempre haya algún que otro profeta, como Theodor Herzl, que en 1900 temía la amenaza de destrucción de los judíos europeos y militaba por la creación de un Estado de Israel.

Algunos consideran que, al cambiar de siglo y de milenio, la historia queda definitivamente detrás de nosotros, y que más vale no regresar a esa inmensa página negra del siglo XX, última página del gran libro de la persecución de los judíos entre los años 1000 y 2000.

Ese siglo se reveló cruel, más cruel que otros. El primer conflicto a escala mundial engendró en 1917 un genocidio, el de los armenios, geográficamente limitado a un único territorio, el Imperio otomano, pero que causó la aniquilación sistemática por parte de los turcos de decenas de miles de familias. Si ese primer genocidio hubiera sido reprimido de algún modo, veleidad que la comunidad internacional sostuvo durante un tiempo, tal vez no lo habría seguido otro en el marco de la Segunda Guerra Mundial.

Sin embargo, el genocidio de los judíos se distingue de las otras tragedias del siglo XX por varios elementos. Se trata de un drama de la civilización europea. El genocidio judío fue ejecutado por una operación principalmente policial, que se desplegó en todo el continente europeo bajo el impulso nazi y con complicidades locales por doquier (excepto en los países neutrales: España, Portugal, Suiza, Suecia). De Westerbork en Holanda, Malinas en Bélgica, Drancy en Francia, Fossoli di Carpi en Italia, Copenhague, Oslo, Berlín, Viena, Luxemburgo, de los países bálticos, de Polonia, Hungría, Bohemia, Moravia, Eslovaquia, Grecia, Corfú, Rodas, Macedonia, Tracia, Croacia, Serbia y Ucrania, salían convoyes cargados de familias judías que se dirigían hacia el centro de Europa. Allí se habían implantado inmensos mataderos, cuyos nombres eran Auschwitz, Birkenau, Treblinka, Sobibor, Majdanek, Belzec, Chelmno, Stutthof, creados para liquidar a seres humanos. Otros judíos, que se cuentan por millones, fueron asesinados por el hambre, el frío, la miseria que reinaba en numerosos guetos, como el de Varsovia o Lodz, en numerosos campos, como los de Transnistria, Dachau, Buchenwald, e incluso Gurs, en la «zona libre»; masacrados en fosas comunes, como las de Babi Yar o Ponar; asfixiados en los camiones de gas que operaron desde el Báltico hasta el Adriático; abatidos al borde de las carreteras en las marchas de la muerte que precedieron la liberación de tan pocos supervivientes.

Se trata de un drama de la civilización cristiana. El genocidio judío se desarrolló en un continente donde, salvo los judíos y los pocos musulmanes de Bosnia y Kosovo, todos los europeos eran cristianos: católicos, protestantes u ortodoxos. En su plegaria en Yad Vashem, en mayo de 2014, el papa Francisco amonestó al «Hombre» culpable de tales crímenes, pero no precisó el término «Hombre cristiano», si bien de eso se trata. La enseñanza del desprecio que durante tanto tiempo impartió la cristiandad facilitó la tarea de los organizadores de la Solución Final de la cuestión judía, por medio de la indiferencia de quienes no tomaban parte en ello, pero tampoco se oponían.

La ejecución de los judíos europeos en el transcurso de la Segunda Guerra Mundial recuerda la masacre de los judíos responsabilizados de la Gran Peste del siglo XIV y asesinados en todas partes donde se propagaba la epidemia. En ambas circunstancias, mediados del siglo XIV y mediados del siglo XX, una larga y potente campaña antijudía, antaño orquestada por los excesos de la cristiandad y, más cerca de nosotros, por los excesos del nacionalismo y la ideología racial, condujo, en un periodo de crisis y angustia para las masas populares, al asesinato colectivo de los judíos europeos.

Se trata de un drama de la civilización occidental. El genocidio fue concebido y organizado en Europa por un Estado de Occidente, el Estado alemán, uno de los más avanzados del mundo desde el punto de vista económico, social, administrativo, técnico, militar, cultural e intelectual.

Los grandes Aliados aparecen asimismo implicados, por más que hayan luchado valerosamente contra los países del Eje: Inglaterra, preocupada por no enemistarse con el mundo árabe, cerró las puertas de Palestina y dejó que se hundieran los barcos cargados de judíos; Estados Unidos solo entreabrió de modo imperceptible sus propias puertas y no hizo nada en 1938 para que la Conferencia de Evian encontrara una solución para la masiva acogida de los judíos europeos. De hecho, los anglosajones no tomaron ninguna iniciativa política o militar genuina durante el conflicto para intentar salvar a las poblaciones judías.

En términos estadísticos, se trata de una masacre sin precedentes: en cinco años, se concretó la destrucción de dos tercios de los judíos europeos, ya que, de los aproximadamente nueve millones que eran, seis perecieron. Y si el Reich hubiera podido extenderse a otros continentes, millones de otros judíos habrían sido eliminados.

Se trata de una tragedia de la Modernidad. Confrontados con las dificultades técnicas de la ejecución simultánea de miles de seres humanos, los nazis terminaron diseñando una maquinaria industrial que les permitiera eliminar a sus víctimas en vastas cámaras de gas camufladas y equipadas con hornos crematorios. El transporte ferroviario puntual hacia los lugares de exterminio, precedido por una poderosa y racional organización administrativa, policial y diplomática de la Solución Final, fundada en la división del trabajo y en los medios de comunicación más veloces (télex, telegrama, comunicados, teléfono), todo ello agravaba aún más la amenaza que pesaba sobre la humanidad en virtud de la tecnología más moderna, eventualmente puesta al servicio de los totalitarismos racistas.

Se trata de un drama de la naturaleza humana, que abre tremendas perspectivas sobre la infinita capacidad del hombre «civilizado» para hacer el mal. El universo de los campos de concentración nazi, que tanto sufrimiento y tantos crímenes masivos provocó, no admitió ningún «porqué». La crueldad no conoció allí límite alguno, y superó todo lo que hasta entonces se podía temer, debilitó la confianza del hombre en sí mismo y reveló la bestialidad sepultada en el fondo de su ser. Ese universo es la culminación natural de la ideología racista del nacionalsocialismo. La existencia paralela del gulag soviético no puede sino aumentar la vigilancia de los defensores de los Derechos Humanos para con todos los extremismos. Evitar las crisis políticas, económicas, sociales; educar a los jóvenes en el absoluto respeto de la dignidad humana, tales son los deberes prioritarios de los dirigentes de nuestras democracias.

Se trata de un genocidio que golpeó al pueblo judío, el que le reveló al mundo el monoteísmo y dio nacimiento al cristianismo. Los valores morales vehiculizados por el judaísmo desde hace milenios se han convertido en los valores morales de las democracias occidentales. Desde los faraones hasta Hitler, Mussolini y Stalin, los regímenes totalitarios y autocráticos persiguieron en mayor o menor medida a los judíos y los mantuvieron en condiciones subordinadas. Las revoluciones republicanas —en Estados Unidos o en Francia, por ejemplo— liberaron a los judíos; las democracias les dieron la posibilidad de realizarse plenamente. Por su cultura y por su memoria de las persecuciones tanto tiempo padecidas, los judíos también llevan en ellos el amor por la libertad y el respeto por la persona humana.

Se trata de una inmensa tragedia que los negacionistas quieren borrar de la historia y cuya memoria hay que defender. Después de la guerra, la Shoá no tuvo nombre; «genocidio judío» fue la expresión utilizada en Núremberg. Surgieron el vocablo inglés *Holocaust* y el hebreo *Shoah*, y se impusieron en Estados Unidos y en Israel, primeros países que sopesaron la dimensión del acontecimiento dentro de la historia de la humanidad, donde se escribieron tesis, donde los docentes universitarios ocuparon cátedras dedicadas al destino de los judíos durante ese periodo. El interés de los demás países se afianzó de manera considerable a partir de los años ochenta.

En la inmediata posguerra, la Shoá no ocupó en Núremberg el lugar que habría debido tener en el enjuiciamiento de los criminales nazis, porque todavía no existía un Estado judío que fuera portavoz de las víctimas. El silencio histórico y judicial recayó sobre la Shoá con la Guerra Fría, y fue solo con la decisión firme y lúcida del Gobierno de Israel de capturar a Adolf Eichmann y procesarle en un juicio histórico, el de la Solución Final de la cuestión judía, cuando la Shoá emergió de la noche y la niebla.

Desde entonces, se ha ido proyectando luz a cada página de aquella catástrofe, que entró en el tercer milenio documentada como pocos acontecimientos de la historia. La generación de los supervivientes, la generación de los hijos de deportados y de los voluntarios, como el padre Patrick Desbois[1] y su equipo, reunieron y siguen reuniendo documentos y testimonios de toda índole, y cumplen así con una misión científica y moral que tiene una ambición a la altura de la tragedia: escribir el nombre y el recorrido de cada víctima, así como la historia de cada episodio de la Shoá.

La Shoá no debe representar solo a millones de víctimas, sino a una víctima, más otra víctima, más otra víctima, con el fin de que a cada una de ellas se le restituya su estado civil, su itinerario, su dignidad; que se la salve del olvido y del anonimato para que esos nombres pasen de ser objetos de la historia a convertirse nuevamente en sujetos de la historia.

Hoy la memoria de la Shoá se ha visto paradójicamente potenciada por la ofensiva de los negacionistas y falsificadores de la historia. Horrorizados por esa infame polémica, los supervivientes y sus descendientes supieron elaborar una respuesta: recabar la documentación indispensable sobre cada aspecto de la Shoá, generar testimonios y registrarlos, favorecer los estudios universitarios y las tesis en ese campo; desarrollar, consolidar, renovar los centros

---

[1] Sacerdote católico francés a cargo de las relaciones entre el obispado de Francia y el judaísmo. *[N. de la T.]*

de documentación sobre la Shoá que ya existen, tales como Yad Vashem en Jerusalén, el Memorial de la Shoá en París, el de Milán, el Instituto Judío de Investigación (YIVO) y el Leo Baeck en Nueva York, la Wiener Library en Londres; asimismo crear nuevos centros, tales como el United States Holocaust Memorial Museum, construido en Washington bajo el amparo del Gobierno estadounidense, como el Museum of Jewish Heritage-A Living Memorial to the Holocaust en Nueva York, como el Simon Wiesenthal Center en Los Angeles, como las decenas de Holocaust Centers en las grandes ciudades de Estados Unidos, como la nueva ala dedicada a la Shoá e inaugurada en 2000 en el Imperial War Museum de Londres, como la Casa de la Conferencia de Wannsee en Berlín, convertida en centro de documentación, como el Holocaust Denkmal erigido en Berlín, cerca del Reichstag, o el Museo de la Historia de los Judíos Polacos en Varsovia.

En cada país donde acaeció la Shoá existe al menos un lugar donde uno puede documentarse. En cada país occidental se multiplicaron los estudios, las publicaciones, las asociaciones de descendientes de las víctimas, las placas conmemorativas, las ceremonias, las películas, los programas televisivos. Cada país se ha confrontado o intenta confrontarse con su pasado, es decir, con sus responsabilidades o con su culpabilidad en la consumación de la Shoá.

El genocidio judío interpela a la conciencia universal en razón de su amplitud, de lo que reveló de inquietante sobre el ser humano y de la impotencia de su mera ejemplaridad para impedir otras masacres y genocidios en otras regiones del mundo que no son el mundo occidental. Este último no necesitó una pedagogía de la Shoá para aprender la lección de las dos guerras mundiales. La Europa de los Seis de ayer, la Unión Europea de los Veintiocho hoy no solo han desterrado la guerra en su interior, sino que también han creado una solidaridad entre todos los Estados miembros y sus poblaciones.

Pese a los enfrentamientos pasados en la antigua Yugoslavia, la realidad supera todas las esperanzas. Es la primera vez desde la pax romana que los europeos gozan de un periodo tan largo de paz y prosperidad.

Por primera vez, los europeos del núcleo de la Unión Europea viven todos en democracia. Son libres, disponen de alimentos y servicios de salud, tienen una esperanza de vida treinta años mayor que a comienzos de siglo, tienen acceso a la educación, viajan. Tienen pan y también tienen circo, gracias a la televisión. Pueden descansar dos días por semana y, si no pueden encontrar trabajo, no por ello se ven condenados a morirse de hambre y miseria, como sucedió en 1930.

Esa Europa, constituida por naciones reconciliadas y donde, a pesar de la crisis, ninguna tormenta de fanatismo religioso o de nacionalismo chauvinista hace estragos, cultiva el recuerdo de la Shoá, tiene presente las lecciones de las trágicas experiencias hitlerianas y estalinistas, y repudia los totalitarismos de derechas y de izquierdas, por más que el populismo esté ganando terreno, por más que, en el invierno de 2014, el cañón haya vuelto a tronar en Ucrania. Por más que el islamismo radical, sobre todo, atice un antisemitismo basado en el conflicto israelí-palestino y en los antiguos clichés, los que unen a los antijudíos de extrema derecha con los de extrema izquierda. Los muros de los guetos y el de Berlín fueron derribados, y el mundo occidental busca con obstinación evitar las crisis económicas y todas las conmociones sociales y políticas que desencadenan sus grandes miedos, los instintos, las pasiones, la violencia, la crueldad, la guerra y la muerte.

Siempre habrá que defender el recuerdo de la Shoá e impedir su renovación bajo cualquiera de sus formas, rescatando los valores de una verdadera democracia política y social, y tratando de extenderla hacia los confines de nuestro planeta.

He tenido la suerte de seguir el consejo de Edmond Fleg, escrito en la fachada del Memorial de la Shoá, donde tantas veces entré desde 1956 y alcé los ojos para leerlo una y otra vez: «Ante el Memorial del Mártir Judío Desconocido, inclina tu respeto, tu piedad por todos los mártires. Transita con ellos a lo largo de la dolorosa voz. Ella te conducirá a la más alta cima de justicia y verdad».

He buscado la justicia con intensidad y he contribuido a establecer la verdad histórica. Como abogado, mi papel ha sido más bien el de un investigador y un fiscal en los casos de crímenes de lesa humanidad. Como abogado militante, he defendido una única causa: el derecho de cada víctima, el de todas las víctimas de la Shoá y sus derechohabientes a ver condenados a sus verdugos, hasta entonces protegidos por las sociedades políticas donde se movían; he militado también por una justicia penal internacional. Jamás he defendido a los culpables, lo cual implica que mi auténtica vocación nunca ha sido la de un abogado —o que no habría podido serlo sino en un régimen de opresión, donde el letrado desempeña su papel más noble corriendo los mayores riesgos—.

Como historiador, en lugar de una memoria difusa, truncada, mutilada, estropeada, desnaturalizada, ultrajada, he podido imponer una memoria auténtica, restituida, precisa y fiel.

En mis trabajos históricos pioneros, he podido demostrar que, en su conjunto, los franceses y sus Iglesias obstaculizaron la política antijudía del Estado francés de Vichy y las búsquedas de la Gestapo; que respaldaron el combate de las familias y las organizaciones judías para escapar a las detenciones y salvar a sus niños; y que los Justos, a título individual, expresan, sobre todo, el comportamiento general de una población francesa cristiana y republicana que se reveló espontáneamente humana de cara a los judíos perseguidos.

Como militante de la memoria, ayudo a ordenar el paisaje memorial del país y a moldear el entorno social de los supervivientes de la Shoá en las últimas etapas de sus vidas.

A nuestra edad, setenta y nueve y setenta y seis años, Beate y yo seguimos siendo muy activos. Disfrutamos de nuestra familia, Lida, Carlo y sus hijos de cinco y seis años, Luigi y Emma. De balcón a balcón, los vemos a ambos lados de la plaza de la Porte de Saint-Cloud. Arno, que es hoy consejero de Estado, está a nuestro lado a diario, dedicado a sus padres sin límites, tan encantador como inteligente. El jefe de Estado, François Hollande, promovió a Beate al grado de Comandante de la Legión de Honor en enero de 2014, y a mí me concedió la distinción de Gran Oficial. Eligió elevarnos a esos grados en el marco de una recepción en el Elíseo, el 20 de julio de 2014, día de la ceremonia del Vél'd'Hiv, en presencia del primer ministro y de la alcaldesa de París. El presidente nos rindió homenaje a nosotros, así como a nuestra asociación. Estábamos rodeados de muchos amigos, y en particular de los Hijos e Hijas, que nos ayudaron a cumplir con nuestro deber y a convertirnos en lo que somos.

Durante mucho tiempo nos negamos a redactar esta autobiografía. El 28 de diciembre de 2012, le escribimos lo siguiente a nuestra editora, después de recordarle las responsabilidades que pesan sobre nosotros y la falta de tiempo para dedicarnos a semejante labor:

> A ello se añaden las reticencias que le he hecho saber desde el inicio y que nos han llevado a Beate y a mí a no tomar una decisión definitiva: la ausencia de necesidad y de deseo de ser conocidos íntimamente; la convicción de que más vale ser juzgados por la posteridad por lo que hemos concretado, y no por lo que somos; nuestro desinterés por volcarnos hacia nuestro pasado, que nos priva de abocarnos a nuestra psicología y nuestros estados de ánimo en las peripecias que atravesamos en el presente; nuestra falta de talento como narradores, lo cual reduce nuestra expresión al mero resumen de la acción, y un largo etcétera. En consecuencia, a finales del presente año 2012, preferimos poner fin a este contrato que nos ata, puesto que nos percatamos de que no podremos asumir semejante compromiso. Nos volveremos a comunicar con usted si el tiempo pasa y nos jubila de manera definitiva, o si regresa el entusiasmo por revivir la vida que hemos vivido.

Así y todo, terminamos cumpliendo con nuestro contrato, y no lo lamentamos. De esta forma, nuestros nietos y sus descendientes sabrán, si no quiénes fuimos, al menos qué hicimos. Aprendimos por la experiencia vivida que éramos capaces de elevarnos por encima de nosotros mismos. Nuestros lectores lo comprobarán y se darán cuenta de que serían igual de capaces que nosotros si las circunstancias así lo reclamaran.

París, 2015

Índice de fotografías

Lista de siglas

ADF	Partido para la Acción Democrática y el Progreso
ADF	Partido para la Acción Democrática y el Progreso
AMEJD	Asociaciones por la Memoria de los Niños Judíos Deportados
APO	Oposición Extraparlamentaria
CDJC	Centro de Documentación Judía Contemporánea
CDU	Unión Demócrata Cristiana
CICR	Servicio Internacional de Investigación del Comité Internacional de la Cruz Roja
CIVS	Comisión de Indemnización de Víctimas de las Expoliaciones Antisemitas
CNRS	Centro Nacional para la Investigación Científica
CRIF	Consejo Representativo de las Instituciones Judías de Francia
CRS	Compañías Republicanas de Seguridad
CSU	Unión Social Cristiana
DVU	Deutsche Volksunion
EPCAD	Establecimiento Fotográfico y Cinematográfico de los Archivos de la Defensa
FDP	Partido Democrático Libre
FFDJF	Hijos e Hijas de los Deportados Judíos de Francia
FFI	Fuerzas Francesas del Interior
FMS	Fundación para la Memoria de la Shoá
FPÔ	Partido de la Libertad de Austria
FSJU	Fondo Social Judío Unificado
GTE	Grupos de Trabajadores Extranjeros
IFOR	Fuerza de Implementación
INSEP	Instituto Nacional de Deporte, Pericia y Performance
LICA	Liga Internacional contra el Antisemitismo
LICRA	Liga Internacional contra el Racismo y el Antisemitismo
MNPDG	Movimiento Nacional de los Prisioneros de Guerra
MRAP	Movimiento contra el Racismo y por la Amistad entre los Pueblos
NPD	Partido Nacionaldemócrata de Alemania

NSDAP	Partido Nacionalsocialista Obrero Alemán
OFAJ	Oficina para la Juventud
OJD	Organización Judía de Defensa
ORTF	Oficina de Radiodifusión y Televisión Francesa
OSE	Obra de Socorro Infantil
OTAN	Organización del Tratado del Atlántico Norte
PC	Partido Comunista
RDA	República Democrática Alemana
RFA	República Federal de Alemania
RMVE	Regimiento de Marcha de Voluntarios Extranjeros
RSHA	Oficina Central de Seguridad del Reich
SA	Secciones de Asalto
SD	Servicio de Seguridad
SDS	Federación Socialista Alemana de Estudiantes
SPD	Partido Socialdemócrata de Alemania
SS	Escuadras de Protección
UEJF	Unión de Estudiantes Judíos de Francia
UGIF	Unión General de Israelitas de Francia
WN	Unión de los Perseguidos del Régimen Nazi
YIVO	Instituto Judío de Investigación

Índice onomástico

BENOIT

BERG INSTITUTE
BIBLIOTECA LITERATURA Y DERECHOS HUMANOS

0. *Trilogía de Auschwitz*, Primo Levi (Planeta-Berg Institute)
1. *Totalmente Extraoficial. Autobiografía de Raphael Lemkin*, Donna-Lee Frieze
2. *Testigo en Núremberg*, Richard W. Sonnenfeldt
3. *El Juicio de Eichmann*, Deborah E. Lipstadt
4. *La banalidad del bien. Historia de Giorgio Perlasca*, Enrico Deaglio (Planeta-Berg Institute)
5. *Justicia Imperfecta. Patrimonio saqueado, trabajo esclavo y asuntos sin resolver de la Segunda Guerra Mundial*, Stuart E. Eizenstat
6. *Detén la mano de la venganza. La política de los Tribunales de Crímenes de Guerra*, Gary J. Bass
7. *Pensando en Derechos Humanos*, Antonio Cassese y Giorgio Acquaviva
8. *Érase una vez un país: una vida palestina*, Sari Nusseibeh
9. *Memorias*, Beate y Serge Klarsfeld
10. *Biografía de Fritz Bauer*, Irmtrud Wojak
11. *El deber de la memoria*, John Dos Passos
12. *Relatos clandestinos de los primeros esclavos en América*, Rosa María Bautista y Cristina Mc Laren
13. *Jirones de la Memoria. Fragmentos de la realidad de las víctimas en Colombia*, Julio Andrés Sampedro Arrubla
14. *El perro negro del destino. Un americano descubre su pasado armenio*, Peter Balakian
15. *El juicio del Kaiser*, William A. Schabas
16. *Defendiendo a mi enemigo*, Arieh Neier
17. *Derechos Humanos y Jardines Ajenos. Literatura Universal y Relatos de Derechos Humanos*, Joaquín González Ibáñez y José Ramón Trujillo
18. *Anatomía de los juicios de Núremberg. Memorias*, Telford Taylor.
19. *El fiscal y el juez*, Benjamin Ferencz y Antonio Cassese - Heikelina Verrijn Stuart y Marlise Simons.

La Biblioteca Literatura y Derechos Humanos se rige por un proceso de evaluación y revisión anónima realizado por dos especialistas en el área (*peer-review*), al menos uno de los cuales pertenece al Comité Científico Internacional. Todas las publiciones han superado esta revisión por pares y siguen los criterios de estilo y las normas éticas establecidas en su constitución.

www.berg-institute.org

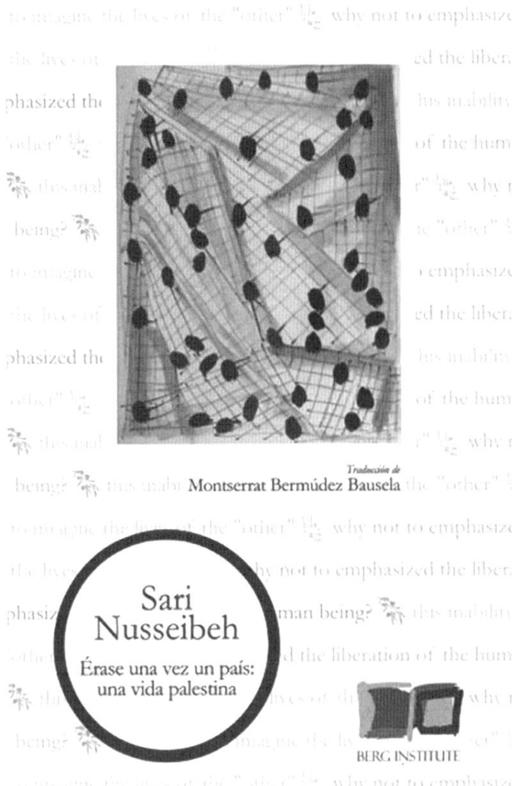

El palestino Sari Nusseibeh evoca en *Érase una vez un país: una vida palestina* su autobiografía en torno al amor a su familia y Palestina. Presenta una réplica a la obra de su amigo Amos Oz en *Una historia de amor y oscuridad* para narrar una fábula de concordia y búsqueda de preservación de la identidad palestina con un fino sentido del humor y la cultura de un humanista filósofo comprometido con la verdad y la paz.

Aryeh Neier, quien fuera un niño judío que escapó de Berlín en 1939 con su familia y luego se convirtiese en el presidente del A.C.L.U y cofundador de *Human Rights Watch* rememora en *Defendiendo a mi enemigo* los motivos por los que decidió asumir la defensa jurídica del partido nazi de Estados Unidos para poder realizar un desfile en Skokie, localidad del Estado de Illinois con un relevante porcentaje de sobrevivientes del holocausto. Neier presenta una defensa de los valores democráticos a través de este interesante y paradójico caso histórico y permite entender por qué el derecho a la libertad de expresión define la calidad y solvencia de las democracias.

El premio Pulitzer de Poesía 2016 Peter Balakian recreó en la novela *El perro negro del destino* un prodigioso relato autobiográfico de su adolescencia en New Jersey que transcurrió entre su pasión por el béisbol, sus amigos del vecindario y el descubrimiento de sus raíces armenias gracias a las conversaciones y vivencias que le compartió su abuela, superviviente del genocidio armenio acometido por los otomanos a partir de 1915.

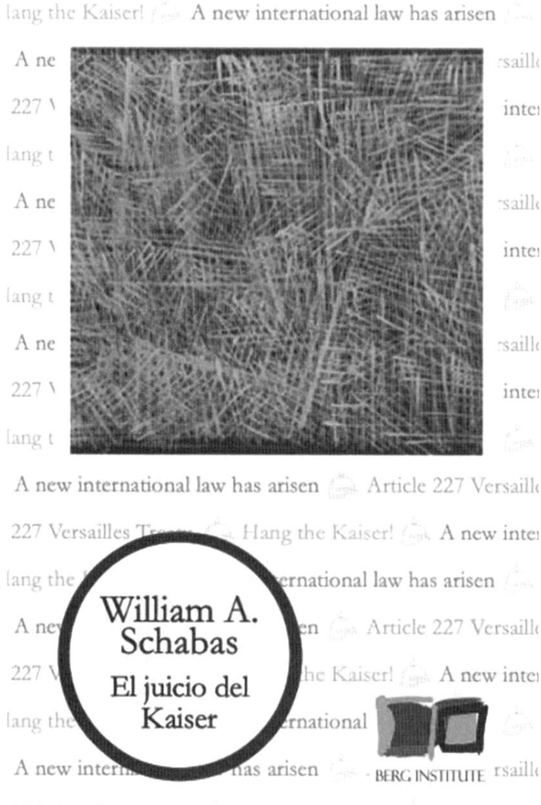

¿Por qué y cómo surgió en la historia moderna la voluntad de perseguir a los responsables del inicio de un conflicto bélico y de las atrocidades subsiguientes? El abogado y reconocido profesor de Derecho Internacional, William A. Schabas narra en *El juicio del káiser* cómo por primera vez en la historia el Tratado de Versalles en 1919 incorporó una disposición que tenía como objetivo enjuiciar a un jefe de Estado, el Káiser Guillermo II. La historia de su huida a Holanda en los últimos días de la Primera Guerra Mundial y la concesión de asilo hizo imposible su procesamiento, pero permitió al jurista canadiense contar esta importante historia con un rigor excepcional y una dosis de intriga política y diplomática.

Esta primera edición en España de *Memorias,* de Beate y Serge Klarsfeld, se terminó de imprimir en la ciudad de Madrid en julio de 2020.